Wolfgang von Unger

Blücher

Erster Band: Von 1742 bis 1811

Verlag
der
Wissenschaften

Wolfgang von Unger

Blücher

Erster Band: Von 1742 bis 1811

ISBN/EAN: 9783957003171

Auflage: 1

Erscheinungsjahr: 2015

Erscheinungsort: Norderstedt, Deutschland

Hergestellt in Europa, USA, Kanada, Australien, Japan
Verlag der Wissenschaften in Hansebooks GmbH, Norderstedt

Blücher

Von

W. v. Unger
Generalmajor

Erster Band: Von 1742 bis 1811

Mit 6 Bildnissen, der Nachbildung eines Briefes von Blücher
und 19 Kartenskizzen

Berlin 1907
Ernst Siegfried Mittler und Sohn
Königliche Hofbuchhandlung
Kochstraße 68—71

Blücher als Leutnant

in der schwarzen Uniform des Husaren-Regiments von Belling, nach dem Ölbilde im Besitz des Leib-Garde-Husaren-Regiments mit der Angabe: Gebb. Lebrecht v. Blücher, gem. 1762, 20 Jahr alt.

Vorwort.

Solange edles Streben die Seele eines Volkes erfüllt, ist ihm das Ehren seiner Helden ein heiliges Werk.

Kein großer deutscher Kriegsmann hat dem Herzen seines Volkes näher gestanden als Vater Blücher.

Sein Freiheitsdrang und sein Feldherrnblick, sein Beispiel und Zuruf führten unsre Vorfahren zum Sieg über den Vergewaltiger des Erbteils.

Auf Blücher rechneten die Edelsten der Nation in der Zeit der Erniedrigung und des Harrens als auf ihren unbeugsamen Wortführer und einstigen Retter; ihn forderten sie zum Vorkämpfer im Streit, und als er den Feldherrnstab niedergelegt hatte, wußten sie sich eins mit ihm in ihren getäuschten Hoffnungen auf ein mächtiges, innerlich freies Vaterland.

Blüchers gewaltige Heldengestalt erschien als die Verkörperung der Taten des deutschen Volkes. So haben in der bald ablaufenden Frist von hundert Jahren geistreiche Schriftsteller wie Varnhagen und Scherr, tüchtige Forscher wie Wigger und Blasendorff begeisterten Herzens den Lebensgang des Feldmarschalls geschildert; sie stellten seine Größe als Charakter, seine Bedeutung als geschichtliche Persönlichkeit ins hellste Licht; eine eindringende Würdigung Blüchers als Soldat und Feldherr konnte nicht in ihrem Plan liegen, da ihnen hierzu die nötige militärische Vorbildung fehlte.

Diese Aufgabe stellt sich meine Arbeit vornehmlich.

Der erste Band ist der Vorbereitung Blüchers auf seinen Feldherrnberuf gewidmet.

Da die Persönlichkeit Bellings, seines Regiments-Chefs, auf den jungen Husarenoffizier bestimmenden Einfluß übte, ist ihr ein entsprechender Raum gewährt. Auch ist hier auf manche heeres- und kriegsgeschichtliche Einzelheit eingegangen, nicht nur weil bei der Erzählung der kühnen Husarenstücke und der Wiedergabe von Perlen

alter Husarenweisheit dem begeisterten Reitersmann das Herz auf=
ging, sondern vor allem, weil dies zum Verständnis der späteren
wunderbaren Taten Blüchers unerläßlich ist.

Dem zweiten Bande ist die Würdigung Blüchers als Feldherr
vorbehalten.

> Lorbeeren im Felde der Ehre erfechten
>   Blieb mir versagt;
> Lorbeeren zum Ruhm meines Helden zu flechten
>   Sei drum gewagt!

Daß ich vor der Größe der Aufgabe nicht zurückschreckte, danke
ich der gütigen Anregung, dem sachkundigen Rat und der stets bereiten
Hülfe des Generalleutnants und langjährigen Chefs der Kriegsgeschicht=
lichen Abteilung II des Großen Generalstabes Exzellenz v. Leszczynski.
Auch sonst habe ich vielen für zuvorkommende Unterstützung meinen
Dank abzustatten.

Hannover, im Januar 1907.

Der Verfasser.

Inhaltsverzeichnis.

Jugend. 1742—1760.

Seite

Herkunft . . . . 1—4
Blüchers Voreltern und Eltern. Blüchers Brüder und Schwestern. Rostock.

Kindheit. 1742—1758 . . . . 4—10
Erziehung. Schule. Rechtschreibung. Handschrift. Wie sprach er? Auf Rügen. Schweden rüstet. Blücher schwedischer Husar.

Schwedischer Junker. 1758—1760 . . . . 10—14
Im „Husaren-Regiment". Der „schwedische Krieg". Feldzug 1758. Feldzug 1759. Rittmeister v. Platen. „Der Husar im Felde." Junker von Blüchers Taten. Feldzug 1760. Gefangen.

Unter Belling. 1760—1772.

Feldzug 1760 . . . . 15—27
Belling. Uniform. Ausrüstung. Beute. Berittenmachung Bewaffnung. Troß. Der Kriegsschauplatz. Die beiden Gegner. Freiregiment Hordt. Gefecht am Ravelpaß. Gefecht bei Jagow. Stillstand in der Uckermark. Werners Eingreifen. Belling greift an. Rückzug der Schweden hinter die Peene. Gefecht bei Tessin.

Winterruhe 1760/61 . . . . 27—38
Kriegslage. Ausnutzung Mecklenburgs. Regiment Belling-Husaren. Leutnant. Premierleutnant. Husaren-Postierungen. Gesundheitspflege. Lagerdienst. Exerzieren. Streifdienst. Im Hauptquartier Rostock.

Feldzug 1761 . . . . 38—42
Vorgehen der Schweden. Gefecht bei Berchen. Überfall bei Spantekow. Zug auf Treptow und Malchin. Gefechte bei Friedland. Spione. Gefechte bei Neubrandenburg. Versteck bei Jatzke. Gefechte bei Brohm und Rotemühl. Stellung von Jagow. Die Schweden gehen zur Winter-

Seite

ruhe über. Bellings Winterruhe. Kämpfe um Malchin. Treffen bei
Neu-Kahlden. Rückzug der Schweden. Das Demminer Traitement. Rückblick auf den Schwedenkrieg.

Feldzug 1762. . . . . 42—50
Zur Armee des Prinzen Heinrich. Unter Seydlitz. Zar Peter bittet
um Belling. Gefecht bei Auerbach. Seydlitz geht nach Böhmen. Bellings
Zug nach Bayreuth und Eger. Schlacht bei Freiberg. Winterlager.

Friedenszeit. 1763—1770 . . . . 50—64
Übergang ins Friedensverhältnis. Standorte. Uniform. Stolp. Wach-
dienst. Feuerlärm. Fahnenflucht. Strafen. Kirchgang. Fußexerzieren.
Rettdienst. Waffengebrauch. Pferdepflege. Weiterbildung der Offiziere.
Spiel. Zweikämpfe. Major von Podscharly. Feldbienst. Exerzieren
zu Pferde. Die Revue. Urlaub. Neustettin.

Besetzung Polens. 1771 und 1772 . . . . 64—67
Auflösung des polnischen Reichs. Pestkordon. Stabsrittmeister. Zusammenstoß bei Schneidemühl. Scheinhinrichtung eines Priesters. Straf-
gericht des Königs.

Abschied. . . . . 67—69
Einschub. Abschiedsgesuch. Zorn des Königs auf das Zigeuner-Regiment.
Kassiert. Belling wieder in Gnade.

Außer Dienst. 1773—1787.

Karoline von Mehling. Pachtung. Bellings Tod. Eigener Besitz.
Landschaftsbeputierter. Verkehr. Gesuche um Wiederanstellung. Major
vor Jägersfeld . . . . 70—74

Schwadronchef. 1787—1792.

Die Schwadron Blücher . . . . 75—81
Die Offiziere. Die Unteroffiziere. Die Karabiniere. Der Feldscheer.
Der Fahnenschmied. Die „Ausländer". Die „Einländer". „Über-
komplette". Alter. Dienstzeit. Größe der Leute. Mannszucht.

Exerzier- und Revuezeit 1787 . . . . 81—85
Schwadronsexerzieren. Regimentsexerzieren. Das Offizierkorps. Be-
förderungsverhältnisse. Versorgung. Ergänzung aus dem Unteroffizier-
stande. Verheiratung. Revue. Sommer-Entlassung. Freiwächter.
Grasungszeit. Graf Goltz Regimentschef.

Der holländische Feldzug. 1787 . . . . 85—89
Veranlassung zum Kriege. Kriegsbereitschaft. Ausmarsch. Tätigkeit der
Goltz-Husaren. Heimmarsch.

Rummelsburg. 1788—1790 . . . . 89—101
Das Städtchen. Das Serviswesen. Weiber und Kinder. Soldaten-
Kinder-Schulen. Nebenerwerb. Die Taxe. Kammer. Lazarett. Ordonnanz-

Seite

haus. Scheune. Ställe. Futter. Offizierwohnungen. Geldwirtschaft.
Einkünfte eines Schwadronchefs. Änderungen im Exerzieren. Neue
Revue - Bestimmungen. Oberstleutnant. Berliner Herbstübungen 1788.
Herbstübungen bei Stolp. Rekruten - Ausbildung. Pferde-Ausbildung.
Remontierung. Garnisondienst. Revue 1789. Oberst. Potsdamer
Herbstübungen 1789. Offizier-Ersatz.

Heeres-Aufmärsche gegen Österreich und Rußland. 1790/91   101—107
Polnisches Bündnis. Mannszucht. Feld-Reglement. Übereinkunft von
Reichenbach. Marsch an die Weichsel. Rückkehr.

Rheinfeldzüge. 1793 und 1794.

Eroberung der Niederlande . . . . 108—116
Feldzug 1792. Schwadron Blücher. Ausmarsch. Kriegslage. Prinz
Friedrich von Braunschweig. Vormarsch des preußischen Korps. Das
„Kampagne-Journal". Blücher beobachtet das Gefecht der Österreicher.
Einnahme von Roermonde. Vorgehen über die Maas. Neerwinden.
Blücher vor Breda. Vorgehen nach Antwerpen. General von Knobels-
dorff. Der weitere Feldzugsplan.

Vor Valenciennes und Lille . . . . 116—131
Einrücken in Flandern. Beobachtung von Lille. Scharmützel bei Hem.
Frankreichs innere Kämpfe. Nach Saint Amand. Einschließung von
Condé und Valenciennes. Französischer Angriff am 1. Mai. Erneuter
Angriff am 7. Der Herzog von York. Gefecht am 9. Mai. Schlacht
von Famars. Posten von Marchiennes. Lager von Orchies. Im
Lager von Bouvines. Vorposten. Husarenlager. Blüchers Posten in
Willems. Der Feind greift Lannoy an. Vorstoß auf Hem. Der
Feind sucht Blücher zu überfallen. Blücher alarmiert den Feind. Zu-
sammenwirken mit Rudorff. Vorposten-Abschnitte. Vorposten-Neckereien.
Tod des Regimentschefs. Hinterhalt bei Sainghin. Zweiter Hinterhalt bei Sainghin. Unsichere Lage des Korps. Feldwachdienst. Sieges-
feiern. Die Engländer ziehen ab. Das preußische Korps wird abberufen.

Über Luxemburg an die Saar . . . . 131—144
Marsch durch den Hennegau und die Ardennen. Marschdienst. Gefecht
bei Frisingen. Der Herzog von Braunschweig will die Mosel-Armee
aufrollen. Blücher übernimmt die Vorposten bei Neunkirchen. Sicherungs-
dienst. Unterbringung der rückwärtigen Abteilungen. Gefecht bei Sankt
Ingbert. Gefecht bei Saarbrücken. Die preußische Armee bleibt an der
Saar halten. Stellung vor Saarbrücken. Zeitungsangriffe. Nachteilige
Folgen des Stillstehens.

Kaiserslautern 1793 . . . . 144—152
Vorgehen in der Pfalz. Rückmarsch hinter die Blies und Glan. Blüchers
Streifzug über Waldmohr. Aufstellung bei Lautereck. Blücher zieht
sich nach Kaiserslautern heran. Letzter Schlachttag. Ausbeutung des
Sieges. Verfolgung. Erkundung auf Zweibrücken. Hoche entsetzt Landau.

Seite

Auf Vorposten während der Winterruhe . . . . 152—171

Die Vorposten-„Chaine". Feindliche Unternehmung auf Kreuznach. Überfall von Morschheim. Vereinigung des Regiments. Das Gelände an der Pfrimm. Blüchers Absichten. Truppenverteilung. Befehle für den Fall eines feindlichen Angriffs. Stellung des Feindes. Einzelheiten des Vorpostendienstes. Die Kunst des Sicherungsdienstes. Unternehmungen gegen den Feind. Überfall bei Dürkheim. Auf Urlaub. Zustände in der Armee. Regimentskommandeur. Unternehmung gegen die Herzheimer Höhe am 4. April. Hinterhalt am 5. April. Versteck vom 10. April. Der Feind metzelt gefangene Husaren nieder. Vergeltung. Versteck bei Leistadt am 20. April. Blücher und General Girard. Urlaub nach Frankfurt. Gefecht bei Grünstadt am 1. Mai. Vorschieben der Vorposten bis Grünstadt. Versteck bei Tiefental.

Weidental und Kirrweiler . . . . 172—186

Feldmarschall Möllendorf entschließt sich zum Vorgehen. Blüchers Auftrag. Vordringen nach Weidental. Gefecht nach zwei Seiten. Blücher bei Möllendorff. Vorgehen auf Neustadt. Verhalten Hohenlohes. Blücher bei Neustadt. Desaix beschließt vorzugehen. Gelände zwischen Neustadt und Landau. Blüchers Bericht. Hohenlohes Bericht. Generalmajor und Regimentschef. Die Leibschwadron.

Edenkoben . . . . 186—197

Möllendorf verfällt in die Verteidigung. Gefecht am 2. Juli. Blücher schanzt. Absichten der Franzosen. Gefecht am 13. Juli. Bericht Saint-Cyrs. Rückzug. Blücher neckt die Verfolger.

Ellerstadt und Battenberg . . . . 198—207

Stellung bei Neustadt. Wieder auf Vorposten bei Grünstadt. Feindlicher Überfall. Mißglücktes Versteck. Einweihung des Roten Adler-Ordens. „Embuskade" von Battenberg. Gefecht bei Neu-Leiningen.

Kaiserslautern 1794 . . . . 207—218

Niederlagen in den Niederlanden. Hohenlohe greift an. Blüchers Auftrag. Überfall auf die feindlichen Posten. Vereinigung mit dem Hauptkorps. Blücher auf Vorposten gegen Kaiserslautern. Der Erbprinz geht zur Erkundung vor. Blücher soll abwarten. Blücher geht vor. Zersprengung eines Karrees. Blüchers Verfolgung. Waldgefecht von Hohen-ecken. Rückzug an die Pfrimm. Scharmützel bei Klein-Bockenheim. Rückzug über den Rhein. Blücher tritt für Hohenlohe ein.

Rückblick . . . . 218—226

Eigentümlichkeit des Krieges. Überblick. Hervortreten der dunkelroten Husaren. Blücher stets voran. Grund seiner Erfolge. Blüchers Charakter. Taktische Schulung. Kriegerische Begabung. Valentinis Schilderung. Glücksspiel. Blüchers Benehmen. Blücher und der verwundete Franzose. Blücher und die Zweibrücker. Blücher und die Grünstädter. Bonaparte und Blücher.

Seite

Ostfriesland und Westfalen. 1795—1805.

Demarkationslinie und Observationsarmee . . . . 227—238

Winterquartiere 1794/95. Krankheit und Kummer. Rückmarsch. Bentheim. Emden. Zweite Heirat. Zurücksetzungen. Federkämpfe. Oberbefehl in Münster. Blücher als Schriftsteller. Vermögen und Besitz. Observationsarmee. Thronwechsel. Unzufriedenheit mit den Münsterländern. Weltbegebenheiten. Emmerich. Rückkehr nach Ostfriesland. Generalleutnant. Vormarsch nach Lingen. Fortschaffung der Weiber und Kinder.

Oberkommando in Westfalen . . . . 238—251

Besetzung Münsters. Stein. Gouverneur. Freimaurer. Kriegsrat Ribbentrop. Armenwesen. Militärischer Wirkungskreis. Potsdamer Herbstübungen 1804. Häuslichkeit. Oberpräsident von Vincke. Beziehungen zum Regiment. Offizierkorps. Anzug. Werbung. Invaliden-Versorgung. Pferdeersatz. Regimentsbereiter. Sehnsucht zum Regiment. Gesundheit. Der erste Konsul und England. Die Franzosen in Hannover. Spannung mit Frankreich.

Kriegsbereitschaft 1805 . . . . 251—255

Mobilmachung. Neutralität. Aufmarsch gegen Frankreich. Ulm. Blüchers Regiment in Westfalen vereint. Vormarsch an den Main beschlossen. Blücher nach Bayreuth. Austerlitz. Abrüstung.

Der Zusammenbruch. 1806/7.

Vor dem Sturm . . . . 256—265

Napoleon sinnt Rache. Besetzung von Elten, Essen und Werden. Die Königin in Pyrmont. Preußens Lage. Blüchers Lage. Denkschrift an den König. Troß. National-Armee. Französische Kriegsvorbereitungen. Bereitstellung des preußischen Heeres. Anweisung für Blücher. Zuversicht und Besorgnisse. Gärung in Münster. Truppenbesichtigungen. Blüchers Stab.

Der Heeresaufmarsch . . . . 265—271

Oberkommando. Feldzugsplan. Divisionsführer unter Rüchel. Siegessicherheit. Ausfallen der Hessen. Weiteres Vorgehen. Einmarsch in Hessen. Vereinigung des preußischen Heeres. Blücher zur Hauptarmee. Auf Vorposten bei Mellingen. Abmarsch der Hauptarmee auf Auerstedt.

Auerstedt . . . . 271—279

Blüchers Truppen sollen die neue Vorhut bilden. Blüchers Auftrag. Vorgehen im Nebel. Zusammenstoß bei Hassenhausen. Attacken auf den rechten französischen Flügel. Fortgang der Schlacht. Nichteinsetzen der Reserven. Deckung des Rückzugs. Lehren.

Seite

Der Rückzug bis Prenzlau . . . . 279—291

Nachtritt mit dem König. Sammeln der Truppen in Sömmerda. Über
Weißensee nach Greußen. Verhandlungen. Gefecht bei Greußen. Über
Sondershausen nach Nordhausen. Die schwere Artillerie schutzlos. Der
Feind auf den Fersen. Oberst von Scharnhorst. Mit der Artillerie um
den Harz zur Elbe. Führer der Nachhut Hohenlohes. Von Neustadt über
Ruppin nach Fürstenberg. Weitermarsch nach Boitzenburg. Gefecht bei
Lychen. Kunde von der Waffenstreckung bei Prenzlau. Der allgemeine
Zusammenbruch.

Von Prenzlau nach Lübeck . . . . 291—302

Lage bei Boitzenburg. Blüchers Entschluß. Marsch nach Feldberg. Marsch
über Strelitz. Division Weimar. Weitere Pläne und Anordnungen.
Yorcks Rückzugsgefechte. Stellung bei Goldberg. Gefecht bei Kriewitz.
Rückzug zur Elbe aufgegeben. Nach Lübeck.

Lübeck und Ratkau . . . . 302—309

Truppenverteilung. Verteidigungsfähigkeit der Stadt. Verteidigungs-
anordnungen. Der Kampf um Lübeck. Der Verlust des Burgtors. Rückzug
auf Ratkau. Übergabe-Verhandlungen. Die Waffenstreckung.

Blüchers Rechtfertigung . . . . 309—318

Blücher und Hohenlohe. Blücher und Massenbach. Glückliche Führung in
den ersten Tagen. Aussichten eines Gegenstoßes. Kavallerie-Verwendung.
Divisionsweiser Rückmarsch. Die zerstreute Unterbringung. Aussichten
des Rückzugs über die Elbe. Versäumnisse in Lübeck. Fehlerhafter
Befehl Blüchers. Herzog Wilhelm von Braunschweig. Versagen der
Führer und der Truppe. Unterschätzen des Gegners. Plünderung
Lübecks. Mittelbare Erfolge. Blüchers Erwartungen. Damaliges Urteil.
Blücher und Scharnhorst.

Gefangenschaft und Auswechslung . . . . 319—324

Blüchers Stimmung. Tod des Herzogs von Braunschweig. Hamburger
Leben. Gefangennahme des Generals Victor. Reise nach Preußen.
Lage der Franzosen. Unterredung mit Napoleon. Die Auswechslung.
Schwarzer Adler-Orden. Im russischen Hauptquartier. Einwirkung auf
Stein. In Königsberg.

Heerfahrt nach Schwedisch-Pommern . . . . 324—332

Hülfskorps für die Schweden. Urteil Napoleons. Blücher wirbt um
Scharnhorst als Chef. Seefahrt. Landung in Stralsund. König Gustav
von Schweden. Blüchers Aufruf. Sitten im Offizierkorps. Beziehungen
zu Gneisenau. Blücher kränkelt. Vorgehen nach Greifswald. Übergabe
Danzigs. Heilsberg und Friedland. Verhältnis zum König von Schweden.
Kündigung der Waffenruhe. Geplanter Entsatz von Kolberg. Landung
der Engländer. Aufstand in Westdeutschland. Überrumpelung Spandaus.
Vermehrung der Truppen. Urteil Gneisenaus. Waffenstillstand. In
schwerer Versuchung. Blücher und die Schweden. Friede von Tilsit.
Bewunderung für Gneisenau. Hoffnung einer besseren Zukunft.

Oberkommando in Pommern.
1807—1811.

Seite

Die französische Okkupation 1807/8 und die Neuordnung des Heerwesens . . . . 888—842
Preußens Lage. Generalgouverneur. Heereserneuerung. Krümpersystem. Zollmaß. Divisions-Einteilung. Herbstmanöver. Verminderung des Trosses. Weitere Reformen. Steins Einfluß. Krankheit. Schmähungen. Anklagen. Geldverluste. Abschaffung der Cheffstellung. Anerkennungen des Königs. Steins Sturz. Von Treptow nach Stargard. Oberst v. Bülow. Genesung und glückliche Tage. Kriegsaussichten.

Österreichs Befreiungskampf 1809 . . . . 842—854
Österreich rüstet. Schill bricht auf. Schills Ende. Abschiedsgesuch. General der Kavallerie. Geheime Verhandlungen. Regensburg. |Wien. Aspern. Parteikämpfe in Königsberg. Wagram. Waffenstillstand. Friedensschluß. „Billquatre".

Preußen in seiner tiefsten Erniedrigung 1810 und 11 . . . 854—880
Demütigungen nach dem Wiener Frieden. Tod der Königin. Auflösung des Tugendbundes. Verhältnis zu York und Gneisenau. Hardenberg Staatskanzler. Küstenbesetzung. Unzufriedenheit mit dem Dienstbetrieb. Unordnungen auf der Junkerschule. Geschäftsstil. Französische Truppenbewegungen. Preußische Gegenmaßregeln. Oberkommando an der Küste. Verwendung der Krümper zum Straßenbau. Weiteres Vorrücken der Franzosen. Politik. Geheime Werbungen. Geldverlegenheiten. Hoffnung auf Zusammengehen mit Rußland. Ausbau von Kolberg. Verhalten den Franzosen gegenüber. Bruch mit Bülow. Eintreten für das Bündnis mit Rußland. Die „Faultiere". Mehr Geld für Kolberg! Napoleon fordert Unterwerfung. Widerstand auch gegen des Königs Befehl? Zögernde Abrüstung. Aussichten des Widerstandes. Bekenntnis der Patrioten. Blücher des Kommandos enthoben. Weitere Demütigung Preußens. Bündnisverhandlungen mit Frankreich. Entgültige Kommando-Enthebung. In Stargard. Im Bündnis mit dem Feinde. Wer wird der Retter sein?

Anhang.

Quellenwürdigung 381

Quellennachweis und Anmerkungen 384

Namen- und Sach-Liste 397

Bildnisse.

Seite

Blücher als Leutnant in der schwarzen Uniform des Husaren-Regiments von Belling, um 1762 . . . .   Titelbild

Blücher in der roten Uniform des Husaren-Regiments von Belling, zwischen 1763 und 1772   64

Blücher als General im Attila mit Generalshut und Freimaurerzeichen, 1802 .   240

Blücher als General im Attila, um 1804 . . . . }
Blücher als General im Pelz, zwischen 1794 und 1806 . . . . }   250

Blücher in Generaluniform, zwischen 1807 und 1811   324

Skizzen im Text.

Rügen, Vorpommern, Udermark, östliches Mecklenburg   21

Sachsen westlich der Elbe, Fichtelgebirge, Egertal   44

Schlachtfeld von Freiberg   49

Hinterpommern, Land nördlich der Netze   51

Mittlere Niederlande, Ober-Yssel, Kleve   87

Brabant, Flandern, Hennegau, Ardennen   111

Trier—Saarbrücken—Kaiserslautern   138

Kreuznach—Worms—Mainz   153

Pfalz zwischen Pfrimm und Speyerbach   156

Pfalz zwischen Neustadt und Landau   172

Gegend von Kaiserslautern   208

Ostfriesland und Westfalen   229

Thüringen   268

Auerstedt   272

Zum Marsch um den Harz hinter die Elbe   284

Havelland, südöstliches Mecklenburg   287

Lage bei Prenzlau am 29. 10. 1806 morgens   292

Westliches Mecklenburg, Lübeck   297

Lübeck—Ratkau   303

Beilage.

Nachbildung eines Briefes von Blücher an Oberst v. Zastrow, Burgsteinfurt 2. 11. 1795

Jugend.   1742—1760.

Herkunft.

In der Gefolgschaft des Herzogs Otto von Lüneburg befand sich um 1225 ein Ritter, der sich nach seiner Besitzung am rechten Ufer der unteren Elbe unweit Boitzenburg Ulrich von Blücher nannte. Dieser erste Blücher, von dem man weiß, war also wohl niedersächsischer Abkunft; sein Geschlecht eroberte mit vielen anderen dieses Stammes das westliche Obotritenland dem Deutschtum. Zahlreiche Blücher taten sich hier meist als Knappen und Ritter, häufig aber auch als geistliche Herren hervor; drei Blücher nahmen den Bischofssitz zu Ratzeburg ein. So gewann das Geschlecht ausgebreiteten Grundbesitz. Bald blühten die Blücher in vielen Linien, die von Mecklenburg nach Holstein, Dänemark und Pommern hinübergriffen.

Das einige Meilen westlich Schwerin gelegene Gut Groß-Renzow befand sich seit Anfang des 15. Jahrhunderts in Blücherschem Besitz. Wir wissen von verschiedenen Kriegszügen, an denen Groß-Renzower Blücher teilnahmen.

Einer von ihnen, Bernd, hatte einige Jahre unter Moritz von Oranien in den Niederlanden Kriegsdienste getan und dann das väterliche Gut übernommen. Nun zerbrach der Dreißigjährige Krieg Mecklenburgs Wohlstand; Dänen und Kaiserliche durchzogen das Land. Größeres Unheil aber lud Bernd selbst auf sein Haupt, indem er 1628 auf dem Rückweg vom Städtchen Gadebusch, „vielleicht überrauschet", anscheinend ohne ernste Veranlassung im Jähzorn einen Bauern erschlug. Nachdem er eine Zeitlang in Wallensteins Heer gedient hatte, erreichte ihn noch dreizehn Jahre nach jener Tat der Arm der Gerechtigkeit: er wurde 1641 zu Schwerin hingerichtet.

Bernds Sohn Ulrich Hans war, noch nicht zwanzigjährig, als Kornet in ein schwedisches Reiterregiment eingetreten und hatte

Torftenfons Züge nach Jütland hinunter, nach Böhmen und zum Bodenfee hinauf mitgemacht; zweimal war er in Gefangenfchaft geraten, einmal gefährlich verwundet worden. Nach dem Friedensfchluß mühte er fich vergeblich, das tief verfchuldete väterliche Befiztum der Familie zu erhalten; 1655 ging es ihr für immer verloren. Gerade jetzt brauchte Schweden Truppen für einen Feldzug nach Polen; Ulrich Hans hatte binnen fieben Wochen eine Kompagnie Reiter zufammen, an deren Spitze er in den Krieg zog. Unter König Karl Guftavs Augen zeichnete er fich durch kühne Streifen aus. Ein fchwerer Sturz beendete feine kriegerifche Laufbahn; er erhielt ein herzoglich mecklenburgifches Gut in Pacht.

Sein Sohn **Siegfried Ulrich**, Blüchers Großvater, ift wahr-fcheinlich in mecklenburgifchen Kriegsdienften in Holland geftorben. Auch deffen drei Söhne widmeten fich dem Waffenhandwerk; lag ihnen doch auch von mütterlicher Seite her diefe Neigung im Blute; ihre Mutter war eine Winterfeld, deren Mutter eine Moltke; und auch weiter hinauf ftammten die Frauen ihrer Vorfahren, foweit fie zu verfolgen find, ausfchließlich aus alten Adelsgefchlechtern, den Dechow, Rieben, Barner, Pleffen. Für einen Junker ohne Befiz war ohnehin der Kriegsdienft damals der gegebene Weg; fchon mancher hatte darin fein Glück gemacht; und wenigftens führte er wohl zu einer Verforgung im Forftfach oder zu einer vorteilhaften Gutspacht, die dann mit der Zeit die Mittel gewährte, eigenen Befiz zu erwerben, wenn dies nicht fchon durch eine günftige Heirat gelang.

Zwei der Söhne Siegfried Ulrichs kamen auf folche Weife nach Kriegszügen in Rußland, in Pommern und am Rhein in gute Ver-hältniffe; der eine wurde der Stifter der heute noch blühenden Linie Blücher-Rofenow.

Der dritte Bruder, **Chriftian Friedrich**, hatte am wenigften Glück in feiner Dienftlaufbahn. Er trat, wie fein Vater, in ein mecklen-burgifches Reiterregiment, dann in ein heffen-kaffelfches über, für das er in Mecklenburg warb; er nahm indes fchon 1737 feinen Abfchied, angeblich, weil er in einem Duell mit töblichem Ausgang fekundiert hatte. Schon während feiner Dienftzeit hatte er fich mit der Tochter eines alten Soldaten und Landedelmanns, einem Fräulein v. Zülow, aus Roftocks Nachbarfchaft verheiratet; jetzt wählten fie die alte Hanfe-ftadt zum Wohnfiz. Dort wurde ihnen am 16. Dezember 1742 das letzte von neun groß gewordenen Kindern geboren, ein Junge, der in der Taufe die Namen Gebhard Lebrecht erhielt.

Weniger Segen ruhte auf den Einkünften des Rittmeifters außer Dienften. Aus Heffen bezog er keine Penfion, und das Vermögen seiner Frau scheint gering gewesen zu sein; mit dem Jahrgehalt von 200 Talern, das ihm Herzog Christian Ludwig von Mecklenburg für mancherlei in seinem Streit mit der Ritterschaft geleistete Dienste bewilligt hatte, kam er bei seiner großen Kinderschar nicht weit. Seine verschiedenen Versuche, im mecklenburgischen Militär oder Forstfach angestellt zu werden, schlugen fehl. 1761 schrieb er dem König von Schweden, daß ihm durch die Ausstattungen seiner Söhne kaum das Zureichliche zu einem kümmerlichen Unterhalt übrig bliebe.

Mit mehr Glück betrieb er die Versorgung seiner Kinder. Den ältesten Sohn, Berthold, brachte er als Junker beim preußischen Infanterie-Regiment Borcke an, das in Magdeburg stand. Als Berthold aber mit zwanzig Jahren 1754 immer noch Gefreiter-Korporal war, verlor er die Neigung zum Dienst, und der Vater bat für ihn um den Abschied, da er keine genügende Beförderung finde und auf der Rostocker Universität studieren solle. König Friedrich schlug das Gesuch aber ab; Berthold wurde als Fähnrich bei Kolin verwundet und erhielt im letzten Feldzugsjahr des Siebenjährigen Krieges als Leutnant seinen Abschied; anscheinend ist er bald danach an den Folgen des Krieges gestorben.

Der zweite Sohn, Gustav, trat 1756 als Fähnrich in die dänische Leibgarde zu Fuß ein, in der er schon nach sechs Jahren Kapitän wurde; für einige Jahre verabschiedet, hielt er sich meist in Frankreich auf, um sich namentlich auch mit dem Zustande der französischen Armee bekannt zu machen, wurde dann aber als Major in Dänemark wieder angestellt und bald Generaladjutant. „Lebhaftes Temperament, feines Wesen, Wahrheitsliebe, Mut und Offenheit" verschafften ihm hohe Gönner, sein ritterliches Wesen eine glänzende Heirat. Er trat als schleswigscher Landvogt in den Zivildienst über; zuletzt lebte er in Kopenhagen, wo er 1808 starb.

Burchard, der dritte Sohn, wurde in das herzogliche Pagenkorps zu Schwerin aufgenommen; der Streich, der 1755 dem Sechzehnjährigen die Entlassung einbrachte, muß nicht schlimm gewesen sein, denn er bekam vom Herzog ein Geschenk von hundert Talern, um damit im Ausland sein Glück zu versuchen. Er soll in dem preußischen Infanterie-Regiment Meyerinck, das in Berlin lag, dann bei einem Dragoner-Regiment gestanden haben, bei Leuthen verwundet und bei Kunersdorf 1759 gefallen sein.

Auch der folgende Bruder, Siegfried, fand Aufnahme in der Schweriner Pagenanstalt; während eines Urlaubs war es, daß er mit Gebhard gemeinsam den Entschluß faßte, bei den Schweden einzutreten; seine und seines Sohnes Gustav Geschicke sind zum Teil mit denen des Feldmarschalls so verflochten, daß davon weiterhin zu erzählen sein wird.

Der im Lebensalter Gebhard am nächsten stehende Bruder Hans folgte dagegen, als er ins Leben trat, dem Bruder Gustav in dänische Dienste; nachdem er wegen Kränklichkeit einige Jahre außer Dienst zugebracht, ist er in russischen Diensten im Türkenkriege gefallen.

Außer diesen fünf Brüdern hatte Blücher zwei Schwestern, die bei seiner Geburt schon zehn und acht Jahre alt waren. Die älteste, Dorothee, blieb unverheiratet; sie hatte einen Stiftsplatz im Kloster Malchow inne, wo sie 1812 nahezu achtzigjährig gestorben ist.

Einen besonderen Einfluß auf ihres berühmten Bruders Geschicke übte in der Folge Schwester Margarete aus; sie heiratete einen ehemaligen mecklenburgischen Rittmeister v. Krackwitz, der auf der Insel Rügen angesessen war.

Rostock, die alte Hansestadt, war ein eigentümliches Glied in dem mecklenburgischen Staatsgebilde. Es bewahrte eine ganz republikanisch geordnete Verfassung, führte auf den Festungswerken seine eigene Artillerie, auf der starken Handelsflotte seine eigene Flagge, übte das Münzrecht und eine ganz freie innere Verwaltung aus. In den Landständen spielte es neben den wenigen Landstädten und dem Ritterstand eine wichtige Rolle; die Rivalin Wismar war damals in schwedischem Besitz. Im Seehandel nahm Rostock an der Ostsee eine der bedeutendsten Stellen ein; es hatte namentlich mit Dänemark, Schweden, Norwegen und Rußland regen Verkehr.

Daneben kam durch die Universität Leben in die Stadt; dort studierten Dänen, Schweden und unter vielen Norddeutschen auch mancher mecklenburgische Edelmann; ein Landeskenner urteilt in dieser Zeit, es habe deshalb dem Adel niemals an Männern gefehlt, die sich auf den Landtagen durch einen geschickten Vortrag in Wertachtung gesetzt hätten.

Blücher ist also durchaus als Stadtkind aufgewachsen, und zwar an einem Orte, wo sein heller Kopf allerlei Anregungen in sich aufnehmen konnte.

Kindheit. 1742—1758.

„In meiner Jugend wurden mit den Bälgen nicht viel Umstände gemacht," hat sich der Feldmarschall öfter geäußert. Die ersten Angaben über Blüchers Jugend, die der ihm nahe befreundete Kriegs-

rat Ribbentrop 1805 machte, sagen, er sei „neun volle Jahre unter
der musterhaften Pflege des väterlichen Hauses geblieben".

Nach weiteren Nachrichten gestatteten die Eltern den Kindern
die freieste Bewegung, um sie abzuhärten und an Wagnisse zu gewöhnen.
Die erste Gelegenheit dazu bot der baumreiche Garten, der sich hinter
dem bescheidenen, in einer engen Straße gelegenen Wohnhaus bis
an die Stadtmauer ausdehnte. Die Knaben werden sich mit Nachbar-
kindern und Schulfreunden auf den Straßen und Plätzen der Stadt,
auf der seeartig sich erweiternden Warnow und bis zum nicht fernen
Ostseestrand hin getummelt haben.

Ländliche Freuden bot das nahe Teutenwinkel, das Großvater
Bülow in Pacht gehabt hatte und nun Gebhards Pate, ein Herr
v. Mandelsloh, besaß.

Gern erzählte der Feldmarschall von seiner fröhlichen Jugendzeit;
doch klagte er wohl, er habe „alles versäumt, was er hätte lernen
sollen". Indessen besuchten die Knaben die Rostocker Stadtschule, auf
der sich Bruder Gustav, wie ausdrücklich bezeugt wird, eine gute Schulbildung erwarb. Gebhard aber soll zum Lernen wenig Neigung gehabt
haben und auch von den Eltern nicht dazu angehalten worden sein. In
einer Zeit, wo man weder an eine Einjährigen- noch an eine Fähnrichs-
prüfung dachte, legte man auf Wissenschaften nur Wert, wenn sie den
Weg zu gelehrten Berufen oder zur Beamtenlaufbahn öffnen sollten.
Gebhard lernte jedoch soviel Latein, daß er noch im Alter in seinen
Briefen gelegentlich ein lateinisches Wort, einen lateinischen Spruch
anbrachte.

Desto mehr wurde das Deutsche vernachlässigt. Seine Rechtschreibung ist stets regellos geblieben; neben „Scharnhorst" schreibt
er auch „Charnhorst" oder „charnhorst"; große und kleine Buchstaben
verwendet er nach Belieben: „die erst kürzlig Reüberische besetzung"
— „ein man, den ich so Ehre und hErtzlig libe".*) Satzzeichen verwandte er sehr selten: „Dieses ist nun heute alles waß ich Schreibe
künftig mehr leben sie gesund grüßen ihre liebe Frau die meinige
emphilt sich". Oft zerreißt er die Worte: „vor züglich schön im an
Zuge" — „der unglückliche gemühz zu stand meines Elltesten Sohnes".
Dehnung und Kürzung, weiche und harte Konsonanten behandelt er
durchaus willkürlich: „stat eine vormligen antwohrt".

Dazu kommen die Verstöße gegen die Kasuslehre: „so ballde er
zu entbehren ist, laß man ihm mich vollgen". Das Vertauschen von
mir und mich findet man zu damaliger Zeit ungemein häufig; ein

<hr>

*) Die Verwendung des großen E in Worten wie ehrenvoll, edel und ähnlichen
war damals übrigens allgemein gebräuchlich.

Schriftsteller und Leiter der Kriegsakademie wie Scharnhorst schreibt z. B.: „meine Liebe und Verehrung für E. E. haben mich meine Reise nach Preußen zu der traurigsten Periode meines Lebens gemacht; ich hoffe mir der gnädigsten Gesinnung E. E. wert zu machen". So weit verging sich Blücher gar nicht einmal; er gebrauchte fast ausschließlich „mich": „die Stadt wird mich übergeben" — „Von Herzen danke ich Dich für Alles, was Du mich gutes sagst; glaube mich, der Beifall meiner Freunde und die Zuneigung so*) die Nation mich beweist" usw. „Mir" statt „mich" finde ich nur einmal: „warum hat er mir den Vorschlag (an den König) nicht machen lassen". Es ist dies um so auffallender, als dieser Mißbrauch gerade in der Armee gang und gäbe war. Feldmarschall Möllendorf schreibt z. B.: „der Vorfall hat mir ungemein erfreut", Rüchel: „auf mir folgt der Herzog". Gelegentlich verwendete Blücher aber auch „mir" ganz richtig: „die Rückkehr meiner Gesundheit ist mir angenehm". Die Unsicherheit beim Gebrauch von mir und mich ist wohl darauf zurückzuführen, daß die Muttersprache der Niederdeutschen, das Platt, das damals noch einen weit größeren Geltungsbereich hatte als heute, den Unterschied nicht kennt, sondern stets „mi" setzt.**) Und daß solche Unsicherheit beim Schreiben mehr zum Vorschein kommt als beim Sprechen, ist eine bekannte Erscheinung. Ebenso hatte Blücher bei der Verwechslung von „Ihnen" und „Sie" — „Ich beschwöre Ihnen", „sind wir durch Ihnen verstärkt" — hohe und gebildete Genossen. Oberst v. Massenbach schreibt: „alle Edle Männer Ihres Vaterlandes trauern um Ihnen", „wie sehr ich Ihnen beleidigt habe" und General Bülow: „Ich halte es für Pflicht Ihnen zu bitten". Ja, ein königlicher Befehl von 1813 sagt: „Ich eile Ihnen wissen zu lassen". Auch daran, daß Blücher z. B. schrieb: „das französische Militär marschirt (von Norden) hinter der Loire" hat man damals keinen Anstoß genommen; ließ doch das alte „Reglement vor die Preußische Husaren-Regimenter" Züge „von die Flügels" ausfallen und ein Lager „vor die Husaren in die Armee" aufschlagen.

Ein mit Blücher etwa gleichaltriger General, Schladen, leistete in der Rechtschreibung noch mehr: „als ich tort an Kahm . . . als ich in der jegent der einen Schanze Kahm . . . die Franzosen fiehlen ihm auf den Halz und schossen ihm . . . Devilees — Retrette — en Egelon". So verunstaltete Blücher Fremdworte selten; er schrieb zwar bald „Majästedt", „Magistedt" oder „Magested" und ähnlich, sowie stets

---

*) Dieses „so" war damals noch sehr gebräuchlich.

**) Selbst das Hochdeutsche schwankt noch heute, z. B. bei „vor die Brust stoßen" — „auf den Fuß treten" — „versichern", „kosten" usw., siehe Wustmanns „Sprachdummheiten".

„Francosen", aber doch auch richtig oder doch ziemlich richtig: „placiren, requiriren, rancionieren, retablieren, Quartier, Chirurgus, Tractement, Militair, Expedition, Corps, Resourcen, Demarchen".

Blücher war sich der Merkwürdigkeit seiner Schreibweise durchaus nicht bewußt, wenigstens fühlte er sich dadurch in keiner Weise behindert; er schrieb so an den König und bat nur gelegentlich, der Generaladjutant möge ihn entschuldigen, daß der wichtige Brief von seiner eigenen unleserlichen Hand geschrieben sei. Seine Handschrift war durchaus nicht ungewandt, sogar flüssig und ausgeschrieben; sie hält genau schnurgrade Linien mit klaren gleichmäßigen Abständen ein. Aber er schrieb so flüchtig, daß die Schrift selbst den Geübten oft vor nur mühsam zu lösende Aufgaben stellt. Häufig ließ er Buchstaben und Silben, manchmal ganze Wörter weg: „Libster Fd" — „die Engelender sib eblig uf Rügen angekomen" — „mich muß beim übellsten ein Ehrenvoller Todt bey Collberg zu theill werden". Die Endsilben sind meist nur durch einen Haken angedeutet.*)

Wie man von alten Dichtungen nur dann den rechten Genuß hat, wenn man sie in gewohnten Sprachformen liest, so muß man auch Blüchers Briefen den Eindruck sichern, den sie zu seiner Zeit gemacht haben; erst wenn man Satzfügung und Rechtschreibung nach unsern Regeln geordnet hat, findet man zu seinem Erstaunen, daß man oft geradezu musterhafte Schreiben vor sich hat. Seine Lebhaftigkeit verhinderte ihn meist, an die Ordnung des Inhalts zu denken; eine Nachschrift ist fast die Regel; aber oft stoßen wir auf Briefe, die durch gedrungene Sätze und klaren Aufbau von den schwülstigen Machwerken gelehrterer Kameraden vorteilhaft abstechen, und hin und wieder trifft man auf Perlen von hinreißender Schönheit.

Das Schreiben ging ihm durchaus nicht schwer von der Hand; er schrieb viel und diktierte nur, wenn er krank war; seine Briefe sind oft viele Seiten lang; gesammelt würden sie dicke Bände füllen.

Sprach nun Blücher auch so unrichtig, wie er schrieb? In der Armee ließ man sich im Sprechen allgemein sehr gehen. Der damalige Militär-Jargon, dem Berliner Gassen-Deutsch entsprossen, hat sich noch lange, ja bis auf den heutigen Tag im Heer erhalten. Wrangel war ein berühmter Vertreter dieses Tons; hie und da wird er noch heute von originellen oder originell sein wollenden Persönlichkeiten, namentlich im Verkehr mit der Truppe, gepflegt. „Nee, oller Freund, det war nischt; und jeschickt war det ooch nich"

---

*) Als Probe von Blüchers Handschrift und Schreibweise siehe die Nachbildung eines Briefes an den Generaladjutanten Oberst v. Zastrow am Schluß.

ober ähnliches kann man selbst von hohen Offizieren gelegentlich zu hören bekommen.

Wir haben auch einige Andeutungen, daß Blücher gelegentlich so sprach: „wir sind verraten und verkohft"; öfter fiel er ins Plattdeutsche, namentlich, wenn er mit seinen Soldaten gemütlich wurde. Daß er aber im gewöhnlichen Sprechen oder gar in gehobener Rede auffallend viel Sprachfehler gemacht hätte, ist entschieden nicht der Fall. Valentini, der als General dem Militär-Erziehungs- und Bildungswesen vorstand, versichert, Blücher habe „in Rücksicht der Bildung der Mehrheit seiner Zeitgenossen auf keine Weise nachgestanden", er habe sich „in Rede und Schrift sehr gut auszubrücken gewußt". Vielfach werden uns seine Gespräche in gutem Deutsch wiedergegeben. Eisenhart, dem ausdrücklich bezeugt wird, er habe „des alten Helden Weise und Ausbruck ganz unnachahmlich getroffen", gibt nicht ein einziges Mal Blüchers Aussprüche mit Sprachfehlern wieder; so führt er Blüchers Begründung der Kapitulation von Ratkau zweimal an: „weil es mir an Allem fehlt", „weil es mir an Brot und Munition fehlt", und über seine Unterredung mit Napoleon läßt er Blücher sagen: „er sagte zuerst zu mir, indem er mir die Hand reichte". Blüchers Reden bei festlichen Anlässen könnten unmöglich den hinreißenden Eindruck gemacht haben, wenn das Ohr der Zuhörer fortwährend von groben Sprachfehlern beleidigt oder belustigt worden wäre.

Gegen die Schweriner Pagenanstalt, in der zwei seiner Brüder erzogen wurden, scheint der Knabe große Abneigung empfunden zu haben; er erzählte später oft, man habe damals die Junker mit Pechstiefeln dafür einfangen müssen. Doch gaben ihn die Eltern, als er etwa vierzehn Jahre alt war, zu seiner auf der Insel Rügen verheirateten Schwester, die keine Kinder hatte.

Venz, das Kradwitzsche Gut, liegt auf dem Nordwestteil der von Meeresarmen zerrissenen Insel. In der Nachbarschaft fand der junge Blücher gleichgesinnte Gefährten, mit denen er das Land und die See, zu den gegenüberliegenden Inseln und Halbinseln hinüber, reitend, jagend, rudernd und segelnd durchstreifte.

Neben Altersgenossen seines Standes waren hier Pächter- und Bauernsöhne seine Spielgenossen. Ging er der wesentlichsten Stücke einer guten Schulbildung verlustig, so blieb ihm auch fremd die Hohlheit eines Aufklärungs- und Humanitätsschwindels, der damals die Köpfe zu verwirren begann. Frei von aller Menschenfurcht, gab ihm seine Kindheit durch tiefwurzelnde Gottesfurcht Stärke und Freiheit des Handelns in den schwierigsten Lagen seines Lebens mit auf den

Weg. Jedenfalls verdankt Blücher diesem ungezwungenen Aufwachsen unter liebevollen, vortrefflichen Menschen seine urwüchsige Frische und seine vertrauensvolle Herzensgüte. Dabei hat er in freiem Verkehr mit der Bevölkerung in Stadt und Land frühzeitig das Empfinden des Volkes kennen gelernt.

So kam der Herbst 1756 heran, der die Kunde brachte, daß König Friedrich mit seinem Heere in Sachsen eingerückt sei. Schon im folgenden Frühjahr zog sich auch über Rügen das Kriegsunwetter zusammen. Schweden, dem damals die Insel und Vorpommern bis zur Peene gehörte, rüstete mit französischem Gelde gegen Friedrich; Regiment auf Regiment setzte nach Rügen und aufs Festland hinüber; im August begannen die Feindseligkeiten; die kleinen preußischen Besatzungen von Demmin und Anklam wurden gefangen genommen, die Schanze an der Peenemündung durch heftige Beschießung zur Übergabe gezwungen; erst an der Ücker hielt das schwedische Heer inne; seine Streifparteien zeigten sich vor Stettin und näherten sich Berlin; die Russen standen in Ostpreußen, das Reichsheer und die Franzosen in Thüringen, die Österreicher in Sachsen und Schlesien. Und wenn nun auch Roßbach und Leuthen König Friedrichs Feldherrngröße neuen Glanz verliehen und die Schweden vor Feldmarschall Lehwaldt nach Stralsund und Rügen zurückwichen: gegen den Ansturm Europas schien sich dies kleine Preußen unmöglich halten zu können; was konnten ihm hiergegen Englands Guineen helfen? Schweden, so urteilte die dort herrschende Partei, mußte alle Kräfte anspannen, um, wie zu Gustav Adolfs Zeiten, bei der baldigen Aufteilung Preußens auch seine Macht in Deutschland auszubreiten.

Im Feldzug 1757 hatte sich den Schweden der Mangel leichter Reiterei sehr fühlbar gemacht; vergeblich hatte man von Rußland Kosaken, von Österreich ungarische Husaren erbeten; da erboten sich zwei rügensche Herren, ein Graf v. Putbus und ein Herr v. Platen, bis Ende April 1758 zwei Husarenschwadronen zu 100 Gemeinen durch Werbung aufzustellen. Platen war dicht bei Venz zu Haus; ihm und Graf Putbus strömte schnell die nötige Mannschaft zu; der Blücher befreundete Sohn des Gutspächters Dierk auf dem benachbarten Gagern zog die Husarenjacke an;*) Blüchers älterer Bruder Siegfried war aus der Schweriner Pagenanstalt gerade zum Besuch bei den Geschwistern; er und unser fünfzehnjähriger Held ließen sich nicht halten: auch sie gingen zu den Husaren.

Es wird berichtet, Schwester und Schwager Krackwitz seien mit diesem Schritt der Brüder gar nicht einverstanden gewesen, nament-

*) Er hat es im schwedischen Heer zum General gebracht.

lich weil die Mannszucht der Husaren als schlecht bekannt gewesen
sei; schon seiner großen Jugend wegen werden die Geschwister dem
Eintritt Gebhards widerstrebt haben. Außerdem hielt man damals
Husaren überhaupt für Soldaten minderer Klasse, bei denen nur
Abenteurer eintraten und die man überall da verwandte, wo eigent-
liche Kavallerie zu schade schien. Werbegeld und Pferdepreise waren
so gering, daß man nicht viel Aufhebens machte, wenn ein Dutzend
Husaren zusammengehauen wurde.

Die Persönlichkeit der beiden werbenden Rittmeister wird
diese Vorurteile bald zerstreut haben. Putbus und Platen waren
Offiziere der schwedischen Infanterie; Platen hatte soeben im Stabe
seines Oheims, des preußischen Feldmarschalls Schwerin, den Feldzug
in Böhmen mitgemacht; bei Prag verwundet, war er in sein Regiment
nach Stralsund zurückgekehrt, als sein Vaterland sich den Feinden
König Friedrichs zugesellte; er war ein Vetter der jungen Herren
v. Bohlen, die Blüchers nächster Umgang waren; es liegt nahe zu
glauben, daß Platen nicht ohne Einfluß auf der Brüder Diensteintritt
gewesen ist.

Im Sommer dieses Jahres traten die beiden rügenschen Schwadronen mit acht anderen, die in Danzig, Lübeck und zum Teil in
Schweden geworben worden waren, zu einem Regiment zusammen;
es machte den Feldzug von 1758 bereits mit; bei der Schwadron des
Rittmeisters v. Kaulbars stand der Junker Gebhard v. Blücher.

Schwedischer Junker. 1758—1760.

Das schwedische „Husaren-Regiment" trug blaue Dolmans und
blaue Pelze mit gelber Verschnürung, als Kopfbedeckung die hohen
Filzmützen mit herabhängendem Tuchzipfel. Das Regiment, das nach
dem Siebenjährigen Kriege bis in die napoleonische Zeit hinein unter
dem Namen Mörnersche Husaren bekannt war, ist das jetzige Regiment
des schwedischen Kronprinzen, das seinen Standort in Malmö hat.
Bei ihm wird noch heute das Andenken daran hochgehalten, daß Feldmarschall Vorwärts aus seinen Reihen hervorgegangen ist. Die Mannschaft bestand aus Deutschen, Schweden und Polen; die Kommando-
sprache war deutsch, das Reglement war das preußische!

Eigentümlich war die Lage Schwedens in diesem Kriege gegen
den Bruder seiner Königin. Ein Teil des Adels und die Masse des
Volks verdammte die Parteinahme für den russischen Erbfeind und
für die Papisten gegen die protestantischen Glaubensbrüder, denen

einst Gustav Adolf zu Hilfe geeilt war. Aber die Aussicht auf Er-
weiterung des deutschen Landbesitzes und französisches Geld zogen
die herrschende Partei zum Bündnis gegen Friedrich. Kam es darauf
an, das Land zu erobern, das der Friedensschluß Schweden bescheren
sollte, so durfte man doch das Heer nicht aufs Spiel setzen; mit dem
Heer stand und fiel der Kredit bei den Verbündeten und die Herrschaft
am eigenen Herde. Der Schweden Ziel war natürlich vor allem
das den Handel auf der Oder beherrschende Stettin; aber im Grunde
gönnte es ihm weder Rußland noch Österreich; diese drängten zum
Vorgehen auf Berlin, Frankreich zum Anschluß an sein Heer in
Westdeutschland. Solchem Vormarsch aber lag Stettin in der Flanke,
und sein tätiger Gouverneur, der Herzog von Braunschweig-Bevern,
wußte immer neue Truppen auf die Beine zu bringen.

So mußte der „schwedische Krieg" ein schwankendes, lahmes
Wesen annehmen und so recht ein Feld werden, auf dem für einen
an Zahl schwachen, aber an Unternehmungslust und Tatkraft starken
Gegner unter geschickten Führern reiche Lorbeeren zu ernten waren.

Als General Graf Dohna mit seinen Preußen vor Stralsund
abberufen worden war, um das Vordringen der Russen durch Hinterpommern gegen die Mark aufzuhalten, ging das schwedische Heer im
Sommer 1758 durch Vorpommern vor, erreichte im September die
Gegend von Neu-Ruppin und Fehrbellin und ließ bis Berlin streifen.
Nach dem Siege Friedrichs bei Zorndorf fiel es Dohna und Wedel
aber nicht schwer, die Schweden zum Rückzug hinter die Peene zu
bewegen. Indes auch hier fanden sie keine Ruhe; in der Front angegriffen und im Rücken bedroht, gingen sie in den Schutz Stral-
sunds und des Strelasundes nach Rügen zurück.

Als König Friedrich im Frühjahr 1759 seine in Schwedisch-
Pommern verwandten Truppen allmählich nach andern Teilen des
Kriegsschauplatzes zog, breiteten sich die Schweden von neuem bis
zur Peene aus. Nach Friedrichs Niederlage bei Kunersdorf schritten
sie zur Wiedereroberung der Haffinseln und stellten sich zwischen
Pasewalk und Prenzlau westlich der Ücker auf; dort hielten sie dem
schwachen Korps General Manteuffels bis Ende Oktober stand.

Das schwedische Husaren-Regiment zeichnete sich in dieser Zeit
unter Graf Putbus und unter dem geschickten Vorhutführer Oberst
Graf Sparre mehrfach aus.

Einen vortrefflichen Lehrmeister im Husarendienst müssen die
Schweden an jenem Rittmeister v. Platen besessen haben, der das
Regiment mit errichtet hatte; er hat sich in den folgenden Feldzügen
vielfach hervorgetan und es bis zum Feldmarschall und General-

gouverneur von Pommern gebracht. Schon 1761, also während des Krieges, ließ Platen eine Abhandlung „Der Husar im Felde" drucken, die er anfangs nur aufgezeichnet hatte, um sie „die jungen Leute lesen zu lassen". Es ist also anzunehmen, daß der Husarendienst im schwedischen Heer zu Blüchers Zeit so betrieben wurde, wie es in dem Büchlein beschrieben ist. Platen schöpfte zweifellos aus preußischen Quellen; er schrieb aber durchaus nicht etwa aus dem Reglement ab, sondern bot eine vortreffliche Ergänzung dazu. Er hatte im Gefolge Schwerins Gelegenheit gehabt, dessen unübertrefflichen Avantgardenführer Winterfeld zu sehen; Wartenberg, einer der hervorragendsten Lehrmeister der Husaren, und Werner führten in Schwerins Heeresteil ihre berühmten Regimenter; wahrscheinlich hatte er hier auch schon Belling kennen gelernt.

Für die Vortrefflichkeit des Büchleins spricht, daß es General Schimmelpfennig 1805 als Chef der braunen Husaren mit Anmerkungen neu herausgab. Es enthält viele Ratschläge, die noch heute wertvoll sind; sie umfassen das Verhalten des gemeinen Husaren auf Schildwache und Feldwache, auf Patrulle und beim Flankieren, bei Überfällen und in der Attacke, wie auch Ratschläge für Unteroffiziere und Offiziere bis hinauf zum Führer einer „großen Attacke" oder einer aus Infanterie, Kavallerie und Husaren zusammengesetzten Abteilung.

Dem Reiter in der Front wird anempfohlen, bei der Attacke, wenn er auf drei oder vier Schritt dem Feinde nahe kommt, seinem Pferde die Sporen zu geben und es „aus vollen Kräften ausholen zu lassen"; im Durchbrechen muß er seinen Feind nicht schonen, sondern immer brav nach dem Kopf, Hals und Händen hauen und keinen Pardon geben, bis der Feind gänzlich auf der Flucht ist; er darf selbst nicht eher Pardon begehren, ehe er entweder schwer verwundet ist oder keine Hilfe mehr erwarten kann.

Beim Streifen werden neben den Offizieren auch Unteroffiziere als Führer verwendet. Der Offizier muß allezeit einen Bogen weißes Papier und eine Bleifeder bei sich führen; einer mündlichen Meldung muß er, sobald es die Zeit zuläßt, gleich eine schriftliche nachsenden. „Zu Anfang über den Rapport setzt er den Ort, wo er ist, das Datum und die Stunde; alsdann meldet er so kurz als möglich, ohne die Titulatur oder andere Kurialien zu beobachten"; „er bemerkt genau alles dasjenige, was von einiger Wichtigkeit und von Folgen sein kann; er kann auch wohl sein Urteil darüber, was die Absicht des Feindes sei, beifügen; er kann auch melden, was er selbst zu tun gedenkt, unnütze Sachen aber müssen nicht mit einfließen." „Man muß sich gewöhnen, einen dergleichen Rapport zu schreiben, ohne abzusitzen." „Ein Kompaß und eine gute Uhr ist einem Offizier höchst nötig." Wer nicht genug Kontenance habe, einen zuverlässigen Rapport zu machen, dem solle man „als einem unnützen Subjekt, das nicht einmal zum Husaren taugt, den Abschied geben".

Des Junkers Gebhard v. Blücher wird in den Kriegsberichten natürlicherweise nirgends gedacht; doch wissen wir aus seinem eigenen Munde, daß er schon in einem Gefecht bei oder in Pasewalk, wo den Schweden „hart zugesetzt" sei, beinahe gefangen genommen wäre. Am 1. September 1759 hatten nämlich die Schweden den Major v. Stülpnagel mit seinem pommerschen Landesaufgebot aus Pasewalk vertrieben; am andern Morgen aber überraschte Stülpnagel seinerseits die Besatzung der Stadt, verlegte ihr den Rückzug und brachte ihr einen Verlust von mindestens 200 Mann bei. Möglicherweise war es bei dieser Gelegenheit, daß ein Bellinghusar unserm Junker eine Kugel durch den Fuß jagte.

Im November bezog das schwedische Heer Winterquartiere in der Gegend von Greifswald.

Mit mehr Glück für die Schweden begann das Kriegsjahr 1760. Sie überrumpelten Anklam und nahmen den auf preußischer Seite kommandierenden General v. Manteuffel gefangen. Aber erst Mitte August trat das schwedische Heer den Vormarsch an; die Hauptmacht umging, über Malchin ausholend, die von dem weit schwächeren preußischen Heerteil unter General v. Stutterheim gehaltene Peenelinie. Doch es gelang nicht, den Preußen den Rückzug zu verlegen; Stutterheim zog sich rechtzeitig gegen die Ücker zurück; die Schweden folgten langsam; der unternehmende Führer der preußischen Nachhut, Oberst Belling, fand mehrfach Gelegenheit, mit seinen Husaren den Schweden einen Denkzettel zu geben; in einem dieser Gefechte, wahrscheinlich am 27. August nördlich vom Kavelpaß bei Friedland, fiel Junker Gebhard v. Blücher den Preußen in die Hände; ein Dutzend Bellingscher Husaren stritt sich später um den Ruhm, den einstigen Feldmarschall gefangen genommen zu haben.

Daß der Junker sich schon hervorgetan hatte, beweisen die vorteilhaften Urteile, die sowohl Oberst Sparre als der schwedische Oberkommandierende bei den Auswechslungs- und Abschiedsverhandlungen über ihn aussprachen. Sparre nennt ihn „hurtig und keck", der General bezeichnet ihn als „gewandt, von gutem Aussehen und tadelfreier Aufführung".

Es war eine wunderbare Fügung, daß Belling in Blücher den Sohn eines Vetters seiner Frau erkannte; er schickte ihn nicht mit den übrigen Gefangenen nach Stettin, sondern behielt ihn bei sich. Zunächst war er dem Neffen behilflich, seine Auswechslung zu betreiben; aber schon am folgenden Tage schlug er ihn dem König zur Beförderung zum Kornett vor, ohne zu sagen, daß der Junker ein gefangener Schwede sei; einige Wochen später hatte Blücher sein preußisches Offizierspatent. Ob Blücher den Abschied aus schwedischem Dienst jemals erhalten hat, bleibt ungewiß; sein Vater mühte sich noch im Januar 1761 darum.

Im preußischen Heer fand Blücher nur noch einen seiner Brüder, Berthold, nachdem der zweite, Burchard, für Preußens Sache gefallen war. Der Fahnenwechsel war nicht so tiefgreifend, stand doch der König von Schweden nur widerstrebend auf der Seite der Gegner seines Schwagers. Und wie hatte sich für diesen, seit Blüchers Eintritt bei den Schweden, das Blatt gewendet! Ganz Deutschland und auch das Ausland jubelte dem Heldenkönig zu; seine Feinde verzweifelten an seiner Niederwerfung; nur bei ihm schien Ruhm und Ehre zu holen zu sein.

Blüchers Bruder Siegfried war übrigens schon im Frühjahr 1760 aus dem schwedischen Heere geschieden und als Fähnrich in mecklenburgischem Dienst wieder angestellt worden; er nahm 1767 als Hauptmann den Abschied und trat ins Forstfach über, in dem er bis zu seinem 1813 erfolgten Tode tätig blieb. Von seinem einzigen Sohn Gustav wird noch weiterhin die Rede sein.

Unter Belling.   1760—1772.

Feldzug 1760.

Der mir ewig unvergeßliche Belling war ein wahrer Vater gegen mich, so äußerte sich Blücher später oftmals; er hat offenbar auf Blüchers Entwicklung als Mensch und als Soldat entscheidend eingewirkt.

Belling stammte aus einem märkischen Soldatengeschlecht; er war im Kadettenkorps erzogen; weil er sehr klein war, wurde er einem Garnisonbataillon überwiesen; 1739 aber versetzte ihn Friedrich Wilhelm I. zu den Husaren, der einzigen Truppe, wo er kleine Leute gern sah. Der 1721 gebildete Stamm der preußischen Husaren lag in den kleinen Städten an der Grenze zwischen Tilsit und Lyk. Aus je drei Schwadronen ostpreußischer und Berliner Husaren wurde nach der gemeinsamen glänzenden Waffentat unter Zieten bei Rotschloß 1741 das Regiment gebildet, das unter der Führung des Husarenkönigs zu so großem Ruhm gelangte; in ihm machte Belling auch den zweiten Schlesischen Krieg mit. Er hat dann jedenfalls bei dem in Parchim und Lübz in Mecklenburg liegenden Teil des Regiments gestanden und sich in der Nachbarschaft seine Frau geholt, durch die er in verwandtschaftliche Beziehung zu der Familie Blücher trat. Mit Vorteil zu den braunen Husaren nach Schlesien versetzt, diente er erst unter dem gediegenen Wechmar, dann unter dem stürmischen Werner, unter deren Führung das Regiment sich bei Prag, Kolin, Breslau und Leuthen Lorbeeren errang.

1758 wurde Belling Kommandeur des schwarzen Husaren-Bataillons,*) das Prinz Heinrich in Halberstadt neu errichtet hatte; mit ihm streifte er bald nach Eger und in die Oberpfalz, dann an der polnischen Grenze gegen die Russen, zu Ende des Jahres in Sachsen gegen die Österreicher. 1759 zog er unter Prinz Heinrich nach Böhmen

---

*) Ein Bataillon Husaren bestand aus 5 Schwadronen, zwei Bataillone bildeten ein Regiment.

und kämpfte unter dem König bei Kunersdorf. Der König ließ Belling mit seinem Bataillon und einem Dragoner-Regiment zur Beobachtung der Russen an der Oder zurück, schickte ihn im September aber gegen die Schweden. Hier begann Bellings eigentliche Ruhmeslaufbahn. Mit seinen Husaren und anderen ihm unterstellten Truppen hatte er eine Reihe glänzender Gefechte geliefert.

Belling, damals ein Vierziger, war ein kleiner, dicker Mann; aber „Gang, Stellung, Mienen, Alles gefiel an ihm. Seine Lebhaftigkeit, die Art mit den Offizieren seines Regiments umzugehen, die Soldaten anzureden — dies Alles hatte etwas Eigentümliches, und ihn unter seinem Regiment zu sehen, war die Szene eines Vaters unter seinen Kindern." „Die Bibel und ein gutes Erbauungsbuch waren seine täglichen Handbücher, und er war in seinem Hause mehr einem andächtigen Geistlichen als einem großen General ähnlich." „Man sagt: er habe vor dem Anfange eines Gefechts, wo es sich tun lassen, auf den Knieen gebetet, weil er ganz überzeugt war, daß sein Schicksal in der Hand Gottes stehe. Diesem Grundsatze zufolge entzog er sich nie einer Gefahr, sondern war bei allen kriegerischen Vorfällen stets an der Spitze seiner Truppen. In seinen Feldzügen gegen die Schweden war es nicht zweifelhaft, daß die Kanonen auf seine Person gerichtet waren, indem Belling wegen eines Schimmels, den er ritt, und wegen seiner kleinen, dicken Figur vor Allen leicht erkenntlich war; dennoch konnte man ihn nicht bewegen, ein anderes Pferd als den selbst dem Feinde bekannten Schimmel zu reiten."

Jeden Abend soll Belling sein Abendgebet mit lauter Stimme vorgetragen haben; „nachdem er darin jedesmal Gott für seine eigene Erhaltung gedankt, bat er um den göttlichen Segen für sein ganzes Regiment, häufig um die Erleuchtung eines oder des anderen Offiziers, mit dessen Führung der Eskabron oder des Zuges er unzufrieden gewesen, »damit er sich im Dienst konservieren möge«."

„Von seinen gottesdienstlichen Gebräuchen wich er auch im Getümmel des Krieges nicht ab; regelmäßig sang er sein geistliches Morgenlied aus, selbst wenn die Annäherung des Feindes gemeldet wurde," erzählte man sich von ihm. Dabei „wußte er den Krieg mit dem Vergnügen zu vereinigen" und sandte „seine Offiziere wohl von einem Ball zu einer heimlichen Unternehmung aus". Seinem Lehrer Zieten folgte Belling auch darin, daß er außer Dienst seinen Leuten vieles nachsah; gegen die Klagen der Bewohner pflegte er sie, auch dem König gegenüber, nachdrücklich in Schutz zu nehmen.

König Friedrich soll Belling später seinen roten Löwen genannt haben; als Blücher in sein Regiment trat, trug dies aber noch die schwarze Uniform, die es bei seiner Errichtung erhalten hatte. Die Beschnürung, Kragen und Aufschläge des schwarzen Dolmans war bei der Mannschaft grün, die Knöpfe gelb; die Schärpe war grün und gelb, die Säbeltasche schwarz mit gelber Einfassung und Namenszug; die hohe Filzmütze war mit einem schwarzen Tuchstreifen umwickelt, dessen Zipfel im Nacken herabhing und so gemeinsam mit dem Zopf das Genick gegen Hiebe schützen sollte, während seitlich mächtige gepuderte Locken aus der Mütze hervorguckten; vorn zeigte die Mütze ein Totengerippe mit Stundenglas und Hippe, den „ganzen Tod", und darunter die Inschrift „vincere aut mori". Der Unteroffizier trug an der Mütze eine grüne, der Offizier eine goldene Bandrose; am Dolman zeichneten den Offizier goldene Schnüre und Fransen aus; die grünen Abzeichen waren bei ihm aus Samt; über dem ledernen Beinkleid trug der Offizier die aus dem Stiefel bis zum halben Oberschenkel reichenden schwarzen, goldbeschnürten Schalawaren. Die Mannschaften scheinen diese Überhosen nur im Winter getragen zu haben. Nach dem Reglement wurden die sogenannten Pelze nicht mit ins Feld genommen; sie waren gleichfalls aus schwarzem Tuch und hatten schwarze Pelzvorstöße; sie scheinen weiß gefüttert gewesen zu sein. Die Säbeltaschen und Überdecken waren bei den Offizieren mit Tressen reich verziert, die Überdecken außerdem mit einer zackigen grünen Einfassung versehen. Entgegen dem sonstigen Gebrauch in der Armee hielt der Husar etwas darauf, sich einen möglichst mächtigen Schnurrbart wachsen zu lassen, dessen gewichste Enden in scharfe Spitzen zusammengedreht wurden.

Der Offizier hatte sich schon im Frieden zwei Pferde zu halten; ein drittes hatte er beim Ausmarsch als Packpferd anzuschaffen. Auf diesem mußte das ganze Feldgepäck des Offiziers verladen werden; Wagen mitzunehmen war den Subalternoffizieren streng verboten. Die drei Schwadronsoffiziere sollten ihre drei Packpferde so beladen, daß eins das gemeinsame Zelt, zwei Krippen und ½ Scheffel Hafer (etwa zwölf Kilo), ein anderes die drei Feldbetten, einen Klapptisch, drei Klappstühle, einen Kessel, zwei Flaschen und Lagerleinen, das dritte die drei Felleisen, Eßvorräte, zwei Sensen und ½ Scheffel Hafer trug; außerdem waren an jedem Packpferd je zwei Lagerpfähle befestigt. Zu den drei Packpferden waren ein bis zwei Packknechte erlaubt.

Der Reitknecht, der das zweite Pferd des Offiziers ritt, konnte auch eine Flinte mitführen und sollte den Mantel des Offiziers vor sich auf dem Sattel tragen. Husaren durften bei „infamer Kassation" von den Offizieren weder „bei den Pferden noch zur Aufwartung" verwandt werden.

In dem Felleisen war unterzubringen: ein bis zwei Dolmane, zwei Paar lederne Hosen, zwei Paar tuchene Überhosen, eine Mütze, eine Säbeltasche, eine Schärpe, die nötige Wäsche und „einige benötigte Kleinigkeiten". Das zweite und dritte Paar Stiefel sollte über das Packpferd gehangen werden. Wo das „Paar Teetassen" und „etwas Zinn und Kupferzeug" blieben, das den Offizieren erlaubt war, „wenn sie Menage haben", ist nicht gesagt, wahrscheinlich im Kessel oder Vorratsbeutel. Dazu kam noch das Gepäck des Packknechts, auch wohl das des Reitknechts. Über das Ganze wurde eine ungeheure Decke gelegt, die „das arme Tier einhüllte und dasselbe einem Kamel oder Dromedar sehr ähnlich machte".

Für die Verpflegung der Offiziere war die Mitnahme eines „Traiteurs" bei jedem Regiment vorgesehen.

„Wenn diese Sachen wie auch Flinten, Pistolen und schlichtes Reitzeug ohne Silberbeschlag vor dem Feinde verloren gehen, so können sich die Offiziere wegen der Vergütung melden. Wenn ihnen aber Silberzeug, Schlafröcke und andere dergleichen Sachen genommen werden, so haben sie deshalb nicht die geringste Vergütung zu erwarten."

Zur Anschaffung dieser ganzen Ausrüstung fehlte es Blücher natürlich an Mitteln. Man muß sich denken, daß er nicht einen Pfennig mitbrachte. Was er etwa an Geld und Wertgegenständen bei sich getragen hatte, war bei seiner Gefangennahme nach Kriegsgebrauch sofort in die Taschen des Siegers gewandert. Ein armer Teufel, bei dem sich nichts fand, erhielt wohl noch Hiebe für seine Liederlichkeit. Auch die Waffen verfielen dem Überwältiger.

Das preußische Reglement schrieb zwar vor, daß „alle Beute, welche die Husaren auf Kommando gemacht haben, soll zusammengebracht und des andern Tages um 11 Uhr im Hauptquartier öffentlich verkauft werden; das Geld soll nachgehends unter die Husaren dergestalt verteilt werden, daß sie alle gleich viel bekommen; der Offizier, welcher das Kommando gehabt, bekommt den zehnten Teil davon und die andern Offiziere vom Kommando nach Proportion". Wer Beute verheimlichte, sollte mit Spießrutenlaufen bestraft werden. Ob man aber so wirklich verfuhr, scheint mir sehr zweifelhaft. In Platens „Husar im Felde" wird ausdrücklich angeführt, daß man in manchen Fällen dem einzelnen seine Beute lassen müsse: „zum Exempel, wenn er einen Offizier bekommen oder beim Flankiren oder Einhauen seinen Mann koupirt, weil dieses gemeiniglich von der Bravour desjenigen, der ihn nimmt, abhängt".

Sonst aber empfiehlt er, daß sämtliche Beute nach der Affäre zusammengebracht, abgeschätzt und der Stärke der Eskadrons oder

nach ihrer bewiesenen Bravour geteilt werde. „Hernach nehmen die
Offiziers gegen contante Bezahlung nach der Taxe das Beste heraus,
das übrige wird verauktionirt und vom Eskadronchef in Gegenwart
von zwei Unteroffizieren und zwei Husaren nach eines Jeden bewiesener
Bravour an die Unteroffiziere und Husaren verteilt." Dies sei die
beste Methode, da der Offizier nichts davon zu profitieren scheine,
aber doch seine Rechnung dabei finde, und weil man jeden nach Verdienst belohnen könne; das gebe „einen Trieb zur Nachahmung für die
andern, um ins Künftige auch brav zu tun"; wenn aber jeder behielte,
was er genommen, würden „die braven Kerls, welche vorwärts weg
arbeiten, Nichts bekommen, und die Poltrons, die zurück hielten, würden
Gelegenheit haben, die Pferde zu greifen".

Der Herausgeber, General Schimmelpfennig, bemerkt hierzu nur,
daß bei beträchtlicher Beute man die Leute bestimmen solle, ihre Anteile
in der Regimentskasse niederzulegen; dadurch könne man „manchen
Kerl sicher machen, der sonst, durch sein Geld verführt, desertirt,
oder aber aus Furcht, solches bei Gefangenschaft zu verlieren, bei
anderen Gelegenheiten nicht recht anbeißt".

Bei der damaligen Heeresverfassung war das Beutemachen für
den gewöhnlichen Berufssoldaten eine Sache von besonderer Bedeutung; es war die Gelegenheit, sein Vermögen zu verbessern, für seine
Familie zu sorgen. Daß dabei aber nicht allein der Geist des Eigen-
nutzes tätig war, zeigt folgender Vorfall.

Im Winter 1806/07 nahm ein Unteroffizier mit siebzehn Blücher-
husaren einen französischen Oberst mit seiner Begleitung gefangen;
die sechs Pferde wurden verkauft, der Erlös geteilt; die silberne
Trompete des französischen Stabstrompeters aber schenkten die
Tapferen ihrem Regiment, das sie noch heute als schönes Erinnerungs-
zeichen an jene glänzende Tat aufbewahrt.

Angeblich kaufte Belling für Blücher die Ausrüstung eines grade
in diesen Tagen gefallenen Offiziers. Von den Bekleidungsstücken wird
der langaufgeschossene junge Mann wohl kaum etwas haben gebrauchen
können; da solche aber dem Offizier wie den Mannschaften alljährlich
gegen den Betrag der Kleiderkasse geliefert wurden, so wird die Anschaffung für des Obersten Neffen keine Schwierigkeiten gemacht haben.
Ebensowenig konnte es schwerfallen, in den Besitz von Pferden zu
gelangen; erbeutete man doch fast täglich welche.

Pferde waren damals nach unsern Begriffen unglaublich billig.
Der König gab im Durchschnitt vierzig Taler für jede polnische
Remonte. Da diese kleinen Tiere alle anderen an Zähigkeit und an
Schnelligkeit übertrafen, so mußte sich auch der Offizier mit solchen

versehen. Von Seydlitz wissen wir, daß er sie den großen Holsteinern
vorzog. Die Pferdehändler in Berlin, Dessau und Leipzig brachten
die „Polen" massenhaft auf den Markt. Blücher wurde aber wahrscheinlich aus dem Nachlaß des gefallenen Kameraden oder von seinem
Kommandeur beritten gemacht. Die Benutzung eines Dienstpferdes
war den Offizieren, „unter welcherlei Prätext es immer sei", bei
Kassation verboten.

Die Bewaffnung der Husaren bestand aus einem gebogenen
Säbel, einem kurzen Karabiner und zwei Pistolen; in jeder Eskadron
führten zehn Husaren gezogene Karabiner. An Munition sollte jeder
Mann achtzehn Karabiner- und zwölf Pistolenpatronen bei sich haben.
Der Karabiner wurde gewöhnlich mit dem Lagerpfahl zusammen auf
der rechten Seite schräg in einem Schuh getragen; zum Gefecht wurde
er am Bandelier eingehakt.

Wie die Bekleidung, so waren auch Sattel und Zaumzeug dem
ungarischen Vorbild entsprechend; eine mit Borten verzierte Über-
decke mit langen hinteren Zipfeln bedeckte das Gepäck. Als Zaum
diente ein leichtes, gebrochenes Gebiß.

Der Troß eines Husaren-Regiments bestand aus einer Chaise
und einem Packwagen des Obersten, den Packwagen für jeden Stabsoffizier, den Packkaleschen und den Brotwagen jeder Eskadron, den
Packpferden (je drei) der Stabsoffiziere und Rittmeister und den
Packpferden für die Zelte der Mannschaft. Stabsoffiziere und Rittmeister durften soviel Reitpferde, „wie sie gebrauchten", mit ins Feld
nehmen. Außerdem hatte jede Eskadron einen Marketender mitzunehmen. Die Knechte bei den Packwagen, den Packpferden und der
Krankenknecht bei jeder Eskadron erhielten Löhnung und Brot, „damit
die Offiziere ihrer besser versichert sein und sie besser zwingen können".

Für die Ordnung beim Troß enthielt das Reglement genaue und
strenge Vorschriften. Knechte, Bediente oder Soldatenweiber, die
plündern oder stehlen, sollten sogleich „ohne weitere Umstände" auf-
gehängt werden. Bei den häufig schnellen Hin- und Hermärschen und
der fortgesetzten Verwendung im Vorhut- und Vorpostendienst werden
die Husaren von ihrem Troß-Gepäck oft wochenlang nichts gesehen
haben. Die Zelte wurden auf Kommandos nicht mitgeführt; die
Husaren waren dann auf Hüttenbau angewiesen; gewöhnlich aber
suchten sie ein Unterkommen in Ortschaften. Später nahmen die
Husaren überhaupt keine Zelte mehr mit ins Feld.

Nur in wenigen Fällen läßt sich Blüchers Teilnahme an den
Taten seines Lehrmeisters im einzelnen belegen; aber diese sind so

Kilometer
Schwedisch Pommern
Mecklenburg
Preußisch Vor-Pommern
Uckermark
Ventz
Bergen
Putbus
Barth
Ahlen
Stralsund
Damgarten
Ribnitz
Greifswald
Wolgast
Peenemünde
Swinemünde
Wollin
Teutenwinkel
Sülze
Rostock
Tessin
Friedberg
Trebel
Gnoien
Dargun
Demmin
Gützkow
Peene
Daberkow
Anklam
Kleines
Großes
Haff
Neu Warp
Schwaan
Laage
Verchen
Neu Kahlden
Klempenow
Spantekow
Boldekow
Ückermünde
Bützow
Güstrow
Teterow
Malchin
Treptow
Friedland
Kavel Pass
Finkenbrück
Basedow
Jatzke
Brohm
Ballenbecht
Rötemühl
Pommern
Vor-
Neu Brandenburg
Kuhblank
Woldegk
Strasburg
Pasewalk
Stettin
Jagow
Löcknitz
Damm
Ucker
Randow
Oder
Neu Strelitz
Prenzlau
Polßen
Uckermark
Templin
Zehdenick

sichtlich die Vorbilder zu Blüchers eigenen Taten in den Rheinfeldzügen, daß es unerläßlich ist, Bellings wunderbare Züge in kurzen
Strichen wiederzugeben.

Ein besonderes Gepräge erhielt der schwedische Krieg durch die
eigentümliche Gestaltung des Geländes. Vom unteren Ende des Ober-
bruchs dehnt sich die uckermärkische und die mecklenburgische Seenplatte
als breiter Gürtel bis zur Warnow hinüber. Aus diesem Seengewirr
lösen sich nach Nordosten vier Flußläufe: im Osten die Ücker, 50 Kilometer weiter westlich die Tollense, je 35 Kilometer weiter die Peene und
die Recknitz.

Die Ücker, Tollense und Peene durchströmen anfangs umfang-
reiche und langgestreckte Seen; Tollense, Peene und Recknitz treffen
nach kurzem Lauf auf eine Querrinne, die sich von der Ücker-Mündung
in schwachem Bogen über Demmin zum Saaler Bodden bei Ribnitz—
Damgarten hinzieht; sie stellte mit ihren sumpfigen Wiesen und Mo-
rästen einen besonders starken Abschnitt dar. Eine große Zahl kleinerer
Bachläufe mit tiefen sie begleitenden Wiesen bildete die engeren
Maschen dieses Flußnetzes. Die Peene begrenzte von Demmin ab das
schwedische Pommern, das von Mecklenburg durch Trebel und Recknitz
geschieden wird.

Alle diese Wasserläufe waren vor 150 Jahren durch ihre morastigen
Talsohlen und bei der geringen Zahl gebauter Übergänge bedeutende
Bewegungshindernisse. Zu den Brückenstellen führten lange, schlecht
gehaltene Dämme, so daß diese „Pässe“ von den Talrändern aus leicht
zu verteidigen waren. Demmin und Anklam, auf der preußischen Seite
der Peene gelegen, gewannen durch ihre alten Befestigungen Bedeutung; aber auch die anderen Landstädte: Prenzlau und Pasewalk an
der Ücker, Neubrandenburg und Treptow an der Tollense, Malchin
an der Peene, leisteten mit ihren Mauern und Gräben der Verteidigung
gute Dienste.

Die ausgedehnten Waldungen gaben Gelegenheit zum überraschenden Auftreten leicht beweglicher Truppen, denen die genaue Bekannt-
schaft mit dem Lande und die treuliche Unterstützung der Bevölkerung
in hohem Grade zustatten kam. So war dies durchschnittene und
bedeckte Land für einen Parteigänger vom Schlage Bellings wie das
Gewebe einer Spinne, die überall dahin eilt, wo die Haltbarkeit der
Fäden bedroht ist; zerriß dann das Netz an einer Stelle unter dem
Druck des übermächtigen Gegners, so hemmte die unerwartete Um-
strickung durch neugelegte Schlingen, der immer erneute, zähe Widerstand die unentschlossenen Bewegungen des Feindes so, daß er nie
sein Endziel erreichte.

Die schwedische Armee war 1760 mit einigen 30, allerdings schwachen Bataillonen, einigen 30 ebenfalls schwachen Schwadronen und nahezu 100 Geschützen, etwa 17000 Mann, ins Feld gerückt.

Ihr gegenüber stand General v. Stutterheim mit etwa 5000 Mann Infanterie, 1250 Reitern und 20 Geschützen. Die Minderzahl der preußischen Truppen wurde noch dadurch stark herabgedrückt, daß die Mehrzahl durchaus nicht vollwertig war. Von den 10 Bataillonen waren 6 neugebildet; die Stämme und zugleich die Namen hatten die Überbleibsel von vier bei Maxen gefangengenommenen ostpreußischen Regimentern hergegeben; sie waren durch wiedergenesene oder aus der Gefangenschaft entkommene Mannschaften aufgefüllt worden und durch Rekruten ergänzt, die in Mecklenburg gepreßt waren; vor dem Feinde noch wenig brauchbar, wurden sie stets zurückgehalten.

Die Last des Krieges lag auf den übrigen Truppen, dem ostpreußischen Regiment Dohna, das im vorigen Jahr bei Kunersdorf stark gelichtet war, den Plettenberg-Dragonern, ebenfalls Ostpreußen, vornehmlich aber auf den leichten Truppen: dem Husaren-Bataillon Belling und dem Freiregiment Hordt.

Dieses Regiment hatte 1758 Graf Hordt, ein geflüchteter Anhänger der schwedischen Hofpartei, in Breslau errichtet, in Stettin vollzählig gemacht; der Chef war in russische Gefangenschaft geraten. Das Regiment trug wie alle Infanterie-Freitruppen zur Unterscheidung hellblaue Abzeichen, hellblaue Westen und Hosen. Die Freiregimenter mußten sich ebenso wie die Husaren mit geringerem Troß begnügen, führten auch keine Zelte. Alle Freitruppen waren gleich den Belling-Husaren lediglich auf Werbung angewiesen, da ihnen ein Ergänzungsbezirk nicht zugeteilt war.

Trotz der rücksichtslosen Verwendung der leichten Truppen hatten sie, Infanterie wie Husaren, um so mehr Zulauf, je mehr Handel und Wandel darnieder lagen; das ungebundenere Leben, der freiere Dienst, in dem der einzelne Mann mehr zur Geltung kam, lockte manchen verwegenen Gesellen in ihre Reihen.

Das Freiregiment Hordt und das Husaren-Bataillon Belling, erst im Kriege gebildet, aber in ihm durch ihre hervorragenden Führer vortrefflich geschult, hatten schon gemeinsam gegen die Russen ihren Mann gestanden und waren durch die seit Jahresfrist gegen die Schweden zusammen vollführten glänzenden Taten zu enger Waffenbrüderschaft verschmolzen.*)

***

*) Auch im bairischen Erbfolgekriege 1778 haben dann Bellings Husaren und Hordts neu aufgestelltes Freiregiment Schulter an Schulter gefochten.

Auch bei dem Rückzug durch den Kavelpaß, der Blüchers Gefangennahme folgte, bildeten die schwarzen Husaren und die leichten Fußtruppen die Nachhut des kleinen preußischen Korps. 12 Kilometer jenseit des Passes fand Belling auf der Rückzugsstraße den von Gehölzen eingefaßten sumpfigen Grund des Mühlbachs geeignet, neuen Widerstand zu leisten. Dort postierte er seine Freitruppen und ließ die Husaren dahinter bei Galenbeck ruhen. Sobald ihm seine Späher aber meldeten, daß der Gegner nicht weit gefolgt sei, hielt's ihn nicht länger dahinten; nächsten Tags ging er mit seinen Schwadronen wieder vor. Von überlegener Kavallerie in ein nachteiliges Gefecht verwickelt, mußte er sich persönlich durchschlagen, fand dann aber mit seinen Schwadronen Aufnahme am Mühlbach durch die Freitruppen, die des Feindes Verfolgung hemmten.

Die preußischen Hauptkräfte waren unterdes hinter die Ückerlinie Pasewalk—Prenzlau zurückgegangen. Belling, durch ein Infanterie-Regiment und eine Dragoner-Schwadron verstärkt, blieb vor der Front bei Jagow, wo ein Bachlauf seine Stellung deckte. Doch glückte es den Schweden, ihn in den ersten Septembertagen so überraschend mit Übermacht anzugreifen, daß beim Rückzug eine Freikompagnie von feindlicher Kavallerie teils zusammengehauen, teils gefangen wurde, während Bellings geschickter Gegenangriff ein Infanterie-Bataillon aus bedrängter Lage befreite.

Vor dem weit überlegenen Feinde gingen die Preußen nun bis hinter Prenzlau zurück; drei Freikompagnien verteidigten die gegen Westen durch drei Ücker-Arme gedeckte Stadt, wurden aber schließlich hinausgeworfen; Belling mußte sich damit begnügen, die tapferen Verteidiger vor weiterer Verfolgung zu schützen.

Als einige Tage später die Schweden Miene machten, auf Berlin vorzurücken, setzte sich General Stutterheim durch einen schnellen Marsch vor ihrer Front vorbei auf die andere, westliche Flanke ihrer Vormarschlinie nach Zehdenick, wo er hinter der Havel eine starke Stellung fand. Belling ließ er mit seinen Husaren, dem Freiregiment und zwei Bataillonen Infanterie hinter den Seen bei Templin näher am Feinde und verstärkte ihn mit allem, was er an Kavallerie heranziehen konnte, so daß Belling über 4 Bataillone und etwa 12 Schwadronen verfügte.

Das gab dem unternehmenden Belling die willkommene Möglichkeit, den Feind von neuem mit häufigen Streifzügen zu beunruhigen und zu umschwärmen. Waren die Husaren doch durch des Königs Befehle angewiesen, „wenn der Feind Kommandos oder Eskorten ausschickt, so müssen sie suchen, solche zu enleviren und was sie eskortiren wegzunehmen, auch dem Feind alle Zufuhr abzuschneiden; weshalb die Husaren ihre Parteien nicht nur vorwärtsmachen, sondern auch suchen müssen, bei dem Feind sich vorbeizuschleichen und auf zwei oder drei Meilen hinter der feindlichen Armee herumzustreifen und Alles unsicher zu machen. Hierbei müssen sie aber sehr wohl auf der Hut sein, damit sie nicht können kupirt oder abgeschnitten werden."

Die schwedischen Vorposten waren jeden Augenblick auf Überfälle gefaßt; Nachrichten blieben aus oder meldeten den Feind in weit übertriebener Stärke aus allen möglichen und unmöglichen Richtungen; der Verpflegungsnachschub stockte; zum Futterholen bedurfte man starker Bedeckung.

In solcher Lage gab der schwedische Führer den Stoß ins Ungewisse auf; eine Niederlage des Heeres würde gleichbedeutend mit der Niederlage der Partei daheim gewesen sein. So strandete der schwedische Angriff drei Tagemärsche von Berlin; ja Bellings Tätigkeit bewog den Feind bald zur Umkehr. Als Belling bemerkte, daß sich die Schweden bei Prenzlau festsetzten, schob er sich dicht an sie heran und warf ihre Vorposten auf die Hauptstellung zurück.

Am 22. September legte Belling einer schwedischen Abteilung bei Polßen südöstlich Prenzlau einen Hinterhalt; die Husaren lockten den Feind auf die versteckte Stellung der Infanterie, und als der Feind stutzte, fielen Dragoner und Husaren von allen Seiten über ihn her.

Für den 3. Oktober war von den Preußen eine umfassende Unternehmung gegen die Schweden geplant; man wollte sie mit 12 Bataillonen und einem Dutzend Schwadronen bei Prenzlau von Westen her angreifen; währenddes sollte eine Abteilung von 10 Bataillonen und 10 Schwadronen unter dem Husarengeneral Werner von Stettin aus ihnen in den Rücken marschieren. Werner hatte soeben das von den Russen belagerte Kolberg entsetzt und die russische Flotte zum Abfahren veranlaßt; sein Name war in aller Munde. Aber Werners Angriff scheiterte vor Pasewalk, und der andere Teil der Preußen wurde im letzten Augenblick nach Berlin abgerufen, um es gegen einen Streifzug russischer und österreichischer leichter Truppen zu schützen; nur Belling sollte mit seinem Bataillon, 2 Eskadrons Zieten-Husaren, 60 Plettenberg-Dragonern und dem Freiregiment Horbt den Schweden gegenüber bleiben. Belling aber, um den Abmarsch der Hauptkräfte und seine Schwäche zu verdecken, entschloß sich sogleich zum Angriff. Die Schweden, von beiden Seiten bedroht, räumten die Stellung von Prenzlau und gingen halbwegs nach Pasewalk zurück.

Belling setzte sich sofort in des Feindes empfindliche westliche Flanke und warf von Woldegk aus Parteien auf die rückwärtigen Verbindungen der Schweden; eine allzu kühn in den Rücken des Feindes vorgeschickte Abteilung von 3 Freikompagnien und 200 Husaren entging nur durch List und Glück den auf sie fahndenden Feinden.

General Werner, der den größten Teil seiner Infanterie nach Stettin hatte zurückschicken müssen, vereinigte nun bei Prenzlau seine braunen Husaren mit den schwarzen seines alten Schwadronchefs Belling; beide zusammen waren rund 2000 Mann Infanterie und 1500 bis 1600 Pferde stark.

Die nach Berlin gezogenen preußischen Truppen kehrten nicht in den „schwedischen Krieg" zurück; diesen mußten die beiden Husaren allein weiterführen; abzuwarten, was die Schweden täten, aber war nicht ihre Art. Als sie gewahrten, daß die Schweden sich ihren Berlin brandschatzenden Freunden nicht anschlossen, übernahm Belling es, den Feind von der Flanke aus zu belästigen, während Werner ihn für seinen Rücken besorgt machen sollte. Werner bedrohte Demmin und die schwedischen Posten an den Trebelpässen, kehrte aber in Rostock um und gewährte seinen Truppen Ruhe in der Gegend von Malchin. Belling schob sich nach Woldegk und schickte eine Abteilung gegen Friedland vor.

Der beiden Husarenführer Kühnheit hatte den gewünschten Erfolg: Mitte Oktober suchte der für seine Verbindungen besorgte Feind die Winterruhe in gewohnter Weise hinter der Peene. Belling folgte ihm bis vor Anklam. Ende des Monats gaben die Schweden auch Anklam und Demmin auf. Werner wurde nun nach Hinterpommern zurückgeholt, um sich wieder gegen die Russen zu wenden.

Belling allein blieb mit seinen Husaren, dem Freiregiment Hordt und einem Kommando der Plettenberg-Dragoner den Schweden gegenüber, höchstens 900 Gewehre, 600 Säbel stark. Er legte die Fußtruppen nach Anklam und Demmin hinein und bewachte mit der Reiterei von der Demminer Gegend aus die Peene. Um aber auch die Trebel- und Recknitzpässe zu sperren, hinter diesem Schirm die Mecklenburg auferlegten Lieferungen einzutreiben und den Feind zu verhindern, Menschen- und Pferdeersatz von dort und aus Holstein zu beziehen, ging Belling gegen Mitte November mit dem größten Teil seiner Husaren, einem Kommando Dragoner und einem Teile des Freiregiments ins Mecklenburgische hinein.

Schon nach wenigen Tagen kam es hier zu einer prächtigen Unternehmung des kleinen Krieges. Belling hatte eine Schwadron Husaren unter Rittmeister v. Schulenburg in die Gegend von Wismar gesandt, um dort schwedische Werber aufzuheben oder einen für die Schweden bestimmten Schub holsteinischer Pferde abzufangen. Gleich darauf wurde Belling gemeldet, daß die Schweden den preußischen Posten am Paß von Triebsees zurückgetrieben hätten. Belling schickte sogleich eine Schwadron dorthin und folgte mit dem Rest seiner Reiter und einer Kompagnie.

Richtig hatte eine schwedische Abteilung von etwa 300 Mann zu Roß und 200 zu Fuß nebst einem Dreipfünder sich aufgemacht, um Schulenburg zu fassen. In der Gegend von Tessin fand Belling die feindliche Infanterie; die Husaren umschwärmten den Feind, die Dragoner brachen, nachdem er „abgefeuert", in ihn ein — er ergab sich mitsamt seiner Kanone. Die feindliche Kavallerie traf gleichzeitig nördlich Laage mit Schulenburg zusammen; beide Teile fügten sich Verluste zu. Dem herbeieilenden Belling entgingen die Schweden durch die List ihres Führers; er spielte Belling einen Brief in die Hände, in dem er angab, er werde über Damgarten nach Pommern zurück- kehren; der listige Husar wartete diesmal vergeblich in seinem Ver- steck am Wege nach Damgarten.

Nach diesem Gefecht trat allgemeine Winterruhe ein.

Winterruhe 1760/61.

Nach der Schlacht bei Torgau rückte Ende November auch Herzog Eugen von Württemberg mit einem preußischen Heeresteil in Mecklen- burg ein. Die Lage der Schweden war am Schluß des Jahres 1760 genau so, wie sie bei Beginn des Jahres gewesen war: sie sahen sich wieder auf ihr eigenes Gebiet beschränkt. Preußen aber schaltete frei in Mecklenburg.

Belling besetzte die Städte Ribnitz, Sülze und Tessin mit seiner Infanterie und ließ seine Husaren um Laage Unterkunft beziehen; von dort aus konnte man sich leicht jedem Feind entgegenwerfen, der irgendwo die schwedisch-mecklenburgische Grenze überschritt. Belling selbst lag in Schloß Lüttkeburg bei Gnoien, später in Preberow.

Auf schwedischer Seite war man um so friedlicher, als eine Menge von Offizieren sich in die Heimat begab, um an den Verhand- lungen des Reichstags über Krieg und Frieden teilzunehmen. Als die Fortsetzung des Krieges beschlossen war, wurde an der Neuordnung und Verstärkung des Heeres gearbeitet, um 15 000 Mann ins Feld stellen zu können; es wurden neue Truppen nach Pommern geschafft,

Grenadier-Bataillone gebildet, die Husaren auf zwei Regimenter vermehrt, Frei- und Fußjägerkompagnien aufgestellt. Zunächst aber wurde ein Waffenstillstand bis Ende März 1761 vereinbart; er dauerte tatsächlich bis Mitte Juli.

Auch auf preußischer Seite wurde diese Zeit eifrig zu Rüstungen ausgenutzt. Der Herzog von Württemberg und Werner stärkten sich auf alle Weise im Lande für den bevorstehenden Feldzug gegen die Russen. Belling aber setzte auch nach ihrem Abrücken die Ausnutzung Mecklenburgs kräftig fort. Futter- und Mundvorräte wurden in Masse nach Magdeburg und über Stettin nach Kolberg geschafft.

Vor allem aber lag Belling die Vermehrung seines Bataillons am Herzen. Sein Ruf brachte ihm soviel Zulauf, daß er sich Mitte Dezember anheischig machte, binnen zwei Monaten das Bataillon auf ein Regiment von 10 Eskadrons zu 113 Pferden zu bringen.

Einen warmen Fürsprecher beim König hatte Belling an dem Herzog von Württemberg, dem er in dieser Zeit unterstellt war. Belling leistete ihm Gegendienste, indem er ihm bei der Ergänzung seines Dragoner-Regiments und auch sonst zur Hand ging. Mit so mächtiger Gönnerschaft setzte Belling fast alle seine Vorschläge durch. Der König schickte nur einen einzigen Einschub; zwei ältere, ehemals mecklenburgische Offiziere, zwei Zülows aus Mecklenburg-Strelitz, Vettern der Mutter Blüchers, hatte Belling selbst zur Anstellung vorgeschlagen; sonst verblieb das Avancement dem Regiment, zu dessen Chef Belling ernannt wurde. Der Kornett Blücher wurde Leutnant, mit ihm eine Anzahl „lange gedienter Wachtmeister und Unteroffiziere, Leute von Bravour und guter Aufführung", darunter Pletz und Rudorff,*) die späteren Generale.

Die Pferde hatte Belling von der polnischen Grenze bezogen; für jedes Tier vergütete ihm der König nur 40 Taler statt der beantragten 53.

Ende April war das Regiment in voller Stärke kriegsbereit; der Herzog von Württemberg berichtete dem König: „Das neue Bataillon Belling sieht an Mannschaften und Pferden ungemein schön aus"; er schlug dabei bereits vor, die Schwadronen auf 150 Pferde zu verstärken; ja Belling konnte nach kurzer Zeit die Errichtung eines dritten Bataillons betreiben, das auch schon im Sommer 1761 vollzählig wurde. Auch hierbei erhielt das Regiment nur einen einzigen Einschub, so daß der neunzehnjährige Blücher

---

*) Rudorff war der Sohn eines Amtmanns im Paderbornschen; er sollte studieren, verließ aber die Klosterschule zu Bergen bei Magdeburg, um bei Belling einzutreten.

dabei zum Premierleutnant aufrückte; wieder wurde eine Anzahl von Wachtmeistern und Unteroffizieren zu Offizieren befördert.

Es ist erstaunlich, in wie kurzer Zeit man damals eine kriegsbrauchbare berittene Truppe herzustellen vermochte. Man gab wohl nur Leuten das Handgeld, die auf dem Pferderücken aufgewachsen waren, und solche gab es damals in bedeutend größerer Zahl als heute. Ein langgedienter Husar unterwies den Neuling in den wichtigsten Obliegenheiten des Dienstes; bald sorgte der Krieg selbst für die weitere Ausbildung, und: wenn die Kugeln pfeifen, lernt man schnell.

Erstaunlicher noch ist es, daß man die eben vom Händler aus Polen gelieferten Pferde so bald truppentätig zu machen verstand. Diese „Polen", die meist aus den halbwilden Gestüten der Ukraine stammten und hauptsächlich arabischer Abstammung waren, suchten an Zähigkeit ihresgleichen; da man sie gleich tüchtig in Arbeit nehmen konnte, überwand man auch die Reitschwierigkeiten schneller, die sich wohl hie und da einstellten; vor allem fand sich eine große Zahl reitgewandter Leute, die nach den einfachen, dem Gebäude und dem Wesen des Pferdes angepaßten Grundsätzen der alten Schule ohne Kniebeleien auf der Stelle und Halsverdrehungen die Tiere zum Gehorsam im Vorwärtsgehen brachten. Wie sich ein Regiment in einem einzigen Winter und Frühjahr verdreifachen und dennoch Hervorragendes gegen den Feind leisten konnte, ist uns heute unbegreiflich. Und währenddessen stand ein Teil des Regiments an der Grenze auf Vorposten.

Der Vorpostendienst konnte allerdings bis zum Ablauf des Waffenstillstandes in einfachster Weise getrieben werden. Vom 1. April ab aber mußte größere Wachsamkeit eintreten.

Das Husaren-Reglement von 1743 enthielt einen besonderen Abschnitt „Was die Husaren auf Postirung zu tun haben". Während die Armee Winterquartiere bezog, um die Schäden des letzten Feldzuges auszuheilen und sich für den kommenden zu rüsten, hatten die leichten Truppen, namentlich aber die Husaren, auf Ruhe nicht zu rechnen. Sie wurden in eine lange Kette auseinandergezogen, um die auf der Seite nach dem Feinde zu liegenden Ortschaften zu besetzen; möglichst suchte man ihnen Abschnitte aus, Gebirge oder Flußläufe, die ihnen das Geschäft der Deckung der Armee erleichterten. Die größte Wachsamkeit wurde ihnen eingeprägt. „Sie müssen, wenn es auch im härtesten Winter ist, ihre Feldwachen ordentlich halten, damit sie vom Feinde nicht können überfallen werden." Namentlich „wenn der Feind leichte Truppen hat, so müssen die Husaren sehr wohl auf ihrer Hut sein ... die Feldwachen gut aussetzen und wohl instruiren, fleißig patrulliren lassen und alle Nacht ein gut Piket parat haben. Sollten die Husaren auf dergleichen Postirung vom Feinde attackirt werden, so ist es Seiner Königlichen Majestät ernstlicher Befehl, daß selbige sich sogleich zu Pferde setzen und gegen den Feind, wenn er ihnen nicht allzustark ist, herausrücken, sich ordentlich formiren, selbigen attackiren und zurückjagen. Ist der Feind aber viel stärker, so müssen sie sich auf der anderen Seite vom Dorfe herausziehen und nach dem nächsten besetzten Posten sich retiriren".

Diese Vorschrift bezog sich wohl auf Abteilungen, die wir heute vorgeschobene Eskadrons nennen würden; solche, „die am nächsten gegen den Feind auf Postirung stehen, müssen ihre Bagage nicht mit sich nehmen, sondern solche in einer von Infanterie besetzten Garnison zurücklassen". Von Abteilungen, die ihren Troß bei sich hatten, galt dann die Weisung des Reglements: „Das Chargiren zu Fuß wird den Husaren darum gelernt, daß wenn sie in Winterszeiten in den Dörfern kantonniren und attackirt werden möchten, sich allein defenbiren sollen".

Auf die ungeheuer hoch geschraubten Anforderungen an die Husaren im Sicherungs- und Streifdienst folgen im Reglement sogleich Ermahnungen an die Husarenoffiziere, für ihre Leute gut zu sorgen: sie „sollen sehr scharf darauf halten, daß die Husaren sowohl auf Postirung als wie in der Armee (kamerabschaftsweise) zusammen Menage machen, damit sie allzeit was Warmes zu essen haben, weil solches sehr zur Konservation der Leute gereicht". Wenn die Leute sonst nichts haben, sollen sie sich wenigstens eine Brotsuppe kochen. Auch für das Essen der Abkommanbierten soll gesorgt werden.

Nun folgen die Festsetzungen über die Krankenpflege. In der nächsten Stadt soll ein Lazarett eingerichtet werden. Jede Schwabron hat außer dem Feldscheer einen Krankenknecht; acht Krankenbecken müssen bei ihr stets vorrätig sein. Den Kranken sollen gute Suppen bereitet werden.

Ganz anders gestalteten sich die Verhältnisse, wenn bei Anbruch der besseren Jahreszeit die Truppen im Lager zusammengezogen wurden. Der Teil der Husaren, der nicht auf Vorposten oder Streife war, wurde dann ebenfalls ins Lager herangezogen. Wenn die Husaren im Lager liegen, hieß es im Reglement, so sollen die Chefs und Stabsoffiziere sich alle Mühe geben, die Ordnung, die auf Streifen allemal verloren gehe, wieder ins Regiment zu bringen; die mageren Pferde sollen wieder ausgefuttert und die gebrückten geheilt werden; Kleidung, Ausrüstung und Reitzeug soll ausgebessert, der Abgang ersetzt werden.

Der König oder sein Stellvertreter werde die Husarenpferde alle Woche zweimal mustern.

Um das Lager herum standen Vorposten, am stärksten und am tiefsten gegliedert nach der Seite des Feindes. Am nächsten am Lager waren die Vorposten der eigentlichen Kavallerie, der Kürassiere und Dragoner. Über ihre Feldwachen hinaus wurden die der Husaren immer noch „eine gute Ecke" hinaus vorgeschoben. Die Wache selbst sollte möglichst im Grunde oder in einem sonst verdeckten Ort, aber nicht zu nahe an einem Dorf, Wald oder an Hecken, die Vedetten zu zwei und zwei auf den Höhen stehen.

Aber auch der Exerzierdienst wurde bei den Husaren nicht vernachlässigt. Die Berichte über die Ausbildung bei der Errichtung der Belling-Husaren sprechen fast an erster Stelle von den Fortschritten im geschlossenen Exerzieren: „Die Eskadrons exerziren erst für sich, lassen eine Viertelstunde einzeln reiten, alsdann ziehen sie sich zusammen in Eskadrons." Auch wurden die Pferde „streng geübt, über Gräben zu setzen"; sehr bald konnten „zwei Schwadronen während der Attacke springen und gerichtet in der Linie bleiben".

Im Lager größerer Heeresteile wurden dann zuerst Übungen der einzelnen Regimenter, dann im Verband eines Kavallerie-Flügels, schließlich in der ganzen Armee vorgenommen.

Das Reglement bestimmte: „Die Husaren sollen niemals ihre ganze Force eher gegen den Feind engagiren, sondern allezeit einen starken Hinterhalt so lange behalten, bis sie sehen, daß der Feind in Confusion gebracht und sie ihm überlegen sind; alsdann der Feind mit der ganzen Force geschlossen attackirt und auf ihn eingehauen wird."

Für den Erkundungsdienst schrieb das Reglement von 1743 an erster Stelle vor, daß der Offizier seine Leute streng überwache. Von seinem Kommando soll er ein Sechstel als Avantgarde bestimmen, auf den Seiten soll er Flügel-Patrullen schicken und sehr vorsichtig marschieren. Zum Heranschleichen an die feindliche Armee soll er Büsche und andere verborgene Örter benutzen und eine Höhe oder sonstigen vorteilhaften Ort zu gewinnen suchen. Durch starke Vorposten soll er sich mit zwei oder drei der besten Husaren in der Dämmerung durchschleichen. Er soll sich bemühen, Soldaten, Marketender und Offizierknechte gefangenzunehmen. Es komme dabei nicht so viel auf Bravour als auf Klugheit an; den Zusammenstoß mit dem Feinde soll er vermeiden, auch mehrere Wege wissen, sich mit zwei oder drei Wegweisern — Jäger, Schulzen, Schäfer, Schlächterknechte — versehen, die auf Bauernpferden mitreiten.

An Pässen, über die man zurück muß, soll man starke Abteilungen aufstellen, die dem Kommando den Rücken frei halten. Den großen Landstraßen soll man aus dem Wege gehen, sich der Holz- und Nebenwege bedienen, um desto verschwiegener durchzukommen.

Die Beschaffung guter Karten wird den Husarenoffizieren besonders anempfohlen; überdies aber müssen sie sich bei Edelleuten, Wirtschaftern, Jägern, Schulzen und dergleichen Leuten nach Gegend und Wegen erkundigen, außerdem aber fleißig ausreiten, daß ihnen alle Dörfer, Wege und Pässe, als ob es ihre Heimat wäre, bekannt werden. Gefüttert kann im dichten Walde werden.

In Hohlwegen und Engen sollen vor der Avantgarde einzelne sich von hundert zu hundert Schritt folgende Husaren voranreiten; jenseits eines Passes soll man sich erst ordnen, ehe man angreift oder sich angreifen läßt.

Die Offiziere müssen über den Feind stets genau Bescheid wissen.

Die Ausbildung von zehn besonderen Streifreitern (Karabiniere) wird jedem Schwadronchef aufgegeben.

Rückte dann die Eröffnung des Feldzuges näher, so wurden starke Husarenkommandos von 2000, 3000 oder 4000 Pferden gegen den Feind vorgetrieben, die ein General oder Oberst führte. Diesem schrieb das Reglement vor, sich so aufzustellen, daß er Engwege vor sich habe, durch die ihm nichts zu geschwind auf den Hals kommen kann; nach allen Seiten müsse er sich decken. Am besten lege er sich auf eine Höhe, auf der er einen Busch ganz nahe hinter sich habe"; „sein Korps muß sein, wie eine Spinne in der Spinnwebe, welche man nicht anrühren kann, ohne daß sie es nicht fühlet". Nach vorn und nach beiden Seiten werden Feldwachen ausgesetzt, davor und rechts und links werden Offizierposten von dreißig Pferden, und zehn Minuten vor diesen wieder ein Unteroffizierposten von zwölf Pferden vorgeschoben. Von den Unteroffizierposten streifen beständig zwei Mann, wenn es angeht bis auf eine Viertelmeile an den Feind vor- und seitwärts.

Die Postenkette um das Lager herum wird von den Feldwachen ausgesetzt, nicht von den Offizier- und Unteroffizierposten, die nur so viel Posten vorschieben, als zu ihrer Sicherheit nötig sind. Außerdem wird ein Pikett von 400, 500 bis 600 Pferden bei Sonnenuntergang vom Gros 200 Schritt nach den Feldwachen zu vorgeschoben.

Der kommandierende Husarenoffizier soll die Offiziere, die er abschickt, selbst abfertigen und ihnen deutliche und bestimmte Befehle geben.

Sollte die ganze feindliche Armee im Anmarsch sein, so sollen die Husaren den Feind im Marsch aufhalten, ihm in den Troß fallen und Gefangene zu machen suchen.

Die Verpflegung soll durch Beitreibung aus den nächsten Ortschaften und von den Feldern beschafft werden. Dagegen müssen die Husaren dem Feinde alle Lebensmittel benehmen; es darf sich keiner trauen, Lebensmittel ins feindliche Lager zu bringen.

Belling, wohl im Vertrauen auf seine geheimen Verbindungen, unterließ im Frühjahr 1761 eine engere Versammlung seiner Truppen. In Anspruch genommen von vielen Verwaltungsgeschäften und der Neuordnung seines Regiments, ließ er auch nach Ablauf des Waffenstillstandes dem Feind und den Seinen einmal ausnahmsweise Ruhe in ausgedehnter Unterkunft. Offiziere, Unteroffiziere und Mannschaften werden alle Hände voll zu tun gehabt haben, die jungen Pferde rittig zu machen, die junge Mannschaft zu bekleiden, auszurüsten und für den kommenden Feldzug notdürftig auszubilden.

Im Hauptquartier des Herzogs von Württemberg zu Rostock bemerkte man kaum, daß man sich eigentlich in Feindesland befand. Die Rostocker ließen es sich nicht nehmen, des Herzogs Geburtstag mit großen Festlichkeiten zu begehen. Auch auf dem Lande fand man angenehmen Umgang.

Blücher scheint sich in dieser Zeit bei den Eltern in Rostock aufgehalten zu haben. Er war dort von Belling mit den Nachschubangelegenheiten des seit dem Mai nach Pommern abgerückten Herzogs von Württemberg betraut. Er meldete dem Herzog, daß sich die von ihm erwarteten mecklenburgischen Offiziere eingefunden hätten und nach Stettin folgen würden; zugleich schickte er ihm einen Überläufer von einem dem Herzog unterstellten Regiment zu; ebenso sechs zurückgebliebene Proviantwagen. Die Schreiben sind von Schreibershand, das eine sogar einschließlich Unterschrift.

Kurz ehe der neue Feldzug begann, hatte Blücher den Tod seines Vaters zu beklagen; er starb zu Rostock am 18. Juni 1761, fünfundsechzig Jahre alt.

Feldzug 1761.

Bellings Rüstungen gereichte es zum großen Vorteil, daß die Schweden erst im Juli 1761 diese friedliche Stille unterbrachen. Nun aber kamen sie ganz überraschend in drei Kolonnen über die schwedische Grenze vor, bei Damgarten, Triebsees und nordöstlich Demmin. Bellings linker Flügel hatte Anweisung, sich auf Malchin, sein rechter,

sich auf Treptow zurückzuziehen; in beiden Städten waren noch ansehnliche Vorräte aufgehäuft, die es fortzuschaffen galt, ehe die Schweden
sie erreichten. Belling selbst begab sich zunächst nach Malchin, wo
sich der größte Teil seines Korps noch grade rechtzeitig sammelte.
Kaum der Gefahr der Überrumpelung entgangen, benutzte Belling
gleich den nächsten Tag zu einem kühnen und geschickten Schlage.

Die beiden westlichen Kolonnen des Feindes hatten sich vor ihm
bei Dargun zusammengezogen und marschierten nun zur Vereinigung
mit der Hauptkolonne in östlicher Richtung weiter; hierbei mußten sie
die Peene nördlich des Kummerower Sees überschreiten. Dort lauerte
Belling; überraschend stürzte er sich auf die übergegangene schwedische
Vorhut und brachte ihr empfindliche Verluste bei. Das machte die
schwedischen Führer vorsichtiger: die vereinte schwedische Armee setzte
nun ihren Vormarsch nördlich der unteren Tollense nach Südosten fort.

Belling, meist in Waldungen versteckt, hielt sich in der Gegend
von Treptow bereit, über den Feind herzufallen, falls er die Tollense-
Pässe überschreiten sollte; er griff die feindlichen Posten an den verschiedensten Stellen an und „tat diese Tage über verschiedene Märsche,
welche den Feind so konfuse machten, daß er niemals entdecken konnte,
wo sich die Force des Obersten aufhielt".

So marschierte er auf dem südlichen Tollense-Ufer an den schwedischen Posten recht auffällig entlang nach Westen, auf Demmin zu,
brachte den Feind in Bewegung und ging, durch Posten gedeckt, heimlich
wieder zurück. Eine schwedische Abteilung, die über den Kavelpaß
vorkam, geriet in die „ihr zubereitete Falle" und zog sich nach
schwerem Verlust zurück. Aber auch dort wußte Belling dem Feinde
beizukommen. Er ging den Schweden vor der Nase vorbei über den
Kavelpaß und stöberte sie von dieser Seite auf, aus seinen Verstecken
im Spantekower Holz eifrig eine Gelegenheit erspähend, wo er eine
feindliche Abteilung mit Vorteil angreifen könnte. Aber die Schweden
waren so vorsichtig, sich keine Blöße zu geben.

Über den Kavelpaß zurückkehrend, fand Belling zwei Stettiner
Freikompagnien und zwei pommersche Landschwadronen vor, die er
sofort zu einer neuen Unternehmung ausnutzte. Er ging am 1. August
mit seiner kleinen Macht von neuem durch den Kavelpaß nach Norden
vor und legte sich in den dortigen Wäldern auf die Lauer.

Es war echte Husarenart, Waldungen in dieser Weise zu benutzen.
Das Reglement enthielt folgende Lehren alter Husarenweisheit: „Wenn
die Husaren auf Parteien kommandirt sind und des Nachts ausbleiben
müssen, so sollen sie sich des Nachts über niemals in den Dörfern,
sondern allzeit in den Wäldern aufhalten. Die Husaren können, wenn

sie sich in den Wäldern ein gutes Feuer anmachen, sowohl im Winter als im Sommer aushalten." Eine Feldwacht müssen sie „wo der Wald bald zu Ende nach dem Feinde zu aussetzen".

Aber die Schweden zögerten, den Marsch nach der Uckermark wieder aufzunehmen; sie schoben vielmehr am 5. August unerwartet Vortruppen nach Süden auf Treptow und Malchin vor, wo sie Belling noch vermuteten. Doch dieser fiel nun mit 200 Husaren „am hellen Mittage in seiner besten Ruhe" dem Feinde von rückwärts ins Lager des Gros; einen stärkeren Angriff erwartend, stellte sich dieses auf den Höhen in Schlachtordnung auf, „Zelter und Alles" im Lager zurücklassend; „die Bellingschen Husaren durchstrichen solches von allen Seiten und nahmen viel Beute und einige Gefangene mit sich zurück".

Der wackere Platen wird wohl hierbei von Belling gelernt haben, was er in seinem Büchlein vom Überfall auf ein Lager schreibt: ich muß suchen, „seine Feldwachen zu werfen und mit solchen im Handgemenge ins Lager zu kommen, ehe die anderen aufgesessen haben; die übrigen Eskadrons folgen so dicht als möglich, da Alles niedergehauen wird, und muß sich keiner mit Pferdegreifen beschäftigen, als diejenigen, die besonders dazu bestellt sind. Weil es nun nicht möglich ist, im Lager die Attacke geschlossen zu machen, so tut man wohl, wenn man mit etwas Geschlossenem zurückhalten kann, um bei der Retraite die andern dahinter wieder sammeln zu können. Nachdem so viel möglich die Pferde losgehauen worden, steckt man das Lager an, teils um den Leuten das Plündern zu wehren, teils den Feind noch mehr in Unordnung zu bringen. Hat der Feind keinen Succurs zu erwarten, so kann ich, wenn die Affaire entschieden ist, Gefangene machen, sonst ist es ein beschwerliches Hinderniß und man läßt lieber so viel als möglich niederhauen, wo man nicht die Offiziers schonen will. Bei dergleichen Attacken ist es besonders gut, wenn man durch einen Umweg dem Feinde von hinten ankommen kann, wo er allezeit die wenigsten Vorsichtsmaßregeln gebraucht, alsdann glücken sie fast allezeit; man muß aber auch der Retraite wegen alsdann seine Vorsichtsmaßregeln genommen haben".

Belling hatte seine Vorsichtsmaßregeln genommen; er kam unangefochten über den Kavelpaß zurück.

In der Erwartung, daß durch diesen Anfall von hinten auf das Gros der Schweden ihre Vortruppen sich vor ihm zunächst sicher wähnen würden, führte er gleich am folgenden Tage einen Stoß gegen die linke Flanke der feindlichen Vortruppen in der Richtung auf Treptow aus; nach anfänglichen Erfolgen hier abgewiesen, ging Belling nun in weitem Bogen südlich um die Schweden herum nach Malchin;

ber Feind aber hatte die Stadt inzwischen wieder verlaffen. Belling eilte ihm mit feinen Hufaren nach und traf zwei feindliche Schwabronen, einige hundert Mann zu Fuß und zwei Kanonen in einem Dorf zur Abwehr bereit. Belling fand, daß das Dorf, „weil es mit Moraft ganz umgeben und nur zwei Zugänge hatte, durch Kavallerie fchwer zu attackiren fei; indeffen wagte er es doch", heißt es im Kriegstagebuch; eine Anzahl Hufaren machte er zu Gefangenen, der Infanterie aber, die fich hinter einen Zaun poftierte, vermochte er nicht beizukommen.

Nun zog Belling alle feine Truppen, 12 Kompagnien, 12 Schwabronen, 5 Kanonen, in die Gegend füdlich Friedland zufammen. Als am 14. Auguft eine ftarke feindliche Kolonne über Neubrandenburg auf Wolbegk vorging, fiel er fie fo nachdrücklich an, daß fie, einen ftärkeren Feind im Anmarfch vermutend, fchleunigft über den Kabelpaß zur fchwedifchen Hauptmacht zurückkehrte.

Einige Tage fpäter verhinderte Belling eine feindliche Abteilung am Überfchreiten des Landgrabens öftlich des Kabelpaffes. Aber als nun die fchwedifche Armee in drei Kolonnen aufbrach, mit einer auf der Anklam—Pafewalker Straße nach Finkenbrück, mit der andern durch den Kabelpaß nach Friedland, mit der dritten über Treptow auf Neubrandenburg, fchien ein Aufhalten kaum noch möglich. Aber Bellings „Intention ging nun dahin, einer von diefen Kolonnen Etwas anzuhängen".

Belling fcheint fortlaufend von den Abfichten des Feindes unterrichtet gewefen zu fein. Überläufer und Spione müffen ihn gut bedient haben. „Ein jeder Oberft von den Hufaren muß fich in Kriegszeiten 2—3 Spione halten, welche er zu Allem gebrauchen kann und gens de sac et de corde fein müffen", verlangte der König; das Geld dafür erfetzte er ihnen; den übrigen Offizieren, die fich gute Kundfchafternachrichten verfchafften, verfprach er fein befonderes Wohlwollen.

Belling hatte feine Aufftellung an der vermutlichen mittleren Marfchftraße des Feindes zwifchen Strasburg und Friedland genommen und ein Bataillon Infanterie der öftlichen Straße genähert, wandte fich nun aber weftlich gegen Neubrandenburg. Öftlich der Stadt traf er auf die Kavallerie der feindlichen Avantgarde und „fchmiß folche in die Infanterie, machte viel davon gefangen, daß auch faft Jedermann von unfrer Avantgarde deren Zweien hatte". Der Feind zog fich in die Stadt zurück.

Am 19. Auguft umging Belling mit feinen Hufaren den Tollenfe-See füdlich und wollte am folgenden Tage bei Morgengrauen Neubrandenburg überfallen. Aber der Feind war gewarnt; die weit ftärkere

Besatzung räumte schleunigst die ummauerte Stadt, die Belling mit
vier Kompagnien und zwei Dreipfündern besetzte. Tags darauf setzte
der Feind über 5000 Mann in Bewegung, um Neubrandenburg wieder-
zunehmen. Belling zog seine Truppen südlich aus der Stadt heraus
und setzte sich in Schlachtordnung, auf jedem Flügel der Infanterie
ein Bataillon Husaren. Der Feind folgte.

„Als der Oberst v. Belling das ganze Korps gesehen hatte, so
nahm er sich vor, die Kavallerie von der Infanterie zu trennen, um
selbiger hernach desto eher eins anzubringen. Er setzte sich also in
einen geschwinden Rückmarsch, welches ihm der Feind als eine Furcht
auslegte und also seine Kavallerie ihn zu verfolgen beorderte; so
machten die Dragoner-Regimenter Ostgöta, Westgöta und Nordschonen
wie auch 500 Husaren und 200 Jäger zu Pferde eine Attacke auf des
Obersten kleinen Haufen und wollten selbigen umzingeln. Als der
Oberst sah, daß es nun Zeit sei, ließ er sogleich Front und von der
Infanterie Feuer unter die feindlichen Reiter machen; zugleich attackirte
er mit beiden Bataillons von beiden Flügeln und zwar mit Intervallen auf die feindlichen Flanken, brachte sie dadurch auseinander
und machte dadurch daß sie sich selber hinderten und konfuser wurden
und endlich die Flucht ergriffen.“

In dem Bericht, den Belling über dies Gefecht an den König
erstattete, versichert er, wenn der König ihm nur vier Bataillone und
zwei Kavallerie-Regimenter sende, würde er „das ganze feindliche
Korps über den Haufen werfen und gänzlich untüchtig machen, jemalen
wieder gegen Eure Königliche Majestät zu agiren“.

Anfangs September schickte der König den General v. Stutterheim
mit einigen Bataillonen und schwerer Artillerie Belling zur Hülfe.
Die Schweden wichen hinter die Tollense zurück, kamen aber wieder
vor, als Stutterheim es für angemessener hielt, sich der Oder zu
nähern, um zur Hand zu sein, wenn man seine Truppen in Hinterpommern gegen die Russen gebrauchen sollte; auch das dritte Husaren-
Bataillon Belling, dessen Aufstellung nun beendet war, ging in dieser
Zeit dorthin ab; es wurde dem Wernerschen Husaren-Regiment zugeteilt.

Belling war nun wieder auf sich allein angewiesen. Am
9. September wurde er in der Gegend südlich Friedland von
feindlichen leichten Truppen angegriffen. Belling „bemächtigte sich
vor der Aktion des Dorfes Jatzke, placirte dahinter seine meisten
Husaren; er selbst aber ging mit einem Kommando auf den Feind los.
Nachdem der Feind sich dieser wenigen Leute bemächtigen wollte,
zog sich der Oberst mit Fleiß zurück und da ihre Reuter uns bis durchs
Dorf verfolgten, so wurde des Obersten sein gemachtes Projekt nach

Wunſch ausgeführt; denn unſre verſteckten Huſaren fielen ihnen nun ſowohl in die rechte als linke Flanke, brachten den Feind in Unordnung und bekamen 4 Offiziere und 56 Mann gefangen".

Als aber dem ſchwediſchen Oberbefehlshaber bekannt wurde, daß General Stutterheim nach Stettin abgerückt war und nur Belling mit ſeinen geringen Kräften zurückgelaſſen hatte, ſchickte er zwei ſtarke Kolonnen in der Richtung auf Paſewalk vor. Belling fiel am 17. September die eine von ihnen mit ſeinen Huſaren und mit zehn Kompagnien Infanterie bei Brohm ſüdöſtlich Friedland mit großer Heftigkeit an, wurde aber ſchließlich von der Übermacht doch zurückgeſchlagen; nun wandte er ſich noch in der Nacht gegen die andere ſchwediſche Kolonne und zog dazu noch zwei Bataillone, die eigentlich der Garniſon Stettin angehörten, aus Paſewalk heran.

Bei Rotemühl nordweſtlich Paſewalk kam es am 18. September zu einem heftigen Waldgefecht, in dem Belling wiederum unterlag; er zog ſich nun, von zwei Seiten gedrängt, an die Ücker zurück; die beiden Stettiner Bataillone beſetzten Paſewalk. Bei ſeiner Schwäche blieb ihm nichts übrig, als die ſchwediſchen Beitreibungen durch Streifen zu hindern.

In der Stellung von Jagow, die ihm ſchon vom vorigen Jahr her geläufig war, wurde er am 23. September angegriffen; da er Infanterie nicht zur Stelle hatte, griffen die Huſaren zum Karabiner, wurden aber bald durch zwei ſchwediſche Bataillone zum Rückzug gezwungen; die Schweden räumten indes andern Tags den Huſaren die alte Stellung freiwillig wieder ein.

So blieb man ſich einander nahe gegenüber ſtehen. Bellings Huſaren führten einen lebhaften Streifkrieg gegen die Abteilungen, die aus der Uckermark Vorräte zurückzuſchaffen ſuchten; jeden Augenblick mußten die ſchwediſchen Sicherungen gefaßt ſein, die ſchwarzen Flügelmützen mit dem grauſigen Sinnbild aus dem Korn oder aus dem Kieferndickicht emportauchen zu ſehen.

Ende September wurden die ſchwediſchen Vortruppen wieder hinter den Landgraben zurückgezogen, von wo die Armee bei Eintritt der kalten Jahreszeit Anfang Oktober über Anklam in die üblichen Winterquartiere in Schwediſch-Pommern einrückte; nur Demmin und die Oder-Inſeln blieben diesmal bis in den Dezember hinein beſetzt. General Stutterheim, der wieder an die Ücker gerückt war, zog nun nach Sachſen ab. Belling mit ſeinen beiden leichten Regimentern war dem Feinde dichtauf gefolgt und legte ſich Demmin gegenüber nach Dargun ins Mecklenburgiſche. Bellings Tag und Nacht fortgeſetzte Beunruhigungen der Demminer Garniſon veranlaßten dieſe Anfang

Dezember, als der Frost die Gräben trotz Aufeisens immer wieder gangbar machte, den Ort zu verlassen.

Belling hatte inzwischen einen Zug längs der schwedischen Grenze gegen Damgarten unternommen und war dann nach Berlin aufgebrochen, um die Hauptstadt gegen ein österreichisches Streifkorps zu schützen; an der Grenze der Mark bekam er aber schon Befehl zur Umkehr; er bezog nun, Mitte November, Winterquartiere bei Teterow-Neu-Kahlben. Mit der Räumung Demmins „endigte sich nach der Meinung der Schweden die Kampagne; der Oberst v. Belling eröffnete aber am 10. Dezember eine neue Winter-Kampagne", sagt das Kriegstagebuch. Er legte zwar seine beiden Infanterie-Bataillone nach Gnoien und Tessin, unternahm aber sowohl mit den Husaren als der Infanterie fortgesetzt Streifereien gegen den Feind. Einmal ließ er Damgarten überfallen; dann fiel er selbst „mit seinem ganzen Korps" von Demmin aus in Schwedisch-Pommern ein. „Es stellten sich in dieser Zeit überviele Deserteurs vom Feinde ein."

Belling handelte hier nach des Königs Vorschriften, die besagten: „Wenn die Husaren auf Postirung kommandirt sind, so ist die Absicht, daß sie gegen den Feind agiren und operiren sollen; selbige müssen demnach beständig suchen, den Feind zu alarmiren und dermaßen zu beunruhigen, daß er nicht einen Augenblick sicher ist, von ihnen attackirt zu werden, damit des Feindes Truppen durch den beständigen Alarm destomehr fatigirt werden." Diesmal aber erwiderten die Schweden den unliebsamen Besuch. Sie folgten den Hülferufen des Herzogs von Mecklenburg-Schwerin, dessen Land von Preußen aufs schonungsloseste ausgebeutet wurde, und rückten am 21. Dezember mit einem kleinen Korps über Demmin in Mecklenburg ein.

Belling sammelte seine Truppen bei Malchin, in dem große Vorräte aufgehäuft waren. Am 22. Dezember dort von doppelter Überlegenheit angegriffen, räumte er es, nachdem ein Tor in die Hände des Feindes gefallen war; bei der Verfolgung gerieten die Schweden in das Feuer der Bellingschen Infanterie, die sich an einem mit Strauchwerk bewachsenen Graben postiert hatte; die Husaren schwenkten Front und hieben ein. Am 24. griff Belling vergeblich das von den schwedischen Vorposten besetzte Schloß Basedow an, das der Feind dann aber räumte. Jetzt ließ Belling Malchin von allen Seiten umstellen und schob sogar ein Bataillon auf die Rückzugslinie des Feindes; das führte zu fortgesetzten kleinen Gefechten.

So war die Lage, als am 31. Dezember der Herzog Eugen von Württemberg mit seinem gegen 5000 Mann starken Korps, das bei den Kämpfen um Kolberg stark gelitten hatte, von Osten gegen Malchin heranrückte.

Der Prinz griff die von den Schweden tapfer verteidigte Stadt am 31. Dezember und 1. Januar wiederholt vergeblich an. Am 1. Januar kam eine schwedische Kolonne, fünf Bataillone, Kavallerie und Artillerie, von Demmin aus der Besatzung von Malchin zur Hilfe; sie traf bei Neu-Kahlden auf Belling.

Der Oberst hatte hier drei schwache Bataillone — 7 bis 800 Mann —, sein Regiment und drei schwere Geschütze zur Stelle; zwei ebenfalls schwache Bataillone hatte er auf der Nordseite von Malchin zurückgelassen.

Südlich des Städtchens Neu-Kahlden zieht ein breiter sumpfiger Wiesenstreifen von West nach Ost zum Kummerower See; vom südlichen Talrand aus beherrschte ihn die preußische Artillerie; sie vermochte aber bei dem herrschenden Nebel die Entwicklung des Gegners aus dem Ort nicht zu verhindern, und als der Feind nach heftigem Gefecht, ein Wäldchen geschickt benutzend, den linken Flügel der in einem eingliedrigen Treffen aufgestellten preußischen Infanterie aufrollte, zog Belling nach starken Verlusten und unter Zurücklassung zweier Geschütze, deren Bespannung erschossen war, unter dem Schutze seiner Kavallerie ab. Diese hat anscheinend, vielleicht des tiefen Schnees wegen, nicht eingegriffen.

Blücher muß in diesem Gefecht eine Rolle gespielt haben; es ist der einzige Waffengang, den er später in das Verzeichnis der von ihm mitgemachten „Aktionen" aufnehmen ließ. Es ist zu vermuten, daß Blücher hier in der Umgebung des Führers, seines Chefs, tätig war; es wird wiederholt bezeugt, daß Belling ihn schon bald nach seinem Übertritt in den preußischen Dienst zu seinem Adjutanten gewählt habe.

Nach Bellings Abzug entsetzten die Schweden das hart bedrängt gewesene Malchin, wagten aber gegen das kleine Korps des Prinzen von Württemberg östlich Malchin nicht vorzugehen. Da der Prinz die Weisung hatte, in Mecklenburg-Schwerin Quartiere zu beziehen, umging er Malchin südlich und bezog bei Güstrow, Bellings Truppen bei Teterow Unterkunft. Darauf räumten die Schweden Malchin und zogen sich nach einigen Nachhut-Gefechten mit dem zur Verfolgung herbeigeeilten Belling ganz über die Grenze zurück; nur Demmin hielten sie bis zum Friedensschluß besetzt. Bellings leichte Truppen, die beiden Freibataillone und nun drei Bataillone Husaren, umschlossen das schwedische Land von Anklam um Demmin herum bis Ribnitz, Feldwachen bis unmittelbar an die Grenzpässe vorschiebend. Dahinter pflegten die Truppen Württembergs der Winterruhe.

Durch den Übertritt Rußlands zu den Freunden Friedrichs erlosch in Schweden vollends der schon an sich schwache Kriegseifer. Es bahnte sich sogar ein freundschaftliches Verhältnis zwischen den Gegnern an. Ende Januar gab das schwedische Offizierkorps in Demmin dem Oberst Belling und seinen Offizieren ein „großes Traktement". Anfang April schlossen Preußen und Schweden Waffenstillstand, dem im Mai der Friede folgte.

Daß Preußen auch an Schweden keinen Schritt breit seines Bodens abzutreten hatte, ist des großen Königs eigenstes Verdienst; daß er aber zur Abwehr des schwedischen Heeres mit so geringen Kräften auskam, daß der Feind preußisches Gebiet nur auf kurze Zeiten betrat, daß Preußen aus Mecklenburg stets große Mittel zur Fortsetzung des Hauptkrieges ziehen konnte, ist wesentlich Bellings und seiner Truppen Verdienst; auch wenn zeitweise andere Abteilungen zu ihrer Unterstützung herbeikamen, den Kampf führten doch fast ausschließlich sie. Es ist besonders bemerkenswert, daß Belling eigentlich nur in kleinen Scharmützeln siegreich war und im Laufe der Zeit von den vorsichtiger werdenden und im Kampf erstarkenden Schweden immer öfter abgewiesen wurde.

Aber grade unter diesen ungünstigen Verhältnissen zeigt sich Belling von einer bewunderungswerten Seite; seine Unternehmungslust wird nie erschüttert, sondern durch Mißgeschick nur zu neuen Taten angereizt. Was ihm an einer Stelle mißlang, sucht er an anderer durchzusetzen; wo Gewalt nicht zum Ziel führt, kommt er mit Drohung und List. Fabelhaft ist es, daß seine Truppen unter den Leistungen, die die ununterbrochenen Gefechte und Gewaltmärsche an sie stellten, nicht versagten; Belling mußte nicht nur die Verluste zu ersetzen, er konnte von seiner Handvoll Truppen noch an andere abgeben und tat das anscheinend ohne zu murren. Die Spannkraft dieses Mannes ist bewundernswert. Der vortreffliche Geschichtschreiber dieser Kriege, Sulicki, sagt mit Recht: „Die Beschreibung des pommerschen Feldzugs von 1761 ist auf preußischer Seite kaum etwas anderes als eine Lobrede auf den Obersten Belling." Auch Friedrich der Große würdigte, was er Belling verdankte; er verglich Bellings Taten mit den fabelhaften Kriegszügen des Helden eines damals bekannten vielbändigen Ritterromans Amadis von Gallien: „der unermüdliche General schlug sich überall, ließ sich aber nirgends finden" — „er und sein Korps spielten auf dem kleinen Theater eine große Rolle". Er soll, als man ihm den Friedensschluß zur Unterzeichnung vorlegte, scherzhaft den schwedischen Gesandten an Belling gewiesen haben, der habe den Krieg mit Schweden geführt.

Die kriegerische Schule, die der junge Blücher hier bei Belling in zwei Kriegsjahren durchmachte, war für seine spätere Laufbahn von größter Bedeutung; hier entwickelte sich seine ungestüme, verwegene, aber auch wieder vorsichtige, listenreiche Husarenart. — Für Blüchers Ausbildung war es aber gewiß von großem Wert, daß er zu guter Letzt auch noch den Krieg im Großen kennen lernte.

Feldzug 1762 in Sachsen, Franken und Böhmen.

Anfang Juni 1762, nachdem Belling die Beziehungen zu Mecklenburg-Schwerin zu des Königs Zufriedenheit geordnet hatte, marschierte er mit seinem nun wieder vereinigten, drei Bataillone zählenden Regiment und dem Grenadier-Bataillon Kalkstein über Brandenburg zur Armee des Prinzen Heinrich nach Sachsen. Belling und die älteren Regimentskameraden Blüchers kannten von 1758 und 1759 her die Berge Thüringens und Sachsens, Frankens und Böhmens. Ganz andere Anforderungen an Roß und Reiter stellte hier das Gelände als in den Dünengebilden Pommerns und Mecklenburgs mit den sandigen Straßen, den Sumpfstreifen und den ausgedehnten Nadelwäldern. Aber die zähen „Polen" trugen bei kundiger Fürsorge auch hier ihre Reiterlast bald schnell weite Strecken auf den felsigen Wegen die steilen Hänge des Erzgebirges hinauf. Gab auch mancher Berg weitere Fernsicht als die Mühle oder der Kirchturm des niederdeutschen Dorfes, so entzog sich doch das tief eingeschnittene Flußtal leicht den spähenden Blicken, und schwer ward es oft dem streifenden Reiter, sich seitwärts durchzuwinden, wenn feindliche Übermacht den Weg sperrte.

Von Karten war natürlich wenig die Rede, und einschneidend machte sich bemerkbar, daß die Einwohner, mit denen man sich schwer oder gar nicht verständigen konnte, den preußischen Bedrückern feindlich gesinnt waren. Die österreichischen Husaren waren doch noch andere Gegner als die als „Hottentotten" verspotteten Schweden. Mehrere von Blüchers Waffengefährten, die hier und in Böhmen in Gefangenschaft gerieten, hatten dies zu empfinden.

Prinz Heinrich hatte im Mai durch überraschenden Angriff den in Sachsen befindlichen österreichischen Heeresteil in die Gegend von Dresden zurückgetrieben und sich zwischen ihn und die Reichsarmee geschoben, die bei Chemnitz stand. Der Prinz entsandte nun General v. Seydlitz, um das Reichsheer aus Sachsen herauszumanövrieren; ihm wurde auch Belling zugeteilt. (Skizze S. 44.)

So war es den Belling-Husaren vergönnt, wenn auch nicht unter des großen Königs Augen, so doch unter dem Helden von Roßbach und Zorndorf zu dienen; ihm schlugen alle Reiterherzen entgegen; er gab auch in Äußerlichkeiten den Ton an. Vor allem aber wirkte er durch sein gleichmäßig gütiges, stets in das Wesen der Sache eindringendes Wesen. Er hatte als Husaren-Rittmeister des Königs Augen auf sich gezogen und blieb allezeit den Husaren besonders gewogen. Das spornte doppelt an, sich die Zufriedenheit des großen Sachkenners im Husarendienst zu erwerben.

Seydlitz ging mit geringen Kräften, an deren Spitze sich die fünfzehn Schwadronen Bellings befanden, im Bogen die Zwickauer Mulde aufwärts um Chemnitz herum, während eine andere Abteilung das Reichsheer in der Front beschäftigte. Wirklich zog das Reichsheer sogleich nach Franken ab. Die Bellingschen Husaren warfen überlegene Kavallerie bei Glauchau, rauften sich mit feindlichen Husaren jenseits Zwickau und bei Reichenbach, umfaßten des Feindes beide Flanken und verfolgten ihn über Plauen hinaus, wo sie in breiter Front stehen blieben, während Seydlitz seine Hauptkräfte wieder zurücknahm, um zur Hand zu sein, falls die Österreicher nun den Prinzen angreifen sollten. Als der Führer der Reichsarmee erfuhr, wie geringe Kräfte vor ihm standen, rückte er wieder nach Plauen, mit Vortruppen in die Linie Lengenfeld—Greiz vor, so daß Belling auf Seydlitz bei Zwickau zurückweichen mußte.

Eine besondere Anerkennung wurde Belling in dieser Zeit zuteil: der Zar Peter, der Bewunderer König Friedrichs, bat diesen, Belling und seine Husaren zur russischen Armee stoßen zu lassen. Prinz Heinrich erklärte aber, ihn nicht eher entbehren zu können, ehe nicht ein entsprechender Ersatz, seien es nun Kosaken oder preußische Husaren, bei ihm anlangten. Ehe dies zur Ausführung kam, wurde Peter ermordet, und Belling blieb in Sachsen.

Inzwischen tat die Reichsarmee einige Schritte vorwärts, südlich an Zwickau vorbei; als aber Seydlitz mit den Bellingschen Husaren, 250 Freiwilligen der Infanterie, 200 Kürassieren und Dragonern sowie einigen Geschützen zur Erkundung auf sie vorging, zog sie sich über Auerbach zurück. Seydlitz warf sich auf die Nachricht hiervon am 21. Juli sofort auf die feindliche Seitendeckung. Die Bellingschen Husaren hieben in die feindliche Kavallerie ein und machten viele Gefangene; „unsre Husaren nahmen ihnen alle zurückgebliebenen Wagen, die ganze Equipage, Feldgeräte, Marketender und die ganze Kriegskasse weg, wobei einige Husaren unbeschreibliche Beute gemacht haben". Sie verfolgten den Feind über Auerbach hinaus. An diesem

Tage wird es gewesen sein, daß Blücher, wie er selbst berichtet, Gelegenheit fand, sich hervorzutun und dafür von seinem Bataillonskommandeur öffentlich belobt wurde; er sei, mit 60 Husaren durch eine Enge vorgehend, von einem österreichischen Obersten mit 200 Husaren angegriffen worden, habe ihn aber dreimal zurückgetrieben und obenein 30 Mann abgenommen. — Seydlitz, mit den Husaren vorauf, verfolgte in den nächsten Tagen die eilig nach Bayreuth abziehende Reichsarmee bis vor Hof, kehrte dann aber nach Zwickau zurück.

Während hier ein Bataillon Belling, bei dem sich wahrscheinlich auch Blücher befand, belassen wurde, machten die anderen beiden Bataillone unter ihrem Chef das Unternehmen der Generale Seydlitz und Kleist gegen die rückwärtigen Verbindungen der Österreicher mit, das im Gefecht bei Teplitz am 2. August scheiterte. Belling übernahm danach den Befehl über die bei Zwickau zur Beobachtung der Reichsarmee aufgestellte Abteilung. Die Nachricht von einem erneuten Vorgehen der Reichsarmee veranlaßte Belling, am 12. August ihr mit

seinem gemischten kleinen Detachement entgegenzugehen; er konnte bald
melden, daß das Reichsheer nach Böhmen abrücke, und versuchte vergeblich es durch kräftiges Vordringen über Hof auf Bayreuth zur
Umkehr zu veranlassen. In Bayreuth erbeutete Belling große Vorräte;
seine Husaren hatten gegen die vor ihnen zurückweichenden kleinen
feindlichen Abteilungen wiederholt glückliche Gefechte.

Da die Reichsarmee im Vormarsch auf Teplitz blieb, entschloß
sich Belling, ihr nachzugehen und zunächst die Festung Eger zu bedrohen.
Am 25. August sprengten seine Husaren bis an deren Tore, deren eines
nur durch Zufall vor Überrumpelung bewahrt blieb. Nun schloß
Belling die Festung ein und bewarf sie mit Granaten; als aber alles
wirkungslos blieb, ging Belling erst einige Märsche auf Prag vor,
ließ seine Husaren in allen Richtungen streifen, brandschatzte das Land
und kehrte dann Anfang September über das Erzgebirge nach Sachsen
zurück, wo er den Anschluß an die Armee des Prinzen Heinrich gewann,
der noch immer bei Freiberg stand; einige Schwadronen unserer Husaren
wurden als Seitendeckung nach Zwickau entsandt. Ein Teil des Regiments wurde unter Belling zunächst zur Beobachtung feindlicher Streifzüge an die Elbe bei Riesa geschickt, dann aber zur Armee des Prinzen
wieder herangezogen.

Während der König die Belagerung von Schweidnitz betrieb,
hatte Prinz Heinrich in Sachsen eine Aufstellung genommen, deren
linker Flügel sich unterhalb Dresden an die Elbe, deren rechter sich
südlich Freiberg an das Erzgebirge lehnte. Dicht gegenüber stand eine
österreichische Armee unter General Haddick und die Reichstruppen
unter Prinz Stolberg. General Haddick führte den Oberbefehl und
ordnete Ende September eine Reihe von Bewegungen an, die den
Prinzen Heinrich ohne Schlacht in den Nordwestteil Sachsens zurück-
drücken sollten. Die Preußen standen in zwei durch den Tharandter
Wald getrennten Gruppen: nördlich General v. Hülsen, südlich der
Prinz mit der Masse der Truppen im Lager von Pretschendorf; dahinter
lagerte Belling mit zehn Schwadronen seines Regiments; das dritte
Bataillon war dem Hülsenschen Korps zugeteilt.

Am 29. September faßten die Österreicher die preußischen Vortruppen in der ganzen Front an und umgingen mit einem aus Böhmen
heranrückenden Korps den rechten Flügel. Man befürchtete die Wegnahme von Freiberg mit der preußischen Bäckerei und sonstigen Vorräten. Prinz Heinrich beschloß deshalb, selbst dorthin zurückzugehen.
Um 2 Uhr nachts wurde in vier Kolonnen aufgebrochen. Die westlichste
Kolonne führte Seydlitz; ihr hatte sich auch Belling anzuschließen.
Ohne vom Feinde beunruhigt zu werden, hatte die Armee mit allen

vier Kolonnen um 10 Uhr vormittags das ſchützende, tief eingeſchnittene Tal der Freiberger Mulde hinter ſich. Das Korps des Prinzen lagerte auf den Höhen, die öſtlich Freiberg den Fluß von der Stadt trennen, mit der Front nach Oſten. Belling mit ſeinen durch 300 Küraſſiere verſtärkten Huſaren und zwei Freibataillonen bekam zwei Dörfer weſtlich Freiberg zugewieſen.

Am 2. Oktober aber erhielt Belling noch zwei Grenadier-Bataillone, um mit ſeiner Abteilung 15 Kilometer ſüblich Freiberg den äußerſten rechten Flügel der weit ausgedehnten Stellung zu bilden. In dem 10 Kilometer breiten Zwiſchenraum bis zum preußiſchen Lager ſollte eine ſchwache Abteilung Freitruppen die Verbindung herſtellen. Belling gegenüber rückte in den nächſten Tagen hinter den leichten Truppen der Öſterreicher die Reichsarmee ein, die auch einmal etwas für die gemeinſame Sache tun ſollte. Wie man aus der Aufſtellung bei Pretſchendorf die Preußen zurückmanövriert hatte, ſo hoffte man es jetzt bei Freiberg wiederholen zu können. Am 13. Oktober ſchob ſich Prinz Stolberg mit der Reichsarmee noch weiter nach Weſten und ließ am folgenden Morgen Belling von allen Seiten angreifen. Dieſer entzog ſich dem Schlage durch Zurückgehen an den rechten Flügel der preußiſchen Hauptſtellung; dort wurde der Gegner zurückgewieſen, Belling verfolgte ſofort und kehrte in ſeine alte Stellung zurück.

Am 15. Oktober mittags aber ging Prinz Stolberg mit ſeiner ganzen Armee und den zugeteilten öſterreichiſchen Truppen gegen Bellings Stellung vor.

Diesmal glückte es Belling nicht ſo gut, fortzukommen; er wurde ſeitwärts weggedrängt, und ſeine beiden Freibataillone hatten ſtarke Verluſte. Der rechte Flügelpoſten der eigentlichen Stellung der Armee wurde mit noch ſtärkeren Verluſten zurückgetrieben und dadurch Belling beinahe abgeſchnitten; er erreichte nur auf Umwegen den Anſchluß an das Korps des Prinzen, das nun wieder dem Druck nachgab. Es wich in der Nacht in eine Stellung 10 Kilometer nordweſtlich Freiberg, in der Nacht zum 22. Oktober noch 5 Kilometer weiter zurück, wo es hinter Verſchanzungen mit der Front nach Südoſten den Angriff des Feindes erwarten ſollte; vorwärts des rechten Flügels blieb Belling mit ſeinen 3 Bataillonen und 13 Schwadronen vor-geſchoben.

Der Feind war auf den Höhen bei Freiberg ſtehen geblieben; er hatte mit Manövern und kleinen Gefechten ohne Schlacht ſeinen nächſten Zweck erreicht; nach einer Pauſe zur Erholung und Sicherung der Verpflegung dachte er dies erfolgreiche Verfahren fortzuſetzen. Da faßte der Prinz Heinrich den Entschluß, seinerseits zum Angriff überzugehen.

Die feindliche Armee, etwa 45 Bataillone und rund 70 Schwadronen stark, stand in Freiberg und auf dem Bergrücken, der von dem Städtchen Brand, 5 Kilometer südlich Freiberg, westlich an Freiberg vorbei nach Norden streicht. Die Höhenrücken westlich davon sind vielfach mit Wald bedeckt: im Süden der dicht vor der feindlichen Stellung sich ausdehnende Spittelwald, westlich Freiberg 3—4 Kilometer vor der Stellung der Struthwald, nördlich davon der Nonnenwald. An den Westrand dieser Waldungen waren leichte feindliche Truppen vorgeschoben; der Zwischenraum zwischen Struth- und Nonnenwald war durch Verschanzungen geschlossen; im nördlichen Teil des Spittelwaldes war ein starker Verhau angelegt. (Skizze S. 49.)

Den rechten Flügel der Stellung dicht bei Freiberg hatten die Österreicher, den linken die Reichstruppen; auf dem äußersten linken Flügel bei Brand stand wieder ein österreichisches Korps.

Der Prinz Heinrich machte seinen Angriffs-Entwurf, ohne von dem österreichischen Korps bei Brand etwas zu wissen. Er wollte mit seinem starken rechten Flügel, den er selbst führte, den Spittelwald südlich umgehend, den Reichstruppen in Flanke und Rücken fallen, und wenn er glücklichen Erfolg habe, auch seine Mitte und seinen linken Flügel gegen die Österreicher vorgehen lassen. Dem linken Flügel war die schwere Artillerie zugeteilt, um den Feind über das vorliegende Tal hinüber unter Feuer zu nehmen. Nur 31 Bataillone und 71 Eskadrons bestimmte der Prinz für das Unternehmen; zwei gemischte Abteilungen ließ er an der Mulde nördlich Freiberg zur Verbindung mit dem Korps Hülsen stehen, das den gegenüberstehenden Feind auf dem östlichen Mulde-Ufer beschäftigen sollte.

Am 28. Oktober abends traten die preußischen Kolonnen den Vormarsch an; westlich des Struth- und des Nonnenwaldes angelangt, wurde der Anbruch des Tages erwartet und dann der Vormarsch fortgesetzt. Bellings Aufgabe war es, den Feind aus dem Struthwalde zu vertreiben, damit rechter Flügel und Mitte hinter diesem fort gegen den Spittelwald weiterrücken konnten; außerdem sollte er die Verbindung zwischen den drei Heerteilen unterhalten und dem Feind die Meinung beibringen, als solle er vom Struthwald her angegriffen werden. Belling warf mit seinen drei Bataillonen den Feind aus dem Struthwalde und drohte mit einem Angriff darüber hinaus. Als dann der linke Flügel näher gegen die feindliche Stellung vorging, schloß er sich dieser Bewegung an. Auf den Höhen westlich KleinWaltersdorf fuhr die Masse der schweren Artillerie auf und trat in den

Kampf mit dem feindlichen Geschütz auf den gegenüberliegenden Höhen.

Hier ist es möglicherweise gewesen, daß Blücher verwundet wurde. Ein Holzsplitter, den eine Kanonenkugel von einer Lafette absprengte, verletzte ihn am Fuß. Dies macht es wahrscheinlich, daß Blücher sich damals in Bellings Stabe befand. Die Wunde war nur leicht, so daß er das Gefechtsfeld wohl nicht verlassen hat.

Der den linken Flügel befehligende General v. Alt-Stutterheim, der den glücklichen Fortgang des Gefechts auf dem rechten Flügel gewahrte, ließ durch Bellings Bataillone Waltersdorf vom Feinde säubern und schritt nun zum Angriff auf die Höhen; die Kavallerie begleitete ihn auf dem linken Flügel. Obgleich die feindliche Reiterei einem Zusammenstoß auswich, wies die österreichische Infanterie den Kavallerie-Angriff ab; General v. Alt-Stutterheim zog deshalb seine Infanterie rechts am Berghange entlang in die linke Flanke der feindlichen Verschanzungen. Dies veranlaßte den Feind, die Stellung zu räumen; nun warfen sich die preußischen Kürassiere und Husaren auf ihn und machten viele Gefangene.

Dicht vor Freiberg leistete der Feind erneut Widerstand; dem vereinten Ansturm der preußischen Infanterie und Kavallerie aber mußte er weichen und floh nun in Auflösung über die Mulde, wohin auch sein linker Flügel durch Prinz Heinrich zurückgeworfen war. Die preußische Kavallerie war zunächst zu erschöpft, um über die Mulde hinaus zu folgen; aber in der Nacht nahmen die leichten Truppen die Verfolgung auf. Das Husaren-Regiment Belling hatte 10 Kanonen, 15 Fahnen und unter vielen Gefangenen einen General auf der Liste seiner Siegesbeute. Es hatte selbst aber auch 1 Offizier tot, 6 Offiziere verwundet.

Prinz Heinrich blieb bei Freiberg stehen; das Hülsensche Korps kehrte sogar in seine frühere Aufstellung zurück; nur ein Streifkorps wurde nach Böhmen und Franken hinein entsandt und wirklich dadurch der Abzug der Reichsarmee bewirkt. Auch der König, der in den ersten Novembertagen aus Schlesien anlangte, gab sich mit diesem Erfolge zufrieden. Der Winter machte bei der damaligen Heeresverfassung das Einstellen der Kriegshandlung erforderlich.

Beim Abreiten des Schlachtfeldes konnte Prinz Heinrich seinem königlichen Bruder mit Stolz die Stelle zeigen, wo er mit unleugbarem Geschick sein Schwert ohne Rücksicht auf feindliche Überlegenheit und Rückenbedrohung in die Weiche des Feindes gestoßen hatte. Eigentlich hatte ihn nur das aus kriegerischer Eifersucht geborene Streben nach einer Tat vor des Königs Ankunft aus seiner dem Schachspiel ähnlichen

Art der Heerführung aufgeschreckt; die vortreffliche Truppe hatte es ohne nachhaltigen Schaden hingenommen, daß bei jedem Zug eine Figur nach der andern verloren gegangen war, und hatte im Angriff

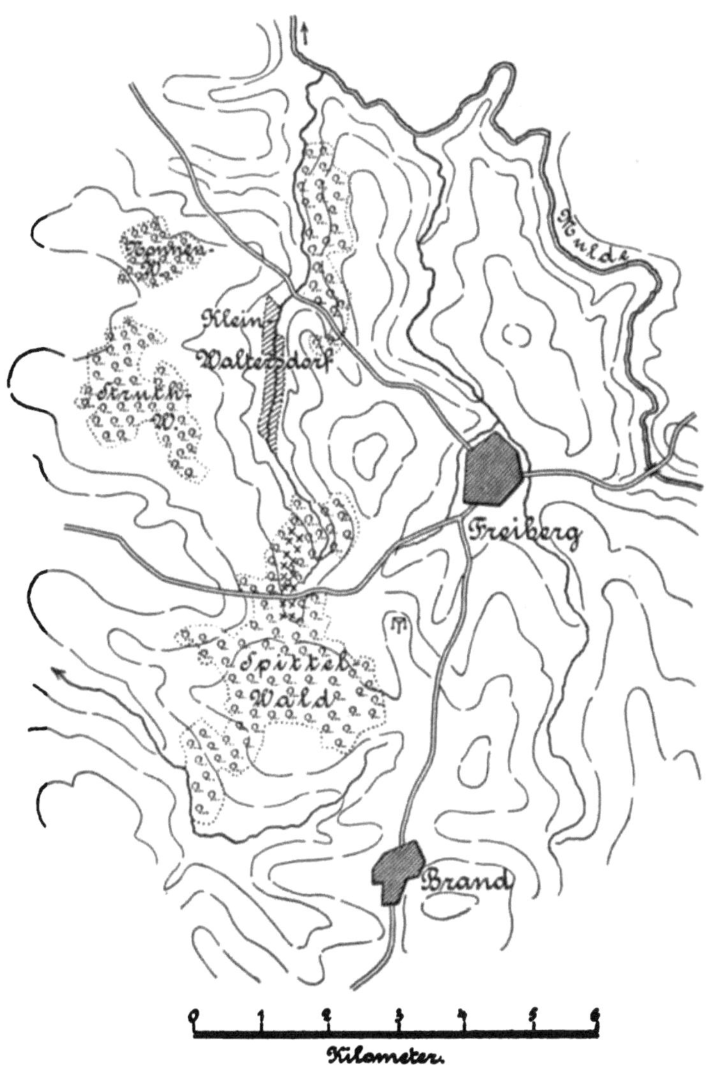

den Schwung wiedergewonnen, der ihr die gewaltige moralische Überlegenheit über einen beinahe doppelt stärkeren Feind sicherte. Die Haltlosigkeit der Reichstruppen hatte auch die Österreicher mit ins Verderben gezogen, wie bei Roßbach die Franzosen.

Die Betrachtung der Kriegsbegebenheiten, die in der Schlacht von Freiberg endeten, ist besonders lehrreich für jeden, der für die Vorgänge in den folgenden Kriegen bis zum Untergang von Jena eine Erklärung sucht. Die offenbaren Fehler der Kriegsweise des Prinzen Heinrich wurden durch den Erfolg von Freiberg zugedeckt; seine und seiner Umgebung Überhebung wuchs sich zu einem verhängnisvollen Verkennen der natürlichen Bedingungen des Erfolges im Kriege aus. Aus des Prinzen Schule ging jener Kalkreuth hervor, der der Niederlage bei Hassenhausen von den Höhen bei Eckardtsberga aus ruhig zusah. Und allgemein steigerte dieser unverdiente Erfolg den Glauben an die Überlegenheit der preußischen Waffen. Wer an den alten Formen zu rütteln wagte, den verwies man auf Roßbach, Leuthen und Freiberg, ohne zu wissen, wie es eigentlich dabei zugegangen war.

Blücher begab sich zur Ausheilung seiner Verletzung auf einige Zeit nach Leipzig, wo sich auch das Königliche Hauptquartier befand. Ein Duell, was er hier auszufechten hatte, beweist, daß sein Kampfeseifer ungebrochen war.

Am 27. November wurde zwischen den gegnerischen Heeren eine Abmachung getroffen, wonach die preußische Armee in dem eroberten Teil von Sachsen Winterlager bezog. Die Bellingschen Husaren erhielten die ihren im Erzgebirge südöstlich von Chemnitz an der oberen Zschopau. Im Dezember begannen die Friedensverhandlungen zu Hubertsburg, die im Februar 1763 zum Friedensschluß führten. Im Sommer zog das im Kriege geborene und groß gewordene Regiment über Stettin in die Heimat, die ihm der König zugewiesen hatte: Hinterpommern.

Friedenszeit. 1763—1770.

„Du siehst, lieber Vater im Himmel, die betrübten Umstände beines Knechtes Belling; beschere ihm daher bald einen gelinden Krieg, damit er sie verbessern könne und Deinen Namen ferner preise. Amen!" Wenn so das Abendgebet des frommen Helden schloß, wie mag es erst im Herzen seiner Leutnants ausgesehen haben, als sie ihren Rachen, statt ihn täglich durch die Brandung des Kriegslebens zu steuern, plötzlich sittsam auf dem stillen Spiegel hinterpommerscher Teiche rudern sollten. Nie findet sich der Soldat leicht aus einer Zeit, in der er alles gegolten hat, in beengende Friedensverhältnisse; nach siebenjährigem Feldleben waren natürlich zahlreiche und langdauernde Reibungen zu überwinden.

Da alle Kriegsbildungen aufgelöst wurden, so wäre wohl auch
den Belling-Husaren dies Schicksal geworden, wenn nicht durch die
Gefangennahme der dunkelroten Husaren bei Maxen der Platz für
ein Husaren-Regiment frei gewesen wäre. Doch wurde es von 15 auf
10 Schwadronen herabgesetzt und die Kopfstärke jeder Schwadron wie
überall um 40 Gemeine verringert. Den geworbenen Leuten wurde
es oft schwer, ein auskömmliches Unterkommen zu finden. Aber selbst

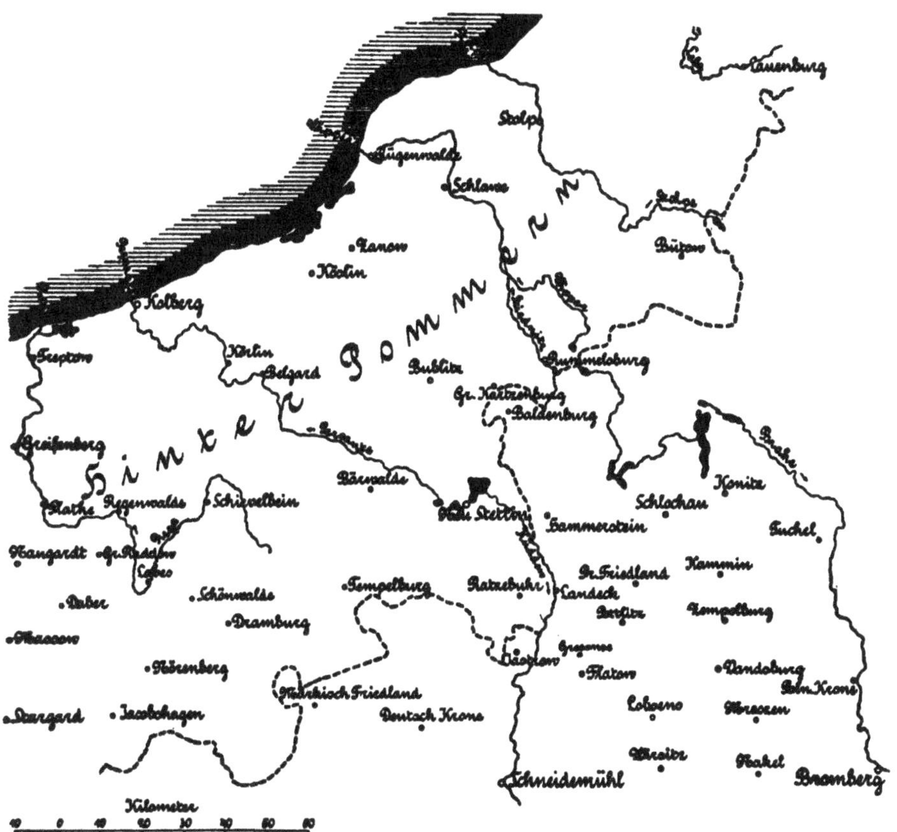

unter den Ausgehobenen zeigte sich nicht überall Neigung, das Schwert
mit dem Pflug oder einem Handwerkszeug zu vertauschen: eine Abteilung pommerscher Landhusaren entzog sich hartnäckig der Auflösung; als Truppen dazu ausgeschickt wurden, entwich sie über die
Grenze nach Polen.

Das Regiment trat nun ganz in die Stelle seines Vorgängers.
Der Stab und drei Schwadronen (anfangs vier) kamen nach Stolp;

4*

die übrigen lagen einzeln in kleinen Landstädtchen zerstreut; das nächste, 25 Kilometer von Stolp, war Schlawe, ebenso weit dahinter das kleine Zanow (98 Häuser); die beiden dort liegenden Schwadronen hatten in der Nachbarschaft, in Köslin und Rügenwalde, ein Infanterie-Regiment; ganz vereinsamt stand je eine Schwadron in den Städtchen längs der polnischen Grenze: Lauenburg, Bütow, Rummelsburg, Neustettin und Tempelburg, die ersten drei etwa 50 Kilometer, Neustettin an 100 Kilometer vom Stabsort, untereinander 40 bis 50 Kilometer entfernt; das ganz entlegene Tempelburg wurde nach einem großen Brande zeitweise mit dem näheren Bublitz vertauscht.

Auch die Bekleidung seines Vorgängers mußte das Regiment übernehmen. Belling, der seine Husarenlaufbahn im roten Dolman begonnen hatte, wird sich gegen den Tausch nicht gesträubt haben; immerhin trennte sich wohl mancher schwer von dem schwarzen Kleid mit den grünen Abzeichen, die den Todesmut und die Siegeshoffnung versinnbildlichten, und von dem ernsten kriegerischen Schreckbild an der Kopfbedeckung, mit denen das Regiment sich einen berühmten Namen erworben hatte.

Aber überaus prächtig war der Anblick, den der Husar in der neuen Uniform gewährte: die Filzmütze blieb die schwarze mit dem hinten herabhängenden Tuchzipfel, aber ohne Sinnbild; der dunkelrote Dolman war vorn dicht mit weißer Verschnürung und Knöpfen besetzt, Rückennähte und Ärmel mit verschlungenen Schnüren versehen; über die linke Schulter die gleichfalls dunkelrote, mit weißer Schnur verzierte Pelzjacke gehängt, die rings herum und statt der Ärmelaufschläge schwarzen Pelz sehen ließ. 1789 bekam auch der Dolman schwarze Kragen und Aufschläge, aber von Tuch.

Blücher stand anfangs in Stolp, das mit seinen 550 Häusern und 3000 Einwohnern der stattlichste der acht Standorte des Regiments war. Außer dem Stab und drei Schwadronen des Husaren-Regiments wurde auch ein Kadettenhaus dort untergebracht. Außerdem bot die Nachbarschaft vielen Umgang mit den alteingesessenen Familien des Landes.

Nun war in damaliger Zeit der Leutnant dienstlich durchaus nicht so unbeschäftigt, wie man wohl annimmt. Auch bei den berittenen Truppen nahm der Wachdienst eine breite Stelle ein. Täglich um 11 Uhr war Wachparade. Auf ihr hatten sämtliche Ober- und Unteroffiziere zu erscheinen. Außer der Hauptwache, die ein Offizier kommandierte, waren noch einige Unteroffizierwachen zu besetzen. Die neue Wachmannschaft trat an und wurde vom Rittmeister genau nachgesehen, „ob alles in gutem Stande ist"; ehe mit aufgenommenem Säbel abmarschiert wurde, mußte der Karabiner ein paarmal fertig gemacht und geladen werden, „damit die Husaren laden lernen". Inzwischen erfolgte die Ausgabe der „Parole". Der Regimentschef nannte sie persönlich auf dem Paradeplatz dem Offizier vom Dienst; dieser gab sie dann in einem von vier Posten bezeichneten Raum an die Adjutanten, Wachtmeister und Wachhabenden aus. Dabei wurden die sonstigen Befehle bekannt gemacht; die Adjutanten brachten dann die Parole und „Parolebefehle" an die Stabsoffiziere, die Wachtmeister an die Rittmeister und Schwadronsoffiziere. Die Hauptwache gab Posten vor dem Chef, vor dem Gewehr und vor den Arrestanten; die Formen des Aufziehens und Ablösens waren die noch heute gebräuchlichen. Außerdem zog an jedem Tor ein „guter alter verständiger" Gefreiter mit drei Mann auf, um dort eine Schildwache zu geben.

Auch die kleinen Landstädte waren damals von Mauern umschlossen. In jedem Tor waltete ein Torschreiber seines Amtes; die Torwache hatte ihn zu unterstützen, die einkommenden Fremden genau auszufragen und der Hauptwache Meldung darüber zu machen. Nachts wurden die Tore geschlossen. Bei Tagesanbruch und bei Sonnenuntergang hatten Streifabteilungen zu Pferde „je nach dem die Gegend von der Garnison ist, entweder in dem nächsten Wald oder in den nächsten Dörfern zu sehen, ob sich nichts Verdächtiges darin aufhalte". Im Sommer bis zur Grasungszeit sollten vor dem Tor, „wo die Grenze am nächsten", den Tag über Feldwachen vorgeschoben werden, denen dann auch das Streifen zufiel.

Auf Wachvergehen waren strenge Strafen gesetzt. Die Schildwache vor den Arrestanten hatte auch die Strafvollstreckung an ihnen zu überwachen: das Stehen am Pfahl, Reiten auf dem Esel, Holztragen und Krummschließen. Zum Putzen und Futtern wurden die Leute von der Wache abwechselnd in den Stall geschickt. Nachts machten Offiziere die „Ronde" bei den Wachen und Posten; außerdem gingen Patrullen herum, auch in den Wirtshäusern.

Bei Feuerlärm verlangte das Reglement, daß die Schwadronen nach zwanzig Minuten „mit voller Mundirung und Sack und Pack" auf dem Lärmplatz bereitständen, weshalb das Geschwindsatteln fleißig geübt werden sollte.

Die Rücksicht auf die Fahnenflucht durchzieht fast alle damaligen Dienstvorschriften. Das Husaren-Reglement von 1743 spricht allerdings die Verwunderung des Königs aus, daß von Zeit zu Zeit Husaren desertierten, da doch „ein Husar von Rechts wegen keine Ursache zu klagen haben könne". Zum Eid solle ein Husar nur zugelassen werden, wenn er selbst erkläre, die Kriegsartikel genau verstanden zu haben und sich freiwillig dazu erbiete. Wen man über eine Viertelmeile vom Standort ohne richtigen Paß antraf, wurde festgenommen; „alle Leute auf dem Lande" hatten die Pflicht, jeden Soldaten nach seinem Paß zu fragen. Floh ein Mann aus dem Standort, so wurde auf allen Straßen zu Fuß und zu Pferde und mit Steckbriefen nach ihm gefahndet; in den Dörfern mußten die Sturmglocken geläutet werden, die Bauern mußten die nahgelegenen Hölzer und Brücher durchsuchen; wer einen Deserteur einbrachte, dem standen sechs Taler Fanggeld zu. Wenn aber der Weggelaufene um Pardon schreibt und wiederkommen will, dem soll der Oberst den Pardon schicken.

„Wenn ein Kerl im Exerziren etwas versieht, so muß er aufgeschrieben werden und nachexerziren; tut er es aber aus Caprice, so muß man ihn brav zerprügeln lassen", befahl König Friedrich 1763 seinen Kavallerie-Regiments-Kommandeuren. Was beim Reiten böser Wille, was Unvermögen ist, läßt sich aber eigentlich nie feststellen; doch auch schon „wenn beim Reiten die Leute sich negligiren, so müssen dergleichen Kerls Hiebe haben", heißt es an anderer Stelle. Des Königs erster Reitergeneral faßte die Sache durchaus anders auf. „Seitdem Seydlitz an der Spitze der preußischen Kavallerie steht," berichtet Warnery, „sind Stockschläge fast gänzlich abgeschafft." Seydlitz wirkte auf den Ehrgeiz der Leute; seine Erfolge sind zum Teil hierauf zurückzuführen. Wir wissen auch von Blücher, daß er dem Prügeln der Leute sehr abhold war; er soll den Husaren-Unteroffizieren das Tragen eines Stocks bei der Ausbildung verboten haben. Das Gassenlaufen, bei der Kavallerie mit Steigriemen ausgeführt, blieb aber bis 1808 die Hauptform der militärischen Strafen; es konnte von sechsmal ab bis zu dreißigmal angewandt werden.

Noch die Kriegsartikel von 1797 muten uns an, als ob sie aus dem Mittelalter stammten. Unverbesserliche werden mit einem Brandzeichen auf der Schulter versehen und über die Grenze gebracht. Bei überlegtem Mord hat das Gericht die Wahl, auf Rädern von oben oder von unten herauf zu erkennen. Für Brandstifter wird wieder das Lebendig-Verbrennen eingeführt. Nach wie vor konnte zu mäßiger Festungsarbeit verurteilt werden, wer eines Todesverbrechens verdächtig, aber nicht völlig überführt war, wenn „keine scharfen Mittel zur Bekenntniß gebraucht werden können".

Nach dem Reglement sollten die Husaren an Sonn- und Festtagen zweimal zur Kirche geführt werden. Sobald die Kirchenglocken das erstemal läuteten, kam die ganze Schwadron vor des Rittmeisters Quartier zusammen; beim zweiten Läuten bliesen die Trompeter „Kirchenparade", und der Rittmeister führte die Schwadron in die Kirche.

Nach dem Anhang zu den Kriegsartikeln sollte der Soldat, wenn er über die Gasse geht, stets reinlich angezogen, gepudert sein und den Säbel umgeschnallt haben. Die gute Anordnung der Locken, das richtige Binden des Zopfes und das Aufsetzen des Bartes waren Dinge, auf die mit scharfem Auge gesehen wurde.

„In Winterzeiten, wenn man nicht zu Pferde exerziren kann", sollte oft und fleißig zu Fuß exerziert und dressiert werden: alle Schwenkungen mit Zügen, mit halben und ganzen Eskadrons sollten zuerst zu Fuß gemacht werden, „indem der Reiter, wenn er zu Fuß gut dressirt ist, die Schwenkungen zu Pferde alsdann weit besser zu machen weiß". Auch die Grasungszeit sollte zur Ausbildung der Mannschaft ausgenutzt werden; es sollte bei den Geld- und Kirchenparaden ohne Gewehr fleißig marschiert und die Leute besser ausgearbeitet werden, „damit sie ebenso grade wie die Infanterie werden. Die krümmsten Kerls müssen sie allein vornehmen und einzeln marschiren lassen, so lange bis solche grade werden". Hierzu könne der Juni, Juli und August gebraucht werden; wenn danach die krummen Kerls nicht grade geworden seien, verständen die Offiziers es nicht; der König wolle dann Infanterie-Offiziere schicken. Im Reglement aber hat er hervorgehoben: „Seine Königliche Majestät sehen das Exerziren zu Fuß wie ein Nebenwerk an, hingegen werden Sie, wenn ein Regiment zu Pferde nicht in Ordnung ist, mit dem Chef und den übrigen Offizieren sehr übel zufrieden sein."

Über den Reitdienst sagt das Reglement: „Daß die Husaren alle Tage ihre Pferde reiten, mit solchen traben und galoppiren sollen, ist Seiner Königlichen Majestät ernstlicher Befehl, und es gereicht solches mehr zur Konservation der Pferde, als daß es ihnen schaden sollte. Es wollen Seine Majestät auch, daß die Offiziere sich mit den Burschen zu tun machen, damit sie dadurch ihre Leute und die Leute ihre Offiziere kennen lernen." „Alle Tage des Morgens um halb 9 Uhr, es mag regnen oder nicht, soll eine Hälfte von der Eskadron und des Nachmittags um 3 oder 4 Uhr die andere Hälfte von der Eskadron vor des Rittmeisters Quartier mit den Pferden zusammen kommen." Die Leute reiten auf Decke, mit Kandare, in kleiner Mütze ohne Säbel. So wird in der Kolonne zu Vieren aus und dabei zur Tränke geritten. Ein Offizier reitet jedesmal mit; er reitet bald vorn, bald hinten, bald an der Seite, um die Leute zu „korrigiren, daß sie rechte Distanz halten und grade und fest auf den Pferden sitzen". Ein Unteroffizier reitet vorn, einer hinten. Wenn die halbe Eskadron „ungefähr eine Stunde spazieren geritten ist, so soll selbige wieder zu 4 herein marschiren". Vor des Rittmeisters Quartier wird wieder aufmarschiert, zu 4 rechtsum Kehrt gemacht und einzeln eingerückt. „Solches alle Tage das ganze Jahr durch sowohl bei gutem als regnichtem Wetter geschehen soll; wenn aber zur Winterszeit Schnee und Frost ist, so soll der Rittmeister einen bequemen Platz aussuchen, woselbst kein Eis ist, um die Pferde darauf reiten zu lassen.“

In dem folgenden Abschnitt des Reglements ist das Gebot, alle Tage und zwar mit oder ohne Sattel zu reiten, mit der Einschränkung wiederholt, „wenn der Frost nicht zu stark ist“. In der Instruktion vom 11. Mai 1763 ist dann gesagt, daß das einzelne Dressieren der Leute im Winter in den Reithäusern, Scheunen und solchen Orten geschehen könne, wo zur Ausarbeitung der Pferde Platz sei. Ein Reithaus hatte noch 1796 beim Regiment kein Standort.

Des Sonntags sollten die Pferde im Sommer nach der Nachmittagspredigt geritten werden: „denn Seine Königliche Majestät es für die größte Konservation der Pferde halten, wenn selbige alle Tage etwas geritten werden“. Dieser Befehl mit der bekannten Forderung, daß die Pferde in Arbeit und nicht so gar unvermögend dick sein sollten, war schon in den Reiter-Reglements aus der Zeit Friedrich Wilhelms I. enthalten; König Friedrich ließ an anderer Stelle außerdem noch die Worte einfügen: „Die Pferde sollen nicht so dick gefuttert werden, denn die Pferde keine Bäuche, sondern Mark in den Knochen haben sollen.“ Wenn die Pferde von der Grasung kamen, „sollen die Bursche alle einzeln reiten, wobei die Offiziere genau Acht haben müssen, Alles zu korrigieren, was sie Unrecht finden“.

„Wenn ein Regiment alle Tage reitet und die Offiziere den Husaren alle Vorteile weisen, so kann es nicht fehlen, daß sie gut reiten lernen.“ Wenn die Husaren nicht Meister von ihren Pferden seien, werde der König die Schwabronchefs dafür ansehen; „daß die Husaren kurz reiten und die Pferde gut tummeln und wenden können“, müsse den Leuten gut gewiesen und scharf darauf gehalten werden. In dem Abschnitt „Wie den Husaren das Reiten am leichtesten zu lernen ist“ war den Offizieren als ihre „Hauptsorge“ ans Herz gelegt, ihren Leuten „die Hauptsache von einem Husaren“ „aus dem Fundament“ beizubringen: „daß er gut reiten und sein Pferd tummeln und wenden kann wie er will“. Dazu sollen sie die neuen Leute sehr oft auf dem bloßen Pferde mit der Trense reiten lassen, damit sie fest sitzen lernen und einen Schluß zu Pferde bekommen; die Zügel sollen stets kurz geführt werden, „damit sie Meister von ihren Pferden sind“. Später sollen die Rekruten auf „Sattel, Bügel und Zaum“ (Kandare) reiten und ihnen insonderheit gewiesen werden, wie sie die Pferde „kurz wenden, pariren und umdrehen“ sollen. Der Husar mußte im vollen Lauf mit der Hand etwas von der Erde aufheben, einer dem andern im vollen Jagen die Mütze abnehmen können. Damit der Husar sein Pferd auf einem Platz von der Größe eines Talers tummeln und wenden könne, wie er wolle, sollten die Husarenpferde alle so zugeritten werden, daß sie frei in den Schultern und gewandt auf der Hinterhand seien.

Auf gute Zäumung hielt der König sehr; namentlich sollte jedes Frühjahr darauf gesehen werden, „daß keine Stange durchfällt und weder zu groß noch zu klein sei". Die Reitausbildung wurde naturgemäß hauptsächlich den Winter über betrieben; er war vor allem der Ausbildung der Remonten und der wenigen Rekruten sowie der Nachhilfe der sogenannten Maladroiten gewidmet; die älteren bereits zugerittenen Pferde wurden indes nur ausgeritten, nicht aufs neue dressiert.

Der gebogene Husarensäbel sollte vor allem im Kopfhieb ausgenutzt werden; dazu sollte der Mann sich in die Bügel stellen, um dem Hieb mehr „Effekt" zu geben. Am Schluß der Attacke wurde dieser Hieb regelmäßig ausgeführt.

Auf das Schießen zu Pferde legte der König noch 1763 viel Wert; schon im Husaren-Reglement von 1743 ist, wo vom Zusammentreffen mit feindlichen Husaren die Rede ist, gesagt: „weil aber überhaupt aus allem Husarenschießen Nichts wird, so müssen die Regimenter den Feind, sofern er schwächer wie sie ist, wohl geschlossen mit dem Säbel in der Faust attackiren und vor sich wegjagen". Doch hatte sich im Kriege bei manchen Gelegenheiten das Feuern wohl als nützlich erwiesen. So verlangte der König, daß die Reiter mit ihrem Gewehr (Karabiner und Pistolen) „sehr gut und geschwinde umzugehen wissen und hurtig laden können; auch müssen dieselben sich angewöhnen, im Trab und Galopp mit Karabiner und Pistolen accurat und nach dem Ziele zu schießen". Im Fußgefecht mit dem Karabiner wurden die Husaren deshalb ausgebildet, damit sie sich im Winterquartier verteidigen, „auch eine feindliche Partei, welche sich auf einem Kirchhof oder sonst favorablen Ort postirt hat, zu Fuß forciren können"; diesen Worten des Reglements fügte der König nach dem Kriege hinzu, es geschähe sehr oft, „daß Husaren absitzen und auch auf diese Art gegen den Feind agiren müßten"; man müsse sie deshalb sehr gut zu Fuß ausbilden und sie anhalten, daß „sie sich hinter Hecken und Mauern postiren, hurtig laden und accurat schießen können". Jede Eskadron hatte zehn Husaren „fleißig" im Schießen mit gezogenen Karabinern nach der Scheibe auszubilden. Nach dem Reglement wurde die Feuerabgabe zu Fuß, sowohl Peloton- (Salve) als Heckenfeuer (Einzelfeuer), bei der Revue besichtigt.

Sehr eingehende Vorschriften bestanden über die Pferdepflege. Leben, Ehre und Reputation der Husarenoffiziere hänge davon ab, daß die Pferde in gutem Stande seien; nicht der bravste Kerl von der Welt, der kein gutes Pferd habe, könne gegen den Feind etwas ausrichten; selbst wenn der Feind schon auf der Flucht sei, könne er daraus keinen Vorteil ziehen; müsse er aber vor der Überzahl fliehen, so sei er verloren und falle dem Feind in die Hände. „Die Offiziere müssen sich alle Mühe geben, daß die Husaren Liebe zu ihren Pferden kriegen und sie von selbst gut in Acht nehmen." „Ein jeder Rittmeister wie auch alle Offiziere und Unteroffiziere bei der Eskadron müssen ihre größte Sorge mit sein lassen, daß die Pferde bei der Eskadron gut in Acht genommen werden; weshalb sowohl der Rittmeister selbst die Pferde in den Quartieren fleißig visitiren, als auch die Offiziere und Unteroffiziere dazu anhalten muß." Jeder Offizier hatte einen „Distrikt", den er täglich nachsehen und dem Rittmeister darüber melden mußte. Die Unteroffiziere hatten ihre Beritte zu überwachen; eine Stunde nach der Retraite hatten sie zu melden, „ob alle Leute in den Quartieren gewesen und die Pferde abgefuttert sind", ebenso des Morgens um 8 Uhr, „ob alle Pferde recht gefuttert und abgewartet sind und ob etwa ein Pferd krank ist". Wenigstens einen um den andern Tag sollte der Rittmeister die Pferde von der ganzen Eskadron selbst visitieren.

Als Futterstunden waren 5 und 8 Uhr morgens, 12 Uhr mittags und 4 und 8 Uhr abends angesetzt; getränkt wurde morgens, mittags und abends.

Neben dem Futtern wird auch das „Putzen und Striegeln" zur guten Erhaltung der Pferde als „hauptsächlich nötig" angesehen.

Das Putzen geschah morgens; danach wurde das Pferd eingedeckt; der Stall sollte reinlich gehalten und abends eine gute Streu gemacht werden. Auf gutes Abwarten nach dem Reiten wurde besonderer Wert gelegt. Sobald ein Pferd nicht recht fressen will, soll der Fahnenschmied geholt werden; ein tüchtiger Fahnenschmied soll „auf ein Pferd sich recht gut verstehen und ein Pferd gut beschlagen" können. Den Beschlag mußte der Mann aus seiner Löhnung bestreiten; die polnischen Pferde bedurften indes nur ausnahmsweise der Hufeisen, ließen sich auch häufig gar nicht beschlagen. Pferde mit ansteckenden Krankheiten sollten sogleich „allein gestellt" werden; rotzige und unheilbare Pferde mußten totgestochen werden.

Das Futter wurde vom Lande geliefert und angefahren. Den Selbstankauf hatte der König den Chefs ganz abgenommen, damit sie „durch dergleichen Distraktions nicht vom Dienst abgehalten" würden.

Ein Husarenpferd bekam im Standort täglich an Hafer nur etwa 3 Kilo, an Heu 3, an Stroh 5 Kilo, wovon ⅔ als Häckſel verfuttert wurden. Die Marſchration, die es auch in der Revuezeit gab, war der heutigen an Hafer etwa gleich, an Heu beinahe doppelt ſo hoch. Wenn ein Pferd durch des Rittmeiſters Schuld krepiert, ſo muß er es bezahlen. „Einem ſolchen Rittmeiſter es auch zu keiner Entſchuldigung dienen ſoll, wenn er ſich auf die Offiziers und Unteroffiziers berufen will, daß ſolche nicht fleißig Achtung auf die Pferde genommen haben: weil der Rittmeiſter für ſeine Eskadron und für die Konſervation der Leute und Pferde reponbiren und ſeine Offiziere und Unteroffiziere dazu anhalten muß, daß ſie nichts verabſäumen, was dazu beförderlich ſein kann.“

In der Inſtruktion vom 11. Mai 1763 bemerkt der König, die Aufſicht über das Füttern, Striegeln und Beſchlagen ſei eine Sache von Notwendigkeit und ein gewiſſes Stück, ſo ein Offizier von der Kavallerie wiſſen müſſe; er müſſe alle Tage danach ſehen, daß es ordentlich geſchehe; allein er müſſe ſich ſo ſehr nicht dabei aufhalten, daß er andere Sachen, die ihm zu wiſſen und zu lernen höchſt nötig ſeien, vernachläſſige. Wer nichts als Füttern, Striegeln und Beſchlagen verſtehe, gelte bei ihm nicht als ein guter Offizier, ſondern nur als ein guter Stallmeiſter; eigentlich ſei dieſer Dienſt des Wachtmeiſters Sache.

Er empfiehlt den Kommandeuren, Offiziere, die die wenigſte Einſicht und nicht genügſamen Ehrgeiz beſäßen, zum kleinen Dienſt, als Viſitierung der Quartiere, Aufſicht über die Menage, Fütterung und Reinhaltung der Pferde, Dreſſierung und Ausarbeitung der Leute und dergleichen Sachen zu verwenden. Vorwärts ſtrebende Offiziere müßten nicht nur dieſe Dinge verſtehen, ſondern ſich auch mit der Karte ihrer Provinz und von ganz Deutſchland bekanntmachen; mit dem Gelände auf 5 Meilen um den Standort herum müſſe jeder Offizier vertraut ſein. Offiziere und Junker ſollten ſich befleißigen, Franzöſiſch zu lernen, mit welcher Sprache ſie in faſt allen Ländern durchkommen könnten; in Schleſien und Preußen möchten ſich wenigſtens einige aufs Polniſche legen. Bei den Revuen werde ſich der König danach erkundigen; wer den wahren Ehrgeiz beſitze, noch General zu werden, der habe ſich von ihm Gnadenbezeigungen und Beförderung zu verſprechen.

Blücher hat von dieſer Zeit ſpäter geſagt, er habe ſich um gar nichts gekümmert; „anſtatt zu ſtudiren habe er geſpielt, getrunken, ſich mit den Weibsleuten abgegeben, gejagt und ſonſt luſtige Streiche verübt“.

Das Spielen in den Regimentern hatte der König nach dem Kriege von neuem „auf das Schärffte" verboten; „Spieler von Profession müffen von den Regimentern geschafft werden". Er war damit aber durchaus nicht durchgebrungen. Das Glücksspiel galt damals namentlich beim Landabel und in den Offizierkorps als eine vornehme gesellige Unterhaltung; „es gehörte der herrschenden Sitte nach fast notwendig zu dem Leben eines Offiziers, der irgend ein Weltmann sein wollte", berichtet Valentini; dieser meint auch, daß die Neigung zu gewagtem Spiel bei Blücher mit seinem kriegerischen Charakter zusammenhing, „indem die Ähnlichkeit zwischen Krieg und Kartenspiel in der Tat nicht abzuleugnen ist". „Den Wert des Geldes kannte er nicht", urteilt ein anderer Gewährsmann, „er lebte nur für die Gegenwart, unbekümmert um die Zukunft. War das Geld verspielt, so hatte es nicht den geringsten Einfluß auf seine heitre und frohe Laune; er konnte alles Gewohnte entbehren, nur nicht guten Anzug und gute Pferde".

Durch seine freie, ungebundene Sprache zog sich Blücher manche Händel zu; seinem Leibarzt zeigte er im Alter die Narben der Wunden, die er in mehreren Zweikämpfen davongetragen habe; er versicherte dabei, daß der Geber reichlich wiederempfangen habe.

Schon das Reglement von 1743 hatte sich sehr scharf gegen die Duelle ausgesprochen: „Weil die Erfahrung giebt, daß unter den Offizieren viele Rencontres und Duelle vorgehen und dadurch öftere Entleibungen und tödtliche Blessuren erfolgen, auch die meisten Händel aus Bagatell-Ursachen, wenn die Offiziere betrunken sind, entstehen, derohalben Se. Königl. Majestät hiermit deklariren, daß Sie zwar lauter brave Offiziere in Diensten haben wollen, aber das Duell-Edikt nicht aufgehoben sein und daher kein Offizier Händel, Rencontres und Duelle anfangen soll. Im Gegenteil es dero ernster Befehl ist, daß die sämmtlichen Offiziers von der Armee miteinander sich wohl komportiren und alle unnötigen Händel unter den Offizieren gänzlich abgeschafft sein sollen. Weshalb der Oberst und alle kommandirenden Offiziere von einem Regiment, sobald sie erfahren, daß Offiziere dergleichen Händel untereinander gehabt haben, selbige augenblicklich in Arrest nehmen lassen und Sr. Königl. Majestät davon Bericht abstatten sollen, worauf Se. Königl. Majestät denjenigen, welcher Ursache dazu gegeben hat, oder, wenn sie beide gleiche Schuld haben, auch alle beide kaffiren wollen."

Wer bei solchen Händeln den Stock gebraucht, soll infam kassiert werden. Weil die meisten Händel in der Trunkenheit geschehen, soll das Volltrinken gänzlich verboten sein; Oberst und kommandierende Offiziere sollen das überwachen. Wer sich gegen das Duellverbot in

der Trunkenheit vergeht, soll doppelt scharf bestraft werden. Wer
seinen Gegner im Duell oder Renkontre tötet, soll festgenommen werden;
entflieht er, so soll auf allen Straßen auf ihn gefahndet werden; wer
den Täter nicht festnimmt oder mit Willen entwischen läßt, ist wie der
Täter zu bestrafen; die Zeugen eines Duells mit töblichem Ausgang,
wenn sie nicht gesucht haben, das Unglück zu verhüten, sollen zur
Verantwortung gezogen werden. „Wenn aber ein Offizier eine Lachetät
begeht oder auf sich was sitzen hat und nicht ein braver Kerl ist,
alsdann soll der Oberst solches melden, und Seine Majestät wollen
ihn kassiren."

Aller Verbote ungeachtet diente der Zweikampf mit blanken Waffen
sehr häufig dazu, Reibungen zwischen Edelleuten auszutragen; selbst
der fromme Belling soll sehr bereit gewesen sein, mit dem Säbel für
die Wahrung der Standesehre einzutreten. Blüchers Bruder Gustav,
der in der dänischen Leibgarde diente, hat behauptet, sein Vater habe
den Söhnen nichts anderes mit in die Welt hinausgegeben als die
Weisung, stets die Klinge locker zu haben. Gustav erwarb sich denn
auch durch ein Duell die Hand einer vornehmen und reichen Frau;
Gebhard zog sich angeblich dadurch, daß er sich nicht scheute, seinen
eigenen Chef wegen einer Strafpredigt vor die Klinge zu fordern,
die Versetzung nach dem entlegenen Neustettin zu.

Dort fand er in dem Major v. Podscharly einen strengen und
tüchtigen Vorgesetzten. Podscharly, ein geborener Preuße, war als
junger Mann 1743 bei der Bildung des dunkelroten Regiments durch
den Ungarn Oberst Hallasch eingetreten; 1758 hatte er dann die
Bellingschen Husaren mit errichten helfen; Blücher rühmte ihn als
seinen vorzüglichsten Lehrer im Dienst, dem er nächst Belling alle
seine Kenntnisse in diesem Fache verdanke.

Auf die Pflege des eigentlichen Husarendienstes legte der König
großen Wert. In den „Grundsätzen der Lagerkunst und Taktik" sagt
er: „Die Husaren habt ihr als eure Augen und Ohren zu betrachten."
Er prüfte den Felddienst gelegentlich der Revüen; deshalb wurde er
schon in der Frühjahrsexerzierzeit, besonders auf dem Marsch zur
Revue geübt. Die eigentliche Felddienstzeit war aber während des
Herbstexerzierens, das nach der Ernte vierzehn Tage lang bei Stolp
stattfand; dazu wurden die Beurlaubten indes nicht eingezogen.

Das Reglement sah für den Felddienst folgendes vor. Die Offiziere sollten in den Standorten, besonders aber in der Zeit, wenn das
Regiment zusammengezogen war, einer gegen den andern auf Streifparteien reiten; auch sollten sie sich im Aussetzen von Feldwachen üben,
wobei die angenommene Stellung beider Armeen zu berücksichtigen

war. Der Chef sollte die Offiziere in diesem Dienst belehren und die geschicktesten in den Konduitenlisten hervorheben. Nach dem Kriege wies der König besonders darauf hin, daß die Vorposten-Aufstellungen dem Gelände angepaßt werden müßten; Wachen und Vedetten müßten sehr aufmerksam und gründlich über ihren Dienst unterwiesen sein, damit man sich auf die Feldwachen verlassen könne. Auch an der Richtigkeit der schriftlichen Meldungen müsse man nicht zweifeln dürfen. Damit die unerlaubte Faulheit und Nachlässigkeit nicht wieder einwurzle, verbietet er den Offizieren Stühle oder sonstige Bequemlichkeiten mit auf die Feldwache zu nehmen.

Im alten Reglement waren dem Exerzieren zu Pferde nur wenige Seiten gewidmet; es war lediglich das angegeben, was bei der Revue zu machen war: Abbrechen und Aufmärsche in Züge, Wendungen zu Vieren, Frontalschwenkungen, Flankieren (Ausfallen), die Husaren-Attacke gegen Kavallerie mit Überflügeln und Flankieren, und schließlich die Attacke in ganzer Front mit nachfolgendem Durcheinanderreiten und Sammeln. 1744 war dann das den Husaren eigentümliche Abbrechen aus der Mitte und Aufmarschieren nach beiden Seiten abgeschafft und das Ab- und Einschwenken mit Zügen sowie das Rechts-Abbrechen und Links-Aufmarschieren dafür eingeführt; der 1. Zug mußte sich dabei beim Abbrechen mit halblinks vor den 2. schieben, beim Aufmarschieren dem 2. Zug durch Halbrechtsgehen Platz machen. Damals wurde auch das Bilden zweier Glieder aus dreien eingeführt. Auf das geschwinde Durchziehen durch Wegeengen wurde großer Wert gelegt. Nach dem Einschwenken zur Front sollten beide Flügel der Schwadronen sich nach der Mitte zusammenschließen; im übrigen wurden Fühlung und Richtung nach rechts genommen.

1763 verlangte der König, daß alle Arten des Auf- und des Abmarschierens und alle vom Reglement vorgeschriebenen Attacken wohl und fleißig geübt würden; eine Hauptregel aber sei ebenso für die Husaren wie für die Kürassiere und Dragoner, „daß die Eskabrons (es sei denn bei Surprisen) während der Attacken beständig geschlossen und in Ordnung bleiben, zumal wenn Kavallerie gegen Kavallerie agirt, da allemal diejenige Eskabron, so geschlossen ist und am schärfsten anreitet, die andere über den Haufen werfen wird". Die Regimenter sollten auch das Benehmen als Avant- und Arrieregarde üben; wenn sie als solche aufmarschieren sollten, so müßten sie sich mit ihren Abständen nach dem Gelände richten; von zehn Eskabrons können je drei nach jeder Seite als Flankenschutz hinausgeschoben werden, und die vier in der Mitte sollen 150 Schritte Zwischenraum nehmen. Sehr fleißig soll die Attacke von einzelnen Eskabrons oder Zügen vom Fleck

weg im Marsch-Marsch geübt werden, da man solche machen müsse,
wenn man hinter der Infanterie stehe und sie unterstützen müsse.

In der Exerzier- und Revuezeit mußte mit Hochdruck gearbeitet
werden. Da wurden die beurlaubten Inländer eingezogen, die ein
Handwerk treibenden Ausländer taten wieder Dienst. Nachdem die
Leute einzeln zu Fuß und zu Pferde vorgenommen, wurden sie glieder-
weise geübt, Waffenübungen und Springen wurden betrieben, die
Eskadrons zusammengestellt. Nach einigen Tagen rückten die abseits
stehenden Schwadronen aus und bezogen Dörfer in der Nähe des
Stabsortes, um im Regimentsverbande zu exerzieren und den Husarendienst zu üben. Danach ging es nach Stargard ins Lager; dort trafen
alle pommerschen Infanterie- und Kavallerie-Regimenter zusammen.

Man lagerte unter Zelten in Schlachtordnung und bereitete sich
auf die Revue vor, die der König Ende Mai abhielt. Die Kavallerie-
Regimenter wurden zu Fuß und zu Pferde gesehen; Junker, Rekruten
und Remonten besichtigte der König ganz besonders. Bei der „Spezial"-
Revue jedes Regiments wurde dieses im geschlossenen Exerzieren ge-
prüft, aber der König rief auch einzelne Reiter vor, um sich von der
Einzelausbildung zu überzeugen. Nachmittags wurde gewöhnlich der
Feldbienst besichtigt; da kamen in erster Linie die Husaren daran;
Futterbeitreibungen, Überfälle, Abziehen über Engen, Wald- und Dorf-
gefechte ließ dabei der König ausführen. Am letzten Tage hielt der
König die „General"-Revue, wo die versammelten Truppen einen
Armeeflügel darstellten. Die Infanterie machte ihren Angriff mit
Pelotonsalven, die Kavallerie die „große" Attacke; mit einem Vorbei-
marsch vor dem König in Marschkolonne endete die Besichtigung.

Anzug und Haltung, Futterzustand und Rittigkeit musterte des
Königs scharfes Auge mit einer Gründlichkeit, die Kommandeure und
Offiziere oft bangen machte. War der König befriedigt, so kargte er
nicht mit Lob und „dem Orden"; fand er aber zu tadeln, so gab es
wohl ein Donnerwetter, das sich in: „Herr, der Teufel soll Ihnen
auf den Kopf fahren" entlud. Dann folgten auch wohl harte Strafen,
bis zur Dienstentlassung. Belling und sein Regiment hatten sich in
dieser Zeit stets der Gnade des Königs zu erfreuen.

Nach Schluß der Revue stieg der König in seinen Wagen und fuhr
zu den Besichtigungen nach Magdeburg oder Preußen weiter. Dann
rückten die Schwadronen nach Haus und entließen, was nicht zur
Pferdepflege und zum Wachdienst unbedingt nötig war; die Pferde
wurden 3½ Monate auf Grasung geschickt.

Das war dann auch die Zeit, in der die Offiziere auf Urlaub
gingen, wenn der König ihn bewilligte. Der Chef durfte nur einen Tag

zu Erkundungsritten, der Inſpekteur drei bis vier Tage beurlauben. Der König aber war mit Urlaub recht ſchwierig; er verlangte immer eine eingehende Begründung des Urlaubs; zwei Monate fand er überhaupt zuviel, „denn in 4 Wochen kann man ſchon Vieles abtun".

Freud und Leid im Familienkreiſe werden Blücher mehrfach in die Heimat gezogen haben; zwei ſeiner Brüder heirateten in dieſer Zeit; 1766 ſtarb ſeine Schweſter, Frau v. Krackwitz, 1769 auch ſeine Mutter. Für Blücher nahm die Reiſe nach Roſtock durch ganz Pommern hindurch ſchon einige Tage in Anſpruch; natürlich wurde ſie zu Pferde zurückgelegt. Das war dann auch die Gelegenheit zum Pferdekauf und -verkauf. Schon Platen empfiehlt den Offizieren den Pferdehandel, da das „kein kleiner Vorteil für das Regiment ſei". Von Blücher wird erzählt, daß er auf ſchöne Pferde ganz beſonders gehalten hätte. So floß ihm wohl auf dieſem Wege eine Zulage zu dem knappen Gehalt von monatlich 20 Talern zu.

Blücher fand auch in Neuſtettin und deſſen Nachbarſchaft freundſchaftlichen Umgang. Noch 1796 läßt er einmal „alle braven Neuſtettiner grüßen; ſehen Sie Wen vom Zaſtrowſchen Hauſe gleichfalls und ſo auch Woebtkes. Gerne möchte ich 8 Tage unter Euch leben; aber das iſt leider ein frommer Wunſch". Auf dieſe Zeit ſah Blücher im Alter ſehr gern zurück; Belling habe ihn ſo unbegrenzt geliebt, daß es ſchon hart habe kommen müſſen, ihn durch muntere Jugendſtreiche zum Unwillen zu reizen. Blücher nannte dieſe Zeit die ſchönſte ſeines Lebens, ſeine Blütezeit; die Erinnerung daran ſetzte ihn jederzeit in die froheſte Stimmung.

Beſetzung Polens. 1771 und 72.

Schon im Jahre des Friedensſchluſſes von Hubertsburg war es durch den Tod des König-Kurfürſten mit der ſächſiſchen Herrſchaft in Polen zu Ende geweſen. Zwar war unter ruſſiſchem Zwang mit König Friedrichs Zuſtimmung ein polniſcher Großer zum König gewählt worden; aber Eiferſucht auf den Einfluß Rußlands konnte jeden Augenblick zu einem Krieg zwiſchen den Großmächten führen. Im Winter 1770 ließ König Friedrich, angeblich um die Ausbreitung der Peſt zu hindern, nach dem Vorgange Rußlands und Öſterreichs, Truppen in das Nachbarland einrücken, unter ihnen das Huſaren-Regiment Belling.

Im Winter 1770 auf 1771 zogen die Huſaren von der Weichſel bei Kulm eine Linie nördlich der Netze bis zur neumärkiſchen Grenze.

Blücher als Leutnant

in der roten Uniform des Husaren-Regiments von Belling, nach dem Ölbild
im Besitz der Fürstlich Blücherschen Familie mit der Angabe: Leutnant Gebhard
Lebrecht von Blücher als Bräutigam seiner ersten Gemahlin, Freiin von Mehling,
(um 1773 gemalt).

Von großer Bedeutung für Blücher war es, daß er während dieser Besetzung polnischen Gebietes in das Haus des Freiherrn v. Mehling zu Pottlitz bei Friedland kam, wo ihn bald die Liebe fesselte.

Im März 1771 rückte Blücher zum Stabsrittmeister auf. Als solcher führte er die Schwadron eines der Stabsoffiziere, wenn das Regiment oder die Bataillone geschlossen auftraten.

Noch war der Bürgerkrieg im Gange; ein Teil des Adels fügte sich dem gewählten König nicht und durchzog mit bewaffneten Scharen das Land. Um einen solchen Haufen Aufständischer in der Gegend von Schneidemühl zu zerstreuen, wurde Blücher mit 40 Husaren abgeschickt. Den weit überlegenen Feind griff er an und machte, wie er später berichtete, einige 80 Gefangene, wovon etwa die Hälfte als diensttaugliche Mannschaft nach Berlin abgeliefert wurde.

König Friedrich dehnte die Besetzung polnischen Bodens immer weiter aus; als 1772 die erste Teilung des unglücklichen Landes erfolgte, stand das Regiment von der schlesischen Grenze bei Kempen längs der Warthe in großem Bogen um Kalisch herum. Aus den besetzten Landesteilen suchte der König die Verpflegung seiner Truppen zu bestreiten; bei der Aufbringung, die den Truppen selbst zufiel, ging es nicht immer glatt ab, und vielfach mögen ihre Forderungen gerechterweise zu Klagen Veranlassung gegeben haben.

Das Verhältnis zu den Einwohnern wurde dadurch aufs äußerste gespannt; die Truppen befanden sich völlig im Kriegszustand, und ihre Erbitterung stieg durch die häufigen greuelvollen Morde, die von Polen an russischen und preußischen Soldaten verübt wurden.

Als Anfang 1772 ein von ihm ausgestellter Posten verräterischerweise überfallen und die Mannschaft mit Hohn zu Tode gequält wurde, stieg Blüchers Wut- und Rachegefühl aufs höchste. Dies verleitete ihn zu einem Streich, den er schwer büßen sollte. Er ließ einen Geistlichen, der als Anstifter solcher Greuel verdächtig war, dem aber nichts bewiesen werden konnte, zum Schein zu Pulver und Blei verurteilen; bei der Hinrichtung fehlte dann allerdings das Blei, aber der unglückliche Mann verfiel in schwere Krankheit.

Daß der preußische Oberbefehlshaber dieses willkürliche und rohe Verfahren scharf mißbilligte, kann nicht wundernehmen. Zu den Ohren des Königs kam dieser Fall zunächst jedenfalls nicht. Die über Bedrückungen klagenden Beamten ließ er mit „orakelhaften“ Redensarten abspeisen; dann aber berief er Belling ab, als die Klagen sich allzusehr häuften; mit des Generals Abrechnung erklärte er sich zufrieden. Dagegen schenkte er den Anschuldigungen Glauben, daß von

Offizieren des Regiments Unredlichkeiten begangen seien. Um das Regiment zu strafen, verlangte er vom Inspekteur, General v. Lölhöffel, eine Liste der zu Verabschiedenden. Lölhöffel scheint aber niemand schuldig befunden zu haben; der König forderte nochmals eine Angabe, welche Offiziere „sich Plündereien oder Erpressungen und andere dergleichen niederträchtige Behandlungen in Polen teilhaftig gemacht" hätten. Dasselbe Ansinnen stellte er an General v. Lossow, den er an Bellings Stelle mit der schwierigen Aufgabe betraut hatte, die Polen zu scheren, ohne daß sie frören.

Der König war so aufgebracht über das Regiment, daß er den Regimentskommandeur, Major v. Schulenburg, und einige andere ältere Offiziere bei der Beförderung überging. Als dann Schulenburg im September 1772 bat, ihm doch sein Avancement zum Oberstleutnant wieder angedeihen zu lassen, schrieb der König an den Rand des Gesuchsauszugs: „Das Regiment hat in Polen Nichts getan als geplündert und der Armee Schande gemacht: seine Negligence ist schuld, daß das Regiment nicht in Ordnung, und wenn er es nicht wieder darin bringt, werde, anstatt ihn zu avanciren, einen andern Kommandeur bestellen."

Ein anderer, erst kürzlich hineinversetzter Major, der die Heiratserlaubnis nachsuchte, bat, der König möge ihn nicht der auf das Regiment geworfenen Ungnade teilhaftig werden lassen; dazu meinte der König: „Es ist freilich nicht gut, bei einem so verwilderten Regiment zu stehen."

Den General v. Lossow wies er an, das Regiment „nur ferner zu seiner Besserung sehr kurz zu halten und demselben auch nicht das Geringste, besonders in Ansehung der Offiziere, durch die Finger zu sehen". Lossow scheint auch in anderen Beziehungen nicht mit dem Regiment zufrieden gewesen zu sein; der König stimmt ihm zu, daß er „das Regiment, um wieder Ordnung hinein zu bringen, fleißig exerzieren" lasse.

Schwere Verfehlungen scheint aber auch Lossow nicht ausfindig gemacht zu haben. Ein Leutnant wurde allerdings — wegen „schlechter Aufführung" heißt es einmal, wegen „unanständiger Conduite in Polen" ein anderes Mal — kassiert; sein Vergehen scheint aber nicht schwer gewesen zu sein; anfänglich wies zwar der König das von dem Vater eingereichte Wiederanstellungsgesuch mit den Worten zurück: „Sein Sohn hat gestohlen in Polen, ist keine Konduite von Edelmann"; man muß solche starken Ausdrücke aber nicht wörtlich nehmen; mußten doch Generale und hohe Staatsdiener, wenn das Mißtrauen des Königs erregt war, ohne Grund ähnliches herunterschlucken.

Als Belling 1774 beim Tode des Kommandeurs des Kadetten-
hauses zu Stolp vorläufig einem seiner Rittmeister die Beaufsichtigung
übertragen hatte, bekam er zu hören: „Der Platz ist schon wieder besetzt;
seine Husarenoffiziers würden die jungen Leute nur stehlen lernen."
Jener kassierte Leutnant wurde auch schon ein Jahr später, wenn auch
mit Nachteil, wieder angestellt.

Gleichzeitig mit diesem Sündenbock traf des Königs Zorn auch
Blücher.

Abschied.

Blücher war zum ältesten Stabsrittmeister aufgerückt, und schon
zum zweiten Male wurde im Regiment eine Schwadron frei. In der
Instruktion vom 11. Mai 1763 hatte der König ausdrücklich die Beförderung nach der Reihe bis zum Oberstleutnant zugesichert, „wofern
nicht hin und wieder Offiziere durch ihre üble Conduite Ursache geben
oder andere Fehler Schuld daran, daß ihnen jüngere vorgezogen
werden". Nun erhielt am 10. Oktober 1772 die frei gewordene Schwadron, „da das Bellingsche Husaren-Regiment an Majors keinen Mangel
hat" — außer dem Kommandeur hatte es tatsächlich fünf — ein
Premierleutnant v. Jägersfeld, der von einem anderen Husaren-
Regiment hineinversetzt wurde. Jägersfeld war an Jahren bedeutend
älter und diente auch drei Jahre länger als Blücher; er über-
sprang die drei Stabsrittmeister im Regiment, da er bisher nur
Premierleutnant gewesen war.

Die angeblich außereheliche, wenn auch väterlicherseits fürstliche
Herkunft des Eingeschobenen verschärfte Blüchers Empörung über diese
in seinen Augen unverdiente Vergeltung; solch eine Zurücksetzung
war dem durch des Königs frühere Gnade verwöhnten Regiment
noch nicht zugestoßen; während die Kameraden ihrem Verdruß durch
Worte Luft gemacht haben werden, zog Blücher ohne Rücksicht auf
seine bedrängten Vermögensverhältnisse scharf die Folgerung: er
erbat den Abschied. In dem Gesuchsauszug des schriftlichen Kabinetts-
vortrags vom 31. Oktober heißt es: „Der Stabsrittmeister v. Blücher
Bellingschen Husaren-Regiments bittet alleruntertänigst, da ihm der
Premierleutnant v. Jägersfeld zur vakant gewesenen Bülowschen Eskadron vorgezogen worden, und ihm bei Überzeugung seiner untadel-
haften Conduite der darüber empfundene Schmerz nicht erträglich
ist, ihm den Abschied allergnädigst zu accordiren." Die an den Rand

gesetzte Bemerkung des Königs: „Ist kein Husaren-, sondern ein Zigeuner-Regiment und da meritiren diejenigen, so in der Masse bei gestanden haben, kein Avancement," zeigt deutlich, daß dem König über Blücher persönlich damals nichts Nachteiliges bekannt war.

Wahrscheinlich hat nun auf des Königs Befehl, eine Liste der zu Verabschiedenden vorzulegen, General v. Lossow neben jenem Leutnant auch Blücher genannt; ob er dabei die Geschichte mit der Priester-Hinrichtung gemeldet hat, bleibt zweifelhaft; aktenmäßig steht fest (Generalliste der pommerschen Kavallerie-Inspektion für Januar 1773), Rittmeister v. Blücher wurde „kassirt"; auch ist wohl möglich, daß der König dies in seiner oft gebrauchten Formel „er kann sich zum Teufel scheeren" von sich gab. Blücher hat jeden-falls angenommen, daß Lossow gegen ihn etwas beim Könige vor-gebracht habe, das er nicht willens war, auf sich sitzen zu lassen, denn der Kabinettssekretär trug dem König am 13. Februar 1773 vor: „Der wegen imputirter Exzesse vom Bellingschen Husaren-Regiment kassirte Stabsrittmeister v. Blücher bittet alleruntertänigst nach näherer Untersuchung seiner Konduite, ihm seinen Abschied allergnädigst expediren zu lassen." Aber weder Untersuchung noch Milderung der Abschiedsform wurden genehmigt. Als sehr schwer muß der König die Blücher zur Last gelegten „Exzesse" keinesfalls angesehen haben, denn in seinen Reskripten auf die vielen Gesuche Blüchers in dieser Sache ist nie auch nur der Schein einer Schuld berührt, außer daß er Blücher vorwirft, leichtsinnig seinen Abschied eingereicht zu haben. Die Kassation bedeutete indes eine verschärfte Art des Ausscheidens aus dem Dienst, die Entlassung mit „schlichtem Abschied", würden wir heute sagen; sie konnte in den regelrechten Abschied umgewandelt werden.

Blücher erreichte dies aber trotz aller Bitten bei König Friedrich nicht; dazu war dieser auf das Regiment Belling noch längere Zeit in zu hohem Grade erzürnt. Als der Kommandeur im August 1773 den König an seine Beförderung zu erinnern wagte, hieß es: „Das Regiment ist nicht in Ordnung und er, Kommandeur, hätte also so nachsichtig nicht agiren sollen." Als aber Schulenburg im Dezember desselben Jahres nochmals um seine Beförderung bittet, „er habe allen Ernst und Fleiß angewandt, das Regiment in gehörige Ordnung zu setzen", antwortet der König schon milder: „Wenn er scharf ist, wie ihm obliegt, und das Regiment wieder in die gehörige Ordnung setzt, kann er versichert sein, daß ich von ihm zufrieden sein werde." Doch blieb er auch gegen weitere Bitten taub; erst nach der Revue 1775 erklärte er sich mit dem Regiment „dies Jahr zufrieden".

Belling wurde 1776 Generalleutnant. Des Königs volle Gnade aber leuchtete über dem Regiment im Bayerischen Erbfolgekriege, in dem sich drei Eskadronchefs den Adel, neun Offiziere „den Orden" erwarben; Schulenburg wurde außerdem Oberst und später auch noch Chef des Regiments; Belling aber erhielt den höchsten Orden, den schwarzen Adler, und eine jährliche Zulage von 1000 Talern, das Regiment außerdem ein Geschenk von 1000 Talern und die gewünschten Beförderungen.

Außer Dienst. 1773—1787.

In bem soeben für Preußen neuerworbenen Netze-Gebiet, unfern des gegen Bromberg sich reckenden Vorsprungs des Pommerlandes, zwischen Flatow und Friedland, lagen die Besitzungen, die der Freiherr v. Mehling verwaltete. Wenn man jetzt auf dem Schienenweg Berlin-Königsberg durch die Feldmark saust und die Bobenwellen mit langgedehnten Kolonistendörfern, den „Königsborf“, „Friedrichsbruch“, „Friedrichsberg“, und zahllosen Ausbauten besetzt, die Moräste in Wiesen verwandelt sieht, so soll man in Ehrfurcht des großen Königs gedenken; unter seiner kräftigen Hand und weisen Hülfe erblühte auf diesem verpfändeten Polenland ein neues Geschlecht, dessen kräftige Söhne des Deutschen Reiches Größe mit schaffen halfen.

Sieben Jahre hat Blücher hier mitgearbeitet, deutsche Kultur und deutsches Wesen einzupflanzen.

Die Mehlings waren als Soldaten mit dem sächsischen Königshaus nach Polen gekommen und hatten sich an der pommerschen Grenze ansässig gemacht. Auch der jetzige Herr auf Pottlitz hatte bis zum Obersten gedient; er hatte sich mit einer Halbblut-Polin, einer Bojanowska, vermählt, deren Mutter eine Selchow aus der Neumark war. Ihre Tochter Karoline war es, die Blücher nach Pottlitz zog und bort festhielt.

Am Sommersonnenwendtage 1773 trat der breißigjährige „gewesene Rittmeister“ mit seiner anmutigen siebzehnjährigen Braut vor den Traualtar. Das junge Paar blieb im Elternhause, bis Blücher am 1. Juli des folgenden Jahres von seinem Schwiegervater zwei nahe bei Flatow gelegene Vorwerke in Pacht nahm.

Hier, in Gresonse, wirtschaftete Blücher nun sechs Jahre selbständig, angeblich auch mit gutem Erfolg. Schon 1777 konnte er sich ein eigenes Gut, Groß-Rabbow bei Labes, erwerben, das er aber zunächst nicht selbst verwaltete. Erst als 1780 der Pfandbesitz von Pottlitz erlosch und die Schwiegereltern auf ein von ihnen inzwischen auch in der Gegend von Labes gekauftes Gut übersiedelten, wechselte Blücher mit seiner Familie den Wohnsitz.

Freude und Trauer hatten die junge Ehe in schnellem Wechsel heimgesucht; von fünf Knaben waren die drei ältesten in zartem Alter gestorben; ein zweijähriger und ein Säugling siedelten mit nach Groß-Raddow über. Auch der Ende 1779 erfolgte Tod des alten Belling wird Blücher nahe gegangen sein; in einem Schreiben aus dieser Zeit gibt ihm Blücher das Zeugnis, er habe sich „im Eifer für den Dienst und in der Tapferkeit vor dem Feinde nicht übertreffen lassen". Sein Leben lang sprach Blücher „mit Achtung von ihm und gefiel sich überhaupt in Erinnerungen an den hochgeachteten Chef".

Für Blücher galt es jetzt, auf eigenem Besitz zu zeigen, was er als Landwirt gelernt hatte.

Pommern hatte unter dem Siebenjährigen Kriege furchtbar gelitten; vier Jahre hatten hier die Russen gehaust; die Gegend südlich Kolberg war durch die Kriegsläufte besonders schwer heimgesucht. Viele Gebäude waren in Trümmer gelegt, das Vieh war fortgetrieben, Geld und Geldeswert erpreßt. Seit dem Friedensschluß hatte der König mit ansehnlichen Geldsummen geholfen; aber der tiefen Verschuldung einer großen Zahl von Rittergütern hatte er nicht zu wehren vermocht; erst 1780 trat eine Besserung ein, als auch für Pommern eine Kreditanstalt errichtet wurde.

Groß-Raddow war unter den schlechten Zeiten sehr zurückgegangen; Blücher gelang es, ein königliches Darlehn von nahezu 10 000 Talern zur Verbesserung seines Gutes zu erhalten, um Unland urbar zu machen, seinen Viehstand zu erhöhen und neue Gebäude zu errichten. Er scheint nun auch so gut gewirtschaftet zu haben, daß er schon 1786 an die Vermehrung seines Besitzes gehen konnte. Für Raddow aber gewann er einen so tüchtigen Verwalter, daß er sich um die Einzelheiten der Wirtschaft wenig zu kümmern brauchte, ohne die Anordnungen im Großen aus der Hand zu geben.

Um so mehr widmete er sich gemeinnützigen Dingen. Er hatte sich das Vertrauen seiner Standesgenossen in dem Grade erworben, daß er 1784 zum Deputierten bei der Landschafts-Direktion gewählt wurde. In diesem Amt entwickelte er eine rege Tätigkeit. Man rühmte an ihm seinen „hellen Blick und leichte Orientirung", seinen klaren Vortrag, mit dem er einst sogar der höchsten Autorität im Kreditwesen, dem Großkanzler v. Carmer, „mit Geschick" entgegentrat. Wenn er auch für schriftliche Arbeiten lieber andere in Bewegung setzte, so suchte er doch seine freie Zeit z. B. dadurch auszunutzen, daß er Unterricht im Französischen nahm; trotz seines späteren Aufenthalts in Frankreich brachte er es aber nicht dazu, daß, wie er sich ausdrückte, er der französischen Sprache „gehörig gewachsen" war; immerhin konnte er etwas Französisch sprechen und vermochte französischen Gesprächen einigermaßen zu folgen. — Daneben trieb ihn seine übersprudelnde Lebenskraft zur fleißigen Ausübung der Jagd und zu körperlichen Übungen, die er gelegentlich selbst an den Tischen der Landschaftskanzlei ausführte.

Geschäfte auf der Landschaft in Stargard und bei der Regierung in Stettin hielten den rastlosen Mann in Bewegung; auch reiste er wohl zu seinen Verwandten nach Mecklenburg und Holstein, von wo er sich dann schöne Reitpferde mit zurückbrachte. In Stargard trat er in die Freimaurerloge ein.

Außer mit den in der Nachbarschaft wohnenden Eltern und Geschwistern seiner Frau pflegte Blücher sehr lebhaften Verkehr mit vielen benachbarten Familien; als gastfreier Wirt war er ringsum bekannt. Sehr vertraut stand er mit seinem Dorfpfarrer. Bauern und Dienstleuten gegenüber kam sein gutes Herz, oftmals auch seine Heftigkeit zutage.

Zu seinen beiden Knaben, die er durch einen Hauslehrer unterrichten ließ, kam 1786 ein Töchterchen.

Trotz seines häuslichen Glücks fand der tatendurstige und ehrgeizige Mann in seiner friedlichen Tätigkeit keine volle Befriedigung. Ihn beseelte von Natur das Gefühl, das König Friedrich seinem Adel eingeimpft hat: „wie es denen Edelleuten anständiger und nötiger sei als Offizier zu dienen, als daß selbige auf dem Lande und zu Hause die Hühner füttern". Tief wurmte es ihn, daß sein Abschied ein ungnädiger gewesen war, daß er nicht einmal das Recht hatte, die Uniform zu tragen. Mit ganzer Seele hing er am Waffenhandwerk. Unerträglich war es ihm, daß seine Kameraden sich vor dem Feinde Lorbeeren erwarben und er untätig zu Hause saß. Schon gleich nach seiner Kassation hatte er gebeten, ihm nach näherer Untersuchung seines Verhaltens den Abschied auszufertigen; im Herbst 1773 bat er den König, ihn wieder anzustellen oder ihm doch den Abschied mit der Erlaubnis zu erteilen, in auswärtige Dienste treten zu dürfen. Der König ging auf nichts ein.

Als Friedrich der Große 1778 sein Heer zu seinem letzten Waffengange an Österreichs Grenzen sammelte, hatte Blücher unverfroren den König um Anstellung als Major bei der Kavallerie gebeten, obgleich er eigentlicher Rittmeister gar nicht gewesen war; „nicht Sorge um den

Unterhalt, sondern feurigster Trieb" gebe ihm diesen Wunsch ein. Troß seiner Berufung auf General v. Belling war er abgewiesen worden. Jeßt, von 1782 bis 1785, bestürmte er den König in immer neuen Eingaben, ihm wenigstens den Majorsrang und die Kavallerie-Uniform zu verleihen, damit er doch ein Gnadenzeichen für seine Dienste und Verwundungen aufzuweisen habe. Anfangs ließ sich der König vom Generalinspekteur der pommerschen Kavallerie über Blücher berichten und stellte auch eine Wiederanstellung im Fall eines Krieges in Aussicht, wies ihn später aber kurz ab oder ließ ihn ganz ohne Antwort.

Troßdem bittet Blücher bald wieder um einen Gnadenbeweis, um Aussicht auf Anstellung im Forstwesen, um irgend ein Geschäft im Militär- oder Zivildienst; Gelehrsamkeit besiße er nicht, Fleiß und Rechtschaffenheit sei alles, was er von sich selbst rühmen könne; die Untätigkeit, in der er lebe, sei ihm eine Marter. Auch an den Thronfolger wendete er sich, natürlich ebenfalls ohne Erfolg; doch erhielt er eine Antwort, die anerkannte, daß Blücher sein unglückliches Schicksal nicht verdiene.

Ob Blücher sich wirklich, wie er Anfangs 1785 an den König schreibt, ernstlich mit dem Gedanken getragen hat, in holländische Dienste zu gehen, scheint zweifelhaft; jedenfalls kam er übel an, als er mit der Begründung, dann dort ein besseres Fortkommen zu finden, wieder um die Rangerhöhung bat. Er mußte sich nun gegen den Vorwurf verteidigen, des Königs Dienst im Leichtsinn verlassen zu haben; er schrieb, der fremde Dienst solle ihm nur die Gelegenheit geben, sich hervorzutun, um dann beim König mehr Gnade zu finden; der König möge ihn doch selbst prüfen: erweise er sich als untüchtig, so möge der König ihn für immer entlassen; „was bleibt mir übrig, als fremde Dienste zu suchen, wenn Sie mich ganz verwerfen? Der Gedanke, für sich und die Seinigen Nichts getan zu haben, sich in Untätigkeit zu begraben, ist einem Edelmann so martervoll wie beschämend". Nicht Not noch Eigennuß treibe ihn, sondern wahrhafte Neigung und Ehrbegierde.

Grade jeßt kamen die Abmachungen zwischen Österreich und Frankreich über einen Austausch der österreichischen Niederlande gegen Bayern an die Öffentlichkeit; die Bildung des Deutschen Fürstenbundes war des Königs Gegenzug, und wohl mag von der Errichtung neuer Regimenter die Rede gewesen sein. Hierauf gründete Blücher Ende 1785 eine neue Bitte um Anstellung. Eine Antwort ist nicht bekannt. Neue Hoffnung belebte den ungestümen Dränger, als die Nachricht von König Friedrichs Tode durch die Lande ging. Und wirklich erhält er auf sein Gesuch, ihn einer „martervollen Untätigkeit zu entreißen", den Bescheid, er solle bei Gelegenheit berücksichtigt werden. Und als König Friedrich Wilhelm im Herbst durch Stargard kommt, bestürmt er diesen persönlich und erhält von ihm die Zusage, mit seinem früheren Dienstalter wieder angestellt zu werden. Sofort eilt Blücher nach Berlin, um die Sache persönlich zu betreiben; endlich am 23. März 1787 unterschreibt der König Blüchers Beförderung zum Major unter Einreihung in sein altes Regiment, und zwar vor dem Major v. Jägersfeld! Gunst über Gunst! Von seinem vierzehnjährigen Außerdienstsein rechnete man ihm auch nicht einen Tag an; sein Majorspatent wurde von einem acht Jahre zurückliegenden Tage ausgefertigt. Er erhielt die Schwadron des zum Chef eines andern Husaren-Regiments ernannten Obersten v. Wolki, die in Rummelsburg lag. — Man sieht, wie übereifrig der neue Herr bestrebt war, wirkliche oder vermeintliche Härten seines großen Vorgängers wieder gutzumachen.

Schwadronchef.   1787—1792.

Die Schwadron Blücher.

in neuer, sehnlich erwünschter Wirkungskreis war endlich errungen: eine Schwadron von 150 Leuten und Pferden sollte Blücher in zehn Wochen in kriegstüchtiger Verfassung dem König vorführen! So eine Schwadron sah vor 120 Jahren doch recht anders aus als eine heutige.

Die Offiziere der Schwadron Blücher — Nummern führten die Schwadronen damals nicht — waren der Stabsrittmeister Müller, die Leutnants v. Wolki und v. Bonin und der Kornett Farchmin; dazu kam der Junker v. Raven.

Rittmeister Müller war 1758 bei der Errichtung des Regiments als Gemeiner eingetreten und nach dreijähriger Dienstzeit bei der ersten Vermehrung Offizier geworden; er war jetzt ein Fünfziger; bei der Schwadron stand er schon sehr lange, mindestens dreizehn Jahre. Im Alter kam ihm der zweiundvierzigjährige Kornett am nächsten, der nach fünfundzwanzigjähriger Dienstzeit vom Wachtmeister zum Offizier befördert war. Leutnant v. Wolki, anscheinend ein Sohn von Blüchers Vorgänger, diente vierzehn, Bonin zehn Jahre; dem sechzehnjährigen Junker wurde schon eine Dienstzeit von drei Jahren gerechnet, von denen er wohl keinesfalls mehr als zwei Jahre wirklich Dienst getan hatte; mit vierzehn Jahren begann der Junker aber damals häufig seine Dienstlaufbahn; der Tag, an dem er als Junker eingeschrieben war, galt als Diensteintritt.

Müller und Wolki traten bei der Kriegsbereitschaft 1790 zum Artillerietrain über; Farchmin wurde 1803 Platzmajor in Münster bei Blücher; Bonin, ein Bruder von Blüchers Freund und Gutsnachbar, wurde 1793 Blüchers Adjutant und blieb es, bis er 1797 eine Schwadron im Regiment bekam; er hat es bis zum Generalleutnant gebracht. Raven zeichnete sich in allen Feldzügen aus, machte auch 1812 bei der Großen Armee mit und trat 1815 mit seiner Schwadron zu einem neugebildeten Husaren-Regiment über; er ist als Oberst gestorben. Verheiratet war von Blüchers Offizieren damals anscheinend keiner.

Wachtmeister Schommer diente siebenundzwanzig Jahre; er war achtundvierzig Jahre alt und bereits als Invalide anerkannt, mußte aber bis 1794 auf eine Versorgung warten.

Abgesehen von einem kürzlich eingetretenen jungen Mann, der später in die Reihe der Junker übertrat, dienten unter dreizehn Unteroffizieren acht 25 Jahre und darüber; sie hatten die letzten Jahre des Siebenjährigen Krieges noch mitgemacht. Der jüngste, soeben beförderte Unteroffizier stand im zwölften Dienstjahr; dieser war sechsunddreißig, der älteste einundfünfzig Jahre alt. Die Hälfte der Unteroffiziere und Trompeter war verheiratet; sie hatten zusammen einundzwanzig Kinder. Der Wachtmeister und zwei Unteroffiziere waren Mecklenburger; sechs stammten aus den Ländern zwischen Elbe und Weser, wo die Wiege des Regiments gestanden hatte; außerdem waren drei Westpreußen und ein Oberschlesier darunter, merkwürdigerweise kein Pommer.

Bis 1792 hat Blücher fünf Stellen mit neuen Unteroffizieren besetzt; drei von ihnen dienten schon einige zwanzig, einer zehn, einer erst drei Jahre.

Die Löhnung des Wachtmeisters betrug fünf, die der übrigen Unteroffiziere und Trompeter vier Taler, die der Gemeinen zweieinhalben Taler.

Die Unteroffiziere ergänzten sich aus den Karabinieren. Schon das Reglement von 1743 setzte fest, daß die zehn besten Husaren, „die keine Windbeutels, sondern vernünftige, kluge, brave Kerls sind, auf deren Rapporte man sich verlassen kann", gezogene Karabiner und die besten Pferde erhalten sollten. Sie sollten fleißig nach der Scheibe schießen, zum Erkunden angelernt und ihnen alle Vorteile dabei gewiesen werden. Diese Einrichtung war jetzt dahin erweitert worden, daß zwölf Mann als „Karabiniere" eine Zulage von fünf Groschen monatlich und als Abzeichen eine schwarzweiße Hutfeder erhielten; auf Wache taten sie den Dienst der Gefreiten, beim Exerzieren kamen sie auf die Flügel der Züge. Sie durften wie die Unteroffiziere nur mit der Klinge, nicht mit dem Stock gestraft werden. Sie sollten zweimal wöchentlich nach der Scheibe schießen, damit sie auf hundert Schritt einen Mann treffen lernten. Bei der Schwadron Blücher war die Mehrzahl der Karabiniere aus den Geworbenen, nur drei aus den Urlaubern genommen.

Jede Schwadron hatte einen im Unteroffizierrang stehenden Feldscheer, im Reglement von 1796 Chirurgus genannt, der von dem
Regimentsfeldscheer angestellt wurde; die Schwadronfeldscheers sollten
von innerlichen und äußerlichen Krankheiten gute Wissenschaften haben.
Blücher fand einen Feldscheer von fünfundfünfzig Jahren vor; zu den
Rheinfeldzügen erhielt er eine jüngere Kraft. Die Rittmeister wurden
durch das Reglement ermahnt, wenn „ihre Eskadrons zu rechter Zeit
rasirt, die Kranken und Blessirten wohl in Acht genommen werden,
auch der Feldscheer sich in gehöriger Subordination hält und fleißig
ist", mit dem Feldscheer zufrieden zu sein.

Die Soldaten sollten ermahnt werden, sich zu melden, wenn sie
„einen Anstoß einer bevorstehenden Krankheit bei sich verspürten"; der
Rittmeister und alle Offiziere sollten „allzeit danach sehen, ob ein
Bursche übel aussieht und selbigen hernach, er mag wollen oder nicht,
in das Lazarett schicken", damit der Feldscheer sehe, ob ihm etwas fehle.
Namentlich wird das „übermäßige Vollsaufen absonderlich in Branntwein" verboten. Vor vielem Obstgenuß und vor Erkältungen soll
sich der Mann hüten; namentlich vor überheizten Wachtstuben wurde
gewarnt.

Blüchers Fahnenschmied betrieb gleichzeitig in der Stadt das
Gewerbe eines Schmiedemeisters; die geringe Besoldung, die niedriger
als die eines Unteroffiziers war, wies ihn darauf an. In der Schwadron war wenig zu beschlagen; regelrecht mit Steinen befestigte Wege
gab es in Norddeutschland fast gar nicht; selbst in den Ortschaften
waren die Straßen selten gepflastert; außerdem hatten die Steppenpferde besonders harte Hufe und ließen sich auch das Auflegen von
Eisen nur selten ohne Widerstand gefallen.

Die vornehmlichste Wirksamkeit des Fahnenschmieds in der Schwadron war die Behandlung kranker Pferde; Blüchers alter Schmied
mag darin gute Erfahrung gehabt haben, zu den Feldzügen mußte
aber für ihn ein jüngerer Mann eintreten; da war denn der Schwadronchef, wenn die Wissenschaft der alten Unteroffiziere nicht mehr
ausreichte, wohl häufig auf sich selbst angewiesen.

So viel innere Krankheiten wie heute scheinen damals unter den
Pferden nicht geherrscht zu haben. Die Steppenpferde der leichten
Kavallerie waren durch ihre Aufzucht besonders abgehärtet, und auch
der alljährliche mehrmonatige Weidegang ließ unsere heutigen beiden
Haupt-Pferdekrankheiten, Brustseuche und Kolik, nicht so aufkommen;
dagegen finden wir Klagen, daß die starken Erhitzungen beim Einfangen
der wilden Pferde Krankheiten zur Folge hatten; auch „Kropf", die
Druse, stellte sich durch den Wechsel von Weide- und Stalleben häufig ein.

Ihr eigentümliches Gepräge erhielt eine damalige Eskadron aber durch die Mischung von Geworbenen und Ausgehobenen. Nach den Bestimmungen sollte die Hälfte der Mannschaft geworben, die Hälfte ausgehoben sein. Da das Regiment anfänglich ganz aus Geworbenen bestanden hatte, war dies Verhältnis noch nicht ganz erreicht; bei der Schwadron Blücher befanden sich 1788 noch achtundsiebzig Geworbene, von denen neun als überzählig geführt wurden; dagegen standen bei ihr dreiundsechzig ausgehobene Leute. Die damals übliche Bezeichnung „Ausländer" für „Geworbene" führt durchaus irre. In Blüchers Schwadron waren z. B. nur zehn nach heutigen Begriffen Ausländer: fünf Polen, zwei Ungarn, ein Böhme, ein Schwede und ein Italiener; dagegen waren achtzehn aus altpreußischen Provinzen, neunzehn aus Westpreußen; drei waren Soldatenkinder; der ganze Rest bestand ebenfalls aus Deutschen: elf Sachsen, sechs Mecklenburger, drei Anhalter, drei Danziger, zwei Ansbach-Bayreuther, je ein Hesse, Braunschweiger, Schwabe und Elsässer.

Das Regiment warb in dieser Zeit hauptsächlich in Sachsen und Mecklenburg, Westpreußen und Danzig; ins sogenannte „Reich" schickte es keine Werber; aber auch aus Pommern und der Mark floß ihm freiwilliger Ersatz von nicht kantonpflichtigen Leuten zu; so kam es, daß Berliner und Potsdamer, Alt- und Neumärker, Vor- und Hinterpommern als „Ausländer" bezeichnet wurden; auch aus der Zahl der Soldatenkinder ergänzte sich immer mehr der Ausländerstamm. Bei der Werbung sollten die Husaren Jäger, Schlächter und Bauernknechte, die mit Pferden umzugehen wüßten, bevorzugen und darauf sehen, daß es „robuste, gesunde, frische und adrette Kerls" seien.

Mit den Geworbenen wurde neuerdings eine Kapitulation auf zehn Jahre abgeschlossen; tatsächlich blieb der Mann meist solange er dienstfähig war Soldat; der Übergang in andere Berufe war damals nur schwer möglich. Die geworbene Mannschaft bildete den Kern der Truppe; sie war vornehmlich der Träger des Korpsgeistes, den König Friedrich als den wichtigsten Gegenstand der militärischen Erziehung ansah, wenn er sagte: „Alles was man aus dem Soldaten machen kann, ist, ihm Korpsgeist zu geben, d. h. eine höhere Meinung von seinem Regiment als von allen andern Truppen des Erdreichs."

Dieser Geist übertrug sich denn auch auf den Teil der Truppe, der nach einer zweijährigen Ausbildung in das bürgerliche Leben zurücktrat und dann nur alljährlich zu einer kurzen Übung eingezogen wurde. Diese Schöpfung Friedrich Wilhelms I. hatte sich in den Schlesischen Kriegen vortrefflich bewährt; sie hatte König Friedrichs Regimenter „unsterblich" gemacht. Die „Landeskinder" hatten die schweren Zeiten doch besser überdauert als die oft gewaltsam Geworbenen, die jede Gelegenheit zur Fahnenflucht benutzten. In der Kavallerie und namentlich in den Husaren-Regimentern befanden sich solche unsicheren Leute jedoch nur ausnahmsweise; bei dem ganzen Dienst der Husaren wäre es unmöglich gewesen, diese Elemente gegen ihren Willen in der Truppe zu erhalten.

Blücher zog die Geworbenen den Ausgehobenen, Einländer oder Kantonisten genannt, vor: „es sind fixe Kerls, mit denen was zu machen ist", sagte er wiederholt; dagegen spricht er gelegentlich von „einfältigen Kantonisten".

Der Dienst zu Pferde, namentlich bei den schmucken Husaren, lockte noch manchen jungen Mann, ohne daß ihn die Not zu diesem Schritt zwang. Blücher meinte: jeder junge Mensch, der sich als Husar anwerben lasse, werde sich gern auch ohne Handgeld diesem Stande widmen. Aber auch in den Landeskindern Pommerns und der Mark hatten die Schule Friedrich Wilhelms I. und die Ruhmeszeit des Heeres unter dem großen König schon damals einen kräftigen militärischen Sinn entwickelt. An Pflichttreue und Unerschrockenheit standen sie damals wie heute hinter den Söhnen keines anderen Landesteils zurück.

Seinen Ersatz an Ausgehobenen erhielt das Regiment aus den Bezirken der Pommerschen und Neumärkischen Kürassier- und Dragoner-Regimenter; diese waren zur Abgabe der kleineren Leute verpflichtet; der Inspekteur verteilte auf sie den Bedarf des Husaren-Regiments.

Diese Ausgehobenen waren bei Blüchers Schwadron zur Hälfte Vor- und Hinterpommern, zur Hälfte Märker. Von den 159 in der Stammrolle verzeichneten Unteroffizieren und Mannschaften waren 124 Norddeutsche, 4 Süddeutsche, 27 polnischer, 4 anderer fremder Zunge.

Neun überzählige Geworbene hatte nicht jede Schwadron; drei bis vier waren als erwünscht bezeichnet. Sie sollten unvorhergesehene Ausfälle in der Exerzierzeit und beim Ausmarsch ins Feld decken. Blieben sie wirklich überzählig, so hatte sie der Schwadronchef aus seiner Tasche zu löhnen.

Das Lebensalter der Geworbenen schwankte zwischen neunzehn und zweiundfünfzig Jahren; die mittlere Hälfte stand zwischen dem siebenundzwanzigsten und einundvierzigsten Lebensjahre, ein Viertel darunter, ein Viertel darüber; ein Dutzend war älter als ihr Schwabronchef, ein halbes Dutzend älter als der Wachtmeister. Merkwürdigerweise überragten einige der Ausgehobenen die Geworbenen sowohl an Dienstzeit als an Lebensalter noch beträchtlich: ein, allerdings als

invalide bezeichneter Einländer war siebenundsechzig Jahre alt und
diente im sechsundvierzigsten Jahre! Er war 1742 eingetreten. Trotzdem die Dienstzeit der Ausgehobenen gesetzlich nur zwanzig Jahre
dauern sollte, stammten außerdem noch fünf Mann aus älteren Jahrgängen; nur zwei davon sind ebenfalls als invalide bezeichnet. Bei
den Ausgehobenen stand die mittlere Hälfte zwischen dem neunundzwanzigsten und vierzigsten Lebensjahre.

Unter den Geworbenen sind noch sieben als Rekruten bezeichnet,
obgleich vier von ihnen schon ein Jahr, einer gar zwei Jahre diente,
wohl weil sie noch keine Revue mitgemacht hatten; sie waren neunzehn,
zwanzig, einundzwanzig und fünfundzwanzig Jahre alt. Von den
Ausgehobenen standen sechs im zweiten Dienstjahre. Sonst gehörten
die Geworbenen den Jahrgängen bis 1758 zurück mit durchschnittlich
je etwa drei Mann an; vierzehn dienten über zwanzig Jahre, der
älteste neunundzwanzig; fünfunddreißig dienten zwischen zehn und
zwanzig Jahren; nur sechs dienten erst im dritten Jahre; die Durchschnittsdienstzeit der Geworbenen war dreizehn Jahre.

Auch von den Ausgehobenen gehörten durchschnittlich jedem Jahrgange drei Leute an. Da der Ausgehobene zwei Jahre hintereinander
gedient hatte und dann in der Regel jedes Jahr zwei Monate eingezogen war, so kommt für jeden Ausgehobenen eine Durchschnittsdienstzeit von nicht ganz vier Jahren zusammen. Man muß aber
bedenken, daß dies sämtlich Leute vom Lande waren, die an den
Umgang mit Pferden gewöhnt, wohl gar im Reiten in fortwährender
Übung waren; mit heutigen Reservisten sind sie in keiner Weise zu
vergleichen. Verheiratet waren von den achtundsiebzig Geworbenen
fünfundvierzig, von den dreiundsechzig Ausgehobenen zweiundvierzig.

Eine Husarenschwadron bestand damals durchaus nicht durchweg
aus ganz kleinen Leuten. Bei der Werbung durften die Husaren nach
einer Verfügung von 1763 wie die übrige Kavallerie eigentlich keine
Leute unter 5 Fuß 5 Zoll (170 cm) nehmen, mußten aber bis zum
Jahre 1787 stets einige Leute von mindestens 5 Fuß 8 Zoll (178 cm)
zur Abgabe an die Garbes du Corps bereit haben. Blücher hatte 1788
schon dreißig Geworbene unter jenem Mindestmaß und nur noch vier
Achtzöllige. Die genau nach der Größe aufgestellte Schwadron ging
im ersten Gliede von 178 auf 170 cm herunter, im zweiten von 170
auf 168, im dritten von 168 auf 165 cm; dies kleinste Maß hatten
aber nur sechs Leute in der Schwadron. Blücher selbst überragte seine
größten Leute um einen Zoll.

Da die Ausgehobenen anfänglich aus Garnison-Regimentern,
später als die kleinsten Leute der Kavallerie-Kantons abgegeben waren,

so standen z. B. bei Blücher nur zehn Ausgehobene im ersten Gliede; im zweiten machten sie etwa die Hälfte, im britten zwei Drittel der Mannschaft aus.

Strafbücher gab es damals noch nicht. Nach ben noch vorhandenen Stammrollen hat Blücher in ben Jahren 1790 und 1791 drei Unteroffiziere und einen Trompeter begrabiert; einer bieser Leute wurde im Felbe wieder zum Unteroffizier beförbert, starb aber balb barauf an seiner Verwundung. Sieben Husaren sind in jenen beiben Jahren fahnenflüchtig geworben, bavon einer „von Urlaub". Prügelstrafen hat Blücher nicht geliebt; es heißt, baß er seinen Unteroffizieren bas Tragen bes Stockes verbot; abgeschafft wurbe bieser erst in ben Befreiungskriegen.

Exerzier- und Revuezeit 1787.

Als Blücher seine Schwabron übernahm, begann gerabe bie Exerzierzeit. Gegen Mitte April trafen bie Beurlaubten, bie Speckmichel, wie ber Diensttuer spottenb unb beneibenb sie wohl nannte, in Rummelsburg ein. Da wurde vormittags fleißig einzeln geritten, gesprungen unb nach Köpfen gehauen; bann wurde zum zug- unb gliederweisen Reiten übergegangen; auf genaues Grabeausreiten auf lange Strecken wurde großer Wert gelegt; bie Bewegungen zu Pferbe wurben nachmittags vorher zu Fuß eingeübt. Schon nach vierzehn Tagen mußte bie Schwabron so weit sein, um zu ben Übungen beim Regimentsstabe abrücken zu können.

Für bas Exerzieren hatte bas Husaren-Reglement von 1743 nur noch beschränkte Geltung; seitbem bie Husaren-Schwabronen auf bie Stärke ber anderen Kavallerie-Schwabronen gebracht waren, wurden auch sie in vier Züge, nicht mehr in brei eingeteilt. Das ganze Exerzieren hatte sich bem ber Kürassiere unb Dragoner völlig genähert: aber erst 1796 wurde es burch ein neues Reglement genau festgelegt. Auch bie Husaren standen zur Parade immer noch in brei Gliebern; zum Manövrieren setzten sie sich bann auf zwei. Auch bie andern bei ber Revue verlangten Dinge: Fußexerzieren, Salvenfeuer, Auf- unb Absitzen, Einzelnreiten, Flankieren usw. wurden fleißig geübt. Das Verpassen ber neuen Montierung, bie bei ber Revue angelegt wurde, unb bas Instandsetzen aller Ausrüstungsstücke füllte bie Zeit täglich wohl bis in bie Nacht hinein aus.

Gegen Enbe bes Monats April marschierte bie Schwabron, ein Nachtquartier unterwegs nehmenb, in bie Gegenb von Stolp, wo auf einem Brachlanb bas weitere Exerzieren abgehalten wurde.

Für die Offizierkorps der meist in kleinen Garnisonen zerstreuten Kavallerie-Regimenter war dies eine schöne Zeit kameradschaftlichen Zusammenlebens.

Blücher war sicher mit seinem alten Regiment in reger Beziehung geblieben; mußte es doch fast alljährlich zu und von den Revuen die Gegend von Rabbow durchqueren. Chef war jetzt an Bellings Stelle der General v. der Schulenburg, mit und unter dem Blücher gegen die Schweden und in Sachsen gekämpft hatte. Außerdem fand er noch siebzehn alte Kriegskameraden im Offizierkorps vor; vor sich den Kommandeur, Oberst v. Göckingk, und den Oberstleutnant v. Dehrmann, hinter sich die übrigen Schwadronchefs, — von Major v. Jägersfeld abgesehen: Günther, Pletz, Coring, Wildberg und Rudorff, — die vier Stabsrittmeister und noch sechs Leutnants und Kornetts; diese waren indes meist solche, die nach langjähriger Dienstzeit als Unteroffiziere zum Offizier befördert worden waren.

Seitdem er vor fünfzehn Jahren das Regiment verlassen hatte, waren die damaligen Leutnants zu Rittmeistern, die Kornetts zu Premierleutnants aufgerückt. Nicht ein einziger Offizier war seit 1772 aus einem andern Regiment hereinversetzt worden; nur wenige ältere Offiziere hatten ihre Dienstlaufbahn nicht im Regiment begonnen. Viele Versetzungen waren damals nicht üblich; die Offiziere blieben in der Regel in ihren Regimentern ihre ganze Dienstzeit über; eine Versetzung war überhaupt nur zu einem andern Husaren-Regiment denkbar.

Die dunkelroten Husaren besetzten in dieser Zeit drei Jahre hintereinander andere Regiments-Chefstellen: 1786 Eben die der bisherigen Zietenhusaren, 1787 Wolki die des Wuthenauschen Regiments, 1788 Göckingk die der schwarzen Husaren.

Obgleich der dritte Stabsoffizier, war Blücher mit seinen vierundvierzig Jahren doch an Lebensalter der jüngste der Schwadronchefs. Wer mit fünfundvierzig Jahren eine Schwadron bekam, konnte zufrieden sein. Während der schnellen Vermehrung des Regiments und bald nach dem großen Kriege waren die meisten sehr jung in diese Stellung gelangt; sie behielten sie dann, solange sie im Regiment blieben, selbst als Chef noch; fünfundzwanzig Jahre Schwadronchef war daher damals keine Seltenheit.

Vor der Schwadron scheiterte deshalb auch mancher überalterte Stabsrittmeister; es fand sich damals aber für den Unbemittelten wohl eine Anstellung als Platzmajor, bei einer Invaliden-Kompagnie oder als Postmeister, Salzfaktor oder dergleichen; die Pensionen waren

äußerst kümmerlich; ein Stabsrittmeister mit vierzig Jahren Dienstzeit verdiente sich nur 150 Taler Ruhegehalt.

Friedrich der Große war mit der Mehrzahl der Husaren-
Regimenter im bayerischen Erbfolgekriege durchaus nicht zufrieden
gewesen: der wirkliche Husarendienst sei bei ihnen fast gänzlich ver-
schwunden. Damit die Husaren-Regimenter immer solche Offiziere
hätten, welche den Dienst wissen, Patrullen zu machen verstehen
und in allen Fällen gebraucht werden können, sei es unumgänglich
notwendig, „daß nicht eine solche Menge junger Windbeutel als
Offiziere sich bei den Regimentern befänden, sondern daß bei selbigen
hier und da alte, gediente, gute Wachtmeister zu Leutnants vorgeschlagen würden".

Er hatte dann in einzelnen Fällen besonders darauf gehalten,
daß das auch geschah: „aber Sie müssen Mir dann an der Stelle einen
guten Wachtmeister wieder zum Offizier vorschlagen," schreibt er 1784
dem pommerschen Inspekteur. Der Regimentskommandeur hatte sich
wohl dagegen gesträubt, denn der Inspekteur teilt ihm dies mit der
Bemerkung mit: „Und da Ew. Hochwohlgeboren nunmehr überzeugt
sein werden, daß des Königs Majestät von der einmal gegebenen und
so oft wiederholten Order nicht abgehen, daß schlechterdings bei den
Husaren-Regimentern immer wechselweise tüchtige Wachtmeister zu
Offizieren vorgeschlagen werden sollen, so werden dieselben darauf
bedacht sein, recht gut qualifizirte Leute zu Wachtmeistern zu machen."

König Friedrich Wilhelm II. hatte inzwischen eine Verfügung
getroffen, die den Gedanken des großen Königs auf einem anderen
Wege zu verwirklichen strebte. Er gestattete den Husaren-Regimentern,
„gute bürgerliche Subjekte" zu Unteroffizieren zu befördern, um sie
in der Folge zu Offizieren vorzuschlagen. Bei ihrer Annahme sollte
auf die Eltern des jungen Menschen, namentlich aber auf seine Erziehung gesehen werden; der Kantonpflicht durfte er nicht unterworfen
sein; es waren das nach den Ersatz-Bestimmungen von 1763 die
Söhne distingierter königlicher Bedienten, Kaufleute, Renteniere,
Künstler, Fabrikanten, ansehnlicher Weinhändler, Materialisten und
solcher Leute, die ein Vermögen von 6000 Talern besaßen. Der junge
Mann mußte wenigstens achtzehn Jahre alt sein; nach vierjähriger
Dienstzeit konnte er zum Unteroffizier „und so nach zehn Jahr Dienste"
zum Offizier befördert werden. Im Felde und „wenn sich solche junge
Leute besonders distingiren, ist hiervon zu ihrem Vorteil eine Aus-
nahme zu machen, wovon aber die Ursache beim Vorschlage Seiner
Majestät anzuzeigen ist. Indessen sollen von diesen jungen Leuten
aus dem Bürgerstande sich nur 1, höchstens 2 Unteroffiziere bei jeder

Schwadron befinden". Alte Wachtmeister brauchten die Regimenter nicht mehr vorzuschlagen, konnten es aber tun.

Durch diese Verfügung wurde etwa das wieder angebahnt, was schon Belling bei der Vermehrung seines Korps auf 10 und 15 Schwadronen in erhöhter Weise durchgesetzt hatte; aus den von ihm angenommenen jungen Leuten von „Bravour und guter Aufführung" gingen die Pletz und Rudorff, die Coring und Loose hervor, die dem Regiment als Stabsoffiziere noch glänzende Dienste leisten, von denen die beiden ersten überdies bis zum General emporsteigen sollten.

König Friedrich Wilhelms gute Absicht ist bei dem Blücherschen Regiment nie recht zur Ausführung gekommen, wenigstens ohne sichtlich guten Erfolg. Eines In-die-Höhe-Bringens des Husarendienstes auf diese Weise bedurfte es allerdings auch nicht.

Friedrich der Große hatte es „lieber gesehen, wenn ein Offizier unverheiratet bleiben will"; einem Subalternoffizier aber sollte es in der Regel gar nicht erlaubt sein zu heiraten, „denn wenn sie alsdann marschiren sollen, so ist ein Haufen Lärmen der Weiber wegen"; einen Offizier des Regiments, dem er die Erlaubnis zur Verheiratung mit einer Generalstochter gab, ließ er versprechen, die Frau „bei entstehendem Kriege nicht bei sich zu führen, oder unausbleibliche Kassation zu gewärtigen". 1790 finden wir beim Regiment sieben verheiratete Stabsrittmeister und Leutnants.

Der Chef, General v. Schulenburg, hat die Exerzierzeit 1787 wohl kaum noch mitgemacht; er lag wahrscheinlich schon krank auf seinem Gute bei Stargard, wo er im Juni an Wassersucht starb.

Das Regiment hatte einen etwa elftägigen Marsch zurückzulegen, um sich in den letzten Maitagen mit den übrigen pommerschen Regimentern zur Revue in einem Lager bei Stargard zu vereinigen. Nach König Friedrichs Zeiteinteilung fand die Stargarder Revue ziemlich regelmäßig vom 2. bis 5. Juni statt; auch sein Nachfolger behielt Zeit und Verlauf dieses Prüfsteins der Verfassung und Ausbildung der Truppen bei; erst im folgenden Jahr wurden einige geringe Änderungen vorgenommen.

Gleich nach der Revue kehrten die Truppen in ihre Standorte zurück. Blücher langte nach neuntägigem Marsch in Rummelsburg wieder an, und nun schrumpfte die Schwadron durch Entlassung der Masse der Ausgehobenen auf etwa die Hälfte ihrer Kopfzahl zusammen. Es blieben nur die sogenannten Diensttuer, deren Zahl auf 85 festgesetzt war, wovon aber noch 7 bis 8, in der jetzt beginnenden Grasungszeit 16 bis 20 Geworbene als Freiwächter abgehen durften.

Die Freiwächter bekamen wie die Beurlaubten keine Löhnung.

In einer Aufstellung des Magistrats Rummelsburg sind damals zwei Freiwächter, 1 Fleischer und 1 Schuster, aufgeführt; einige weitere mögen außerdem dort als Gesellen beschäftigt gewesen sein oder sich auswärts aufgehalten haben. Unter den Geworbenen waren merkwürdig viel Handwerker: 2 Schneider, 4 Schuster, 1 Handschuhmacher, 1 Kürschner, 4 Fleischer, 1 „Balbür" und noch 15 Leute anderer Berufsarten, darunter auffallenderweise aber nur ein einziger Schmied.

Um dem Beurlaubten das Bewußtsein zu erhalten, daß er Soldat sei, war vorgeschrieben, daß er, „wenn er auf dem Lande arbeitet, Kamisol, Hosen und Mütze anhaben", zur Kirche aber in voller Mundierung mit Seitengewehr gehen sollte.

Für gewöhnlich blieben der Schwadron außer den Unteroffizieren und Trompetern wohl 70 Geworbene und 7 Ausgehobene zum Dienst; da die Bestimmung verlangte, daß die Ausgehobenen zunächst mindestens zwei Jahre Dienst tun sollten, so werden die noch im zweiten und dritten Dienstjahr stehenden wohl vor allem diejenigen gewesen sein, die bei der Schwadron zurückbleiben mußten. Einige Leute gingen außerdem zum Abholen der Remonten ab. Von den Pferden wurden soviel ausgemustert, daß Platz für 14 Remonten geschaffen wurde, die erst im Spätherbst eintrafen.

Mit der Entlassung der Beurlaubten begann auch die dreieinhalbmonatige Grasungszeit. Bis Ende September waren außer den nicht beurlaubten Offizieren und einigen berittenen Ordonnanzen nur noch etwa 10 Unteroffiziere und 40 Husaren zum Wachdienst im Standort. Wenn die Bestimmung, daß jeder Mann wenigstens 6—7 Nächte wachfrei haben sollte, eingehalten wurde, so können nur zwei Posten, vor dem Kommandeur und vor der Hauptwache, besetzt worden sein.

Diese stille Zeit hat Blücher anscheinend benutzt, um mit Frau und Kindern nach Rummelsburg überzusiedeln. Unerwartet schnell aber wurde diese Ruhepause schon Mitte Juli jäh abgebrochen.

Inzwischen war an Stelle des gestorbenen Chefs der Oberst Graf v. der Golz, bisher Kommandeur der hellblauen Husaren, getreten; er hatte im Siebenjährigen Kriege unter dem bekannten Parteigänger, dem „grünen" Kleist gedient und war dadurch mit dem Husarendienst gründlich vertraut.

———

Der holländische Feldzug. 1787.

Die Hoffnungen, die die Armee auf die soldatisch-ritterliche Gesinnung König Friedrich Wilhelms des Zweiten setzte, schienen bald in Erfüllung zu gehen. Seine Schwester, die Gemahlin des Erbstatthalters von Holland, Prinzen von Oranien, fühlte sich von den regierenden Räten beleidigt; sie rief die Hülfe ihres Bruders, des Königs, an. Dieser ließ im Herbst 1787 ein preußisches Korps von 25 Bataillonen und 25 Schwadronen unter dem Herzog Karl Wilhelm Ferdinand von Braunschweig gegen die Holländer marschieren; auch ein Bataillon der Goltz-Husaren unter Oberst v. Göcking war zum Ausmarsch bestimmt; dabei befand sich auch Blücher mit seiner Schwadron.

Laut Reglement mußten die Regimenter den zwölften Tag nach erhaltenem Marschbefehl abrücken können. In dieser Zeit waren die Beurlaubten und auswärtigen Freiwächter einzuziehen, die Pferde für den Brotwagen, die Packpferde für die Schwadron und für die Offiziere, die Klepper zur Berittenmachung des Feldscheers und des Fahnenschmieds anzuschaffen. Im übrigen durfte nicht das geringste an der Feldausrüstung fehlen, „es mag Namen haben, wie es will". Diesmal mußte aber auch für die schon ausgemusterten Pferde Ersatz beschafft werden, wenn die Schwadron vollzählig ausrücken sollte; vielleicht gab das zu Haus bleibende Bataillon sie ab; von einem Zurücklassen junger Pferde war in der Regel keine Rede; an Anstrengungen waren die Remonten ja auch schon durch den Marsch aus der Ukraine nach Pommern gewöhnt.

Am 10. August etwa verließ Blücher mit der Schwadron Rummelsburg. „Teils viele Geschäfte, teils Unpäßlichkeit" hielten ihn ab, auf seinem Gut, bei dem er auf einige Meilen vorbeimarschierte, noch einmal nach dem Rechten zu sehen.

Das alte Reglement schrieb vor, auf dem Marsch solle vor allen Dingen darauf gesehen werden, daß die Pferde nicht gedrückt würden; der Husar soll wissen, wie er satteln und, je nachdem das Pferd fett oder mager ist, dem Sattel die Hülfe geben muß; wenn aber trotz alles Fleißes und aller Aufsicht ein Pferd gedrückt werden sollte, „so muß es vom ersten Tage an nicht geritten werden"; da aber die Burschen es verhehlen möchten, weil sie nicht gern zu Fuß gehen wollen, so müssen Offiziere und Unteroffiziere täglich vor dem Satteln nachsehen, „ob ein Pferd etwa das Geringste geschwollen ist". Während des Reitens sollen die Husaren oft hinten und vorn unter den Sattelbaum fühlen, „ob er etwa gründet", weil die Bleche und der Leim am Sattel bisweilen loslassen und der Baum voneinander gehe. „Durch viele marode Pferde wird sich ein Rittmeister gar schlecht rekommandiren".

Die 850 Kilometer von Rummelsburg bis Lingen wurden über Schwedt, Berlin, Magdeburg, Wolfenbüttel, Minden sehr schnell in 37 Tagen zurückgelegt; auf der ganzen Strecke waren nur 5 Ruhetage gewährt worden; an den Marschtagen legte man täglich durchschnittlich etwa 29 Kilometer zurück; am 18. September rückte das Bataillon westlich Lingen in die Niederlande ein.

Das Hauptkorps hatte schon am 13. von Emmerich und Kleve aus die Grenze überschritten, um in breiter Front auf Amsterdam vorzugehen. Die Goltz-Husaren hatten die Aufgabe, die Provinz Ober-Yssel zu beruhigen und damit der Armee die von Osten heranführenden Zufuhrlinien zu sichern.

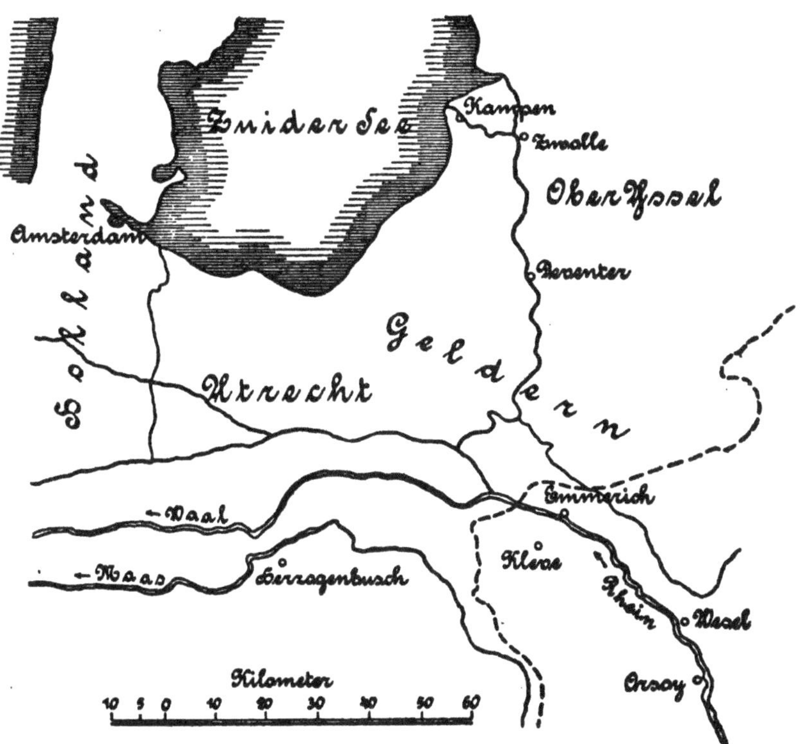

Göcking! rückte mit seinem Bataillon gegen Zwolle, Deventer und bis Kampen an der Yssel-Mündung vor; Blücher wurde mit zwei Schwadronen nach Deventer gelegt, wo der oranische Anhang Ausschreitungen beging; er soll hier durch geschicktes Benehmen für Ruhe gesorgt haben. Die beiden Schwadronen wurden dann nach Zwolle gezogen. Überall wurden die Einwohner durch kleine Husarenkommandos entwaffnet.

Inzwischen hatte der Herzog von Braunschweig den schwachen Widerstand der Holländer gebrochen und war am 1. Oktober bis vor die Tore von Amsterdam gerückt. Die Gegenpartei fügte sich den

Forderungen der Preußen; Ende Oktober verließen diese das Land; die Goltz-Husaren gingen nach dem Kleveschen, wo sie den November zubrachten; ein Kommando von 100 Husaren blieb den Winter über in den Niederlanden in der Gegend von Herzogenbusch.

Anfang Dezember rückte das Bataillon in die Heimat ab. Diesmal ging der Weg über Lippstadt; bei Minden schloß er sich der alten Strecke ziemlich genau wieder an; zwischen Hildesheim und Braunschweig verlebte man das Weihnachtsfest. Zwischen 43 Marschtagen lagen diesmal 18 Ruhetage; die einzelnen Märsche betrugen durchschnittlich nur 20 Kilometer. Blücher rückte am 1. Februar nach fünfmonatiger Abwesenheit wieder in Rummelsburg ein; er meldete dabei, daß die Leute gesund seien und wohl aussähen; nur Stabsrittmeister Müller hatte sich durch Stürzen mit dem Pferde am Fuß verletzt; die Pferde seien „mittelmäßig gut, aber von den letzten weiten Märschen und hartem Frost etwas fatigirt und verbällt"; dieses werde aber durch gute Pflege in einigen Tagen gehoben sein. Er hatte keinen Mann, aber vier Pferde verloren. Von den vier lahmen Pferden würden zwei alte wohl dienstuntauglich bleiben; außerdem waren sieben Pferde leicht gedrückt. Oberst v. Göcking aber klagte dem König, das Bataillon habe durch diesen Marsch bei der übelsten Witterung an sämtlichen Montierungsstücken ungemein gelitten, vorzüglich aber seien die Mäntel, Schabracken, Mantelsäcke und Woilachs gänzlich ruiniert. Der König ließ daraufhin den Inspekteur Generalleutnant v. Thun die Schwadronen des Bataillons mustern; der fand Mannschaft und Pferde schon wieder „im besten Zustande und Ordnung".

Von der holländischen Regierung wurden die herkömmlichen Winter-Douceure gezahlt; jeder Kompagnie- und Schwadronchef bekam 500 Taler, jeder Subalternoffizier 50, jeder Unteroffizier 10, jeder Mann 3 Taler. Die Generalstaaten ließen außerdem für alle Generale und Stabsoffiziere eine Medaille mit dem Bild des Herzogs von Braunschweig prägen; sie wurde auf Befehl des Königs an feierlichen Tagen am Orangeband auf den Rock geheftet getragen.

Für Blücher war die Ausbeute aus dem Feldzug gering; Gelegenheit zu kriegerischem Auftreten war ihm nicht geboten; aber seinem lebhaften Geist hatten der Marsch nach dem bisher unbekannten Westen sowie das Leben in Holland und am Niederrhein vielfache Anregung gegeben. Mit erweiterten Anschauungen kehrte er nach Hinterpommern zurück.

Frau v. Blücher empfing ihren Gatten mit einem dritten Söhnchen, das in der Taufe die Vornamen des Vaters erhielt. Leider aber erholte die Mutter sich von dieser Geburt nur sehr langsam und unvollkommen. Ihr Zustand verschlechterte sich, als ihr im Sommer des folgenden Jahres ihr achtjähriger Sohn Georg durch den Tod entrissen wurde.

Rummelsburg. 1788—1790.

Bei der zerstreuten, einzelnen Unterbringung der Schwadronen des Regiments und den schlechten Verkehrsverhältnissen ging damals wohl noch mehr als heute der Schwadronchef im Leben seiner Schwadron auf. Eng war die Blüchersche Schwadron mit ihrem kleinen Garnisonstädtchen verwachsen; sie stand dort seit über zweiundzwanzig Jahren, wovon sie allerdings drei Jahre in Polen, eins vor dem Feinde in Böhmen zugebracht hatte. Rummelsburg liegt auf dem flachen Landrücken, der die Wasserscheide zwischen den pommerschen Küstenflüssen und den Zuflüssen der unteren Weichsel und der Netze bildet; die beiden sich gleichlaufenden Heerstraßen von Stettin über Köslin längs der Küste auf Danzig und die von Berlin durch die Neumark über Konitz auf Dirschau—Königsberg ließen das kaum 1300 Einwohner zählende Landstädtchen weitab zwischen sich liegen.

Seit der ersten Teilung Polens hatte es die Eigenschaft als Grenzort verloren. Befestigungen hatte es schon lange nicht mehr; die drei Hauptausgänge des Orts waren jedoch noch mit Torschreibern der Steuerverwaltung und mit kleinen Husarenwachen besetzt.

Von den 180 Häusern des Städtchens galt ein Dutzend als groß, ein anderes als mittelgroß, die Masse nur als klein. Immerhin leistete es sich einen studierten Bürgermeister und zwei Senatoren; ein Pastor, ein Richter und einige Steuerbeamte sowie ein paar größere Kaufleute vervollständigten die „erste Gesellschaft". Die Heilkunde war durch einen Feldscheer und einen Chirurgus vertreten. Etwa ein Drittel der Einwohner lebte vom Handwerk, ein Drittel von dem ziemlich schlecht gehenden Tuchmachergewerbe, ein Drittel vom Ackerbau, Holzfahren und Tagelohn; drei Juden versahen den Handel; eines Müllers Rad wurde durch das den Ort durchströmende Flüßchen gedreht.

Blücher hat sich hier nicht vereinsamt gefühlt. Seine gesellige Natur brachte ihn bald in freundschaftlichen Umgang mit den angesehenen Bürgern; namentlich an die Familie des Bürgermeisters schlossen sich Blücher und seine Frau eng an; in der von ihm gegründeten „Ressource" spielte und tanzte er eifrig. Dazu kamen Verkehr über Land und die Jagd, die er mit großem Eifer betrieb.

Die Landstädte waren zur kostenlosen Unterbringung der Garnison verpflichtet. Um die Lasten auf alle Städte möglichst gleichmäßig zu verteilen, war mit unendlicher Mühe die Gründung einer Genossenschaft der Städte der Provinz zustande gekommen; jedem Einwohner wurde nach seinem Vermögen und Erwerb ein Beitrag auferlegt, mit dem die Garnisonkosten bestritten wurden. Aus dieser Kasse erhielt der Wachtmeister an Wohngeld monatlich einen Taler, jeder Unteroffizier einen halben Taler, jeder Husar eine Mark; für jede Unteroffizier-„Frau" und jedes Soldaten-„Weib" war eine halbe Mark, für jedes Kind eine Viertel-Mark ausgeworfen. So sollte die Möglichkeit gegeben werden, daß jeder Soldat sich selbst einmietete, wodurch man „ein gutes Vernehmen zwischen Garnison und Bürgerschaft herzustellen" hoffte.

Tatsächlich war es in Rummelsburg dadurch gelungen, „daß jeder Unteroffizier und Gemeiner sein ein für alle Mal angewiesenes Quartier hatte", das auch während einer Abkommandierung für ihn offen blieb, so daß er es bei seiner Rückkehr gleich wieder beziehen konnte.

Anderwärts hatten sie es nicht so gut; da zog inzwischen ein anderer ein, wenn er sich dadurch verbesserte. Aber beweibte Soldaten behielten auch, wenn sie dienstlich abwesend waren, ihre Wohnung; das Geld wurde dann an die zurückbleibenden Frauen bezahlt. So waren 1788 in Rummelsburg 18 Unteroffiziere und Trompeter, 1 Feldscheer, 1 Fahnenschmied und 85 Gemeine unterzubringen; zum vierzehntägigen Schwadronsexerzieren kamen noch rund 50 eingezogene Urlauber hinzu.

Eine steigende Last brachte die seit dem Kriege stets anwachsende Zahl der Weiber und Kinder.

Nach dem Reglement von 1743 sollte es einem Unteroffizier nur erlaubt werden zu heiraten, wenn er dadurch „sein sonderlich Glück" machen könne; aber dem Heiraten der Ausländer legte König Friedrich schon 1743 wenig Schwierigkeiten in den Weg; der Rittmeister solle indes „davor sorgen, daß ein solcher ausländischer Bursche nicht so blind hin heirate und dessen Braut nicht allzu pauvre sei oder wenigstens durch ihre Arbeit sich ernähren kann". „Einheimischen Burschen soll, es wäre denn, daß einer eine Braut mit hübschen Mitteln haben könnte, nicht erlaubt werden, zu heiraten. Wiewohl ein jeder Rittmeister hierin Reflexion machen muß, ob er viel Weiber bei der Eskadron hat oder nicht: im erstern Fall der Rittmeister mit Akordirung der Trauscheine nicht allzu facile sein muß; denn je weniger Beweibte eine Eskadron hat, je lieber es Se. Königliche Majestät sehen werden."

Nach dem Siebenjährigen Kriege nahm der König einen ganz veränderten Standpunkt ein: er beförderte geradezu das Heiraten der Leute, besonders der Kantonisten; sah er doch in der Höhe der Bevölkerungsziffer einen sicheren Maßstab für den Wohlstand seiner Lande.

Noch 1766 wurde für eine Schwadron als Regel die Zahl von 24 Beweibten angesetzt; in Wirklichkeit wurde sie schon damals „sehr überschritten; die Zahl der Beweibten wächst überdem fast täglich", klagt ein Steuerrat, „da jeder Rekrut sich schon beinahe eine Frau mitbringt, auch die Trauscheine indistinkte gegeben werden".

Natürlich stieg bald auch die Kinderzahl. In Rummelsburg befanden sich 1772 34 Soldatenweiber mit 36 Kindern. Als für 1775 die Stettiner Kammer die für Stolp aufgesetzten, ihr zu hoch erscheinenden Zahlen in Zweifel zog, meldete der Ortsbeamte, „von den drei Eskadrons sind einschließlich Unteroffiziere 150 Mann beweibt, davon sind 193 Kinder wirklich in natura vorhanden". Als das Regiment 1790 ausrückte, ließ es 115 Unteroffizierfrauen, 234 Husarenweiber und 486 Kinder in den Standorten zurück! Und dies waren nur die Angehörigen der Diensttuer, die der Beurlaubten waren nicht mitgerechnet, da diese in ihrer Heimat blieben. Die Schwadron Blücher allein hatte während des holländischen Feldzuges 46 Frauen und 67 Kinder im Standort zurückgelassen. 6 Frauen scheinen mit ausgerückt gewesen zu sein. Im ganzen aber hatten die der Schwadron angehörenden Unteroffiziere und Gemeinen 87 Frauen und 134 Kinder.

Man kann rechnen, daß damals ein Husaren-Regiment von 1500 Köpfen, das ausrückte, eine Zahl von rund 1700 Frauen und Kindern in der Heimat zurückließ und damit welche Summe von Kummer, Elend und Last für das Land!

Die Sorge für die Erziehung und den Unterricht der Soldatenkinder suchte das Regiment den Eltern dadurch zu erleichtern, daß es in jedem Standort eine Schule unterhielt. Blücher zeigte später lebhafte Fürsorge für diese Einrichtung. In den Rheinfeldzügen wurden Gelder für die Verbesserung der Schulen zurückgelegt. Blücher suchte diese Mittel auf alle Weise zu vermehren, „um in jeder Garnison einen eigenen Lehrer bestellen zu können". Aus den Knaben hoffte man sich Unteroffiziere heranzubilden. Dem Regiment erwachse „dadurch in der Zukunft der große Vorteil, lauter Unteroffiziere zu haben, die sicher sind", schreibt Blücher einmal, „weil wir alsdann unsre jungen Kantonisten und die ausländischen Husarensöhne dazu bilden können".

Nach den Rheinfeldzügen nahm sich auch die Regierung der Garnisonschulen in erhöhtem Maße an; es wurden Grundsätze über Einrichtung und Unterricht festgestellt.

In Friedenszeiten war zu einer Zeit und an Orten, wo die Löhnung des Soldaten den Durchschnittstagelohn überstieg, sein Los ganz befriedigend. Der Beurlaubte ging zehn Monate des Jahres seinem Gewerbe nach, der Diensttuer fand Gelegenheit, sich nebenher eine Zulage zu verdienen, zumal wenn er vom Wachdienst befreit wurde.

Blücher berichtet 1795 an den König, daß von der Leibschwadron „fast jeder diensttuende Husar" in Stolp ansässig gewesen sei und sich „außer Dienst recht gut ein Stückchen Brob, womit er seine Familie ernährt", verdient habe. In Rummelsburg betrieb 1788 außer dem Fahnenschmied, der zugleich Bürger und Schmiedemeister war, ein Husar das Fleischergewerbe selbständig, ein anderer die Schusterei sogar mit einem Gesellen; mancher Husar mag als Geselle beschäftigt gewesen sein. Das alte Reglement hatte sein Verbot: „es soll kein Soldat bürgerliche Nahrung treiben" durch den Zusatz: „sonderlich soll kein Soldat sich unterstehen, Vieh zu schlachten und Fleisch zu verkaufen" gleich auf schwankenden Grund gestellt.

Mit der Erhöhung der Lebensmittelpreise war namentlich in teuren Städten geradezu die Notwendigkeit eingetreten, daß der Soldat sich einen Nebenerwerb verschaffte; ja die Kompagniechefs der Garnison Berlin wurden durch Gouvernementsbefehl darauf hingewiesen, den „Herumläufern durch Hausarbeit einen Verdienst zu verschaffen". Dort wurde zwar den Soldatenfrauen der Handel mit Kaufmannswaren „ernstlich verboten", aber für die Soldaten wurde geradezu das Recht beansprucht, bürgerliche Nahrung zu treiben; das Gouvernement legte ihnen eine geringe Gewerbesteuer auf, um die Klagen der Gewerke loszuwerden.

In den kleinen pommerschen Landstädten war ein Auskommen mit der Löhnung wenigstens für den Unbeweibten wohl noch eher möglich. Vor einer Überteuerung schützte sie einigermaßen die sogenannte „Taxe", die darin bestand, daß die Lebensmittelpreise durch eine gemischte Kommission von Offizieren und Zivilbeamten festgesetzt wurden. Die Stabsoffiziere und der Regimentsquartiermeister hatten nach dem Reglement darauf acht zu geben, daß Maß und Gewicht richtig seien. Die Preise sollten so eingerichtet werden, daß Soldaten und Bürger dabei bestehen könnten, die Bürger ihre Steuern zahlen und der Soldat in Brot, Bier und Fleisch nicht überteuert werbe. Wenn eine Einigung hierüber nicht zustande komme, solle an den König berichtet werden.

Außer dem Wohngeld der Mannschaft hatten die Städte auch noch für mehrere weitere Bedürfnisse der Garnison aufzukommen. So hatten sie für eine Montierungskammer zu sorgen; Rummelsburg gab dazu Räume des Rathauses her. Da der Ort kein Krankenhaus hatte, mußte die Bürgerschaft für ein Lazarett und für die zugehörigen Betten, Geschirre, Wäsche, Heizung, Licht und auch für einen Wärter sorgen. Auch die Wachräume mußten hergegeben, geheizt und beleuchtet werden. Schilberhäuser, Häckselladen, Krippen usw. waren zu liefern.

Die Stadt hatte außerdem für ein sogenanntes Ordonnanzhaus aufzukommen, in dem anscheinend die Rekruten zusammen untergebracht wurden; in Rummelsburg kann dies Haus nur klein gewesen sein, denn die Stadt zahlte dafür jährlich nur fünf Taler; ein Gastwirt war der „Ordonnanzwirt".

Eine Futterscheune war auf königliche Kosten erbaut. 120 Pferde standen in Bürgerställen, 30 in dem sogenannten „pübliken" Stall zusammen; für jedes Pferd wurden sechs Groschen monatliches Stall-geld gezahlt.

Die Futterlieferung lag dem Lande gegen festgesetzte Preise ob. Um Land und Staatskasse zu entlasten, wurden anfänglich nach dem Siebenjährigen Kriege die Pferde fünf Monate, später dreiunbeinhalb Monate auf die Weide getan. Nur drei Pferde blieben für den Ordonnanzdienst im Standort zurück. Es sollten den Pferden „eigene Wiesen angewiesen und abgehegt oder benenselben die Notdurft an Grase in die Ställe geliefert werden, so wie es die Gelegenheit und Kommobität des Ortes leidet". Rummelsburg selbst war aber auch zur Futterlieferung verpflichtet und mußte deshalb anscheinend auch, „je nachdem der Graswuchs gediehen", eine Anzahl Pferde auf Gra-sung nehmen; eine Weide führt heute noch den Namen Husarenwiese.

Die übrigen Pferde wurden weiter aufs Land verteilt; 2 Unter-offiziere und 20 Gemeine wurden mit hinausgeschickt; diese Leute mußten natürlich besonders zuverlässig sein und wurden deshalb an-geblich meist aus der Zahl der Verheirateten genommen. 1798 wurde die Grasung auf die Remonten eingeschränkt, soweit sie vierjährig und jünger waren.

Das Wohngeld der Offiziere wurde aus der Königlichen Kasse gezahlt; der Regimentschef erhielt 7 Taler monatlich, der Schwabron-chef 4, der Leutnant 2 Taler. Blücher hatte ein „Großhaus" und ein danebenliegendes „Mittelhaus" inne, die allerdings recht einfach ein-gerichtet waren; nur zwei Räume im unteren Stock waren heizbar; Klappen in der Decke erlaubten indes auch die darüberliegenden Stuben zu wärmen.

Grade kurz vor Blüchers Wiederanstellung hatte König Friedrich Wilhelm II. die Gehaltsverhältnisse der Schwadronchefs neu geregelt. Die Einkünfte, die ihnen bis dahin aus der ersparten Löhnung der Urlauber zugeflossen waren, fielen fort, dafür aber wurde das Gehalt um 30 Taler erhöht und bestimmte Werbegelder festgesetzt. Damit war der Zustand, daß der Eskadronchef „den Krieg, insofern als er auf seine Einkünfte Bezug hat, als ein Übel ansieht", wesentlich gemildert, die Schäden des Systems der Kompagnie-Wirtschaft wurden hierdurch aber durchaus noch nicht beseitigt. Wenn der König erwartete, daß damit „alle Plackereien der Leute aufhören" würden, so täuschte er sich leider.

Die Einrichtung der Freiwächter und die Berechnung der „Klein-Montierungsstücke" gab weiterhin zu allerlei Mißbräuchen Gelegenheit. Das Geld für die Hemden, Halsbinden und Haarbänder sowie für die Instandsetzung des Schuhzeugs wurde dem Schwadronchef ausgezahlt; es war so berechnet, daß er den Normpreisen gegenüber „auf jeden der 85 Diensttuer 15 Groschen zulegen" mußte, dafür aber auf jeden der 47 Beurlaubten 2 Taler 9 Groschen „gut behält", „wovon jeder Rittmeister dem Diensttuer das Seinige reichlich geben kann", hieß es in der Verfügung; das stellte den Eskadronchef nach wie vor auf einen kaufmännischen Standpunkt. Mit den Freiwächtern, den außer der Exerzierzeit vom Dienst befreiten Ausländern, wurde es wie mit den Beurlaubten gehalten. Die Einkünfte des Schwadronchefs hingen also weiter eng mit der Zahl der Beurlaubten und Freiwächter und mit dem kaufmännischen Geschick zusammen, das er bei der Beschaffung eines Teils und in der Verwaltung der ganzen Bekleidung sowie der Ausrüstung entwickelte. Dazu kam der Futterankauf.

Friedrich der Große hatte bei Antritt seiner Regierung den Kavallerieoffizieren vorgeworfen, daß sie Pächtern geglichen hätten, die ihre Kompagnien wie ein Gut betrachteten, aus dem sie soviel als möglich herauswirtschafteten; vom Kavalleriedienst hätten sie keine Ahnung gehabt. Und noch beim Friedensschluß 1763 hatte er seine Kavallerieoffiziere, denen er seit dem Frieden von 1745 die Wirtschaft der Eskadrons überlassen habe, mit „Kriegsräten und Beamten" verglichen, die „statt der gehörigen Applikation und Eifers zum Dienst ... nichts als Verstand von Kornpreisen und aufzukaufendem Hafer, Heu und Stroh gehabt" hätten; damit sie „durch dergleichen Distraktions nicht vom Dienst abgehalten würden", nehme er den Regimentern solche Ökonomie gänzlich ab.

Zu einer solchen heilsamen Reform war es aber schließlich doch nicht gekommen; die Schwadronchefs haben bis 1808 die „Fourage-Berechnung und das Übermaß" behalten.

Schließlich konnten aus den Ersparnissen der Werbekasse, aus den für die Instandhaltung der Bekleidung und der Waffen sowie für Pferdearznei bewilligten Mitteln noch Gelder in die Tasche des Schwadronchefs fließen. 1786 rechnete man die Einkünfte eines Rittmeisters auf 8000 Mark; viel geringer wird es durch die Änderung von 1787 nicht geworden sein. Für den Stabsoffizier trat eine Zulage von 120 Talern hinzu, die sich für den jüngeren BataillonsKommanbeur auf das Doppelte, für den Regimentskommandeur, der zugleich als Kommandeur des anderen Bataillons galt, auf 420, für den Chef (einschließlich „Douceur") auf 1440 Taler erhöhte. Die Rationszahl stieg vom Major zum Regimentschef von 5 auf 10 hinauf. Der Major erlitt einen Abzug von monatlich einem Taler zur Invalidenkasse.

Das Einkommen der Schwadronchefs galt damals als ein sehr reiches, das für die bis dahin recht knappen Gehälter der unteren Stellungen vollauf entschädigte; es übertraf das Gehalt eines Rittmeisters aus späterer Zeit um das Dreifache. Man stellte es wohl mit den Einnahmen aus einem mittleren Rittergut auf eine Stufe. Immerhin ruhten auch allerlei Lasten auf der Stellung.

Für alle Schäden, die die Schwadron trafen, mußte schließlich der Chef eintreten; das Futter war im Frieden knapp bemessen; um schön zur Revue zu erscheinen, durfte der Chef nicht knausern; mancher in Not geratene Familienvater und Invalide rechnete auf die Hülfe des Chefs; für den Mittagstisch der Offiziere und Junker kam nach altem Herkommen der Regel nach der Schwadronchef in seinem Hause auf, soweit jene nicht verheiratet waren.

Seit dem Einrücken aus Holland bis zur Exerzierzeit waren zwei Monate verhältnismäßiger Ruhe gewesen. Jeder Mann hatte zwei Pferde zu warten, und außer den Unteroffizieren und Trompetern hatte noch etwa die Hälfte der Mannschaft zwei Pferde zu reiten. Das Frühjahr brachte eine Anzahl Neueinführungen, die schon in der Exerzierzeit bis zur Revue eingeübt werden mußten.

Abgesehen von kleinen Festsetzungen über die Verteilung der Offiziere vor und hinter der Front, über die Plätze und das Verhalten der Unteroffiziere, ist von Bedeutung die Abschaffung des zeitraubenden Kontermarsches und des Begriffs der Inversion. Es war die Wiederholung eines Befehls von 1754, wenn bestimmt wurde: „Wenn ein Regiment gehörig ausgearbeitet ist, muß es ihm gleich sein, welcher Zug und welche Eskadron auf dem rechten Flügel steht, nur muß jede Eskadron in sich beständig zusammen sein." Durch die Wendung mit Viertelzügen gliederweis gegen früher zu Zweien wurde ein schnelleres und ordentlicheres Herstellen der Linie auf der Stelle gesichert. Zur Attacke hatte das zweite Glied links auf Lucke zu reiten, statt rechts, wie es 1754 befohlen war.

Auch im Wach- und sonstigen Fußdienst wurden einige Vereinfachungen eingeführt; von den Feuerarten waren nur noch die Pelotonsalve und das rottenweise Feuer dauernd zu üben.

Es sollte der Fußdienst aber keineswegs vernachlässigt, sondern das Beibehaltene desto genauer und lebhafter gemacht werden; besonders auf gutes Laden und das Tragen des Gewehrs, auf anständiges Marschieren wurde Wert gelegt. In der Exerzierzeit solle besonders an den Rasttagen in der Eskadron zu Fuß exerziert werden. „Das eskadronsweise Exerzieren geht vorzüglich bei Husaren an, als deren Sache es nicht ist, in Bataillons zu feuern und müssen solche den Fußdienst vorzüglich dazu nützen um ihren Leuten eine Fertigkeit im Laden als auch eine gewisse Agilität beizubringen, so der leichte Reiter vorzüglich zu Pferde haben muß."

Die Regimentsübungen fanden wieder im Mai bei Stolp, Anfang Juni die Revue vor dem König bei Stargard statt.

Nach den neuen Revuebestimmungen verlief die Spezialrevue folgendermaßen. Das in dreigliedriger Linie aufmarschierte Regiment saß ab und trat zu Fuß in vier zweigliedrigen Zügen mit aufgenommenem Säbel an; darauf wurden die Offiziere und Unteroffiziere vor dem rechten Flügel vorgezogen.

Wer die Pferde hielt, ist nicht gesagt; an Stelle von „Bürgern und Bauern" des alten Reglements werden wohl Mannschaften der anderen Regimenter genommen sein.

Nachdem Se. Majestät die Front abgeschritten war, wurde „Rekruten vor" kommandiert. Das galt allen denen, die seit der letzten Revue eingestellt oder zu Unteroffizieren befördert waren; die Ausgehobenen standen rechts, die Geworbenen links. Auch die Ausmusterung der als invalide angemeldeten Mannschaften wurde hierbei vorgenommen.

Wenn alles besehen war, wurde aufgesessen. Dann ritt Seine Majestät das in Linie mit aufgenommenem Gewehr stehende Regiment ab. Die Remonten und die zu schonenden Pferde bildeten das dritte Glied. Danach wurden alle Remonten, an deren Spitze bei jeder Eskadron der Wachtmeister ritt, vorgezogen; der König befahl, ob sie zu Einem, zu Zweien, rechts oder links abgebrochen vorgeritten werden sollten; die Trensen wurden „in die rechte Hand genommen" (angefaßt); der Offizier, der sie aus Oberschlesien abgeholt hatte, führte sie vor und stellte sich neben Seine Majestät, „um über Alles Rede und Antwort zu geben". „Seine Majestät werden alsdann befehlen, was etwan [vom Regiment] noch zu Pferde gemacht werden ſoll." Das dritte Glied blieb hiervon ausgeſchloſſen.

An den folgenden Tagen erſchienen die Regimenter nur in zwei Gliedern zu der „General-Revüe". Das Regiment machte dann mit den drei anderen Kavallerie-Regimentern — Württemberg-Küraſſiere (Belgard), Bayreuth-Dragoner (Paſewalk) und Kalkreuth-Dragoner (Treptow) — zuſammen unter dem Inſpekteur die Bewegungen eines Kavallerieflügels durch, ſowohl für ſich, als auch im Anſchluß an die Infanterie. Auch wurde wohl gegen einen angedeuteten Feind manövriert.

Die Revue 1788 brachte Blücher die Beförderung zum Oberſtleutnant, zugleich mit ſeinem Hintermann Jägersfeld; im Herbſt dieſes Jahres wurde er zu den großen Berliner Herbſtübungen kommandiert.

Dort manövrierte am 17. und 18. September die 15 Bataillone, 11½ Eskadrons, 6 beſpannte reitende Batterien ſtarke Garniſon unter dem Feldmarſchall Möllendorff, am zweiten Tage in zwei Parteien gegeneinander. Unter den Schwadronen befanden ſich 5 Schwadronen Leibhuſaren, deren Chef der alte Bellinghuſar Eben war.

Das militäriſche Ausbildungsjahr ſchloß alljährlich im Oktober mit dem Herbſterxerzieren der Regimenter.

Wenn die Pferde im September von der Weide zurückkamen, bedurften ſie natürlich ſorgſamer Fütterung und Wartung, um ſie wieder in guten Stand zu ſetzen. Anfang Oktober wurde dann das Regiment auf vierzehn Tage bei Stolp zuſammengezogen, aber ohne daß die Beurlaubten einberufen wären. Die auswärtigen Schwadronen kamen dazu nur mit rund 90 Pferden, da ein Kommando zur Pflege der unberittenen Pferde im Standort zurückbleiben mußte. Nach voraufgegangener Einzeldreſſur wurde wieder zu truppweiſen und gliederweiſen Übungen, dann zum Exerzieren in der Schwadron und im Regiment übergegangen. Vor allem aber ſollte dieſe Zeit der Ausbildung im Feldbienſt und kleinen Kriege — Futterbeitreibungen, Vorpoſten-, Erkundungs- und Marſchſicherungsdienſt, Verſtecke und Überfälle — verwendet werden.

Friedrich der Große hatte nach den ſchlechten Erfahrungen, die er im bayeriſchen Erbfolgekriege mit der Mehrzahl der HuſarenRegimenter gemacht hatte (auch die Bellinghuſaren hatte er nicht ausgenommen), den Huſaren-Offizieren vorgeworfen, ſie dankten Gott, wenn der Feind ſie zufrieden laſſe und ſie im Winter vor ihrem Kamin ruhig Tabak rauchen könnten, ohne an den Dienſt zu denken. Selbſt der ehrgeizige Huſarenoffizier ſei nur auf der Hut, daß er nicht überfallen werde, anstatt vielmehr darauf bedacht zu sein, sich auszudenken, wie er selbst den Feind überfallen könne.

Er hatte deshalb mit strengen Worten auf eine bessere Ausnutzung des Herbst-Exerzierens zum Erlernen des Marschsicherungs- und Patrullendienstes hingewiesen.

Da müsse gelehrt werden, wie man vermeide, in einen Hinterhalt zu geraten. Einer solle den anderen in seinem Dorfe zu überfallen suchen. Da gebe es hundert Dinge, worin die Regimenter sich üben müßten, „damit der wirkliche Krieg nicht gänzlich vergessen werde; und giebt es bei den Regimentern solche Offiziere, welche sich zu distingieren Lust haben, so können sich selbige während des Friedens auf diese Weise einschießen und man kann einen bessern Erfolg von ihrem Dienst in Feldzügen sich gewärtigen".

Der Inspekteur hielt eine zweitägige Besichtigung ab, wobei auch wohl in zwei Parteien nach einer Kriegslage geübt wurde. Gelegentlich wurde durch Reiten in nur einem Gliede die Zahl der Schwadronen verdoppelt, damit sich die Offiziere auch in dem Dienst der nächst höheren Stelle ausbilden konnten.

Der Winter 1788/89 brachte eine vermehrte Rekrutenausbildung. Schon im Frühjahr 1787 war die Bestimmung getroffen, daß jede Schwadron innerhalb sechs Jahren außer den Rekruten, die zum Ersatz des Abgangs an Geworbenen dienten, noch 20 ausgehobene Leute als eine Reserve für den Kriegsfall auszubilden und diese Zahl stets vollzählig zu erhalten hatte. Das mußte nun nachgeholt werden; auch diese Leute blieben wie die anderen Ausgehobenen die ersten zwei Jahre bei der Eskadron; aus ihnen konnte jeder Inländer-Ausfall sofort gedeckt werden, und beim Kriegsausbruch konnten dem Depot nun sogleich Mannschaften überwiesen werden, die die jungen Pferde rittig machen und nach Umständen selbst bald ins Feld nachrücken konnten. Auch hatte man nun bei der Einziehung zur Exerzierzeit einigen Spielraum in der Wahl der Leute und brauchte nicht soviel überzählige Geworbene bereit zu halten; drei oder vier solcher Leute sollte sich die Husaren-Eskadron aber immer noch halten, um Abgang an Geworbenen sofort ausgleichen zu können. So war die Vollzähligkeit der Eskadron an ausgebildeten Leuten jederzeit reichlich gesichert.

Trotz alledem wird die Zahl der in der ersten Ausbildung befindlichen Leute zehn nicht überschritten haben.

In diesem Winter konnte sich Blücher auch zum erstenmal der Ausbildung der jungen Pferde seiner Eskadron gründlich widmen. Blücher war selbst ein hervorragend guter Reiter und stellte gewiß hohe Anforderungen. Daß er durchaus nicht der sogenannten Naturreiterei hold war, geht wohl daraus hervor, daß er die Anstellung eines Bereiters beim Regiment später lebhaft förderte.

Damit ist durchaus zu vereinen, daß er für seine Husaren kein Freund der Reithäuser war; als man ihm die Vorteile des Standorts Belgard vorrechnete, antwortete er u. a.: „Den Zweiten Grund, die Reitbahn betreffend, so bin ich solcher Ignorant in meinem Handwerk nicht, daß ich junge polnische Pferde in einem geschlossenen, engen Raume zureiten und dressiren ließe, wodurch der größte Teil stetsch und untersich*) geritten wird. Der Husar muß sein Pferd im freien Felde zureiten und nicht bei schlimmem Wetter sich im Kasten verkriechen. Für mich und meine Leute soll die gepriesene Reitbahn gute Ruhe haben.“

Blücher wußte noch, daß gründliche Arbeit nicht an ein Reithaus gebunden ist und erkannte außerdem, wie wichtig es ist, Roß und Reiter nicht zu verzärteln, wenn sie gesund bleiben und den Anforderungen an den Kriegsdienst im Winter gewachsen sein sollen.

Der Ankauf der Husarenpferde geschah durch Händler in den Steppengestüten der Ukraine und Walachei, gewöhnlich für den Durchschnittspreis von einigen 30 Talern. Sie sollten 4 Fuß 10 und 11 Zoll groß sein (152—155 cm); auf gute Formen wurde Wert gelegt, an erster Stelle aber mußten sie „rasch“ sein.

Bei dem schwierigen Geschäft des Einfangens konnte von einer sorgfältigen Prüfung nicht die Rede sein; namentlich konnten die Altersverhältnisse nicht genau berücksichtigt werden. In Herden legten sie den weiten Weg bis zur Grenze von Oberschlesien zurück. Hier fand die Verteilung an die Kommandos der Regimenter statt. Auch das war ein schwieriges Geschäft.

Ein Offizier der Blücher-Husaren berichtete einmal, durch das Heraussuchen und Einfangen der größeren für die Dragoner und Leibhusaren bestimmten Tiere seien die Pferde sieben Tage lang ganz entkräftet, ruiniert und durch die entsetzliche Erhitzung mehreren Krankheiten ausgesetzt worden.

Beim Regiment fand eine Verlosung auf die Schwadronen statt, doch erhielt die Leibschwadron vorzugsweise Füchse, wie das mehrfach in der Armee üblich gewesen zu sein scheint. Die Schimmel wurden zur Berittenmachung der Trompeter verwendet. Das Anreiten begann man sofort, solange die Pferde vom Marsch noch müde waren; die ersten Jahre wurden sie sehr geschont; sie wurden dann aber unglaublich zäh. Die alten Pferde wurden nur ausgeritten und in Exerzierübung gehalten; eine Nacharbeit fand nur bei den „diffizilen“ Pferden statt.

---

*) „untersich“ bezeichnen wir heute noch mit: hinter dem Zügel.

An vorzüglichen Reitern mangelte es nicht. Wie hervorragend die Husaren ihre Pferde beherrschten, trat in den Gefechten im Rheinfeldzuge wiederholt glänzend zutage; namentlich die verstellte Flucht, deren sich Blücher mit Vorliebe bediente, um überlegene Gegner zu unordentlicher Verfolgung zu reizen, zeigte die Meisterschaft der Husaren in der Reitkunst und die Folgsamkeit der flüchtigen Tiere.

Neben dem Reitdienst nahm der Wachdienst einen breiten Raum auch im Leben des Husaren ein. Man sah darin eine wichtige Vorbereitung für den Feldwachdienst. In den entlegenen Landstädtchen mag er nicht so eifrig betrieben sein, wie in den Stabsorten. Aber ohne die tägliche Wachparade ging es auch hier nicht ab. Im Anschluß daran fand alle fünf Tage die Geldparade statt, wo die Löhnung ausgegeben wurde; fiel sie auf den Sonntag, so sollte das Geld erst „Nachmittags nach der Predigt" ausgegeben werden. Jeder Husar hatte ein „Rechenbuch", worin auch die Ausgabe der „Klein-Montierungsstücke" vermerkt wurde. Alle Jahre hatten zwei Stabsoffiziere die Abrechnung der Schwadronen zu prüfen und die Leute zu fragen, ob sie alles erhalten hätten, was ihnen zustände, „oder ob sie sich selbst was haben anschaffen müssen".

Sonntags war dann die feierliche Kirchenparade, die Gelegenheit gab, dem Anzug und Putz besondere Aufmerksamkeit zu schenken.

Die Revue bei Stargard im folgenden Jahr muß für das Regiment besonders glänzend verlaufen sein, da der König an Blücher und an den Major v. Rudorff den Verdienstorden verlieh. Im Herbst rückte Blücher in die Stelle eines Bataillonskommandeurs ein, was aber an seiner Tätigkeit als Schwadronchef nichts änderte, ebensowenig wie die Beförderung zum Oberst im Herbst 1790.

Im September 1789 wurde Blücher zu den großen Herbstübungen nach Potsdam befohlen. Diese fanden regelmäßig am 21., 22. und 23. September statt; die Potsdamer Garnison, durch einige auswärtige Truppenteile verstärkt, führte dabei unter Kommando des Königs und des Feldmarschalls Möllendorf den zahlreichen Zuschauern genau vorher einstudierte Manöver vor.

Die Zuschauer waren dabei Gäste des Königs; „an Champagner war Überfluß. Zum Abend erhielt der größte Teil der Offiziere Freibillets zur Komödie. Den letzten Abend waren alle Offiziere nach dem neuen Palais geladen; einen prächtigen Anblick gewährte es bei seiner vollständigen Erleuchtung. Es war freilich für uns etwas Ungewohntes, auf glatten Fliesen und gebohntem Fußboden zu gehen, da in unsern Garnisonen dergleichen nicht gebräuchlich war," erzählt ein Offizier eines der neumärkiſchen Dragoner-Regimenter, das 1788 an den Übungen teilnahm.

1789 hatte Blücher die Freude, daß beim Regiment der Sohn ſeines Bruders Siegfried als Junker angenommen wurde; er wurde ein hervorragend tüchtiger Offizier. Bald darauf trat auch ein entfernter, pommerſcher Vetter ein und wurde Blüchers Schwadron zugeteilt, bei der er bis zum Feldzug 1793 verblieb. Überhaupt war der Zudrang zum Regiment groß. Vielfach kamen Söhne und Verwandte von Regimentsangehörigen; da waren ein Belling, Neffe des verſtorbenen Chefs, mehrere Schulenburg, mehrere Goltze, mehrere Blücher, mehrere Wolki, mehrere Rudorff; außerdem kamen viele Pommern: Bonin, Kameke, Krockow, Wedell, Kleiſt, Manteuffel, Puttkammer, Münchow und Bünting, dazu einige Märker, Schleſier und Preußen. Meiſt wurden die jungen Herren mit ſiebzehn, fünfzehn, ja mit zwölf Jahren ſchon als Junker eingeſchrieben. Daneben waren einige wenige nach längerer Unteroffizierzeit Offizier geworden, darunter der herkuliſche Leutnant Völker, der ſich 1773 in Polen durch eine glänzende Tat das Offizierspatent erworben hatte.

Jetzt ſchien es, als ob ſich eine neue Gelegenheit bieten ſollte, durch Kriegstaten emporzukommen.

Heeres-Aufmärſche gegen Öſterreich und Rußland.
1790 und 91.

König Friedrich Wilhelm II. ſuchte Anſehen und Kraft ſeines Heeres zur Vervollſtändigung des preußiſchen Beſitzes im Oſten auszunutzen. Im Frühjahr 1790 trat er in ein Schutz- und Trutzbündnis mit Polen, das ihm den Beſitz von Thorn und Danzig eintragen ſollte. Um das in Belgien und in Ungarn bedrängte Öſterreich zum Eingehen auf dieſe Pläne zu zwingen, ſetzte Preußen im April ſein Heer in Kriegsbereitſchaft.

Für den bevorſtehenden Krieg gaben zwei neue Vorſchriften wichtige Beſtimmungen. Zuerſt erſchien eine „Inſtruktion betreffend die Ordnung und Mannszucht im Felde". Sie weiſt auf die Bedeutung der Mannszucht im eigenen und fremden Lande hin.

„Unter keinem Vorwande darf gelitten werden, daß ein Reiter vom Pferde ſteige um zu trinken, zu kaufen, das Pferd zu tränken"; „wo Anhalten, Zurückbleiben und Nachjagen der Leute ſtattfindet, da ſehen es Se. Majeſtät als ein ganz ſicheres Zeichen an, daß der Kommandeur eines Regiments, als auch der Chef einer Eskadron ihren Posten nicht mit gehöriger Autorität vorzustehen im Stande sind". Solche Unordnungen seien der erste Weg zu Exzessen, Plünderungen, Drücken der Pferde usw. Die Offiziere haben auf ihren Plätzen zu reiten. Weiber und Knechte müssen vorausgeschickt oder hinten nachgeführt werden.

Bei jedem Reiter, der zurückbleiben muß, weil er oder sein Pferd krank ist, hat ein Unteroffizier oder Karabinier zu bleiben und ihn nachzuführen; einzelne Soldaten ohne solchen Führer sollen festgenommen werden.

Für jede Ausschreitung wird der Regimentskommandeur verantwortlich gemacht. Jedermann soll das Recht zugesprochen werden, ein Weib oder einen Knecht, der geplündert hat, zu binden und im Hauptquartier abzuliefern; er bekommt dann zehn Taler, die dem betreffenden Regiment abgezogen werden.

Jedes Regiment hat seine Knechte gleichmäßig zu kleiden. Offizierbediente tragen die Livree ihres Herrn, der ihnen außerdem einen Paß auszustellen hat.

Keine Eskadron darf mehr als fünf bis sechs Weiber mit ins Feld nehmen; über sie wird eine Liste geführt.

Rechts und links von der Marschstraße und am Schluß der Kolonne gehen Polizeipatrullen, die die Ortschaften durchsuchen und einzelne Soldaten, Knechte und Weiber festnehmen. Ein Offizier des Hauptquartiers gibt diesen Patrullen die nötigen Anweisungen. Futterschneiden auf den Feldern ist für einzelne Knechte streng verboten; bei allgemeinem Futterschneiden bekommen die Knechte der Offiziere ihren Platz angewiesen.

Über die Ordnung beim Troß war folgendes bestimmt. Am Tage vor dem Marsch stellen Wachtmeister und Adjutanten Listen des Trosses auf, und zwar getrennt für den Teil, der beim Regiment bleibt, und den, der bei der Bagage der Armee marschiert. Bei gewöhnlichen Märschen bleiben die Kommandeur-Chaise, der Geldwagen, die Hand- und Packpferde beim Regiment; steht der Zusammenstoß mit dem Feinde bevor, so gehören jene Fahrzeuge zur Bagage. Hierzu gehören außerdem die Proviantwagen, der Feldscheerwagen und für je fünf Eskadrons ein Marketenderwagen; weitere Fahrzeuge dürfen nicht gelitten werden. Die Bagage jedes Regiments wird vom Auditeur geführt; die Armeebagage führt ein Stabsoffizier. Die Proviantwagen sind numeriert und mit dem Namen des Regiments und des Eskadronchefs versehen.

Die Handpferde bleiben bei ihrer Eskadron. Die Packpferde führt ein Unteroffizier des Regiments geschlossen neben dem Regiment her,

„nach Maßgabe des Terrains". Bei ihnen gehen auch die Weiber, und zwar eskadronsweise. Ein zuverlässiger Mann schließt hinten. Setzt sich das Regiment in Trab, so schließen sich die Packpferde den folgenden Truppen an.

Strenge Strafen sind auf Zuwiderhandlungen gesetzt. Bei Futterbeitreibungen in den Dörfern darf niemand die Stuben der Landleute betreten. „Entdeckt einer Bier, Brod, Mehl, Getreide, Fourage, Vorräte, Gemüse, Schmalz, Butter und dergleichen, so sagt er es dem Kommissariat an, welches dem Regiment, von dem der Denunziant ist, einen gewissen Teil vorausgiebt und das Andere repartirt."

Um die Ordnung in den um das Lager liegenden Dörfern aufrechtzuerhalten, wurde eine Feldgendarmerie gebildet, Sauvegarden genannt. Jedes Regiment bestimmte fünf Unteroffiziere, fünf Karabiniere und fünf Gemeine, die besonders zuverlässig sein sollten, zu diesem Dienst. Der Generalquartiermeister gibt jedesmal, wenn ein Lager bezogen wird, die erforderlichen Anweisungen. Es wird darauf gerechnet, daß nicht nur die eigenen Truppen, sondern auch der Feind die Anordnungen der Sauvegarden beachtet! In den Dörfern halten sie Ordnung und lassen sich dies beim Abrücken bescheinigen. Die den Sauvegarden gewährte Zulage zahlt in Feindesland das beschützte Dorf. Der Sauvegardist hat das Recht, jedem, der sich an ihm vergreift, „auf der Stelle auf den Kopf zu schießen oder über den Haufen zu stoßen", auch Offiziere!

Über das Stroh-, Holz- und Wasserholen verfügt der Generalquartiermeister; er weist den Truppenteilen bestimmte Dörfer zu. Für jedes Dorf wird dann ein Stabsoffizier kommandiert, der mit der Gemeinde abmacht, was an Holz und Stroh den Truppen zuzuweisen ist. Am ersten Tag ist nur das vorrätige Brennholz zu nehmen; auch sollen „anfangs selbst die Zäune geschont werden". Wenn kein Stroh in den Scheunen ist, so sind die schlechtesten Scheunen und Ställe abzudecken. „Fehlet es den andern Tag an Kochholz, die Zäune schon weg sind und ist kein naher Wald vorhanden, so wird den Bauern vom Stabsoffizier abermals angesagt, die ältesten und schlechtesten Gebäude zum Abbrechen bereit zu halten und so auch ferner zum Lagerstroh die schlechtesten Dächer."

„Das Lager selbst wird wie eine Stadt angesehen", in der die größte Ordnung gehalten werden muß. Weder Soldaten noch Knechte dürfen sich ohne Paß bei fremden Regimentern aufhalten. Die Marketender haben ihr Zelt seitwärts der Brandwacht aufzuschlagen; sie sollen „nicht blos Delikatessen mit sich führen, sondern vielmehr Waren, so zur Bedürfniß des Lebens gereichen". Soldatenweibern ist zwar das

Marketendern erlaubt, doch soll kein Soldat sich unterstehen, Marketenderwaren mit aufs Dienstpferd zu nehmen.

Maß und Gewicht sowie Bier- und Fleischpreise stehen unter Aufsicht der Auditeure; der Generalauditeur erhält monatlich von jedem Marketender 16 Groschen. Die Marketender dürfen keine liederlichen Weibsbilder halten.

Um das Lager steht eine Postenkette, die nur da, wo Wachen stehen, durchschritten werden darf. Die Leute, die das Lager besuchen wollen, müssen sich mit Erlaubnisscheinen versehen.

Zwischen den beiden Treffen eines Lagers werden mit Posten umstellte Marktplätze abgesteckt, in denen ein Auditeur die Ordnung aufrechterhält. Außerhalb des Marktplatzes darf kein Handel getrieben werden; im Lager selbst sollen keine Verkäufer geduldet werden.

Der General-Polizeidirektor ist dafür verantwortlich, daß sich keine verdächtigen Leute und Spione im Lager aufhalten.

Im Mai 1790 erschien ein „Reglement für die Kavallerie im Felde". Es verlangte, daß jeder Kavallerieoffizier sich mit ihm schon im Frieden genau vertraut mache. Den Husaren fiel danach vor allem der Streifedienst zu, der übrigen Kavallerie mehr das Stellen der Feldwachen; die Dragoner aber sollten vornehmlich zu Detachements vor dem Lager und seitwärts verwandt werden. Besonders der Erkundungsdienst sollte den jüngeren Offizieren bei den Herbstübungen gewiesen werden. Auch im Kriege sollte diese Übung nicht aufhören. „Die Herrn Brigadiere werden gut tun," hieß es, „wenn sie in Lägern öfters alte und junge Offiziere zusammen nach sichern Gegenden kommandiren und sich von der Beschaffenheit des Terrains, je nachdem es zu gewissen Absichten anwendbar ist, Rapport machen lassen. Die Besichtigung des Terrains muß beständig einen Gegenstand zum Grunde haben, als z. B. der Marsch einer Infanterie-, Kavallerie-, Artillerie- oder Bagage-Kolonne, die Okkup.rung eines Postens, eine Fouragirung, so man decken will, eine Wagen-Eskorte u. s. w." So könne man Offiziere formieren, ihre Fähigkeiten beurteilen lernen, gelegentlich aber auch Nutzen daraus ziehen. „Jeder Kavallerie-Offizier, so gebraucht werden will, muß sich daher so viel als möglich, Kenntniß von Gegenden schaffen und durch öftere und zweckmäßige Rekognoszirungen eine Fertigkeit in Beurteilung des Terrains zu erwerben suchen."

Der Marschsicherungsdienst sollte immer geübt werden, sobald ein Regiment, eine Eskadron oder ein Detachement marschiere, sei es auch mitten im Lande, weit entfernt vom Feinde. Stets sollte eine Avantgarde und Seitendeckungen nach der Seite gegeben werden, „wo das Terrain am meisten kupirt ist". Die Offiziere von der Avantgarde und Seitendeckung hatten, sobald sie eingerückt waren, zu ihrer Übung einen genauen Rapport vom Terrain zu machen. Auch sollte der Feind zuweilen hinten angenommen und dann eine Arrieregarde gebildet werden.

Aus dem Abschnitt „Was die Kavallerie bei Aktionen und am Tage einer Schlacht zu beobachten hat" sind folgende Bestimmungen die wichtigsten:

„Bei allen Vorfällen im Kleinen als Großen ist es die erste Pflicht jedes kommandirenden Kavallerieoffiziers, nie Alles auf einmal zu engagiren. Jede Kavallerie, so angreift und selbst diejenige, welche sogar den Feind schlägt, kommt in Verwirrung; der geringste Zufall bringt sie in Unordnung und zur Flucht, und hat sie kein Soutien, so geht oft die mit der besten Disposition unternommene und mit dem größten Glück angefangene Aktion ohne Ressource verloren. Jeder Kavallerieoffizier, so attackirt, muß sich daher nach Verhältniß der Stärke seiner unter ihm stehenden Kavallerie einen Teil derselben zum Soutien menagiren und wäre es auch nur so viel um, wenn er geschmissen würde, die flüchtigen Leute bei einem stehenden Trupp zu sammeln und wieder zum Stehen zu bringen."

„So wie man den Feind geschmissen hat und die Kavallerie auseinander gekommen, muß es die erste Sorge jedes Offiziers sein, sogleich Leute zu sammeln und Trupps zu formiren. Jeder Offizier, der eine Eskadron oder einen Trupp kommandirt, muß daher sogleich Appel blasen lassen und seine Leute zu railliren suchen; sowie er aber was zusammen hat, so muß es auch seine erste Sorge sein, dem Feinde gegenseitig das Railliren zu erschweren und selbigen sogleich brüsquement auf den Hals gehen. Dieses kann man dann um so eher tun, wenn man ein Soutien hinter sich hat, unter welchen Umständen man den Feind bis an das erste Defile zu verfolgen bemüht sein muß."

„Hat eine ganze Linie Kavallerie den Feind geschmissen, so muß sie sich um so geschwinder wieder zu railliren und in Ordnung zu kommen suchen, als das geringste feindliche Soutien, wenn es gehörig angeführt wird, solcher den Sieg mit sehr leichter Mühe aus den Händen reißen und hieraus einen um so größeren Vorteil ziehen kann. Sowie aber nur etwas gesammelt ist, müssen sogleich von jeder Eskadron die leichtesten Pferde mit einem tätigen Offizier nachgeschickt werden, die dem Feinde, soweit es irgend möglich, zu verfolgen und Gefangene zu machen suchen. Da sich aber über die Weite des Verfolgens kein Ziel festsetzen läßt, so kann hierüber jedem Kavallerieoffizier nur so viel gesagt werden, daß man eine feindliche Kavallerie nicht eher für gänzlich geſchlagen und ſich nicht eher Herr vom Terrain glauben kann, als bis man ſie über das erſte Defile gebracht und ſelbiges beſetzt hat; nur erſt dann iſt man fähig, von der dieſſeitigen Kavallerie einen wirklichen Gebrauch zu machen."

„Um das dieſſeitige Railliren zu befördern und auch ſelbſt im größten Demele nach Möglichkeit Herr von ſeinen Leuten zu bleiben, müſſen die Eskadrons gewöhnt werden, nach ihrem Führer und bei den Küraſſieren und Dragonern nach der Standarte zu ſehen. Sie müſſen ſich von ſolcher nie zu weit entfernen. Bei dem erſten Signal der Trompete aber ſich an ſelbige ſogleich heranſchließen. Jeder Eskadron-chef wird daher gut tun, wenn er zu den 2 Flügelrotten rechts und links der Standarte ausgeſuchte und geprüfte Leute von Tapferkeit Mut und Mannszucht wählt und dieſen bei den größten Verpflich-tungen einſchärft, ihn und die Standarte nie um einen Schritt zu verlaſſen, ſondern ihm mit ſelbiger dahin zu folgen, wohin er ſie führt. So müſſen auch auf dem Flügel des 3. Zuges ganz beſonders zu-verläſſige Unteroffiziere gewählt und dies ſo wie überhaupt das erſte Glied als ein Poſte d'honneur angeſehen werden. Die Kommandeure der Regimenter werden hierauf ihre Offiziere ganz beſonders zu in-ſtruiren haben."

„Bei jedem Angriff auf feindliche Kavallerie empfehlen S. K. M. der ihrigen ſo viel Gelaſſenheit als Mut, von welchem letzteren Aller-höchſtdieſelben ohnedem überzeugt ſind. Kein Choc kann fehlen, wenn ein Regiment ſo nahe als möglich an den Feind im Trabe heran-zukommen ſucht. Nur dann kann alles beiſammen und geſchloſſen bleiben; jeder Eskadron-Chef bleibt Herr von ſeinen Leuten, alle Pferde bleiben im Athem und nur unter dieſen Umſtänden kann und muß der Choc fürchterlich und irreſiſtibel werden. Jedes Regiment, ſo ſchon auf 1000 oder einige hundert Schritte angejagt kommt, verliert alle dieſe Vorteile, Alles reitet ſchon mehr einzeln als geſchloſſen; kein Offizier iſt mehr Herr von ſeinen Leuten, kein Reiter mehr Herr von ſeinem Pferde und es bedarf nur eines halbentſchloſſenen Feindes um ein ſolches debandirtes Regiment über den Haufen zu reiten. Gelingt ein ſolcher Angriff, ſo kann man dies mehr der Feigheit des Feindes, als der wirklichen Bravour des Regiments zuſchreiben. Hier aber iſt die Gelegenheit, wo die Brigadiere und Kommandeure der Regimenter zeigen können, ob ſie in Friedenszeiten ihre Regimenter und Eskadronen in der Art ausgearbeitet haben, um im Kriege bei jeder ſchicklichen Gelegenheit ganz unfehlbar Ehre und Ruhm zu erwerben."

„Bei Attacken auf Infanterie, ſo mit weit geringern Schwierig-keiten verknüpft ſind, kann ſich die Kavallerie eher mit Gefangennahme abgeben und deshalb, wenn sie in selbige hereingekommen, den Leuten sogleich zurufen, das Gewehr wegzuschmeißen. Die Gefangenen müssen sodann schleunigst zusammengetrieben und durch einen Trupp sofort zurückgeschickt werden. Indeß muß sich die Kavallerie auch hier aufs baldigste zu railliren und zu formiren suchen, weil der Feind bei solchen Vorfällen die Reserve-Kavallerie unausbleiblich vorrücken lassen und die letzten Kräfte um seine Infanterie zu retten anstrengen wird. Dieser Kavallerie muß daher sogleich entgegen gegangen und der Eindruck, den die Derute der feindlichen Infanterie gemacht hat, genutzt werden. Läßt sich hingegen keine feindliche Kavallerie mehr sehen, so hat die diesseitige um so mehr Gelegenheit, die Derute der feindlichen Infanterie zu vergrößern."

Wenn manche dieser Bestimmungen auch heute noch als mustergültig anzusehen sind, so atmen sie doch teilweis den Geist der Vorsicht, der in der Fürsorge für den Fall des Mißerfolgs so weit geht, daß darunter die Aussicht auf einen Erfolg leidet. Nach Blüchers Sinn war dies sicher nicht; er war stets dafür, alles auf eine Karte zu setzen.

Indessen war das Heer, in mehrere Armeen gegliedert, an der schlesisch-böhmischen Grenze zusammengezogen worden, während im Städtchen Reichenbach die Diplomaten den Sturm zu beschwören versuchten.

In den entscheidenden Juli-Tagen finden wir die Goltz-Husaren im Marsch nach Südosten am Nordfuß des schlesischen Gebirges entlang. Dann rückte das Regiment in der „Armee des Königs" in die Grafschaft Glatz ein; fünf Schwadronen gehörten zum „Korps der Reserve" dieser Armee. Da machte die Übereinkunft von Reichenbach (27. Juli) das Rüstzeug an dieser Grenze überflüssig.

Nun aber galt es Rußland gegenüber seinen Willen durchzusetzen. Die Goltz-Husaren zogen längs der polnischen Grenze nordwärts; den Winter brachten sie in der Gegend von Hohensalzen zu. Im Juni lag ein Teil in der Gegend von Danzig, Blüchers Schwadron im Mündungsdreieck der Weichsel; auch hier blieb es beim Drohen; im Herbst 1791 kehrte das Regiment in seine Standorte zurück.

Der Einzug in Rummelsburg war für Blücher diesmal ein tieftrauriger; seine Gattin war nicht mehr; sie war im Juni 1791 ihrem Leiden erlegen; sie ist in der Kirche zu Rummelsburg begraben.

Doch der in Frankreich entzündete Weltbrand ließ Blücher nicht lange seiner Trauer nachhängen.

Rheinfeldzüge. 1793 und 1794.

Eroberung der Niederlande.

Den Kranz kriegerischen Ruhms, den der „Spaziergang" nach Holland 1787 und die Aufmärsche gegen Österreich und Rußland Blücher nicht gewährt hatten, den sollte der Krieg der Könige gegen das durch innere Kämpfe zerrissene Frankreich bringen. Es schien ein leichtes, die der Mannszucht baren Horden der Revolution zu Paaren zu treiben.

Als Preußen im Frühjahr 1792 einen Teil seines Heeres zum Eingreifen aufbot, aber das Husaren=Regiment Goltz keinen Marsch=befehl erhielt, wandte sich Blücher mit der Bitte an den König, ihn von den zur Kampagne bestimmten Truppen nicht auszuschließen; er sei gesund, aber der Gedanke, untätig zu bleiben, wenn andere sich für ihren König aufopferten, könne ihn töten; an Eifer und Treue für die geheiligte Person seines Königs lasse er sich niemals übertreffen.

Der unglückliche Verlauf des Feldzugs 1792 wird Blücher darüber getröstet haben, daß sein Gesuch unerhört blieb.

Zu den Verstärkungen, die Preußen darauf ins Feld schickte, gehörte auch das Husaren=Regiment Graf von der Goltz. Im November erhielt es den sehnlichst erwarteten Marschbefehl.

Mit vollem Vertrauen konnte Blücher auf seine Schwadron sehen, die er nun im sechsten Jahre für den Krieg erzogen hatte. Ganz alte und ganz junge Mannschaften und Pferde wurden an das Depot abgegeben, das unter einem Stabsrittmeister in Stolp zurückblieb. Seine Schwadron bestand 1792 grade zur Hälfte aus Geworbenen, zur Hälfte aus Ausgehobenen. Die Ausgehobenen waren zu gleichen Teilen Pommern und Märker. Von den Geworbenen waren nur zehn wirk=liche Ausländer; von dem Rest war ein Drittel in Altpreußen geboren, ein Drittel im übrigen Deutschland, ein Drittel in Westpreußen und Danzig; es mochte sonach unter je 6 Mann der Schwadron einer

Deutsch nicht als seine Muttersprache sprechen, ein Zustand, der sich auch heute noch ähnlich in mancher sich an der Ostgrenze rekrutierenden Schwadron vorfindet.

Alter, Dienstzeit und Verteilung auf die Jahrgänge hatten sich gegen 1787 nur unbedeutend verschoben.

Verheiratet war rund die Hälfte der Leute. Im ganzen hatte die Schwadron 140 Kinder. Wenn man wohl meint, die Sorge um Weib und Kind habe den Wert des damaligen Kriegers herabdrücken müssen, so ist dem entgegenzuhalten, daß doch unsere verheirateten Unteroffiziere und Landwehrleute der jungen Mannschaft überall mit leuchtendem Beispiel vorangegangen sind. Das durchschnittlich hohe Lebensalter kam der Ausdauer, dem Selbstvertrauen, der Besonnenheit zugute; und weit höher entwickelt, als das heute denkbar ist, war der Regimentsgeist, der, genährt von dem unter Belling erworbenen Ruhm, ein festes Band um alle dunkelroten Husaren schlang und sie für die Ehre ihres Regiments zu allem fähig machte. Derselbe Geist, aus dem so mancher kühne Husarenstreich gegen Schweden und Reichsvölker hervorgegangen war, führte jetzt eine neue Heldenzeit herauf, die neben Bellings Namen den Namen Blüchers glänzend erstrahlen ließ.

Blücher übergab seine sechsjährige Tochter und seinen jüngeren, fünfjährigen Sohn der Obhut seiner Schwiegereltern; seinen vierzehnjährigen Ältesten nahm er mit sich ins Feld.

Seine Güter bei Labes und Stargard hatte er schon 1789/90 veräußert; kurz vor dem Ausmarsch legte er sein Geld in Landbesitz in der Gegend von Rummelsburg an.

Ende November verließ das Regiment seine Standorte, blieb aber in Berlin beinahe einen Monat stehen. Hier hatte man Muße, die Entwickelung des Dramas in Frankreich zu verfolgen, das mit der Hinrichtung des Königs am 21. Januar einen seiner Höhepunkte erreichte.

Kurz vor dem Weitermarsch erfolgte der Befehl, wonach die beiden Bataillone des Regiments getrennten Heeresteilen überwiesen wurden; das 1. Bataillon unter dem Regimentschef wurde nach den Niederlanden, das 2. unter dem Regimentskommandeur zur Hauptarmee bestimmt; Blücher, der seit 1788 als drittältester Offizier des Regiments in die Stellung als Kommandeur dieses 2. Bataillons eingerückt war, sollte deshalb mit seiner Schwadron zum 1. Bataillon übertreten. Er war außer sich hierüber und schrieb einen leidenschaftlichen Brief an den König.

Seit vier Jahren habe ihm der König das Bataillon anvertraut und ihm stets seine Zufriedenheit bewiesen; nun solle er es, in dem

Augenblick, wo es in den Feldzug gehe, verlieren. „Nichts in der Welt, Allergnädigster König, hat mich jemals mutlos gemacht, aber bei dieser von Eurer Königlichen Majestät mir bewiesenen Ungnade weiß ich keine Beruhigung zu finden. Das Leben ist mir zur Last. Gott ist mein Zeuge, mit welchem heißen Eifer ich Eurer Königlichen Majestät diente! Allergnädigster König, vernichten Sie mich Unschuldigen nicht! Von Jedermann werde ich hier wie ein von Eurer Königlichen Majestät Verworfener betrachtet ...." Noch 1791 habe das Oberkriegskollegium festgesetzt, daß der Regimentskommandeur stets beim Stabe, d. h. mit dem Chef zusammen bleiben solle, wie das auch bei anderen Husaren-Regimentern geschehe. „Vom Kummer tief gebeugt bitte ich Euer Königlichen Majestät in aller tiefster Untertänigkeit um mein Bataillon und die Fortdauer der Allerhöchsten Gnade; ich hoffe zu Gott, daß ich in bevorstehender Kampagne die Gelegenheit haben werde, Eurer königlichen Majestät zu beweisen, daß ich der Gewährung dieser Gnade nicht unwürdig bin."

Diese Vorstellung half aber nichts: es blieb bei der ja auch ganz gerechtfertigten Anordnung. Mitte Januar marschierte Blücher mit dem 1. Bataillon über Magdeburg, Wolfenbüttel, Hildesheim, Wesel an die niederländische Grenze bei Venlo.

Hier stießen die Husaren Ende Februar zu dem kleinen preußischen Korps des Herzogs Friedrich von Braunschweig, das im Begriff war, das Vorgehen der Österreicher nach den Niederlanden hinein zu unterstützen.

Die Franzosen hatten im vorigen Jahr ganz Belgien erobert, das sie mit 100 000 Mann besetzt hielten; indessen ein Teil jetzt das von holländischen und braunschweigischen Truppen verteidigte Maastricht angriff, ging General Dümouriez gegen Holland vor. Die Streitkräfte der Verbündeten waren unter den Herzog Karl Wilhelm Ferdinand von Braunschweig und den Prinzen Josias von Koburg geteilt. Des Braunschweigers 99 000 Mann sollten den Oberrhein schützen und Mainz wiedererobern, Koburgs 77 000 Mann im Verein mit den Engländern und deren Soldtruppen, 32 000 Mann, sowie den unbedeutenden Kräften der Holländer Belgien wiedererobern. Wie konnte Frankreich diesem Ansturm widerstehen?

Am 1. März begann der Prinz von Koburg seine Bewegungen; bei Tagesanbruch überschritt der jugendliche Erzherzog Karl mit der Avantgarde der Kaiserlichen die Roerbrücke von Düren; zunächst galt es Maastricht zu entsetzen. Dazu sollte das preußische Korps des Herzogs Friedrich von Braunschweig durch die Einnahme von Roermonde mitwirken.

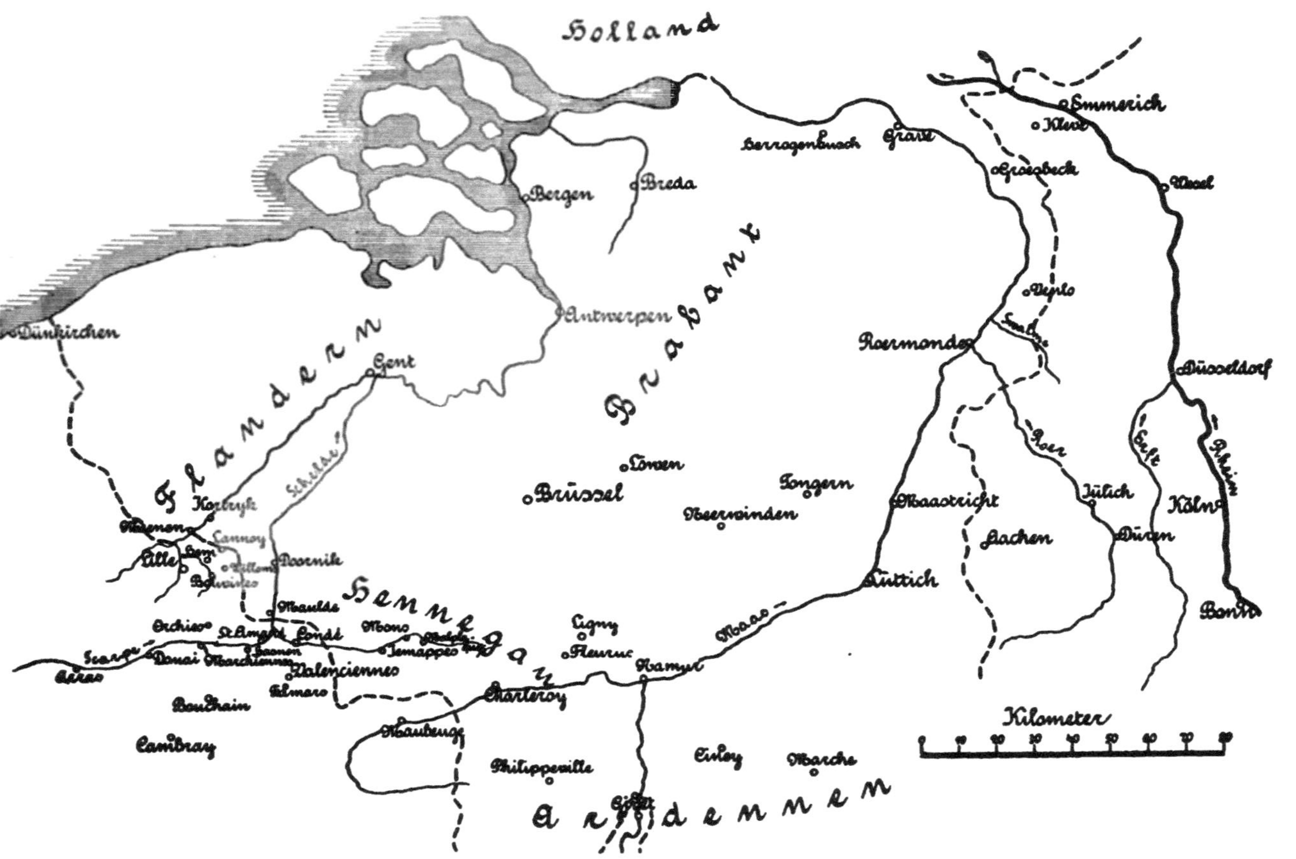

Holland
Herzogenbusch
Grave
Emmerich
Kleve
Grießbeck
Wesel
Breda
Bergen
Brabant
Venlo
Roermonde
Düsseldorf
Antwerpen
Roer
Erft
Rhein
Jülich
Köln
Löwen
Brüssel
Tongern
Maastricht
Heerwinden
Aachen
Düren
Flandern
Gent
Lüttich
Bonn
Kortryk
Menen
Cannoy
Doornik
Alle
Wervik
Hennegay
Maas
Maulde
Orchies
St. Amand
Condé
Mono
Ligny
Fleurus
Scarpe
Donai
Marchiennes
Jemappes
Namur
Valenciennes
Aras
Bouchain
Elmars
Charleroy
Maubeuge
Kilometer
Cambray
Philippeville
Cislay
Marche
Ardennen

Prinz Friedrich, ein Neffe sowohl Friedrichs des Großen als seines größten Gehülfen, des Herzogs Ferdinand von Braunschweig, war der jüngere Bruder des regierenden Herzogs, der am Rhein kommandierte. Die Brüder waren die Lieblinge des großen Königs gewesen; er hatte die Heldentaten der Jünglinge in begeisterten Versen gefeiert. Prinz Friedrich hatte er nach dem Siebenjährigen Kriege in sein Heer übernommen; bei allen Truppenübungen war an der Seite des greisen Königs der junge Prinz gewesen; er war klein, häßlich und verwachsen, aber geistreich, scharf mit Zunge, Feder und Zeichenstift. Die Unterordnung unter den in der österreichischen Schule, namentlich gegen die Türken emporgekommenen Koburger behagte ihm nicht. Gleich beim ersten Zusammentreffen mit dem Feinde erwies sich, daß er für seine Stellung ungeeignet war.

Die ihm unterstellten preußischen Truppen bestanden aus 12 Bataillonen Infanterie, 10 Eskadrons Kürassieren, dem Bataillon Goltz-Husaren und außer den 24 Bataillonsstücken noch einige schwerere Geschütze = 8000 bis 9000 Mann; außerdem waren ihm 2 Eskadrons kaiserlicher Ulanen, später eine schwere holländische Batterie und 2 preußische Jäger-Kompagnien zugeteilt; für die Unternehmung gegen Roermonde hatte der Prinz von Koburg außerdem eine Abteilung österreichischer Truppen an seine Befehle gewiesen. Herzog Friedrich teilte diese Kräfte in 5 Kolonnen, die am 3. März in einer Frontbreite von 25 Kilometern auf Roermonde in Marsch gesetzt wurden.

Bei der mittelsten Kolonne, die der Herzog selbst begleitete, befand sich Blücher mit 1 Schwadron Husaren, 2 Eskadrons kaiserlicher Ulanen, 50 Schützen und einer Kanone in der Vorhut. Die Ulanen erregten als eine ausgesucht schöne und besonders gut berittene Truppe mit ihren Lanzen die besondere Aufmerksamkeit der Preußen. Es herrschte an diesem Tage ein fürchterlicher Sturm, so daß man bei dieser Kolonne von dem heftigen Gefecht nichts vernahm, das sich auf dem rechten Flügel um die verschanzten französischen Stellungen an der Swalme abspielte. Ungewiß, wohin er sich wenden sollte, blieb der Prinz mit seiner Kolonne halten und schickte nur Blücher mit seinen Husaren und Ulanen weiter vor. Dieser wandte sich dem Gefechtsfelde zu und meldete dem Herzog die Lage; aber ehe dieser sich mit seinen Truppen aufgemacht hatte, war der Kampf schon beendet. Die Truppen wurden rückwärts in Ortschaften gelegt, in denen sie auch am folgenden Tage verblieben.

Blücher aber konnte nicht stilliegen. Wir besitzen über Blüchers Erlebnisse in den Feldzügen von 1793 und 94 eine ausführliche

Erzählung von ihm selbst; sie ist im Winter 1795/96, zum Teil also über zwei Jahre nach den Ereignissen verfaßt; nur zum Teil liegen dem „Kampagne-Journal" Gefechtsberichte und gleichzeitige Aufzeichnungen zugrunde; großenteils ist es aus der Erinnerung mit Hülfe der Abjutanten Blüchers niedergeschrieben; in allen Einzelheiten kann es deshalb keinen Anspruch auf Zuverlässigkeit machen; vielfach lassen sich Übertreibungen nachweisen; überhaupt ist anzunehmen, daß Blüchers lebhafter Geist seine Erlebnisse oft mit grellen Farben ausmalte; im ganzen aber spricht aus den sehr anregenden Schilderungen der gesunde Sinn eines graden, klarsehenden Mannes.

Am 4. März war Blücher für seine Person gegen Roermonde vorgeritten, „um gewiß zu sein, wie weit die Österreicher gegen die Stadt avancirt wären. Ich konnte den Angriff der Kaiserlichen deutlich sehen. Die Franzosen wurden auf Roermonde zurückgetrieben und gegen Abend geschahen 8 Kanonenschüsse von den Wällen; nun war ich überzeugt, daß der Feind gänzlich bis in die Stadt vertrieben war. Dies zeigte ich dem Herzog Friedrich von Braunschweig an mit dem Bemerken, wie ich glaubte, daß der Feind in der Nacht Roermonde verlassen würde. Seine Durchlaucht erwiederten mir, Sie vermuteten eine hartnäckige Verteidigung."

Der Prinz von Koburg war nämlich nach dem Überschreiten der Roer am 1. März nur auf geringen Widerstand gestoßen und am 3. in das befreite Maastricht eingezogen; eine Kolonne hatte er Roer abwärts geschickt, und diese war unter General Latour gemeinsam mit der linken Flügelkolonne Braunschweigs auf Roermonde vorgerückt, während dieser noch am 5. nur vorsichtig vorzugehen wagte.

Blücher hatte an diesem Tage frühmorgens einen Unteroffizier zur Erkundung nach Roermonde vorgeschickt. „Mit Anbruch des Tages rückte ich mit meiner Eskadron und 100 Schützen bis an die Swalme; der abgesandte Unteroffizier kam zurück mit der Nachricht, daß der Feind Roermonde geräumt habe. Ich schickte sogleich einen Offizier zum Herzoge mit dieser Nachricht. Seine Durchlaucht kamen selbst und sagten mir, Sie glaubten nicht, daß der Rapport des Unteroffiziers gegründet sei. Ich nahm eine Ordonnanz, ritt selbst durch die Swalme grade nach Roermonde, traf den General Latour beim Einmarsch . . . Der General ritt mit mir zugleich dem Herzoge entgegen; ich eilte voraus um dem Herzog von Allem Rapport zu machen. Die Kaiserlichen passirten noch am selbigen Tage die Maas und verfolgten den Feind."

Erzherzog Karl rückte an diesem Tage schon in Tongern ein. Der im Hauptquartier des Königs von Preußen mit dem Herzog von

Braunschweig zu Frankfurt verabredete Feldzugsplan schrieb nun dem Prinzen von Koburg das Halten an der Maas vor, bis Mainz erobert sei. Er erwirkte sich aber die Erlaubnis, seine Vorwärtsbewegung fortzusetzen. Der Prinz Friedrich von Braunschweig sollte sich inzwischen mit den preußischen Truppen rechts den Holländern nähern und mit diesen dann, durch ein österreichisches Korps unterstützt, auf Antwerpen vorgehen. Die grundlosen Wege in dem Moorgebiet westlich Venlo veranlaßten ihn, rechts der Maas über Grave auszuholen, wo er den Fluß überschritt; am 14. befand er sich der Verabredung gemäß mit dem ganzen Korps bei Herzogenbusch. Blücher mit seinen Husaren und holländische Reiter deckten das Korps gegen das vom Feinde besetzte Breda durch eine Aufstellung an der Donge.

Bald machte sich das Grundfalsche des getrennten Vorgehens geltend; als Koburg und Dümouriez bei Neerwinden (18. März) aufeinanderstießen, forderte Koburg den Prinzen von Braunschweig dringend zum Vorgehen auf und wiederholte nach der Schlacht dies Ersuchen „bei Allem was heilig ist und bei dem Wohl unsrer beiden Souverains", als er glaubte, daß Dümouriez am 20. bei Löwen nochmals eine Entscheidungsschlacht annehmen werde. Als Koburg einige Tage später nochmals unter Berufung auf das mögliche „Unglück der vereinigten Monarchen" zum Vorgehen drängte, entschloß sich Prinz Friedrich, 4 Bataillone, 7 Eskadrons und 1 Batterie dem Koburger nachzuschicken: Mehreres könne für jetzt nicht geschehen, und sollten auch alle Souveräne der Welt die Schuld am Fehlschlagen der Operationen auf ihn schieben. Erst auf die sichere Nachricht vom Fall Antwerpens entschloß er sich, den Rest seiner Truppen in Marsch zu setzen. Er selbst aber, dessen Methodismus selbst den methodischen Anschauungen jener Zeit zu stark war, legte den Oberbefehl nieder. Tief empfanden echte preußische Herzen den Kummer, daß „die preußischen Truppen nicht Teil an den Lorbeern der Kaiserlichen Armee genommen haben". —

Die Zeit während des Stillstandes vor Breda war für Blücher und sein Bataillon nicht nutzlos gewesen, obgleich, wie Blücher schreibt, dieses als einzige leichte Kavallerie beim Korps mit Dienst überhäuft war und zu besonderen Unternehmungen wenig verwandt werden konnte; „doch wollte ich, so viel möglich, die jungen Offiziere mit ihrem Handwerk bekannt machen. General Graf Golz war sehr bereit jedes Unternehmen zu begünstigen. Die ersten Tage unsres Aufenthalts wandte ich dazu an, die Gegend von Breda zu bereiten und die Avantposten des Feindes zu untersuchen".

Am 18. März ging Blücher, anscheinend nachdem er des Prinzen

Zustimmung erbeten, in der Nacht mit 60 Pferden vor, um einen feindlichen Posten südöstlich Breda zu überfallen; „allein ich wurde von meinem Führer irregeführt und bei Anbruch des Tages erwies es sich, daß wir den rechten Fleck verfehlt hatten. Unwillig hierüber ging ich mit dem Kommando in vollem Trabe den graden Weg auf Breda. Nachdem ich Gilze passiert, stieß ich im Walde auf den Feind; der Leutnant v. Schulenburg führte die Avantgarde, selbigen ließ ich sogleich auf den Feind attackieren; er tat es mit solcher Entschlossenheit und so gutem Erfolg, daß verschiedene vom Feind herunter gehauen und einige Mann gefangen gemacht wurden. Unsre Husaren ließen erst dann vom Verfolgen ab, als sie auf die feindliche Infanterie stießen, durch deren Feuer sie aufgehalten wurden. Von den Gefangenen erfuhr ich, daß der Wald von 400 Mann Infanterie besetzt wäre; es war also Nichts zu machen und ich marschierte zurück".

Einige Tage später legte sich Blücher mit 150 Pferden nachts in ein Versteck, um feindlichen Streifen aufzulauern. Da niemand kam, ging er bei Tagesanbruch auf das vorliegende, stark von Infanterie besetzte Dorf vor; als aber auch Artillerie auftrat, gab er den Angriff auf. „Meine Husaren wollten auf die ersten Schüsse zurückweichen; ich nahm mir aber fest vor, unsre Leute gleich anfangs mit der wenigen Gefahr des Artilleriefeuers, wenn die Kavallerie nicht in einen engen Raum eingeschlossen ist, bekannt zu machen und marschierte Schritt vor Schritt zurück; wir verloren einen Husaren und erhielten zwei blessierte Pferde."

Bei der zuerst den Österreichern nachgeschickten preußischen Abteilung befand sich auch Blücher, so daß er unter den ersten Preußen in Antwerpen einrückte. General v. Knobelsdorff hatte an des Prinzen Friedrich von Braunschweig Stelle den Befehl über das preußische Korps erhalten. Der König, über Braunschweigs Benehmen höchst ungehalten, schärfte Knobelsdorff ausdrücklich ein, sich in allem dem Prinzen von Koburg zu fügen und davon unter keinerlei Vorwand abzuweichen.

Knobelsdorff, ein würdiger Herr von 70 Jahren, diente seit 1741, hatte sich namentlich 1760/61 gegen die Schweden ausgezeichnet und war als General im bayerischen Erbfolgekriege hervorgetreten. Er hatte gewandte Formen, war ein willfähriger, angenehmer Untergebener, aber auch gelegentlich von derber Offenheit; dabei war er streng im Dienst und von unverbrüchlicher Pflichttreue; bald stand der tüchtige General bei dem Oberfeldherrn in hohem Ansehen.

Nachdem die geheimen Abmachungen mit Dümouriez an dem Abfall seiner Truppen gescheitert waren, galt es einen Entschluß über die Fortführung der Heeresbewegungen zu fassen. Der Herzog von Braunschweig hatte mit der Hauptarmee erst soeben den Rhein unterhalb Bingen überschritten; die holländischen Truppen waren noch in der Bildung, die Engländer und ihre Soldtruppen im Herankommen begriffen. Vor Anfang Juni konnte der Prinz von Koburg alle ihm unterstellten Heeresteile nicht versammelt haben. So kam der Marsch auf Paris, zu dem Dümouriez aufgefordert hatte, nicht mehr in Erwägung; man beschloß, in diesem Feldzug zunächst Condé und Valenciennes zu erobern, vielleicht noch Lille zu belagern. Wäre noch jetzt der Herzog von Braunschweig, was er selbst für das Richtige hielt, statt auf Mainz durch die Niederlande vorgerückt und hätte er dann mit Koburg gemeinsam seinen Marsch auf Paris gerichtet, ist es kaum zu bezweifeln, daß man damals noch Frankreichs Widerstand gebrochen hätte. Aber den Mächten — vielleicht Preußen ausgenommen — lag nichts mehr daran, die Republik zu zertrümmern; im Gegenteil, sie schien die Gewähr für Frankreichs Schwäche; ihr glaubte man nicht nur das Verlorene wieder abnehmen, sondern auch ohne Scheu noch ausgiebige Entschädigungen abfordern zu können.

Vor Valenciennes und Lille.

Nach den Befehlen des Prinzen von Koburg sollte das Preußische Korps am 10. April in die Linie Kortryk-Doornik einrücken, eine Linie von 30 Kilometer Länge. „Die meiste Schwierigkeit war mit Aussetzung der Vorpostenkette verknüpft", äußert sich der damalige erste Adjutant Knobelsdorffs, „indem dies Land außerordentlich mit hohen Hecken, großen Alleen und breiten Gräben durchschnitten ist. Jeder Eigentümer pflegt hier seinen Anteil sorgfältig einzuhegen, und die Dorfschaften selbst liegen in Ansehung der einzelnen Höfe so zerstreut, daß man kaum den Anfang und das Ende der Dörfer untereinander zu unterscheiden im Stande ist." Da die 5 Husarenschwadronen zur Bestreitung des Vorpostendienstes nicht ausreichten, so wurde zu dem Mittel gegriffen, daß „die beiden Kürassier-Regimenter sämtliche Feldwachen, die Husaren und die Schützen der Infanterie die Patrullen übernahmen".

Vor noch schwierigere Aufgaben wurde das Korps in den folgenden Tagen gestellt. Knobelsdorff erhielt Befehl, von seinem linken Flügel aus das Lager von Maulde, 12 Kilometer nordwestlich Condé, zu besetzen, seinen rechten nach Meenen (Menin) vorzuschieben und aus dieser nahezu

50 Kilometer langen Linie die vor seiner Front gelegene Festung Lille und das dabei befindliche Truppenlager von La Madelaine zu beobachten — mit 8000 Mann, namentlich in einem Lande wie Flandern, ein gefährliches Kunststück! Aber das tapfere Auftreten der die vorderste Linie einnehmenden Husaren wendete alle Gefahren ab.

Den Husaren waren Ortschaften 8 bis 10 Kilometer nordöstlich von Lille angewiesen; dort sollten sie von kleinen Schützenabteilungen unterstützt werden. Allein alle diese Örter waren vom Feinde besetzt: „wir mußten uns hineinschlagen". Blücher sollte das Dorf Hem diesseits des Flüßchens Marcq belegen; auch er fand den Feind dort, vertrieb ihn von da, forcierte den Paß von L'Empempont [über die Marcq] und drang bis Flers dicht [2½ Kilometer] vor Lille vor. „Nun kam die französische Kavallerie aus dem St. Magdalenenlager mir plötzlich auf den Hals und ich wurde gewahr, daß ich zu weit gegangen. Ich wollte meine Retraite machen; die feindliche Infanterie aber war bemüht, mich von der Chaussee abzuschneiden; ich entschloß mich also, selbige, bevor mich die feindliche Kavallerie erreichen konnte, zu attackieren. Dieses geschah mit gutem Erfolg; wir drangen in die Infanterie ein und hieben sie grausam zusammen; nun wurde ich von einer überlegenen Kavallerie angegriffen und uns blieb Nichts übrig, als die Zuversicht, gut beritten zu sein. Während uns der Feind verfolgte, kam ein französischer Offizier mir gerade auf den Hals; ich kehrte um und ritt ihm entgegen; es fing schon an finster zu werden wie wir beide handgemein wurden; er bezahlte die Kühnheit mit seinem Leben und sein Pferd steht noch heute in meinem Stalle. Meine Eskadron hatte 8 Schwerblessierte; 3 Mann vermißte ich, wogegen wir 7 Pferde vom Feinde und 3 Gefangene hatten. Diese Aktion belehrte mich, in Zukunft ohne Soutien nicht zu weit vorzugehen."

Hem und den Flußübergang hielt Blücher in den folgenden Tagen mit Hülfe der Schützen. Über Blüchers und seiner Kollegen kühne Taten sagte Koburg an Knobelsdorff anerkennende Worte.

Daß man sich hier auf französischem Boden befand, merkte man an der gehässigen Stimmung der Einwohner; die alten Verhältnisse wollte sich die Bevölkerung nicht wieder aufzwingen lassen. Doch bahnte sich bald ein besseres Einvernehmen an; die Aufrechterhaltung der Mannszucht in den Quartieren wurde durch eine auskömmliche Magazinverpflegung erleichtert.

Die Preußen, deren Nachschub anfangs auf dem Rhein und der Maas, dann auf der Schelde erfolgte, errichteten Magazine in Gent und Doornik; gelegentlich halfen die Österreicher bereitwilligst mit

Verpflegung aus. Durch das strenge Vorgehen der Konventskommissare mit der Aushebung kam es sogar dazu, daß sich französische Bauern in den Bereich der verbündeten Armeen flüchteten. Durch sie und durch zahlreiche Überläufer erhielt man fortgesetzt Nachricht über die Verhältnisse beim Feinde. Mit Dümouriez waren ganze Regimenter zu den Verbündeten übergetreten; auch jetzt hofften noch viele auf einen Sieg der gemäßigteren Parteien und wollten sich zur Unterdrückung der Widerstrebenden nicht gebrauchen lassen.

Aber Lyon, Toulon, die Vendee verbluteten ohne Hülfe; Europa ahnte nicht, zu welcher Kraftentwickelung Frankreich unter einer Regierung fähig sei, die willens war, alle Kräfte gegen eine Zerstückelung des vaterländischen Bodens einzusetzen.

Nach einigen Tagen wurde das preußische Korps in der Gegend von Doornik zusammengezogen, und als hier die Engländer eintrafen, holte der Prinz von Koburg es dicht an den rechten Flügel seiner Armee nach Saint Amand heran, während diese die Einschließung von Condé bewirkte.

Auf Koburgs Wunsch hatte Knobelsdorff bei Doornik zwei Bataillone zurückgelassen, die den Engländern solange als Schutz dienen sollten, bis diese ihr Lagergerät erhalten hätten. Kaiserliche Reiter waren ihnen bis zum Eintreffen der englischen Kavallerie beigegeben.

Auch bei Saint Amand lagerten die preußischen Truppen nicht geschlossen. Der größere Teil mit der Artillerie stand südlich der Stadt, wo die Österreicher eine Schanze auf den Höhen erbaut hatten, die sie auch weiterhin mit vier Zwölfpfündern besetzt hielten. Von dort lief eine Postenlinie durch den 7 Kilometer breiten Wald, der Saint Amand von Valenciennes trennt, zu den Kaiserlichen. Deren Stellungen hielten Condé von Valenciennes und von dem südlich an diese Festung anschließenden verschanzten Lager von Famars getrennt. Der linke Flügel der Koburgschen Truppen dehnte sich über Maubeuge und über Namür bis Luxemburg aus. Einige preußische Bataillone lagen nördlich Saint Amand, und zwei solche mit einigen Schwadronen hielten das 5 Kilometer in der Richtung auf Doornik liegende, von den Franzosen verschanzte Lager von Maulde besetzt. Diese Aufstellung war um so weniger günstig, als sowohl in dem großen, von Wassergräben durchschnittenen Walde wie in dem westlich vorliegenden, ebenfalls sehr durchschnittenen und stark angebauten unübersichtlichen Gelände die Franzosen unmittelbar gegenüberstanden.

Blücher lag mit drei Schwadronen in einem Dorfe dicht südwestlich der Stadt, unmittelbar einer festen Abtei gegenüber, die vom Feinde besetzt war. „Unsre Posten standen so nah am Feinde, daß sie sich mit Pistolen erreichen konnten; das Scharmuziren dauerte den ganzen Tag." Koburg aber, der die Stellung abritt, fand sie sehr zweckmäßig gewählt.

Am 29. April unternahm Blücher einen Streifzug mit 130 Husaren und 100 Schützen durch die westlich vorliegenden Ortschaften, ohne daß es zum Zusammentreffen mit dem Feinde kam. Man war auf einen Angriff gefaßt.

Dieser erfolgte am 1. Mai auf der ganzen Linie der Kaiserlichen. Die Preußen griffen in das Gefecht der Österreicher im Walde bei Valenciennes so kräftig ein, daß sie sich den besonderen Dank des Oberbefehlshabers erwarben. Auch die preußische Front wurde heftig angegriffen; es war das erste größere Gefecht, an dem alle Truppen teilnahmen; der Eindruck des Gefechtslärms, der im Walde sein Echo fand, wurde durch ein schweres Gewitter verstärkt, so daß die Truppen aufhörten zu feuern und auch die Nervenstärksten sich der Spielkarten entledigten; an diesen konnte man nachher die Linie genau erkennen, wo die Truppen gestanden hatten. Überall wurden die Franzosen mit Verlust zurückgeworfen. Merkwürdigerweise war Blücher für seine Person zu den Österreichern geritten, um dem Gefecht zuzusehen — vielleicht in der Begleitung Knobelsdorffs, der ebenfalls zuerst hier tätig war, dann sich aber zu seinen Truppen bei Saint Amand zurückbegab.

Einige Tage später begannen die Franzosen von neuem die ganze Front zu beunruhigen. Die Husaren-Schwadronen vor der Front mußten deshalb zurückgezogen werden. Am 7. Mai aber griff der Feind mit starken Kräften an.

Um den Angriff zu brechen, erhielt Blücher den Auftrag, mit einem Bataillon, 2 Schwadronen Husaren und 2 Kanonen sowie 30 Kroaten dem Feind überraschend in die linke Flanke zu fallen; dies schaffte zwar für den Augenblick Luft, aber am folgenden Morgen erneuerte der Feind bei dichtem Nebel den Angriff mit doppelter Kraft.

Knobelsdorff, der alle preußischen Truppen herangezogen hatte, unterstützte wiederum die Kaiserlichen aufs tatkräftigste. Dafür holte der jugendliche Führer der Engländer, der Herzog von York, einige seiner Bataillone heran und griff damit tätig in den Kampf ein; sein Angriff auf eine im Waldgelände vor der preußischen Front vom Feinde aufgeworfene Schanze wurde aber unter schwerem Verlust abgewiesen. Blücher ließ sogleich aus dem Lager alle Futterwagen holen, um die Verwundeten fortzuschaffen; für die Offiziere stellte er seinen eigenen Wagen zur Verfügung.

Der Herzog von York, der zweite Sohn König Georgs III., hatte
sich als Jüngling längere Zeit in Berlin aufgehalten, um sich unter
des großen Königs Augen zum Soldaten heranzubilden. Aber seine
glänzenden soldatischen Anlagen wurden durch ein ausschweifendes
Leben verdunkelt. Spiel und Weiber zerrütteten seine Geldverhältnisse:
Blücher hatte mit dem Prinzen in Berlin viel verkehrt. Beide setzten
am Spieltische wie auf dem Schlachtfelde oft alles auf einen Wurf;
aber dem Prinzen fehlte zu sehr die Einsicht und Willensstärke, sich nur
auf Unternehmungen einzulassen, denen seine Kräfte gewachsen waren;
die Politik seines Vaterlandes riß ihn bald in Bahnen, aus denen er
völlig entgleiste.

Am 9. Mai griff der Feind zum drittenmal, wenn auch nicht so
heftig, an. Blücher mußte seinen Flankenstoß wiederholen, der ihn
diesmal in ein „Gedränge" führte, aus dem er aber ohne „sonder-
lichen Verlust" entkam, wozu „ein Jeder" ihn beglückwünschte. Zu
wirksamerem Eingreifen eignete sich das Gelände nicht. In der folgenden Nacht wurde die bisher von Preußen und Engländern vergeblich
angegriffene Schanze im Walde von einer aus österreichischen und preußischen Freiwilligen zusammengestellten Abteilung bei Tagesanbruch
weggenommen.

Damit fand der französische Angriff auf die verbündete Armee
sein Ende; man war über den glücklichen Erfolg um so erfreuter, als
er in einem Gelände errungen war, in dem die Infanterie nach ihrer
damaligen Ausbildung ihre soldatische Überlegenheit nicht recht zur
Geltung zu bringen vermochte und das Eingreifen der Kavallerie
ausgeschlossen war. Aber schon hier zeigte sich immer mehr, daß
in solchem Gelände der französische Infanterist „eine Art von
Übergewicht" gewann, „indem unsre Leute, gewöhnt, in geschlossenen
Reihen im freien Felde zu fechten, nur mit Mühe zu dieser scheinbaren
Unordnung gebracht werden konnten, welches doch notwendig war,
wenn sie nicht dadurch, daß sie in Linien geschlossen blieben, den
einzelnen, hinter Bäumen verborgenen Feinden zur Zielscheibe dienen
wollten".

Nun entschloß sich der Prinz von Koburg zu einem Gegenstoß;
er zog die Engländer, deren hannoversche Kameraden endlich angekommen waren, zu seinem Zentrum hinüber, um mit diesem das
Lager von Famars südlich Valenciennes anzugreifen. Statt aber auch
die Preußen dazu heranzuziehen, beließ er diese nördlich des Wald-
striches; sie griffen am 23. Mai früh auf beiden Ufern der Scarpe
die Franzosen in Hasnon an; aber es gelang nicht, den Feind aus
der dortigen festen Abtei zu vertreiben; erst als am andern Tage die

bei den ersten Schüssen zusammenbrechenden holländischen Haubitzen durch haltbarere ersetzt waren, ging man von neuem vor; da stellte sich heraus, daß der Feind in der Nacht abgezogen war.

Knobelsdorff nahm sofort mit den zunächst stehenden Truppen die Verfolgung auf, fand aber, daß ihm Blücher mit seinen Husaren zuvorgekommen war und bereits das 8 Kilometer vorwärts an der Scarpe gelegene Städtchen Marchiennes besetzt hatte. Blücher erhielt hier den Oberbefehl, während das Gros bei Hasnon stehen blieb.

Auch bei dem Zentrum war nicht alles so glatt gegangen, wie Koburg gehofft hatte; Yorks Kolonne zögerte mit dem Angriff, so daß die Franzosen in der Nacht hatten abziehen können.

Anstatt zu verfolgen, wandte sich Koburg sofort der Belagerung von Valenciennes zu; so konnten sich die Franzosen zwei Meilen weiter in einer starken Stellung bei Bouchain von neuem verschanzen.

Auch Blücher dicht gegenüber hielt sich der Feind und rückte sogar an dem 2000 Meter südlich Marchiennes die Straße auf Bouchain schneidenden Kanal vor. Blücher ging ihm mit 60 Grenadieren und einer Kanone entgegen und zerstörte die Kanalbrücke. Der Feind aber belästigte den hier aufgestellten Posten mit Feuer und hielt ein südwestlich an der Scarpe gelegenes, von Wasser rings umgebenes Kloster stark besetzt. Blüchers Besorgnis für seine vereinzelte Stellung wurde gehoben, als Knobelsdorff mit der Masse seines Korps auf Koburgs Anordnung bis Marchiennes vorging. Blücher wurde nun beauftragt, jenes Kloster zu nehmen; ihm wurden dazu 1 Grenadier-Bataillon, 2 Jäger-Kompagnien, etwas Kavallerie und einige Haubitzen zur Verfügung gestellt.

„Es führte ein einziger schmaler Weg zu genanntem Kloster," berichtet Blücher. „Sobald ich nahe genug war, ließ ich die Jäger über den Kanal gehen, um meine linke Flanke zu sichern und avancirte mit der Artillerie auf dem graben Wege. Der Feind verließ das Kloster und ich besetzte solches."

Blücher war von vornherein für den Posten im Kloster an der Scarpe besorgt gewesen; der Feind griff es auch nach einigen Tagen mit Übermacht an, so daß es geräumt werden mußte. Man überließ das Kloster dem Feinde, da der Prinz von Koburg inzwischen mit dem General v. Knobelsdorff eine Aufstellung weiter nördlich mit der Front nach Westen im Anschluß an die Holländer verabredet hatte.

Hier bei Orchies wurde zur Verstärkung der wenig vorteilhaften Stellung eine lange Linie von Verschanzungen für alle Angriffsmöglichkeiten aufgeworfen; die Husaren, Jäger und Schützen deckten das Lager in den westlich vorliegenden Ortschaften. Blücher unterließ es nicht, sich persönlich von der Stellung der feindlichen Vorposten vorwärts Douai und Lille zu überzeugen.

Der Feind stand unweit gegenüber und fühlte mit Erkundungsabteilungen bis dicht an unsere Vorposten vor. Am 4. Juni kam es zu heftigen Zusammenstößen der Vortruppen; General Custine selbst soll die Erkundung geleitet haben; sie wurde von den Feldwachen und den herbeieilenden Unterstützungen mit Verlust kräftig abgewiesen: 10 Offiziere und 26 Mann wurden gefangen; „sie mußten sich überzeugen, daß, uns zu überfallen, kein leichtes Werk sei," schreibt Blücher selbstbewußt. Ein gefangener Oberst starb an seiner Verwundung im Quartier des Generals Grafen Goltz; er wurde mit militärischen Ehren beerdigt; Blücher aber ließ den Tischler, der den Sarg schlecht gemacht hatte, eine „handgreifliche Behandlung empfinden", zur größten Verwunderung der gaffenden Franzosen.

Auf Drängen des Prinzen von Oranien, der die holländischen Truppen führte, fand am 7. Juni eine allgemeine Rechtsschiebung der Truppenaufstellungen statt, um angebliche französische Absichten auf Nordflandern zu durchkreuzen.

General v. Knobelsdorff bezog ein Lager bei Bouvines 10 Kilometer südöstlich Lille, wo sich freieres Gelände befindet und das Flüßchen Marcq ein gutes Fronthindernis bildet.

Hier bot sich bald im kleinen das Lagerbild der friderizianischen Zeit. Auf dem flachen Hügelrücken standen in langer Linie die Zeltreihen von 10 Bataillonen mit den Gewehrbocken davor; rechts schloß sich das preußische Kavallerielager an, links rückten 6 kaiserliche Schwadronen ein; dahinter die preußische und österreichische Artillerie und der ganze Troß von Wagen und Offizierpferden, Packknechten, Marketendern und Soldatenweibern. Bald strömten auch die Landleute, Männer und Frauen, herbei, in den Gassen Lebensmittel mit lautem Ruf ausbietend.

Für die Ordnung im Lager sorgten Offiziere vom Tagesdienst sowohl in jeder Schwadron als auch einer für jedes Regiment besonders, der dem Major du jour des Kavallerie-Flügels unterstand. In größeren Lagern hatte ein General du jour die Oberaufsicht.

Vor der Front und in den Flanken wurde eine Reihe kleiner Feldwerke angelegt, die mit Geschützen versehen wurden. 2000 Meter vor der Front hatten die Husaren und Jäger sowie die Schützenkommandos der Infanterie die Dörfer an der Marcq besetzt. Links zog sich die Kette der Vorposten bis Orchies, wo 2 Bataillone zurückgelassen waren.

Für die Unterbringung der Husaren im Sommer gab das Feld-Reglement von 1790 folgende Vorschriften:

„Wird einer Eskadron ein oder mehrere nebeneinander liegende Häuser oder Gärten angewiesen, so müssen die Pferde jederzeit außerhalb der Gärten in eine Linie gezogen und angebunden werden, damit bei entstehendem Alarm die Eskadrons so schnell als möglich zu Pferde kommen und sich formiren können."

„Hinter den Pferden bauen sich die Husaren ihre Hütten und muß nicht zugegeben werden, daß diese Hütten von ihren Pferden entlegen sind oder sie sich gar für ihre Person in Häuser verkriechen. Wo es geschieht, ist das Regiment in Unordnung und der Kommandeur ist seinem Posten nicht gewachsen."

Unter keinem Vorwande dürfe es den Leuten überlassen werden, sich der nächsten Scheunen und Stallungen zu bemächtigen und die Pferde willkürlich hineinzuziehen; denn dabei pflege zu entstehen, „daß dergleichen Leute ihre Pferde des Nachts, selbst wenn es aufs Schärfste befohlen ist, oft aus Trägheit nicht einmal satteln, noch weniger aufzäumen" und daher „schändlich gefangen werden".

Jedes Husaren-Regiment, dem an seiner Reputation gelegen sei, müsse diese Ordnung genau beobachten; wenn der König einen solchen Posten schleunigst ausrücken lasse und sähe Leute aus Ställen und Scheunen hervorkriechen, werde er sich an den kommandierenden Offizier sehr nachdrücklich zu halten wissen.

Weiter schrieb das Feldreglement vor, daß das Husarenlager auf der vom Feinde abgelegenen Dorfseite zu nehmen sei; auf der Seite nach dem Feinde zu könne dann ein Unterstützungsposten für die vorgeschobene Feldwache gestellt werden. Sei leichte Infanterie zur Stelle, so habe diese die dem Feinde zugekehrte Seite des Dorfes zu besetzen.

Blücher lag diesmal etwas seitwärts rückwärts der vorderften Linie; ihm war ein Dorf 3 Kilometer rechts vom Lager angewiesen, um mit 2 Schwadronen und 80 Schützen die Verbindung mit dem 4 Kilometer entfernten Flügel der holländischen Aufstellung herzustellen. Diesen Flügelposten in dem von Wall und Graben umgebenen Städtchen Lannoy hatten die ansbachschen Truppen unter General v. Reißenstein inne, 2 Bataillone, 160 Fußjäger und 6 Geschütze, verstärkt durch etwas holländische Kavallerie und schwere Artillerie.

Die Ansbacher hatten in englischem Solde sieben Feldzüge in Amerika mitgemacht, waren in holländische Dienste übergetreten und darin auch nach dem Anfall Ansbach-Bayreuths an Preußen (1791) geblieben; erst 1794 hörte dies merkwürdige Verhältnis auf. Bald entwickelten sich zwischen Blücher und den Ansbachern die besten freundnachbarlichen Beziehungen.

Schon wenige Tage nach dem Einrücken in diese Stellung griff der Feind die Ansbacher in Lannoy an. Blücher, dem der General v. Knobelsdorff noch ein Grenadier-Bataillon unterstellte, eilte zur Hülfe. „Da ich gewahr ward, daß der Feind Lannoy zu umgehen bemüht war, auch bereits mit der Artillerie in die Stadt schoß, so griff ich selbigen ohne Bedenken im Rücken an und suchte bis an die Brücke vorzudringen; der Feind hierüber bestürzt, glaubte abgeschnitten zu sein, eilte in größter Konfusion zurück;" in diesem Augenblick aber, „wo ich von meinem Unternehmen Vorteil einernbten wollte", erhielt er den Befehl, sich „schlechterbings nicht zu engagiren"; „ich mußte also Halt machen und marschirte mißvergnügt zurück. — Der Oberst v. Reitzenstein kam den andern Tag zu mir, dankte mir auf das Verbindlichste und versicherte mich, daß wenn ich meinen Vorsatz bis an die Brücke vorzudringen, hätte ausführen dürfen, die französischen Kanonen in meine Hände gefallen wären, weil die Pferde erschossen und sie solche schon zurückgelassen hätten".

Blücher mag sich recht geärgert haben, daß er nicht selbständiger gehandelt hatte; er erbat sich und erhielt vom General v. Knobelsdorff die Anweisung, den Ansbachern „ferner aufs Möglichste beizustehen"; er traf nun mit dem General v. Reitzenstein eine feste Verabredung, wie sie allen feindlichen Unternehmungen begegnen wollten.

Schon zwei Tage nach jenem Gefecht fand sich Gelegenheit zu einem gemeinschaftlichen Unternehmen der beiden Nachbarn. Der Erbprinz von Oranien machte am 12. Juni aus der Gegend von Menin einen Angriff auf die feindlichen Stellungen und bat Knobelsdorff, die Ansbacher bei einem gleichzeitigen Vorstoß unterstützen zu lassen. Blücher erhielt dazu wiederum ein Bataillon zugeteilt; er säuberte gemeinschaftlich mit den Ansbacher Jägern Dorf und Schloß Hem und drang bis gegen den vom Feinde verschanzten Marcq-Übergang von L'Empempont vor. Da aber die Holländer diesen Punkt doch nicht besetzt halten wollten, begnügte sich Blücher, den Feind hier gefesselt zu haben und rückte wieder ein. Blücher schloß mit den Ansbachern, „diesen braven Leuten", wie er sie nennt, enge Waffenbrüderschaft und nahm sich vor, ihnen aufs möglichste beizustehen. So warf er mit 40 Pferden einen bald darauf von den Franzosen vorgeschobenen Posten durch Hem zurück. Man fand dabei, daß dort überall Wegesperrungen angelegt waren, die die Preußen nun wieder aufräumen ließen; gleichzeitig wurden die dorthin führenden Wege ausgebessert.

Da man auch aus anderen Nachrichten schloß, daß der Feind die Absicht habe, die Holländer anzugreifen, mußte sich Blücher jeden Augenblick bereit halten, dorthin abzugehen. Zunächst aber richtete der Feind einen Anschlag gegen ihn selbst. In der Nacht vom 25. zum 26. Juni suchte eine starke feindliche Infanterieabteilung Blüchers Standort zu überfallen. „Aber das Vorhaben wurde durch die Wachsamkeit der beständig wachenden Schützen- und Husaren-Patrullen entdeckt, zu denen sich sogleich die Feldwachen gesellten und den Feind in solche Unordnung brachten, daß er zum Teil durch die Marcq waten mußte; hätten die Eskadrons, die ihn verfolgten, durch das Bruch kommen können, so wäre er ganz von der Marcq abgeschnitten worden."

Am 28. neckte der Feind abermals die Vorposten Blüchers. Da dieser aber merkte, daß es bloß darum zu tun sei, ihn zu alarmieren, so beschloß er Gleiches mit Gleichem zu vergelten. Er griff deshalb, wie Alles wieder ruhig geworden war, die feindliche Feldwache mit 30 Pferden an und ließ seine Leute Pistolen und Karabiner abfeuern. Sobald er nun an dem unaufhörlichen Lärmen und Trommeln merkte, daß Alles unter dem Gewehr sei, ging er ruhig ab und rückte wieder in seine Quartiere ein. Patrullen, die lange nachher ausgeschickt wurden, fanden noch immer eine Linie Infanterie bei L'Empempont aufmarschiert. Mehrmals noch trat der Feind hier mit starken Truppenabteilungen auf, wagte aber keinen größeren Angriff.

Auch der links vor Blücher unmittelbar an der Marcq liegende Major v. Rudorff hatte „einen heißen Posten", berichtet Blücher: „da wir aber gemeinschaftlich agirten und uns einander unterstützten, so wurde jedes feindliche Unternehmen vereitelt". „Die Schützen des Regiments v. Knobelsdorff und v. Köthen haben mir auf diesen Posten sehr gute Dienste getan." „Der Erbprinz von Oranien ließ mir durch den Obersten v. Reißenstein seine größte Zufriedenheit versichern." Am 4. Juli wurde Blücher von diesem Posten abberufen.

Die Vorposten waren in zwei Abschnitte eingeteilt; die vor der Front des Lagers und rechts bis zu den Holländern standen unter General Graf Goltz; die Postenkette links von dem Übergang bei Bouvines bis gegen Orchies befehligte der Kommandeur des kaiserlichen Kavallerie-Regiments Oberst Graf Hohenzollern.

Besonders in dem unübersichtlichen Gelände vor dem linken Flügel war viel Bewegung beim Feinde. Starke Kolonnen marschierten dicht vor den Vorposten entlang von Lille nach Douai oder umgekehrt. Hin und wieder drangen Abteilungen in die Postenkette ein. Oberst Graf Hohenzollern hatte eine besondere Fertigkeit, das Gelände zu benutzen, und zeichnete sich durch große Kaltblütigkeit aus. Mehrmals führte er gemischte preußische und österreichische Abteilungen bei glücklichen Gegenstößen und Erkundungen.

Besonders eifrig trieb der Feind seine Neckereien vor der Front des Lagers, wo bei Bouvines jenseits der Marcq der Übergang durch eine hochgelegene Schanze gedeckt war; sie wurde mit 1 Kompagnie und 2 Geschützen besetzt gehalten.

Hier kam gewöhnlich frühmorgens eine Reiterabteilung von 30 bis 40 Pferden auf der Straße von Lille vor und trieb die Reiterposten zurück. Dann zeigten sich Plänkler, die die preußischen Posten mit bon jour camarade begrüßten, bald aber zu Schimpfworten und Geschieße übergingen. Die Preußen hatten Befehl, dies unwürdige Treiben nicht zu erwidern; wenn die Franzosen es aber gar zu toll trieben, suchte man den lästigen Schwarm wohl durch eine Kartätschladung loszuwerden.

Um dem Feind einen Denkzettel zu geben, hatte auf Knobelsdorffs Veranlassung Graf Golz schon ein Versteck von Husaren und Jägern legen lassen; der Feind war aber, durch einen zu früh feuernden Jäger gewarnt, nicht in die Falle gegangen.

Am 4. Juli hielt Graf Golz mit seinen Adjutanten bei den Posten jenseits der Brücke, als ein im hohen Korn versteckter Plänkler auf ihn schoß; die Kugel zerschmetterte ihm den Schenkel; er starb daran nach einigen Wochen.

An Golz' Stelle erhielt nun Blücher den Befehl über diesen Vorpostenflügel; er schwor, Rache für den verehrten Chef zu nehmen. Wenn nun auch Golz ein tätiger und verdienstvoller General und ein ehrenwerter Herr gewesen ist, so war er doch ein stolzer, steifer Mann, und man bezweifelte, daß das Regiment ihn sich besonders zurückgewünscht hätte. Blüchers kriegerischer Sinn aber entfachte in sich und seinen Husaren eine Leidenschaft, die von jeher ein mächtiger Hebel zu großen Taten gewesen ist. Aber nicht in blinder Wut, sondern wie ein Jäger, der Wild überlistet, nahm Blücher seine Rache.

Nachdem der Feind seine täglichen Neckereien eine Weile fortgesetzt und auch ein nächtlicher Vorstoß, den Knobelsdorff mit 2 Bataillonen, 10 Schwadronen und einiger Artillerie ausführen ließ, keine Ruhe gebracht hatte, erbat und erhielt Blücher die Erlaubnis, den Franzosen einen Hinterhalt zu legen. Am 25. Juli nachts ging er mit 200 Husaren, einer Eskadron kaiserlicher Kürassiere, einigen hundert Mann Infanterie und Jägern über die Marcq; gleich jenseits versteckte er einen Teil der Infanterie rechts in ein Gestrüpp und gab ihm den Befehl, auf sein Signal in das vorliegende Dorf vorzugehen und den Kirchhof zu besetzen; einen andern Teil ließ er links an einer

Windmühlenhöhe im hohen Getreide sich niederlegen, mit dem Befehl, auf das Signal ebenfalls auf das Dorf loszustürmen; die Kavallerie verbarg er hinter einigen Höfen und befahl ihr, beim Angriff gleich links um das Dorf herumzugehen, um dem Feind den Rückzug abzuschneiden. Blücher selbst begab sich mit einigen Trompetern und Trommlern in die Schanze, von der aus man alles übersehen konnte; General Knobelsdorff und Oberst Graf Hohenzollern waren ebenfalls zugegen; der Chef des Generalstabes beteiligte sich an der Führung der Infanterie.

„Mit Anbruch des Tages kam der Feind wie gewöhnlich heranmarschirt," erzählt Blücher. „Meine Infanterie war zu ungeduldig und feuerte. Der Feind machte Halt. Ich gab sogleich das Signal und nun wurde Alles, wie ich befohlen, aufs Genaueste exekutirt. Ich eilte vorzukommen, um den Feind zu übersehen, stürzte mit dem Pferde, kam aber doch zur rechten Zeit und wunderte mich nicht wenig, wie ich den braven Grafen Hohenzollern mit aufgenommenem Gewehr vor seinen Kürassiren sah. „Blücher," rief er mir zu, „ich will nicht mit kommandiren, aber mit arbeiten." Im selbigen Augenblick wurde ich gewahr, daß meine Husaren die feindliche Kavallerie verfolgten und die Infanterie turnirten; ich eilte nun heranzukommen, aber meine Husaren drangen schon in die Infanterie und hieben Alles zusammen."

Die feindliche Kavallerie entkam; aber mit der französischen Infanterie entwickelte sich jetzt ein längeres Gefecht. Wie von Blücher vorausgesehen war, hatte sich ein Teil der Infanterie in das vorliegende Dorf geworfen, an dem die Liller Straße entlang führt; die preußische Infanterie drang aber mit gefälltem Bajonett in das Dorf ein und verfolgte den Feind darüber hinaus, mußte aber noch einen Gegenstoß abwehren. Die Kavallerie hieb viele Leute nieder; einige 80 Mann wurden gefangen; Blücher behauptet, es sei kein Infanterist entkommen.

Jedenfalls hatte er den Erfolg, daß sich der Feind eine Zeitlang gar nicht zeigte. Blücher gewahrte aber, daß die Franzosen bald doch wieder anfingen, mit starken Infanterieabteilungen in der Richtung auf Bouvines vorzurücken. Dies gab Blücher Anlaß, den mutigen Überfall nach drei Wochen zu wiederholen.

Er speiste nämlich, wahrscheinlich zu Ehren des Herzogs von York, einst bei Knobelsdorff, der sein Hauptquartier in einem benachbarten Dorfe aufgeschlagen hatte; über Tisch sagte ein Offizier zu Blücher: „Herr Oberst, da kriegen Sie die Franzosen nicht wieder." „Ich antwortete Nichts, ritt nach dem Essen ins Lager und sagte meinem Freund Hohenzollern, ich würde die Nacht Jagd machen. Erst am Abend ritt

ich zum General v. Knobelsdorff und stellte ihm mein Unternehmen
vor; er genehmigte es. Mit 250 Husaren und 100 Kürassieren vom Leib-
und vom Karabinier-Regiment passierte ich in der Nacht die Marcq,
ging die Straße auf Peronne [Dorf südwestlich Bouvines] und verbarg mich dort hinter einer Allee. Der Feind kam mit Anbruch des
Tages vor; ich fiel ihm auf den Hals, und wenngleich die feindliche
Infanterie viele Contenance bewies und sich mit dem Bayonnet wehrte,
so wurde der letzte Streich doch toller wie der erste."

Auch zu dieser Unternehmung hatte Blücher Infanterie hinzu-
gezogen, 200 Mann unter Führung des Generalstabschefs, Major
v. Neumann, um wie das vorige Mal die feindliche Infanterie aus
dem Dorf zu vertreiben und die Reiterei zu unterstützen. Ein Offizier
und 50 Mann wurden gefangen, das übrige wurde niedergehauen,
nur wenige entrannen.

Auch die anderen Husaren-Schwadronchefs hatten noch verschiedene
Gelegenheiten, sich mit Verstecken und Überfällen auszuzeichnen.

Es ist merkwürdig, in wie engen Grenzen sich die Erkundungs-
tätigkeit der Husaren hier hielt; sie reichte kaum über die Vorposten
hinaus, denen die französischen Posten fast unmittelbar gegenüberstanden. Nun hatte zwar Knobelsdorff sehr eingehende und häufige
Kundschafternachrichten; aus Lille erhielt er fortlaufend Kunde von
den französischen Bewegungen und Absichten. Wenn ihn diese aber
einmal im Stich ließen, so war seine Stellung in der kleinen „Plaine",
die vom andern Flußufer überhöht und sonst rings von unübersichtlichem Gelände umgeben war, im höchsten Maße gefährdet.

Er hatte die Absicht, den Feind, der ihn etwa in der Front angriffe, über die Marcq herüber zu lassen und dann in dem freien Gelände auf ihn loszugehen. „Allein wir schmeichelten uns vergeblich,
daß dies geschehen sollte." Viel wahrscheinlicher war ein Angriff
durch das der französischen Fechtart sehr zusagende bedeckte Gelände rechts oder links; oft war Knobelsdorff deswegen sehr besorgt
und befürchtete namentlich eine Unternehmung auf die kostbaren „königlichen" Vorräte im Magazin zu Doornik; er wußte wohl, daß sowohl
die kaiserliche als die noch zweifelhaftere holländische Hülfe gegen einen
kräftig vorbringenden Feind zu spät kommen würde.

Die Truppen blieben deshalb in steter Alarmbereitschaft; die
Pferde seien „binnen 2 Monaten nicht unterm Sattel herausgekommen,
um keine Surprise vom Feinde zu leiden".

Der Feldwachdienst mußte mit der größten Aufmerksamkeit betrieben werden. Das Feldreglement schrieb für solche Fälle, „wo die
Posten sehr exponirt stehen müssen und die Patrullen nicht weit genug

vorpuffirt werden können" vor, es habe der Major vom Dienst zu bestimmen, ob und welche Feldwachen die ganze Nacht durch aufgesessen bleiben sollten; dann müsse der Offizier dem gemeinen Soldaten mit gutem Beispiel vorgehen und sich nicht in eine Hütte oder Haus verkriechen, wenn seine Leute Wind und Wetter ausgesetzt seien; der Major vom Dienst hatte in solchen Fällen des Nachts die Posten (Feldwachen) beständig zu visitieren.

Um die Leute des Nachts munter und mutvoll zu erhalten, sollte sich der Offizier mit ihnen beständig abgeben, teils sie instruieren, teils aber auch ihnen ihre Lage so angenehm wie möglich machen. Wenn man so nahe am Feinde stehe, sei es notwendig, die Vedetten nachts anders aufzustellen als am Tage, damit der Feind sich betrogen sieht, wenn er des Nachts durch die Linie durchzuschleichen versucht. Das darf aber nur mit Vorwissen des Stabsoffiziers vom Dienst geschehen; nur eine Vermehrung der Vedetten darf der Feldwachoffizier auch nötigenfalls eigenmächtig vornehmen.

Einem Offizier, der sich so überfallen lasse, daß er nicht mehr zu Pferde kommen könne, „wollen Se Königl. Majestät nie mehr in Dero Dienst haben und ist ohne Gnade kassirt".

So nahm der Vorpostendienst alle Kräfte der Kavallerie (Dragoner und Küraffiere) und der leichten Truppen (Husaren, Jäger, Füsiliere), namentlich der Husaren, stark in Anspruch.

Als Koburg die 6 kaiserlichen Schwadronen vom Korps Knobelsdorff fortziehen wollte, drohte der General mit dem Rückzug nach Doornik. Das Glück bewahrte ihn davor, einen tüchtigen General gegenüber zu haben; wenn Knobelsdorff geahnt hätte, was ein Bonaparte drei Jahre später mit nicht besseren Truppen als die ihnen gegenüberstehenden Franzosen leisten würde, wie müßten wir den Mut seines Ausharrens in dieser Lage bewundern! Aber keiner seiner Mitfeldherrn ahnte dies.

Am 2. August wurde im Lager von Bouvines die Eroberung von Mainz (22. Juli) und von Valenciennes (28. Juli) „durch Abfeuerung sämmtlichen Geschützes und kleinen Gewehrs unter Absingung des Tedeums" gefeiert.

Am 6. August versuchte Koburg vergeblich, den bei Bouchain stehenden Franzosen noch eine Niederlage mit Yorks Hilfe beizubringen; nun aber ließ sich dieser nicht mehr halten: er zog mit den Engländern und Hannoveranern gen Dünkirchen, um nun auch für seinen König ein Stück Kriegsbeute einzuheimsen.

Am 15. August bezogen die englisch-hannoverschen Truppen unmittelbar hinter den preußischen ein Lager. Die englische Infanterie, namentlich die Garden, hatten bei ihrem Eintreffen beim Heere durch ihre vorzügliche, kostbare Ausrüstung und Haltung allgemeine Bewunderung erregt, ebenso wie die englischen Dragoner durch ihre prachtvollen Pferde.

So vorzüglich die Engländer für den Gebrauch in der Schlacht ausgebildet waren, so wenig befriedigte ihre Ausbildung im Feldbienst; „man mußte anfänglich jeder englischen Vedette einen preußischen Husaren und jeder Feldwache einen preußischen Unteroffizier beigeben, um ihnen den Dienst zu lehren". Auch ihre Mannszucht wird stark getadelt. Blücher erschien das englische Korps damals „wahrlich auserlesen".

Einen besonderen Eindruck aber machten die englischen Soldatenfrauen auf die preußischen und österreichischen Soldatenweiber: mit schwarztafftnen Hüten und Mantillen bekleidet, einen Feldkessel in der Hand, hielten sie unmittelbar hinter der Truppe ihren Einzug ins Lager. Bei näherer Betrachtung scheinen aber auch sie sehr eingebüßt zu haben.

Eine der hier lagernden hannoverschen Batterien kommanbierte der Kapitän Scharnhorst; die unglücklichen Tage, die sich an die Belagerung von Dünkirchen anschlossen, ließen den großen Charakter und den Geist dieses Mannes hervortreten, der einstmals des schneibigen Husarenobersten wärmster Verehrer werden sollte; damals ist Blücher wohl achtlos an diesem Edelstein vorbeigeritten.

Aber auch für die Preußen hatte die Stunde des Abschieds geschlagen. König Friedrich Wilhelm rief sie, da die ihm versprochenen Verstärkungen an kaiserlichen Truppen immer noch nicht eintrafen, zu sich nach der Saar heran. Mit schwerem Herzen sah sie der Prinz von Koburg scheiden. Grade in diesen Tagen wurde in Paris Marie Antoinette der Prozeß gemacht. Tieftraurig mußte der Prinz erklären, daß er — mit einer siegreichen Armee fünf bis sechs Märsche von Paris — zu ihrer Rettung nichts tun könne. Den Preußen ließ er zum Abschied sagen, wie sehr er sie „nach ihrem wahren altdeutschen Wert schätze und verehre".

Auch der Prinz von Oranien und der Herzog von York richteten an Knobelsdorff Abschiedsworte mit der Versicherung ihrer Hochschätzung. Koburg hat dem preußischen Korps stets ein treues Gedenken bewahrt; unvergeßlich blieben ihm Blüchers kühne Husarenritte; als er ihn nach breizehn Jahren wiedersah, vergaß er seine sonstige Zurückhaltung und umarmte und küßte ihn.

Gern wären die Ansbacher Truppen mitgezogen; ihr tapferer Führer Reißenstein sagte später zu Blücher: „Freund, wären Sie mein Nachbar geblieben, es wäre ganz anders gekommen, wie es leider gekommen ist." Ungern trennte man sich auch von dem kaiserlichen Kürassier-Regiment, mit dessen Offizieren man in der „vertrautesten Eintracht" gelebt hatte. Mit dem Kommandeur, dem Grafen Hohenzollern, war Blücher in enge Beziehungen getreten:

„Unter uns herrschte eine vortreffliche Harmonie und wir unternahmen Nichts, was nicht einer dem andern kommunicirte; ich werde diesen braven Mann ehren so lange ich lebe." Hohenzollern zeichnete sich später als Korpsführer besonders bei Wagram aus. Ein ebenso gutes Verhältnis bestand mit der englischen Kavallerie, die — 400 Dragoner — in den letzten Wochen ins Lager gerückt war, um von den Kaiserlichen „die Anleitung zum Feldbienst zu erhalten"; es wird bezeugt, daß sie auch Blücher und seine Husaren gern als Lehrmeister nahmen. „Eine größere Eintracht als zwischen unsrer, der österreichischen und englischen Kavallerie herrschte, konnte nicht gefunden werden," bestätigt ein preußischer Infanterieoffizier.

***

Über Luxemburg an die Saar.

Am 23. August rückte das preußische Korps ab; zwei Tage lag es wieder in Saint Amand und Umgegend, damit die nach Namür vorausgeschickte Bäckerei Zeit gewann. Dann marschierte man durch österreichisches Gebiet; die kaiserlichen Behörden hatten durchgesetzt, daß die Truppen nicht untergebracht wurden, sondern lagerten; da die Verpflegung regelmäßig und gut war und es an den nötigen Lagerbedürfnissen nicht fehlte, war die Truppe damit sehr zufrieden, besonders in dem armen Ardennenlande. Nur die Jäger und Husaren, die keine Zelte mitführten, wurden um das Lager herum in Ortschaften untergebracht. Die Märsche schwankten zwischen 20 und 25 Kilometern, zum Teil auf recht gebirgigen, schlechten Straßen; durchschnittlich war jeder dritte Tag ein Ruhetag.

Das Feldreglement schrieb vor, daß beim Ausrücken aus jedem Lager bei Tage, wenn irgend Zeit dazu sei, jeder Schwadronchef seine Leute durchzusehen habe, ob sie reinlich angezogen seien; besonders aber müsse er darauf halten, daß sich jeder Soldat gewaschen und einen frischen Zopf gemacht habe. Vorzüglich müsse dies an solchen Tagen stattfinden, wo man mit dem Feinde zusammen zu kommen glaube. Dagegen wird es für unschicklich erklärt, sich vor einem Gefecht weiße Tücher um den Hals oder über den Hut zu binden; höchstens könne ein schwarzes weiches Tuch über der gewöhnlichen Halsbinde getragen werden.

Auch auf die Schonung der Pferde dadurch, daß nicht die ganze Kavallerie auf einmal sattle und aufsitze, sondern nach und nach, je nach dem Platz in der Marschkolonne, legte das Feldreglement großen Wert, damit sie nicht alle zugleich auf den Pferden hängen und Mann und Pferde marode werden.

„In gebirgigem Gelände, wo die Infanterie die Spitze hat und die Kavallerie folgt, kann diese viele Stunden später abmarschieren, wohl gar noch vorher abkochen, füttern und essen. Seine Majestät werde es lieber sehen, wenn hie und da ein Regiment einmal etwas abbleibe, als daß die hinteren Regimenter auf die vorderen aufgerückt stehen und stundenlang halten müssen."

Über die Marschordnung bestimmt das Feldreglement, daß die Offiziere bei Tage seitwärts neben ihren Zügen reiten können, um sie im Auge zu haben; nachts aber und in Wegeengen sollen sie vor ihren Zügen sich befinden. „Wo die Offiziere in Haufen beisammen reiten, da halten es S. K. Majestät für ein sicheres Zeichen, daß das Regiment nicht in Ordnung sei."

Wenn das Gelände es irgend erlaubt, soll in Viertel- oder halben Zügen marschiert werden. Das Nachjagen wird streng verboten, da nichts die Kavallerie mehr ermüde. Löcher im Wege dürfen keinesfalls ein Stutzen hervorrufen. Jedes unnütze Auf-dem-Pferde-Hängen wird verpönt. Wird nicht schon vor dem Abbrechen beim Durchschreiten von Wegeengen von den hinteren Teilen der Kolonne so wie so abgesessen, und beim Aufmarsch dahinter von den vorderen Teilen, so soll nach der ersten oder nach 1½ Stunden „nach altem Gebrauch" gehalten werden, damit der Reiter sein Gepäck nachsehen könne. Beim Antraben soll möglichst gleichmäßig angeritten werden, damit nicht keuchende und abgejagte Pferde, sondern solche, die noch Atem haben und etwas leisten können, an den Feind kommen.

„Jedem guten Kavalleristen muß es bekannt sein, daß sich mit einer Kavallerie-Kolonne, besonders wenn sie noch defilirt, nicht weit jagen und im Galopp reiten läßt; die Pferde werden hierdurch unnötig ruinirt, der Abgang vergrößert und der eigentliche Zweck des Jagens ganz verfehlt, indem Alles athemlos und ohne Ordnung an den Feind herankommt. Das starke Reiten muß für den Angriff selbst und fürs Nachsetzen verspart werden, wo alsdann kein Schonen der Pferde mehr stattfinden muß, obgleich auch selbst im Verfolgen des Feindes, wenn man ihm gehörigen Abbruch tun will, ein gewisses Menagement der Pferde oder vielmehr des Athems zu beobachten ist.

Dieſes wird allen Kavallerie-Regimentern, vorzüglich aber den Huſaren empfohlen."

„Um das Nachjagen bei Nachtmärſchen zu verhüten, wo man
die Leute nicht ſo gut wie am Tage zu gleichmäßigem Fortmarſchieren
anhalten kann und Weiber und Knechte mit Handpferden zwiſchen
den Zügen reiten, ſoll es damit folgendergeſtalt gehalten werden.
Jedes Regiment ſchickt von ſeiner hinterſten Eskadron einige Leute
vor ſeine Tete; ſobald ein Seitenweg kommt oder ſonſt eine Möglichkeit beſteht, daß man vom Wege abirren könnte, bleibt einer jener
Leute zurück, weiſt das hinter dem eigenen Regiment folgende Regiment zurecht und rückt in ſeine davorreitende Eskadron wieder ein,
und ſo geht das bis zum letzten Regiment fort. Bei einer Stockung
muß jeder Offizier zum nächſten vor ihm reitenden Offizier vor-
reiten, um zu ſehen, woran es liegt."

„Jedes Regiment muß nachts außerdem einen Boten, der den
Weg kennt, an ſeiner Spitze haben. Auf alle Weiſe muß ſich ein Regiment vor dem einzelnen Abbrechen hüten"; lieber ſolle man ſehen,
den Weg zu verbreitern oder eine ſchadhafte Brücke auszubeſſern.

Schließlich wird das unnütze Niederreiten des Getreides verboten; jede unnütz verdorbene Garbe ſei ein Verluſt für die Armee,
ſo ſolche am Ende entbehren müſſe.

Wenn die Marſchſtrecke des Korps auch hinter der Sicherungs-
linie der hier längs der belgiſch-franzöſiſchen Grenze aufgeſtellten
öſterreichiſchen Truppen entlang lief, ſo wurde doch jedenfalls mit
Sicherheitsmaßregeln marſchiert, wie dies das Feldreglement vor-
ſchrieb. Das Reglement betonte, daß die Führung der Avantgarde
je nach dem Zweck des Marſches ſehr verſchieden ſein müſſe; vor
einem Überfall müſſe die Avantgarde oft ganz dicht vor der Kolonne
bleiben; auf anderen Märſchen wieder könne ſie gar nicht weit genug
vorgetrieben werden. „Die Regeln hierzu liegen im Terrain, in der
Erfahrung und in den Talenten des Offiziers, der die Kolonne kommandirt als auch desjenigen, ſo der Avantgarde vorgeſetzt iſt." Stets
war eine Arriergarde zu bilden; Stärke und Gliederung richte ſich
nach der Lage; auch wenn man den Feind nur vor ſich glaube,
müſſe dennoch eine Arriergarde von einigen Mann gegeben werden,
„damit ſolche die Traineure ſammeln und Alles, was von Weibern
und Knechten zurückbleibt, ja ſelbſt Deſerteurs ſogleich arretiren und
an die Regimenter abliefern kann".

„Jede Avantgarde, wenn ſie des Nachts auf den Feind ſtößt,
muß ſelbigen unter allen Umſtänden, ſie ſei ſo ſtark oder ſchwach
als ſie immer wolle, brüsquement und mit Geſchrei auf den Hals

fallen, wenigstens muß es mit einem Teil derselben geschehen. Der Offizier, so den vordersten Trupp führt, muß sich ja hüten, daß er dem Feinde nicht Zeit läßt, ihn zurück und in die Kolonne zu schmeißen, sondern er muß alles anwenden, um diesseitige Verwirrung zu verhüten, gegenseits aber solche in der feindlichen Kolonne zu verbreiten. Ein entschlossener Offizier mit 20 bis 30 tüchtigen Leuten ist des Nachts viel zu unternehmen fähig und bewirkt er auch nichts Reelles, so wird er den Feind wenigstens stutzig machen, die diesseitige Kolonne aber wird Zeit gewinnen, aufzumarschiren und eine Partie zu nehmen, so den Umständen angemessen ist." Es wird darauf hingewiesen, wie wichtig es ist, Gefangene zu machen.

"Auch am Tage muß jede Avantgarde, wenn sie auf den Feind stößt, solchem sogleich auf den Hals fallen." "Wie weit sie sich aber einlassen kann, muß das Genie des Offiziers, so die Avantgarde führt und seine vom General erhaltene Instruktion näher bestimmen."

"Eine Arriergarde von Kavallerie muß jedes Defile dem Feinde so lange, als möglich streitig machen und Alles, was an Kavallerie herüberkommt, immer wieder zurückzuschmeißen suchen." Dann muß sie so geschwind als möglich das nächste Defilee erreichen. Sie muß nie in Gegenwart eines überlegenen Feindes ein Defile passieren. Wenn irgend Zeit dazu ist, schickt man verständige Leute voraus, die das nächste Defile untersuchen, ob man nicht mehrere Durchgänge benutzen kann, oder um es zur Aufnahme zu besetzen.

Hält die Kolonne, so müssen Avantgarde, Arriergarde und Seitenpatrullen kein in der Nähe gelegenes Defile unbesetzt lassen; außerdem setzen sie Vedetten zur Sicherung aus. Aus jedem neuen Quartier soll an den kommandierenden General eine Ordonnanz geschickt werden, die dann den Weg genau kenne.

Der Kavallerie, die vorn liegt, wird soviel als möglich leichte Infanterie beigegeben, die alsbann die Haupteingänge des Orts zu verteidigen hat. Aber auch sonst muß die Kavallerie die Zugänge, wenigstens für Kavallerie sperren. Überfälle von Dörfern in der Ebene durch Infanterie seien undenkbar, wenn die Patrullen ihre Schuldigkeit täten; in unübersichtlichem Gelände sorge die Infanterie für die Sicherheit.

Nötigenfalls soll man sich vom Alarmplatz einige bequeme Ausgänge aus dem Dorfe herstellen, die von der Infanterie zu besetzen wären, wenn solche zur Stelle sei. Liegt Kavallerie vorn allein, so müssen Fußwachen aushelfen; die Pferde dieser Leute sollen gesattelt bleiben und von den Kameraden mit zum Sammelplatz gebracht werden.

Die Verbindung von Dorf zu Dorf soll durch Patrullen erhalten werden. Eine ganz allein liegende Kavallerieabteilung muß ihre Sicherheit vorzüglich in Patrullen und Spionen suchen, „doch sich ungleich weniger auf letztere als erstere verlassen". Besonders in Feindesland muß eine solche Abteilung nie lange an einem Fleck bleiben, sondern in 24 Stunden zwei- bis dreimal verändern, ihre Absichten verheimlichen, sich immer enge zusammenlegen, stets gesattelt und gezäumt haben und mit den Landleuten gut umgehen.

Nahe oder weit vom Feinde muß in jedem Quartierstande, der in der ersten Linie liegt, in jedem Bauernhofe oder anderem großen Gehöft, wo Kavallerie steht, eine Wacht oder Art von Pikett sein, das gesattelt hat und von welchem sich ein Mann beständig vor der Tür befindet. Sowie vorn einige Schüsse fallen, rückt das Pikett aus jedem Quartier auf einen Sammelplatz im Dorfe, von wo es alsdann gleich zur Unterstützung der Feldwache vorgeht. Alle übrige Mannschaft sattelt indessen aufs geschwindeste und rückt auf den angewiesenen Alarmplatz aus.

Kavallerie und leichte Infanterie müssen sich bei einem feindlichen Angriff gegenseitig unterstützen; namentlich in der Ebene muß es der Kavallerie bei Ehre und Pflicht am Herzen liegen, der Infanterie mit der äußersten Gefahr beizustehen; in bedecktem Gelände wird es der Infanterie zur Pflicht gemacht, auch den Rückzug der Kavallerie zu decken. „Aus der Harmonie, so bei einer jeden Affaire unter beiden Arten von Truppen herrscht, wird S. M. den Geist und die Fähigkeit ihrer Führer erkennen."

„Ist ein Offizier ohne Urlaub weggeritten und der Posten wird attackirt, so ist er für seine Person kassirt und keiner seiner Kameraden darf von diesem Augenblick an noch mit ihm Dienste tun."

„Jeden wirklichen Überfall einer Kantonnirung und wo die Kavallerie im Dorfe selbst einen Echec erlitten und sich auf dem Alarmplatz zu formieren nicht im Stande gewesen, werden S. M. als eine dem Kommandirenden Offizier ehrenwidrige Handlung anerkennen und so auch ahnden."

So ging's im flachen Bogen hinter den österreichischen Postierungen entlang über Mons, Ligny*) Namür durch die Ardennen und über Arlon, wo man ein Korps Österreicher traf, nach Luxemburg, das man am 11. September erreichte. Hier sollte Knobelsdorff weitere Befehle erhalten.

---

*) Merkwürdigerweise lagerte im folgenden Jahre Wellington als Oberstleutnant auf den Feldern von Waterloo.

Die hier stehenden kaiserlichen Truppen rückten zum Teil nach Arlon ab und ließen nur eine schwache Postenkette den nördlich Diedenhofen und bei Rodemachern befindlichen Franzosen gegenüber. General v. Knobelsdorff ließ deshalb die Husaren und Jäger, die um das dicht westlich der Festung aufgeschlagene Lager im Halbkreis gegen Süden untergebracht waren, Vorposten ausstellen. Blücher war Vorpostenkommandeur; er lag in Alzingen, 5 Kilometer südlich Luxemburg.

Am 12. morgens hörte Blücher bei den vor ihm stehenden Kaiserlichen „viel schießen"; er ritt sogleich dahin und fand bei Frisingen (6 Kilometer) eine österreichische Abteilung von 30 Mann Infanterie, bei der sich ein Aufgebot von 30 Bauern befand, stark vom Feinde bedrängt; die Franzosen plünderten unterdes ein Dorf aus.

„Ob nun gleich", schreibt Blücher, „meine Husaren des Rasttags sehr benötigt waren, so wollte ich unsren Alliierten doch zeigen, daß wir zu jeder Zeit bereit wären, ihnen beizustehen." Er ließ sogleich 2 Schwadronen vorkommen; eine dritte wies er an, von der Seite durch einen Wald herbeizueilen. „Der Feind schien zurückgehen zu wollen — ich ritt mit meinen beiden Ordonnanzen zwischen die kaiserlichen Flankeurs und animirte sie, sich mit dem Feind zu engagieren, weil ich fürchtete, daß letztere vor Ankunft meiner Eskadrons abweichen möchte. Endlich sah ich meine Eskadrons kommen. Die Pferde waren sehr abgeritten, weshalb ich sie hinter einem Dorfe zum Verschnauben aufmarschieren ließ. Nun setzte ich mich vor die Eskadrons, die Leib-Eskadron und die meinige, ging grade durchs Dorf, ließ die eine Eskadron sich rechts, die zweite links neben der Chaussee formieren; 20 Zerbster Reiter, so ich da fand [die Zerbster gehörten zur Besatzung von Luxemburg], mußten die grade Chaussee halten und so formierte ich eine reelle Attacke auf die feindliche Infanterie. Die feindliche Kavallerie, so sich uns entgegenstellte, wurde geworfen. Die Infanterie war im Marsch um einen kleinen Wald, so hinter ihnen lag, zu erreichen."

Zwei Husarenoffiziere attackierten, „ein jeder mit 20 Pferden ein feindliches, einige hundert Mann starkes Detachement Infanterie"; „es wurde 1 Unteroffizier und 2 Mann erschossen, aber dies kühne Unternehmen arretirte die feindliche Infanterie" und verhinderte, daß die Feinde „einen ihnen sehr nützlichen Wald erreichen konnten". „Ich drang mit beiden Eskadrons geschlossen auf sie ein", während die beiden Offiziere in ihre Flanke einhieben; „aller braven Gegenwehr ungeachtet" wurden die Feinde „zusammengehauen und niedergeritten".

„Die feindliche Kavallerie wurde bis Rodemachern [6 Kilometer von Frisingen] verfolgt. Was von der feindlichen Infanterie den Wald nicht erreicht hatte, wurde tourniert"; d. h. er „umzingelte es mit einem Teil seiner Husaren, um das, was herauskam, in Empfang zu nehmen". Der Führer der Kaiserlichen war mit seinen Leuten und den Bauern Blücher gefolgt; er „führte ihn in den Wald und meine Husaren drangen zugleich mit ihm herein; es wurde Alles niedergemacht".

Knobelsdorffs Adjutant, der dieses Kesseltreiben mitmachte, gibt an, daß nur einige wenige durch die Flucht entkommen seien; „Das was von den Husaren auf freiem Felde zu Gefangenen gemacht wurde, mit Dem, was wir im Holze erhielten, betrug 1 Hauptmann und 60 Mann". General v. Knobelsdorff hatte selbst noch eine Jäger-Kompagnie und 300 Küraffiere vorgeführt, die aber nicht mehr zum Gefecht herankamen. Knobelsdorff beziffert den Feind im ganzen auf 400 Mann Infanterie und 40 Reiter; davon seien „etliche 60" nieder-gehauen; als eigenen Verlust meldete er „einen einzigen Unteroffizier und einen einzigen Husaren erschossen, einer ist leicht blessirt und 7 Pferde sind durch Bajonnetstiche, jedoch nicht gefährlich verwundet worden".

So „meldete sich Blücher auf seine Manier beim Feinde an", erzählt der damalige Leutnant v. Reiche; „diese Waffentat machte bei der österreichischen Besatzung und den Einwohnern (von Luxemburg) großen Eindruck, und der Name Blücher war in Jedermanns Munde". Blücher schreibt danach ganz mit Recht stolz in seinem Journal: „Die Einwohner von Luxemburg sagten: in 6 Wochen ist hier nichts vorgefallen; die Preußen kommen des Abends an, schlagen die Fran-zosen und setzen ihren Marsch fort."

Der hier kommandierende österreichische General beglückwünschte Knobelsdorff zu dem erlangten Vorteil: „Euer Exzellenz haben das alte lateinische Sprüchwort veni, vidi, vici gleich in Erfüllung ge-bracht . . . wenn die berühmten Sansculotten ein Paar mal auf diese Art zu Paaren getrieben werden, so wird ihnen wohl die Lust auf fremden Boden zu plündern vergehen."

Am 16. September erhielt Knobelsdorff den Befehl zum Weiter-marsch über Trier nach Sankt Wendel, wo er am 22. September Anschluß an den rechten Flügel des preußischen Heeres gewann. Die Lage war hier folgende: Nachdem am 23. Juli Mainz gefallen war, hatte König Friedrich Wilhelm seine Truppen in 4 Gruppen von je 8000 bis 13 000 Mann in die Pfalz vorgeschoben. Am 14. August hatte der Herzog von Braunschweig bei Pirmasens einen Vorstoß der Franzosen blutig abgewiesen. Nachdem Knobelsdorff angelangt war, sollte die gegenüberstehende französische Mosel-Armee von ihrem linken Flügel aufgerollt und ein Druck gegen die Flanke der Rhein-Armee ausgeübt werden, die von den Österreichern im Unterelsaß anzugreifen war; die Folge zeigt, was man damals mit diesen großen Worten meinte. Zunächst schob sich das preußische Heer enger in die Linie Neunkirchen—Zweibrücken und westlich Pirmasens zusammen. Knobelsdorff rückte an die Stelle des bisherigen rechten Flügelkorps unter General Graf Kalkreuth in die Gegend von Neunkirchen vor.

Hier übernahm Blücher in den waldbedeckten Bergen die Vorposten. Blücher war mit den Husaren vorangeritten; die Infanterie folgte. Vorn traf Blücher den bisherigen Vorpostenkommandeur, den Oberst v. Szekuly.

Szekuly, der Sohn des sehr geschätzten Chefs der grünen Husaren, war damals Stabsoffizier bei den gelben Husaren; er diente seit Beginn des Siebenjährigen Krieges und hatte sich als Parteigänger Ruf erworben; auch im vorangegangenen Feldzuge hatte er sich mehrfach hervorgetan und war vielfach zu besonderen Aufträgen verwendet worden; er führte ein aus verschiedenen Husaren- und Dragoner-

Regimentern zusammengestelltes Kommando von 500 Pferden; mit diesem und zugeteilter leichter Infanterie hatte er die Vorposten versehen.

Blücher wollte sich nun von ihm die Vorposten übergeben lassen; Szekuly hielt es für seine Aufgabe, an Blüchers Truppen die von ihm stammenden Befehle zum Beziehen der Vorposten auszugeben, wie das wohl sonst beim Ablösen Gebrauch war, und hatte dies bereits ohne Blüchers Vorwissen teilweis getan. Da war er aber bei Blücher an den Unrechten gekommen! Er verbat sich das und drohte, als Szekuly davon nicht abließ, er werde sich mit der Pistole Gehorsam verschaffen.

Seine Art der Sicherung und der Aufstellung der Truppen in solchem Gelände wich von der Szekulys sehr ab. Blücher hielt es für sehr unzweckmäßig, daß dieser auf eine lange Linie eine Reihe einzelner Reiter-Vedetten verteilt hatte; „desertierte nun eine solche, so konnte der Feind sich unvermerkt formieren und die Infanterie überfallen; das Terrain war nur durch kleine und stets auf einander folgende Patrullen zu sichern, wie denn größtenteils eine bewegende Observanz einer feststehenden in einem solchen Terrain vorzuziehen ist".

Er befand sich hierin in Übereinstimmung mit dem Feldreglement, das etwa folgendes vorschrieb: „Die Stärke der Feldwachen richtet sich nach dem Gelände, der Nähe des Feindes und dem Zweck der Abteilung, die zu sichern ist. Die erste Linie soll deshalb nicht unnötig mit Vedetten angehäuft sondern damit vorzüglich auf die Gegenden Rücksicht genommen werden, wo Ausgänge von Wäldern, Defiles, Dörfer usw. sind."

Die alte Weise, „daß immer eine Vedette die andere übersieht", sei ihrer Bestimmung nicht angemessen; dadurch hindere man die Desertion im Lager doch nicht, befördere sie aber oft bei der Kavallerie. „Indessen müssen die Vedetten doch so gesetzt werden, daß sie nicht tournirt werden können." Dazu sollen namentlich in finsteren und stürmischen Nächten in zwischenliegende Senken und Buschwerk Vedetten eingeschoben werden. Die vorzüglichste Sicherheit der Feldwachen und des Lagers aber bestehe in den Patrullen; sie sollen das ganze Gelände vor den Feldwachen Tag und Nacht soweit als möglich durchstreichen. Sie sollen sich beständig kreuzen, so daß „jede Gegend ums Lager nach dem Feinde zu fast in jedem Augenblick durchsucht werde".

„Unter dem Worte Patrullen aber verstehen Seine Königliche Majestät nicht blos vorgeschickte kleine Haufen von 2—3 Mann, sondern nach Beschaffenheit der Umstände, Detachements von 8, 10 bis 12, ja 20, 40, 50 bis 100 Mann. Diese Detachements können allenfalls über Nacht ausbleiben und sich in der Gegend herumtreiben ohne einen festen Posten zu nehmen. Dergleichen Arten von Patrullen müssen fast täglich von jedem Flügel nach Bewandtniß der Umstände und des Terrains 2—3 auch mehr Meilen vorwärts gehen, poussiren wiederum kleine Patrullen von 2—3 Mann rechts und links vor, und gehen endlich nach Maßgabe des Terrains, nach der Absicht des diesseitigen Lagers oder je nachdem es die Stellung des Feindes notwendig macht entweder den nämlichen Weg, den sie gekommen wieder zurück oder, welches gemeiniglich der Fall sein wird, sie gehen vor der Front des Lagers weg, kreuzen sich mit andern Patrullen dieser Art, so vom entgegengesetzten Flügel ausgeschickt werden und kommen so um die andere Flanke herum nach dem Lager zurück. 20—30 Mann in der Art gehörig angewandt werden ein Lager mehr decken, als 3 bis 400 Pferde mehr zur Feldwache."

Außerdem aber sollen von den Feldwachen kleine Patrullen von zwei bis drei Mann vorgeschickt werden, bie, nachdem es das Terrain erlaubt, eine viertel, eine halbe oder eine ganze Meile vor den Vebetten entlang und bei der Nebenfeldwache rechts oder links wieder zurückgehen; sie setzen sich mit den größeren Patrullen in Verbindung, um sichere Nachrichten einzuziehen; steht man länger als einen Tag, so müssen diese Patrullen nie den nämlichen Weg gehen. „Steht man ganz nahe vor dem Feinde, so sind keine anderen als solche kleine Feldwachts-Patrullen vor der Front zu machen möglich; alsbann aber müssen bie Husaren beständig kleine Detachements und große Patrullen auf der Flanke und womöglich im Rücken des Feindes haben."

In anderer Beziehung hielt sich Blücher weniger an die Vorschrift, wenigstens weniger an deren Wortlaut. Während Szekulys Leute bisher unter Hütten gelagert hatten, bie aus Türen und Fensterläden hergestellt waren, bie Pferde aber kampiert hatten, ließ Blücher, als „Alles gehörig besetzt war", seine Husaren in die großen Stallungen eines Jagdschlosses einrücken. Aus den großen Türen an beiden Enden konnten die Leute schneller heraus, während sie „aus den Zäunen und Hecken nicht herausfinden konnten".

Während Szekuly seine Lage als äußerst gefährlich angesehen hatte, meinte Blücher, er habe noch niemals „eine Postierung gehabt, die minder gefährlich wie diese war". Während Szekulys Kommando später ruiniert und verbummelt zu den Truppenteilen zurückgekehrt sei, habe ihm diese Stellung für sein Bataillon Erholung von dem Marsch gewährt.

Sofort verschaffte er sich durch persönliche Erkundungen, durch
Streifen und durch Kundschafter genauere Kenntnis vom Gelände
und vom Feind. Gegenüber hatten die Franzosen eine starke, ver=
schanzte Stellung bei St. Ingbert besetzt. Um diese zu nehmen, sollten
Knobelsdorff und Kalkreuth zusammen wirken.

Blücher, der mit der Stellung des Feindes genau vertraut war,
konnte seinem General wichtige Ratschläge über die Art des Angriffs
geben, brachte, durch einen ortskundigen Förster geführt, am 27. persön=
lich die Artillerie in so vorteilhafte Stellungen, führte ein Grenadier=
Bataillon so geschickt vor und ließ des Feindes Flanke durch Schützen
und ein Geschütz so kräftig bedrohen, daß der Feind schleunigst Schanzen
und Lager räumte.

Blücher beklagte tief, daß seine Husaren nicht zur Verfolgung
zur Stelle waren: „Während ich die Artillerie führte, hat man mein
Husaren=Bataillon einen unrechten Weg gehen lassen und diesem Irr=
tum mag es der Feind verdanken, daß sein Verlust nicht größer wurde.“
Blücher aber ließ es sich nicht nehmen, die Verfolgung, soweit als
es Knobelsdorff wegen Ermüdung der Truppen erlaubte, durchzuführen.

Daß er mit seinen Husaren, Jägern und kommandierten Schützen
sogleich wieder auf Vorposten zu ziehen hatte, war ihm selbstverständ=
lich; er schob sie vorwärts St. Ingbert im Scheicher Tal vor; zur
Deckung der rechten Flanke besetzte er Dudweiler im Sulzbachtal und
ritt noch nach links zum Nachbarkorps Kalkreuth hinüber, um dort
den Anschluß zu gewinnen.

Am folgenden Tage verabredeten in Blüchers Beisein Kalkreuth
und Knobelsdorff das weitere Vorgehen gegen die Saar. Hierbei
führte Blücher die Vorhut der Hauptkolonne Knobelsdorffs, die im
Sulzbachtal auf Sankt Johann vorging. Auf die Nachricht, der Feind
ziehe sich zurück, eilte Blücher mit Knobelsdorffs Zustimmung mit
seinen Truppen, zwei Schwadronen Husaren, einigen Eskadrons Leib=
küraffieren, einer Jägerkompagnie und 200 Schützen verschiedener
Regimenter, vorwärts. Aber noch im Walde stieß Blücher auf feind=
liche Infanterie, die seine Schützen zurücktrieben; mit diesen besetzte
er den Waldrand. Als er durch ein leichtes Geschütz feindliche
Kavallerie beschießen ließ, antwortete die weit überlegene feindliche
Artillerie so wirksam, daß er den Waldsaum aufgeben mußte. Die
feindliche Kavallerie setzte zur Verfolgung an und gefährdete die Ba=
taillonsgeschütze, beging aber den Fehler, „sich äußerst konzentriert
in einen dichten unregelmäßigen Haufen zu stellen“; als sich nun
Blücher mit einigen 70 in der Eile zusammengerafften Reitern auf
die Feinde warf, „gelang es mir,“ so berichtet er, „um so eher, die

vorbersten zum Weichen zu bringen und auf diese Art die ganze Masse übern Haufen zu werfen. Der Feind wurde bis unter seine Batterien vor Saarbrücken verfolgt und verlor bei dieser Gelegenheit viele Leute sowohl an Todten als Gefangenen. Dieser mißlungene Versuch des Feindes erlaubte mir nun wieder mit einem Teil meiner Infanterie bis an den Ausgang des Waldes vorzugehen". Von hier aus nahm Blücher die Gelegenheit wahr, auf rechts von ihm zurückgehende feindliche Infanterie mit seinem Geschütz zu schießen, und als er noch weitere Geschütze als Unterstützung erhielt, auch die feindliche Artillerie unter wirksames Feuer zu nehmen.

Das Gros der Kolonne schloß jetzt zu ihm auf. Inzwischen hatte zu Blüchers Linken auch General Graf Kalkreuth die Franzosen auf St. Arnual zurückgeworfen; zwischen den beiderseitigen Artillerien auf dem Hallberg und dem Winterberg entwickelte sich eine lebhafte Kanonade; man erkannte, daß der Feind seine Massen hinter die Höhen des linken Saar-Ufers zog, Saarbrücken-St. Johann aber stark besetzt hielt; die Nacht durch hörte man Wagengerassel und schloß, daß der Feind seine Magazine räume.

Trotzdem war bei den preußischen Generalen keine Rede von der Ausnutzung ihrer Erfolge; wie wenig man an einen ernsten Angriff dachte, geht aus einem Bericht Knobelsdorffs an den König hervor, in dem er sagt: „auch möchte der Feind den Ort nicht ganz verlassen wollen, wenn er nicht d u r c h e i n M a n ö v e r zum Zurückzuge gezwungen wird."

Auch vor dem Anmarsch der anderen preußischen Korps waren die Franzosen aus den Bergen von Blieskastel und Hornbach eiligst hinter die Saar zurückgewichen. Die Mosel-Armee „stand im Zeichen der Auflösung und die Preußen hätten ohne jede Frage alle unsre Stellungen an der Saar nehmen können, wenn sie nur gewollt hätten", urteilt ein französischer Schriftsteller. Solche Gedanken lagen der preußischen Heeresleitung durchaus fern, glaubte man doch durch das Vorgehen genug zum allgemeinen Besten getan zu haben; ein weiteres Vorrücken erschien zwecklos und gefährlich. Schon die nächsten Wochen zeigten, wie falsch, ja unheilvoll dies Verfahren war.

Zunächst entwickelte sich vor Saarbrücken Tag für Tag ein lebhaftes Geplänkel: „Die Infanterieposten konnten sich gegenseitig mit kleinem Gewehrfeuer erreichen und die Husaren- und Kavallerievedetten mußten in immerwährender Bewegung sein." Blücher besetzte noch eine von einem Jagdschloß gekrönte Höhe weiter westlich, den Ludwigsberg, von wo man einen guten Einblick in die feindlichen Stellungen hatte.

„Der Feind machte verschiedene vergebliche Versuche, die Schützen von diesem Posten zu belogieren; endlich bestürmte er eines Nachmittags denselben mit einer großen Übermacht und nachdem es ihm gelungen war, die Schützen zurückzubrängen, steckte er das Jagdschloß an. Ich kam in diesem Augenblick, soutenierte die Schützen durch den braven Major v. Bölzig mit den Jägern; der Feind wurde wieder zurückgeschmissen und ich blieb hernach beständig im Besitz dieses vorteilhaften Postens" ... „Unsre Position vor Saarbrücken", erzählt Blücher weiter, „war wegen der Nähe des Feindes sehr beschwerlich; es kamen täglich eine Menge Tirailleure aus Sankt Johann zum Vorschein, welche durch immerwährendes Schießen unsre Posten beunruhigten, und es fielen von beiden Seiten häufige Kanonaden vor, die größtenteils ohne Endzweck waren. Da ich täglich unsre Vorposten-Chaine beritt, bei welcher Gelegenheit ich nur in Begleitung meines Adjutanten, des Leutnants Graf v. Goltz war, so bemühten sich die französischen Tirailleure jedesmal an uns Schützen zu werden, sie waren aber nie so glücklich weder uns noch eins unsrer Pferde zu treffen. Ihre Dreistigkeit ging indeß zu weit, und ich sah mich genötigt, denselben durch kleine Attacken, Verstecks und dergleichen mehr Grenzen zu setzen."

„Den 12. November gab ich dem Major v. Planitzer den Auftrag, ein kleines Versteck zu legen, und da eine Anzahl feindlicher Tirailleure des Morgens früh mit gewöhnlicher Lebhaftigkeit vorgingen, und der starke Nebel sie verhinderte, um sich zu sehen, so wurden sie plötzlich von den Husaren attackiert und bis auf einige, welche gefangen wurden, sämtlich niedergehauen. Zu wiederholtenmalen ließ ich bei Nacht die Besatzung von Saarbrücken alarmieren, indem ich 10 bis 12 Husaren, bis dicht vor die feindlichen Posten schleichen, und selbige häufig schießen und Lärm machen ließ; wenn diese hörten, daß alles in Aufruhr war, mußten sie sich wieder zurückziehen."

„Als die Franzosen eines Abends ihre Zerstörungswut so weit trieben, daß sie das schöne fürstliche Schloß in Saarbrücken ansteckten, so nutzte ich diese Gelegenheit, um ihnen einen Schreck einzujagen, nahm deshalb einige 30 Pferde von den Feldwachen zusammen, fiel die Stadt von allen Seiten mit vielem Lärmen an, und ließ die Trompeter blasen; der Feind, welcher eine Überrumpelung argwöhnte, rückte mit ganzer Besatzung aus, und selbst das Lager hinter Saarbrücken stand, bis der Tag anbrach, unter'm Gewehr."

Bei solcher Sachlage fühlte sich Knobelsdorff sehr beleibigt, als er eines Tages in der Berliner Haude- und Spenerschen Zeitung las, „nach genommener Abrede beunruhigt [hier vor Saarbrücken] kein

Teil den andern und die Vorposten leben freundschaftlich miteinander".
Er ersuchte das Kriegskollegium im Namen des ganzen Korps, die
Zeitung und den Urheber dieser „niederträchtigen Erfindungen" zur
Verantwortung und Strafe zu ziehen; „und hat man sich geschmeichelt,
daß der Censor dergleichen bedenkliche Sachen verbieten würde".

Man kann sich denken, wie Blücher gelocht und welche schmeichel-
haften Worte er gebraucht hat. Aber war es nicht ganz natürlich,
daß der Laie geheime Abmachungen hinter dieser unbegreiflichen Kriegführung vermutete? Verdächtigte man doch den Herzog von Braunschweig, daß er, dem 1792 der Oberbefehl über das französische Heer
angeboten war, sich Hoffnungen auf den französischen Thron mache.

Die sichere Stellung hinter der Saar war aber für die Franzosen, über die hier Ende Oktober der jugendliche, feurige Hoche das
Kommando übernahm, von großem Nutzen; sie gewöhnten ihre un-
disziplinierten Scharen an den Krieg, ohne größere Abteilungen in
Gefahr zu bringen, und zogen bedeutende Verstärkungen heran; man
sieht deutlich aus Blüchers Schilderung, wie ihnen allmählich der
Kamm schwoll. Auf die preußischen Truppen übte diese Zeit dagegen
gar keine vorteilhafte Wirkung aus. Blücher sagt darüber:

„Das Knobelsdorffsche Korps blieb in der mißlichen Position,
vor Saarbrücken, 7 Wochen lang stehen. Die Nähe des Feindes erlaubte es nicht die Zelte aufzuschlagen, der gemeine Mann mußte
daher in Erdhütten liegen; und da die Witterung anhaltend schlecht
war, so zog dieses viele Krankheiten nach sich. Der Herzog von Braunschweig kam während dieser Zeit selbst einmal zu uns, um die Stellung
des Korps zu besehen, und bezeigte mir seine Zufriedenheit, da er
erfuhr, daß der Ludwigsberg von mir besetzt sei."

Knobelsdorff hat übrigens gegen Ende Oktober beantragt, seine
Truppen in Dörfer legen zu dürfen, der Herzog schlug es aber ab;
nach den damaligen Anschauungen blieben die Truppen, solange sie
dem Feinde gegenüberstanden, unter Zelten oder Hütten in Lagern
vereinigt; Ortsunterkunft war erst in den Winterquartieren gestattet.

Kaiserslautern 1793.

Während der rechte Flügel der preußischen Armee an der Saar
untätig der französischen Mosel-Armee gegenüberstand, wurde der
Druck auf die linke Flanke der französischen Rhein-Armee dadurch
ausgeführt, daß der Herzog von Braunschweig mit 10 Bataillonen,

15 Schwadronen und 1½ reitenden Batterien durch die engen Täler des Hardt-Gebirges in die Gegend von Weißenburg vorging, wo die Österreicher die Franzosen auf Straßburg zurückwarfen. Nun wurde Landau vom Kronprinzen von Preußen eng eingeschlossen und beschossen. Der Herzog aber drängte in die Winterquartiere, die er, die Landauer Belagerung schützend, in der Linie Lauterecken-Kaiserslautern und bis nach Weißenburg nehmen wollte; dorthin mußte also drei bis vier Märsche zurückgegangen werden; der rechte Flügel, Knobelsdorff und Kalkreuth, sollte zuerst, in der Nacht vom 16. auf den 17. November, aufbrechen. Gerade für den 17. hatte Hoche den Vormarsch zum Angriff gegen den rechten preußischen Flügel befohlen; so kam es an diesem Tage zu einem ernsten Zusammenstoß der Franzosen mit Kalkreuth südwestlich Blieskastel.

Knobelsdorffs Rückmarsch bis in die Gegend von Sankt Ingbert war ungestört geblieben. Aber gegen diesen Ort drängte am 17. eine Abteilung des weit umfassenden feindlichen linken Flügels so stark vor, daß Knobelsdorff mit dieser Kolonne in der folgenden Nacht seinen Marsch über die Blies hinüber bis Waldmohr fortsetzte. Blücher befand sich bei der Kolonne, die unter General v. Pirch im Sulzbachtal zurückmarschiert war; vor seinen Vedetten zeigten sich nur einige feindliche Reiter; Blücher machte persönlich einen davon zum Gefangenen und erfuhr von ihm, daß der Feind die Absicht habe, seinen Vormarsch weiter fortzusetzen.

Pirchs Kolonne folgte am andern Morgen ebenfalls nach Waldmohr. Blüchers Nachhut blieb unbehelligt; einen am Blutsturz erkrankten Infanteristen nahm er auf seinem Handpferd mit zurück. Nachdem er die Blies-Brücke hinter sich abgebrochen hatte, stellte er seine Posten auf den Höhen östlich des Flusses bei Bexbach auf und nahm links Anschluß an die Vorposten Kalckreuths, der bei Homburg stand; der linke Flügel der Preußen — Hohenlohe und Braunschweig — kam nach Zweibrücken-Pirmasens. Der Herzog gedachte einige Tage stehen zu bleiben, ehe er in die Winterquartiere einrücke. Die Franzosen folgten bis an die Blies; ihr linker Flügel stand noch bei Tholey. Dieser verdrängte am 19. zwei Schwadronen Goltz-Husaren aus Ottweiler und ging auf Neunkirchen vor.

Sobald Blücher das Schießen bei Ottweiler hörte, eilte er dorthin (10 Kilometer) und gab den Schwadronen Befehl, nicht auf ihn, sondern nach Osten zurückzuweichen, um auf der rechten Flanke zu bleiben. Blücher lobt hier das Verfahren eines seiner Offiziere, der bei St. Wendel, als er „die feindliche Avantgarde kommen sah, sich mit seinem Kommando hinter einigen Häusern der Vorstadt verbarg und, als der erste ziemlich ansehnliche Trupp feindlicher Kavallerie ihm vorbeimarschiert war, selbigen in den Rücken fiel, viele niederhieb und 12 Gefangene und 14 erbeutete Pferde mit zurückbrachte", während er selbst keinen Mann verloren hätte.

Blüchers Streifreiter brachten am Abend Gefangene ein, von denen er erfuhr, daß der Feind mit 10000 Mann im oberen Bliestal stehe. Blücher meldete dies sowohl an Knobelsdorff wie an den Nachbar Kalckreuth, auf den er sich im Notfall zurückziehen werde.

Am folgenden Tage gingen einige feindliche Bataillone mit Kavallerie gegen Blüchers Aufstellung vor; er zog sich zurück, „um die Infanterie mehr in die Plaine zu locken und sie sodann anzugreifen, aber der Feind merkte mein Vorhaben und zog sich eiligst in den Wald zurück". Kalckreuth stellte einen Teil seiner Kavallerie zu Blüchers Unterstützung bereit, Blücher aber mußte auf seinem gefährdeten Posten „die Nacht äußerst aufmerksam sein und mit seinen Husaren biwakieren". Die Franzosen hielten hier im Vormarsch inne, und so erreichte die preußische Armee unangefochten die Gegend von Kaiserslautern, wo sie am 25. enger versammelt wurde.

Blücher, der weiter die Nachhut der Kolonne Knobelsdorff gebildet hatte, nun aber zur Deckung der rechten Flanke bei Alten-Glan stand, bekam an diesem Tage vom Herzog den Befehl, mit seinem Bataillon „dem Feind, welcher sich immer mehr gegen Kaiserslautern zöge, wo möglich eine kleine Diversion in der linken Flanke zu machen", wie Blücher sich ausdrückt. Hören wir, wie er diesen Auftrag seiner Erzählung nach ausführte. „Ich brach sofort auf und marschierte über Kusel auf Schönenberg [24 Kilometer bergauf bergab]. Hier trafen wir eine feindliche Patrulle, auf die ich sogleich Jagd machen ließ; der Marechal de Logis, der sie führte, wurde mein eigener Gefangener;*) es entkamen überhaupt nur 2 Mann, aber diese waren leider hinlänglich, den Feind von unsrer Ankunft zu avertieren; indessen wollte ich dieserwegen mein Dessein noch nicht aufgeben." Da die Nacht hereinbrach, biwakierte Blücher bei Schönenberg; 5 Kilometer östlich davon stand der rechte Flügel der preußischen Vorposten. Bei Tagesanbruch ging Blücher in südwestlicher Richtung weiter, traf aber schon jenseits Waldmohr (4 Kilometer) auf den Feind, der, wie Blücher annahm, damit beschäftigt war, ihm ein Versteck zu legen; zwar gelang es ihm, einen französischen Generalstabsoffizier gefangen zu nehmen, aber in diesem Augenblick „stürzte der Feind von allen Seiten hervor".

Blüchers Zuruf mißverstehend, warf sich der Führer des Avant-

---

*) Nach einer Mitteilung des Herzogs an Hohenlohe vom 26. nahm hier Blücher 8 Mann gefangen.

garbenzuges auf den Gegner; „es hätte dies zwar nachteilige Folgen haben können, da der Feind aber hierüber stutzte, so gewann ich Zeit, die Sache zu redressieren; ich ritt selbst zur Avantgarde, kehrte mit selbiger um und eilte ins Dorf zurück". Hier fand er Aufnahme durch etwa 30 Pferde, da wo der Weg am engsten war und eine Wendung machte. „Der Feind konnte unerachtet seiner Überlegenheit keine breitere Front machen, wie wir; ich nutzte dieses daher; wir empfingen ihn und nach einem hartnäckigen Kampfe mußte die ganze Masse, die sich in sich selbst hinderlich war, mit Zurücklassung von 7 Mann und einigen 20 Pferden, die in unsere Hände fielen, wieder aus dem Dorfe heraus. Da der Feind mir im Ganzen wohl zehnmal überlegen war und ich eine Retraite von fünf Stunden vor mir hatte, ohne irgendwo Soutien zu finden, so mußte ich auf meine Rückreise Bedacht nehmen, die wahrlich sehr bedenklich aussah. Ich formierte 2 Treffen und ging langsam auf Schönenberg zurück; als ich dieses Dorf passierte, fiel der Feind abermals meiner Arrieregarde auf den Hals; ich hatte dieses vorausgesehen und deshalb während des Durchmarsches einige Züge, da wo ich vom Terrain am meisten profitieren konnte, hinter die Häuser gesetzt; mit diesen soutenierte ich die Arrieregarde und der Feind wurde wiederum mit blutigen Köpfen und Zurücklassung mehrerer Gefangenen abgewiesen."

Halbwegs nach Kusel machte der Feind noch einen Versuch, der ihm aber so wenig gelang wie die vorigen; Blücher ging ihm mit einigen Zügen entgegen und „schmiß ihn zum dritten Mal zurück". Von da ließ der Feind vom Verfolgen ab, „und ich vollendete diese schwierige Retraite, auf welcher ich zwar mehrere Blessierte erhielt aber nicht einen Mann verlor, hingegen ich 16 Gefangene und gegen 48 Beutepferde mit zurückbrachte". Das Bataillon nahm wieder um Alten-Glan Unterkunft. Blücher hatte durch seinen Zug die Anwesenheit starker feindlicher Kräfte bei Waldmohr festgestellt; auch die Vorposten meldeten, daß sie starke Massen dicht vor sich hätten.

Wohl durch Blüchers Meldungen war der Herzog für das Magazin in Lauterecken besorgt geworden; er schickte am 27. nicht nur Blücher, sondern auch 2 Infanterie-, 1 Kavallerie-Regiment und eine Batterie unter Generalleutnant v. Kospoth dorthin. Wäre Blücher auf der Straße südlich Kusel am Feinde geblieben, so hätte man bemerkt, daß der Feind am 27. nicht auf Kusel-Lauterecken weitermarschierte, sondern in östlicher Richtung abgebogen war. Immerhin hatte Blüchers Zug anscheinend doch den Erfolg eines Flankenstoßes: die feindliche linke Flügeldivision, die den Herzog nördlich umfassen sollte, blieb für die Flanke besorgt und hing deshalb gegen die Mitte zurück.

Aber auch in Lauterecken war Blüchers Anwesenheit sehr nützlich; er schob Schwabronen im Glantal und im Lautertal zur Sicherung vor und sorgte für Abführung des Magazins. Blücher hatte nach seiner Angabe den Befehl, nach Lauterecken zu marschieren, bekommen, „weil der Feind bereits in vollem Anmarsch auf Kaiserslautern sei und der entscheidende Augenblick einer Schlacht heranrücke"; zugleich hätte ihn aber auch der Herzog beauftragt: „stets auf des Feindes linker Flanke zu bleiben". Gemeint war doch wohl: da die Schlacht bevorstehe, solle Blücher sich dicht in der Flanke des Feindes halten; wenigstens faßte Blücher es richtigerweise so auf. Die falsche Nachricht, daß der Feind zwischen ihm und der Armee vorgehe, veranlaßte ihn, am 28. mit zwei Schwabronen im Lautertal aufwärts zu gehen und sie halbwegs Kaiserslautern auf dem östlichen Talrand aufzustellen. Er selbst eilte nach Lauterecken zurück und veranlaßte General v. Kosboth, dessen Verbleiben in Lauterecken keinen Zweck mehr hatte, am folgenden Tage gleichfalls näher an die Armee heranzumarschieren, um dem Feinde durch Besetzung der Höhen von Schallodenbach in der Flanke des Feindes diesem „Jalousie zu geben". Er selbst zog noch in der Nacht sein Bataillon bei Schallodenbach zusammen.

„Ich setzte [am 29.] meinen Marsch auf der Straße nach Kaiserslautern fort, um mich dem Feinde, der bereits schon am vorigen Tage den Herzog angegriffen und heute mit erneuerten Kräften seine Angriffe wiederholte, immermehr zu nähern." Während des Marsches kam ein Generalstabsoffizier des Herzogs mit dem Befehl für Kosboth, auf die Höhen von Schallodenbach zu rücken. „Nie fühlte ich eine innigere Zufriedenheit, . . . denn ich war jetzt so glücklich gewesen, die Intention unsres verdienstvollen Feldherrn bereits in Erfüllung gebracht zu haben." Blücher irrte sich: Kosboth war ruhig in Lauterecken geblieben und rückte erst auf diesen Befehl hin vor. Blücher konnte „über den Wald weg das ganze Terrain vor Kaiserslautern übersehen und sogar die Bewegungen beider Armeen und jeden Kanonenschuß bemerken". Die Nacht brachten er und Kosboth in der Gegend von Schallodenbach zu.

Hoche war am 28. mit der Mitte durch den Reichswald von Westen gegen Kaiserslautern und die Höhen nördlich davon vorgegangen, hatte aber an der Lauter zu große Schwierigkeiten gefunden; auch seine linke Flügeldivision wurde nach anfänglichen Erfolgen bei Otterbach über die Lauter wieder zurückgenommen.

Am 29. hatte Hoche die Lauter weiter nördlich überschritten und die Stellung des Herzogs von Norden her angegriffen, war aber, da die zum Angriff des preußischen Flügels bestimmten Truppen nicht dorthin gelangten und sein Frontal-Angriff in sich nicht gleichzeitig erfolgte, abgewiesen worden. Blücher und Kosboth standen völlig abgetrennt im Rücken des Feindes.

Am 30. November im Morgengrauen „erhob sich eine der fürchterlichsten Kanonaden", sagt Blücher. „Die Franzosen boten ihre letzten Kräfte auf, um den Sieg auf ihre Seite zu lenken." „Ich konnte die ganze Attacke von den Höhen worauf ich stand, übersehen." Um doch etwas zur Entscheidung mitzuwirken, ging Blücher mit seiner Avantgarde durch den vorliegenden Wald gegen die feindliche linke Flügelkolonne vor. Aber auch Kosboth, der den Befehl hatte, „wo tunlich des Feindes Rücken zu beunruhigen", war mit einem Regiment Infanterie, den Leib-Kürassieren und einer Batterie vorgerückt. Inzwischen war der linke französische Flügel zurückgeworfen, in der Mitte unterlag die Artillerie dem preußischen Feuer, Hoche gab den Befehl zum Rückzug.

Als Blücher das Zurückweichen des Feindes bemerkte, ging er mit 4 Eskadrons „eiligst durch den Wald und ließ den General v. Kosboth bitten, mir 2 Eskadrons des Leib-Regiments folgen zu lassen". Vor Sambach stellte sich Blücher französische Kavallerie entgegen, die er für etwa sechsmal überlegen hielt; auf den Höhen des anderen Lauter-Ufers stand feindliche Artillerie. „Obgleich ich es wohl berechnen konnte, daß ich bei dieser großen Überlegenheit, wenn ich attackierte, schwerlich reüssieren würde, so sah ich doch ebensowohl voraus, daß wenn dieser Fall einträte, der Feind seiner Gewohnheit nach in einem unregelmäßigen Haufen hinter mir her stürzen würde. Dadurch wurde er dann von seinem Geschütz abgezogen. Auf die Leichtigkeit unsrer polnischen Pferde konnte ich rechnen und der Soutien von den Kürassieren und Husaren, welchen ich erwartete, gab mir dann Hoffnung, den Feind zu zwingen."

„Diese kurze Überlegung machte ich vorher und dann entschloß ich mich rasch. Ich setzte mich vor die Eskadron von Rudorff, welche der Leutnant v. Katzeler führte und warf mich mit selbiger grade auf die Kavallerie. Meine Leute hieben mit der größten Entschlossenheit ein; allein die Wand war zu stark, wir wurden überflügelt und mußten zurück. Meine Mutmaßungen trafen ein; der Feind stürzte in einem wilden Schwarm hinter uns her, unsre Pferde entrissen uns aber seiner Gewalt. Mittlerweile waren zwei Eskadrons vom Leib-Kürassier-Regiment und eine Eskadron von mir, welche ich zum Soutien hatte stehen lassen, angelangt. Die Leib-Eskadron des Leib-Regiments war die erste; sie wollte uns aufnehmen; da aber ihr rechter Flügel etwas zurückgedrängt wurde, so warf sich diese vortreffliche Schwadron mit

ihrem linken Flügel grade in des Feindes Flanke. Diesen Augenblick
nutzte ich; ich rief meinen Leuten zu: kehrt Euch um! und sie, voll
Zutrauens, befolgten sogleich meinen Befehl; ich stürzte mich mit
ihnen in unsre außer Fassung gebrachten Gegner und diese wurden
nun völlig über den Haufen geworfen. Der Feind wurde mit ansehn-
lichem Verlust durch Sambach durch und bis über die Lauter gejagt."

„Jetzt erhob der Feind eine äußerst heftige Kanonade, die er bisher
nicht hatte anwenden können, weil ich noch mit dessen Kavallerie im
Handgemenge war. Ich zog mich bis auf eine Kanonenschußweite
zurück, ohne durch dieses Artilleriefeuer großen Abbruch erlitten zu
haben; überhaupt war der Verlust auf unsrer Seite sehr gering, . . .
der Feind verlor außer vielen Todten und Gefangenen noch eine kleine
Kanone, die er in Sambach in Stich gelassen hatte. Hätten 3 Eskadrons
des Regiments von Eben, welche auf unserm rechten Flügel standen, an
dieser Aktion teilnehmen können, so würde der Feind noch mehr gelitten
haben. Ich kann behaupten, daß ich fast nie einem verwickelteren
Gefechte beigewohnt habe, als dieses war; um so mehr freute ich mich,
da es so glänzend zu unserm Vorteil ausschlug."

Im Verlauf des Gefechts drang in einem Hohlweg ein französischer
Offizier hinter Blücher her; schon hatte jener seine Pistole gespannt,
als ein Husarenoffizier Blücher durch Zuruf auf die Gefahr aufmerksam
machte. Blücher wandte schnell sein Pferd zur Seite; behend sprang
es mit ihm aus dem Hohlweg heraus und rettete ihn, während sein
Verfolger selbst den Tod fand.

Hatte Blücher durch seine Abkommandierung nach Lauterecken
an der Entscheidung nicht teilnehmen können, so hatte sein lebhafter
Drang, dabei zu sein, es doch erreicht, daß er bei der Ausbeutung des
Erfolges wirksam mitgeholfen hatte.

Die preußische Kavallerie verlor in dem Verfolgungsgefecht, an
dem auch Eben und Szekuly beteiligt waren, nur 2 Mann tot, 2 Offiziere 35 Mann verwundet.

Eine Verfolgung über die Lauter hinaus konnte nicht stattfinden;
der Feind bewahrte verhältnismäßig gute Ordnung, und die Nacht
brach herein. „Menschen und Pferde waren durch die täglichen Strapazen und immerwährenden Biwaks sehr angegriffen," schreibt Blücher.

An eine Verfolgung mit der Armee dachte der Herzog überhaupt
nicht; er ließ Viktoria schießen und hielt sich für einen neuen Angriff
bereit. Nur ein Teil der leichten berittenen Truppen bekam Befehl,
am andern Morgen dem Feinde zu folgen.

„Ich brach daher am 1. Dezember mit Tagesanbruch wieder auf
und ging über die Lauter. Der Oberst Szekuly hatte gleichfalls die

Order den Feind zu verfolgen erhalten; wir trafen uns, ich gewann ihm den Marsch ab und befand mich vor ihm auf der großen Straße nach Ramstein; er wollte mich bewegen, mit meinem Bataillon einen Weg rechts einzuschlagen; da ich ihm aber versicherte, daß ich auf der Chaussee bliebe, weil hier die Hauptkolonne des Feindes zurückgegangen sei, so kehrte er unmutig mit seinem Korps um und schlug zu seinem Glück den Weg auf Landstuhl und Martinshöhe ein, wo ihm eine feindliche Kriegskasse in die Hände fiel. Ich schrieb dem Herzog während meines Marsches nur folgende wenige Worte, die ich ihm durch einen Trompeter zuschickte: »Der Feind retirirt nicht, er flieht! Ich folge ihm auf Homburg.«"

„Ein Anderer hätte mit einem äußerst weitläufigen Rapport ganze Schreibtafeln angefüllt, die nicht durchgelesen wurden. Meine kurze Anzeige nahm der Herzog gnädig auf; er äußerte mir schriftlich seine Zufriedenheit und nach diesen Begebenheiten gab mir dieser verdienstvolle Feldherr die größten Beweise seines Zutrauens. Ich stieß bei Spesbach [südwestlich Ramstein] auf einen Teil der feindlichen Arrieregarde, attackierte solche und machte 40 Gefangene; einige 70 Mann wurden niedergehauen. Hinter Sand [bei Schönenberg] stand eine feindliche Kolonne mit einigen 30 Kanonen an der Lisiere des Waldes aufmarschiert. Nach Aussage der Bauern war ihre Anspannung ermüdet und die Leute selbst aufs äußerste fatigiert; hätte ich ein Paar Bataillone Infanterie bei mir gehabt, so würde ich kein Bedenken getragen haben, sie anzugreifen, und ich bin überzeugt, daß ich reüssiert wäre, denn unsre Gegner waren völlig mutlos; meine Ohnmacht fühlend mußte ich mich aber dieses Unternehmens begeben." Am 2. Dezember ging Blücher über Waldmohr auf Homburg vor, traf aber auf wieder vorgehende feindliche Kräfte und zog sich hinter die Glan zurück; am 3. rückte er gleich den übrigen Truppen in Quartiere, Vorposten an der Glan lassend.

Am 5. Dezember wurde Blücher zum Herzog nach Kaiserslautern befohlen; dieser legte ihm seine Lage dar und beauftragte ihn mit einer Erkundung gegen den an der Blies stehenden Feind; er wolle ihm dazu so viel Kavallerie, Infanterie und Geschütz mitgeben, als er haben wolle. Blücher erwiderte, wie er erzählt, daß, wenn er den Feind nur erkunden, nicht schlagen solle, er das lieber mit seinem Bataillon allein mache. Am andern Morgen ging Blücher dementsprechend auf Homburg vor und sandte Offizierstreifen gegen Neunkirchen und Sankt Ingbert.

Als er Meldungen erhielt, daß die Blies-Brücken oberhalb Homburg sämtlich zerstört seien, rückte er im starken Nebel, der seinen

Marsch den Beobachtungsposten am anderen Blies-Ufer entzog, bis Zweibrücken (40 Kilometer) vor. Nachdem er die feindlichen Vorposten jenseits der Stadt beunruhigt hatte, ging er auf einem andern Weg durch die Berge 18 Kilometer weit zurück und rückte am andern Tage in seine Stellungen wieder ein, nachdem er dem Herzog gemeldet hatte: „daß die Sage von den Absichten des Feindes auf uns ganz ohne Grund sei; daß er sich vielmehr vor unserm Hinüberkommen fürchte und weit davon entfernt sei, sich noch einmal eine Züchtigung bei Kaiserslautern zu holen".

Blücher konnte nicht ahnen, daß Hoche im Begriff war, seine Hauptkräfte, die sich von der Niederlage unglaublich schnell erholt hatten, ins Elsaß zur Unterstützung der Rhein-Armee zu ziehen. Da die Österreicher vor dieser zurückwichen, kam der nicht ausgenutzte Sieg von Kaiserslautern für die Preußen einer Niederlage gleich. Die Blockade von Landau mußte aufgegeben werden, und als die Österreicher am 30. Dezember über den Rhein zurückgingen, sah sich auch die preußische Armee gezwungen, die Quartiere weiter rückwärts in den Raum zwischen Nahe und Rhein hinter die Linie Kreuznach-Worms, zum Teil bis nach Frankfurt, zu verlegen. Hoche war schon am 28. Dezember als Sieger und Befreier in Landau eingezogen.

Auf Vorposten während der Winterruhe.

Während die Masse der Armee zur Winterruhe überging, blieben die leichten Truppen als Vorposten in der Linie Kreuznach-Worms mit zurückgebogenen, an die Nahe und den Rhein gelehnten Flügeln halten. Sie waren in gemischte leichte Brigaden eingeteilt, die aus Husaren, Füsilieren und Jägern bestanden; zu ihrer Unterstützung hatten Kürassiere und Dragoner Pikette zu stellen. In erster Linie stand rechts bei Kreuznach Oberst Szekulys gemischtes Kommando, dann folgte Blüchers Husaren-Bataillon nordwestlich von Alzey, links neben ihm zunächst ein Bataillon hellrote (Eben-, früher Zieten-) Husaren unter Oberst L'Estocq bei Alzey, weiterhin wieder dunkelrote (Goltz-), dann weiße (Köhler-) und am Rhein braune (Wolfradt-, früher Werner-) Husaren.

Am 7. Januar erfuhr Blücher durch Kundschafter, daß eine französische Abteilung aller Waffen vor seiner Front vorbei nach Norden auf Kreuznach marschiere; mit einer Meldung hierüber an seinen Vorgesetzten, den General Rüchel, schickte er einen Kundschafter

mit, der aber noch fo befoffen fei, daß er auf nichts gehörig antworten
könne. Blücher fchob fogleich feine Poften in der Richtung auf Kreuznach vor, von wo Szekuly zurückgewichen war, ohne ihn zu benachrichtigen; er erfuhr nun von einem von dort kommenden Menfchen,
daß der Feind nachmittags in die Stadt Kreuznach eingerückt, fehr
ftark fei und viel Artillerie mit fich führe; am andern Tage, fo meldet
er, wolle er die Verhältniffe felbft unterfuchen.

Rüchel bat nun den Herzog, einen Vorftoß nach Kreuznach anzuordnen, der dann auch am folgenden Tage unter feinem Kommando
ausgeführt wurde. Man ftieß zunächft auf feindliche Kavallerie, die

Blücher zurückwarf, fand dann aber den Feind in vorteilhafter Stellung, und da die Sachfen, die rechts neben Rüchel gleichfalls vorgegangen waren, den Angriff nicht für ratfam hielten, kehrte Rüchel
nach einer lebhaften Kanonade, die beiden Teilen einige Verlufte zu-
fügte, um. Die Kräfteentwickelung der Deutfchen muß dem anfcheinend
doch nur fchwachen Feinde unheimlich gewefen fein, denn am andern
Tage räumte er die Gegend von Kreuznach; man nahm die alten
Stellungen wieder ein.

Blüchers Vorpoften wurden einige Tage fpäter von der anderen
Seite, von Süden her, angegriffen. Blücher unterftützte die bedrohte

Eskadron, wie Rüchel berichtet, so „a tempo" mit zwei weiteren Schwabronen durch Vorgehen gegen die Flanke des Feindes, daß dieser ohne Erfolg abzog. Die täglichen Beunruhigungen dieses Postens ärgerten Blücher, und er bat Rüchel um die Erlaubnis, den gegenüberstehenden Feind überfallen zu dürfen. „Dieser General, gleichfalls Freund aller Offensiven," erzählt Blücher, „genehmigte es sogleich."

Am 12. Januar versammelte Blücher die ihm außer seinem Bataillon zur Verfügung stehenden Truppen: Füsilier-Bataillon v. Ernest, 60 Fußjäger und 2 reitende Geschütze gegen Mitternacht in Offenheim, südwestlich Alzey. Der Mond stand im ersten Viertel; das Wetter war nebelig. Der zu überfallende Ort Morschheim liegt 3 Kilometer südlich von Offenheim an der Straße nach Kirchheimbolanden. Halbwegs zwischen Offenheim und Morschheim springt die Ecke eines Waldes vor, der die westlich ansteigenden Höhen bedeckt. „Um den Feind womöglich von Morschheim abzuschneiden, ließ ich den Major Coring mit 2 Eskadrons Husaren über Bechenheim [westlich ausholend] marschieren; 100 Mann Infanterie [unter Kapitän v. Trütschler] und 60 Jäger schickte ich von Offenheim rechts durch den Wald, den Feind zu umschleichen, welcher in der Spitze des Waldes stand; 200 Mann Infanterie gingen grade auf den Wald, die Straße auf Kirchheimbolanden links lassend und 100 Mann Infanterie diese Straße rechts lassend über den sogenannten Sionshof [östlich Morschheim]. Mit dem Überrest der Husaren stellte ich mich auf der graden Straße nach Morschheim." Alles hatte Befehl, den Angriff Trütschlers abzuwarten und dann zugleich mit der größten Lebhaftigkeit vorzubringen.

Trütschler und seine Leute richteten ihren Auftrag so gut aus, „daß sie den Feind unbemerkt gänzlich umgingen und ihm eine Salve aus dem kleinen Gewehr gaben während er noch um sein Feuer stand und sobann gleich mit dem Bajonet auf ihn einbrangen. Hierdurch ward der Feind gehindert, seine Retraite längs dem Walde zu nehmen und da er auf der Plaine herauskam, attackirte ich selbigen mit den Husaren, die, sein lebhaftes Feuer ohnerachtet, sogleich auf ihn einbrangen und Alles zusammenhieben. Der Rittmeister v. Planitz, welcher sich bei jeder Gelegenheit und auch hier mit der größten Entschlossenheit auszeichnete, ging en carrière nach dem Dorfe Morschheim; wenn er gleich hier ein lebhaftes Infanteriefeuer kriegte, der Zugang des Dorfes versperrt und mit Wagen verfahren war, so hielt ihn doch dieses Alles nicht auf. Er räumte sich die Wege mit einigen Jägern und Infanterie, die ihm gefolgt war, auf, drang zu dem Feinde ins Dorf ein; hier richtete er eine schreckliche Niederlage unter dem Feind an;

die Kavallerie, die eben zu Pferde gesessen, wurde übern Hauffen geschmissen und zusammengehauen und Infanterie und Kavallerie zugleich aus dem Dorfe gejagt".

„Der Feind schoß aus Fenstern und Böden und wollte sich auf dem Kirchhof setzen; ich eilte noch mit einer Eskadron zum Soutien ins Dorf." „Der Major v. Coring war, obwohl der Feind den Weg im Walde verhauen, bis an das Dorf vorgedrungen, und der Feind wäre durch den Oberst v. L'Estocq, welcher [von Alzey anscheinend mit einem Bataillon Eben-Husaren kommend] das Dorf links, sowie [durch] den Major Coring [, welcher es] rechts umgangen hatte, gänzlich ab= geschnitten gewesen, wenn nicht Gräben und hohle Wege sie auf der Chaussee vorzukommen verhindert hätten. Hierdurch gewann der Feind Gelegenheit, seine Retraite auf Kirchheimbolanden zu nehmen, wo Alles in dem greulichsten Alarm war. Der Nebel und der besonders böse Weg verhinderte die gänzliche Niederlage des Feindes und ich war wegen Zerstreuung meiner Leute gezwungen, Appel blasen zu lassen."

Blücher schlägt den Verlust des Feindes sehr groß an; gefangen seien 3 Offiziere, 48 Mann und einige 20 Pferde; die Husaren hätten 2 Mann tot, 3 verwundet, 4 Pferde tot und verschiedene verwundet; von der Infanterie wisse er bisher nur, daß 1 Mann tot und einige verwundet seien. „Der Feind wagte nicht wieder Morschheim zu besetzen" und ließ Rüchels Vorposten von jetzt ab in Ruhe. —

Wahrscheinlich weil der Feind jetzt einen größeren Zwischenraum zwischen den beiden Vorpostenlinien ließ, erfolgte wenige Tage später „die so lange sehnlichst gehoffte Vereinigung der beiden Bataillone des Regiments". Blüchers Bataillon tauschte mit dem links benach= barten Husaren=Bataillon Eben, das bisher die beiden Bataillone Goltz getrennt hatte. Nur mit Widerstreben trat Rüchel den erprobten Vorpostenkommandeur dem Nachbarn, dem Erbprinzen Hohenlohe, ab; er sah aber wohl ein, daß der tüchtige Mann in dem wichtigeren Ab= schnitt von größerem Nutzen sein konnte. „Mit wahrer Herzlichkeit", schreibt Blücher, „umarmten sich die Offiziere des Regiments, die sich nun ein ganzes Jahr lang nicht gesehen und unterdessen gegenseitig manchen Kampf bestanden hatten."

Als der Regimentskommandeur, Oberst v. Dehrmann, bald nachher krank wurde, bekam Blücher das Kommando über beide Vor= postendetachements, in die sein Regiment bis dahin eingeteilt gewesen war; es waren ihm außerdem noch das Füsilier=Bataillon Müffling, vier Jäger=Kompagnien und eine halbe reitende Batterie (4 Geschütze) unterstellt.

Halbwegs zwischen Landau und Mainz vereinigen sich die vom Donnersberg nach Osten abfließenden Bäche unweit Kirchheimbolanden in einer ziemlich geradlinig von West nach Ost gezogenen Talrinne, die bei Worms am Rhein endet. Das so gebildete Flüßchen, die Pfrimm, ist von da ab, wo es am Fuße des Donnersberges aus den

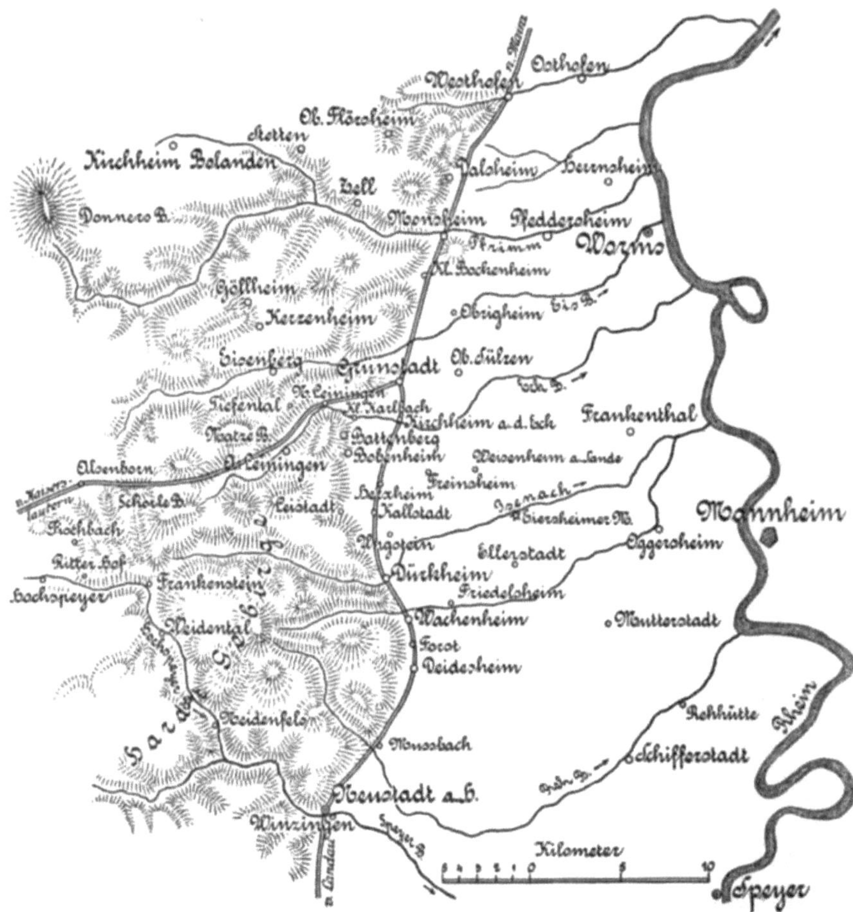

Waldungen heraustritt, teils selbst, teils durch die wasserreichen Mühlgräben ein starkes Bewegungshindernis, wenn man die zahlreichen Mühlstege und Wegebrücken sperrt. Der steilere nördliche Talrand ist großenteils mit Weinbergen und mit vielen Dörfern besetzt, die mit den größeren Ortschaften im Tal und mit den zahlreichen Mühlengehöften eine fast ununterbrochene Kette bilden. Der die Pfrimm im Norden begleitende Höhenrücken, auf dem am Rand der Gebirgswaldungen Kirchheimbolanden liegt, ist durchschnittlich 8 Kilometer breit und flach gewölbt; er zerfällt in zwei Stufen, deren höhere, dem Gebirge nähere, ziemlich frei ist; die Ortschaften liegen hier meist in Bodensenkungen; die untere, kürzere Stufe spaltet sich in zwei Rücken und ist dichter mit Dörfern, Weinbergen und einigen Waldstücken besetzt.

Auch der südlich der Pfrimm vorliegende Höhenrücken ist ähnlich gestaltet, er überhöht nur hie und da den nördlichen Rücken; auf seiner Spitze, vom Rheinstrom bespült, stand einst die Burg der Nibelungen, und nun gemahnen emporragende Türme an den schwersten Gang Martin Luthers. Die von Landau am Fuß der Rebenhänge des Haardt-Gebirges über Neustadt, Dürkheim, Grünstadt auf Mainz führende große Straße überschreitet die Pfrimm bei Monsheim und begleitet den Fuß der höheren Hügelstufe; 8 Kilometer weiter überschreitet sie in Westhofen das nächste größere Bachtal. Das Gelände an dieser wichtigen Straße war Blüchers Obhut anvertraut.

Während ein Mann von der Tatkraft eines Rüchel offen bekannte, daß er den Anstrengungen des Vorpostendienstes zurzeit körperlich nicht gewachsen sei, nahm Blücher, der zwölf Jahre älter war, sich's vor, wie er im „Journal" angibt, „auch den Winter über den Feind soviel wie möglich zu beunruhigen und ihm Abbruch zu tun. Es war daher meine erste Sorge, mich mit guten Kundschaftern und mit Leuten zu versehen, die vom Terrain Kenntniß hatten und mir nützlich sein konnten; diese fand ich unter andern in zwei fürstlich Leiningschen Jägern, die die ganze Gegend und jeden Fußsteig im Gebirge genau kannten. Ich machte mit ihnen den Akkord, daß, wenn sie Offiziere zu Unternehmungen führten, sie für jeden Gefangenen Kavalleristen einen Karolin [etwa 20 Mark] und für jeden Infanteristen einen Dukaten [gegen 10 Mark] erhielten und fesselte auf diese Art ihr Interesse um des guten Erfolgs desto gewisser zu sein".

Anfangs, als Blücher hier das Kommando übernahm, lagen seine Truppen mit der Masse ziemlich eng versammelt am Nordhang des Höhenzuges nördlich der Pfrimm und schoben Posten auf und über den Rücken vor. Später ordnete Blücher die Aufstellung so, daß die Hälfte seiner Schwadronen vorn in den Ortschaften an der Pfrimm stand; die vier Jäger-Kompagnien und zwischengeschobene Infanterie-posten gaben der etwa 15 Kilometer langen Linie größere Widerstandskraft. Der Rest, das Vorpostengros, lag in Ortsunterkunft etwa hinter der Mitte.

Links bis zum Rhein war ein besonderer Vorpostenabschnitt unter dem Chef der braunen Husaren gebildet, der Blücher nicht unterstand; rechts schlossen die Rüchelschen Vorposten Kirchheimbolanden gegenüber an.

Die vorderen Abteilungen (Kompagnien und Schwadronen) hatten Befehl, im Fall eines überlegenen feindlichen Angriffs sich rückwärts an der großen Straße zu sammeln; die rückwärts liegenden Schwadronen hatten dorthin vorzueilen. Drang der Feind nach, so sollten die Vorpostenabteilungen sich westlich seitwärts der Hauptstraße über den nächsten Abschnitt auf eine beherrschende Höhe zurückziehen, wo das Füsilier-Bataillon und die Artillerie bereit standen; hier sollte sich auch das Füsilier-Bataillon des linken Nachbarabschnitts anschließen; es ergab sich dadurch eine Flankenstellung zu dem Übergang der großen Straße über den Abschnitt von Westhofen. Zeigte sich der Feind auch hier überlegen, so hatte Blücher Befehl, in der Richtung auf den Sammelplatz des Hohenloheschen Heeresteils 7 Kilometer weiter nördlich zurückzuweichen.

Diese Einzelheiten sind größtenteils einem späteren Bericht Blüchers an Hohenlohe entnommen, als dieser Anfang April 1794 Nachrichten erhalten hatte, der Feind habe den Vormarsch angetreten. Blücher meldete damals: seinen Vorposten und Patrullen habe er schon vorher die möglichste Vorsicht empfohlen gehabt, um von der Annäherung des Feindes sogleich benachrichtigt und auf jeden Fall vor Überraschung gesichert zu sein. Hohenlohe antwortete, er finde Blüchers Anordnungen nach seiner eigenen Kenntnis des Geländes zweckmäßig, halte aber das Sammeln der Vorpostenabteilungen in zwei Gruppen zum Festhalten der Höhen dichter an der Pfrimm für besser; bei Westhofen könne Blücher auf Unterstützung durch ihn rechnen.

Bei Beginn des Winters lag nach Blüchers Angaben das feindliche „Avantkorps" am Fuße des Haardt-Gebirges zwischen Dürkheim und Neustadt, über 16 Kilometer entfernt. Wachenheim dicht südlich Dürkheim war stark besetzt; ein Lager war nördlich Dürkheim nach Leistadt vorgeschoben; ein anderes befand sich an der Straße Kaiserslautern-Grünstadt am Waldausgang bei Alt-Leiningen, beide etwa 15 Kilometer von den preußischen Vorposten an der Pfrimm.

Es fehlt uns zwar an einer genaueren Darstellung der preußischen Postenkette; an der Hand des Kavallerie-Feldreglements vom 7. Mai 1790 und von Valentinis „Abhandlung über den kleinen Krieg und über den Gebrauch der leichten Truppen mit Rücksicht auf den französischen Krieg" können wir uns aber leicht ein Bild davon machen. Valentini führte 1794 eine der Jäger-Kompagnien Blüchers; er gab sein Buch 1809 heraus, noch erfüllt von der Persönlichkeit Blüchers, „welcher durch seine kühnen und durchdachten Unternehmungen sich unsterblich gemacht" habe. Eins seiner Beispiele von einer Vorposten-Chaine hat unverkennbare Ähnlichkeit mit den an der Pfrimm vorliegenden Verhältnissen.

Wir haben uns danach vorzustellen, daß vor die an der Pfrimm untergebrachten Schwadronen und Kompagnien eine Reihe von Husaren-Feldwachen an den Rand der südlich vorliegenden Höhen vorgeschoben war, auf deren Kamm die Vedetten (je 2 Reiter) 1000 bis 1500 Meter vor den Wachen standen; wo die Entfernung zwischen Wache und Vedette sehr weit war, hatte man Zwischenposten eingefügt. An den Übergängen über die Pfrimm standen Infanterieposten zur Aufnahme der Husaren bereit. Diese blieben auch nachts draußen, zogen aber ihre Vedetten vom Kamm an den diesseitigen Hang zurück und verdichteten ihre Linie.

Man kannte auch damals schon die „allgemeine" und die „besondere" Instruktion eines Postens. Valentini hielt es für nötig, ihm die freundschaftliche Unterhaltung mit feindlichen Mannschaften, aber auch das Schimpfen auf sie zu verbieten. Das Ablösen der Posten und Feldwachen geschah bei Tagesanbruch, um dann gegen Überfälle besonders stark zu sein. Die beste Sicherung sieht auch Valentini in den Patrullen, die in unregelmäßigen Zeiträumen vorgeschickt werden, jedenfalls aber um Mitternacht herum und gegen Tagesanbruch, weil dies die gewöhnlichen Zeiten sind, in denen der Feind Unternehmungen ausführt.

Vor die eigentliche Postenkette werden Benachrichtigungsabteilungen „einige Meilen" vorgeschoben, Husaren und, wenn es das Gelände erlaubt, auch leichte Infanterie, und zwar nach bewohnten Orten hinein; sie werden gewöhnlich alle drei Tage abgelöst. Sie ziehen auf alle Weise durch Streifen, bezahlte Boten und Kundschafter Nachrichten vom Feinde ein und sichern sich gegen Überfälle dadurch, daß sie abends aus dem Ort herausgehen, um die Nacht an wechselnden, leicht zu sichernden Plätzen zuzubringen.

Zur Unterstützung der leichten Truppen (Husaren, Jäger, Füsiliere) schob man in der Nacht noch Pikette von der Kavallerie (Dragoner und Kürassiere), gewöhnlich 100 Kommandierte, an die Vorposten vor. Sie sollten den Vorposten mehr Widerstandskraft geben und bei überlegenen Angriffen den Rückzug der leichten Infanterie decken. Einen vernünftigen, der Gegend kundigen Unteroffizier oder Karabinier gibt das Pikett die Nacht durch zu jedem Posten, zu dessen Unterstützung es bestimmt ist. Die Stärke des Piketts richtet sich nach den Umständen;

sein Führer ist ein Kapitän oder Stabsoffizier. Die Mannschaften liegen neben den Pferden, die sie am Zügel halten; nach einem anstrengenden Tage kann ein Viertel oder Drittel den Pferden „Schnappsäcke vorhängen und füttern". Das Pikett setzt ein oder zwei Vedetten aus; sie müssen „von der Gegend, wo die Vorposten stehen, kein Auge verwenden". Namentlich bei schlechtem Wetter und wenn der Wind von vorn kommt, müssen sie öfter visitiert werden, da „die Pferde sich alsdann gern umdrehen". Das Pikett rückt ein, sobald es ganz Tag ist und die alten Feldwachen von den neuen abgelöst sind.

Wenn ein alter Premierleutnant auf Feldwache zieht, so soll einmal um das andere ein Kornett mit aufziehen, um den Feldbienst zu lernen. Auch sollen alten, guten Offizieren der Husaren und Dragoner, wenn sie auf Streife reiten, beständig ein oder zwei junge Offiziere von der Kavallerie (Küraffiere und Dragoner) mitgegeben werden, damit sie „auch von dieser Seite routiniert werden und sich nicht erst auf Kosten des Dienstes Erfahrung schaffen".

Valentini erklärt den preußischen Vorpostendienst in der damaligen Zeit für musterhaft. Teils beruhte er auf den Lehren des Krieges von 1778, teils lebte das Talent des alten Zieten in seinen Schülern noch fort. Es gab Offiziere, „die in der Kunst, mit einem mäßigen Reitergeschwader die ganze Armee zu sichern und den Feind in Atem zu halten, eine wahre Celebrität erlangt hatten". Hinter Blüchers Vorposten herrschte jedenfalls das Gefühl der Sicherheit. Ein Hauptmann von einem in Westhofen liegenden Füsilier-Bataillon, das selbst zu den Vorpostentruppen gehörte, berichtet in seinen Erinnerungen: „Wir hatten nun einige Monate eine für uns sehr wohltätige Ruhe auf unsern Vorposten, in welcher wir uns wieder retablierten und zu dem nächsten Feldzuge vorbereiteten."

Noch im Januar forderte Hoche das durch den Rhein vor seinem Angriff aber nicht vor seinem schweren Geschütz gesicherte Mannheim zur Übergabe auf. Feldmarschall Möllendorf, der an des Herzogs von Braunschweig Stelle den Oberbefehl übernommen hatte, ordnete als Antwort an, der linke Flügel solle „einige Demonstrationen" machen. Wohl hierzu wurde Blücher zeitweise außer dem Dragoner-Regiment Schmettau (Nr. 2) auch noch das Dragoner-Regiment Katte (Nr. 4), das 15 Kilometer hinter Westhofen lag, unterstellt.

Als ein wichtiges Mittel, um den eigenen Truppen Ruhe zu verschaffen, sah das Feldreglement Unternehmungen gegen den Feind an; es befahl, daß die Husaren-Regimenter „die feindlichen Vorposten beständig beunruhigen, keine Bewegung des Feindes unbeobachtet und

keine Gelegenheit, um gegen den Feind was zu unternehmen, vorbei=
gehen lassen" sollten. Wenn „alsdann auch ein Offizier einen Echec
leide, welches dem fähigsten und entreprenantesten Offizier öfters am
leichtesten widerfahren kann und schon öfters widerfahren ist, so wollen
Seine Königliche Majestät, wenn ein solcher Offizier Alles beobachtet,
was er nach Lage der Sache und des Terrains zu beobachten schuldig
gewesen, und sich hierbei als ein Mann von Kopf und Ehre genommen,
es selbigen nicht zu Schulden kommen lassen; vielmehr tragen es
Seine Königliche Majestät allen ihren Brigadiers, Chefs und Kom=
mandeurs der Regimenter ernsthaft auf, einen solchen Offizier, be=
sonders wenn er jung ist, nicht durch Strafe oder Vorwürfe zu intimi=
biren, sondern ihm, sobald als möglich eine neue Gelegenheit zu geben,
um seine Scharte gegen den Feind auszuwetzen und zu zeigen, ob
sein erster Echec einem Mangel an Fähigkeit oder einem Mangel an
Kriegsglück zuzuschreiben gewesen". Wie im alten Reglement, so ver=
sprach der König auch hier, einem Offizier, der Vorschläge zu einem
günstigen Unternehmen mache, die erforderlichen Truppen dazu zu
geben; der Offizier werde sich dann durch die Ausführung seiner Vor=
schläge ganz besonders beim König empfehlen.

Zu solchen Unternehmungen erwiesen sich gleich anfangs die
leiningenschen Förster sehr nützlich; Blücher erzählt: „Der brave Ritt=
meister [damals noch Leutnant] v. Sydow . . . folgte ihrer Anweisung
in einer Nacht mit einem Kommando von 60 Pferden. Der Feind
pflegte alle Morgen starke Patrullen durch Dürkheim gegen die
Herxheimer Höhe vorzuschicken; die zwei Jäger placirten daher den
Rittmeister so gut, daß als der Feind bei Tagesanbruch durch Dürk=
heim kam, er demselben in die Flanke fiel und einige 20 Gefangene
machte. Durch diesen ersten glücklichen Erfolg wurden meine beiden
Jäger noch mehr angefeuert und es verging nun fast kein Tag, wo
nicht Gefangene eingebracht wurden. Dadurch wurde der Feind nicht
allein abgeschreckt, sondern ich war auch stets mit Nachrichten von
demselben unterhalten." „Ich werde", so fährt Blücher im „Journal"
fort, „nur noch einige Hauptaffairen, die während des Winters auf
meiner Seite vorfielen, anführen. Der Monat Februar verging ohne
daß sich Vorfälle von Erheblichkeit ereigneten."

Aus einem Schreiben des Feldmarschalls Möllendorf an Hohen=
lohe ist indes zu ersehen, daß Blücher Ende Februar ein Versteck legen
wollte; vielleicht hängt hiermit zusammen, was Rüchel am 6. März
von einer anderen sonst nicht berichteten Unternehmung schreibt:
„Blücher ist dieses Mal nicht so glücklich gewesen, dem Feind nach
Wunsch zu begegnen."

Der Feldmarschall hatte erwogen, ob es nicht zweckmäßig sei, die Franzosen bis hinter den Speyerbach (Neustadt-Speyer) „zurückzunötigen", um sie an einer Beschießung Mannheims zu verhindern; es wurde dazu aber die Mitwirkung der Österreicher von der anderen Rheinseite herüber für nötig gehalten. Deshalb hatte man die Ausführung hinausgeschoben. Zunächst suchte man den Feind durch fortgesetzte kleine Angriffe auf seine Vorpostenabteilungen im Zaum zu halten. Anfang März hatte Oberst Dehrmann das Kommando über das Regiment wieder auf kurze Zeit übernommen; auf seinen Befehl gingen in der Nacht des 3./4. März 100 Husaren über Grünstadt dicht an den Feind bei Dürkheim vor und legten ein Versteck; eine Patrulle sollte den Feind hineinlocken; angeblich durch einen Bauer gewarnt, kehrten die Franzosen aber rechtzeitig um, bis Dürkheim von den Husaren verfolgt.

In dieser Zeit ging Blücher für etwa vierzehn Tage auf Urlaub. Es mag sein, daß die Rückkehr seines Kommandeurs, der weit vorgreifenden Streifereien abgeneigt war, in ihm die Lust erweckte, sich auch einmal im Hauptquartier Mainz sehen zu lassen und sich in dem weltstädtischen Frankfurt zu ergehen.

Möllendorf hatte tüchtig zugegriffen, um die in der Armee eingerissenen Mißstände zu beseitigen. Unter anderem war die Auflösung der Abteilung Szekulys erfolgt, bei der sich Räubereien und sonstige Zuchtlosigkeiten ereignet hatten.

Verpflegungsschwierigkeiten und das Ausbleiben der Winterdouceurs verschlechterten die Stimmung der Truppen. „Die Lust am Kriege nährt sich nur durch Erfolge," sagt Valentini mit Recht; „für dauernde Widerwärtigkeit giebt selbst das Avancement kein Gegengewicht; kein Wunder also, daß Sehnsucht nach Ruhe und Frieden in der Armee überhand nahm." Trotz aller Verbesserungen des Wirtschaftsbetriebes der Truppen bestand doch das alte Übel, daß die Offiziere vom Hauptmann aufwärts, die im Frieden im Überfluß leben konnten, im Kriege nichts übrig hatten, ihre Familien in der Heimat zu erhalten, während im Felde ein großer Aufwand zu bestreiten war. „Die Eskadronchefs halfen sich mit einigen halberlaubten nefas von Fourageumsätzen; daher war in der Reiterei überhaupt mehr Geld und Lust am munteren Kriegsleben als im Fußvolk."

Zu den wenigen Ausnahmen, die wirklich die Fortsetzung des Krieges wünschten, rechnet Valentini den Prinzen Hohenlohe, Rüchel und Blücher und „etwa einige von ihnen inspirierte, nicht allzu abgelebte Stabsoffiziere". Aber auch sie waren zum großen Teil in der politischen Ansicht befangen, daß dieser Krieg gegen das In-

tereſſe Preußens ſei. „General Graf Kalckreuth, der ſeine bei Kaiſers-
lautern erhaltene Wunde in Frankfurt heilte und, halb geneſen, durch
Luxus von Tafel und Witz ein glänzendes Haus machte, ließ es laut
in ſeinen geiſtreichen Tiſchreden hören, daß Frieden werden müſſe,
daß wir hintergangen wären von Koburg und Wurmſer, von letzterem
wegen ſeines Rückzugs über den Rhein, von erſterem wegen ſeiner
Übereinkunft mit dem Feind, die ihm Winterquartiere und uns den
Winterfeldzug verſchafft hatte.‟

„Es fing demnach nun Alles an zu politiſieren, und das war um
ſo natürlicher, als der alte ehrwürdige Möllendorf als anlangender
neuer Feldherr mit dem Beiſpiel voranging, der ihm natürlichen Rolle
untreu, die des Friedenspredigers, Vermittlers und Beruhigers bei
Gerüchten zu übernehmen, die von Rechts wegen dem Soldaten völlig
gleichgültig ſein ſollten. Es war von engliſchem Solde die Rede, in
welchem die preußiſche Armee fortan ſtehe; ein Parolebefehl berichtigte
die Meinung dahin, daß es Subſidien ſeien, wie ſie England auch im
Siebenjährigen Kriege an Preußen gezahlt, die man empfange.‟

Aber auch anderen Anlaß gab es zur Unzufriedenheit. Vernach-
läſſigungen im Anzuge veranlaßten Möllendorf, bei dem überhaupt das
Schreibweſen blühte, zu ſcharfen Erlaſſen. Höhere Offiziere wurden
mit Schmähbriefen beläſtigt, Kalckreuth und Maſſenbach trugen einen
Zwiſt über ihr Verhalten vorm Feinde in der Preſſe aus. In Frankfurt kam es zu Volksaufläufen durch franzoſenfeindliche Kundgebungen
junger Offiziere mit Prinz Louis Ferdinand an ihrer Spitze. Überall
herrſchte Ärger und Verbitterung; viele Offiziere meldeten ſich deshalb
krank oder reichten den Abſchied ein.

Im März war ein Teil der preußiſchen Armee nach Norden
abgerückt, weil der König, verdrießlich über die Haltung ſeiner Bundes-
genoſſen, nur noch das Reichskontingent, zu deſſen Stellung er verpflichtet war, am Rhein zurücklaſſen wollte; Möllendorf klagte bitter,
daß er mit einer derart verſtümmelten Armee nichts Ernſtes anfangen,
jedenfalls nicht an eine Offenſive denken könne. Trotzdem zeigte er
ſich Anfang April, als man verſtärkte Bewegung beim Feinde in der
Gegend von Dürkheim wahrnahm, nicht abgeneigt, zum allgemeinen
Beſten bei einer Bewegung der Öſterreicher mitzuwirken. Zunächſt
aber blieb es bei den Vorpoſtenunternehmungen.

Während ſeines Urlaubs hatte Blücher die Kabinettsorder erhalten, die ihn an des verabſchiedeten Dehrmanns Stelle zum Kommandeur des Regiments ernannte. Für ihn war es von großer Bedeutung, daß die Stelle des Chefs zunächſt noch unbeſetzt blieb; wenn
auch das Regiment den Namen Goltz-Huſaren weitertrug, tatſächlich

war es sein Regiment. Am 20. März übernahm er das Kommando und zugleich wieder das über die Vorposten. Es war, als ob man beim Feinde die Abwesenheit der Katze gemerkt hätte: die Franzosen waren in der Zwischenzeit auffallend rührig gewesen.

Am 8. März hatten sie ein Dorf nordöstlich von Dürkheim geplündert; am 11. stießen südöstlich Grünstadt Streifabteilungen beider Parteien aufeinander; am 20. plünderten die Franzosen Grünstadt und rauften sich mit einer Hufarenpatrulle herum.

Blücher legte sofort zwei seiner Schwadronen näher an die große Straße, anscheinend um einem erwarteten Vorgehen des Feindes besser begegnen zu können; er machte sobann Vorschläge, deren Zweck aus Möllendorfs Genehmigung ersichtlich ist: „Ich muß wohl gestehen, daß es mir sehr angenehm sein würde, wenn des Feindes zu große Dreistigkeit zuweilen bestraft werden könnte, wodurch man sich nach und nach wieder in Respekt setzt." Es scheint, daß Möllendorf mehr geneigt war, auf Blüchers Pläne einzugehen, als Hohenlohe. Blücher ging nun eifrig ans Werk; sobald das Wetter es erlaubte, nahm er wieder größere Streifzüge vor. Er berichtet:

„Den 4. April rückte der Feind mit einem ziemlich ansehnlichen Korps vor, und besetzte die Herrheimer Höhe mit vieler Infanterie; er hatte 500 Arbeiter bei sich, und warf auf dieser Höhe zwei große Schanzen auf. Ich nahm in der Eile alle Feldwachen zusammen, und ließ die Dragoner- und Kürassierpikette, welche aus 100 Pferden bestanden, vorrücken, zugleich gab ich den Eskadrons unsers Regiments, welche à portée waren, wie auch dem Dragoner-Regiment von Schmettau den Befehl, auszurücken, und gleichfalls vorzugehen. Ich konnte leicht beurteilen, daß, wenn der Feind in seiner Arbeit nicht gestört würde, er nach Vollendung derselben, nur mit vielem Menschenverlust würde von der Höhe wieder vertrieben werden können, ich schickte daher meinen Abjudanten zum verdienstvollen und braven Major Wirsbizki vom Regiment Wolfradt (braune Hufaren), welcher mit 2 Eskadrons gegen Freinsheim aufmarschirt stand, und ließ ihn bitten, zu mir zu stoßen; er kam sogleich, und da ich mich nun stark genug fühlte, so ging ich gerade auf die feindlichen Bataillone los; diese warteten aber meinen Anfall nicht ab, sondern zogen sich eiligst bis in die Weinberge zurück, welche meinem weiteren Vordringen Grenzen setzten."

„Der Feind war schon so becontenancirt, daß er fast in die Luft schoß, und durch sein lebhaftes Lauffeuer nur zwei meiner Leute blessirt wurden. Da ich nun im Besitz der Höhe war, so nahm ich dieselben Arbeiter, welche die Franzosen im Stich gelassen hatten, und ließ die halb vollendeten Schanzen wieder demoliren. Mittlerweile kam der

Prinz von Hohenlohe selbst, er freute sich, die Absicht des Feindes vereitelt zu sehen, und ritt selbst nach den Schanzen; da die feindlichen Tirailleure, welche sich durch die Weinberge schlichen, selbige mit dem kleinen Gewehr erreichen konnten, und häufig dorthin schossen, so bat ich den Prinzen sich nicht zu exponiren, aber dieser vortreffliche kühne Herr hatte es zur Gewohnheit, stets Jedem ein Beispiel von Kaltblütigkeit und Entschlossenheit zu geben, und war daher nicht abzuhalten. Unsere beim Demoliren beschäftigten Arbeiter hielten indessen dieses Feuer nicht so ruhig aus, sie fingen an sich kläglich zu gebehrden und zu bitten, daß man sie der Gefahr, tobt geschossen zu werden, doch nicht aussetzen möchte. Dazu schien mir ein Schreck, den man den Tirailleuren einjagen könnte, das beste Mittel zu sein; ich placirte daher mehrere Trompeter und Husaren hinter eine Höhe, und ließ diese, indem erstere zur Attacke bliesen, rasch vorprellen, und auf den Feind losreiten; dieser war gewohnt, das Signal zur Attacke nie zu hören ohne zugleich angegriffen zu werden, und lief daher eiligst zurück. Unterdessen vollendeten die Bauern fröhlich ihre Arbeit."

„Ich war willens, wieder in meine Kantonnirungen zu rücken, da ich aber vermuten konnte, daß die feindlichen Tirailleure dann wieder aus den Weinbergen herauskommen, und mich verfolgen würden, so glaubte ich, bei der Gelegenheit noch einen kleinen Coup machen zu können, versteckte daher 40 rasche Pferde hinter einem großen Gebäude bei Herzheim, und ging mit den übrigen zurück. Meine Intension reüssirte; die Tirailleure kamen nun mit großem Geschrei wieder auf der Höhe zum Vorschein, ich ließ die 40 Pferde unvermutet auf sie losstürzen, und sie wurden größtenteils niedergehauen. Das aus mehreren Bataillonen bestehende feindliche Lager bei Leistadt war Augenzeuge von diesem Vorfall. Jetzt erschienen vier reitende Kanonen, die ich in Bockenheim stehen und vorzukommen beordert hatte, mit diesen beschoß ich die aus dem Lager bei Leistadt ausgerückte Infanterie, und sie zog sich zurück. Der Feind sahe nun wohl, daß ich das Terrain zu behaupten fest entschlossen war, und ließ daher von allen ferneren Versuchen ab. Ich rückte mit den Truppen wieder in meine Kantonnirungen, und die Höhe blieb von meiner Vorpostenchaine besetzt."

Nach einem Rapport ans Oberkommando legte Blücher am 5. April bei Herzheim dem Feinde vergeblich einen Hinterhalt; einzelne Husaren seien dabei in die Tore von Dürkheim geritten und hätten den Franzosen viel den Einwohnern geraubtes Vieh abgenommen. Möllendorf meinte, der „gemachte Entwurf zu dieser Expedition habe mehr Succeß verdient".

Einige Tage später meldet Hohenlohe, Blücher habe in der Nacht 9./10. April „abermals" zwei Leutnants (Sydow und Blücher) mit

50 Pferden ein Versteck im Gebirge legen laſſen; es ſei ihnen auch geglückt, unentdeckt zu bleiben und die nach Ungſtein, 2 Kilometer nördlich Dürkheim, vorgekommenen feindlichen Patrullen anzufallen und bis Dürkheim zu verfolgen, wo ſie wieder feindliche Infanterie aufmarſchiert gefunden hätten. Sybow habe 4 Huſaren, die ſich les Partiſans de l'armée nennen, gefangen, die übrigen aber tüchtig zuſammengehauen.

Am 13. April überſchickt der Erbprinz die Ausſagen der Gefangenen, die Blücher gemacht habe; „nach ſelbigen ſtehen in Wachenheim und Forſt 400 Mann ſogenannte Partiſans, die Huſaren de la liberté und 3 Bataillone Infanterie". Vier Tage ſpäter meldet der Prinz, durch die anhaltend gegen Dürkheim vorgegangenen Patrullen ſei der Feind vorſichtiger geworden und laſſe ſich auf den Höhen diesſeits nicht mehr ſehen. Es wird hierdurch die Angabe Blüchers beſtätigt: „Das Einfangen der Patrullen ſetzte ich immer fort und dadurch hielt ich den Feind in Schranken."

Aber nun wurde ſeine Kampfbegier durch einen beſonderen Vorfall aufs neue angefacht: „Bei einer ſolchen Gelegenheit war es, wo einmal drei brave Huſaren kühn genug waren, einige fliehende Chaſſeurs zu Pferde bis in die Stadt Dürkheim zu verfolgen. Im Begriff wieder herauszureiten, ſahen ſie das Tor mit feindlicher Infanterie, die in der Nähe geweſen und herzugeeilt war, beſetzt; ſie faßten augenblicklich den mutigen Entſchluß, ſich durchzuſchlagen, ließen die beiden Gefangenen, welche ſie in der Stadt gemacht hatten, los, und ſprengten glücklich durch die Infanterie durch, jedoch wurde einer der Huſaren durch den Leib geſchoſſen; ſie eilten nun weiter, fanden aber unglücklicherweiſe den Weg bei den Salinen abermals beſetzt; der Bleſſirte ſank vom Pferde, dem andern Huſaren wurde ſein Pferd verwundet, und ſo gerieten jetzt endlich alle drei in die Hände der Volontaire, von welchen ſie auf eine unmenſchliche Art maſſakrirt wurden."

„Dieſes ſchändliche Verfahren erfuhr ich durch Gefangene und deſertirte Kavalleriſten, die von den Volontairen ſelbſt eine ſehr üble Meinung hatten. Ich nahm mir's vor, blutige Rache zu nehmen, und als wir zwei Tage nachher etwas mit den Vorpoſten gegen einander ſcharmuzirten, näherte ich mich mit meinem Adjutanten, dem Grafen Goltz, den feindlichen Flankeuren und eröffnete ihnen, daß ich Repreſſalien gebrauchen würde. Sie riefen mir zu, daß von ihrer Seite die Gefangenen gut behandelt würden, nur das zuſammen gelaufene Geſindel — auf die Volontaire zeigend — ließe ſich nicht zwingen."

„Die Gelegenheit, dieſe zu züchtigen, zeigte ſich bald. Sie kamen eines Morgens in ziemlich großer Anzahl aus dem Lager von Leiſtadt durch die Weinberge und schossen unaufhörlich auf die Husaren. Ich hatte mich mit 40 Pferden hinter eine Mauer bei Herxheim gestellt und ließ die Husaren, auf welche die Infanterie feuerte, zum Schein zurückgehn; nun wurde diese noch dreister; ich drang plötzlich mit den 40 Pferden auf sie ein und die Volontaire wurden, ihres heftigen Schießens unerachtet, sämmtlich niedergehauen. Dieses Exempel wirkte und unsere Gefangenen, die sie nur überhaupt in sehr geringer Zahl erhalten haben, wurden in Zukunft menschlicher behandelt."

Vielleicht ist es dieser Vorfall gewesen, über den Möllendorf ein begütigendes Wort an Hohenlohe richtet: „und ist dieses ein Paar Mann zu verlieren das Schicksal des Krieges und mehrenteils wohl nicht die Schuld der Offiziere".

Über eine Unternehmung in der Nacht vom 19. zum 20. April berichtet Blücher dem Prinzen Hohenlohe folgendes:*) „Da ich durch meine Kundschafter erfuhr, daß der Feind wiederum zuweilen ansehnliche Patrullen bis diesseits Kalstadt [dicht östlich Leistadt] vorschicke, so entschloß ich mich gestern Abend sogleich ein Kommando abzuschicken um womöglich wieder einen kleinen Versuch auf selbigen zu machen. Das Kommando, welches ich durch sehr sichre Wegweiser führen ließ, mußte die Nacht übers Gebirge nach Leistadt marschieren und sich in jenseitiger Gegend ins Versteck legen. Ich selbst ritt heute vor Tages-anbruch hin. Eine feindliche Patrulle, welche auch wie gewöhnlich heute durch Ungstein (1½ Kilometer südöstlich Kalstadt) ging, gab dem Rittmeister Westphal, welchem ich das Kommando gegeben hatte, Ge-legenheit, den Leutnant v. Raven mit einem Zuge losfahren zu lassen."

„Dieser acquittirte sich auch sehr gut von dem Auftrage, griff die Patrulle an, nahm 4 feindliche Husaren zu Pferde gefangen und hieb mehrere nieder. Er hatte das Glück, einen neu angekommenen französischen General gefangen zu nehmen, welcher ebenfalls mit der Patrulle mitgeritten war; nachdem der General pardon gerufen hatte, gab Leutnant v. Raven ohne zu wissen, welche Prise er gemacht hatte, einem Husaren den Auftrag, ihn an sich zu nehmen und ritt unterdessen weiter, um nach seinen Leuten zu sehen; der Husar aber, ein einfältiger Kantonnist, war unvorsichtig genug, dem General nicht den Zügel anzufassen, von welchem glücklichen Augenblick letzterer Gebrauch machte, seinem Pferde die Sporen gab und eiligst die Flucht ergriff; der Husar verfolgte ihn zwar aber umsonst. Ich werde morgen erst Euer Durchlaucht die Gefangenen ganz untertänigst zuschicken weil sie heute schon eine weite Tour gemacht haben; ein Marechal de logis,

---

*) Ins „Journal" nicht aufgenommen.

welcher sich unter selbigen befindet, scheint gescheut zu sein, wird also
E. D. von Vielem au fait setzen können. Auch werde ich E. D. einen
Franzosen noch ganz untertänigst zuschicken, welcher sich für einen
Deserteur ausgiebt, wahrscheinlich aber auch einer von den aus Mainz
entwichenen Gefangenen ist."

Hohenlohe legte diesen Bericht höheren Ortes vor. Möllendorfs
Rückschreiben an Hohenlohe zeigt seine Auffassung von Blüchers Tätigkeit und seine Meinung über den Gegner. „. . . Der Vorfall mit der
Patrulle hat mich ungemein erfreut, da es ganz meinem Willen und
meiner Idee entsprechend ist, daß wir uns nach und nach an zu
rühren fangen und wieder in gehörigen Respekt zu setzen suchen. Ich
bitte dem Oberst v. Blücher sowohl als den Offizieren, so die Patrulle
geführt, meine Zufriedenheit und Achtung zu bezeugen und werde ich
nicht ermangeln, mit dem nächsten abgehenden Kurier den Rapport
des Obersten v. Blücher im Original Seiner Majestät dem Könige
zuzusenden und die Offiziers so wie sie es verdienen bestens zu
empfehlen. Obzwar an einem jetzigen französischen General nicht viel
gelegen, so 'tut es mir doch leid, daß er entkommen, da man ihr
Gelichter näher hätte beurteilen können."

Eigentümlich war das Benehmen dieser republikanischen Kollegen
auch, wenn z. B. Hoche den Feldmarschall Möllendorf stets mit „Du"
anredete.

Blücher wird die französischen Generale nicht höher gestellt haben,
als Möllendorf es tat; so scheint er bei einem gelegentlichen Schriftwechsel den Brigade-General Girard verächtlich behandelt zu haben;
Girard beschwerte sich darüber bei Möllendorf; dieser aber beschied
Hohenlohe: er finde in Blüchers Schreiben „Nichts so sehr (!) Be-
leidigendes, auch hat dies Nichts zu sagen, wenn Herr Girard hierüber
in Hitze geraten ist".

Ende April ging Blücher wieder einige Tage auf Urlaub nach
Frankfurt, anscheinend in dienstlichen Angelegenheiten; Pferdeersatz
und Ausrüstung für den kommenden Feldzug bedurften wohl auch
seines Eingreifens. Daß dabei sein persönliches Vergnügen nicht zu
kurz kam, ist bei seinem lebensfrohen Wesen als selbstverständlich
anzunehmen.

Frankfurt bildete den Hauptanziehungspunkt für den Offizier,
der des einförmigen Lebens im Winterquartier überdrüssig war. Die
reichste Stadt Süddeutschlands bot allerlei Genüsse in Fülle, wenn
auch den damaligen einfacheren Verhältnissen entsprechend. Die Land-
häuser der vornehmen Kaufleute waren nur freundliche und bequeme
Gartenhäuser. Die Promenade um die Festungswerke der Stadt, kaum

zwei Ruten breit, sagt Valentini, ward damals so schön gefunden, daß Vollkommeneres in niemandes Sinn kam.

Bei Blüchers Rückkehr bekam der Vorpostenkrieg neues Leben. Am 29. April hatte der Feind versucht, Kirchheim an der Eck zu plündern, war aber von Blüchers Husaren daran verhindert worden. Namentlich aber war es das Städtchen Grünstadt, das die Begehrlichkeit der Franzosen lockte. Blücher erzählt darüber: „Die Stadt Grünstadt blieb immer der Zankapfel zwischen mir und dem Feinde; er war nicht übel intentionirt, diesen Ort zu plündern oder doch wenigstens einige Requisitionen aus demselben zu holen, und ich bemühte mich, diese Stadt, deren Einwohner mir immer Beweise ihrer guten Gesinnungen gegeben hatten, zu schützen. Ich war so glücklich, hierin zu reüssiren und obgleich der Feind wohl zehn verschiedene Versuche machte, so schlugen diese Versuche doch jedesmal zu seinem Nachteil aus; unter diesen Versuchen war der vom 1. Mai der bedeutendste. Der Feind marschirte am Morgen dieses Tages mit einem starken Detachement über Dürkheim auf die Herxheimer Höhe, seine Avantgarde stieß auf eine unserer Patrullen und verfolgte selbige bis vor Grünstadt. Der Major Loose hatte du jour; er nahm die Feldwacht zusammen, kam der Patrulle zu Hülfe und schmiß den Feind bis Kirchheim an der Eck zurück, hier wurde derselbe aber durch mehrere 100 Mann Kavallerie verstärkt, und der Major Loose mußte sich nun auf Grünstadt repliiren. In der Stadt wurde er mit dem ihn verfolgenden Feind handgemein, behauptete aber dennoch den Ort. Der Oberstleutnant v. Pletz war mittlerweile auch vorgeritten, hatte einige Husarenposten zusammen gerafft und diese beiden verdienstvollen Stabsoffiziere schützten nun mit 50 Pferden Grünstadt vor der Plünderung.“

„Ich war diesen Morgen nach einer andern Seite der Vorpostenchaine ausgeritten; als ich die Nachricht von dem Vordringen des Feindes auf Grünstadt erhielt, schickte ich sogleich nach den zunächst kantonnirenden Eskadrons mit dem Befehl, dahin vorzurücken; ich selbst ritt eiligst nach Grünstadt, wo ich meine beiden braven Kameraden in der Arbeit fand. Um die Stellung des Feindes zu übersehen, schlich ich mich zuvörderst mit einigen Mann um die Stadt; ich fand denselben mit etwa 400 Mann Kavallerie gleich hinter dem Ort aufmarschirt, und sah viel Infanterie bei Kirchheim an der Eck und auf der Herxheimer Höhe. Es war mir darum zu tun, den Feind aufzuhalten, ich ritt daher mit dem Major Loose vor und animirte meine Leute fleißig zu plänkern, damit die Aktion unterhalten würde. Unterdessen bat ich aber den Oberstleutnant v. Pletz, die beiden ersten Eskadrons, welche ankämen, sogleich um die Stadt zu mir zu führen.

Der Feind sahe den Staub dieser beiden Eskadrons von weitem und wollte sich abziehen; nun war keine Zeit mehr zu verlieren; es waren erst vier Züge vom Regiment angelangt, ich nahm zwei davon, Major Loose die beiden andern und so warfen wir uns auf den Feind."

„Anfangs wurde der Major Loose in die Flanke genommen, aber dieser kaltblütig brave Mann schwenkte dem ihn überflügelnden Feind mit einem Zuge entgegen und nun gelang es uns, die feindliche Kavallerie zu überwältigen und über den Haufen zu werfen. Wir verfolgten sie bis vor ihre Infanterie. Der Feind ließ eine große Anzahl Menschen auf dem Platz; wir machten 7 Offiziere und 32 Mann Gefangene und erbeuteten einige 90 Pferde. Die Franzosen hatten einiges Geschütz auf der Herxheimer Höhe aufgefahren und fingen jetzt an, uns lebhaft zu kanoniren; da sie aber bald unser ganzes Regiment in der Entfernung ankommen sahen, so eilte das ganze Detachement über Kalstadt und Dürkheim nach Wachenheim zurück."

Möllendorf berichtet, der Feind solle an 100 Tote gehabt haben; 3 Offiziere, 50 Gemeine seien gefangen genommen und 81 Pferde erbeutet worden; Blücher habe nicht mehr als 7 Husaren verloren und wenig Blessierte gehabt. Möllendorf versprach, die Offiziere, die sich hier so ausgezeichnet hatten, dem Könige namhaft zu machen; auch hoffe er, „daß nach einigen solchen Lektions dem Feinde endlich die Lust zum Plündern vergehen dürfte; dennoch wird es bald nötig sein, daß wir uns näher zusammenziehen um mehr à porté zu sein und schneller zur Hülfe zu eilen und von solchen Coups mehr Vorteil zu ziehn".

In den ersten Maitagen bezogen die Truppen „engere Kantonnierungen und die verschiedenen Korps rückten in gedrängtere Positionen vor". Hohenlohes Hauptquartier kam nach Pfeddersheim. „So rückte auch ich", berichtet Blücher, „mit der ganzen Vorposten-linie bis Grünstadt vor und nahm in diesem Ort mit dem Füsilier-Bataillon Müffling und einer Eskadron Husaren mein Quartier."

Der Erbprinz beritt die neuen Vorposten und „befand alle die vom Oberst v. Blücher getroffenen Anstalten für gut". Blüchers Posten-kette ging von Neu-Leiningen bis Freinsheim (6 Kilometer nördlich-östlich Dürkheim); dort schloß sich die Linie des Generals v. Wolfradt an. Rechts neben Blücher waren Rüchels Vorposten bis in die Gegend von Kirchheimbolanden vorgeschoben.

„Der Feind besetzte den Matzeberg" [bei Alt-Leiningen], berichtet Blücher weiter, „mit einem ziemlich ansehnlichen Korps Infanterie, bezog auch ein kleines Lager auf dem Platteberg [südwestlich Grün-stadt] und verschanzte sich bei Leistadt. Meine Stellung bei Grünstadt

wurde daher etwas gefährlich, weil nun meine rechte Flanke bedroht
war; dem ohnerachtet wollte ich sie nicht verlassen, um diesen Ort
nicht en prise zu setzen, obgleich der Prinz von Hohenlohe es mir
überließ, mich bis Bockenheim [4 Kilometer nördlich] zurückzuziehen."

Der Prinz ordnete daraufhin an, daß Blücher und Wolfradt
„ihre Vorposten möglichst souteniren sollten"; wenn solche aber durch
feindliche Übermacht zurückgedrängt würden, so habe Blücher „immer
die von Grünstadt nach Bockenheim zusammenhängend fortlaufenden
Höhen zu halten". Möllendorf scheint aber kräftigere Maßregeln für
nötig gehalten zu haben, denn Blücher schreibt: „Seine Exzellenz der
Feldmarschall v. Möllendorf waren so gnädig, mir für meinen Eifer
zu danken, placirten sogleich den Oberst Graf Wartensleben mit
3 Grenadier-Bataillonen in Bockenheim zu meinem Soutien und gaben
mir die Anweisung, in vorkommendem Fall von selbigen Gebrauch zu
machen. Jetzt glaubte ich mich stark genug, einer feindlichen Armee
Trotz bieten zu können, so sehr rechnete ich mit Recht auf meinen
Freund Wartensleben und auf seine braven Grenadiere. Ich avancirte
sogleich einen Infanterieposten nach Neu-Leiningen, besetzte die Burg
mit Jägern und rückte mit meiner ganzen Vorpostenchaine bis dicht
vor den Feind."

Zugleich nahm er die Einschüchterung des Feindes in die Hand:
„dieser ging fast täglich mit starken Patrullen aus seinem Biwak
auf dem Matzeberg bis gegen Tiefental vor; ich wollte ihm solches
inhibiren, ging daher in der Nacht mit 300 Mann Kavallerie ins
Gebirge, legte mich ins Versteck und lauerte des Morgens dem Feind
auf; er kam; ich fiel ihn unvermutet an, machte verschiedene Gefangene
und verfolgte die Fliehenden bis vor ihr Lager. Der Feind wurde
dadurch vorsichtiger und wagte es kaum mehr, Patrullen auszuschicken."

Aber Blüchers Kampfeseifer war noch nicht befriedigt: „Mehrmals
hatte ich das feindliche Lager bei Leistadt und den Posten von Wachenheim, durch gute Wegweiser geführt, mit meinem Adjutanten an verschiedenen Seiten umschlichen. Ich war der Meinung, daß beides
bei Nacht zu überfallen sei." Er schrieb darüber an Hohenlohe, der
ihm einen seiner Generalstabsoffiziere schickte, um der Sache näher-
zutreten. Blücher beritt mit diesem die ganze Gegend und fand dann
auch Hohenlohes Zustimmung; im letzten Augenblick aber hielt dieser
Blücher zurück: „ich solle mit diesem Coup Geduld haben, es wären
wichtigere Dinge im Werke". Möllendorfs Feldzug 1794 sollte beginnen.

Weidental und Kirrweiler.

Blücher vermeidet es, in seinem „Journal" von Politik und Strategie zu sprechen. Aus gelegentlichen Andeutungen erkennt man aber, daß er in diese Verhältnisse sehr genau eingeweiht war; dieselbe Ansicht, die der preußische Nachrichtenoffizier beim Prinzen von Koburg, Rittmeister Graf Dönhoff, seinem König berichtete, gibt Blücher im „Journal" wieder: Der Abmarsch des Herzogs von York nach Dünkirchen im Herbst 1793 „erzeugte die gehäuften Unfälle, die darauf folgten und die den gesammten Heeren der Deutschen in der Folge den Rückzug über den Rhein zur Notwendigkeit machten". Blücher

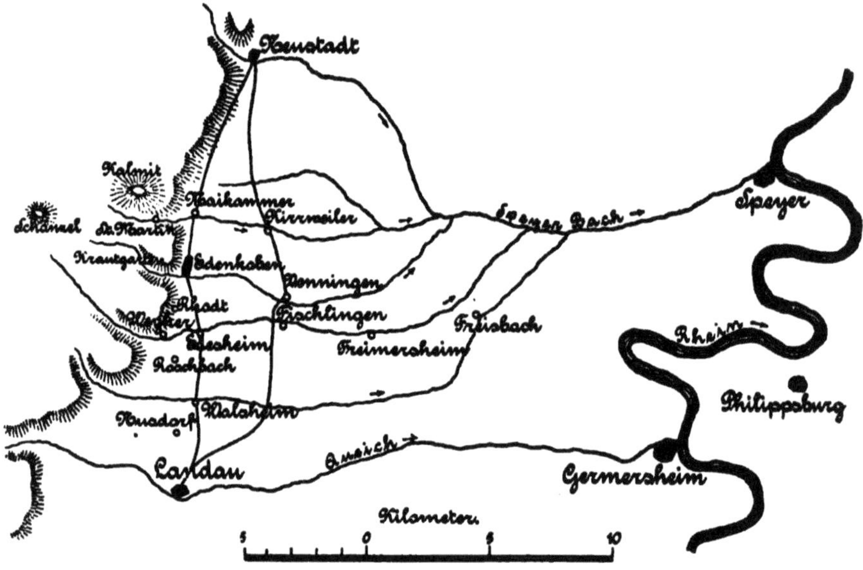

fügt hinzu, „er wolle sein Urteil hierüber zurückhalten", aber es ist wohl zweifellos, daß er die allgemeine Anschauung teilte, Österreich habe im Einvernehmen mit Frankreich Belgien geräumt. Heute wissen wir, daß der wahre Grund in der Uneinigkeit von Österreich und Preußen lag. Preußen machte seine kräftige Mitwirkung von Zugeständnissen abhängig, die Österreich nicht geben wollte. Koburg wollte möglichst viel Kräfte zum Vorstoß aus den Niederlanden auf Paris sammeln; Möllendorf weigerte sich, dorthin zu gehen, um nicht Mainz preiszugeben. Derweil „organisierte" Carnot unter Robespierres Schutz den Sieg; er zog starke Teile der Mosel-Armee an die belgische Grenze, und so konnte es Möllendorf nicht schwerfallen, den vor ihm stehenden Rest zurückzuwerfen.

Durch das Eintreten der Seemächte war es gelungen, Preußen mit allen bisher am Rhein verwendeten Kräften zur Beteiligung am Krieg gegen Frankreich zu verpflichten. Die schon nach Koblenz abmarschirten Truppen wurden zurückgeholt. Die Armee zählte wieder 40000 Mann ausrückenden Standes. Auf Drängen Koburgs wurde ein Teil in der Richtung auf Trier vorgeschoben, und um seinen guten Willen zur Mitwirkung zu beweisen, entschloß sich Möllendorf Mitte Mai, „den Feind von Kaiserslautern zu verdrängen, womöglich seine Kommunikationslinie zu zersprengen und bis hinter den Speyerbach zu verjagen“.

Man wußte, daß der Feind bei Kaiserslautern nur 5000 Mann stark sei; stärker stand er im Rheintal, und deshalb forderte man die Mitwirkung der Österreicher vom rechten Rhein-Ufer bei Mannheim her. Während der rechte Flügel unter Möllendorf in vier Kolonnen am 22. und 23. Mai von Westen, Norden und Osten auf Kaiserslautern vorging, sollte Hohenlohe im Verein mit den Österreichern die französische Rhein-Armee am Haardt-Gebirge entlang über Dürkheim angreifen und hinter den Speyerbach zurückwerfen.

Zur Verbindung zwischen beiden Heerteilen sollte eine gemischte Abteilung unter Blücher dienen. Die Straße Kaiserslautern-Neustadt führt zunächst in östlicher Richtung im Tal des Speyerbachs abwärts und wendet sich mit diesem auf der Hälfte des Weges bei Frankenstein nach Südosten; hier mündet von Osten her die Straße von Dürkheim ein. Blücher bekam zu diesem Unternehmen 3 Bataillone, 3 Jäger-Kompagnien und 5 Eskadrons seines Regiments. (Skizze S. 156.)

Die Aufgabe, die er hier erhielt, war eigentlich einfacher Natur; sie wurde auch in der Hohenloheschen „Disposition“ verhältnismäßig kurz und klar bezeichnet: „daß er all aus den Dürkheimer oder Neustädter Gorgen kommenden Succurs, welchen der Feind gegen Hochspeyer bringen möchte, abhält und in dem Fall, daß der Feind sich von dem Posten auf der Steige abziehe, ihm allen möglichen Abbruch zu tun trachte“; sodann sollte er „mit seinem Korps das von Frankenstein nach Neustadt führende Tal von dem Feind gänzlich reinigen und die Kommunikation der Posten mit dem General v. Rüchel anordnen“. In der für Blücher besonders bestimmten „Instruktion“ aber war ihm jeder Schritt genau vorgeschrieben. Am 22. sollte er „mit Einbruch der Nacht“ von Neu-Leiningen aufbrechen, den nach Kaiserslautern führenden Weg bis „eine kleine Stunde“ vor Alsenborn verfolgen, dort auf dem Schorleberg Posto fassen, sich in den Gebüschen versteckt und geschlossen zusammenhalten, um nicht zu früh entdeckt zu werden, seine Posten nur ganz nahe um seine Stellung aussetzen, auch keine andere Patrulle absenden, als eine rechts zur Verbindung mit der Avantgarde Rüchels. Er solle sich mit Arbeitern zum Aufräumen der Verhaue und sonstigen Wegehindernisse sowie mit ortskundigen Führern versehen.

In der Instruktion heißt es weiter: „Den zweiten Tag rückt das unter dem Oberst v. Blücher auf dem Schorleberg postirte Korps gegen die nach Kaiserslautern führende große Straße vor um die Kommunikation zwischen Neustadt und Kaiserslautern abzuschneiden; zu dem Ende werden zwei Bataillone, zwei Jäger-Kompagnien und drei Eskadrons Husaren, in den Weg, der über das Heidefeld nach der sogenannten Steige führet, bis über die Dürkheimer Straße vorpoussirt, von wo aus man sowohl nach Frankenstein hinab, als auch durch Waldwege nach Weidental und Neidenfels in die von Neustadt kommende Chaussee gelangen, alle feindliche Bewegungen, so daselbst geschehen können, beobachten, und nach Gutbefinden ihm auf den Hals fallen kann. Das andere Bataillon, die Jäger-Kompagnie, und die beiden noch übrigen Eskadrons Husaren, werden nach dem sogenannten Ritterhof vorgeschickt, von welchem Posten der zwischen Frankenstein und Hochspeier befindliche enge Paß, in welchem die große Chaussee fortläuft, mit kleinem Gewehr beschossen und die Kommunikation zwischen Neustadt und Kaiserslautern völlig abgeschnitten werden kann. Da der Feind auf dem, vorhin angeführten Punkt, so die Steige auch Haun-Steige heißt, einen Posten etabliret, auch Frankenstein besetzt haben soll, von wo aus sodann der Posten auf dem Steige soutenirt ist; so ist es zureichend, daß der Oberst v. Blücher diesen Posten so lange en echec hält, bis die andern Kolonnen vorgedrungen sind, worauf denn der Feind gewiß eilen wird sich abzuziehen, um nicht abgeschnitten zu werden und wobei der Oberst v. Blücher die beste Gelegenheit bekommt, den Feind zu drängen, und ihm eine derbe Schlappe anzuhängen."

„Ebenso verhält es sich mit den Posten am Ritterhofe, von dem man zwar nicht weiß, ob er vom Feind besetzt sei; da er aber Truppen in Fischbach zu liegen hat, so sind diese à portés genug, um den von dem Schorleberg nach Fischbach führenden Weg so lange zu verteidigen, bis sie durch unsere gegen Hochspeyer vorbringende Kolonne sich umgangen sehen, welches sodann ebenfalls der rechte Zeitpunkt ist, um von dem Abzuge des Feindes zu profitiren."

„Der Posten des Oberst v. Blücher von dem Ritterhof nimmt ferner den Weg durch das Franzosen-Tal, der in den Königsweg einfällt, und nach dem Harterkopp führt, nach dem Harterkopp hin. Der andere Posten des Oberst v. Blücher, der auf dem Steige bei

Frankenstein gestanden, kann ebenfalls von Frankenstein aus, nachdem er das Tal traversirt hat, vermittels der sogenannten Hochstraße nach dem Königswege und nach dem Harterkopp gelangen." (Skizze S. 208.)

„Im Fall aber der Oberst v. Blücher den Feind noch im Neustadter Tal sich verweilen sehen sollte, so würde derselbe nicht nach dem Harterkopp marschiren, sondern seine ganze Aufmerksamkeit auf Reinigung des Neustadter Tals verwenden; und sodann dem G.=Lt. v. Kleist, welcher zum Soutien des G.=M. v. Rüchel folgt, davon avertiren lassen, damit derselbe dagegen einige Truppen den Umständen gemäß, nach dem Harterkopp detachire."

„Wenn der Herr Oberst v. Blücher mit seinem Korps auf dem Harterkopp angekommen, so wird derselbe hier schon ein Detachement von einem Füsl.=B. v. Erneſt, 2 Jägerkompagn. und 2 Esk. Husaren von dem G.=M. v. Rüchel antreffen, und sind nun diese sämmtliche Truppen sogleich zur Verfolgung des Feindes gegen das Johannes= kreuz bestimmt; zu dem Ende sie den Marsch über den Stutterhof nach dem Trippstadter Försterhause nehmen, von wo aus man den von Trippstadt nach dem Johanneskreuz führenden Weg, auf welchen der Feind seinen Rückzug zu nehmen vorhat, völlig beherrschen, und eher als der Feind dahin gelangen kann."

Es folgen nun noch mehrere Seiten, was nach „geendeter Ex= pedition" geschehen soll: wie die Verbindung mit Rüchel durch einzelne Kompagnien auf der Straße Neustadt-Kaiserslautern und eine Posten= kette in den Bergen herzustellen, wie die Truppen bei Neustadt unter= zubringen und die Vorposten aufzustellen seien.

Daß Blücher nach dem Durchlesen dieses Generalstabsmachwerks erster Klasse seine Aufgabe für ein „schwieriges Gebirgsunternehmen" ansah, wie er sich ausdrückt, darüber kann man sich kaum noch wundern.

Der erste Teil der Aufgabe verlief ganz programmäßig; am 23. morgens entsandte Blücher, wie befohlen, ein Drittel seiner Stärke nach dem Ritterhof und gelangte mit 2 Bataillonen, 2 Jäger-Kompagnien, 3 Schwadronen und 3 Bataillonsstücken auf der Hohen Steige östlich Frankenstein an die Straße Frankenstein-Dürkheim.

Er fand die Dürkheimer Straße rechts und links durch Ab= grabungen und Verhaue gesperrt; er wandte sich nun zunächst auf Frankenstein und warf mit seinen Jägern und Schützen einen starken feindlichen Infanterieposten nach Frankenstein zurück. „Der Ort selbst war nicht anzugreifen; und da meine Bestimmung auch übrigens auf die Neustädter Straße ging, so faßte ich den Entschluß, meinen Marsch quer über die [Dürkheimer] Chaussee fortzusetzen, wozu ich um so mehr Ursache hatte, da ich die Kanonade des Prinzen Hohenlohe links [von mir] vorwärts gehen hörte. Um mir indessen den Rücken zu sichern, ließ ich einen starken Infanterieposten auf der Steige stehen.‟

„Im Walde selbst häuften sich die Schwierigkeiten; der Feind, den ich an Infanterie und Kavallerie bald sehr zahlreich vor mir fand, verteidigte jeden Schritt, wozu ihm die verschiedenen Verhaue, die immer in dem lebhaftesten Feuer aufgeräumt werden mußten, die beste Gelegenheit gaben; ich mußte mich bei dieser Arbeit fast von allen Seiten gegen den Feind verteidigen, weil selbiger mir durch Tirailleure in die Flanken schießen ließ; indessen wurde der Feind doch glücklich durch den Wald bis Weidental zurückgeworfen, und auch dieses Dorf forcirte ich mit der Infanterie, nachdem der Feind mir hartnäckigen Widerstand geleistet hatte.‟ Der Feind zog sich nach Neustadt zurück; da Frankenstein in seinem Rücken noch vom Feinde besetzt war und sich bei Weidental eine geräumige Waldblöße fand, blieb Blücher hier halten.

Er besetzte die freien Höhen mit der Front nach Süden, den linken Flügel an der Straße nach Neustadt, wo man sich stets der feindlichen Schützen zu erwehren hatte. Zwei Kanonen wurden mit vieler Mühe durch die üblen Wege in Stellung gebracht; die dritte zerbrach; „die beiden andern aber wirkten mit dem besten Erfolg auf den Feind, der sich noch zuweilen aus der Neustädter Gorge sehen ließ‟.

Man hatte etwa zwei Stunden in dieser Stellung zugebracht, als plötzlich die Meldung einlief: „der Feind dränge von Frankenstein aus vor‟. Es war der feindliche General Ciŝée, der mit 2 Bataillonen, 100 Reitern und 2 Kanonen in Frankenstein gestanden hatte und nun die Straße nach Neustadt heruntermarschierte. Blücher, selbst in Ungewißheit, wie es bei Kaiserslautern und im Rhein-Tal aussehen möchte, ritt dem Feinde entgegen und forderte ihn auf, sich zu ergeben, da er abgeschnitten sei.

„Ich hoffte um so mehr, daß dies geschehen würde, weil er meine Stärke nicht übersehen konnte. Diese meine Aufforderung wurde aber mit einer Generalsalve beantwortet und zu gleicher Zeit wurde ich von der auf Neidenfels zurück gedrängten Kolonne, die dieses Feuern hörte, aufs neue angegriffen. Nun befand ich mich also zwischen zwei Feuern. Ich schickte zum Major v. Vork, der mit seinem Bataillon auf meinem linken Flügel stand und bat ihn, nur den Feind von Neidenfels nicht vordringen zu lassen; meine beiden Kanonen ließ ich, grade in entgegengesetzter Richtung, die eine die Chaussee auf Neustadt und die andere die nach Frankental beschießen, um dem Feinde das Vordringen von beiden Seiten und seine Vereinigung zu verwehren. Cisée faßte nun den

kühnen Entschluß mich zu umgehen und die Straße auf Dürkheim
(es ist wohl der Weg Weidental-Wachenheim gemeint, der dicht südlich
Weidental von der Neustädter Straße abführt) zu gewinnen; er stürmte
mit seiner Infanterie rasend den Berg, auf welchem ich mit dem
Bataillon v. Müffling stand und drängte die im Gebüsch vor uns
stehenden Jäger und Schützen zurück."

„Nun war der entscheidende Augenblick da; ich eröffnete meinem
wackern Freunde, dem Oberstleutnant v. Müffling, dessen Bravour
und Sachkenntniß ich im Lauf der Kampagne so manches zu danken
habe, daß uns jetzt nichts anders übrig bliebe, als dem Feind mit
gefälltem Bajonett entgegen zu gehen und unsre äußersten Kräfte
anzustrengen. Edle Begierde dieses auszuführen strahlte aus seinem
Auge; meinen Husaren, die rechts auf einem kleinen Terrain aufmarschirt standen, hatte ich den Befehl gegeben, alles, was etwa vom
Feinde auf meiner rechten Flanke aus dem Walde vordränge, ohne
Rücksicht auf die Stärke desselben, anzugreifen und niederzuhauen."

„Jetzt ging ich, nachdem ich in Eile alles angeordnet hatte, mit
dem Bataillon v. Müffling dem Feind im Deployirschritt entgegen,
ohne daß die braven Füsiliere einen Schuß taten; der Feind hingegen
machte ein äußerst heftiges Feuer, durch welches ich gleich im ersten
Augenblick mehrere Leute, 1 Kapitän, 1 Offizier und 2 Oberjäger
verlor, unsre braven Husaren ließen sich aber demungeachtet nicht
becontenanciren; sie blieben geschlossen und da wir auf 30 Schritt
an den Feind waren, stürzten sie sich alle mit frohlockendem Geschrei
auf denselben los; er wurde mit dem Bajonet über'n Haufen geworfen
und völlig en deroute gebracht. Der Feind ließ eine ansehnliche Menge
Todte auf dem Platz; wir erbeuteten die beiden Kanonen und machten
viele Gefangene; der General Cisée war mit einem Soutien auf der
Chaussee stehen geblieben und da er sah, daß sein Angriff so übel ab-
gelaufen war, so wollte er mit diesem Rest noch versuchen, auf der
graden Straße nach Neustadt durchzugehen; der Major v. Yorck dirigirte
aber sein Artilleriefeuer so gut, daß auch dieser Haufen auseinander
gesprengt wurde; die Flüchtlinge, worunter Cisée selbst war, verliefen
sich in die jenseitigen Gebirge."

„Ich blieb Meister vom Terrain und der Zweck meiner Expedition
war ganz erreicht; indessen meine Lage blieb mißlich. Der Abend
rückte heran und ich hatte weder Nachricht von Sr. Excell. dem Feldmarschall v. Möllendorf noch vom Prinz von Hohenlohe, ob ihre Angriffe reüssirt waren. Daß Neustadt noch von den Franzosen besetzt
sein müßte, konnte ich beurteilen, weil das obenerwähnte feindliche
Detachement noch vor mir bei Neidenfels stand; übrigens befand ich

mich mitten im walbigen Gebirge und ich war auf keiner Seite gesichert. Da ich indessen unmöglich meine mühsam errungenen Vorteile
fahren lassen konnte, so faßte ich den Entschluß, die Nacht über in
meiner Stellung zu verbleiben. Ich rückte mit der Infanterie hinter
eine, am Rande des Walbes befindliche Steinmauer, placirte die
Husaren etwas weiter zurück, und nahm die Gefangenen in unsre
Mitte."

Am 24. morgens wurde Blücher nach Hochspeyer zu Möllendorf
gerufen, der ihn „mit ausgezeichneter Gnade empfing" und ihm auftrug,
„den seiner Führung anvertrauten Truppen seinen Dank und seine
vollkommene Zufriedenheit zu bezeugen". Bei Kaiserslautern war der
Feind in richtiger Erkenntnis seiner Minderzahl rechtzeitig unbehelligt
nach Pirmasens abmarschirt; es war nur zu Nachhutgefechten ge-
gekommen. Möllendorf fürchtete, daß der Feind Hohenlohe zurückdrängen möchte und befahl, wie er selbst berichtet, Blücher habe
bei Weidental-Frankenstein „coûte que coûte stehen zu bleiben" und
— wie Blücher nur behalten hat: „das Tal auf Neustadt genau zu
observiren", da die Sache nicht vollkommen ausgeführt sei, so lange
Neustadt im Besitz des Feindes wäre.

„Ich ritt mit dem Gedanken auf meinen Posten zurück, daß, wenn
der Feind sich nicht von dieser Seite von selbst zurückziehen sollte, ich
trotz der Schwierigkeiten, welche das Terrain entgegenstellte, einen
Versuch auf Neustadt machen wollte." Merkwürdigerweise verging ein
ganzer Tag auf diesen Ritt nach Hochspeyer, das nur 10 Kilometer
von Weidental entfernt ist. „Es war Nacht als ich wieder ankam; der
Oberstleutnant v. Müffling war den Tag über vom Feinde sehr ernsthaft beunruhigt worden. Mit den beiden vom Feinde eroberten Kanonen
waren uns auch 2 volle Ammunitionswagen in die Hände gefallen;
der bdiensteifrige Major v. Borf hatte sich daher gleich ein Geschäft
daraus gemacht, dieses Geschütz in anwendbaren Stand zu setzen; er
nahm 3 Reserve-Artilleristen, einige Grenabiere und sogar ein paar
Bauern, die aus wahrer, deutscher Vaterlandsliebe mit Hand anlegen
wollten, exerzirte diese mehrere Stunden hindurch und brachte selbige
so weit, daß, als die Franzosen in meiner Abwesenheit vordrangen,
sie hauptsächlich durch ihr eignes Geschütz in Schranken gehalten
worden waren. Die zweite Nacht verging, bis auf einige sich begegnende
Patrullen, die Feuer auf einander gaben, wieder ganz ruhig."

Den 25. war bei Tagesanbruch die ganze Gegend mit einem
bichten Nebel überzogen. „Unter Begünstigung desselben" ging ein
Schützenoffizier als Schleichpatrulle auf Reidenfels vor und melbete,
er glaube, daß die Franzosen abzögen. Der Offizier wurde nun mit

allen Schützen vorgeschickt; „ich selbst folgte ihm mit 1 Offizier, 30 Husaren und 20 Jägern, und marschirte mit diesen in das zwischen steilen Höhen laufende enge Neustädter Tal bis Neidenfels fort. Hier überzeugte ich mich nun vom wirklich bereits erfolgten Abzug des Feindes; ich befahl daher dem Leutnant v. Jägersfeld mit den 30 Husaren rasch nach Neustadt zu eilen, um, womöglich, der feindlichen Arriergarde noch einigen Abbruch zu tun, meinen Adjutanten, den Rittmeister v. Bonin, schickte ich gleich mit, und trug ihm auf, daß, wenn er durchkommen könnte, er zum Prinzen Hohenlohe reiten und ihm melden möchte, daß ich im graden Marsch auf Neustadt sei. Den sämmtlichen Truppen meines Detachements, welche noch bei Weidental standen, sandte ich augenblicklich die Order zu, mir auf Neustadt zu folgen; Sr. Excellenz dem Feldmarschall machte ich eine kurze schriftliche Anzeige meines Vorrückens und dann eilte ich für meine Person meiner Avantgarde nach." Diese hatte schon in Neustadt einige Gefangene gemacht und war durch diesen Ort durchgegangen; sie traf hier auf eine Husarenpatrulle von Hohenlohes Heerteil, die den im Rückzug auf Edenkoben befindlichen Feind scharf verfolgt hatte.

Der Erbprinz von Hohenlohe hatte am 23. den Feind bei Dürkheim angegriffen und zurückgeworfen, seine Truppen aber bis nördlich Dürkheim zurückgenommen, als die Franzosen das von Mannheim vorgegangene Kaiserliche Korps unter starkem Verlust auf Mannheim zurückgeworfen hatten. Trotzdem die Franzosen danach wieder auf Landau zurückgegangen waren, blieb Hohenlohe nördlich Dürkheim ruhig stehen; Möllendorf befahl ihm auf Blüchers Meldung hin, daß Neustadt frei sei, „sogleich vorzurücken und Besitz von Neustadt zu nehmen, auch wenn es möglich ist, des Feindes Rückzug zu benutzen".

Blücher hatte inzwischen am 25. Neustadt mit einem Teil seiner Truppen besetzt; sein Adjutant war mit der Nachricht von Hohenlohe zurückgekommen, „der Prinz habe mit Verwunderung gehört, daß ich schon in Neustadt sei; er freute sich darüber und würde mit dem Korps dahin aufbrechen. So weit vom Soutien entfernt, mußte ich für die Nacht meine Prekautions nehmen so gut ich konnte; ich pussirte meine Vorposten links vor Edenkoben und nahm für meinen rechten Flügel im Gebirge die nötigen Sicherheitsmaßregeln".

Am 26. früh rückte der Erbprinz von Hohenlohe mit seinem Korps auf 4 Kilometer an Neustadt heran. Blücher wurde durch das 2. Bataillon seines Regiments, ein Füsilier-Bataillon und eine halbe reitende Batterie verstärkt. „Da der Feind sich ruhig verhielt, so wandte ich [Blücher] diesen Tag dazu an, meine Vorpostenkette genau zu verbinden und sie mit der des Generals v. Wolfradt, welcher links stand, in Konnexion zu setzen. Das Schänzel und den Krautgarten im Gebirge besetzte ich durch Infanteristen. Der Feind zog sich mit dem ganzen Corps d'armee bis in die Position auf der Walsheimer Höhe [3 Kilometer] vor Landau und hinter die Linien der Queich; er hatte seine Vorposten bei Edesheim und Fischlingen." (Skizze S. 172.)

Tatsächlich stand die französische Rheinarmee mit 4 Divisionen dicht nördlich von Landau, mit dem rechten Flügel längs der Queich bis Germersheim an den Rhein angelehnt, der linke Flügel am Abhang des steilaufstrebenden Gebirges. Der kommandierende General wollte sich hier halten, um Verstärkungen abzuwarten und die Ausrüstung der Armee zu vervollständigen. Anders war einer seiner Divisionäre gesonnen, der kühne Defaix, der sechs Jahre später bei Marengo, Bonaparte von einer Niederlage rettend, den Heldentod starb; er baute auf die geringe Besetzung von Neustadt, die zuwartende Haltung Hohenlohes und die Zaghaftigkeit der soeben mit blutigen Köpfen auf Mannheim zurückgeschlagenen Kaiserlichen und beschloß, den Preußen Neustadt wieder abzunehmen; am 28. Mai früh ging er in zwei Kolonnen aus der Walsheimer Stellung am Fuß des Gebirges entlang auf die preußischen Vorposten vor. Dies verschaffte Blücher Gelegenheit zu seiner glänzendsten Waffentat als Kavallerieführer.

Wenn man aus Blüchers Vorpostenstellung am Fuß des höchsten Haardtberges, des Kalmit, 5 Kilometer südlich von Neustadt, nach Süden schaut, so schweift der Blick über die weite Rheinebene hinweg weithin bis zu den fernen Bergen des Badener Landes. Linker Hand bezeichnen die Türme von Speyer und Germersheim den Lauf des Rheins; in dem 20 Kilometer breiten Streifen zwischen Strom und Gebirgsfuß und zwischen der preußischen und der französischen Stellung nördlich Landau ziehen viele schmale Höhenrücken zum Rhein, die, am Gebirge kräftig gewölbt, nach dem Strom zu schnell flacher werdend verlaufen.

Nahe am Gebirge, sich allmählich davon entfernend, läuft die Straße Neustadt–Landau bergauf bergab über jene Rücken hinüber. Rechts, westlich von ihr erheben sich die Berge steil, unten dicht mit Rebstöcken, oben mit Wald bestanden. Links die niedrigeren Rücken tragen vielfach an den Südhängen Weingärten, ihre oberen Flächen aber sind mit Feldfrüchten bebaut. Damals, Ende Mai, gewährte das Korn dem Fußgänger Deckung gegen Sicht. Die Landauer Straße wird fast von Kilometer zu Kilometer von einem Bachtal geschnitten, das oben eng, sich allmählich zu einem schmalen Wiesenstreifen erweitert, der mit Buschreihen besetzt ist; so entstehen schnell aufeinander folgende Hindernisse, die Truppenbewegungen von Süd nach Nord

auf die Straßen verweisen. Gleichlaufend mit der Hauptstraße führt
etwa 3 Kilometer östlich von ihr eine zweite über die hier nur
noch flachen Wellen und durch die verbreiterten Talsohlen.

Auf beiden Straßen folgen sich ziemlich regelmäßig paarweis
an den Bächen gelegene ansehnliche Ortschaften, von Norden beginnend,
rechts Maikammer, links Kirrweiler, dann Edenkoben und Venningen
und weiter Edesheim und Fischlingen am Fuß der französischen Höhen-
stellung von Walsheim und Nußdorf.

Auf die Höhe bei Maikammer eilte Blücher, als ihm am 28. Mai
früh Morgens gemeldet wurde, der Feind sei mit einem starken
Korps in zwei Kolonnen — wovon die eine über Edesheim, die andere
über Fischlingen gegangen sei — im Anmarsch und habe unsre Vorposten bereits zurückgeworfen. „Ich rückte sogleich," berichtet Blücher
im „Journal", „mit den in Neustadt stehenden Truppen aus, ließ die
2 Bataillone bei der Stadt aufmarschiren und ging mit den Eskadrons
und 2 reitenden Kanonen vor. Der Feind war bereits Edenkoben
passirt; seine Absichten schienen ernsthaft zu sein, er fing an uns
lebhaft zu kanoniren; ich konnte dieses nur mit meinen beiden Kanonen
erwidern, jedoch schossen diese mit so gutem Erfolg, daß der Feind
dadurch aufgehalten wurde."

„Der Prinz Hohenlohe kam jetzt selbst vorgeritten, ich zeigte ihm
die Stellung des Feindes; indem ich aber noch damit beschäftigt war,
debuchirte selbiger auch schon aus Kirrweiler, brachte von jener Seite
gleichfalls mehreres Geschütz vor, und verdoppelte nun sein Feuer.
Der Prinz äußerte mir, daß wenn ich zu sehr gedrängt würde, ich mich
auf Neustadt repliiren solle; ich erwiderte demselben aber, daß wenn
er es anders genehmigte, ich den Feind jetzt unversehens attackiren
wollte, mit 2 Kartätschenschüssen hoffte ich abgefunden und dann bei
ihm zu sein. »Es kann Ihnen dieses Unternehmen viel Menschen kosten,
mein lieber Blücher!« antwortete der vortreffliche Prinz; »indessen
ich hoffe, Sie werden den Feind decontenanciren, und also in Gottes
Namen; ich habe nichts dawider.«"

„Den Feind zu überraschen war meine Absicht, sonst konnte ich mir
freilich keinen guten Erfolg versprechen, und ich konnte dieses, vermöge
der Stellung von 4 Eskadrons des Regiments, die hinter einer Höhe
standen, und vom Feinde nicht gesehen wurden. Ich schickte zum
Leutnant v. Arnim, der mit dem Leutnant v. Blücher dem 2ten die
Avantgarde dieser 4 Eskadrons kommandirte, und ließ ihm sagen, er
solle sich dicht an die französischen Tirailleure von Kirrweiler halten,
und wenn er sähe, daß ich mit den Schwadronen zum Vorschein
käme, solle er ohne Bedenken in sie einhauen. Nachdem ich einen jeden

gehörig instruirt, ließ ich nun das Signal zur Attacke geben; die Avantgarde stürzte rasch auf den Feind los, und ich sutenirte sie mit den Schwadronen; wir bekamen zwar ein heftiges Feuer, demungeachtet drangen aber der Leutnant v. Arnim und v. Blücher der 2te bis an die zwei diesseits Kirrweiler placirten feindlichen Kanonen vor und eroberten solche."

„Major v. Planitzer stürzte mit seiner Eskadron in einen dichten Haufen feindlicher Infanterie, und hieb mehrere 100 Mann nieder. Ich forcirte mit den übrigen Eskadrons das Dorf Kirrweiler, woselbst abermals 2 Kanonen und mehrere Munitionswagen in unsere Hände fielen; die hinter dem Dorf stehende Infanterie wurde über'n Haufen geworfen, und größtenteils zusammen gehauen; die braunen Husaren und einige Züge des Dragonerregiments v. Schmettau stießen zu mir, und halfen den Sieg vollkommen machen. Hinter dem Defile, welches vor Fischlingen liegt, wollte sich der Feind setzen; ich bat daher den Major v. Kaphengst vom [Regiment] Wolfradt, den Feind links zu turniren; diese Vorsorge war indessen unnütz; der Major v. Planitzer und Leutnant Völker warfen sich grade ins Defile, und forcirten es; nun wurde die feindliche Kolonne völlig in Unordnung gebracht, alles floh; wir verfolgten sie bis Fischlingen. Der Feind verlor auf diesem Wege eine große Anzahl Menschen, die teils ihr Leben einbüßten, teils in unsre Gefangenschaft gerieten. Der Prinz kam zu mir, war sehr vergnügt und äußerte mir seinen Dank in den gnädigsten Ausdrücken."

„Ich ritt auf eine Höhe um das Terrain zu übersehen, und wunderte mich nicht wenig, als ich plötzlich noch einen Kanonenschuß in unsrer rechten Flanke hörte; anfangs glaubte ich, er sei von den beiden reitenden Kanonen, die ich bei Edenkoben mit einigen Eskadrons Husaren hatte stehen lassen, und die der wahrscheinlich von bort sich zurückziehenden zweiten feindlichen Kolonne folgten und sie auf ihrer Retraite beschossen; bald aber sah ich am Dampf des Pulvers, daß es feindliches Geschütz war, ich vermutete daher noch Gelegenheit zu einem zweiten Coup, und war nicht willens, ihn aus den Händen gehen zu lassen. Der Leutnant v. Goldfuß, vom Regiment Schmettau, war mit etwa 50 Dragonern in meiner Nähe, ich gab ihm den Auftrag grade auf Edesheim zu gehen, und zu versuchen, ob er das Bruch passiren und den noch diesseits Edesheim stehenden feindlichen Kanonen in die Flanke gehen könne. Die Leib-Eskadron des Regiments v. Wolfradt war mir à portée, ich ritt zum braven Leutnant Garnier, welcher sie kommandirte, und ersuchte ihn, mir zu folgen; die Eskadron des Majors v. Kalckreuth unsres Regiments nahm ich dazu; die übrige

Kavallerie mußte gegen Fischlingen stehen bleiben, um jedem etwa zu erneuernden Versuche des Feindes von dieser Seite begegnen zu können; mit den genannten beiden Eskadrons aber ging ich jetzt so rasch wie möglich rechts weg, grade dorthin, wo ich die Kanonen hatte feuern sehen.“

„Ich langte an, und sahe nunmehr, daß dieses Geschütz durch ein feindliches Kavallerieregiment gedeckt war, welches die Arriergarde von der Kolonne machte, die auf Edenkoben vorgegangen und jetzt Edesheim wieder repassirt war. Der Feind merkte meine Absicht; 400 Karabiniere kamen mir geschlossen entgegen, um ihrem Geschütz unterdessen Zeit zu geben, sich abzuziehen; ich ging ihnen mit den beiden Eskadrons und den 50 Dragonern von Schmettau auf den Hals; lange leisteten sie den hartnäckigsten Widerstand, endlich machten die Husaren, auf mein Zurufen durch Karabiner- und Pistolenfeuer, Lücken in ihren Gliedern, wir drangen glücklich in sie ein, und sprengten die Masse auseinander, die nun auf ihre Retraite Bedacht nahmen; in dem Augenblick kam der Oberstleutnant v. Pleß, der dieser Kolonne, von Edenkoben aus, mit einigen Eskadrons gefolgt war, mir zu Hülfe; wir schmissen die ganze feindliche Kavallerie, erbeuteten ihre beiden Kanonen, und warfen sie bis in Edesheim hinein. In der engen Passage des Dorfes stopfte sich die große Anzahl der Fliehenden, es entstand daher in derselben eine blutige Massacre, und der Verlust des Feindes wurde dadurch natürlich sehr groß, bevor er den Ausgang des Dorfes erreichen, und unter den Schutz seiner, auf der Walsheimer Höhe placirten Artillerie kommen konnte.“

„Somit beendigten sich die Vorfälle dieses Tages; wir hatten mit bloßer Kavallerie einen entscheidenden Sieg über ein ganzes feindliches Korps davon getragen, welchem wir 6 achtpfündige Kanonen, 9 Munitionswagen, 20 Offiziere, gegen 300 Gefangene und 120 Pferde abgenommen hatten. Das Schlachtfeld bei Kirrweiler, Fischlingen und Edesheim war mit todten Franzosen bedeckt, wohingegen der Verlust auf unsrer Seite unbeträchtlich war.“

Ich habe diesen lebhaften Bericht mit Anmerkungen nicht unterbrechen mögen, um seine Wirkung auf den Leser nicht zu beeinträchtigen. Aus Hohenlohes gleich nach den Ereignissen aufgesetztem Bericht können wir nun noch einige Ergänzungen bringen. Er sagt, daß die beiden feindlichen Kolonnen „morgens nach 5 Uhr“ vorgekommen seien, während ein feindliches Detachement am Fischlinger Bach weiter abwärts aufmarschirt zu sehen gewesen wäre; ihm gegenüber habe das 2. Bataillon der braunen Husaren hinter dem unteren Teil des Kirrweiler Baches gehalten.

Hohenlohe berichtet nun die Aufstellung der Blücherschen Truppen und fährt fort: „Der Feind drängte mit Macht durch Kirrweiler vor und besonders kam eine Menge Tirailleure in dem hohen Korn vor und begünstigten dadurch das Vorbringen zweier leichter feindlicher Kanonen. Da ich mit dem Oberst v. Blücher ziemlich nahe gegen Kirrweiler vorgeritten war und die ganze feindliche Bewegung genau sehen konnte, so vermochte ich diesen Obersten, verschiedene Eskadrons von Golß links in einer Vertiefung [seitwärts] weggehen zu lassen, dann seine Flankeure langsam zurückzunehmen und den Feind dadurch zu locken, um dann mit desto besserer Wirkung über ihn herfallen zu können.“ Danach erwachte bei Hohenlohe, einmal für die kühne Tat gewonnen, der Kampfeseifer, der den ritterlichen Prinzen zum Mithandeln fortriß; auch seine Einwirkung auf den ersten Angriff wird man dem über jede Verdächtigung neidischer Entstellung der Tatsachen erhabenen fürstlichen Herrn zugestehen, wenn er fortfährt: „Zu dieser Zeit fing der General v. Wolfradt auf seiner Seite die Kanonade an, welches den Feind veranlaßte, die vor Kirrweiler habende Artillerie abzufahren. In diesem Augenblick bat ich den Oberst v. Blücher, das Signal zur Attacke geben zu lassen, worauf der linke Flügel von Golß [-Husaren] losfuhr und vom rechten von Wolfradt ein Gleiches geschah. Fast alle feindlichen Tirailleure wurden niedergehauen oder gefangen genommen.“

Während nun Blücher den Feind „mit dem größten Nachdruck“ bis Fischlingen verfolgte, ließ Hohenlohe den rechten Flügel des roten Husaren-Regiments auf der Hauptstraße über Maikammer und Edenkoben vorgehen und zwei Bataillone mit der reitenden Artillerie bis auf die Höhen folgen; ein Bataillon ließ er bis hinter Venningen und eine halbe reitende Batterie durch Venningen vorgehen und hielt dann den größten Teil des 1. Bataillons brauner Husaren dicht vor Fischlingen an.

Über den zweiten Teil des Gefechts berichtet Hohenlohe: „Der Oberst v. Blücher zog sich mit seinen Eskadrons etwas mehr rechts um gegen den bei Edesheim und Rodt stehenden Feind Front zu machen. Als eben der rechte Flügel von Golß durch Edenkoben kam, rückte der Feind mit beträchtlicher Macht gegen Edenkoben vor, welchen Zeitpunkt der Oberst v. Blücher mit großer Klugheit sehr mutvoll benutzte und dem Feind in seine rechte Flanke und Rücken fiel, während der rechte Flügel von Golß ihn von vorne anfiel, wodurch dann ein großes Massacre entstand, bei welchem der Feind über 100 Mann noch an Todten verlor, ihm noch ein reitendes Kanon abgenommen wurde und wobei die französische Kavallerie besonders viel litt. Vieles von

Wolfradt und die beiden Dragoner-Detachements [von Schmettau und Katte] von 200 Pferden unterstützten hierbei den Oberst v. Blücher rühmlichst. Das Regiment Goltz zeichnete sich ganz besonders aus und pussirten die einzelnen Trupps den Feind bis an seine Position bei Knörringen und Walsheim. Alles vom Feind rückte [aus dem Lager von Walsheim] aus und man sah viel Infanterie auf der Höhe, welche etwas vorrückte und auf uns aber ohne Effekt kanonirte, sowie dann auch unsre Husaren feindliches Infanterie-Feuer von der Seite von Roschbach erhielten, welches aber ebenfalls unwirksam war" . . .

„Gegen 12 Uhr Mittags ließ ich Alles ganz sachte über Venningen und Edenkoben wiederum zurückmarschiren." Nach Hohenlohes Gefechtsbericht wurden 11 Offiziere, darunter Stabsoffiziere und Hauptleute, rund 350 Unteroffiziere und Gemeine und ein paar hundert Pferde gefangen; der Feind habe mit Gewißheit ein paar hundert Todte liegen lassen; der eigene Verlust übersteige kaum 20 Mann; 2 Fahnen, 3 Achtpfünder, 3 Vierpfünder und 5 Munitionswagen seien erbeutet. „Das vortreffliche Benehmen des Generals v. Wolfradt sowohl als des Oberst v. Blücher übersteigt alles Lob und die Husaren haben sich gewissermaßen heut selbst übertroffen."

Zu Auszeichnungen wurden 24 Offiziere, darunter 15 von den roten Husaren vorgeschlagen; außerdem baten die Regimenter um 41 goldene, 59 silberne Medaillen für Unteroffiziere und Gemeine. Möllendorf meldete nach Haus: „Eine wahrhaftig sehr schöne Aktion."

Der Feldmarschall Möllendorf hatte schon am 24. Mai nach dem Gefecht von Weidental Blücher dem König zur Beförderung zum General vorgeschlagen; „er hat 2 Bataillone zusammengehauen und 2 Kanonen mit einigen Mann genommen, er ist der älteste Oberst"; „er hat sich wahrhaftig während der Zeit meines hiesigen Kommandos schon verschiedentlich distingirt und ich hoffe dieses soll ihn noch mehr anfeuern".

Der Beförderung hatte es nicht beburft, um Blücher zu Taten wie die von Kirrweiler anzustacheln; ihm war der Kampf ein Bedürfnis; er schreibt von den Tagen nach diesen Siegen ordentlich traurig: „Nach dieser Begebenheit verhielt sich der Feind eine ganze Zeit hindurch außerordentlich ruhig; er schickte keine Patrullen aus und avancirte ebensowenig Posten, wodurch mir die Gelegenheit benommen wurde, ihm etwas anzuhängen."

Die Königliche Belohnung kam vierzehn Tage nach diesen Gefechten. Mit der Beförderung zum Generalmajor wurde Blücher zugleich Chef des Regiments; es war damit, wie er schreibt: „das Ziel meiner Wünsche erreicht". Wie mag auch das Regiment gejubelt haben!

Merkwürdigerweise brachte die Beförderung für Blücher einen Wechsel der Schwadron: er übernahm die seines Vorgängers. Sie hatte besonders ausgewählten Ersatz an Mannschaften und Pferden; die Berittenmachung auf Füchsen zeichnete sie noch besonders aus. Sie hatte aber auch an den Heldentaten des Regiments hervorragenden Anteil; nach der Stammrolle von 1795 hatte sie verloren: 1 Unteroffizier 13 Husaren totgeschossen, an Verwundungen gestorben oder im Gefecht vermißt, 1 Unteroffizier 7 Husaren sonst gestorben, 5 Husaren gefangen; jedoch auch von Fahnenflucht blieb sie nicht verschont: anscheinend vom Frühjahr 1793 bis Frühjahr 1795 hatten sich 8 Husaren dem Dienst entzogen.

Die Abgänge der bisherigen Schwadron Blücher waren in demselben Zeitraum: 2 Unteroffiziere 2 Husaren totgeschossen oder an den Wunden gestorben, 2 Unteroffiziere sonst gestorben, 1 Unteroffizier 6 Husaren gefangen, 1 Unteroffizier entlassen, 2 Husaren fahnenflüchtig.

Edenkoben.

Indessen war die Aussicht, den Krieg glücklich zu beenden, längst geschwunden. Am 18. und am 22. Mai waren in den Niederlanden das Kaiserliche und das englische Heer geschlagen. Nun hielt sich Möllendorf völlig berechtigt, untätig stehen zu bleiben. Kein Mensch hatte daran gedacht, den Erfolg von Kirrweiler auszunutzen; weiter als bis Kaiserslautern-Neustadt hatte man nicht gewollt; man fiel in die starre Defensive zurück. Möllendorf selbst riet dem König, Frieden zu schließen, da bei diesem Kriege nichts Gutes zu erwarten sei. Am 13. Juni verließ der Kaiser die österreichischen Besitzungen in den Niederlanden; allgemein galt die Räumung des Landes nur noch als eine Frage der Zeit, ja als eine mit den Franzosen schon abgemachte Sache. Um so mehr mußte die preußische Armee auf einen Angriff gefaßt sein. Um einem solchen zu begegnen, wählte der preußische Generalstab mit viel Gelehrsamkeit eine Reihe von Posten aus, die quer durch das Gebirge von südlich Kaiserslautern bis Edenkoben am Ostfuß der Haardt lief; sie wurden verschanzt und mit Truppen besetzt.

Blücher war schon am 15. Juni mit Hohenlohes Genehmigung bis an den Kirrweiler Bach vorgegangen; am 25. Juni rückte dorthin das ganze Hohenlohesche Korps vor, Blücher mit den Vorposten bis an den Fischlinger Bach; als rechter Flankenschutz wurden mehrere

Bataillone auf das „Schänzel“, einen Wegeknoten im Gebirge, 7 Kilometer im Edenkobener Tal aufwärts, geschoben. Auf dem linken Flügel
schlossen kaiserliche Truppen die Linie bis zum Rhein.

Blücher waren 2½ Bataillone, 1 Jägerkompagnie, sein Regiment
sowie ⅓ Fuß- und ½ reitende Batterie unterstellt; mit seinem Gros
lag er in Edenkoben.

Auf französischer Seite hatte man beschlossen, durch gemeinsames
Vorgehen der Rheinarmee und der wieder verstärkten Moselarmee die
Preußen davon abzuhalten, nach den Niederlanden zu marschiren.
Am 2. Juli sollte ein kräftiger Angriff gegen die Kaiserlichen vor
Speyer geführt, die Preußen dagegen sollten nur beschäftigt werden.
Trotzdem entwickelte sich auch bei den Preußen ein lebhaftes Gefecht.
Blücher berichtet darüber:

„Wir wurden in dieser Position vom Feinde nicht eher beunruhigt,
als am 2. Juli, an welchem Tage derselbe früh Morgens mit einem
starken Detachement aus seinem Lager von der Walsheimer Höhe und
Nußdorfer Höhe vorrückte und meine bei Edesheim, Rodt und Weiher
stehende Vorposten zurück drängte. Ich rückte sogleich mit den unter
meinem Befehl stehenden Truppen aus, und wies ihnen ihre Stellung
an; der Feind avancirte bis hinter den, links bei Edesheim liegenden
Bruch und placirte dort vieles Geschütz; mit seiner Hauptforce blieb er
hinter Edesheim stehen. Anfangs schien es nicht, als wenn er wirklich
offensive Absichten hätte, bald aber begann von Rodt und Weiher her,
seine Attacke, indem er durch mehrere Bataillons Infanterie meine
in den Weinbergen zwischen Edenkoben und dem Gebirge postirten
Füsiliere und Jäger angreifen ließ. Diese zeigten indessen demselben
die standhafteste Gegenwehr und nötigten ihn, sich wieder zurück zu
ziehen; doch nun erhob sich das feindliche Artilleriefeuer, welches auf
mein Regiment gerichtet wurde, das auf der kleinen Plaine links von
Edenkoben vis à vis dem obgenannten Bruch aufmarschirt stand.“

„Ich erwiderte dieses anfänglich mit meinen reitenden Kanonen;
allein der Feind fuhr bald so viel Geschütz, größtenteils von schwerem
Kaliber, gegen mich auf, daß ich mit selbigen nichts mehr ausrichten
konnte und sie daher zurückziehen mußte. Meine Husaren konnte ich
der immer heftiger werdenden Kanonade nicht entziehen, weil ich den
Feind verhindern wollte, aus Edesheim zu debuchiren und ich überhaupt fest entschlossen war, meine Stellung bei Edenkoben zu behaupten; ich mußte daher mit Leidwesen meinen, nicht zu verhütenden
Verlust an Leuten und Pferden mit ansehen.“

„Aufs neue griff jetzt der Feind auch meine Infanterie wiederum
an; er warf Granaten in Edenkoben, zündete dadurch ein Haus an

und verfuchte alles, um mich zu belogiren; doch vergebens, feine Angriffe wurden wieder abgefchlagen, das Feuer in Edenkoben ward gelöfcht und ich blieb Meifter vom Terrain. Bald hätte indeffen, durch ein unglückliches Mißverftändnis, das bewerkftelligt werden können, was der Feind mit allen feinen Verfuchen nicht möglich machen konnte; es kam nämlich der Graf v. Golß vom rechten Flügel zurück und melbete mir unfre Infanterie verließe Edenkoben. Mit Erftaunen hörte ich diefe Nachricht und ritt eiligft dorthin, um die Urfache diefes unerklärbaren Abzugs zu erforfchen; ich traf den Oberftleutnant v. Müffling, der auf meine haftige Frage antwortete, er habe Orber erhalten, fich bis am Kaftanienwäldchen hinter Edenkoben zurück zu ziehen. »Um Gottes Willen nicht,« erwiderte ich ihm, »keinen Schritt breit Terrain räume ich dem Feinde ein.« »Nun, defto beffer,« war des ehrwürdigen Kriegers Antwort, indem er feinen Leuten umzukehren befahl, und in fünf Minuten war das Dorf wieder in unfrer Gewalt und alles ftand in der vorigen Stellung, welche jetzt fortdauernd, den ganzen Tag über, behauptet wurde."

„Gegen Abend hielt das feindliche Artilleriefeuer etwas ein, es fchoffen nur noch von Zeit zu Zeit einige Kanonen; ich urteilte daraus, daß der Feind mit dem größten Teil feines Gefchützes abgefahren fein müßte und wurde hierinnen noch mehr beftärkt, da einige Kavallerie durch Edesheim und längs dem Bruch vorkam, welche wahrfcheinlich diefen Abzug maskiren wollte. Nun fchien es mir möglich, dem Feind zum Schluß noch einigen Abbruch zu tun; ich ließ daher die 4 reitenden Kanonen unter dem Leutnant Ebel vorkommen, und diefer fo gefchickte wie brave Offizier nötigte das noch übrige feindliche Gefchütz bald zum Schweigen; ich felbft ging mit einigen Eskabrons grade auf die noch dieffeits und bei Edesheim ftehende feindliche Kavallerie los, doch fie wartete uns leider nicht ab, fondern floh ins Dorf und wir erreichten nur die letzten am Ausgang deffelben, mit welchen wir handgemein wurden und denen wir verfchiedene Gefangene abnahmen."

„Das an einigen Orten tiefe und mit Gräben durchfchnittene Bruch hinderte uns, das Dorf zu umgehen und den Coup dadurch glänzender zu machen; indeffen ftand der Feind nun doch von allen ferneren Verfuchen, die ihm den ganzen Tag über viele Menfchen gekoftet hatten, ab; er zog fich bis auf die Walsheimer Höhe und ganz in feine Pofition zurück."

Hohenlohes Gefechtsbericht ftimmt mit diefen Angaben durchaus überein; auch er nennt das Gefecht ein heftiges; die Füfiliere hatten meift dreimal ihre Patronen verfchoffen; er rühmt Blüchers „tapfres und kluges Benehmen". Es war General Gouvion Saint-Cyr, der hier

mit seiner Division, 12 Bataillonen, 14 Eskadrons, 15 Geschützen, etwa
11000 Mann, Blücher, wenn auch nicht ernsthaft, angegriffen hatte,
während der Feind die Österreicher mit 2 Divisionen hatte schlagen
wollen, dort aber auch abgewiesen war. Auch die Moselarmee hatte
nirgend Erfolge erringen können. Von einer Ausnutzung des Erfolges
war wieder keine Rede; Blücher aber durchschaute des Gegners Pläne.

„Dieses feindliche Unternehmen schien mir ein Vorbote wichtigerer
Ereignisse zu sein, ich hielt den eigentlichen Zweck desselben für eine
große Rekognoszirung, durch welche der Feind unsre Stellung nicht
allein untersuchen, sondern auch sehen wollte, welche Mittel wir zur
Verteidigung derselben anwenden würden, um bald bei einem zweiten,
mit aller Aufopferung vorzunehmenden, allgemeinen Angriff, infolge
der gemachten Erfahrung, mit besserm Erfolg agiren zu können. Ich
wandte daher sogleich einige Tage dazu an, meine Position mehr zu
sichern, und sie dort zu verbessern, wo ich bei Gelegenheit der Affäre
vom 2. Mängel entdeckt hatte; der Leutnant v. Witzleben, vom Füsilier-
bataillon von Bila, leistete mir hierinnen besonders gute Dienste,
indem er meinem Auftrag gemäß mit unermüdetem Eifer, in kurzer
Zeit eine Flesche [kleine Schanze] vor Edenkoben, in welcher 50 Mann
und eine dreipfündige Bataillonskanone stehen konnten, und in den
Weingärten in jedem Fußsteig ein kleines Parapet [Erdaufwurf] auf-
werfen ließ, hinter welchem 3 Mann gedeckt stehen und also mit
größerer Sicherheit für sich selbst, auf den Feind wirken konnten.
Meine Mutmaßungen in Betreff der feindlichen Absichten waren nicht
ohne Grund; denn bald brachten uns sichere Kundschafter die Nachricht,
die französische Armee habe Order vom Nationalkonvent erhalten, uns
anzugreifen und zu schlagen, es koste was es wolle.“

„Den 12. bemerkte ich schon viele Bewegungen beim Feinde, von
welchem man sogar Truppen nach dem Gebirge zu defiliren sehen
konnte; ich hielt daher den folgenden Tag unausbleiblich für den zur
Attacke bestimmten. Gegen Abend ritt ich noch durchs Edenkober Tal
nach dem Jägerposten im Krautgarten, welcher zur Brigade des General
v. Voß gehörte, der unter dem General v. Pfau mit auf dem Schänzel
stand. Der Jägeroffizier sagte mir, er habe verschiedene Trupps vom
Feinde am jenseitigen Abhang der Gebirge marschieren sehen, die,
so viel sich's bemerken ließe, ihren Marsch nach dem Schänzel zu
nähmen; um mich gewisser hiervon zu überzeugen, stieg ich vom
Pferde, und schlich mich durch dicke Gebüsche vor; nun konnte ich
selbst deutlich sehen, daß eine feindliche Infanteriekolonne nach oben-
angeführter Richtung in Marsch war. Ich schickte sogleich den Grafen
v. Goltz zum General v. Pfau und ließ ihn von meinen gemachten

Entdeckungen aviſiren mit dem Hinzufügen, daß ich feſt verſichert ſei, er würde am andern Morgen angegriffen werden; ſchon an dieſem Nachmittage hatte der Feind einen Verſuch auf die, am Fuß des Schänzels ſtehenden Infanteriepoſten gemacht, allein der brave Major v. Bork richtete ihn übel zu und warf ihn zurück."

Blücher hatte durchaus richtig geſehen. Der Wohlfahrtsausſchuß in Paris, über das Fehlſchlagen des Angriffs am 2. Juli höchlich erbittert, gab ſofort den Befehl, die Alliirten von neuem anzugreifen und zu ſchlagen. Carnot wies die beiden Oberbefehlshaber an, den Feind auf der ganzen Linie gleichzeitig anzugreifen, dabei aber einzelne, dazu auserſehene Punkte durch dahingeworfene Übermacht zu überwältigen und ſo durch Überflügelung der bloßgeſtellten Flanken den Rückzug des Hauptkorps zu erzwingen.

Unter dem Druck der Volksrepräſentanten bei der Rhein- und Moſelarmee war angeſichts der Guillotine in Landau der Angriffsplan für den 13. Juli feſtgeſtellt worden. Dem Erbprinzen von Hohenlohe gegenüber wurde der Nachdruck auf die Eroberung des „Schänzels" gelegt; von dort ſollte ſofort bis in das Speyerbachtal oberhalb Neuſtadt durchgeſtoßen werden; hier wurden gegen 7000 Mann verwendet. General Saint-Cyr ſollte mit ſeiner Diviſion wieder am Gebirgsfuß entlang vorgehen, aber erſt ernſtlich angreifen, wenn das „Schänzel" erobert ſei. Die Franzoſen rechneten um ſo ſicherer auf einen Erfolg, als, wie Saint-Cyr ſich in ſeinen „Erinnerungen" ausdrückt, „die Wahl des Geländes der Eigentümlichkeit der Franzoſen im allgemeinen und beſonders in dieſer Epoche angemeſſen war und weil man der franzöſiſchen Infanterie Gefechtsfelder gab, die ihrem Charakter, ihrer natürlichen Behendigkeit und ihrem praktiſchen Verſtand entſprachen, während ihre Fertigkeit zur Ausführung zuſammengeſetzter Bewegungen, die zum Erfolg in offenem Gelände nötig ſind, im Vergleich zu der der Alliirten nur gering war. In dem gewählten Gelände hatte man den Vorteil, die Flanken gedeckt und die gute feindliche Kavallerie außer Wirkſamkeit geſetzt zu haben. Konnte man nicht auf die Erfolge eines Schlachtenſieges rechnen, ſo vermochten doch einige kräftige Gefechte die nämliche Wirkung hervorzubringen".

Auf preußiſcher Seite dagegen hielt man das „Schänzel" für uneinnehmbar. Möllendorf allerdings dämmerte etwas anderes, als er am 8. Juli an Hohenlohe ſchrieb: „Unſre Poſten im Gebirge haben zu wenig Konſiſtenz und der Zuſammenhang iſt ſo ausgedehnt, daß der Feind, wenn er ſeinen Vorteil wahrzunehmen weiß, leicht mit Übermacht auf einem Punkt durchbringen kann, beſonders da dies ihre Force iſt, in den Wäldern und Bergen zu fechten."

Trotzdem wies der Feldmarschall seine Unterführer fortgesetzt an, für die Verstärkung der Posten im Gebirge zu sorgen. Auf dem Schänzel standen schließlich 3300 Mann mit mindestens 10 Geschützen. Auch auf dem linken Flügel hatte man sich am 12. auf die Nachricht von dem bevorstehenden Angriff in Bereitschaft gesetzt. Blücher gab seinen Truppen „am Abend noch die nötigen Verhaltungsbefehle und so sah ich ahnungsvoll dem, was geschehen würde, entgegen".

„Endlich", berichtet er weiter, „brach der Morgen des wichtigen Tages vom 13. Juli an, und schon sah man mehrere Trupps feindlicher Kavallerie, die gegen Edesheim anrückten; ihnen folgten bald ganze Kolonnen. Ich zog meine Vorposten ein, und rückte in meine erste Position. Der Feind avancirte mit seinem ganzen Korps bis nach Edesheim, besetzte Rodt und Weyher und formirte von hier aus seine Attacke, die er wieder durch die Weinberge auf meine Infanterie dirigierte; der Angriff desselben war wütend, allein unsre braven Leute warfen denselben mit mutiger Entschlossenheit wieder zurück; die französischen, im Feuer gewesenen Bataillone wurden durch frische abgelöst und verstärkt, und erneuerten nun mit doppelter Heftigkeit ihre Versuche, allein der Oberstleutnant v. Müffling und v. Bila trafen so zweckmäßige Maßregeln und unterstützten das, was gedrängt wurde, so zu rechter Zeit, daß sie jedesmal fruchtlos abliefen. Ich ließ das Grenadierbataillon v. Manstein, welches beim Kastanienwäldchen stand, mit in die vordere Position bei Edenkoben rücken, um dem Feinde desto nachdrücklicher begegnen zu können; den Major v. Sanitz, welcher auf dem Kiefernberg stand, bat ich, den Feind mit seiner halben Batterie in die Flanke zu schießen; er tat dies, und leistete mir dadurch besonders gute Assistenz."

„Ich ritt durch die Linie meiner, mit stetem Feuern beschäftigten Infanterie, und redete sie an: »Kinder, nur heute haltet aus, es gilt Preußens Ehre!« — »O ja, Herr General,« antworteten sie einstimmig, »versorgen Sie uns nur mit Patronen!« Dreimal mußte ich diese braven Leute, welche unbeweglich ihr Terrain behaupteten, den Tag hindurch mit frischen Patronen versehen; eine Menge Tote lagen schon vor ihren Reihen hingestreckt."

„Mein Husarenregiment war aber, leider! wieder die Düpe der Umstände und des unangemessenen Terrains; ich hatte es in 2 Treffen, mit dem rechten Flügel an Edenkoben appüyirt, aufmarschiren lassen, der Feind fuhr indessen eine Artilleriepiece nach der andern hinter dem Edesheimer Bruch auf und fing an, es lebhaft zu beschießen."

„Beim ersten Treffen des Regiments hatte ich die reitende Artillerie unter dem Leutnant Ebel placirt; diese beantwortete das ihr weit über-

legene feindliche Feuer und schoß mit einer unglaublichen Geschwindigkeit; allein bald hatte der Feind einige 20 Piecen im Gange; jetzt mit
meinen wenigen Kanonen noch länger Widerstand zu leisten, wäre
Vorwitz und Tollkühnheit gewesen; ich gab solcher daher die Order,
sich zurück zu ziehen. Mein Regiment blieb noch stehen; mit innigem
Bedauern sah ich, wie es durch das ununterbrochene Artilleriefeuer
litt, zugleich machte es mir aber wahre Freude, zu bemerken, welche
kaltblütige Kontenanz es in dieser Kanonade bewies; es hatte bereits
einige 60 Pferde verloren und alles stand noch unerschütterlich."

„Da das Artilleriefeuer von unsrer Seite aufgehört hatte, so vermutete der Feind um so gewisser, daß wir uns zum baldigen Abzug
bequemen würden, er debuchirte daher jetzt aus Edesheim mit sechs
Kanonen, welche unter Bedeckung vieler Kavallerie waren, und wollte
sich so nach und nach des Dorfes Edenkoben bemeistern. Den Feind
noch mehr auf die Plaine zu locken war jetzt meine Absicht, und da
ich mein Regiment dem zerstörenden Feuer nicht länger aussetzen wollte,
so ließ ich selbiges in 2 Treffen langsam bis über die sanfte Anhöhe
bei Edenkoben zurückgehen. Die feindliche Kavallerie wurde dadurch
dreist und folgte mir auf dem Fuß, ihre Flankeure kamen mir in vollem
Geschrei bis auf die Höhe nach, und glaubten nun gesiegt zu haben.
Mir schien indessen jetzt der Zeitpunkt gekommen zu sein, wo ich an
meinen Gegnern nachdrückliche Revanche würde nehmen können; ich
gab zu dem Ende dem Herrn Oberstleutnant v. Pletz den Auftrag,
die Flankeure mit 4 Zügen des Regiments angreifen und von der
Höhe herunter schmeißen zu lassen, damit ich unterdessen den Feind
übersehen und entdecken könnte, wieviel er schon diesseits Edesheim
stehen hatte."

„Der Oberstleutnant bewerkstelligte dieses selbst, und ich sah nun
die feindliche Artillerie bei der vor Edesheim liegenden kleinen Brücke,
und die ganze Kavallerie schlecht placirt und fast dicht aufeinander
gepfropft, auf der Plaine zwischen den Weingärten und dem Bruch
stehen. Ich konnte bei dieser Übersicht der Begierde zum Angriff nicht
länger widerstehen; die Leutnants v. Bonin, v. Katzeler und mehrere
Offiziere waren mit der feindlichen Avantgarde bereits handgemein;
ich ließ alle Trompeter zur Attacke blasen, und mein Regiment kam
in der größten Eile herbei. Mit den ersten Eskadrons attackirte ich
sogleich die Kavallerie; diese war durch den unvermuteten Angriff
so becontenancirt, daß wir sie bald zum Weichen brachten und über
den Haufen warfen; die ganze, jenseits des Bruches stehende feindliche
Artillerie fing jetzt ein fürchterliches Feuer auf uns an, aber nichts war
jetzt mehr im Stande, meine Husaren aufzuhalten; wir stürzten auf

das vom Feinde durch Edesheim vorgebrachte Geschütz los; der Leutnant
v. Kleist von meiner Leib-Eskadron ging mit seinem Zuge einer dieser
Kanonen grade entgegen, es war nicht mehr 100 Schritt davon, und
ich rief ihm zu: »Nur rasch, Kleist, der Feind kommt nicht mehr zum
Laden!« Aber kaum hatte ich diese Worte ausgesprochen, so schoß
die Kanone; ich glaubte von diesem Zuge wenig Leute wieder zu sehen,
allein wie sehr erstaunte ich, als ich sah, daß noch alles in Bewegung
war und die Kanone erobert wurde. Wahrscheinlich mußte die Kar-
tätschen-Büchse nicht auseinander gegangen sein, weil kein Mann be-
schädigt worden war."

„Wir erbeuteten außer dieser noch eine 8pfündige Kanone und eine
Haubitze und warfen den Feind pêle mêle in Edesheim hinein, wo er
noch sehr stark mitgenommen wurde. Wäre jetzt nicht die feindliche
Infanterie aus den Weinbergen herbeigeeilt und hätte uns ganze
Salven in die Flanke gegeben, so hätten wir auch noch das Geschütz
mitnehmen können, welches der Feind bis in Edesheim hereingeschleppt
und dort zerbrochen und in einander gefahren hatte; so aber durften
wir uns nicht länger aufhalten, ich ließ daher zum Abmarsch blasen,
und dieser geschah, trotz dem abermaligen Artilleriefeuer des Feindes
ganz langsam und in der größten Ordnung."

„Das brave Kürassierregiment Weimar, unter Kommando des
Obersten v. Froreich, war, als ich attackirte, zu meiner Unterstützung
herbeigeeilt, und hatte sich im Kanonenschuß formirt; jetzt nahm es
mich auf und ich ging mit Allem bis in meine Position zurück. Wir
hatten bei dieser Aktion einige 80 Gefangene gemacht, und über
100 Pferde, zwei 8pfündige Kanonen und eine Haubitze erbeutet. Unter
den ersteren befand sich der kommandirende General der ganzen feindlichen Kavallerie, Namens Laboissiere (welcher von Leutnant v. Kameke
gefangen gemacht wurde) und der Oberst Ferrier dit Mitrailleur, der
der die Artillerie kommandirte."

„Der Prinz v. Hohenlohe und unser ganzes Korps hatten die
Affäre von den Höhen bei Venningen sehen können; alles war voller
Besorgniß, da man bei meinem Angriff die starke feindliche Kanonade
hörte, und man uns bald darauf wegen des dadurch entstandenen
dicken Pulverdampfs nicht mehr bemerken konnte; um so allgemeiner
war aber die Freude, als der glückliche Ausgang derselben bekannt
wurde. Der Prinz war so gnädig, mir seine Zufriedenheit und seinen
Dank zu äußern, und belegte mein Regiment mit solchen Lobsprüchen,
die in uns allen nur den Wunsch rege machten, sie ferner zu verdienen."

Über diesen Gefechtsabschnitt berichtet Hohenlohe wie folgt: „Noch
immer hinderte dieser brave General [Blücher] den Feind, durch Edes-

heim durchzukommen, bis eine gegen seine linke Flanke vom Feinde aufs neue etablierte Batterie es rätlich machte, ihn in die Hauptposition zwischen Edenkoben und Venningen zurück gehen zu lassen." Er habe Blücher, dem er auch das Kommando über die Kavallerie des rechten Flügels aufgetragen habe, ersucht, „sich so à portée zu halten, um von jedem feindlichen Fehler sogleich profitiren zu können, welchen Wink er in dem Augenblick, da viel feindliche Kavallerie mit einer reitenden Batterie durch Edesheim vorging, so geschickt benutzte, daß er sie mit seinem Regiment schlug, mehrere Hundert Mann niederhieb" ... „Diese schöne Tat, machte auf den Feind so viel Eindruck, daß er es den ganzen Tag nicht mehr wagte, wieder Geschütz vorzubringen." Die Anerkennung der beherrschenden Wirkung der Kavallerie unter Blücher fand damals bei den Franzosen beredten Ausdruck in dem Blücher beigelegten Namen: le roi rouge. Blücher fährt im „Journal" fort:

„Obgleich der Feind einen so beträchtlichen Echec auf der Plaine erlitten hatte, nach welchem er es nun nicht mehr wagte, aus Edesheim zu debuchiren, so ließ er doch nicht ab, in den Weinbergen meine Infanterie fortdauernd anzugreifen und ein lebhaftes kleines Gewehrfeuer zu unterhalten. Ich begab mich dorthin, stieg vom Pferde, und obgleich die feindlichen, hinter den Bäumen stehenden Tirailleure mich erkennen konnten und ihr Schießen verdoppelten, so erreichte ich doch glücklich die Flesche vor Edenkoben; in derselben fand ich den würdigen und verdienstvollen Oberstleutnant v. Bila, der im Kugelregen kaltblütig auf einem Schemel saß, und seine Leute, die hinter dem Parapet [Brustwehr] angelehnt waren, zum Feuern animirte; die in der Flesche stehende Kanone schoß immerwährend mit Kartätschen, wodurch die Franzosen viele Menschen verloren."

„Ich verließ getrost die Schanze, denn der brave Bila versicherte mich, daß so lange er lebte, der Feind ihn nicht verdrängen sollte. Müffling stand mit der übrigen Infanterie noch eben so fest und unverändert, und ich sah daher mit Vergnügen, wie des Feindes Bemühungen auch von dieser Seite fruchtlos blieben. — Indessen, schon mancher unsrer guten Soldaten war tobt, und alle waren aufs äußerste fatigirt, sodaß ich fürchtete, sie würden bei allem ihrem guten Willen, doch nicht bis zur eintretenden Nacht Widerstand leisten können, doch glücklicherweise wurde auch diese Besorgniß gehoben. Nachmittags gegen 4 Uhr wurde der Erbprinz von Hohenlohe durch erhaltene Oesterreichische Verstärkung endlich in den Stand gesetzt, mir 2 Bataillone von Romberg unter der Anführung Seiner Königlichen Hoheit des Prinzen Louis Ferdinand zum Soutien zu schicken."

„Ich kam mit diesem liebenswürdigen und mutvollen Prinzen dahin überein, daß es nun wohl am besten sein würde, das Blatt umzuwenden und dem Feind grade auf den Hals zu gehen. Kaum war dieser Entschluß gefaßt, so sprang der junge Held auch schon vom Pferde, vereinigte seine Infanterie mit der meinigen und stürzte mit der ganzen Linie auf den Feind, welcher in größter Bestürzung floh. Um die Niederlage desselben noch vollkommener zu machen, ließ ich den Leutnant v. Kamele mit 150 Pferden gegen Edesheim heraufgehen, und dann den Weg nach Rodt einschlagen, um der retirirenden feindlichen Infanterie in die Flanke zu gehen; dieser reüssierte hierin vollkommen, indem noch einige 100 Franzosen bei Rodt durch die Husaren niedergehauen wurden. Jetzt war der Feind auf allen Seiten mit außerordentlichem Verlust zurückgetrieben; um seine Retraite zu decken, steckte er aber leider das schöne Dorf Edesheim, bei welchem es ihm schon so oft unglücklich gegangen war, an und brannte es bis auf den Grund nieder. So endigte dieser blutige, für uns siegreiche Tag.“

Wie Blüchers Gegner in diesem Augenblick gestimmt war, darüber gibt eine Meldung Saint-Cyrs vom Abend aus Nußdorf Kunde. „Unser Tag, Bürger General, hatte vollkommen gut begonnen, indem alles uns die glücklichsten Erfolge versprach, als ein Ehrgeiziger, der seine Talente in den Augen des Volksrepräsentanten Rougemont leuchten lassen wollte, die reitende Artillerie gegen den Rat seiner untergebenen Offiziere, die größte Ungeschicklichkeit begehen ließ, die je begangen wurde; glücklicherweise befand ich mich bei der Batterie zur Rechten im Augenblick, wo er dem ganzen Rest der Artillerie der Division befohlen hatte, sich dahin zu begeben, wo seine Stücke genommen wurden; ich hielt diese Bewegung noch rechtzeitig genug auf, widrigenfalls die Unordnung der Division ihren Gipfel erreicht hätte. Ich hoffe, daß wir dieses Unglück morgen gut machen werden. Sobald die Truppen im Gebirge vorgerückt sind, werden wir die Wegnahme des Rückens leichter bewirken, von dem aus der Feind heute mehr als 3000 Kartätschenladungen auf uns abgefeuert hat; der Feind hat uns große Streitkräfte entgegengesetzt und den hartnäckigsten Widerstand geleistet; dreimal selbst von uns angegriffen, schritt er seinerseits zum Angriff, allein der Mut, den unsre Infanterie zeigte, ist über alles Lob erhaben. Der Kampf dauerte von 3 Uhr Morgens bis 7 Uhr Abends mit der größten Erbitterung.“ Mit dem Wunsch, am folgenden Tage die Scharte auszuwetzen, schließt Saint-Cyr seine Meldung.

Leider sollte sich dieser Wunsch erfüllen; drüben schlug grade jetzt das Siegesgefühl in große Niedergeschlagenheit um. „Meine

Truppen", berichtet Blücher, „waren der Ruhe bedürftig, und ob zwar wir alle unter freiem Himmel lagen, so tat sie uns doch wohl, weil wir sie mit dem Bewußtsein genossen, das Unsrige getan zu haben. Doch — bald wurden wir in unsrer Sorglosigkeit durch eine unerwartete Nachricht gestört; denn um 9 Uhr abends kam die Hiobspost, daß der Feind, obgleich er den Tag über vergeblich das Schänzel bestürmt habe, er nachdem er abends um 8 Uhr 2 frische Bataillone Verstärkung erhalten, seinen Sturm rasend und mit aller Aufopferung erneuert hätte, und seiner großen Übermacht und der gänzlichen Erschöpfung unsrer Truppen wegen, endlich dahin reüssirt wäre, diesen Posten zu nehmen, daß diesem nach unsre sämmtlichen im Gebirge auf dem Schänzel, beim Johanneskreuz und Trippstadt gestandenen Truppen sich zurück gezogen hätten."

„Da wir von unsrer Seite so glücklich gewesen waren, so wurde ich von dieser Nachricht wie vom Blitz getroffen. Der Erbprinz von Hohenlohe sah sich nun genötigt, mit dem Korps gleichfalls zurück zu gehen; er marschirte mit demselben Mitternachts nach Neustadt ab, mir gab er die Order, die Arriergarde zu machen. Schon hörte man bei Sankt Martin, welches ganz in unserm Rücken lag, schießen; der Oberst Saniz ließ mich daher bitten, nicht eher abzumarschiren, als bis er alles vom Kieferberge und aus dem diesseitigen Gebirge heruntergezogen, und durch Edenkoben marschirt sei, weil er nach Sankt Martin nicht mehr gehen könne. Da ich die weite Plaine hinter mir hatte, so glaubte ich um so weniger Ursache zu haben, mich durch das Vordringen des Feindes im Gebirge irre machen zu lassen; und weil es nach so großer Strapaze äußerst notwendig war, meine Leute und Pferde einige Stunden ruhen zu lassen, so faßte ich den Entschluß, mit den Husaren die Nacht über stehen zu bleiben; die Infanterie ließ ich aber nach dem Abmarsch des Korps auf Neustadt vorausgehen."

„Ich brauchte während der Nacht meine Prekautions, und ließ fleißig patrulliren. Um 5 Uhr des morgens zog ich alle Vorposten ein, und marschirte mit meinem Regiment ab; der Feind folgte mir zwar, indessen nur in einiger Entfernung und wollte sich in keinen Angriff einlassen. Vor Neustadt machte ich halt und marschierte auf; der Feind formirte sich mir gegenüber, brachte einige Kanonen vor, und fing an uns zu beschießen. Der General v. Wolfradt stand links von mir bei einem Vorwerk am Speier-Bach; wir ließen beide unsre reitenden Kanonen abprotzen, und begrüßten den Feind, der es nicht wagte sich zu nähern; endlich zeigte sich einige Kavallerie, die meine noch vor mir stehende Arriergarde zurückdrängen wollte; ich ging

derselben sogleich mit 2 Eskadrons entgegen, worauf sie sich augen=
blicklich wieder zurückzog, mithin blieb es blos beim Kanoniren."

Prinz Hohenlohe war auf den Höhen nördlich Neustadt halten
geblieben, entschlossen, wenn der Feind angriffe, das Gefecht an=
zunehmen. Er kam zu Blücher vorgeritten und wies ihn an, wie er
sich für diesen Fall auf ihn zurückziehen solle.

Als er fortgeritten war, ereignete sich ein Intermezzo, das von
Blüchers unverwüstlicher Laune beredtes Zeugnis ablegt. Er erzählt:
„Kaum war er [Hohenlohe] fort, als verschiedene feindliche Kavallerie-
Offiziere, die wahrscheinlich ihre Kühnheit zeigen wollten, wild auf
uns herangesprengt kamen; ich sagte zu einigen Offizieren meines
Regiments, die um mich waren, wir wollten, um diesen Herren noch
mehr Mut einzuflößen, sachte zurück reiten, und dann plötzlich um=
kehren und grade auf sie losfahren. Dies geschah; denn, als sie sich
uns bis auf 30 Schritt genähert hatten, wandten wir rasch unsre Pferde
um, und ritten mit verhängten Zügeln auf sie los, wodurch sie der=
maßen decontenancirt wurden, daß sie eiligst die Flucht ergriffen,
und bei ihrem ängstlichen Umsehen nur unser demütigendes Gelächter
hören mußten; beschämt verloren sie sich in ihrer Menge."*)

„Um unsrer Gegner noch mehr zu spotten", fährt Blücher fort,
„und ihnen zu zeigen, wie wenig mich ihre Neckereien beunruhigten,
ließ ich 12 Trompeter bis zu meinen Flankeuren vorkommen und
Aufzüge blasen; sie stellten hierauf ihr einzelnes Schießen sogleich ein,
und die Musik amüsierte sie so, daß die französischen Offiziere sich
derselben immer mehr näherten; um nun gegenseitig höflich zu sein,
befahl ich, daß meine Leute nicht auf sie schießen sollten, sie wurden
daher um so unbesorgter, und hörten mit Aufmerksamkeit zu. Nachdem
dieser Spaß einige Zeit gedauert hatte, nahm ich den Hut ab und
ritt fort; alle dankten wiederholentlich auf gleiche Weise und riefen:
„Adieu, général, jusqu'à demain!" Die Neckereien unterblieben nun;
der Feind zog sich gegen Abend etwas zurück, und ich biwakirte die
Nacht über mit meinen Truppen bei Neustadt."

---

*) Merkwürdigerweise schrieb das Feld-Reglement von 1790 vor: „Auf Streifen,
Erkundungsritten und Futterpartien ist alles Plänkeln und andere Bravaden aufs strengste
verboten, indem die Offiziere im wirklichen Dienst hinlänglich Gelegenheit finden würden
ihre Bravour an den Tag zu legen".

Ellerstadt und Battenberg.

Die Franzosen hatten mit der Ordnung der Truppen genug zu tun; sie waren nur langsam gefolgt. Als sie am 15. auf Neustadt vorrückten, zog der Prinz die Nachhut unter Blücher in eine Stellung nördlich Neustadt zurück, in die er sich tags vorher begeben hatte. Beim Zurückgehen näherte sich französische Kavallerie dem Nachtrupp der roten Husaren; Blücher hatte sich etwas seitwärts herausbegeben, „um den Feind besser zu übersehen; solches bemerkten etwa 20 französische Kavalleristen, die in unsrer Nähe waren; sie sprengten schnell vor und wollten uns abschneiden; wir [Blücher, sein Adjutant und einige Ordonnanzen] blieben indeß dicht beisammen und gingen grade auf sie los; einige meiner Husaren sahen dies, kamen dazu und wir versprengten nun unsre Gegner, die nur mit genauer Not davon kamen".

„Nachdem alles in der Linie [in Schlachtordnung] war, erwarteten wir mit Sehnsucht, daß die feindliche Armee auf uns anrücken und sich in eine förmliche Schlacht mit unserm Korps einlassen würde; wir hatten alle Ursache, auf einen glänzenden Ausgang für uns zu rechnen; die Position, welche wir genommen hatten, war nicht allein gut, sondern wir waren auch mit 40 Eskadrons Kavallerie links von Mußbach auf einer ziemlich weiten Plaine aufmarschiert, die wahrlich dem Feinde viel zu schaffen gemacht haben würde. Doch — unsre Hoffnungen blieben unerfüllt; der Feind hütete sich wohl, sich in einem Terrain mit uns zu messen, wo, seiner Übermacht ungeachtet, gute Disziplin und militärische Manöver die Sache unfehlbar zu unserm Vorteil entschieden hätten. Er begnügte sich, nur mit einem Teil Kavallerie und Infanterie bis Neustadt und Winzingen vorzugehen; unsre schwere Artillerie begrüßte diese jedoch so kräftig, daß solche sich bald zurückzuziehen genötigt waren." (Skizze S. 156.)

Auch im Berggelände hatte sich die preußische Infanterie, von ihren Schützen und von den Jägern im zerstreuten Gefecht und von den Kartätschen ihrer Bataillonskanonen unterstützt, den „Neufranken" wenigstens in der Verteidigung überlegen geglaubt. Durch die Niederlage am Schänzel war die Erkenntnis gekommen, daß „in den Bergen und den undurchdringlichen Weinbergen der schlechteste Kerl so gut fechte als der wohldressierteste Soldat, wo man, wenn er auch noch so oft zurückgeschlagen, ihm doch keine gänzliche Niederlage beibringen, er also seine Angriffe stets von Neuem wiederholen könne und wo sodann die ganze preußische Armee gleich einem elenden Postierungs-Kordon auf Vorposten stehe", wie ein Generalstabsoffizier in Hohenlohes Hauptquartier sich damals äußerte.

Die Ansicht, daß der Feind an Zahl überlegen wäre, beruht auf einem Irrtum. Eine genaue Stärkeberechnung ergibt, daß die Franzosen am 13. Juli nur im Gebirge mit Überlegenheit auftraten; ein entschlossener Angriff hätte in der Rheinebene wohl zweifellos zu einer schweren Niederlage der Franzosen geführt, wenn sie auch an Landau eine willkommene Zufluchtsstätte hinter sich hatten. All die Umgehungen im Gebirge wären wie Schreckgespenster bei Tageslicht in sich zusammengesunken. Ob nicht ein tatkräftiges Vorgehen Hohenlohes die Kaiserlichen und den Feldmarschall Möllendorf selbst mit fortgerissen hätte, wie zwanzig Jahre später Blüchers Vorgehen die Hauptarmee Schwarzenbergs? Zu solchem Aufschwung war die Kriegs-energie auf deutscher Seite zu tief gesunken; erst eine schwere Schule der Niederlagen sollte die Leidenschaft, die in Blüchers Herzen schon glimmte, auch in den Herzen der Führer entfachen, wie sie einmal zum kriegerischen Erfolg notwendig ist.

Am 15. Juli liefen bei Hohenlohe die Befehle Möllendorfs zum weiteren Rückzuge ein. Auch dieser hatte sich nach dem Durchbrechen seiner Gebirgsposten südlich Kaiserslautern nicht mehr zu helfen gewußt; während die Kaiserlichen bei Mannheim wieder über den Rhein zurück-gingen, wichen die preußischen Heerteile auf Mainz zu zurück. Am 17. Juli stand Hohenlohe wieder hinter der Pfrimm; die Nachhut unter Blücher bezog Kantonierungen in und um Grünstadt und nahm rechts mit den Vorposten des Hauptkorps, links mit denen des Generals v. Wolfradt Verbindung. Blücher wohnte im Schloß Klein-Bockenheim nördlich Grünstadt. Außer preußischen Truppen wurden ihm im August noch ein bayerisches Feldjäger-Bataillon und ein Chevauxlegers-Regiment*) (400 Pferde) unterstellt. Der Feind blieb gegenüber in der Linie Schifferstadt, Dürkheim, Alsenborn halten.

„Da mir", so schreibt Blücher über diese Zeit, „das Terrain in dieser Gegend den Winter über sehr bekannt geworden war, so säumte ich auch nicht, meine damaligen Beschäftigungen wieder anzufangen. Ich fing die Patrullen des Feindes ein und alarmirte denselben fast alle Nacht, sobaß er beständig unter'm Gewehr sein mußte."

„Diese ihm so häufig gegebenen Beispiele, die mehrenteils mit dessen Nachteil verknüpft waren, erweckten endlich in ihm den Ent-schluß, sein Heil gleichfalls in Überfällen zu suchen."

„In der Nacht vom 12. August sprengten einige 100 feindliche Kavalleristen über Weisenheim am Sande vor, warfen die Husaren-Vedetten zurück und eilten mit verhängten Zügeln grade auf Klein-

---

*) Von dieser Truppe stammen die jetzigen bayerischen Chevauxlegers-Regimenter Nr. 4 und 5 ab.

Karlbach zu, woselbst ich ein Piket, welches aus Kürassiren und Dragonern bestand, stehen hatte; dieses hatte sich zwar etwas übereilen lassen, kam aber doch glücklich aus dem Dorfe heraus; ein junger Offizier des Kürassirregiments Weimar, welcher mit bei diesem Piket war, hatte sich aber leider etwas verspätet, und anstatt rückwärts heraus zu reiten, verfehlte er den Weg, stieß grade auf den Feind, und wurde von demselben niedergestochen. Diesen Unglücksfall abgerechnet, hatten wir indessen weiter keinen Verlust durch dieses Unternehmen erlitten, welches für den Feind noch nachteilig war, indem der brave Major v. Linstow, Schmettauschen Dragonerregiments, welcher dü jour hatte und das Feuern hörte, mit einem Soutien rasch voreilte, den Feind zurückschmiß, und ihm mehrere Gefangene abnahm. Der schlechte Erfolg dieses Überfalls veranlaßte den Feind, sich in keinen mehr einzulassen, und ich hielt ihn fortdauernd durch kleine Unternehmungen, die ihm zuweilen sehr empfindlich wurden, in Furcht."

Am 17. August hatte der Feind zwei Ortschaften südwestlich Grünstadt geplündert. In der Erwartung, daß er am andern Tage wiederkommen würde, legte Blücher persönlich mit einigen hundert Husaren, Dragonern und bayerischen Reitern ein Versteck. Zwei Züge der Bayern besetzten die Gärten eines Dorfs, zwei andere wurden zu Pferde bereit gestellt. Der Feind bemerkte die Falle aber frühzeitig und die Bayern bekamen nur einen Gefangenen. Blücher aber rühmte ihr Verhalten dem Erbprinzen von Hohenlohe so, daß dieser der Truppe aussprach: es sei ihm angenehm gewesen, aus Blüchers Rapport zu ersehen, daß die Bayern Gelegenheit gehabt hätten, ihren Ruhm zu behaupten und sich den Beifall eines Kenners leichter Kavallerie, wie General v. Blücher es sei, zu erwerben.

Am 27. August wurde Blücher der ihm vom König verliehene Rote Adlerorden überreicht; er beschloß sofort „denselben einzuweihen", wie Möllendorf an den König berichtet.

Die folgende Darstellung dieser Einweihung ist aus Blüchers Gefechtsbericht und dem Kampagne-Journal zusammengestellt und mit Ergänzungen versehen, die ein gleichzeitiger bayerischer Bericht enthält.

„Nachdem ich erfahren hatte, daß der Feind fast gewöhnlich alle Morgen starke Patrullen (Detachements) über Friedelsheim gegen Laumersheim (4 Kilometer östlich Grünstadt) schicke, so nahm ich mir vor, ihm bei dieser Gelegenheit etwas anzuhängen und ging die vergangene Nacht (um 1 Uhr) mit einem Kommando von 200 Husaren, 100 Dragonern vom Regiment Schmettau und 100 pfälzischer Chevaux-legers (von jeder Art kamen 25 Pferde in die Avantgarde) über die sogenannte Speyerbrücke (über die Isenach und den Bruchgraben, wo bei der Eiersheimer Mühle ein Dragonerzug blieb) und wollte in einem nahe gelegenen Walde (dem Rosenwald) zwischen Friedelsheim und Ellerstadt ein Versteck legen. Die Nacht war sehr finster und die Dragoner kamen auf einem unrechten Wege vom Kommando ab. Da die Wiederaufsuchung derselben einigen Zeitverlust verursachte, so wurde es mittlerweile Tag, ehe ich den Wald erreichen konnte; ich verbarg mich daher mit meinem Detachement so gut wie möglich in einem kleinen Fichtbusch (rechts des „Holzhofes"; die Avantgarde und die Husaren standen am Tannenbusch, die Bayern und die Dragoner des Haupttrupps dahinter) und erwartete dort die Annäherung des Feindes. Diese erfolgte: wir wurden aber von den ersten Flankeuren entdeckt, welche Feuer gaben. Nun ließ ich einige Züge unter dem Leutnant v. Katzler*) rasch vorgehen und folgte mit dem Rest (in geschlossenen Zügen im Trab und Galopp). Der Major v. Osten Schmettauschen Dragoner-Regiments deckte unterdessen meine linke Flanke."

„So ließ ich meine Avantgarde Jagd auf den Feind machen; selbige schmiß das, was von der feindlichen Kavallerie am weitesten vorpussirt war (100 Mann in 2 Zügen), sogleich über den Haufen und da ich sie (durch 3 Züge) hinlänglich sutenirte (während ein Teil der Bayern in die Flanke des Feindes ging), so erreichten wir die größte Masse der feindlichen Kavallerie endlich vor Wachenheim, da selbige im Zurückgehen Friedelsheim links hatte liegen lassen. Hier sprengten wir sie völlig auseinander, hieben viele herunter und machten 1 Offizier und 26 Kavalleristen zu Gefangenen.**) Die Bestürzung des Feindes überhaupt war außerordentlich groß, die Infanterie vor Wachenheim floh in den Wald und einige wurden noch vor ihren Hütten niedergehauen."

„Ich marschirte nun im Angesicht des Feindes, der aus Wachenheim ausrückte, über die Plaine zurück (Husaren und Chevaurlegers machten eine Retraite en echiquier bis zur Eiersheimer Mühle, um den Rückzug der andern zu decken)." Blücher bezeigte sein ganz besonderes Wohlgefallen an dem Betragen der Bayern; zwei ihrer Offiziere erhielten ein besonderes Lob; die Bayern hatten außer dem Gefecht eine Marschleistung von etwa 50 Kilometern gehabt.

„In eben dieser Nacht", fährt Blücher fort, „hatte ich den Kapitän v. Puttlitz vom Bataillon Müffling mit einem Detachement Infanterie

---

*) Dem späteren berühmten Avantgarden-Führer.

**) Der bayerische Bericht sagt: 1 Leutnant und an 40 Mann; Möllendorf gibt 34 Mann an.

durch meinen Adjutanten den Rittmeister v. Bonin bei Klein-Karlbach plaziren lassen; obgleich er durch den Feind, der bei Anbruch des Tages von dieser Seite mit einer Infanterie-Patrulle vorgegangen war, etwas zu zeitig entdeckt wurde, so hatte er doch Gelegenheit, auf denselben ein sehr wirksames Feuer zu geben, wodurch selbiger mehrere Leute verlor." Blücher hatte sich jedenfalls durch die Besetzung von Klein-Karlbach mit Infanterie den Rücken decken wollen, eine Maßregel, die das Feldreglement empfahl.

Klein-Karlbach liegt da, wo südlich Grünstadt am Gebirgsfuß der Eckbach aus dem Leininger Tal heraustritt; der Bach treibt zahlreiche Mühlen und trennt zwei zum Rhein ziehende, rebenbepflanzte Höhenrücken. Südwestlich tritt an den Ort der Gebirgsabfall nahe heran; der Talrand nach dem Eckbach zu war mit Waldesdickicht bewachsen und ebenso der steile Hang einen Kilometer weiter südlich, wo die Ruinen des Schlosses Battenberg emporragen. Hier machte Blücher in der Nacht vom 4. zum 5. September eine „große Embuskade". Blüchers Angaben werden auch hier mit Ergänzungen aus einem bayerischen Bericht wiedergegeben.

„Da der fast täglich des Morgens meine Vorposten alarmirende Feind durch diese Neckereien selbe außerordentlich beunruhigte und nicht abließ aus seinen Biwaks bei Leistadt und im Gebirge täglich mit starken Rekognoszirungen, welche nur aus Infanterie bestanden, durch die Gebüsche bis vor meine bei Klein-Karlbach stehenden Posten vorzugehen, so faßte ich gestern den Entschluß, dem Feinde für diesen Vorwitz eine Schlappe anzuhängen."

„Um ihn desto sichrer zu machen, verhielt ich mich einige Tage ganz ruhig; nach Ablauf derselben ließ ich diese Nacht ein Kommando von einigen hundert Mann Infanterie, welche aus Füsiliren, Jägern und Pfälzer Infanterie bestanden, unter den Befehlen des Majors Jvernois sich beim Battenberg im Walde am Abhange des Gebirges beim Battenberger Schloß en embuscade legen und 100 Mann Infanterie unter dem Hauptmann v. Puttlitz im Neu-Leininger Tal. Ich selbst aber ging mit den neuen Feldwachen, welche aus Husaren, Chevauxlegers [50] und Dragonern [50] melirt waren, nach Klein-Karlbach." [Der General führte uns — um 2 Uhr nachts vom Eisbach-Übergang nördlich Grünstadt aufbrechend — ohne Grünstadt oder einen anderen Ort zu passieren, sehr schickliche Wege bis nach Klein-Karlbach; hier postierte er uns nebst einem Kommando von 50 seiner Husaren sehr dicht an das am Ende des Orts gelegene Haus, so zwar, daß der Feind, der von der rechten Seite außerhalb des Orts herkommen mußte, nicht das mindeste von uns gewahr werden konnte.

Herr General selbst aber stieg von seinem Pferde und schlich sich unter einer Hecke vor, um uns die Ankunft des Feindes genau und sicher bestimmen zu können.]

„Ich hatte den Major Ivernois instruirt, daß er den Feind, welcher gemeiniglich seinen Weg unter dem Gebirge zu nehmen pflegte, ganz vor sich vorbei gehen lassen und ihn alsdann erst in den Rücken nehmen sollte, weil er sich dann wahrscheinlich auf die Plaine machen und mir in die Hände fallen würde. Ich erwartete mit dem jungen Grafen v. Forstenburg, der mich zu dieser Expedition begleitete, hinter einem Zaun sehnsuchtsvoll den anbrechenden Tag. Er kam und mit ihm der Feind; dieser, stark an Infanterie, nahm seinen gewöhnlichen Weg über Bobenheim. Da indessen der Busch, in welchem Major v. Ivernois stand, etwas zu licht war und der Feind seinen Weg dahin nahm, wurde er etwas zeitig durch eine Seitenpatrulle entdeckt; der Major ließ daher gleich Feuer geben, welches der Feind zwar er= widerte, indessen trotz desselben glücklich gegen den Bobenheimer Weg zurückgedrängt wurde und sich auf die Plaine herauszog.“ [Ungefähr früh 5 Uhr war es, als sich der Feind in einer Stärke von allenfalls 250 Nationaltruppen von dem Gebirge herab und in freiem Felde blicken ließ; alsbald gab Herr General das Zeichen zum Angriff.]

„Nun brach ich mit der Kavallerie los und hieb sogleich in die Infanterie und glücklicherweise mit so gutem Erfolge ein, daß eine sehr ansehnliche Menge davon niedergehauen und viele (einige 60) Gefangene gemacht, teils im Walde versprengt wurden.“ [Die Preu= ßischen und Churpfälzischen, dann Bairischen Feldjäger suchten sobann dem Feind den Rückzug in das Gebirge bis zur Ankunft der Kavallerie abzuschneiden, welche auch, ohne Ruhm zu sagen, mit vollem Mute auf den Feind einhieb, also zwar, daß Herr General v. Blücher, welcher immer à la tête war, mehrmals den Chevauxlegers zurief, Pardon zu geben.]

Blücher hatte heute einen besonders glücklichen Tag: „Nachdem diese Affäre [der Bayer nennt es eine „Hatze“] vermöge der Bravour sämmtlicher Truppen von unsrer Seite so gut beendigt war, wollte ich (auf Grünstadt) zurückmarschiren, und schickte deshalb die Kavallerie voraus, um mit der Infanterie in den Weinbergen die Arrieregarde zu machen, als mir plötzlich vom Gebirge her gemeldet wurde, daß der Feind sehr stark gegen Kerzenheim, meinen rechten Flügel, vor= rücke und habe die Vorposten des 2. Bataillons, welches auf jener Seite des Gebirges stand, zurückgedrängt. Ich schickte augenblicklich meiner Kavallerie nach, ließ solche zurückholen, und wir erkletterten mit Mühe die steile Höhe bei Neu-Leiningen; ich übersah nun den vorbringenden Feind, mehrere Hundert Mann Infanterie und 50 Mann Kavallerie, den unsre unvermutete Erscheinung stutzig machte, und gab das Signal zur Attacke; er wurde von uns in die Flanke genommen und, trotz seiner Überlegenheit, geschmissen. Wir machten noch einige 70 Gefangene; der Feind ließ viele Todte auf dem Platz, und wurde bis in sein Hüttenlager bei Alt-Leiningen — bis an den Matzeberg — verfolgt; das, was uns entging, zog sich eilig in die Waldung zurück. Dieser Tag, an welchem wir 2 Affären kurz hintereinander so glücklich ausführten, war für den Feind überhaupt sehr kostbar, indem er im Ganzen an 300 Mann verlor, dahingegen unser Verlust äußerst unbeträchtlich war." Es waren zwei Bayern und ein Husar geblieben. „Sämmtliche Truppen haben sich äußerst ruhmvoll betragen und ich kann das mutvolle Benehmen der pfälzischen Truppen, besonders der Chevauxlegers nicht genug rühmen."

Hohenlohe meldete an Möllendorf: „Euer Exzellenz ersehen aus dem Rapport des Generalmajors v. Blücher, daß er fortfährt mit Anstrengung jede Gelegenheit zu benutzen, dem Feinde die Superiorität unsrer Waffen fühlen zu lassen. . . . . Das ausdauernde Verdienst des Generalmajors v. Blücher wird Euer Exzellenz Aufmerksamkeit nicht entgehen; da derselbe so bescheiden war für die letzte Expedition keine Medaillen zu fordern, so verspreche ich mir von Euer Exzellenz Gnade eine ergiebige Anzahl." Der Feldmarschall berichtete an den König hierüber, Blücher habe „wiederum einen Coup gegen den Feind ausgeführt und durch gute Ausführung seiner dazu entworfenen Disposition vom Feind 300 Mann niedergehauen und 1 Offizier, 2 Unteroffiziere, 70 Gemeine zu Gefangenen gemacht".

Die 50 Bayern allein wollen 65 Mann „todt gehauen und 33 blessirt und gefangen" haben. Ihr Dreinschlagen war selbst Blücher zu toll: „Herr General v. Blücher bedankte sich persönlich bei dem Chevauxlegers-Kommando und äußerte sich mit diesen Worten: Ihr Leute seid ausgezeichnet brav, nur zu eifrig, ihr haut die Racker alle zusammen und gebt zu wenig Pardon, ihr müßt menschlicher sein und mehr gefangen nehmen." Der bayerische Oberst entschuldigte andern Tags seine Leute: „Die Ursache der so wenigen Gefangenen rührt daher, weil die Chevauxlegers sich nur mit dem Zusammenhauen abgegeben, die Gefangenen hingegen zum Haupttrupp zurückgewiesen haben, um in der Verfolgung des Feindes nicht behindert zu sein."

Ihr Grimm findet auch darin seine Erklärung, daß sie ihn bisher so lange untätig auf ihren Kordonposten hatten verbeißen müssen und daß es grade ihre Heimat war, die der Feind vor ihren Augen verwüstete.

Übrigens hatten die Bayern das Preußische Feldreglement auf ihrer Seite, in dem es hieß: „Bei großen Aktionen und wo ganze Regimenter zum Gefecht kommen, muß sich Kavallerie nach dem ersten Choc nicht viel mit Gefangenen und Beutemachen abgeben. Hier ist die erste Sache, Terrain zu gewinnen, den Feind zu schwächen und soviel als möglich Leute im Gefecht zu behalten. Hundert vom Feinde niedergehauene oder blessirte nützen für den Augenblick mehr als 300 Gefangene, weil durch diese auch von unserer Kavallerie gemeiniglich mehr als 300 Mann aus dem Gefecht kommen. Bei dieser Gelegenheit wollen es denn S. K. M. allen Kavallerie-Regimentern aufs Ernstlichste anbefehlen, daß die bei einigen Regimentern bisher obgewaltete Gewohnheit, daß mit einem gefangenen Reiter ja wohl mit 1 erbeutetem Pferde 2—3 Leute zurückreiten, als eine dem Dienst und selbst der Ehre des Regiments nachteilige Sache künftighin ganz abgeschafft werden muß. Es kann dies jetzt um so weniger stattfinden, weil keine Beutepferde an Fremde verkauft werden dürfen und wenn also an einem Pferde oder Gefangenen ihrer Zwei Teil haben, so kann sich der Zweite jederzeit beim Chef der Eskadron oder Kommandeur des Regimentes melden, alsdann er, wenn seine Ansprüche gegründet sind, auch seines bestimmten Anteils immer gewiß sein kann. Unter diesen Umständen also kann es nicht mehr das Interesse sein, welches die Leute zum Zurückreiten bewegt, sondern es muß als Feigheit angesehen und betrachtet werden, und S. K. M. befehlen es daher alles Ernstes allen ihren Generalen und Stabsoffizieren, so sich entweder im 2. Treffen oder bei dem Soutien der vorgegangenen Regimenter befinden, daß wenn mit einem gefangenen Reiter oder Pferde mehr als 1 Mann mitgeritten kommt, sie solche sogleich alle zu arretiren und an das 1. u. nächste Infanterie-Regiment abzuliefern haben; jeder Kerl soll alsdann 20mal Spießruten laufen, das Geld für die Beutepferde aber an die Eskadron oder an das Kommando verteilt werden, von dem die Leute sind. Jeder tüchtige Soldat muß, da er der Abnahme seines Beutepferdes gewiß sein kann, den hierauf etwa gemachten Gefangenen an das nächste Infanterie-Regiment, das Pferd aber an einen seiner Kameraden, so etwa ein blessirtes Pferd bekommen und zurückzureiten genötigt gewesen, abzugeben, für sich selbst aber wieder vorzugehen und neue Gefangene zu machen suchen. Überhaupt muß auf das eigentliche Gefangenen- und Beutemachen bei großen Aktionen nicht eher gerechnet werden, als bis man den Feind erst ganz in Deroute gebracht und an ein Defile herangeschmissen hat, alsdann es gut ist, soviel Gefangene und Beutepferde als möglich zu machen." Den Gefangenen sollten sofort die Waffen abgenommen werden.

Unsere Zeit hat mit den damaligen Begriffen über das Beutemachen vollständig aufgeräumt; das Privateigentum des Feindes soll
dem Soldaten heilig sein, und feindliches Staatseigentum fällt dem
Staat zu. Beutepferde werden, wenn das Regiment ihrer nicht selbst
bedarf, an das Pferde-Depot abgeliefert. Als letztes Überbleibsel aus
jener Zeit bestehen nur noch die Geschützgelder für den Truppenteil.
Damals hieß es: „Hat Kavallerie Kanonen erobert und muß, wie es
die meiste Zeit der Fall ist, weiter vorwärts gehen, so läßt sie einige
Mann und einen Unteroffizier bei selbigen zurück, damit ihr die von
S. K. M. hierauf gesetzte Belohnung nicht streitig gemacht werden kann.
Glaubt sie aber, das Terrain nicht behaupten zu können, so sucht sie
in der Geschwindigkeit Pferde zusammenzutreiben oder läßt einige
Leute absitzen, um solche aufs Geschwindeste zurückzuschaffen."

Merkwürdig mutet uns Blüchers Verfahren an, nach dem ersten
Gefecht die Kavallerie beim Zurückgehen voraufzuschicken, die Infanterie
die Nachhut bilden zu lassen. Auch das Feldreglement machte es „allen
Kavallerie-Offizieren, denen leichte Infanterie zu ihrem Soutien oder
zur Ausführung einer Unternehmung anvertraut ist, zur größten Pflicht,
solche ja mit Behutsamkeit zu gebrauchen, nie zu weit mitzunehmen oder
unnötig in Plänen zu exponiren". Die leichte Infanterie solle nur
den Rückzug der Kavallerie sichern; man müsse sich deshalb begnügen,
durch sie die Hauptdefilees besetzen zu lassen, „und auch hier muß
man wissen, wie man seine Infanterie, wenn der Feind dergleichen
Defiles forcirte, ohne sie Preis zu geben nach dem Lager bringen will".

Hier war man soeben siegreich gewesen, und man befand sich in
den Weinbergen, wo feindliche Kavallerie den Füsilieren nichts anhaben konnte. In solchem bedeckten und durchschnittenen Gelände ging
das Feldreglement sogar so weit, anzuordnen, daß „auch bei ganz
kleinen Patrullen Füsiliere mitzugeben sind. In solchem koupirten
Terrain machen alsdann die Füsiliere die vorderste Spitze der Pa-
trulleure und ehe sich die Husaren oder Dragoner in eine Gegend hinein-
wagen, so mit Gründen, Büschen, hohlen Wegen u. s. w. durchschnitten
ist, so muß solche erst durch die Füsiliere abpatrullirt werden; sobald
aber die Gegend offen wird, so ziehen sich gegenseitig die Husaren oder
Dragoner vor die Füsiliere, die alsdann wiederum das koupirte Terrain
auch nicht eher verlassen, als bis sie sicher sind, daß ihnen in der
Plaine nicht etwa eine überlegene Kavallerie, ehe sie ein Defile zu
erreichen im Stande sind, auf den Hals fallen kann".

Nach dem Gefecht am 5. meinte Blücher, daß der Tag dem Feinde
„einige Vorsicht lehren und uns etwas mehr Ruhe verschaffen" werde.
Es ereigneten sich dann auch zwar noch „kleine Vorposten- und Pa-

trullengefechte, indeſſen doch keine Vorfälle von beſonderer Wichtigkeit". Doch bot ſich am 13. September für Blücher Gelegenheit, ſeine
reitende Artillerie auf ein paar hundert Franzoſen in Tätigkeit zu
ſetzen, die von einer bayeriſchen Reiterabteilung aus einem Weinberg
bei Herxheim aufgeſtöbert wurden.

Der Feind wagte nicht, ſeine Erfolge von Edenkoben weiter aus-
zubeuten; es war wieder ein völliger Stillſtand eingetreten.

Kaiserslautern 1794.

Noch trauriger als in der Pfalz lagen die Sachen für die Alliierten
in den Niederlanden. Der Prinz von Koburg hatte am 26. Juni bei
Fleurus den Kampf gegen die Franzoſen abgebrochen; die Öſterreicher
gingen nun nach Oſten hinter die Maas, Engländer und Holländer
nach Norden zurück; am 9. Juli waren die Franzoſen in Brüſſel eingezogen. „Die gemeinſame Not, die gleich ſchwer auf Allen laſtete,
ließ endlich das Bedürfniß zum gemeinſamen Handeln fühlen." In
Schwetzingen einigte man ſich am 26. Juli zu einer Rechtsſchiebung
vom Rhein zur unteren Moſel.

Möllendorf ſollte mit der Maſſe der preußiſchen Armee den
Hunsrück beſetzen und dadurch Koblenz ſichern. Der Erbprinz von Hohen-
lohe ſollte mit 30000 Mann, etwa halb Preußen halb Öſterreicher,
ſowie einigen pfälziſchen und heſſiſchen Truppen die Deckung von
Mainz übernehmen und durch einen Vorſtoß auf Kaiserslautern dieſe
Verſchiebungen verſchleiern. Dadurch erhielt der Erbprinz Gelegenheit,
den Feldzug mit einer für die Waffen der Alliierten ehrenvollen
Unternehmung abzuſchließen. (Skizze S. 208.)

Feldmarſchall Möllendorf hatte die Unternehmung auf Kaiserslautern dem Erbprinzen mit dem Gedanken aufgetragen, daß er einen
Tag zur Verſammlung auf ſeinem rechten Flügel hinter den Vorpoſten
gebrauche, am folgenden die feindlichen Vortruppen bei Winnweiler
zurückwerfe, einen Ruhetag mache, am vierten Tage nach Schnecken-
hauſen rücke, wieder einen Ruhetag mache, zwei Tage zu gewaltſamen
Erkundungen benutze und am achten Tage die Höhen von Otterberg
und Otterbach angreife, alſo beinahe auf dieſelbe Front, aus der der
Herzog von Braunſchweig im vorigen Jahr Hoches Angriff ſo glänzend
abgewieſen hatte; die Verbindung mit dem Möllendorfſchen Heerteil
und auch das offenere Gelände müſſen die Gedanken wohl auf die

Nordseite von Kaiserslautern gelenkt haben. Hohenlohe zeigte, daß er doch einige Stufen höher stand als die Strategen des Oberkommandos.

Als am 17. September das zu seinem Ersatz bestimmte Kaiserliche Korps in seine Stellung an der Pfrimm einrückte, ging er in zwei Kolonnen hinter den Vorposten entlang gleich bis an den Fuß des Gebirges bei Göllheim, so daß er mit Blücher bei Grünstadt in gleicher Höhe stand.. Trotz der eingehenden ungünstigen Nachrichten aus den Niederlanden blieb Hohenlohe bei dem Entschluß, die Unternehmung

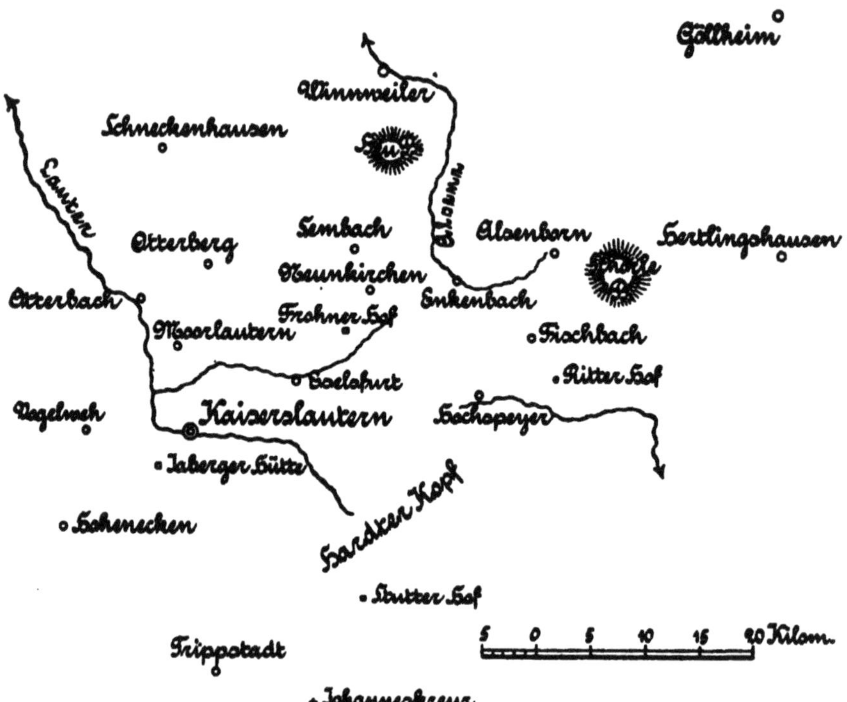

kräftig durchzuführen. Am folgenden Morgen sollten die gegenüber befindlichen feindlichen Posten in den Bergen überfallen werden.

Auf dem linken Flügel fiel dies Geschäft Blücher zu. Seinem Befehl waren unterstellt: 2 preußische Füsilier-Bataillone (Müffling und Bila) und 3 preußische Jägerkompagnien, 1 pfälzisches Jäger-Bataillon, sein Regiment, 3 pfälzische Schwadronen und eine halbe reitende Batterie, sowie die beiden österreichischen Freikorps Graf Giulah und Serben. Auch die Österreicher brachten Geschütze mit, so daß er im ganzen über 12 Stück verfügte.

Blüchers Auftrag war, die ihm gegenüberstehenden feindlichen

Posten zu überfallen und dann in Verbindung mit dem Korps des
Prinzen weiter vorzubringen. Den Angriff auf das feindliche Lager
östlich des Leininger Tals übertrug er der Masse der Infanterie und
Jäger unter Oberstleutnant v. Müffling; die Freikorps sollten durch
eine Umgehung links herum mitwirken; er selbst ging mit der Masse
der Kavallerie, einem Bataillon und allen Geschützen westlich des
Leininger Tals vor und stellte sich dem feindlichen Gebirgsposten auf
dem Matzeberg gegenüber auf einer vorteilhaften Höhe auf. (Siehe
Skizze S. 156.)

Von hier aus ließ er noch in der Dunkelheit das feindliche Lager
mit Granaten bewerfen, wartete nun aber die Unternehmung Müfflings auf das andere Lager ab; „viele im Walde angetroffene Hindernisse hatten diese etwas verzögert", so lautet Blüchers weitere Erzählung etwas verkürzt, „endlich erfolgte sie; Müffling griff mit
Ungestüm an, der Feind war aber gefaßt und es entstand ein äußerst
heftiges Kleingewehrfeuer. Die Nacht war dunkel; wir konnten deswegen der Entfernung ungeachtet von unsrer Höhe den Blitz eines jeden
Gewehrs sehen; mit hoffnungsvoller Erwartung verwandte ich daher
kein Auge von dort. Die Franzosen leisteten den hartnäckigsten Widerstand und es gelang ihnen sogar, unsre Infanterie etwas zurückzu-
drängen; Müffling aber stellte die Ordnung wieder her, drang dann
mit gefälltem Bajonet auf den Feind ein und nötigte ihn endlich zum
Weichen; doch verteidigte er jeden Schritt, welchen er einräumte."

„Graf Giulay, welcher dem Feind mit den Freikorps in den Rücken
gehen sollte, hatte die Sache unrecht verstanden, indem er glaubte, er
solle dies erst tun, wenn der Feind in der Retraite begriffen wäre;
dadurch war der Angriff um so schwieriger geworden. Die Kaiserlichen
vereinigten sich jetzt mit Müffling. Die Infanterie drang dann von
allen Seiten auf den Feind ein, der darauf mit starken Schritten seine
Retraite fortsetzte. Mittlerweile wurde es Tag; ich sah den Feind
sich vom Gebirge in die Täler herunterziehen, und da er unterdessen
Verstärkung erhalten hatte, machte er im Zurückgehen unsrer Infanterie
noch viel zu schaffen; ich mußte daher darauf bedacht sein, Müffling
etwas Luft zu schaffen. Mit vieler Mühe gelang es mir, eine Haubitze
und eine Kanone auf den Gipfel eines dominirenden Berges hinauf-
zuschleppen, von wo ich des Feindes Flanke lebhaft beschoß; dieser
glaubte sich umgangen und wich nun ohne Aufenthalt gänzlich zurück.
Hierauf schickte ich den Leutnant v. Katzler mit 2 Zügen Husaren durch
den Wald, Major Loose folgte mit einem stärkeren Soutien; sie drangen
in mehrere Haufen feindlicher Infanterie ein und machten viele Gefangene."

Jetzt ließ Blücher sein bisher zurückgehaltenes Infanterie-Bataillon gegen die Stellung auf dem Matzeberg vorrücken; der Feind wartete den Angriff nicht ab, sondern zog sich auf Alsenborn zurück. Auch die Masse der Husaren war trotz der engen Waldwege und trotz des sehr dichten Busches vorgegangen. Es war eine französische Division, deren linker Flügel hier von Blücher großenteils in südlicher Richtung abgedrängt wurde. Jetzt schallte auch von rechts Gefechtslärm zu Blücher herüber; „aus demselben ließ sich urteilen, daß der Prinz vielen Widerstand finden mußte; es war deshalb nützlich, uns den dortigen Franzosen noch mehr in der Flanke zu zeigen; ich blieb daher mit Allem im Avancieren".

Der Erbprinz hatte tatsächlich lebhaften Widerstand angetroffen, aber gegen 9 Uhr hatte auch er alle Gegenangriffe der Franzosen ab= geschlagen. Blücher traf in der Gegend von Alsenborn auf die Truppen des Prinzen.

„Unser ganzes Korps machte nun nach so beschwerlicher Arbeit Halt, um etwas zu ruhen. Ich ritt unterdessen vor, um den Erbprinzen zu sprechen und fand denselben mit seiner Suite auf einer Höhe bei Alsenborn; Alles lag ermüdet um ihn und schlief, nur er selbst nicht! Mit vielen Glückwünschen empfing er mich und erzählte mir den Hergang seiner Affäre; auch er hatte einen schweren Stand gehabt."

Während die beiden Freikorps zum Hauptkorps zurückzutreten hatten, wies der Prinz Blücher an, in einigen Ortschaften 8 Kilometer weiter vor Unterkunft zu beziehen, doch könne er nicht bestimmt sagen, ob er dort nicht noch etwas vom Feinde treffen werde. Diese Nachricht war Blücher „nicht ganz angenehm", da seine Truppen „aufs Äußerste fatigirt waren"; er nahm indessen seinen Marsch dorthin. Dort fand er den links vorwärts unweit des Kaiserslauterner Waldes gelegenen Fröhnerhof und den Wald selbst stark von feindlicher Infanterie besetzt. „Unmöglich konnte ich zugeben, daß der Hof vom Feinde besetzt blieb, weil er nahe an meinen Quartieren lag; ich ließ daher 40 rasche Pferde meines Regiments vorrücken, die Eskadrons dahinter formieren und Marsch blasen. Die Franzosen sahen, daß ich Ernst machte, verließen eiligst den Posten und zogen sich in den Wald. Nun besetzte ich mit 100 Füsilieren den Fröhner Hof, nahm 2 reitende Kanonen dahin vor und beschoß den Feind, — der sich noch häufig am Rande des Waldes zeigte und auf uns feuerte, — so lange mit Kartätschen, bis er ruhig wurde und sich tief ins Gebüsch zurückzog. Hierauf setzte ich meine Vorpostenchaine aus und ließ mein Detachement in die Quar= tiere rücken, damit es wenigstens kochen und füttern konnte."

Das Hauptkorps lagerte bei Enkenbach-Alsenborn und nördlich

davon. Den folgenden Tag hatte der Erbprinz zum Ruhetag bestimmt.
Aber der Gegner schickte eine Brigade vor, um Alsenborn wiederzu-
erobern, wurde indes mit einer Reihe heftiger Angriffe abgewiesen;
auch Blüchers Posten wurden vom Feinde angegriffen und er genötigt,
„den ganzen Tag mit ihm zu scharmuzieren".

Für den 20. September „disponierte der Erbprinz Alles zu
einer besonders gegen Hochspeyer zu machenden Rekognoszierung". Er
fiel also nach so schönem Anfang doch in die Operationsweise seiner
Zeit. Die heftigen Kämpfe des Tages beweisen, wie gefährlich dieses
Unterfangen war, nur das Geschick seiner Unterführer, die Vortrefflichkeit seiner Truppen bewahrte ihn vor einem Rückschlag.

Der Führer der französischen Rheinarmee, mit dessen aus drei
Divisionen bestehender Mitte es Hohenlohe hier zu tun hatte, befahl
nämlich gleichzeitig den allgemeinen Gegenangriff; auch die beiden
Divisionen in der Rheinebene sollten vorgehen.

Die Erkundung Hohenlohes verlief nun folgendermaßen: Von
den rund 50 Bataillonen und 50 Eskadrons marschierte die Masse
des Korps in der Linie Sembach—Neukirchen, Front nach Kaiserslautern, auf; eine gemischte Abteilung stand 4 Kilometer rechts rückwärts auf dem Heuberge, eine andere 8 Kilometer links rückwärts am
Schorleberge bei Alsenborn. Blücher mit 7 Bataillonen, 18 Schwadronen und 1½ Batterien stand dicht vor der Front am Fröhnerhof.
Die braunen Husaren beobachteten die in die linke Flanke führenden
Wege. Die eigentliche Erkundung ließ Hohenlohe durch die Generale
Wolfrabt und Prinz Louis Ferdinand mit je einer Infanterie-Brigade
und zahlreicher Kavallerie ausführen, indem er mit ihnen in zwei
Kolonnen auf Hochspeyer und Fischbach vorging.

Blüchers Auftrag war: „ich solle den Feind vor dem Fröhnerhof en Echec halten, während er [Hohenlohe] die Rekognoszierung
durch den Wald gegen Hochspeyer u. s. w. unternehmen würde; doch
sagte er mir wiederholt, ich sollte ja nicht attackiren; in dem Falle
aber, daß der Feind ihm Blößen gäbe, und er selbige benutzen könne,
wolle er mich sogleich durch einen Offizier davon benachrichtigen
lassen, wonach ich nur alsbann etwas gegen die Eselsfurt [Gehöft
an der Straße halbwegs nach Kaiserslautern am jenseitigen Wald-
ausgang] unternehmen möchte!"

„Ich placierte," berichtet Blücher weiter (einige nebensächliche
Angaben sind weggelassen), „meine sämmtlichen Truppen am Fröhnerhof so zweckmäßig als es das Terrain zuließ. Die Franzosen standen
an der Lisiere des Waldes und fingen an, uns durch ihre Tirailleure
zu beunruhigen, die häufig auf uns feuerten. Anfangs ließ ich sie durch

einige Kartätschenschüsse in Furcht setzen, da sie aber bald nachher meinen rechten Flügel, der am Wald angelehnt war, inkommodierten, so gab ich dem Oberstleutnant Müffling den Auftrag, sie durch Jäger und Schützen zurücktreiben zu lassen, welches auch sogleich ausgeführt wurde. Nach Verlauf einiger Zeit erhob sich ein lebhaftes Kanonen- und Kleingewehrfeuer auf des Prinzen Seite [westlich in der Gegend von Fischbach]. Wir gaben genau darauf acht, welche Richtung das Feuer nahm; bald stimmte Alles darin überein, daß es vorwärts ging und also die Franzosen angegriffen und über den Haufen geworfen sein mußten."

„Jetzt konnte ich mich nicht länger zurückhalten: ich ent- schloß mich, auch von meiner Seite vorzudringen und beorderte Müff- ling mit dem Pfälzer Bataillon und den Füsilieren (2 Bataillone) rechts in den Wald zu rücken und den Feind dort zu attackieren. Kaum war er in dem Walde, als ich ein außerordentlich starkes Feuern und zugleich ein unmäßiges Geschrei hörte. Man war auf meinem rechten Flügel nicht aufmerksam genug gewesen; die Franzosen hatten sich während wir noch standen, dort dicht an den Rand des Waldes gezogen und als nun die Infanterie in denselben einrückte, stürzten sie aus einem Hinterhalte unvermutet auf den rechten Flügel des Pfälzer Bataillons; der Major tat zwar Alles, was man von einem uner- schrockenen Offizier erwarten kann [er bekam dafür den preußischen Verdienstorden], allein sein Bataillon mußte dennoch weichen und verlor viele Leute. Müffling und Bila, diese braven Veteranen, redressierten die Sache wieder; sie formierten Alles und die Pfälzer nahmen nun fürchterliche Rache; der Feind wurde gänzlich geworfen. Ich ließ einige 60 Pferde durch die Infanterie durchgehen und diese richteten noch unter den Flüchtigen eine blutige Niederlage an."

„Dem Obersten Prinzen von Hohenlohe hatte ich mit einem Ba- taillon und 2 Eskadrons den Auftrag gegeben, durch den Wald gegen die Eselsfurt vorzurücken und selbige zu forcieren, bald konnte man nach dieser Gegend hin kanonieren hören. Ich war besorgt, daß die Sache nicht reüssiert sein möchte, übergab daher dem Oberstleutnant Müffling den rechten Flügel und eilte auf dem Wege dorthin; kaum hatte ich eine kurze Strecke zurückgelegt, als mir bereits das Bataillon wieder entgegenkam; der Prinz sagte mir, Eselsfurt sei so stark mit Infanterie und Kanonen besetzt, daß dort mit einem Bataillon nichts auszurichten sei. Ich erwiederte ihm, daß es schlechterdings genommen werden müßte und gab zu diesem Endzweck noch ein Bataillon. Nun rückte der brave Prinz wieder vor und vertrieb den Feind."

Es hatten dort 3 Bataillone mit 2 Kanonen gestanden, die sich nun, in ein Karree formiert, auf Kaiserslautern zurückziehen wollten; die beiden roten Hufaren-Schwadronen und ein Kommando der Chevaurlegers, die sie verfolgten, konnten ihnen nichts anhaben; da erschienen von links braune Hufaren und das Regiment Katte-Dragoner (jetzt Grenadier-Regiment zu Pferde); dem Ansturm dieses Regiments erlag der Feind; kein Mann entkam.

Hohenlohe hebt im Gefechtsbericht hervor: „Ein Teil des Regiments von Blücher kam noch mit zum Einhauen auf die drei Bataillone Infanterie und hat Anteil an der Vernichtung dieser Truppen. Es beweist diese Eile, wie sehr dieses ausgezeichnete Korps von der edelsten Ehrbegierde beseelt ist und wie viel das Beispiel ihres würdigen Chefs auf sie wirkt."

Blücher hatte schon früher einen Teil seines Regiments weiter nördlich durch den Wald auf Moorlautern vorgehen lassen; die schwere Batterie hatte er unter Bedeckung des Kürassier-Regiments jenseits des Waldes zurückgelassen, dem Rest seiner Truppen aber Befehl gegeben, den Hufaren zu folgen. Als er selbst bei Moorlautern eintraf, sah er feindliche Infanterie bei Kaiserslautern in Bewegung und auf den Höhen südwestlich der Stadt; auch erkannte er, daß der Erbprinz mit einer Kolonne von Osten her auf Kaiserslautern vorrückte. Nun erreichte ihn auch der Befehl des Erbprinzen, auf Moorlautern vor-zugehen, dem er schon zuvorgekommen war. „Nachdem ich Alles über-sehen, schien es mir möglich, dem im Rückzug begriffenen Feind noch einen fühlbaren Abbruch zu tun."

Er ließ die Infanterie und Artillerie auf den Höhen von Moor-lautern stehen und ging mit seinen Hufaren und den Chevaurlegers vor. Als der Erbprinz dies bemerkte, ließ er Blücher rufen und sagte lächelnd: „Sie haben heute doch [ohne meinen Befehl] angegriffen!" „Gnädigster Herr," erwiderte Blücher, „Sie werden verzeihen; ich hörte ja, daß es bei Ihnen so gut ging!" Ein Händedruck war seine Antwort. Wie bezeichnend, daß Blücher sich für seine Selbsttätigkeit damals gradezu entschuldigen mußte!

Hohenlohe hatte mit seiner Erkundung guten Erfolg gehabt; Prinz Louis Ferdinand war bei Fischbach auf den Feind gestoßen und hatte ihn mit Wolfradts Hülfe zurückgeworfen. Nun hatte sich der Erbprinz auf Kaiserslautern gewandt, und so war den Katte-Dragonern die Frucht in den Schoß gefallen, die Blücher ihnen gepflückt hatte.

Der Erbprinz äußerte nun zu Blücher, wenn es möglich wäre, sei es gut, wenn man gegen Hohenecken, in die bewaldeten Berge südwestlich Kaiserslautern, vordringen könnte. Blücher erbot sich sogleich dazu, doch kenne er den Weg nicht genau, und dann fürchte er, es möchte schon ein älterer General als er dort tätig sein. Hohenlohe gab ihm einen Generalstabsoffizier mit, der ortskundig war und nötigenfalls erklären sollte, Blücher habe besondere Aufträge vom Prinzen.

„Niemand war froher als ich. Ich setzte mich augenblicklich mit meinen Husaren [und Chevauxlegers] in starken Trab, verteilte sie auf verschiedene Straßen im Walde hinter Kaiserslautern und eilte mit einem Teil auf dem Wege nach Hohenecken vor." .

„Als ich in die Gegend der Jaberger-Hütte [am Waldeingang] ankam, begegneten mir einige unsrer Leute und Kaiserliche Kavallerie, die auf meine Frage, warum sie wieder zurückgingen, antworteten, es sei nichts mehr vom Feinde zu sehen und ihre Pferde könnten nicht mehr fort. Ich erwiderte, ihnen bedeutend, daß ich ihnen den Feind zeigen wolle, und daß an einem Tage wie der heutige, die Kräfte der Menschen und Pferde aufgeboten werden müßten. Dann kehrte ich mich zu meinen Leuten und rief ihnen zu: »Ihr Roten, wenn ihr euch mir recht verbindlich machen wollt, so arbeitet heute; wir können viel tun.« »Ja, Herr General!« war die einstimmige Antwort meiner braven Pommern, die frohlockend ihre Säbel schwangen. Somit ließ ich Marsch blasen und verfolgte schnell meinen Weg auf Hohenecken. Der brave Oberst v. Kölichen vom Regiment von Schmettau folgte mir mit seinen Dragonern; die Österreicher aber ritten zurück."

„Es erhob sich ein äußerst heftiger Regen, der, so unangenehm er auch war, mir einen desto bessern Erfolg versprach [er hoffte, daß die Gewehre versagen würden, was sich aber nur teilweis erfüllte]; indessen wir hatten schon eine ziemliche Strecke Weges zurückgelegt und noch trafen wir nicht auf den Feind. Dieses war mir unbegreiflich, da die feindliche Infanterie bei unserm Vorrücken auf den Höhen von Moorlautern, noch vor dem Walde gestanden hatte, und selbige also unmöglich schon so weit zurück sein konnte; der Gedanke stieg aber bald in mir auf, daß sie, um ihre Retraite desto sicherer zu machen, sich wahrscheinlich aus dem Wege heraus und ins dicke Gebüsch gezogen haben würde. Ich ließ daher halt machen, befahl unsern Leuten sich in kleinen Haufen zu debandiren und den Wald zu durchsuchen; wer von ihnen auf den Feind stieße, sollte Lärm machen. Um ihnen aber eine Richtschnur zu geben, wollte ich mit dem Obersten v. Kölichen und einigen geschlossenen Zügen auf dem Wege bleiben, und ihnen öfter Signale durch die Trompeter geben lassen."

„Nachdem ich so Alles instruirt, ging ein wahres Treibjagen vor sich. Es dauerte nicht lange, so hörten wir rechts ein großes Geschrei, alles stürzte dorthin, und in einem Augenblick waren 300 Mann Infanterie, die da entdeckt worden waren, teils niedergehauen, teils

gefangen gemacht. Nun ging es Schlag auf Schlag; bald hier, bald
dort wurden dichte Haufen feindlicher Infanterie mitten im Walde
angegriffen und überwältigt. Der vortreffliche Prinz Georg von Hessen-
Darmstadt hatte sich zu mir gesellt und verließ mich nicht; wir bekamen
zuweilen Feuer von allen Seiten, und ich bat ihn daher mich zu verlassen, und sich nicht unnötigerweise zu exponieren. Der biedere Prinz
antwortete mir aber: »Lieber General, erlauben Sie mir, daß ich bei
ihnen bleibe; um keinen Preis misse ich es, Zeuge eines so schönen
Tages zu sein.«'

„Schon mancher Strauß war erkämpft, als ich wieder einen ungewöhnlich starken Lärm hörte, und bald darauf die Meldung erhielt,
daß man noch ein paar geschlossene Bataillone entdeckt habe, die sich
langsam durch den Wald zurückzögen, und wahrscheinlich heftige Gegenwehr leisten würden. Wir eilten nach dieser Gegend hin, und ich hörte
bald die Stimme meines braven Rittmeisters v. Sydow, der unsere
Leute zusammen rief und sie encouragierte; ich sprengte zu ihm und
sah nun die Infanterie, welche wenigstens aus 600 Mann bestand und
die sich in ein starkes Verhau gezogen hatte. Sie fing, als sie uns
gewahr wurde, an, lebhaft auf uns zu feuern. Der Rittmeister v. Sydow
wurde durch den Arm geschossen, und ich bat ihn daher, zurück zu reiten;
bald darauf wurde der verdienstvolle Major v. Breetz meines Regiments
durch 3 Kugeln getroffen, wovon eine ihm durch den Schenkel ging
und die beiden andern leichte Kontusionen verursachten; das Pferd,
worauf er ritt, wurde zu gleicher Zeit durch mehrere Kugeln blessirt.'

„Da vorauszusehen war, daß wir viel Leute verlieren würden,
wenn wir die Infanterie nicht aus dem Verhau heraus manövrirten,
so zog ich mich links, um dieselbe zu umgehen. Dieses hatte den gewünschten Erfolg; der Feind setzte sich wieder in Marsch und wollte
seine Retraite fortsetzen, mußte aber deshalb bei Hohenecken eine kleine
Wiese, die etwa 500 Schritt lang war, passiren, bevor er wieder ins
Gebüsch kommen konnte. Dieses schien mir der Fleck zu sein, wo wir
ihn züchtigen konnten; wir waren indessen sehr schwach, weil unsere
Leute im Walde disperfirt waren, ich ließ daher häufig Appel blasen,
und bald kamen mehrere Husaren und Dragoner durcheinander zu uns
herangesprengt. Als ich etwa 80 Mann gesammelt hatte, kommandirte
ich Marsch, in dem Augenblick, wo sich die feindliche Infanterie über
die Wiese zog; ich rief unsern Leuten zu, sie sollten nur getrost
attackiren, den Franzosen wären die Gewehre naß geworden, und sie
würden uns also nicht viel tun.'

„Der Offizier, welcher das feindliche Bataillon kommandirte, bewies viel Contenance, er war zu Pferde und hielt seine Leute immer

zusammen; allein nichts konnte unsere braven Husaren und Dragoner abschrecken, wir stürmten auf den Feind los, und obgleich er uns mit dem Bajonett entgegen kam, und sich aufs hartnäckigste verteidigte, so drangen wir doch glücklich in ihn ein. Der Oberstleutnant v. Pletz (dem der Kommandeur des Bataillons nur mit genauer Not in dem Walde entwischt war) nahm ihn in die Flanke, und nun wurde die Niederlage dieser Franzosen vollkommen. Die Erbitterung unsrer Leute war aufs höchste gestiegen, sie hieben Alles nieder. Ich mußte ernstliche Gewalt dazu brauchen, um ihrer Wut Einhalt zu tun, und es gelang mir dennoch nur 200 Franzosen zu retten, die gefangen gemacht wurden; die übrigen lagen alle tobt hingestreckt."

„Mit dieser Affäre war der Rest des ganzen bei Kaiserslautern gestandenen französischen Korps aufgerieben, es hatte aus 7000 Mann bestanden, wovon 3000 auf dem Platz blieben und 4000 Mann gefangen wurden. Mein Regiment hatte allein 1500 Gefangene gemacht, die übrigen wurden durch die Regimenter Wolfradt, Katte, Schmettau und von den Kaiserlichen Regimentern Weczey und Waldeck eingebracht." Die bayerischen Reiter, kaum mehr als 200 Mann stark, gaben die von ihnen im Waldgefecht eingebrachten Gefangenen auf 250 Mann an und schätzten die Zahl der Niedergehauenen noch höher; selbst hatten sie nur einen Mann tot, einen verwundet. „Alle hatten bewunderungswürdige Beispiele von Mut abgelegt, und ich kann es breist behaupten, daß nie Kavallerie mehr leistete. Wer das dortige Terrain kennt, wird davon urteilen können."

Im Kriegstagebuch des Oberkommandos, das wohl auf den Angaben des Blücher begleitenden Generalstabsoffiziers beruht, heißt es: Blücher, „immer rastlos tätig, so lange noch etwas zu tun übrig ist", verfolgte . . ., und nun wird Blüchers Erzählung in vollem Umfange bestätigt; 600 Gefangene habe er eingebracht.

Am folgenden Tage stellte Blücher seine Vorposten an der Glan aus; aber wie im vorigen Jahr, folgte dem Sieg und der glänzenden Verfolgung ein beschämender Rückzug!

Angesichts der Fortschritte der Franzosen gegen den Niederrhein blieb Möllendorf bei der Absicht, an den Rhein zurückzugehen; so marschierte auch das Hohenlohesche Korps Ende September in seine alte Aufstellung an der Pfrimm zurück. Hier kam es noch einmal, am 16. und 17. Oktober, zum Zusammenstoß mit dem Feinde. Die Franzosen hatten Blüchers Vorposten bei Klein-Bockenheim nördlich Grünstadt angegriffen und bis auf die Feldwachen zurückgedrängt; „diese rückten vor und repussierten den Feind bis über die Anhöhe," berichtet Blücher; „hinter derselben stand aber dessen Force und sie waren daher genötigt, sich wieder zurückzuziehen. Unterdessen war ich mit einigen Eskadrons angelangt; ich attackierte die feindliche Kavallerie und warf sie bis Klein-Bockenheim zurück; da dieser Ort aber stark mit Infanterie besetzt war, so konnte ich sie nicht durch das Defile verfolgen. Der Feind hatte zwischen Obrigheim und Bockenheim einige Artillerie stehen, mit welcher er zu kanonieren anfing; indessen stellte er auch dies bald ein und ich rückte ohne weiter von ihm beunruhigt zu werden, wieder in meine Quartiere". Möllendorf sprach seine Zufriedenheit darüber aus, daß Blücher den Feind von dem Gedanken „abbringe, auf der Plaine sich mit uns einzulassen".

Am folgenden Tage „attackierte der Feind den rechten Flügel unsrer Vorpostenlinie mit 600 Mann Kavallerie. Major Loose, welcher mit 2 Eskadrons à portée war, ging selbiger entgegen, warf sie völlig über den Haufen und nahm ihnen mehrere Gefangene und einige 20 Pferde ab". Eine bayerische Reiterfeldwache hatte bei Zell den Versuch überlegener feindlicher Kavallerie, über die Pfrimm vorzubringen, mit Karabinerfeuer abgewiesen. Das war das letzte Gefecht Blüchers und seiner Husaren in den Rheinfeldzügen.

Nachdem die österreichische Hauptarmee bereits am 3. Oktober das linke Rhein-Ufer geräumt hatte, ließ Möllendorf am 20. Hohenlohe bei Oppenheim, sein Hauptkorps bei Mainz den Uferwechsel vornehmen. Blücher hatte erst Hohenlohes, dann Möllendorfs Rückzug zu decken. Mit besonderer Betrübnis sahen ihn die bayerischen Kameraden scheiden, die in dieser Zeit schnell ein festes Vertrauen zu diesem herrlichen Führer gefaßt hatten, und er gab ihnen wiederholt die Versicherung, wie sehr er sie schätze und wie bereit er sei, sich den „braven Churpfälzischen Truppen für ihre treu geleisteten Dienste erkenntlich zu zeigen". Am 23. Oktober ging auch Blücher als einer der letzten Preußen in Mainz über den Rhein.

Mit gerechtem Zorn vernahm er, daß „Neider den Wert des Sieges bei Kaiserslautern herabzusetzen suchten, indem sie sagten: die Affäre sei zur Unzeit engagiert worden". In seinem Journal erwidert er hierauf: „es wäre zu wünschen, es hätten Manche weniger kalkuliert und mehr geschlagen. Der Erbprinz von Hohenlohe erwarb sich durch diese Schlacht einen unvergeßlichen Ruhm; er hatte mit einem Verlust von einigen Hundert Todten und Blessierten den glänzendsten Sieg davongetragen; es blickten ihn daher alle seine Untergebenen mit Liebe und Ehrfurcht an. Für Preußens Truppen ist es am Angemessensten, den Feind anzugreifen, wenn er ihnen nahe ist, und der General verdient, däucht mir, Tadel, der die Gelegenheit hat, ein ganzes feindliches Korps zu vernichten, und sie nicht benutzt, wenn er dies mit einem so geringen Verluft ausführen kann. Der Prinz von Hohenlohe ift über mein Lob erhaben, aber ich und alle recht und unparteiifch denkenden Brandenburger ftimmen darin überein, daß er ein General und ein Anführer ift, worauf die Preußifche Armee ftolz fein kann."

Mit diefen Worten hebt fich Blücher turmhoch über die Mehrzahl der Strategen feiner Zeit. Sie decken den großen Abgrund auf, der zwei grundverfchiedene Anfchauungen vom Wefen des Krieges trennt. Im Lager der Alliierten machte fich die alte Schule breit, die das koftfpielige Werkzeug des geworbenen Heeres ungefchädigt zu erhalten und womöglich durch Manöver den Feind zu befiegen fuchte. Aber fchon reifte gegenüber in den Reihen der verachteten Jakobiner-Generale das Genie heran, das berufen war, der Welt zu zeigen, daß die rückfichtslofefte Anwendung der Gewalt das erfte Gefetz im Kriege ift.

Rückblick.

Der Verlauf der Rheinfeldzüge hatte für die Preußen wenig Gelegenheit geboten, fich kriegerifchen Ruhm zu erwerben. Der fchlimme Ausgang des erften Feldzuges übte auf die weiteren Entwürfe der Feldherren einen ftark hemmenden Einfluß; Belagerungen und Belagerungs-Deckungen traten in den Vordergrund; die Schlachtentfcheidungen trugen meift das Gepräge der Abwehr. Auch die franzöfifchen Führer gingen im Gefühl der Haltlofigkeit ihrer Heere ernften Kämpfen lieber aus dem Wege; wo fie den Angriff wagten, mußten fie doch eine entfcheidende Niederlage durch frühzeitiges Abziehen abzuwenden. So waren namentlich für die Kavallerie die Vorbedingungen wirkfamen Eingreifens nur felten gegeben.

Blüchers Bataillon war in den Niederlanden anfangs bei einer bedeutungslofen Nebenoperation, dann hauptfächlich in der dünnen Linie einer enblofen Kordonftellung verwendet worden. Aber die Erinnerung an die Taten Bellings ließ ihn nicht ruhen. Gleich vor Breda begann er, fich und feine Untergebenen im überrafchenden Anfall und im kaltblütigen Ausharren zu üben. Allzukühn wirft er fich bei feinem erften Schritt auf franzöfifchem Boden vor Lille auf den Feind; beim Rückzug nimmt er perfönlich den Zweikampf mit dem feindlichen Führer auf und gibt damit feinen Leuten ein leuchtendes Vorbild von Unerfchrockenheit und Tapferkeit. Schüchtern find dann feine erften Verfuche in der Führung gemifchter Waffen bei Saint Amand. Aber fein Blick verfolgt alles, was in Reichweite vor fich geht; bald drängt er sich zu schwierigen Unternehmungen. Aus dem Lagerschutz wird unter seiner Hand seine Schwadron mit dem zugeteilten Schützenzug ein hochgeschätzter Helfer für jeden gefährdeten Nachbarn.

Da bringt der Tod seines Chefs ihm als Führer gemischter Vorposten einen größeren Wirkungskreis; Tatendurst, von Vergeltungssucht und Ehrgeiz gesteigert, führt ihn zu Unternehmungen, die ihn als vollendeten Schüler seines kühnen Lehrmeisters zeigen; wie Belling so oft, gelang es auch ihm bei Bouvines dieselbe Falle, sogar an demselben Ort mit demselben Erfolg zu stellen. Neidlos wetteiferten mit ihm die kaiserlichen Kameraden; die tüchtigsten Offiziere drängten sich zur Teilnahme an Blüchers „Jagden". Wo seine Roten sich zeigten, waren die Franzosen auf ihrer Hut. Bei Kaiserlichen und Briten, bei Holländern, Hannoveranern und Hessen standen die dunkelroten Husaren und der Oberst v. Blücher in hoher Achtung.

Nun geht's von Flandern nach der Mosel. Mit müden Pferden langt Blücher in einem Dorf bei Luxemburg an; da hört er vorn Schießen; er reitet hin und findet österreichische Kameraden in Bedrängnis. Ohne Besinnen holt er seine Husaren und fährt bei Frisingen wie ein Wetterstrahl auf die Franzosen. Vor Saarbrücken gewährt ihm das Vertrauen seines Generals Einfluß auf die Leitung des Gefechts und auf die Verwendung der Artillerie; bei der Führung der Vortruppen beweist er in schwierigen Lagen großes Geschick.

Schon schickt sich das Heer zur Winterruhe an, da folgt der Feind. In kühnem Zuge trifft Blüchers Erkundung vor Homburg auf die anrückenden Kolonnen; geschickt hält er sich die Drängenden vom Halse. In den Tagen von Kaiserslautern, als Flankensicherung weit hinausgeschoben, drängt er aus eigenem Antrieb heran zur Entscheidungsschlacht, wirft sich rücksichtslos auf eine weitüberlegene Reitermasse, die Hoches Rückzug zu schirmen sucht, und verfolgt rastlos den fliehenden Feind.

Trotz aller Siege sucht das Heer weit rückwärts, bei Mainz, seine Winterruhe unter dem Schutz seiner wachsamen Husaren. Da gelingt es Blücher, ein gefahrdrohendes Vorgehen des Feindes frühzeitig zu entdecken; er ruht nicht, bis der Eindringling verscheucht ist. Dann schafft er sich in nebliger Winternacht durch den Überfall von Morschheim den lästigen Gegner vom Halse.

Ein größeres Wirkungsfeld noch eröffnet sich ihm, als er die Führung des ganzen Regiments und zugleich die einer Vorpostenbrigade an der Pfrimm übernimmt. Er bringt in erbittertem Kleinkrieg bis Grünstadt vor und versetzt den feindlichen Vortruppen bei zahllosen Verstecken und Überfällen einen Schlag nach dem andern.

Bei der Eröffnung des Feldzuges 1794 verſucht er ſich bei **Weiden=
tal** trotz ſchwieriger Lage ſehr erfolgreich im Gebirgskrieg mit ge=
miſchten Waffen. Wenige Tage ſpäter führt er ſeine Huſaren bei
Kirrweiler, ſeine Nachbarn mit ſich fortreißend, zu unerhörten
Taten gegen Infanterie, überlegene Kavallerie und Artillerie.

Bei dem wiederholten und mehrtägigen Ringen um **Edenkoben**
hält er mit der ihm unterſtellten Infanterie gegen große Übermacht
zäh ſtand und wirft den Feind unter geſchicktem Zuſammenwirken der
drei Waffen in glücklichen Gegenſtößen zurück. An die **Pfrimm**
zurückgekehrt, belebt Blücher die Operationspauſe wieder durch ſeine
kühnen Überfälle, die als Muſterleiſtungen auf dem Gebiet des kleinen
Krieges glänzen. Auch hier zieht er alle, die unter ſeinen Befehl
treten, Preußen wie Kaiſerliche und Bayern, in den Bannkreis ſeiner
herzgewinnenden, zu den kühnſten Taten fortreißenden Perſönlichkeit.
Den Schlußakt dieſes Feldzuges, das Vorgehen Hohenlohes auf Kaiſers=
lautern, leitete Blücher mit einer geſchickt angelegten nächtlichen Unter=
nehmung gegen die vorgeſchobenen feindlichen Stellungen am Ge=
birgsrand bei **Leiningen** ein.

An dem glänzenden Abſchluß des Krieges im Gefecht bei **Kaiſers=
lautern** ſpielt Blücher eine wichtige Rolle durch geſchickte Führung,
ſelbſtändiges, energiſches Eingreifen und durch ſeine Verfolgung in
ein Gelände hinein, das man im allgemeinen als ungeeignet für
Kavallerie hinzuſtellen pflegt, auch hier wieder durch ſein Beiſpiel
zu den ſchönſten Taten begeiſternd.

Wohl hatten auch andere der am Rhein verwendeten Truppenteile
der preußiſchen Armee in dieſen erfolgloſen Feldzügen ſich durch
ſchöne Taten ausgezeichnet, die Infanterie bei **Pirmaſens**, Kaiſers=
lautern und Edenkoben, von der Kavallerie die hellroten, die gelben
und die braunen Huſaren Ebens, Köhlers und Wolfradts, die Katte=
und Tſchirſchky=Dragoner, die Leibkarabiniere, die Vorſtell= und die
Schmettau=Küraſſiere; aber beiſpiellos war die Summe der Sieges=
zeichen, mit denen Blücher und ſeine Huſaren auftreten konnten:
11 Geſchütze, 12 Munitionswagen und 6 Fahnen! Über 3000 Ge=
fangene und rund 750 Beutepferde hatten ſie eingebracht! Dagegen
war nicht ein einziger Offizier des Regiments in Gefangenſchaft ge=
raten, nicht ein Unteroffizier hatte ſich überfallen laſſen.

Wir haben geſehen, daß überall Blücher ſelbſt das treibende Element
geweſen war. General v. Rüchel bezeugt dies, indem er ihm einmal
ſchreibt: „Du, mein würdigſter Freund, gingſt mit Deinem Beiſpiel
[Deinem Regiment] voran und mit Deiner Perſon! und machteſt deſſen
Ruhm.“ Das wußten auch ſeine Huſaren; aber nicht nur ſie, ſondern die

ganze Armee war auf ihn stolz: jedes Regiment „fühlte in sich das Bewußtsein, es den roten Husaren gleich getan zu haben, wenn es ihn zum Führer gehabt hätte". Ja, seine Einwirkung machte sich auch da geltend, wo keine preußischen Feldzeichen wehten. Im ganzen kaiserlichen Heere, bei den Reichstruppen und sonstigen Bundesgenossen hatte sein Name hohen Klang. Er hatte sich den Ruf eines zweiten Zieten erworben. Er selbst sagte zwar bescheiden: „Freilich, große Dinge habe ich nicht ausgeführt, aber in meinem kleinen Wirkungskreise habe ich Nichts versäumt;" aber er sagte sich doch auch mit Recht, daß er mehr als andere „für das Renommee der preußischen Truppen getan habe". Den Gegnern hatte Blücher gelehrt, daß auf den Ruf preußischer Trompeten ein unwiderstehlicher Ansturm und ein vernichtender Schlag folgte; so sehr sie sich scheuten, dem gefürchteten Recken vor die Klinge zu kommen, so versagten sie doch ihre Achtung nicht dem edlen Herzen des ritterlichen Helden im roten Dolman. In der Tat waren es in erster Reihe Blüchers Erfolge, die die Erinnerung an die Großtaten der preußischen Kavallerie unter Friedrich dem Großen wacherhielten, so daß selbst Napoleon vor Jena von dieser Waffe mit Achtung sprach.

Der Schlüssel zu seinen oft rätselhaften Erfolgen liegt zum Teil in seiner überraschenden taktischen Vorurteilslosigkeit. Gewiß tummelte auch er seine Geschwader lieber in der freien Ebene als zwischen Hecken, Bäumen und Berghängen; aber er scheute sich nicht, auch im Walde seinen Feind vor den Säbel zu nehmen; der Anfall in Wegeengen war ihm ein beliebtes Mittel, um der Überzahl Herr zu werden. Wiederholt griff er zu dem verpönten Feuergefecht vom Pferde herunter, um einen überlegenen Feind zu erschüttern; dagegen hat er seine Husaren niemals zu Fuß fechten lassen.

Außerordentlich zustatten kam ihm außer der geringen Wirkung des Feuergewehrs die damalige Verfassung der französischen Truppen, die des Halts entbehrten, von kräftigem Auftreten sich leicht außer Fassung bringen ließen, ihren Waffen, ihren Kameraden, ihren Führern nicht vertrauten; ihre zerstreute Fechtart gab unter diesen Umständen der Kavallerie doppelte Aussichten.

Es war ein seinem Wesen eigentümliches kriegerisches Feuer, das Blücher zu seinen Taten aneiferte. Der Feuerkopf, der ihn manchmal in scharfe Händel gebracht, der Wagemut, der ihn in Schulden gestürzt, der Trotz, der ihm die Stellung gekostet hatte, sie fanden in geläuterter Form ein Feld zur Betätigung im kühnen Ansturm und im zähen Ausharren. Ihn lockte die Gefahr, ihn reizte die Aufregung des Kampfes, ihn erfüllte mit stolzer Befriedigung das

Bewußtsein der Gewalt, die er über andere ausübte. Er schien das
Leben als nichts zu achten; ihn kümmerte nicht das Schwinden seiner
Hülfsquellen. In dieser heldischen Unbekümmertheit riß er Offiziere
und Leute mit sich fort, daß sie vergaßen, was sie sonst an die Welt
fesselte.

Es war wunderbar, was ein Mann wie Blücher aus diesen
Menschen machte, die soeben noch mehr Bauer und Handwerker als
Soldat gewesen waren. In schwierigen Lagen wußte er die Zagenden
durch Wort und Beispiel mit sich fortzureißen, die Erschütterten zum
Ausharren anzuspornen, die Ermatteten neu zu beleben. Unermüdlich
sind Körper und Geist; kaum scheint er des Schlafs zu bedürfen.
Er vermag nicht auf der Bärenhaut zu liegen; es treibt ihn von Tat
zu Tat. Unverständlich ist ihm die Friedenssehnsucht, die im Heere
um sich greift und diesem gefährlicher wird als der Feind. Dabei ist
Blücher durchaus kein blinder Draufgänger. Wiederholt hören wir,
daß er kühl die Schwierigkeiten abwägt, daß er abzuwarten versteht.
Aber Schwanken kennt er nicht; hat er einen Entschluß gefaßt, so
setzt er seine Person und seine Truppen rücksichtslos ein.

Sympathisch berührt auch seine warme Kameradschaft, die ihn
ohne Zaudern für den Nachbarn eintreten heißt, seien es nun seine
Brüder im roten Dolman oder Landsleute im blauen Rock, seien es
Holländer oder Kaiserliche, so sehr er sich als Preuße fühlt, ja gelegentlich als treuer „Brandenburger" bekennt. Von den Eifersüchteleien,
die so leicht zwischen den Führern der verschiedenen Kontingente
eines verbündeten Heeres entstehen, hat Blücher auch nie eine Spur
angewandelt, weil er sich selbst nie genug tun konnte.

Für Blücher selbst war es von hohem Wert, daß er nicht nur Gelegenheit fand, seine Beherrschung des Husarendienstes auf Vorposten,
Streifen und Überfällen zur Meisterschaft auszubilden, Kavallerie in
allen Arten von Gelände zu tummeln, sondern auch als Führer gemischter Truppen das Gebiet der anderen Waffen zu betreten, sich ein sicheres
Urteil über die Leistungen des Fußvolks, schnellen Blick für die Verwendung der Artillerie anzueignen. Mehrmals hatte ihm die selb-
ständige Leitung des Gefechts obgelegen, und schon erkennt man sein
Geschick, das Zusammenwirken der drei Waffen sicherzustellen, den
richtigen Augenblick für das Einsetzen der Truppen zu Verstärkung
und Gegenstoß zu erfassen; ja gelegentlich ertappen wir den kühnen
Husaren beim Schanzen.

Aber die Urteilskraft des Husarengenerals reichte auch noch
weiter. Er wußte ganz genau, wie hoch der Sieg in der Schlacht über
dem erfolgreichsten Manöver steht, was die Feldherrn jener Zeit

leugneten; noch knüpft er den Entschluß zur Schlacht an die Bedingung, daß man die Vernichtung des Feindes mit geringem eigenen
Verlust ausführen könne; aber das Unglück des Feldzugs leitet er
daraus her, daß man zu viel „kalkuliert" und zu wenig „geschlagen"
habe, und damit trifft er den Nagel auf den Kopf. Seiner kriegerischen
Natur fiel die Erkenntnis zu, die der Weisheit der Feldherrn jener
Zeit ein Buch mit sieben Siegeln war.

Damals wäre mit dem Einsetzen aller Kräfte auf den entscheidenden Punkt der Krieg zu einem guten Ende zu wenden gewesen.
Aber die Feldherrn, Möllendorf wie Braunschweig, waren in Vorstellungen befangen, die einer kraftvollen Kriegführung zuwider waren;
der kränkelnde König, ohne weitschauende Ratgeber, kam zu keinem
frischen Entschluß; vor allem fehlte dem Bundesgenossen der ernste
Wille zum gemeinsamen Handeln. Wer aber konnte auch vorher-
sehen, welche Kräfte sich aus der Anarchie in Frankreich noch entwickeln würden!

„Blücher war damals grade 50 Jahre alt," heißt es in Valentinis Erinnerungen. „Wie aber an heiteren, kräftigen Naturen
die Jahre machtlos vorüber ziehen, so hatte auch seine Gestalt die
Form des blühenden Mannesalters bewahrt. Das Gesicht war nicht
frei von den Furchen, die von einer lebendigen Tätigkeit zeugen; letztere,
jedoch nicht sich selbst aufreibend sondern genießend, ließ ihn das
Wichtigste und Ernsthafteste wie ein leichtes Spiel treiben, und zwischen
Vergnügen und Arbeit war kaum der Wechsel wahrzunehmen. Von
dem Exerzieren seiner Eskadrons in den verschiedensten Quartieren
ging es zu einer Hasenhetze und einem heiteren Mittagsmahl, selbigen
Abend aber vielleicht zu einem nächtlichen Überfall oder Versteck für
den nächsten Morgen; und war der Feind auf eine Zeit lang zur
Ruhe gebracht, so ergötzte man sich zu Frankfurt am Spiel und Theater."

Über das Spielen hatte auch König Friedrich Wilhelm bald nach
seinem Regierungsantritt sich ganz unzweideutig ausgesprochen: „Die
Hazard-Spiele sind nicht nur so nachteilig für das Vermögen, sondern
selbst den guten Sitten so gefährlich, daß Ich Mich ungern genötigt
gesehen habe, um das Überhandnehmen derselben zu verhüten, die
dagegen publizirten Edikte zu erneuern und gegen die Übertreter derselben ohne Nachsicht verfahren zu lassen; gleichwohl werden diese
verderblichen Spiele in der Armee nicht eher gänzlich aufhören, bis
sichs die Regimentschefs und Kommandeure angelegen sein lassen,
solche mit Ernst zu verhindern." Es sollen alle Offiziere vor des
Königs Ungnade gewarnt werden, da er beschlossen habe, die Übertreter dieses Verbots zu kassieren. Trotzdem wurde, wie Valentini

berichtet, „das Pharao- und das demselben noch vorgezogene Würfel-
spiel, die sogenannte kleine Elf in einem wahren Übermaß getrieben".

Nach dem Gefecht vor Saarbrücken wurde der Ordonnanzoffizier
Knobelsdorffs, der Leutnant von Reiche, mit einem Auftrage zu
Blücher geschickt. „Obschon es Nacht geworden war, als ich dort anlangte," erzählt Reiche, „fand ich zu meiner nicht geringen Verwunderung Blücher, den ich nach den Fatigen des Tages in guter
Ruhe glaubte, unter seinen Offizieren am Pharaotische, wo man bis
zum Morgen zusammenblieb und spielte. Als der Tag anbrach, setzte
sich die ganze Gesellschaft zu Pferde, den Feind zu rekognosziren
und die Vorposten weiter anzuordnen."

„Blüchers Benehmen gegen Freund und Feind war übrigens",
so berichtet Valentini weiter, „in jeder Beziehung untadelhaft und
überhaupt konnten nur Unkunde oder übler Wille ihn für einen
halben Barbaren ausgeben. Sein klarer Sinn, von einem gewissen Ideenschwunge belebt, fand überall ohne Mühe die passen-
den Worte. Wie oft haben wir später Gelegenheit gehabt, seine
bald würdevolle, bald populäre, niemals gemeine, immer dem
Gegenstand und den Personen angemessene Beredtsamkeit zu bewundern! Vor Allem verstand er die Kunst, die Gemüter der Menge
durch irgend sie ansprechende Motive zu bewegen und dabei Zufälle
und Veranlassungen geschickt zu benutzen, ja, wohl die zu Taten auf-
fordernde Leidenschaft sich selbst anzuraisonnieren." Valentini führt
hier als Beispiel an, daß Blücher sich vorgenommen habe, den Tod
des Grafen Golz zu rächen (s. S. 126); „jener Beweggrund, den Chef
zu rächen, mochte den Husaren allerdings einleuchtender sein, als
andere, abstraktere und sie wenig angehende. Das natürliche Rachegefühl, das zu einem neuen Unternehmen aufforderte, wenn einmal
eins mißlungen war oder besonders Menschen gekostet hatte, oder
wenn Grausamkeiten an irgendwo gefangenen Husaren vom Feinde
verübt worden waren, wurde von ihm jederzeit angeregt und benutzt".

Blüchers Lebhaftigkeit steigerte sich auch jetzt noch leicht zu Heftigkeit, wenn etwas nicht nach seinem Sinn ging. Er erzählt selbst,
daß er dem Oberst v. Szekuly gedroht habe, ihm mit der Pistole „vor
den Kopf" zu schießen, als dieser nach Blüchers Ansicht in seine Befugnisse eingriff. Daneben haben wir rührende Beweise seiner Herzensgüte, z. B. wie er in dieser Zeit einmal einen verwundeten Franzosen
aus seiner Verzweiflung riß; hören wir seine Erzählung:

„Unter den französischen blessirten Gefangenen befand sich einer,
dem der Schenkelknochen oben zerschmettet war; man hatte ihn neben
das Feuer gelegt und zur Erfrischung, wie den andern, Brod und

Branntwein angeboten; nicht allein dieses schlug er aus, sondern er wollte sich auch schlechterdings nicht verbinden lassen und forderte unsere umstehenden Leute wiederholentlich auf, ihn tot zu schießen; diese sagten sich unter einander: das ist ein recht hartnäckiger, verstockter Franzose! Ich stand mit dem Oberstleutnant v. Müffling in einiger Entfernung und hörte diese, mir auffallende Beurteilung; wir näherten uns der Gruppe. Der erwähnte Blessirte lag, nachdem seine Ausrufungen fruchtlos gewesen waren, jetzt ganz stille, tief in sich gekehrt und sah nicht, was um ihn her vorging; da er zu frieren schien, so ließ ich mehrere Decken holen und ihn damit zudecken."

„Bei dieser Gelegenheit blickte er mich forschend an und schlug die Augen wieder nieder. Jetzt ließ ich ihm durch meinen Adjutanten, Graf von Golz — da ich selbst der französischen Sprache nicht ganz mächtig bin — sagen: er möchte sich doch verbinden lassen und zu seiner Stärkung etwas genießen; er antwortete nicht. Ich fuhr fort ihm andeuten zu lassen, daß ich denjenigen für einen schwachen Menschen hielte, der sein Schicksal nicht zu tragen wüßte; am wenigsten gezieme es sich für einen Soldaten, zur Verzweiflung seine Zuflucht zu nehmen. Übrigens dürfe er die Hoffnung zu seiner Genesung nicht aufgeben und er könne versichert sein, daß er sich unter Menschen befände, die Gefühl hätten und zu seiner Erleichterung alles beitragen würden."

„Nun blickte mich der Leidende wieder an; ein Strom von Tränen stürzte zugleich aus seinen Augen und er reichte mir vertraulich die Hand. Ich ließ ihm Wein geben und er trank, auch sträubte er sich jetzt nicht mehr dawider, sich vom Regimentschirurg verbinden zu lassen. Eine so schnelle Umänderung in dem Betragen dieses Menschen fiel mir auf; ich fragte ihn daher, was die Ursache seines vorigen störrischen Benehmens gewesen sei? Seine Antwort war: »Ich bin zum Dienst der Republik gezwungen worden; mein Vater ist guillotinirt; meine Brüder habe ich im Kriege verloren; meine Frau und Kinder sind zurück und leben in der kümmerlichsten Lage. Ich glaubte daher, daß der Tod meinen Leiden ein Ziel setzen würde und sehnte mich nach demselben. Ihre gütige Erinnerung hat mich zu reiferem Nachdenken gebracht, ich danke Ihnen für selbige, und bin jetzt entschlossen, meinem künftigen Schicksal mit Geduld entgegen zu sehen.« Diese Erzählung rührte alle Umstehenden und es war mir angenehm zu sehen, wie unsre Leute von ihrer vorher gefaßten Meinung so ganz zurück kamen; ich ließ jetzt diesen Blessirten mit den übrigen, nachdem sie sämmtlich verbunden waren, nach dem vor uns liegenden Dorfe Weidental transportiren und sie dem dortigen Schulzen zur Pflege übergeben."

Blüchers Gutmütigkeit kommt unter anderem in seinem Verhalten den Bürgern von Zweibrücken gegenüber zum Ausdruck, denen die Franzosen im Herbst 1793 ihren Wein beschlagnahmt hatten; Blücher blieb weit vor der eigenen Front zwei Stunden dicht vor den feindlichen Vorposten in gefährlicher Lage stehen und drohte dem Feind gar mit einem Angriff, um den guten Leuten die Zeit zu verschaffen, ihre Weinfässer in Sicherheit zu bringen; er riet ihnen, den Franzosen zu sagen, er habe alles mit fortgenommen.

Ein besonders vertrautes Verhältnis hatte er dann mit den Bürgern von Grünstadt angeknüpft, das er mit großem Geschick vor der Plünderung durch die Franzosen bewahrte, obgleich es längere Zeit schutzlos vor seiner Vorpostenlinie lag.

Es waren dies dieselben Jahre, in denen auch Blüchers großer Gegner Bonaparte sich die ersten Lorbeeren erwarb. Die geschickte Verwendung seiner Waffe, der Artillerie, das rücksichtslose Einsetzen seiner Person, die Empfehlungen seiner Vorgesetzten und politische Machenschaften brachten ihm vor Toulon die Beförderung zum General; dann aber beschäftigten sich die Gedanken des ehrgeizigen, gründlich gebildeten Fünfundzwanzigjährigen vornehmlich mit Feldzugsentwürfen, die ihm in den nächsten Jahren zur Ruhmesleiter dienen sollten, als er durch geschickte Ausnutzung der Umstände und seiner Beziehungen an die Spitze eines Heeres gelangt war. Und doch sollte der Vielgewandte den wuchtigen Schlägen des Husaren-Generals erliegen.

Ostfriesland und Westfalen.
1795—1805.

So sehr allgemein im Volke wie im Heere der Wunsch nach Frieden herrschte, König Friedrich Wilhelm II. konnte sich nicht so schnell entschließen, mit der Republik zu unterhandeln. Er ließ die preußische West-Armee zunächst am Rhein beiderseits des Mains Winterquartiere beziehen. Blüchers Regiment lag in dem südlichen Winkel zwischen Rhein und Main, in der Gegend von Darmstadt, in weitläufiger Unterkunft. Die strenge Kälte, die den Rhein Mitte Dezember festfrieren ließ, forderte bald aufreibenden Wachtdienst am Stromufer.

Blücher wurde in dieser Zeit von einer „langwierigen" Krankheit heimgesucht, und noch Mitte Februar schreibt er dem Kronprinzen, der sich bei Blüchers Adjutanten teilnehmend nach seiner Gesundheit erkundigt hatte, er hoffe endlich zu genesen. Daneben äußert er eine tiefe Niedergeschlagenheit: „Nur in der Hinsicht dem König meinem Herrn und dem ganzen Königlichen Hause noch Dienste leisten zu können, ist mir die Rückkehr meiner Gesundheit und die Verlängerung meiner Tage angenehm; sonst leide ich unter so manchem Kummer, daß ich deren Beendigung froh entgegensehen möchte." Sorge über den Gang der Politik war es wohl kaum, die Blücher niederdrückte; der Wunsch, von dem undankbaren Bündnis mit Österreich loszukommen, war damals zu allgemein und natürlich. Auch das Regiment machte ihm keine Sorge; im Herbst schreibt er stolz: niemals seien Klagen über das Regiment eingelaufen, und als er es dem Feldmarschall in Frankfurt vorgeführt habe, hätte dieser gesagt: er könne mit ihm sofort zur Revue marschieren.

Eine besonders anziehende Schilderung haben wir aus dieser Zeit vom Offizierkorps des Regiments, anscheinend von einem Offizier des Hohenlohe'schen Hauptquartiers. Die jungen Offiziere seien höfliche, sanftmütige und bescheidene Jünglinge von guter Bildung, Biederkeit und solidem Betragen; im Gefecht aber stürzten sie sich wie Löwen, voll Zutrauens auf ihren braven Kommandeur und auf die Liebe und Treue ihrer Untergebenen, auf den dicksten Haufen der Feinde.

Blüchers Umgang mit seinen Offizieren mag von der Art seines zurückhaltenden Vorgängers, des Grafen Golz, recht verschieden gewesen sein; sah man Belling mit seinen Untergebenen wie einen Vater mit seinen Kindern verkehren, so lebte Blücher selbst mit den Jüngsten wie ein Kamerad mit Kameraden. „Bei seiner Lebenslust und jovialem Charakter hielt er sich mehr zu jungen Offizieren als seinem Range eigentlich gemäß war.“ Aber auch mit den älteren verband ihn herzliche Freundschaft. Mit Kummer sah Blücher „die beiden verdienstvollen Stabsoffiziere Oberstleutnant Coring und Major von Planitzer äußerst schwach“ werden; „ich kann an den Verlust dieser meiner rechtschaffenen Waffenbrüder nicht denken; aber die Alles verderbende Zeit schont Nichts“. Coring starb 1797. Planitzer ging 98 ab. In den beiden Jahren 1794 und 95 war ein halbes Dutzend älterer Offiziere abgegangen; das Kriegsleben als Husar, namentlich unter Blücher, hielt wohl nicht jeder lange aus; es ist wohl möglich, daß mit diesen Abschieden Ärger für den Chef verbunden war. Auch mag ihm der Schmerz über den Verlust der Gattin, die Sorge um die fernen Kinder, deren Erziehung im großelterlichen Hause ihm nicht gefiel, jetzt beim Aufhören des Kriegsgetümmels mehr zum Bewußtsein gekommen sein; sein ältester Sohn scheint ein sehr unbändiger Jüngling gewesen zu sein. Überhaupt aber neigte Blücher, sobald er sich nicht wohl fühlte, zum Schwarzsehen, wie das bei lebhaften Naturen ja häufig ist; überdies waren seine eigenen Geldverhältnisse durch den Krieg und das Spiel in üble Verfassung geraten. Von seiner Krankheit erholte er sich aber bald; drei Wochen nach jenem trüben Erguß konnte er persönlich das Regiment nach Norddeutschland zurückführen.

Ende Februar waren die Verhandlungen mit Frankreich soweit gediehen, daß die Truppen nach der Heimat zu in Bewegung gesetzt wurden. Blücher war über Frankfurt und Gießen bis Kassel gelangt, als eine neue Bedrohung Westfalens durch die Franzosen eine Schwenkung dorthin erforderlich machte. Die Hannoveraner, Braunschweiger und Hessen, die im englischen Sold in den Niederlanden gekämpft hatten, waren über die untere Ems zurückgewichen; die Franzosen waren in die hannoversche Grafschaft Bentheim gefolgt. Dorthin, in die Gegend von Rheine an der Ems, wurde Blücher mit einer gemischten Brigade geschickt, um das weitere Vordringen des Feindes zu verhüten. Wenn es auch zu keinen Zusammenstößen mehr kam, so mußte Blücher doch den Feind noch zu schädigen.

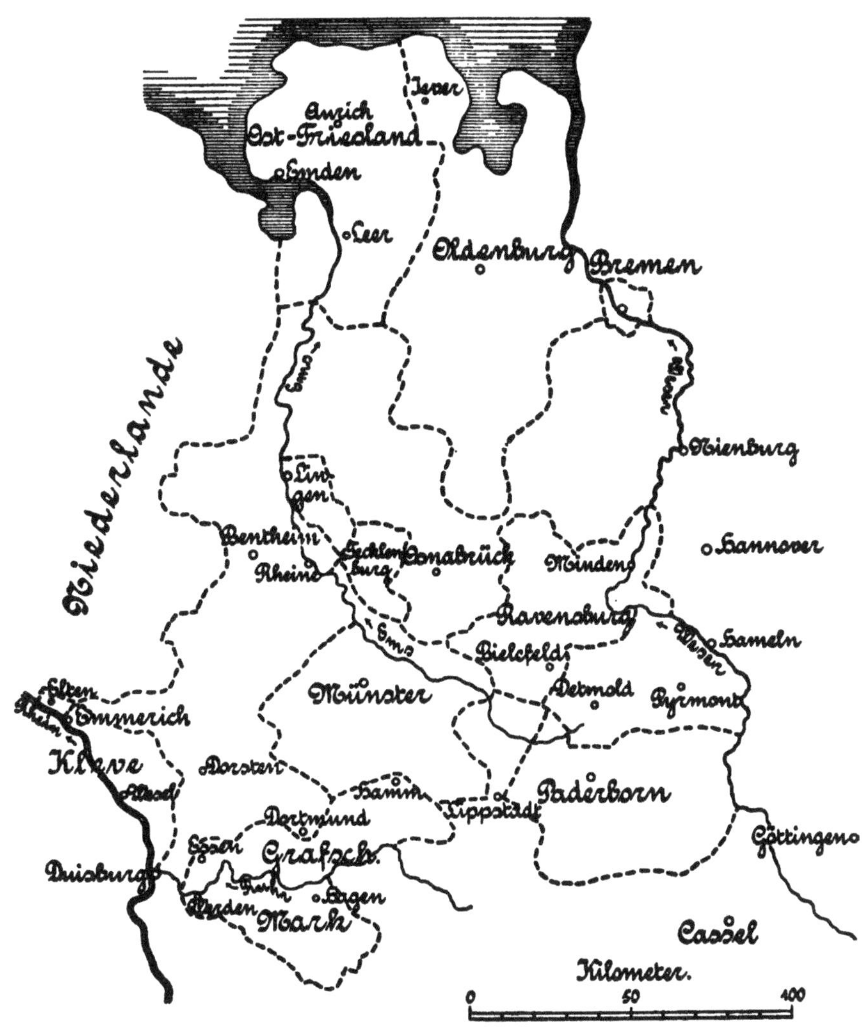

„Bei Ankunft unserer Truppen im Münsterschen", so berichtet er, „zogen sich die Franzosen über die Ems bis Bentheim zurück. Sie hatten das dortige feste Schloß mit Kapitulation erhalten. Um selbiges zu sprengen, hatten sie 20 Zentner Pulver in die Gewölbe

gelegt. Wegen Mangel der Anspannung ließen sie bei meinem Vorrücken 13 teils schwere metallene Kanonen und Haubitzen stehen und
suchten von Holland Anspannung herbeizuschaffen, um solche ab-
zuholen. Ich erfuhr es, zeigte dem Feldmarschall solches an und ging
in der Nacht mit 300 Pferden und sämmtlicher Anspannung meiner
Proviantwagen über die Ems. Die Franzosen wichen zurück; um
das Schloß von Bentheim waren rundumher alle Zugänge aufgegraben;
in der Geschwindigkeit ließ ich das Pulver ins Wasser schmeissen, die
Rohre der Kanonen losheben, von den Wällen herunterschmeißen,
dann aufladen und mit meiner Anspannung über die Ems fahren.
Wie es Tag war, kamen die Franzosen und wunderten sich wie wir
dies möglich gemacht."

Mit dem Abschluß des Friedens wurde Blücher mit einigen
Truppen zur Besatzung Ostfrieslands, seit 1744 preußisches Gebiet,
bestimmt; Ende April rückte er in Emden ein.

Blücher hatte sich schon einige Male mit dem Gedanken getragen,
sich wieder zu verheiraten; in Emden saß bei einem Mahle, das der
Präsident v. Colomb zur Feier des Friedensschlusses gab, die jüngste,
zweiundzwanzigjährige Tochter des Hauses neben ihm; der dreißig
Jahre ältere General war sogleich entschlossen, das hübsche und an-
mutige Mädchen zu heiraten und erhielt auch nach einigem Bedenken
das Jawort; im Juli 1795 war die Hochzeit. Er fand reiches Glück
in dieser Ehe; aber zu einem „ruhigen, ordentlichen Menschen",
wie er anfangs meinte, hat ihn seine Frau nicht gemacht. Er blieb
eifrig dem Spiel und froher Geselligkeit ergeben; auch seine frei-
maurerischen Bestrebungen pflegte er weiter. Zu allerlei Zerstreuungen
bot eine Reise nach Pyrmont und Hamburg Gelegenheit, die er
unternahm, um eine starke Fußverrenkung zu beseitigen; er war bei
einem Sprung über einen Wassergraben mit dem Pferde gestürzt
und behielt davon zeitlebens einen unregelmäßigen Gang und etwas
schiefe Haltung. Auch auf der Jagd zog er sich einen Schaden zu:
ein zerspringendes Gewehr riß ihm ein Stück Finger ab.

Eine Persönlichkeit wie Blücher konnte sich in einer Friedens-
stellung, in der er nur die Geschäfte des Regimentschefs und des
Garnisonältesten zu versehen hatte, unmöglich zufrieden fühlen. Dabei hatte er hierin allerlei Ärger. „Emden hat Millionen durch
diesen Krieg profitirt," schreibt er nach Berlin; „es hat das Brod
nicht so nötig wie die Garnison, weil der Magistrat nicht eine Stunde
sicher ist, wenn kein Militär da ist; und doch will das Teufelspack
nicht einmal hundert Mann Quartier geben; aber durch ihren grausamen Reichtum aufgeblasen, sehen sie auf die Soldaten wie auf die

verächtlichsten Kreaturen herab. So treu Ostfriesland dem König ist, solche Bestien sind die reichen Embener. Wenden Sie dieses von der armen Kompagnie ab! Es ist solch' braves Bataillon!"

Noch mehr betrübte ihn, daß er sein Regiment nicht um sich hatte. Wiederholt klagte er dem Generaladjutanten des Königs „sein Bekümmerniß" hierüber. Sein ganzes Regiment liege so zerstreut, daß er nicht wisse, wo es sei; der rechte Flügel stehe an der Nordsee, der linke weit über Wesel hinaus; jetzt gehe das 2. Bataillon nach Pommern zurück und das 1. müsse den Kordon ziehen, so daß nicht zehn Mann zusammenblieben. Aller Orten seien fremde Werber; der gemeine Mann sei ohne Aufsicht sich selbst überlassen; daher befürchte er Fahnenflucht.

Am meisten aber fühlte er sich zurückgesetzt durch die Ernennung eines jüngeren Generals zum Inspekteur auch über sein Regiment. Er erkenne dessen Verdienste durchaus an. „Aber da man mich während des Krieges zu allen Verrichtungen gebraucht, da ich zu allen schwierigen Unternehmungen herangeholt wurde, da mir der Herzog von Braunschweig, der Feldmarschall, der General von Knobelsdorff und der Erbprinz von Hohenlohe einstimmig das Zeugnis gaben, daß ich alle meine Unternehmungen glücklich ausgeführt, ich niemals eine Fehlaktion gemacht; wo ich den Feind angegriffen, ihn geschlagen, wenn er mich angegriffen, desgleichen; daß in meinem Regiment niemals ein Unteroffizier überfallen, kein Offizier in feindliche Gefangenschaft geraten, ob ich gleich 13 Schwerblessirte dabei erhalten; wenn endlich ich aller Fatiguen und Dienste ungeachtet dem Feldmarschall das Regiment in Frankfurt vorgeführt und er und alle Kenner mir das Zeugniß gaben, daß wir zur Revue marschiren könnten; wenn ich beweisen kann, daß um komplet zu bleiben, ich während der Kampagne 84 meiner eigenen Pferde ins Regiment gegeben; wenn niemals Klagen über das Regiment eingelaufen, so sollte ich glauben, ich könnte einer Inspektion vorstehen. Aber ich habe kein Glück und wir Husaren sind im Kriege die Lasttragenden; zu distingirten Posten gelangen wir im Frieden nicht; und wie wir zurückgesetzt gegen die Kavallerie sind, das beweist unser Etat. Aber, bei Gott, ich schwöre: mein Handwerk will ich bei der Kavallerie so wenig wie das Reiten oder irgend eine Ordnung lernen." Er sei glücklich, daß der beste König sein Herr, die Armee mit ihm zufrieden sei und die Welt ihm das Zeugnis nicht versagen könne, ein ehrlicher Mann im treuen Dienste seines Herrn zu sein.

Er legte eine Übersicht über seine und seines Regiments Leistungen im Kriege für den König bei. Darin führt er die Trophäen und Gefangenen an, die das Regiment eingebracht hatte, und hebt die Märsche des 1. Bataillons hervor; das Regiment wie der Chef seien unbeschreiblich glücklich, zur Zufriedenheit ihres Monarchen dies geleistet zu haben. „Haben wir nicht mehr getan, so war es nicht Mangel an Eifer, sondern der Gelegenheit." Der allgemeine Wunsch sei, ferner im Dienste geübt und gebraucht zu werden. Aber er könne den drückenden Gedanken nicht entfernen, durch alles rastlose Bestreben sich das Zutrauen und die Zufriedenheit seines Herrn nicht erwerben zu können. Anstatt Inspekteur zu sein, müsse er unter einem höheren General bei fünf zur Grenzbesetzung bestimmten Bataillonen zurückbleiben; er werde nicht einmal für tauglich gehalten, eine friedfertige Postierung zu kommandieren, sondern müsse mit 15 Mann wie ein Unteroffizier postiert stehen.

Harte Sträuße hatte Blücher in dieser Zeit mit der obersten Militär-Verwaltungsbehörde, dem Ober-Kriegskollegium. Als jene Behörde ihn einer Kanzleiversäumnis wegen barsch ermahnte, in der Befolgung der Befehle seinen Untergebenen mit gutem Beispiel voranzugehen, antwortete er: „Meinen Untergebenen bin ich in diesem Kriege wohl mit guten Exempeln vorangegangen; die Zufriedenheit des Königs, meines Herrn, welche ich höchst schätze, und selbst die Achtung des Feindes, welche mir zum öfteren markirt worden, beweisen es." Und als man ihm Belgard statt Stolp als zukünftigen Stabsort zuwies, wandte er sich schließlich an den Generaladjutanten: „Um das Maß meines Kummers voll zu machen, ist mir meine Garnison genommen; wenn mein Regiment gleich Stolp behält — ich soll und muß nach Belgard! Nach Vollendung mühseliger Kampagnen ist es dem treuen Diener seines Königs nicht einmal erlaubt, in dem ihm anvertrauten Regiment seinen Aufenthalt zu wählen. In Rußland und bei den Türken verfährt man auch nicht härter." Dienstlich habe Belgard für ihn keine Vorzüge; aber die Verlegung von Stolp schädige ihn, die Angehörigen des Stabes und namentlich die Diensttuer der Leibschwadron. „Ist denn das Glück des gemeinen Mannes keiner Beachtung wert?" schließt er wirkungsvoll. Wirklich setzte er so seinen Willen durch. Einem Beförderungsvorschlag fügte er hinzu: „Der König hat so unendlich viel Gnade für mich selbst gehabt; o, möchte er doch seine Zufriedenheit dem mir anvertrauten Haufen beweisen! Vereinigt wollen wir ihm, wenn Gelegenheit dazu kommt, beweisen, daß wir seiner Huld nicht unwürdig sind."

Sein persönlicher Ehrgeiz wurde bald befriedigt; im Dezember 1795 erhielt er das Kommando über einen Teil der Truppen, die die Grenze des neutralen Gebiets in Westfalen bewachten. Dazu

mußte er nach Münster übersiedeln. Das brachte allerlei Unannehm=
lichkeiten mit sich; unangenehm war vor allem die Ungewißheit des
Zustandes. Trotzdem entschloß er sich, seine Tochter zu sich zu nehmen,
die bisher bei seinen Schwiegereltern in Pommern geblieben war.
Seinen achtjährigen zweiten Sohn Gebhard gab er, nachdem sein
Schwiegervater gestorben war, auf die Schule in Neustettin, wo der
Schwadronchef und ein Vetter Blücher sich seiner annahmen.

Im Herbst 1798 heiratete sein ältester Sohn Franz die Tochter
eines jeverschen Hofrats, die es gut verstand, den überschäumenden
Lebensmut des jungen Mannes zu zügeln. Blücher selbst fühlte sich in
seinem Hause „unbeschreiblich glücklich".

Die Muße des ersten Winters in Münster benutzte Blücher zur
Abfassung des „Kampagne=Journals" über seine Teilnahme an den
Feldzügen 1793 und 94. Es war zunächst nur für sein Regiment
bestimmt; die jungen Offiziere sollten das rastlose Bestreben ihrer
Vorgänger erkennen, ihre Pflicht zu erfüllen; sie sollten dadurch an=
gefeuert werden, bei einer entstehenden Kampagne von gleichem Eifer
beseelt zu sein; das Regiment möge, so sagte Blücher im Vorwort,
stets das große Beispiel seines Stifters vor Augen behalten, seinen
Anweisungen und Lehren jederzeit getreu bleiben und eingedenk sein,
welchen rühmlichen Namen es sich unter seiner Führung erworben
und bis auf diese Stunde erhalten habe. Dann schickte er das Buch
auch seinen Freunden. Aber noch im selben Jahr gestattete er einem
schleswig=holsteinschen Offizier, es nachdrucken zu lassen, und 1797
erschien ein Abdruck in Scharnhorsts „Offizier=Lesebuch". So wurden
Blüchers Taten allerorten gelesen, aus denen seine mannhafte Auf=
fassung vom Wesen des Krieges hervorleuchtete; seine Worte erhoben
kräftigen Widerspruch gegen die empfindsame Gefühlsduselei der Auf=
klärungszeit, die gegen die Greuel des Krieges immer mehr ver=
ächtlichen Abscheu zu erwecken strebte.

Unter den Kriegsverhältnissen hatte Blüchers Vermögensstand
stark gelitten; er bat deshalb den König, ihn „aus seiner Verlegen=
heit zu ziehen". Dieser schenkte ihm darauf 1796 eine ansehnliche
Herrschaft in dem neuerworbenen Landesteil oberhalb Wratzlawek
an der Weichsel, die allerdings zunächst nur Aufwendungen forderte;
er war froh, als er sie 1803 vorteilhaft verkaufen konnte.

In den Jahren 1796 bis 99 machte Blücher ein ganz eigen=
tümliches Geschäft: er „schaffte das Kommissariat zum Teuffel", wie
er sich ausdrückte, und verpflegte sein ganzes Korps selbst; anschei=
nend fand er seine Rechnung dabei. Auch das Land muß damit wohl
zufrieden gewesen zu sein, denn als Ende 1799 die Truppen wieder

aus königlichen Magazinen verpflegt werden sollten, bat die münstersche Regierung dringend um Beibehalt der alten Verpflegungsart.

1799 erwarb Blücher das schöne Gut Groß-Ziethen bei Berlin.
Damals konnte er schreiben: „Gott sei Dank bin ich keinen Heller
schuldig." Inzwischen war er auch die Güter bei Rummelsburg los-
geworden, und so hatte er sich ein Haus in Stolp und Güter in der
Nähe erwerben können. So sicher rechnete er auf baldige Rückkehr.

Aber er sollte noch öfter enttäuscht werden. In Deutschland war
1795 der Krieg mit wechselndem Erfolg an der Sieg und Lahn, in
der Pfalz und um Mainz und Luxemburg geführt worden. Noch
im April 1796 hatte Blücher geschrieben: „man spricht hier viel vom
Frieden"; und nun kamen Schlag auf Schlag aus Italien die Nachrichten von den fabelhaften Siegen des bis dahin nur bei Pariser
Straßenkämpfen der Welt bekannt gewordenen siebenundzwanzigjähri-
gen Generals Bonaparte. Da man auch einen Angriff der Franzosen
auf Hannover argwöhnen mußte, entschloß sich Preußen im Frühjahr
1796, die Truppen in Westfalen auf 25 000 Mann zu vermehren und
sie dem Herzog von Braunschweig zu unterstellen; sie bildeten mit
15 000 Hannoveranern und 2000 Braunschweigern die sogenannte
Obfervationsarmee, als deren Vorhut Blüchers Truppen — 4 Füsilier-Bataillone und seine Husaren — galten. Sie standen aber
weit zerstreut, von der Nordsee längs der Ems und bis zur Ruhr-
mündung. Truppenübungen in größerem Stile konnten nicht stattfinden.

Blücher klagte damals: „Meine Arbeit ist Schreiben; ich glaube
schwerlich, daß ich dabei lange gesund bleibe," und späterhin (1799):
„Vielfältige und zum Teil sehr unangenehme Beschäftigungen haben
mich verstimmt und ich bin am Schreibtisch gleichsam angeheftet. Sie
kennen meine Lebhaftigkeit und wie wenig ich zum Stillsitzen geneigt
bin. Aber meine Lage ist fatal, daß ich schon seit 4 Jahren keine
Militärgeschäfte treibe. Der Himmel wird es ja mal enden."

Er verfolgte die militärischen Vorgänge in den Nachbarländern
eifrig. Auch pflegte er gute Beziehungen mit französischen Generalen,
die „äußerst artig" gegen ihn waren; einer von ihnen ließ ihm eingehende Nachrichten zukommen, die er dem König weitermeldete. Die
Fortschritte der Franzosen im Juni 1796 brachten auch in Münster
die Gemüter in Bewegung, so daß Blücher, da das münstersche Militär
kein Ansehen habe, um Verstärkung bat; er müsse öfter das Rauhe
nach außen kehren, um die Ordnung zu erhalten. Umfangreich war
sein Schriftwechsel über die Truppenverpflegung und -verlegung, über
Verfolgung und Auslieferung von Fahnenflüchtigen sowohl mit den

Franzosen als mit den verbündeten Regierungen, über Ausfuhrverbote von Pferden, Getreide, Schiffs- und Palisadenholz, über Vermessungswesen usw. usw.

Gelegentlich aber fand Blücher eine erfreuliche Anerkennung, z. B. wenn ihm der Erzbischof von Köln schrieb, er hoffe, daß seine münsterschen Räte sich beeifern würden, gegen Blücher und seine tapfern Kriegsmänner für die im Lande jetzt beobachtete Disziplin und gute Ordnung gebührende Erkenntlichkeit zu beweisen und auf sein billiges Begehren die sorgsamste Rücksicht zu nehmen.

Der Herzog von Braunschweig legte sein Hauptquartier nach Minden, wo sich auch der Führer der Hannoveraner und sein Generalquartiermeister Scharnhorst aufhielten. Scharnhorst entwickelte damals eine rege schriftstellerische Tätigkeit. Namentlich die Frage, wie die Erfolge, das „Glück" der Franzosen zu erklären seien, erregte lebhaft die Geister der militärischen Welt. Ratlos stand man dem Rätsel gegenüber, als nun Erzherzog Karl in einem glänzenden Feldzuge die Franzosen über den Rhein zurücktrieb, während Bonapartes kühne Taten alle Anstrengungen der Österreicher in Italien zunichte machte. Daß die Machtmittel Frankreichs zu immer größerer Überlegenheit anwuchsen, blieb unbemerkt.

Preußen hatte in dieser ganzen Zeit die Vorteile des Friedens genossen. Aber der Ländergewinn auf Kosten Polens gereichte ihm nicht zum Segen; das Verlassen der deutschen Sache brachte ihm von allen Seiten Haß ein. Auch im Innern hatte die Regierung Friedrich Wilhelms II. manche schädigende Wirkung gehabt. Als der König am 16. November 1797 starb, setzte man die größten Hoffnungen auf den wohlmeinenden, tugendreinen Thronfolger.

Im Mai 1799 erschien das junge Königspaar zum erstenmal in Westfalen zur Revue über die westfälischen Truppen bei Minden. Friedrich Wilhelm III. war Blücher aus den Rheinfeldzügen her wohlgesinnt; auch die liebenswürdige, schöne Königin zeichnete ihn wiederholt aus.

Die Zustände in Münster selbst aber waren nicht danach angetan, Blücher zu befriedigen. „Die ganze Brut von Menschen in diesem Pfaffenlande taugt nicht," schrieb er schon im Sommer 1796.

Der Erzherzog Max, Erzbischof von Köln, war gleichzeitig Bischof von Münster. Die Regierung aber wurde vom Domkapitel geführt. Die Geistlichkeit und der streng katholische Adel hielten fest am Kaiserhause und sahen sich durch die preußischen Gelüste in ihren Vorrechten und in ihrem Glauben bedroht. Obgleich selbst durchaus dem Vergnügen nicht abhold, scheint den Münsterländern Blüchers Wesen

anfangs nicht zugesagt zu haben; auch er machte aus seiner Ab=
neigung kein Hehl: „Wann werde ich einmal", so schrieb er im Sep=
tember 1797, „aus diesem Lande der Heiligen erlöst werden, wo die
Menschen weit ärmer an Verstand wie an Gütern sind, wo 42 über=
mütige Domherrn den Schweiß der Armut unverdient verprassen.
Wollte Gott, daß die Zeit nahte, daß diese mit Blindheit am Kaiser=
lichen Hof hängende Rotte einmal etwas Demütigung erführe! Ich
muß mit diesem Volk viel ausstehn und mit Freuden wollte ich hier
die schwarzen Adler aufhängen; der mittlere und geringe Stand würde
uns segnen, aber die vornehmen Tagebiebe uns fluchen."

Im folgenden Winter kam es zu einem heftigen Auftritt zwischen
Blücher und einem jungen Herrn auf einem öffentlichen Ball, den
Blücher mit einer Anzahl seiner Offiziere besuchte. Blücher verlangte
gerichtliche Untersuchung und Genugtuung für die dem preußischen
Militär angetane Beleidigung; in münsterschen Kreisen aber war
man der Ansicht, daß es für einen General nicht zu rechtfertigen sei,
daß er — von einem Rausch noch nicht ganz befreit — einen öffent=
lichen Ort besuche und einen Menschen, der ihn gar nicht beleidigt
habe, wiederholt vor die Brust stoße. Wir werden sehen, daß trotz
dieses Unwetters Blüchers sonnige Natur es den Münsterländern doch
noch antat.

Bonapartes siegreiches Vordringen aus Italien gegen Wien hatte
im April 1797 zu Abmachungen geführt, die im Oktober zum Frieden
zwischen Frankreich und Österreich gediehen; jetzt begannen die Ver=
handlungen zu Rastatt über die Regelung der deutschen Verhältnisse;
aber schon im folgenden Jahr brach der Krieg von neuem aus, in
den nun auch Rußland eingriff. Während Bonaparte sich in sein
ägyptisches Abenteuer verstrickte, sah die Welt staunend den wunder=
baren Zug Suwarows über die Alpen. Das neue Jahrhundert begann
mit Bonapartes Übergang über den Sankt Gotthard, der Schlacht
von Marengo und dem Sieg Moreaus bei Hohenlinden.

Schon im Sommer 1799 war von einer Verlegung der Obser=
vationsarmee die Rede gewesen. Blücher hatte den münsterschen
Würdenträgern mitgeteilt, die bringenden Klagen der preußischen
Lande an der Weser über die starke Belegung mit Truppen scheine den
Herzog von Braunschweig veranlaßt zu haben, dem König eine andere
Unterbringung vorzuschlagen. Aber erst Ende Juni 1800 traten
Blüchers leichte Truppen den Marsch nach dem Rhein an. Blücher
selbst verlegte sein Hauptquartier nach Emmerich, dem preußisch=
klevischen Städtchen am Rhein, unmittelbar an der Grenze Hollands,
dessen Charakter es schon trägt.

Seine Bataillone lagen in Emmerich, Duisburg und Essen, seine Husaren längs der holländischen Grenze bis Bentheim hinunter. Von Blüchers Aufenthalt in Emmerich, der bis zum Frühjahr 1801 währte, sind durch Überlieferungen Züge seines gemütlichen, geselligen Wesens erhalten.

Endlich machte der Friede zu Lüneville die Besetzung der Demarkationslinie überflüssig. Aber die Rückkehr nach Pommern brachte dies Blücher noch immer nicht; es blieb abzuwarten, was über die Entschädigung Preußens für den Verlust des linksrheinischen Kleve beschlossen wurde. Im April 1801 ging Blücher mit seinen vier Füsilier- und einem Husaren-Bataillon in die preußischen Landesteile Lingen-Tecklenburg und von da zur Küstenbewachung nach Ostfriesland, Blücher selbst nach Emden zurück. Die Schwadronen dehnten sich bis nach Cuxhaven aus. Ein anderes preußisches Korps besetzte Hannover zur Wahrung seiner Neutralität.

Der Mai brachte Blücher die Beförderung zum Generalleutnant. — Zu Ostern dieses Jahres stellte er auch seinen jüngeren Sohn Gebhard beim Regiment ein. Im November 1801 wurde ein Teil von Blüchers Truppen wieder ins Lingensche vorgezogen; er selbst wählte Lingen als Hauptquartier, da Emden zu abgelegen sei.

Schwer macht man sich heute einen Begriff von den schlechten Wegen in diesem Lande zu jener Jahreszeit; Chausseen gab es hier noch nicht; die ersten festen Straßen hatte Preußen erst vor einigen Jahren in der Grafschaft Mark zu bauen begonnen. Auf dem Wege längs der Ems konnte eine Batterie nicht fortkommen, sie mußte den Umweg durchs Oldenburgische machen.

Bei diesen Märschen trat als eine besondere Beschwernis die Fortschaffung der Weiber und Kinder hervor. Blücher hatte hierauf schon wiederholt aufmerksam gemacht; er forderte von neuem eine Entscheidung. „Bei den Kompagnien und Schwadronen sind bis zu 30 Weiber und täglich heiraten die gemeinen Soldaten weil die Mädchen in hiesiger Gegend Geld haben und Seiner Majestät Befehl ist, ihnen Trauscheine zu geben. Daß die Weiber aus den Garnisonen ihren Männern nachkommen, konnte man nicht verbieten, denn einem jungen Menschen, der vor und beim Ausmarsch freit, kann doch nicht zugemutet werden, daß er seine junge Frau als abgelebt erst wiedersieht! Neun Jahre sind es nun schon, daß wir entfernt sind und es giebt Füsiliere und Husaren, die bis zu 5 Kinder hier gezeugt, wovon das älteste nicht über 5 Jahre alt ist. Wo sollen nun diese hülflosen Geschöpfe hin? Vorspann will das Kommissariat zu ihrer Fort-

bringung immer nicht bezahlen ... Die Folgen, wenn nicht Vorkehrungen dazu getroffen werden, sind groß, für das Königliche Interesse wichtig und der Verlust der Väter, Mütter und Kinder für den
Staat ganz gewiß. Marschiren wir ab und lassen Weiber und Kinder
in einem Lande zurück, wo es so teuer, so desertirt der Vater; kriegt
man ihn wieder und er kommt ins Verhör, so sagt er, ich laufe noch
zehnmal weg, da ich mein Weib und Kind dem Verderben preisgegeben
sehe ... Die Weiber mögen, wenn es sein soll, beiher gehen, die
Kinder müssen gefahren werden." Der große Zusammenbruch 1806
sah diese Frage noch ungelöst; was mag aus Weib und Kind der in
Thüringen gefallenen, der nach Frankreich verbrachten und der nach
Preußen verschlagenen Soldaten geworden sein? —

　　In Lingen stand Blücher zu einer Verwendung bereit, auf die
sich seine Gedanken schon lange gerichtet hatten: das „Auskehren" der
geistlichen Besitzungen, „wobei der schwarze Adler wohl nicht ganz
müßig sein dürfte".

Oberkommando in Westfalen.

　　Auf dem Reichstage zu Regensburg sollte entschieden werden,
welche Gebiete Preußen für den Verlust von Kleve entschädigen sollten.
Als der bisherige Fürstbischof von Münster im Juli 1802 starb, legte
Preußen kurzerhand Beschlag auf den größten Teil des Bistums,
über dessen Erwerb es sich in einem Vertrag mit Frankreich bereits
verständigt hatte. Blücher erhielt Befehl, dies Gebiet zu besetzen.
An der Grenze stellte sich ihm ein Beauftragter der Regierung entgegen,
um Einspruch zu erheben. Blücher fertigte ihn auf das freundlichste ab.
Am 3. August rückte er mit 3000 Mann in die Stadt Münster ein,
ohne daß die bischöflichen Truppen Widerstand leisteten. Auf seine
Drohung, sie sonst in Kriegsgefangenschaft abführen zu lassen, entschloß sich das Domkapitel zu ihrer Auflösung; den Offizieren wurde
der Übertritt in preußischen Dienst freigestellt; den nicht übernommenen
wurde Pension gezahlt.

　　Nachdem das Äußerliche der Besitzergreifung so schnell erledigt
war, zeigte es sich doch, daß das „Aufhängen der preußischen Adler"
kein so leichtes und erfreuliches Geschäft war. Zunächst war eine
Zivil-Organisations-Kommission eingesetzt worden, die im Verein mit
dem münsterschen Landtag und dem Domkapitel die neuen Regierungs-
formen beriet. Bald kam mit dem neuernannten Oberpräsidenten

Freiherrn v. Stein der richtige Mann an die Spitze der Geschäfte. Blücher schloß sich eng an den bedeutenden, ihm in Charakter und Temperament verwandten Mann an, von dem er damals schrieb, er „harmoniere ganz mit ihm" und sei „vom ersten Beginn allhier Hand in Hand" mit ihm gegangen. In der Tat ist der gegenseitige Einfluß unverkennbar. Was Blücher später einmal als sein militärisches „Glaubensbekenntnis" hinstellte und schon 1805 forderte, das hat Stein schon damals für Westfalen verlangt: Fortfall der vielen Befreiungen von der Militärpflicht, Erklärung des Dienstes für eine Ehrenpflicht jedes Bürgers, Aufhebung der Bestimmungen zuungunsten der großen Leute, Verkürzung der Dienstzeit, Erhöhung des Soldes und ähnliches. Anderseits hat Blücher stets zu Steins Fahne geschworen, wenn dieser in der Mitbeteiligung des Volkes an der Regierung die beste Gewähr für eine glückliche Entwicklung des Vaterlandes sah.

Dies gute Verhältnis wirkte auf die Gestaltung der Beziehungen der neuen Regierung zu den Regierten äußerst vorteilhaft ein. Anfangs hatte man gefürchtet, daß wegen der „bekannten Abneigung der Landeseingesessenen gegen die Preußen der gemeine Mann auf manche Art seinen Haß bezeugen werde". Nach einem halben Jahr, als die Besitznahme endgültig wurde, aber baten Domkapitel und Stände den König, ihnen Blücher dauernd als Gouverneur zu geben, da der „landeskundige, biedere, rechtschaffene, gutmütige, wohlbenkende, wohltätige, einsichtige und kluge Mann durch Mannszucht und gutes Benehmen Zufriedenheit und Ruhe zwischen den Soldaten und Einwohnern erhalten und dadurch der Regierung Verehrung und sich Liebe und Vertrauen des ganzen Landes erworben habe". Am 15. Februar 1803 erfolgte die Ernennung.

Schon früher hatte Blücher vielfach freundschaftliche Beziehungen zu dem münsterschen Adel angeknüpft. Obgleich selbst Stein dem münsterschen Adel „gemeinnützige Tätigkeit und liberale Gesinnungen" nachrühmt, lag doch in Glaubens-Gegensätzen, Standes-Vorurteilen und politischer Stellung manches Hindernis für einen unbefangenen Umgang.

Die Abweisung eines Offiziers, der sich zum Eintritt in den abligen Klub gemeldet hatte, führte z. B. dazu, daß drei Offiziere — darunter Blüchers Sohn Franz — drei Domherren forderten; diese lehnten aus religiösen Rücksichten ab und verklagten die Forderer, die dann auch nach den Bestimmungen bestraft wurden; aber damit war der Anlaß zu weiteren peinlichen Reibungen gegeben. Zu weitreichender, dauernder Verstimmung aber führte der Zwischenfall nicht. Auch mit der Bürgerschaft kam Blücher in gutes Einvernehmen; vor dem Kaffeehaus im Schloßgarten saß er wohl mit einfachen Bürgersleuten gemütlich plaudernd.

Ein preußischer Beamter, der sonst durchaus nicht alles Preußische rosig fand, urteilte damals: „Blücher hatte sich durch sein populäres Wesen, seinen offenen und biederen Charakter und sein Rechtsgefühl wirklich Achtung und Zuneigung erworben." Ein anderer Beamter fügte einem ähnlichen Lobe hinzu, Blücher habe „dem neuen Landesherrn die Herzen der Untertanen und letzteren wieder die Gnade des Königs gewonnen"; doch ist dies wohl im ganzen ein frommer Wunsch geblieben.

Von wesentlichem Einfluß auf seine Stellung zu den Münsterländern war Blüchers Tätigkeit im Freimaurerorden. Nach einem lebhaften Aufschwung um die Mitte des 18. Jahrhunderts hatte das Maurerwesen in Münster in der letzten Zeit völlig darniedergelegen. Blücher folgte wohl einer Anregung des Kriegsrats Ribbentrop, wenn er sich bereit erklärte, die Leitung der münsterschen Loge in die Hand zu nehmen; sie erreichte unter ihm ihre höchste Blüte. Zwar der alteingesessene Adel des Landes ließ sich nicht zum Wiedereintritt herbei; aber er stand damals doch noch nicht gradezu feindlich dem Orden gegenüber, dem neben Gelehrten, Offizieren, Beamten, Kaufleuten und sonstigen ehrbaren Bürgern sogar katholische Geistliche angehörten. Mit einigen Brüdern blieb Blücher lange in innigem, freundschaftlichem Verkehr. Der Loge schenkte er sein lebensgroßes Ölbild.

Man ist geneigt, in Blücher einen Lebemann zu sehen, der sich der Gesellschaft wegen dem Orden anschloß, „den aber ideale Menschenglückseligkeit kühl ließ"; so urteilte jemand, der ihn gut zu kennen meinte. Bei näherem Zuschauen wird man aber gewahr, daß Blücher es mit der Maurerei tief ernst nahm.

Es ist eine öfters zu beobachtende Erscheinung, daß Männer, die von feurigem Tatendrang erfüllt sind, im stillen desto inbrünstiger den Frieden der Seele ersehnen. Blücher war in schlichter Frömmigkeit aufgewachsen. Wir wissen, daß er sich grade in der Zeit seines Eintritts in den Freimaurerorden viel mit religiösen Fragen beschäftigte; er blieb auch ein frommer Christ, der aus dem Bewußtsein, daß Gott über seinem persönlichen Geschick walte, seine Unbekümmertheit in der Gefahr, im Gebet seine Kraft zu unbeirrtem Auftreten schöpfte. Aber die damalige Kirche vermochte sein Gefühlsleben nicht ganz auszufüllen; geistliche Mystik, Frömmelei und Un-

Blücher als Generalleutnant

in der Uniform seines Regiments mit Freimaurer-Zeichen nach dem 1802 gemalten
Ölbilde von Rincklake, das Blücher als ihr Meister vom Stuhl der Loge „Zu
den drei Balken" in Münster schenkte.

dulbsamkeit stießen ihn gleichmäßig ab. Und doch zog seine offene, gesellige Natur ihn zum Verkehr mit Gleichgesinnten.

So war es gekommen, daß er sich 1782 in Stargard in den Freimaurerbund aufnehmen ließ. Seitdem hatte er sich eifrig an dessen Bestrebungen beteiligt; wohin er kam, suchte er Anschluß an die „Brüder", in Hamm, in Emmerich, in Emden, in Stargard. Späterhin versäumte er sogar mitten im Kriegsgetümmel nicht, in den Logen zu erscheinen, so 1813 in Altenburg und in Bautzen; auch die 1812 von preußischen Offizieren gestiftete Feldloge besuchte er.

Ergreifend und überzeugend kommt sein tief innerliches Verhältnis zum Freimaurertum in den packenden Worten zum Ausdruck, die er am 18. Mai 1813 in der Loge zu Bautzen sprach: „Ich habe von Jugend auf die Waffe für das Vaterland geführt und bin darin grau geworden. Ich habe den Tod in seiner fürchterlichsten Gestalt gesehen und sehe ihn noch täglich vor Augen; ich habe Hütten rauchen und ihre Bewohner nackt und bloß davongehen sehen und ich konnte nicht helfen. So bringt es das Treiben und Toben der Menschen in ihrem leidenschaftlichen Zustande mit sich. Aber gern sehnt sich der bessere Mensch aus diesem wilden Gedränge heraus und segnend grüße ich die Stunde, wo ich mich im Geiste mit guten treuen Brüdern in jene Regionen versetzen kann, wo ein reines helleres Licht uns entgegenstrahlt. — Heilig ist mir daher die Maurerei, der ich bis zum Tode treulich anhängen werde, und jeder Bruder wird meinem Herzen stets teuer und wert sein." Goethe bemerkt irgendwo einmal, daß Blücher in der Loge seine angeborene Redegabe zu der oft bewunderten schwunghaften Höhe entwickelt habe; zweifellos hat aber auch der brüderliche Umgang mit ausgezeichneten und aufgeklärten Männern auch auf Blüchers innere Entwicklung einen großen Einfluß ausgeübt.

In der Leitung der münsterschen Loge stand Blücher der Kriegsrat Ribbentrop besonders eifrig zur Seite. Dieser außerordentlich tüchtige Mann ist denn überhaupt nächst Scharnhorst und Gneisenau Blüchers verdienstvollster Gehülfe geworden. Ribbentrop, damals einige dreißig Jahre alt, war im Braunschweigischen geboren und von der Hochschule in den preußischen Verwaltungsdienst getreten; die westfälische Kriegs- und Domänen-Kammer hatte ihn 1796 zur Demarkationsarmee, später zur Observationsarmee als Kriegskommissar abgeordnet; als solcher und als Logenbruder kam er mit Blücher in nähere Beziehung; er heiratete dann die Tochter eines Majors des Blücherschen Regiments. Besonderes Geschick betätigte Ribbentrop, wie Blücher rühmend hervorhob, bei der Übernahme und Behandlung des münsterschen Militärs; auch der Organisations-Kommission gehörte er an und hatte hier, vom Gouverneur unterstützt, besonders hervortretende Erfolge in dem ihm anvertrauten Armenwesen, für das er aus der Logentätigkeit Teilnahme und Erfahrung mitbrachte.

Das schnelle Anwachsen der Zahl der Soldatenkinder nach dem Siebenjährigen Kriege hatte bald besondere Fürsorge für sie gefordert. War früher die Löhnung des Soldaten reichlicher als der durchschnittliche Erwerb eines Tagelöhners gewesen, so konnte sich jetzt, namentlich in größeren Städten, eine Familie nicht mehr von ihr ernähren; der Soldat mußte sich nebenbei nach Verdienst umsehen. Das war bei der zünftigen Beschränkung der Gewerbe nicht so leicht, und deshalb drückte die Soldatenfamilien meist bittere Armut; Soldaten- und Armenkinder wurden in einem Atem genannt. In Münster gelang es nun Ribbentrop, mit Hülfe der Pfarrer zwei Schulen zu gründen, in denen 200 Kinder armer Eltern beider Konfessionen in Handarbeiten, Stricken und Spinnen unterrichtet wurden; der Verdienst wurde den Kindern verwaltet; auch wurde für ihre reinliche Kleidung und für ihre Gesundheitspflege gesorgt. Für arme Frauen und Mädchen wurde Gelegenheit zum Flachsspinnen geschaffen. „Dadurch haben sich die Bettler auf den Straßen von selbst verloren."

Äußerst wenig ist über Blüchers Tätigkeit in seinem militärischen Wirkungskreis als Gouverneur aus dieser Zeit aufbewahrt. Das „Gouvernement" beschränkte sich nicht etwa auf die Besatzung der Stadt Münster, deren Festungswälle schon damals verfielen. Vielmehr unterstanden die Truppen in ganz Westfalen, einschließlich des rechtsrheinischen Kleve, und in Ostfriesland seinem Befehl. Gelegentlich klagt Blücher: „Ich bin jetzt wieder sehr beschäftigt und man überhäuft mich von Berlin mit Geschäften und Aufträgen." Im Winter 1804 hatte er seine Adjutanten nach Paris beurlaubt, da müsse er „Alles selbst machen". Gelegentlich hört man von einer Besichtigung in Emmerich, wo damals ein Füsilier-Bataillon lag.

Im Herbst 1804 wurde Blücher mit einem Dutzend anderer Generale zu den dreitägigen Herbstübungen bei Potsdam befohlen; im ganzen waren über 250 Offiziere aller Grade als Zuschauer zugelassen. Die Anlage und Ausführung der Manöver läßt erkennen, wie sich die Anschauungen vom Kriege noch vorwiegend in den alten Bahnen bewegten; daneben zeigen sich Ansätze zu einer gesunderen Art der Befehlsführung.

Am ersten Tage führte der König ein Korps von 20 Bataillonen, 25 Schwadronen und 2 reitenden Batterien; außerdem hatte noch jedes Infanterie-Bataillon sein Bataillonsgeschütz. Der Gefechtsgedanke ging davon aus, daß das Korps in zwei Kolonnen Potsdam durchschreitet, als die Nachricht eingeht, ein feindliches Korps komme ihm von Norden entgegen. Die Kavallerie und reitende Artillerie wird sofort zur Besetzung der an den Nordausgängen der Stadt gelegenen Höhen vorgeworfen; unter diesem Schutz marschiert das Korps auf und greift die vom Feind besetzten Waldstücke an. Der Feind erweist sich aber als überlegen und zwingt dazu, beide Flügel zurückzunehmen, die nun, links an ein Dorf und einen Berg, rechts an eine Höhe angelehnt, zur Verteidigung übergehen, während die Kavallerie die freie Lücke zwischen beiden Flügeln ausfüllt und in den Kampf eingreift. Der Feind scheint nicht dargestellt gewesen zu sein. Zum Schluß folgte ein Parademarsch.

Am zweiten und dritten Tage wurde in zwei gleichstarken Parteien geübt, deren eine der König, die andere Möllendorf führte; die Infanterie und die Husaren stellten die doppelte Zahl von Bataillonen und Schwadronen dar. Das Korps des Königs sollte am zweiten Tage durch unvorsichtiges Vorgehen der Vortruppen in Nachteil geraten und, in seiner Verteidigungsstellung vom Möllendorfschen Korps angegriffen, zum Rückzug in eine zweite Stellung gezwungen werden. Die Bewegungen der Infanterie waren genau vorgeschrieben, nur der reitenden Artillerie und der Kavallerie wurde einige Freiheit gelassen.

Am dritten Tage hatte das Korps des Königs einen großen Wagenzug zu geleiten; es galt, das Möllendorfsche Korps durch Besetzung der seitlich der Marschstraße gelegenen Höhen und Waldstücke fern zu halten; „bei dieser langen Ausdehnung der Kolonne", heißt es in dem Befehls-Entwurf, „und da es gänzlich vom Feinde abhängt, überall wo er nur kann die Eskorte anzugreifen wie und wo er will, wird es unmöglich sein, je im Detail vorschreiben zu können, was ein jedes Detachement und eine jede einzelne Truppe bei dem Manöver zu leisten hat, indem einzig und allein der Angriff des Feindes die Maßregeln bestimmt, welche dem jedesmaligen Zwecke gemäß ergriffen werden können. Se. K. Majestät setzen also nur die Generalregeln fest, welche sämmtliche Generale und Kommandeure sich zur Richtschnur nehmen und ohne lange Ordres abzuwarten prompt den Umständen anpassen werden". Der Kavallerie wird eine sorgfältige Erkundung auf weithin, den einzelnen Abteilungen gutes Zusammenwirken anempfohlen. Der König behielt sich vor, „bei einem zu lebhaften allgemeinen Gefecht die Wagenburg auffahren zu lassen, den größten Teil der Truppen zusammenzuziehen, den Feind selbst anzugreifen und zu schlagen". Diesen gesunden Anschauungen gegenüber ist es merkwürdig, daß der König den Sammelplatz des Feindes im voraus mitteilte; trotzdem beweist namentlich die Übung am dritten Tage, daß auch in dieser Beziehung die nach 1806 gefällten absprechenden Urteile stark übertrieben waren.

Neben militärischer Belehrung gaben diese Tage Gelegenheit zum Gedankenaustausch unter Offizieren aller Grade aus allen Teilen des Königreichs. Blücher konnte hier viele alte Beziehungen pflegen und neue anknüpfen.

Blücher nahm die Gelegenheit wahr, dem König „sehr dreist" über die Zurücksetzung der Husaren zu sprechen; der König sei „unbegrenzt gnädig" gewesen, schreibt Blücher seinem Regimentskommandeur aus Potsdam, so daß er hoffe, „die Stiefkindschaft der Husaren höre nun nachgrade auf". Anscheinend kehrte er sehr befriedigt nach Münster zurück.

Aus einem beschränkten Hause am Domhof war Blücher bald in einen Flügel des bischöflichen Schlosses hinübergezogen, dessen anderen der Oberpräsident bewohnte. Auch sonst hatte er allerlei Annehmlichkeiten und Freuden; so die unentgeltliche Überlassung des Schloß-Ökonomie-Gartens und der königlichen Jagd; sein ältester Sohn versah Adjutantengeschäfte bei ihm; seine Tochter verheiratete sich im Februar 1804 mit einem Major Grafen Schulenburg.

Im Spätherbst 1804 wurde Stein als Minister nach Berlin berufen; mit ihm in Übereinstimmung tat Blücher in Berlin Schritte, daß zu Steins Nachfolger der Auricher Kammer-Präsident Freiherr v. Vincke ernannt wurde. Blücher kannte und schätzte den überaus fleißigen und tüchtigen Beamten schon lange und trat ihm freundschaftlich nahe.

„Ich könnte nun wohl hier zufrieden sein," schreibt er im Dezember 1803 einem Freunde, „aber ich bin es nicht; Münster und die Münsterländer gefallen mir nicht und daß ich das Regiment nicht bei mir habe, ist mir unerträglich; soll ich dem König noch länger dienen, so muß er mir ein Gouvernement in der Nähe meines Regiments geben; das ist die einzige Bedingung, unter welcher ich ferner Soldat bleibe, sonst kehre ich zum Pfluge zurück; die Landwirtschaft hat jetzt mehr Reiz für mich als der Dienst — so verändert sich Alles."

Von seinen ihm in Westfalen belassenen 5 Schwadronen waren nämlich im Frühjahr 1803 noch drei nach Pommern zurückverlegt; so blieb ihm nur die Leib-Schwadron und eine andere. Für sie bestand in Pommern ein Depot, aus dem sie ergänzt wurden. Da er als Chef für die Ergänzung, Ausrüstung, Bekleidung, Remontierung, auch zum Teil für die Ausbildung, namentlich aber für den Offizier-Ersatz verantwortlich war, so wurde er in der Ausübung seiner Pflichten durch die große Entfernung außerordentlich behindert. Gemildert wurde dies durch das nahe Verhältnis, in dem er zum Kommandeur, erst Pletz, dann Major v. Kalckreuth, stand, mit denen er in der freundschaftlichsten Form verkehrte; Pletz redet er stets „mein alter Freund" an.

Besonders bekümmerte er sich um die Beförderung seiner Offiziere. Seine Freundschaft mit dem Generaladjutanten nutzte er aus, um sie vorwärts zu bringen. Als er hört, daß ein paar neue Regimenter formiert werden sollen, schreibt er jenem: „Ich hoffe, Sie setzen Ihre Landsleute nicht aus den Augen, mein bester Freund; noch fühlt mein armes Regiment den Schmerz, vor der Kampagne zwei Eskadrons [=Chefs-Stellen] verloren zu haben, da das Regiment Göckingk uns mit 2 Stabsoffizieren traktierte, die wir noch nicht verdaut haben, ob es gleich ein Paar brave Leute waren. Das Regiment hat das Glück, ein tüchtiges, diensterfahrenes Offizierkorps zu besitzen und meine ältesten Leutnants sind Leute, die gegen 40 Jahre haben; der älteste Rittmeister, Baron v. der Goltz, ist 50 Jahre alt; o mein wertester Freund, es ist ein seliges Gefühl, Leute um sich zu haben, die glücklich und zufrieden dienen und wodurch wird unser einem das Zutrauen seiner Untergebenen gewisser als wenn sie überzeugt sind, daß man ihr Wohl stets vor Augen habe, sein eigenes wie eine Nebensache ansieht; ich habe in diesem Kriege die Erfahrung gemacht, was man mit Untergebenen ausrichten kann, deren Zutrauen man besitzt."

Als er für die vorzugsweise Beförderung auch seiner Adjutanten eintritt, setzt er in der Sorge, damit vielleicht anderen zu schaden, hinzu: „Aber um Gottes willen glauben Sie nicht, daß ich für den v. Bonin ein Avancement im Regiment wünsche; nein, seine Vorderleute sind wie er brave, verdienstvolle Offiziere." Als er für einen Leutnant beim Abschied seine Beförderung zum Rittmeister nicht durchsetzt, verspricht er, „nach einiger Zeit für ihn hierunter etwas zu bewirken." Einem invaliden Rittmeister verschaffte er die Platzmajorstelle in Münster; er rechnet ihm vor, daß er nie mehr Pension als 150 Taler bekommen würde, dort dagegen habe er neben einem Einkommen von rund 500 Talern „freien Tisch bei mir; ich glaube, es ist für einen ledigen Mann eine gute Versorgung"; zu tun hätte er nichts. Gelegentlich zeigte er in launiger Weise, wie er das Treiben eines jungen Offiziers durchschaute: „Wider den sechsmonatigen Urlaub des Leutnants v. D. nach Berlin kann ich nach der höchsten Genehmigung nichts einwenden; ich will nur wünschen, daß ihm die dortigen Vorlesungen in der Tierarzneikunde nicht zu kostspielig werden, indem allem Vermuten nach es bloß sein Wille ist, die ersparten Kapitalien dort mit Anstand auszugeben — und wenn dieses der Zweck ist, so pflichte ich ihm gerne bei, dies lieber und eher in Berlin als in Neu-

Stettin zu Wege zu bringen; doch wäre mir in letzterem Orte seine Gegenwart angenehmer gewesen."

Lebhaften Anteil nahm er an dem Ergehen aller Angehörigen des Regiments. Als der Regimentsquartiermeister, damals ein etwa unserem Zahlmeister entsprechender Posten, aber zugleich Auditeur, ihm seine Verlobung meldet, erkundigt er sich nach den Vermögensverhältnissen und nach dem Tage der Hochzeit. Der Vorgänger dieses Mannes, vor seinem Diensteintritt ein akademisch gebildeter Rechtsanwalt, war mit Blücher 1793 ins Feld gerückt und hatte sich sein Vertrauen und seine Freundschaft in so hohem Maße erworben, daß Blücher ihm die Vertretung seiner Interessen in der Heimat und die Aufsicht über seine pommerschen Besitzungen übergab; aus dem halb herzlich-freundschaftlichem, halb geschäftlichen Briefwechsel mit ihm stammen viele der hier wiedergegebenen Einzelheiten.

Mit besonderer Fürsorge nahm er sich der jungen Offiziere und Junker an. Er wies den Kommandeur an, dem Schuldenmachen der jungen Herren nach Kräften vorzubeugen; er solle ihm Nachricht geben, ob der Vater eines Kornets, der versprochen hatte, seinem Sohn monatlich 6 Friedrichsdor Zulage zu geben, diese auch pränumerando gesandt habe; wenn der Vater das Versprechen, seinem Sohn die Schulden zu bezahlen, nicht erfülle, werde er ihn durch die Regierung belangen lassen.

Der Inspekteur des Bildungswesens, Rüchel, gestattete aus besonderer „Achtung und Liebe" für Blücher, daß dessen Junker an dem Unterricht des Kabettenhauses zu Stolp teilnehmen könnten. Rüchel sprach dabei aus, er sei fest überzeugt, daß sie durch Disziplin und Aufsicht der guten Ordnung des Instituts nicht hinderlich, sondern vielmehr förderlich sein würden. Dem Regimentsadjutanten, der sich zum Besten der Junker bemühte, ließ Blücher seinen Dank und seine Erkenntlichkeit bezeigen.

„Mit der größten Genauigkeit auf den accuraten und ganz egalen Anzug der Herrn Offiziere zu halten," trug er dem Kommandeur besonders auf. Er wünschte, daß die Offiziere statt der immer teurer werdenden „deutschen Hüte" ungarische tragen sollten; er ließ den Regimentsschneider anhalten, den Schnitt der Montierungen nach ungarischem Vorbilde zu machen.

Als 1805 für die Mannschaften neue Mützen eingeführt wurden, bestimmte er, wie die Schnüre der Unteroffiziere daran zu tragen seien; von der Länge der Hutfedern herab bis auf den Schnitt der Stiefel herunter erstreckte sich seine Aufmerksamkeit.

Nur einige Kavallerie-Regimenter hatten noch die Werbung auf

eigene Koften behalten; nun aber follte auch beim Regiment die Werbung auf das Oberkriegs-Kollegium übergehen. Natürlich mußte man
beforgen, daß bei der Gefamt-Werbung nicht fo wie bei der Regiments-
Werbung auf den inneren Wert der Leute und auf ihre Neigung für
den Truppenteil gefehen werden würde; die perfönlichen Beziehungen
fielen dabei vollftändig weg. Blücher fuchte deshalb die Änderung zu
verhindern: „Ich werde Alles anwenden, daß wir nach unfrer alten
Art uns mit Ausländern kompletiren; denn vor den Rekruten, fo
uns das Oberkriegskollegium fchickt, habe ich eine tödtliche Averfion."
Er wollte den Schaden, den die Reife der vom Regiment für die
Leibfchwadron in Norddeutfchland geworbenen Rekruten nach Münfter
verurfache, gern tragen, da bei der eigenen Werbung das Ganze
gewinne; man könne die Koften aber auch aus dem Handgeld be-
ftreiten, denn auch ohne dies werde man Zulauf genug haben.

Mehrfach tritt feine liebevolle Fürforge für alte Unteroffiziere
und deren Angehörige zutage. Als er Anweifung gibt, einem ehemaligen Unteroffizier die Wirtfchaft auf einem feiner Güter zu übergeben, beftimmt er ihm 100 Taler Gehalt und freie Station für ihn
und feine Frau; auch foll ihm ein tüchtiger Hofmeifter oder Knecht
als Berater in landwirtfchaftlichen Dingen zur Seite geftellt werden.

Wie erbärmlich es damals um die Invalidenverforgung ftand,
ergibt ein Kabinetsfchreiben, worin der König dem Antrag Blüchers,
einem invaliden Wachtmeifter zu feiner Penfion von 5 Talern eine
Zulage zu gewähren, „wie wohl ungern" ablehnt, da der Invaliden-
fonds fo erfchöpft fei, daß nicht einmal alle Invaliden die ihnen zu-
ftehenden Gnadengehälter erhalten könnten. Sie blieben bis dahin
in den Etats der Regimenter. Blücher zahlte nun felbft eine Zulage,
„um den alten Mann nicht barben zu laffen".

Für die arme Witwe eines Hufaren, „der in der letzten Kampagne fo brav gedient", fucht er eine Unterftützung aus den „Kinder-
geldern" zu erwirken, um „diefer Leidenden Schickfal etwas zu erleichtern"; falls fie barauf keinen Anfpruch machen könne, erklärt
er fich zu einer monatlichen Beihülfe von 1 Taler bereit.

Die gute Ergänzung des Regiments an Pferden lag ihm fortgefetzt
befonders am Herzen. 1799 waren dem Regiment ausnahmsweife 200
junge Pferde bewilligt. Blücher befchwerte fich aber beim König
barüber, daß bei der Verteilung zum Nachteil des Regiments verfahren
fei. Leidenfchaftlich fetzt er hinzu: „Ich würde es nicht überleben,
wenn das mir allergnädigft anvertraute Regiment nicht im Stande
wäre, an Bravour und Dienfteifer mit jedem andern zu wetteifern
ober wohl gar übertroffen würde, und ich bin überzeugt, daß bei diefer

Gesinnung, wenn sie in Allerhöchstdero Armee gemein ist, diese immer das herkömmliche Übergewicht über jeden Gegner behalten werde.".

1804 schreibt er dem Kommandeur, er halte sich schon im voraus überzeugt, daß er den Schwadronchefs die gute Wartung und den nicht zu frühen Gebrauch der Remonten auf das angelegentlichste anempfehlen werde. Er bedauert, daß unter den Remonten so viel Dreijährige und fast nur Stuten seien; indessen habe man dafür zu erwarten, daß sie noch viel wachsen würden. Dem Offizier, der die Remonten geholt habe, solle der Kommandeur für seinen Diensteifer seinen größten Dank abstatten und ihm auch das nächstjährige Remonte-Kommando zusichern. Dafür, daß seiner Leib-Eskadron so gute Pferde überwiesen seien, stattet er seinen „verbindlichsten Dank" ab. Für die Zukunft verzichtete er aber auf die Bevorzugung der Leib-Eskadron durch die Zuweisung von Füchsen; sie solle nur, wie bei der Verlosung der ausgehobenen Rekruten, das ihr am besten gefallende Teil wählen können.

1805 waren die Remonten in schlechtem Zustande; Blücher ordnete sofort an, daß sie die Feldration erhalten sollten, bis sie in einem guten Stande wären. Den Husaren stand nach dem Etat kein akademisch gebildeter Stallmeister zu, der bei den anderen Reiterregimentern die jungen Offiziere im Reiten ausbildete, Remonten und schwierige Pferde dressierte; auf eine Anfrage des Regimentskommandeurs aber erwiderte Blücher, daß er es sehr zweckmäßig finde, zur Anschaffung eines guten Bereiters für das Regiment alles mögliche anzuwenden; er solle sobald wie möglich ein taugliches Subjekt ausfindig machen.

Immer wieder hoffte Blücher, „sich in Zukunft wenigstens eine Zeit im Jahre" beim Regiment aufhalten zu können. „Kinder, was gäbe ich drum, acht Tage in eurer Mitte zu leben," äußerte er sich sehnsuchtsvoll. So wollte er im Herbst 1804 von den Potsdamer Manövern „grade nach Pommern kommen, wenn die Franzosen es mir nicht abermals vereiteln". Doch mußte er im September aus Potsdam schreiben, der König habe seine Reise nach Pommern nicht bewilligt, er habe gesagt: „sobald die Franzosen aus Hannover wären, wollte er mich nicht genieren und könnte ich mich dann bei meinem Regiment aufhalten; ich muß mich also gedulden."

Gewiß machte es ihm große Freude, wenn sich jemand wie der General v. Rüchel anerkennend über sein Regiment aussprach: „Dein schönes Regiment zeichnete sich von jeher aus durch Tapferkeit gegen die Feinde des Staats und ward deshalb von Feinden selbst geehrt." So sprach er denn auch seinem „guten Korps Offiziers meines braven Regiments" aus, daß er stolz sei, dessen Chef zu sein. Im Mai 1805 schreibt er: „Ist's in der Welt möglich, so will ich diesen Herbst mein Regiment besuchen." Und das Jahr 1805 brachte ihm wirklich die Erfüllung des lange gehegten Wunsches, wenn auch auf andere Weise; noch am 11. September schrieb er in der Erwartung des Mobil= machungsbefehls an den Kommandeur: „Gebe Gott, daß wir uns bald sehen; aber leider ist wohl keine Hoffnung, daß wir so bald zu= sammenstoßen"; aber schon am 14. erhielt er jenen Befehl. Zwei Monate später rückte er an der Spitze seines geliebten Regiments in Münster ein.

Blüchers äußere Erscheinung in dieser Zeit ist durch verschiedene Bilder erhalten. Gleichzeitige Äußerungen lauten verschieden; einer= seits wird behauptet, er habe damals schon einen sehr hinfälligen Eindruck gemacht; anderseits heißt es, seine „männliche, wohlgestaltete Figur von 5 Fuß 9 Zoll, eine geistvoll heitere Würde und Ausdruck, funkelndes Auge und der Anstand des erfahrenen, aber humanen Kriegers gewinnen Jeden, der ihn sieht und spricht". Indessen waren die Unbilden der Feldzüge auch an seinem kräftigen Körper nicht spurlos vorübergegangen. Schon 1803 klagte er, daß seine Gesundheit abnehme; er leide an „grausamen und anhaltenden Schmerzen am Kopf, besonders an beiden Ohren"; es sei dies wohl „Folge des Alters und der Fatigen", auch wohl seines „nicht allzeit beobachteten ordentlichen Lebenswandels". Doch ermahnte er sich selbst, dankbar zu sein: „Man muß denken: Du hast viel Gutes empfangen. Indessen, mein Freund, muß man doch an einen vernünftigen Rückzug denken; ich will nur noch die französische Geschichte hier abwarten, dann aber zur Ruhe gehen und mich zu einem ruhigen Leben begeben." Wenn es nicht zum Kriege komme, wolle er Urlaub nehmen und auf seinem Gut bei Berlin „seine Tage verleben". Im Sommer 1804 rieten ihm die Ärzte, gegen seine Kopf= und Ohrenschmerzen vier Wochen nach Pyrmont zu gehen.

Aber die fortwährende politische Spannung, in der sich Preußen in diesen Jahren befand, ließ ihn nicht zu längerem Ausruhen kommen.

Der zwischen Frankreich und England geschlossene Frieden war nur von kurzer Dauer. Der erste Konsul bereitete einen ver= nichtenden Schlag gegen das meerbeherrschende Inselreich vor; sofort aber wollte er dessen König in seinem deutschen Kurfürstentum, den britischen Handel an den Mündungen der Weser und Elbe treffen. Die Ansammlung eines französischen Korps unter Mortier an der niederländischen Grenze setzte ganz Norddeutschland in die höchste Erregung. Nicht nur Hannover und die Hansestädte sahen sich schwer bedroht; Preußen, das sich 1795 als Schirmherr des deutschen Nordens aufgespielt hatte, mußte allen politischen Kredit verlieren, wenn es zuließ, daß Frankreich sich mitten in seiner Einflußsphäre festsetzte.

Blücher, den Kommandeur der preußischen Grenzwacht, beunruhigte die drohende Haltung Frankreichs so, daß er sich nach Berlin begab und „seine Besorgnisse zu erkennen gab"; zu seiner „größten Verwunderung" aber mußte er dort hören, „daß dies nichts zu bedeuten habe". Bonaparte hielt Preußen mit Versprechungen hin, und England wollte Hannover lieber vorübergehend in seinen, als in Preußens Händen sehen, dessen Uneigennützigkeit man seit der Besetzung Hannovers im Jahre 1801 mit Recht mißtraute; durch Rußland gewarnt, wagte König Friedrich Wilhelm kein bewaffnetes Vorgehen, durch das er sich vereinzelt der größten Festlandsmacht gegenübergestellt hätte. Österreich, seit 1795 von Preußen im Stich gelassen und von dem gewaltigen Ringen erschöpft, stand still beiseite.

Blücher nahm, anscheinend auf eigene Faust, den Rückweg von Berlin über das Hauptquartier der Hannoveraner bei Nienburg; als er bei den hannoverschen Vorposten um Futter für seine ermüdeten Postpferde bat, mußte er die höhnische Antwort hören: „Wir haben selbst nichts, aber bald werden Sie ja bei den Franzosen ankommen, da wird Ihnen gewiß alles zu Diensten stehen, was Sie verlangen." Tief beugte ihn die schmachvolle Vergewaltigung, die jetzt durch Preußens politische Stellungnahme den tapferen Waffengefährten von 1793 widerfuhr; die hannoverschen Soldaten sollten Bonaparte als Geiseln dienen für die französischen Seeleute, deren sich die Engländer bemächtigten, das wird auch ihm Mortier eröffnet haben, als Blücher dessen vormarschierenden Kolonnen begegnete. Dies Äußerste mußten die Hannoveraner von sich abzuwenden, aber über das unglückliche Land brach schon jetzt die Not der Franzosenzeit herein; kein Wunder, wenn man dort mit prophetischem Zorn, der den Verlassenen überkommt, Preußen ein gleiches Geschick vorhersagte.

Wie schrecklich sich dies erfüllen sollte, ahnte damals auch Blüchers preußischer Stolz nicht, aber später urteilte er, daß „alles Unglück für Deutschland und die preußische Monarchie von diesem damals so unbedeutenden Ereignis herzuleiten" sei. In das politische Ringen, das sich im preußischen Kabinet abgespielt hatte, war danach Blücher anscheinend nicht eingeweiht worden. Mit den in Hannover kommandierenden französischen Generalen, namentlich mit Bernadotte, knüpfte Blücher gute Beziehungen an.

Der fränkische Pfahl im Fleisch seines Machtbereichs machte sich für Preußen je länger je mehr als lähmend und demütigend geltend. Aber Bonaparte wußte Hannover geschickt als Köder für die preu-

Blücher als Generalleutnant

im Pelz seines Regiments; Nachbildung eines Stichs
mit der Angabe: Gebhart Leberecht von Blücher, zur
Zeit königl. General-Lieutenant, Gouverneur von
Münster, Chef eines Husaren Regiments. (1802—6.)

Blücher als Generalleutnant

im Dolman seines Regiments nach dem Ölbilde im Besitz
der Fürstlich Blücherschen Familie mit der Angabe:
Gouverneur Gebhard Lebrecht von Blücher während
seiner Amtstätigkeit in Münster i. W., um 1804 gemalt.

zischen Diplomaten auszunutzen. Das Schwanken zwischen Kriegs=
drohen und Friedenshoffnung, dem sich die Leiter der Geschicke Preu=
ßens hingaben, spiegelt sich auch in Blüchers Briefen aus dieser Zeit
wieder; bei ihm aber ist der Wunsch nach einer baldigen gewaltsamen
Lösung deutlich zu erkennen. „Wenn es nicht zum Kriege kommt . . .",
schreibt er Anfang Dezember 1803, „es fängt hier an kriegerisch
auszusehen," im März 1804; im Juli neigt er wieder mehr zu fried=
lichen Aussichten, da „wir ja nun im besten Vernehmen" mit den
Franzosen stehen; Ende November schreibt er: „Seit 4 Wochen stehe
ich beinah immer mit einem Fuß im Steigbügel und kann doch nicht
zum Aufsitzen kommen. Möchten wir doch erst zum Schlagen bestimmt
werden. Denn die Franzosen müssen es doch erfahren, daß im Norden
noch Deutsche vorhanden sind, die sie zu züchtigen verstehen." Im
Dezember meint er: „Nun scheint es hier ruhig zu werden; ich glaube,
wir stehen mit dem neuen Kaiser [er war es seit dem Mai] jetzt wieder
in gutem Vernehmen."

Als sich dann die dritte Koalition gegen den alle Verträge miß=
achtenden Gewalthaber bildete, mußte dieser Preußen davon fern=
zuhalten, indem er ihm im August 1805 Hannover anbot; er entzog
dadurch dem Feinde ein bequemes Angriffsfeld und machte gleichzeitig
die dortigen Streitkräfte für den Krieg gegen Österreich frei. Schon im
Mai hatte Blücher geurteilt: „bis zum Herbst wird es sich ausweisen,
wie wir mit Rußland und Schweden auseinanderkommen; ich glaube
nicht, daß General Zastrow [der mit der Verhandlung betraute General=
adjutant] Alles so wie wir wünschen in Ordnung bringt, denn von
Frankreich können wir wohl schwerlich mehr los; die Freundschaft ist
schon zu enge." Da endlich im Spätherbst 1805 schien es, als ob
Preußen nichts anderes übrig bleibe, als zur Wahrung seiner Ehre in
den Kampf gegen Napoleon einzutreten.

Kriegsbereitschaft 1805.

Dunkle Wetterwolken zogen im Sommer 1805 rings um Preußen
herauf. Schwer war für König Friedrich Wilhelm die Entscheidung,
ob er Napoleons Anerbietungen annehmen, ob er Rußlands freund=
nachbarlichen Drohungen nachgeben und der dritten Koalition gegen
Frankreich beitreten sollte. Mit steigender Spannung waren die Blicke
nach Berlin gerichtet. Da kam, wie ein Blitz, der das Dunkel erhellt,
am 14. September nach Münster der Befehl zur Mobilmachung der
westfälischen Truppen, und gleichzeitig erhielt Blücher die Nachricht,

daß auch sein ganzes Regiment auf den Kriegsfuß gesetzt werde. Die Bestimmung, daß die Truppen zunächst in ihren Standorten bleiben sollten, schob allerdings die Kriegsaussichten noch in die Ferne. Aber Blücher jubelte: „Ich gratulire Euer Hochwohlgeboren", schreibt er an den Kommandeur, „wie auch meinem unterhabenden Regiment zu dieser frohen Aussicht und werde den Augenblick meines Zusammentreffens mit selbigem (welcher freilich noch entfernt ist) für den erfreulichsten meines Lebens ansehen. Machen Euer Hochwohlgeboren dem braven Korps Offiziere meines Regiments diese herzlichen Gesinnungen bekannt, und versichern Sie selbiges zu der Laufbahn der Ehre meinen aufrichtigsten Glückwunsch."

Blüchers Hoffnungen sollten schwer enttäuscht werden! Zwar traf sein Regiment acht Wochen später bei Münster ein, aber für dies Jahr blieb es beim Wetterleuchten.

König Friedrich Wilhelm hatte den Versuchungen beider Parteien widerstanden und sich entschlossen, mit bewaffneter Hand Neutralität zu bewahren. 80 000 Mann wurden zunächst dazu bereit gestellt; während die Hauptmasse die Russen abhalten sollte, sich den Weg zur Donau und zum Inn über preußisches Gebiet abzukürzen, hatte Blücher mit 13½ Bataillonen, 7 Schwadronen und 3 Batterien, dem „Westfälischen Korps", die Wacht im Westen zu übernehmen. Den verschärften Drohungen Rußlands gegenüber wurde bald die Mobilmachung der ganzen Armee ausgesprochen. Eine Armee sollte in Ostpreußen, ein Korps an der oberen Warthe, eins in Vorpommern aufgestellt, eine Reserve-Armee im Herzen der Monarchie gebildet werden; auf die Mitwirkung der Kurhessen wurde gerechnet.

Mitte September war das französische Korps, das unter Bernadotte Hannover besetzt gehalten hatte, nach Franken aufgebrochen; man stellte ihm preußischerseits eine Marschstraße durch einen schmalen Zipfel von Ansbach zur Verfügung; Österreich hatte ausdrücklich erklärt, es werde die Neutralität von Ansbach-Bayreuth beachten. Da nahmen am 6. Oktober sowohl französische als bayerische Truppen ihren Marsch trotz aller Einsprachen auf des Kaisers ausdrücklichen Befehl mitten durch ansbachsches Gebiet; man drängte die preußischen Truppen zurück und trat wie in Feindes Land auf. Eine tiefgehende Erregung bemächtigte sich ganz Preußens. Aber anstatt nun entschieden Partei zu ergreifen, gestattete der König nun auch den Russen den Durchmarsch und drohte nur mit bewaffnetem Einschreiten gegen Frankreich.

Die Truppen wurden nach Südwesten in Bewegung gesetzt; ein Korps unter Hohenlohe sollte sich am Nordfuß des Thüringer Waldes

versammeln; seine Vorhut bildeten die fränkischen Truppen im Bayreuth'schen; ein anderes Korps unter dem Herzog von Braunschweig
sollte an die Weser rücken. Blüchers Truppen wurden in engen Kantonierungen zwischen Münster und Hamm zusammengezogen, um
zunächst gegen die Ems zu beobachten.

Auf Napoleons schnelles Vorschreiten war man in keiner Weise
gefaßt; wie ein Donnerschlag wirkte die Nachricht von der Kapitulation
von Ulm (18. Oktober). Blücher hatte den unglücklichen österreichischen
Feldherrn in den Niederlanden kennen gelernt. Mack hatte durch
sein selbstüberzeugtes und gewandtes Auftreten als militärischer Ratgeber des Kaisers eine europäische Berühmtheit erlangt; er hatte
durch sein Wesen auch Blücher völlig bestrickt. Jetzt erwiesen sich seine
militärischen Einsichten als eitel Hirngespinste; sein der Wirklichkeit
des Krieges bis zum Irrsinn entrückter Geist verfolgte bereits die
flüchtenden Franzosen an den Rhein, als Napoleon schon die eiserne
Schlinge um seine Kehle gelegt hatte. Und im preußischen Heere
spielten Phrasenmacher von demselben Schlage die führende Rolle.
Napoleons Kriegsweise hatte niemand begriffen; wem wie Scharnhorst eine Ahnung davon aufgegangen war, der wurde nicht gehört.
In dem Augenblick, als eine Denkschrift des Herzogs von Braunschweig
erklärte, „so lange man Meister von Tirol ist, können die Franzosen
nicht gegen Wien vorgehen", hatte die französische Armee im Marsch
auf die österreichische Hauptstadt den Inn schon hinter sich; einem Napoleon gegenüber rechnete man noch auf „die Macht des Manövers"!

Mittlerweile führte des Zaren persönliche Einwirkung auf König
Friedrich Wilhelm eine feste Stellungnahme Preußens zu den beiden
verbündeten Kaisern herbei und zur Absendung einer bestimmten Forderung an Napoleon.

Die militärischen Bewegungen waren gegen Ende November soweit gediehen, daß Hohenlohes Korps bei Erfurt mit Vortruppen
bei Hof und Bayreuth, das Korps Braunschweigs bei Hannover stand.
Drei Reservekorps waren in der Mark, östlich Küstrin, und im Posenschen zum Teil im Marsch nach Westen; eine kleine Abteilung stand in
Oberschlesien. Blüchers Truppen waren bei Münster und Hamm verblieben. Sie waren auf 15½ Bataillone, 25 Schwadronen und 4 Batterien angewachsen.

Am 17. November hatte er die Freude gehabt, sein Regiment
bei Münster versammeln und durch die Stadt führen zu können. Bei
der Begrüßung war allerdings sein etwas unruhiger Schimmel rück-
wärtstretend in einen Graben gefallen, er hatte aber seinen lieben
Roten zeigen können, daß er noch in alter Weise sicher im Sattel saß.

Die Husaren gingen in eine Grenzpostierung auseinander, die von Bentheim im Norden bis Hagen südlich der Ruhr reichte.

Bei der jetzigen Stellung Preußens zu Frankreich verbat sich Blücher alle Durchmärsche französischer Truppen von Holland nach Hannover, wo nur noch die Festung Hameln von ihnen besetzt war. Die Truppen wurden angewiesen, den Behörden nötigenfalls bei der Aushebung behülflich zu sein und preußische Ausreißer dingfest zu machen; englische Werbungen sollten nicht zugelassen werden. Mit dem Magistrat zu Dortmund ergaben sich Schwierigkeiten wegen der Truppenaufnahme; in Essen kam es zu blutigen Auftritten zwischen Blücher-Husaren und französischen Soldaten. Gespannt richtete man seine Aufmerksamkeit auf die Vorgänge in Mähren, wo sich Napoleon nach der Einnahme Wiens den Heeren der beiden verbündeten Kaiser gegenüber aufgestellt hatte.

Der Kurfürst von Hessen hatte den ihm von Preußen angetragenen Oberbefehl über das preußisch-hessische Korps übernommen, dessen Vorhut Blüchers Truppen bilden sollten; Blücher begab sich auf einige Tage in das Hauptquartier des Kurfürsten nach Paderborn.

Inzwischen war auch das russische, in Stralsund gelandete Korps Tolstoi ins Hannoversche vorgerückt; ein englisch-hannoversches Korps sollte an der Elbmündung landen. So entschloß man sich, den Aufmarsch des preußischen Heeres am oberen Main anzuordnen. Während die englisch-russischen Streitkräfte mit einigen preußischen Truppen eine beobachtende Stellung in Westfalen einzunehmen hatten, sollte das Korps Braunschweigs auf Bamberg, das Korps Hohenlohes auf Bayreuth marschieren. Sachsen und Hessen sollten sich links und rechts anhängen.

Da Blüchers Heeresteil nun zu einer Nebenrolle verurteilt schien, übergab man ihm den Befehl über die in Franken stehenden Truppen, die vermutlich jetzt die Vorhut des Heeres bilden würden: 11½ Bataillone, 20 Schwadronen, 2 Batterien. Nach ihrer Versammlung im Bayreuthschen sollten sie zunächst ins Ansbachsche, nach Umständen bis in die Gegend von Nürnberg oder weiter vorgehen! Das klang verheißungsvoll, war aber nicht weniger unheilvoll als alle bisher gefaßten Entschlüsse.

Obgleich man Napoleon bei Brünn wußte, dachte man doch durch einen Vormarsch an die Donau oberhalb Regensburg den Kaiser zum Nachgeben zu zwingen. Die wunderlichsten strategischen Kombinationen, wie sie in einem Tollhaus nicht ungereimter hätten geschrieben werden können, durften sich vor dem König breit machen: „Die Gesetze des Krieges legen dem französischen Gouvernement die Notwendigkeit einer Diversion am Niederrhein auf!" Man sprach über die Bedeutung der

Elbe= und Wesermündung und von einer Invasion Hollands, als
die Nachricht von der Dreikaiserschlacht bei Austerlitz die verworrenen
Geister doch soweit klärte, daß man sich endlich entschloß, die Front
auf den Feind, nach Böhmen hin, zu nehmen. Scharnhorst sagte
damals richtig, daß „Alter, Schwäche, Untätigkeit, Unwissenheit und
Unmut" auf preußischer, Tätigkeit und Entschlossenheit auf fran=
zösischer Seite herrschten.

Wieder sollte nur eine Armee von 75 000 Mann gegen den sieg=
reichen Napoleon marschieren; Blüchers Korps sollte bei Bayreuth
zurückbleiben, um den Feind — außer dem Korps Augereau bei Ulm,
nur schwache französische und süddeutsche Truppen südlich des Mains
— zu beobachten. Aber schon lähmte Napoleons Zorn den zum Schlage
erhobenen Arm Preußens.

Der Schönbrunner Vertrag, obgleich vom König nicht gutgeheißen,
ließ jede Bewegung stocken; die Hauptarmee hielt schon vor der Saale;
ja, ehe man Napoleon neue Bedingungen vorgelegt hatte, wurde die
Rückkehr der Truppen in die Standorte und die Abrüstung der Masse
der Armee befohlen; nur ein Teil blieb mobil; auch die Russen ließ
man abmarschieren. Man lieferte sich so der Gnade eines Gegners
aus, von dessen rücksichtsloser Ausnutzung seines Vorteils man nun
eigentlich genügende Beweise hatte. Während Scharnhorst seinem Sohn
abriet, Soldat zu werden, da er bei den Franzosen nicht werde dienen
wollen, bei den übrigen Armeen aber in der Zukunft wenig Ehre
zu ernten sei, scheint sich Blüchers sorglose Natur noch ahnungslos
in den Gedanken an Preußens Macht und Größe gewiegt zu haben.
Er gab sich in Bayreuth rückhaltlos dem geselligen Freuden hin.
Wir hören von einem glänzenden Fest in einem Bergwerk bei Berneck.

Infolge des Pariser Vertrages ging Ansbach an Bayern über;
französische Truppen unter Bernadotte bezogen dort Winterquartiere.
Mit Staunen sahen die preußischen Offiziere „die Leichtigkeit der Be=
wegung der französischen Infanterie"; den Einsichtigen wurde doch
bange, ob die preußische ihr noch gewachsen sei.

Mitte Februar wird Blücher nach Münster zurückgekehrt sein;
auch in Bayreuth hatte man ihn „mit allen seinen guten Eigenschaften
als würdiges Vorbild eines ächten Soldaten" schätzen gelernt.

Der Zusammenbruch. 1806/7.

Vor dem Sturm.

Es ist nicht zu verwundern, daß Napoleon über Preußens
Haltung während der Krise vor Austerlitz „giftgeschwollen
und racheschnaubend" war. Zunächst aber verbarg er seine
Gesinnungen und vertagte die Rache auf eine Zeit, wo
er weder Rußlands noch Englands Eingreifen zu besorgen und Süddeutschland ganz in seiner Gewalt hatte. Aber er scheute sich nicht,
Preußen durch seine Rücksichtslosigkeit fortgesetzt zu reizen. Er war für
alle Fälle gewappnet: drei Korps hatte er an der Donau gelassen,
drei Korps waren an den Main gerückt.

Preußen hatte aus Napoleons Hand Hannover angenommen und
dafür außer Ansbach und Neufchatel den rechtsrheinischen Rest von
Kleve mit Wesel abgetreten; der neue Landesherr, der Großherzog
von Berg, Mürat, begnügte sich aber nicht mit dem, was die preußischen
Beamten ihm übergeben hatten, sondern besetzte Ende März auch drei
Gebietsteile, die an seine Lande grenzten, aber erst 1803 als ehemals
geistliche Gebiete an Preußen gekommen waren: Elten unten am Rhein,
Essen und Werden im Ruhrgebiet.

Blücher warf sofort eine Abteilung aller Waffen aus der an-
stoßenden Grafschaft Mark nach Essen, um das preußische Hoheitsrecht
zu wahren. Napoleon war sehr ungehalten über den Schritt seines
Schwagers; er empfand Blüchers festes Auftreten wie eine Ohrfeige,
mußte durch Verhandlungen den Austrag in der Schwebe zu halten
und beschwerte sich über Preußens Widerhaarigkeit. Wesel, das Aus-
falltor gegen Norddeutschland, wurde nicht dem Großherzogtum Berg
überlassen, sondern zu Frankreich selbst geschlagen.

Bei Gelegenheit seiner Besichtigungsreisen im Juli machte Blücher
der in Pyrmont zur Kur weilenden Königin seine Aufwartung. Er

unterließ es nicht, dem Generaladjutanten des Königs zu schreiben, er habe die Königin sehr heiter und wohl gefunden; sie selbst habe ihm gesagt, daß ihr die Reise und das Bad sehr wohltäten. Auch die Großherzogin von Berg, höre er, wolle nach Pyrmont gehen; wenn das eintreten sollte, wolle er Ihre Majestät benachrichtigen lassen; er könne nicht glauben, daß es „unserer angebeteten Königin angenehm sei, mit solcher Gesellschaft zusammen im Bade zu sein". Bei der jetzigen politischen Spannung mußte ein solches Zusammentreffen allerdings peinlich sein. Und bald fügte Napoleon zur Mißachtung auch verstecte und offene Beleidigung.

Trotz wiederholter Einwendungen des Königs ließ Napoleon seine Armee in Süddeutschland stehen. Unter ihrem Drucke und Schutze bildete der Kaiser den Rheinbund und verfügte als dessen Schutzherr nach seiner Willkür über die Hoheitsrechte und den Besitz der Reichsstände Süddeutschlands. Im Gefühl seiner Ohnmacht legte der deutsche Kaiser seine bedeutungslose Würde nieder. Preußen bemerkte zu spät, daß es sich durch Vorspiegelungen von einem Nordbunde unter seiner Führung hatte betören lassen; Napoleon hatte gleichzeitig mit dem Kurfürsten von Hessen Verhandlungen über seinen Beitritt zum Rheinbund geführt.

Schon im Winter war der preußische Minister Hardenberg im „Moniteur" beschuldigt, in englischem Solde zu stehen; bald verbat sich Napoleon, daß dieser Minister die Verträge mit seiner Unterschrift versehe.

Schwer litt Preußen unter den Folgen der Besetzung Hannovers. Die Übernahme der Verwaltung zwar war erfolgt, ohne Widerstand zu finden, nur aus dem Lauenburgschen hatten die Schweden mit Gewalt vertrieben werden müssen. Aber der Kriegszustand mit England fügte dem Handel schwere Verluste zu; und wenn nun Frankreich und England Frieden schlossen, war es dann wahrscheinlich, daß König Georg sein Stammland im Stich lassen würde?

Eine tiefgehende Erregung bemächtigte sich des preußischen Volkes. Die Ratgeber des Königs beschuldigte man des Verrats. Prinzen, Generale und hohe Beamte forderten vom König die Entlassung der Männer seines Vertrauens. Dichter und Denker schilderten mit flammenden Worten die Gefahr, die deutscher Gesittung und Eigenart drohte, und riefen das Volk auf zur befreienden Tat, die man von einem deutschen Fürsten kaum noch erhoffte. „Ein großer Mann," rief Arndt, „gewaltig, gebietend und schnell, trete gegen die Gottesgeißel in die Rennbahn, strenge fürchterlich kühn die Kräfte der Welt an, kämpfe mit gleichen Waffen, und der Teufel wird durch die Hölle besiegt werden." —

Blücher war in die politischen Verhandlungen nicht eingeweiht; aber genug lag zutage, um auch ihn in die höchste Erregung zu versetzen. Dazu kamen gehässige Ausfälle gegen seine Person in französischen Zeitungen; damals hatte er dem König noch ruhig geschrieben, er sei im „Moniteur" und der „Weseler Zeitung" mißhandelt worden; da er aber nur um einen einzigen Preis biene: die Zufriedenheit seines Herrn, so kränke ihn das nicht; das Lob der Franzosen würde ihn entehren, ihr Tadel gewähre ihm Beruhigung. Nun erfuhr er aus anscheinend guten Quellen die Absicht weiterer französischer Besitzergreifungen diesseits des Rheins, Napoleon wolle den Großherzog von Berg zum König von Westfalen machen; er hatte bestimmte Nachrichten von sicheren Personen, daß die Besatzung von Wesel verstärkt, die Festung in Kriegszustand versetzt werde. Schon bereiteten die Rheinbundfürsten, durch deren Gebiet seine Verbindung mit Ostfriesland lief, ihm allerlei Schwierigkeiten. Er fürchtete, durch weitere Truppenverschiebungen nach Westfalen hinein, wovon ihm berichtet wurde, werde seine Lage sehr mißlich werden, „wenn wir nicht in freundschaftlichem Vernehmen mit Frankreich ständen," wie er zweifelnd und fragend Mitte Juli dem König berichtet.

Ganz aufgebracht äußert er sich über die befohlene Räumung von Essen und nicht minder über die ganze auswärtige Politik. In einem Schreiben vom 23. Juli bittet er den Generaladjutanten des Königs, Oberst v. Kleist, dem Allerhöchsten Herrn in seinem Namen vorzutragen, daß nach seiner Überzeugung die Franzosen unredliche Absichten gegen Preußen hegten. „Der König wird wie die riesige Macht angesehen, die sich dem Strom noch entgegensetzen kann; durch List, verstellte Freundschaft oder Gewalt, je nachdem die Umstände Gelegenheit dazu bieten, wird dieser Damm durchbrochen werden. Jetzt sind wir noch bei aller Kraft, und es wäre Kleinmut, wenn wir glaubten, den Windbeuteleien nicht widerstehen zu können. Unsre Armee ist gut und herrscht die schönste Stimmung darin; und wenn auch Manche vernagelt bei uns sind, so waren diese bei Friedrich II auch; das hindert uns aber nicht, dem Feind vors Gesicht zu treten und ihn zu schlagen; das letzte geschieht auch, so gewiß ich lebe. Aber es ist die höchste Zeit, daß wir uns zu der Fehde entschließen. Mit Sachsen und Hessen vereinigt, sind wir für die Franzosen unüberwindlich. Brauchen wir Geld, so wird England es geben, wird es auch gern tun. Unterbleibt jetzt der Krieg, so kann nach einigen Jahren der Fall eintreten, daß es uns zu schwer wird, mit dem Koloß uns zu messen. Glücklich würde ich mich schätzen, wenn ich bestimmt würde, den Tanz zu beginnen."

Aber ſchon zwei Tage darauf ſchien ihm dieſe Erleichterung ſeines Gewiſſens nicht mehr genügend, er entſchloß ſich, wie er meinte, „zum erſten und leßten Male,“ dem König ſelbſt ſeine Vorſtellungen zu unterbreiten. In der Einleitung der Eingabe weiſt er hin auf die „täglich immer bedenklichere Lage und gefährlicher werdenden Schritte, welche Frankreich ſich in militäriſcher Rückſicht hier gegen E. Kgl. Majeſtät Grenzen erlaubt“. Er meint, daß ſeine Anſicht über die Lage des Königs Aufmerkſamkeit ganz beſonders verdiene. Dann fährt er fort: „Frankreich meint es mit keiner Püiſſance redlich und gut, am allerwenigſten mit E. Kgl. Majeſtät, als der einzigen Macht, die ſeinem Eroberungs- und Unterjochungsſyſtem in Deutſchland noch allein im Wege ſteht. Es verbirgt ſogar ſeine Abſicht nicht; denn wenngleich es mitunter ſüße Vorſpieglungen macht, ſo widerſprechen alle ſeine Handlungen gegen E. Kgl. Majeſtät dieſen geradezu.“

„Die Invaſion von Hannover, der leßte gewaltſame Durchmarſch durchs Ansbachſche und die erſt kürzliche räuberiſche Beſeßung von Eſſen und Werden, ſowie der ganze arrogante Ton, den der franzöſiſche Monarch ſich erlaubt, beweiſen E. Kgl. Majeſtät gewiß mehr als zu ſehr, was ich zuvor geſagt habe. Alle treuen Untertanen E. Kgl. Majeſtät, alle echten Preußen und die Armee beſonders hat das Herabwürdigende dieſer franzöſiſchen Demarchen tief gefühlt und fühlt ſie noch, und Alles wünſcht die gekränkte Nationalehre bald, recht bald blutig zu rächen.“

Blücher warnt den König vor den Ratgebern, die ihm Frankreichs Betragen unter einem andern Geſichtspunkt darſtellen; er beruft ſich auf Hardenberg, Rüchel, Graf Schulenburg und Stein. „Jeder Tag früher, wo wir Frankreich den Krieg erklären iſt der größte Gewinn für E. Kgl. Majeſtät, denn mit jeder Stunde befeſtigt der franzöſiſche Kaiſer ſein Anſehen, ſeinen Einfluß, ſeine uſurpirte Stärke mehr, organiſirt ſeine Armee beſſer, ſchafft ſich mehr tributäre Könige und Fürſten, erpreßt ſich mehr Reſſourcen.“

„Führen E. Kgl. Majeſtät nur ſelbſt unſre brave Armee, die von dem Wunſche glüht, die Franzoſen zu bekriegen und die Menſchheit an dieſem Räuber zu rächen und in der kein Tambur iſt, der dieſen Feind nicht haſſe, verachte und im Voraus des Sieges gewiß ſei; denn unglaublich und größer als E. Kgl. Majeſtät es ſich denken können, iſt der Haß und die Verachtung der Armee gegen die Franzoſen und nur ein Wunſch exiſtirt in ihr: recht baldiger, blutiger Krieg gegen dieſe Nation.“

„Nur eine glückliche Schlacht und wir haben Alliirte, Geld und Reſſourcen von allen Orten und Enden Europas. Rußland, England,

Schweden, der größte Teil des deutschen Reichs und selbst Österreich werden sich an unsre siegreichen Fahnen gern anschließen, gern die Ehre mit uns teilen wollen, Besieger der Franzosen zu sein."

„Und welch ein Ruhm für Eure Majestät! — welch ein Ruhm für unsre brave Armee, jene Räuberhorden zu demütigen, die bisher weitmehr durch List und durch das elende Benehmen ihrer Gegner siegten als durch Tapferkeit; denn nie überwinden sie ein preußisches Heer — nie werden sie uns überwinden."

„Kommen E. Kgl. Majestät nur in die Mitte Ihrer braven Armee; führen Eure Majestät uns nur zur Ehre und zum Siege; hören Eure Majestät nur selbst den Rat und die Ideen erprobter und kraftvoller, für Ihren Ruhm besorgter Generale und den eigenen hohen preußi= schen Durst und Ruf nach Ruhm und Ehre, der in E. Kgl. Majestät Brust wohnt, und wir werden immer siegen, wir werden die schönen, ehrenvollen Zeiten Friedrichs des Großen und des Großen Kurfürsten wieder emporblühen, werden unser Vaterland, werden den Namen Preußen wieder geehrt und unsre Armee wieder gefürchtet und geehrt sehen. Dies gebe Gott der Allmächtige, dem wir unter E. Kgl. Maje= stät Führung fest vertrauen und mit diesem heißen Wunsch lebe und sterbe ich . . ."

Den Inhalt dieses Herzensergusses hat Blücher an Stein, Rüchel und Graf Schulenburg mitgeteilt; dieser drückte ihm lebhaft seinen Beifall aus; Stein und Rüchel taten bald ähnliche Schritte.

Der König hat Blüchers Mahnruf nie aus den Händen gegeben; ob er darauf antwortete, ist zweifelhaft; der mächtige Schwung des Generals wird seiner zweifelnden Seele das Vertrauen auf sein Heer gekräftigt haben. Allerdings war er der Unterstützung der Sachsen und Hessen nicht so sicher, wie Blücher das annahm; überdies war er längst wankend in der Zuversicht auf die innere Überlegenheit des preußischen Heeres über das französische.

Ein hervorstechendes Merkmal der napoleonischen Kriegsweise war die erstaunliche Geschwindigkeit der Bewegungen; Napoleon hat gesagt, er gewinne den Sieg mehr mit den Beinen als mit den Armen seiner Soldaten. Dagegen war die Schwerfälligkeit der preußischen Armee offenkundig; schon 1790 hatte General Courbière einen Vor= schlag gemacht, „wie ohne Nachteil des Staats und der Partikuliers in einer Kampagne von 6 Monaten beinahe 5 Millionen Pfund Brod erspart und das Fuhrwesen überhaupt um ein Ansehnliches vermindert werden" könne; der Herzog von Braunschweig hatte ihm zugestimmt. 1805 war das Übel besonders deutlich hervorgetreten. Blücher hatte anfangs 1806 dem König eine Denkschrift eingereicht, die die Ein=

schränkung des Trosses forderte, um die Beweglichkeit der Armee zu erhöhen. Der König dankte Blücher dafür; er sei darin manchem seiner eigenen Gedanken begegnet. Das Oberkriegskollegium aber berichtete, es sei besser, etwas beschwerlicher zu marschieren und mit desto größerer Sicherheit den Feind zu schlagen, als umgekehrt; den Regimentern die Zelte, den Subaltern-Offizieren die Reit- und Packpferde zu nehmen, sei gegen den eigentlichen Geist der preußischen Armee.

Der König war sehr unwillig hierüber, aber es blieb dabei, daß nichts geschah, denn auch Braunschweig, Hohenlohe und Schulenburg traten für das Alte ein; und Rüchel erklärte: „Ein preußischer Edelmann geht nicht zu Fuß." Erst die Vernichtung der alten Armee machte hier eine durchgreifende Reform möglich. Weit voraus vor seinen Standesgenossen zeigt sich hier Blücher in seinem klaren Erkennen dieser äußeren Schäden der Armee. Mit steigender Verwunderung und Bewunderung aber hören wir, daß der im Dienst ergraute Held schon 1805 auch die innere Verfassung des Heeres als ungesund und verbesserungsbedürftig erkannt hatte; in einer Abhandlung: „Gedanken über die Formirung einer preußischen National-Armee" war er für allgemeine Wehrpflicht, Verkürzung der Dienstzeit, Erhöhung der Löhnung und bessere Behandlung der Soldaten eingetreten; auch in dieser Hinsicht war der General mit dem größten seiner Zeitgenossen, mit Stein, eines Sinns. Das Schicksal dieser Arbeit ist unbekannt. Aber auch für die weiseste Neuordnung war es zu spät; schon stand ein übermächtiger Feind vor den Toren.

Die Nachrichten, die Blücher durch seine geheimen Verbindungen in Wesel, von Offizieren der Rheinbundstaaten und von seinen gegen Westen vorgeschobenen Husaren erhielt, lauteten immer bedrohlicher. Am 25. Juli hieß es, Wesel bekomme 7000 Mann Verstärkungen; man wolle dort eine Schiffbrücke schlagen; 40 000 Mann würden bei Dorsten, 25 Kilometer östlich Wesel, ein Lager beziehen. Drei Tage später meldete er: „Ich erhalte sichere Nachrichten, daß sich die Franzosen nicht allein verstärken, sondern mit Macht gegen Lippstadt und die Grafschaft Mark anrücken; ich bin also von allen Seiten bedroht," und am 30. Juli: „6000 Mann sind wirklich in Wesel eingerückt, weitere Truppen werden erwartet."

Am 5. August schickte er Nachrichten nach Berlin, daß der Feind in Westfalen und im Reich täglich ansehnliche Verstärkungen erhalte; durch die Absicht, das Gebiet kleiner Reichsfürsten zu besetzen, lasse sich das nicht erklären. An zwei Stellen hätten französische Truppen preußischen Boden zu betreten versucht, seien aber zurückgewiesen.

Er hatte versichert, daß seine Truppen alle Mißhelligkeiten mit den gegenüberstehenden Truppen vermeiden würden; „wenn aber die Franzosen Tätlichkeiten ausüben, so soll ihnen standesgemäß gedient werden;" „verletzen die Franzosen unser eigentümliches Gebiet, so kenne ich keine Schranken mehr."

Für den Fall einer gewaltsamen Grenzüberschreitung hatte er, den Befehlen des Königs entsprechend, seine vorgeschobenen Abteilungen angewiesen, sich dem mit Waffengewalt zu widersetzen. Lebhaft wünschte er, seine Truppen aus Ostfriesland, die dort zum Küstenschutz gegen die Engländer standen, heranziehen zu können. Um die Verbindung mit ihnen aufrechtzuerhalten, hatte er sich der Mitwirkung der im Osnabrückschen stehenden Truppen für den Notfall versichert; werde er angegriffen, so werde er diese zu sich heranziehen.

In Berlin hatte man aus anderen Nachrichten richtig erkannt, daß Blüchers Meldungen die Gefahr übertrieben; aber es wurde dort doch auch die Mobilmachung der bayerischen Truppen als unmittelbar bevorstehend gemeldet, und man wußte sich die ganze französische Armee kriegsbereit in Süddeutschland gegenüber. Da war am 6. August aus Paris die Nachricht eingetroffen, Napoleon habe England die Rückgabe Hannovers angeboten. Das verriet deutlich die Absicht, nach dem Friedensschluß mit Rußland das vereinzelte Preußen unschädlich zu machen.

Der König entschloß sich, das Heer oder doch wenigstens $4/5$ des Heeres auf den Kriegsfuß zu setzen; gleichzeitig beschwor er den Kaiser Alexander, ihn mit seiner Armee zu unterstützen.

Blücher sollte $16\frac{1}{2}$ Bataillone, 17 Eskadrons und $3\frac{1}{2}$ Batterien unter weiterer Beobachtung der Grenze bei Paderborn, Osnabrück und östlich Leer sammeln und sich vor überlegenem Feind auf das Korps des Generals v. Rüchel nach Hannover zurückziehen, um mit ihm nötigenfalls auf Magdeburg zurückzuweichen. Hier sollten sich die Regimenter der Magdeburger Inspektion versammeln, die märkischen Regimenter sich marschbereit machen, das in Pommern stehende Korps Kalckreuth nach Prenzlau, die schlesischen und südpreußischen Regimenter nach Niederschlesien, die westpreußischen nach Küstrin heranrücken. $2\frac{1}{2}$ Bataillone und 5 Schwadronen unter Tauentzien blieben in Bayreuth; $1/5$ des Heeres, die ostpreußischen, posenschen und oberschlesischen Regimenter, wurde auf dem Friedensfuß in den Standorten gelassen; nicht einmal alle Kräfte der Monarchie wurden gegen die Macht aufgeboten, die soeben Österreich und Rußland niedergeworfen hatte!

Bei der damaligen Heeresverfassung war eine Mobilmachung noch nicht so mit einer Kriegserklärung gleichbedeutend wie heute, wo sich die Armee in wenigen Tagen vervielfältigt; etwas Ähnliches geschah damals alle Jahr bei der Einziehung der Urlauber zum Exerzieren. Der König hoffte immer noch, dadurch, daß er sich äußerlich zum Einsetzen seines Heeres bereit zeigte, den Frieden zu erhalten.

In dem Kabinettsbefehl vom 9. August an Blücher hieß es: „Ich glaube zwar gegenwärtig noch nicht, daß man französischerseits die Absicht habe, etwas Feindseliges gegen uns zu unternehmen. Indessen giebt der im Geheimen abgeschlossene Friede mit Rußland und der ebenso geheim betriebene Friede mit England so mancherlei Bedenklichkeiten Raum, daß es die Vorsicht erfordert, sich wenigstens so in Bereitschaft zu setzen, um auf alle Fälle gefaßt zu sein, es mögen Ereignisse eintreten, welche da wollen. Ihr werdet daher auch im geringsten nicht Besorgnisse gegen die Franzosen blicken lassen, noch weniger Feindseligkeiten gegen sie unternehmen, vielmehr das bisherige freundschaftliche Benehmen gegen sie beibehalten und überhaupt sowohl in Euren Reden als in Euren Handlungen eine solche Behutsamkeit beobachten, daß sie keinen Argwohn einer unfreundlichen Absicht von unserer Seite schöpfen können.“

Durch einen königlichen Flügeladjutanten wurden Blücher die Verhaltungsbefehle überbracht. „Ich werde es mir zu heiligsten Pflicht machen, sie aufs Genaueste zu erfüllen,“ schrieb er am 14. August. „Die Nachrichten, die ich heute erhalten, bestimmen das Vorrücken der Franzosen auf den 25.; um diese Zeit bin ich mit den Truppen zusammen und fürchte ihre Ankunft nicht. Übrigens versichere ich Eure Königliche Majestät, daß ich nichts Übereiltes unternehme und mich nicht von zu großer Begierde werde hinreißen lassen; beginnen die Franzosen solche, dann weiß ich, was ich Euer Königlichen Majestät allerhöchstem Dienst, der Ehre der Truppen und meiner eigenen schuldig bin. Die Truppen, die ich kommandire, sind voller Mut, wie ich selbst Eurer Majestät mit Leib und Seele ergeben.“ Des weiteren bittet er noch um ein Kavallerie-Regiment, da bei einem Rückzug das Gelände verschiedentlich Gelegenheit biete, diese Waffe anzuwenden; er werde es sich angelegen sein lassen, die Kavallerie „bei der feindlichen gleich in Respekt zu bringen“.

Mit dem Zurückweichen war er aber gar nicht einverstanden; dem Herzog von Braunschweig drückte er die Hoffnung aus, „daß je eher je lieber offensiv entscheidende Schritte geschehen, und wir nicht mit Schimpf und Schande debütiren“. Er war der besten Zuversicht: „Ich kenne die Franzosen aus Erfahrung. Nur die erste Aktion

blutig, entschlossen und glücklich und sie sind für die ganze Kampagne
intimidirt," ja er schrieb, die Franzosen würden ihr Grab noch diesseits des Rheins finden, und die hinüberkommenden würden angenehme
Nachricht wie die von Roßbach bringen. Gelegentlich soll er aber
in vertrautem Kreise Besorgnisse geäußert haben, daß die höhere
Führung versagen könnte; er fürchtete Zersplitterung der Kräfte;
aber die Armee sei gut; er hoffe alles von der Tapferkeit der Leute
und dem Mute und der Besonnenheit der Führer. Solche Besorgnisse
flößten ihm namentlich die Nachrichten ein, die er von Rüchel aus
Hannover erhielt. Rüchel hatte sich dafür, daß er die Vorstellungen
Steins zur Beseitigung der Kabinetsregierung unterstützt hatte, einen
scharfen Tadel des Königs zugezogen.

Blücher schrieb damals an Rüchel, seine Mitteilungen hätten
seine „Seele mit innigstem Kummer erfüllt. Gott wie weit ist es mit
uns gekommen! Doch es ist noch nicht Alles verloren, da wir wahrscheinlich den König in unsrer Mitte sehen werden; er wird täglich,
stündlich andere Meinungen hören als sie ihm bis jetzt von einer
boshaften Rotte niederer Faultiere vorgetragen werden"; er werde
auch selbst eine andere Ansicht bekommen, wenn er eine gesündere
Lebensanschauung und Entschlossenheit bei seiner Umgebung sehe;
es könne ihm dann nicht entgehen, welcher allgemeine Haß die treffe,
die ihn bisher nur getäuscht und betrogen hätten. Er selbst sei fest entschlossen, sich denen anzuschließen, die sich zu ehrerbietigen aber fest
entschlossenen Vorstellungen verbunden hätten, und „mit diesen edlen
Menschen für die Erhaltung des Vaterlandes Freiheit und Leben
zum Opfer zu bringen". Auch mit Prinz Ludwig Ferdinand hatte
er und Rüchel einen Gedankenaustausch in diesem Sinne; der Prinz
schreibt darüber, sie drei hätten sich das Wort gegeben, „das Leben
daran zu setzen und diesen Kampf, wo Ruhm und hohe Ehre uns
erwartet oder politische Freiheit und liberale Ideen auf lange erstickt
und zernichtet werden, wenn er unglücklich wäre, nicht zu überleben".

Die Erregung ergriff ganz Deutschland, als sich unter Napoleons
Machtspruch die Auflösung des Reiches vollzog; gesteigert wurde sie
namentlich durch die kriegsrechtliche Erschießung des Buchhändlers
Palm, der sich weigerte, den Verfasser einer gegen Napoleon und
seine deutschen Vasallen gerichteten Flugschrift zu nennen.

In Münster gärte es wohl namentlich in preußenfeindlichem
Sinne, als jetzt der Abmarsch der Truppen bevorstand. Blücher sah
sich genötigt, die Wirtshäuser früher schließen zu lassen und ermahnte
die Einwohner, keine lügenhaften Gerüchte zu verbreiten, da solches
bereits mehrere Landeskinder zur Fahnenflucht verleitet habe.

Blücher hatte in der zweiten Hälfte des Juli einen Teil seiner Truppen bereist und „in schönstem Stande gefunden". Besonders befriedigt hatte er sich über die Anspannung bei der Artillerie geäußert; er habe endlich eine ganz andere Wartung und Aufsicht hervorgebracht; er werde nicht ruhen, bis alles in vollkommenem Stande sei. Im August sah er die Truppen in Ostfriesland. Am 24. August besichtigte Blücher die in Münster versammelten Truppen; zum Schluß schärfte er mit vielem Feuer den Kriegern ihre Pflichten gegen König und Vaterland ein und forderte sie auf, den Ruhm des preußischen Namens aufrechtzuerhalten.

Blüchers Truppen waren schon seit 1805 in kriegsbereitem Zustande. Dennoch gab es noch mancherlei zu ordnen. Eine ganz hervorragende Stütze hatte er an Ribbentrop, der zum Direktor seines Feld-Kriegskommissariats ernannt worden war. Sein organisatorisches Talent, seine Tatkraft und Umsicht zeigten sich hier in hellem Lichte. Blücher rühmte von ihm, er habe es verstanden, die benachbarten Regierungen (der umliegenden kleinen Fürstentümer und Herrschaften, in denen preußische Truppen lagen) zur Leistung der Verpflegung zu nötigen; mit seiner Hülfe wäre es ihm gelungen, sie „zum Besten des Königlichen Interesses, ohne grade Gewalt zu gebrauchen, in den Händen zu behalten". Als jetzt ein Teil der im Hannoverschen liegenden Truppen zu Blüchers Korps übertrat, bedurfte es der kräftigen Einwirkung Ribbentrops, um deren Verpflegung durch das widerspenstige preußische Feld-Proviantamt Osnabrück durchzusetzen.

Als Generalstabsoffiziere waren Blücher ein Major, ein Kapitän und ein Leutnant beigegeben; seine Adjutanten blieben sein ältester Sohn und Graf Goltz.

Es muß in den letzten Stunden des Zusammenseins in Münster gewesen sein, daß Ribbentrop und der Oberpräsident v. Vincke mit Blüchers ältestem Sohn Franz und Graf Goltz wetteten, es werde trotz aller Vorbereitungen auch diesmal nicht zum Kriege kommen.

Der Heeresaufmarsch.

König Friedrich Wilhelm hatte als Kronprinz in den Rheinfeldzügen ein Kommando geführt; er widmete den militärischen Dingen auch eine lebhafte Neigung; sein geringes Vertrauen auf seine eigenen Fähigkeiten hielt ihn aber ab, die Leitung des Krieges selbst zu übernehmen. Wieder trug er den Oberbefehl dem Herzoge von Braunschweig an, obgleich ihm neben dessen großen Eigenschaften auch seine Schwächen bekannt waren und obgleich der Herzog als Landesherr neutral zu bleiben erklärt hatte. Der Herzog nahm das Amt an, anscheinend in der Hoffnung, daß es nicht zum Kriege kommen werde.

Um Sachsen und Hessen zum Anschluß zu bewegen und weil man die französische Armee noch in Süddeutschland zerstreut wußte, entschloß man sich, in breiter Front gegen den Thüringerwald und den Main vorzugehen.

Die Hauptarmee — 6 Divisionen — stellte sich zunächst bei Naumburg, Avantgarde bei Weimar, ein linker Flügel unter Hohenlohe — einschließlich der Sachsen 5 Divisionen — bei Chemnitz-Zwickau, seine Avantgarde unter Tauentzien bei Hof auf, während der rechte Flügel, Rüchels Korps, samt den Hessen durch das Kurfürstentum vorrücken sollte.

Blücher sollte nach den neueren Weisungen eigentlich bei Münster bleiben; da Rüchel aber den Abmarsch einer am unteren Rhein stehenden französischen Division nach dem Main erfuhr, gab er ihm den Befehl, gemischte Abteilungen zur Beobachtung nach Westen zurückzulassen, die Masse seiner Truppen aber östlich Paderborn zusammenzuziehen; es waren 12 Bataillone, 1 Jäger-Kompagnie, 15 Eskadrons und 3 Batterien.

Am 14. September meldete Blücher aus Paderborn an Rüchel, die Nachrichten aus Holland ließen erkennen, daß für Westfalen zunächst keine Besorgnis sei; für den Fall aber, daß die Franzosen oder Holländer vorrückten, habe er den dort kommandierenden General mit genauer Anweisung versehen; „wenn die Franzosen auch Ostfriesland und das Münstersche ein Bischen heimsuchen, so tut es Nichts. Für jetzt wird es immer entscheidend sein, wenn wir mit vereinigter Kraft dem Volk auf den Hals gehen und es derb schlagen, dann kann man wieder detachiren und unsre Provinzen reinigen". Er wünscht deshalb, daß er bald zu Rüchel stoßen dürfe, um dann mit den Hessen vereinigt vorzugehen.

Rüchel hatte sich der zweifelhaften Haltung des Kurfürsten von Hessen wegen entschlossen, Leine-aufwärts näher an die Hauptarmee heranzugehen und befahl nun auch Blücher, über die Weser zu ihm heranzukommen. Blücher antwortete, er werde trotz der bösen Wege das Mögliche tun, um vorwärts zu kommen. Schon befürchtete er, Rüchel, dessen Korps durch Abgabe einer Division an die Hauptarmee geschwächt worden war, könne sich vor seinem Eintreffen in ernsthafte Engagements einlassen: „Der erste Schlag muß derb sein. Sie müssen

ihn also auch mit Kraft beginnen. Bin ich erst mit den hiesigen Truppen
bei Ihnen, so glaube ich, wir können uns wohl mit einem der Marschälle
messen — und" fügte er spaßend hinzu, „wird einer derb ausgeprügelt,
der sagt es im Vertrauen dem andern und es redet sich weiter." Seine
Zuversicht ging noch weiter: „Glauben Sie mir, mein Verehrtester,
die Franzosen sind ebenso gewiß, daß sie Schläge kriegen, als wir uns
sicher sind, daß wir sie schlagen; ich weiß, daß ihre klugen Generale
dies selbst zu einander sagen."

Clausewitz schrieb in diesen Tagen: „Wenn man die Nachrichten
in Betracht zieht, welche alle die mitbringen, die kürzlich das Innere
Frankreichs und das französische Kriegstheater durchreist haben, so
scheint es, das Schicksal bietet uns in diesem Augenblicke eine Rache
dar, die über alle Gesichter Frankreichs den blassen Schrecken aus-
gießen und den übermütigen Kaiser in einen Abgrund stürzen würde,
aus dem seine Gebeine nicht anders als aufgelöst in Atome hervorgehen könnten." Auch er ahnte nicht, wie schnell Napoleon seine
noch zerstreute Armee zusammenzuziehen vermochte, wie schwerfällig
die preußische Heeresmaschine arbeitete. Wir haben aber von Napoleons
Minister des Auswärtigen selbst das Zeugnis, daß der Kaiser dem
Waffengange mit einiger Besorgnis entgegensah, so siegessicher er
sich auch nach außen geben mochte.

Einen rechten Querstrich in die Hoffnungen der Preußen machte
jetzt der Kurfürst von Hessen. Er lehnte den Oberbefehl über den
rechten Flügel ab und verbat sich das Betreten seines Landes. Blücher
meinte zunächst, daß er dies nur zum Schein tue und begriff es nicht:
Napoleon wisse so gut wie alle Welt, wie der Kurfürst im Grunde
gesinnt sei; immerhin sei es gut, daß die hessischen Truppen ihn nicht
mehr von Rüchels Korps trennten; der Kurfürst könne am äußersten
rechten Flügel besser in der Nähe seiner Lande bleiben. Nun aber
erwies es sich, daß der Kurfürst überhaupt nicht gewillt war, am
Kriege teilzunehmen. Rüchel war bis in die Gegend von Mühlhausen
gerückt und zog Blücher bis Göttingen heran.

Inzwischen waren König und Königin im Hauptquartier zu
Naumburg eingetroffen; am 25. September wurden die Anordnungen
für die Fortsetzung der Offensive ausgegeben. Nach zutreffenden Nachrichten standen die Franzosen augenblicklich noch von Bonn bis Passau
auseinandergezogen; der Kaiser befand sich noch in Paris. Man
beschloß, diese Stellung in der Mitte zu durchbrechen. Während die
Hauptarmee und Hohenlohes Heerteil vereinigt den Thüringerwald
überschreiten, soll auf jedem Flügel ein Korps, in Bayreuth (Tauentzien)
und in Hessen (Rüchel), „den Feind zu unrichtiger Verteilung seiner

Kräfte veranlassen". Rüchel erhielt den Auftrag, in der Richtung
auf Fulda vorzustoßen. Er zog dazu die Hälfte von Blüchers Infanterie
an sich und bewegte sich am 5. Oktober auf Eisenach vor, während
Blücher Befehl hatte, mit 6 Bataillonen, 15 Schwadronen und

3 Batterien aller hessischen Einwendungen ungeachtet über Kassel die
Fulda aufwärts zu marschieren.

Freudige Stimmung erregte dieser Befehl in Blüchers Hauptquartier; es wurde ein gemeinsamer Brief an Vincke verfaßt; Ribbentrop kündigte ihm an, sie hätten die gemeinsame Wette — das
Souper — „Gott sei Dank verloren und wollen es, leben wir, recht

elegant geben". Graf Goltz setzte hinzu: „Das Souper soll uns gut schmecken," und Blücher selbst schrieb darunter, morgen früh breche er auf: „Seien Sie ohne Sorge, der Krieg ist schon sicher. Wird unser Operationsplan so gut ausgeführt wie er gewagt ist, so wird der Erfolg sicher Freude im Allgemeinen machen." Am 5. erreichte er Kassel. Er war für strenge Maßregeln gegen Hessen: „Wir sollten das Land brandschatzen, die Armee desarmiren und den Rest des Schatzes aus Kassel holen." Da kam schon der Befehl zur Umkehr. Die neueren Nachrichten über die Versammlung der Franzosen am oberen Main ließen den Herzog von Braunschweig erkennen, daß Napoleon ihm mit dem Überschreiten des Gebirges zuvorkommen werde; er wies Rüchel an, Blücher wieder heranzuziehen.

Noch war Blücher voll freudiger Zuversicht: „Napoleon ist mit seiner ganzen Armee im Marsch auf Sachsen," schrieb er am 9. Oktober, „unsre Armee marschirt links ab, um die französische auf ihrem schleunigen Marsche anzugreifen." Rüchel, der den Beratungen in Erfurt beigewohnt und die „grenzenlose Verwirrung" im Hauptquartier gesehen hatte, war schon anders gestimmt: „Der, mit dem Gott es gut meint, wird den Fall des Vaterlandes nicht überleben."

Wirklich wandte sich die Armee am 9. Oktober gegen die Saale, während auf dem andern Ufer Tauenzien, durch die Franzosen bei Schleiz scharf bedrängt, auf die südöstlich Jena stehenden Sachsen zurückwich; gleichzeitig wurde von der Hauptarmee die Division Weimar über den Thüringerwald auf Meiningen, eine gemischte Abteilung Rüchels weiter nordwestlich an die Werra, eine Gegend, die man gänzlich frei vom Feinde wußte, vorgeschickt, um dem Gegner „Jalousie für seinen Rücken zu geben".

Am 10. wurde die Bewegung gegen die Saale fortgesetzt. Blüchers Truppen marschierten am Ende des Rüchelschen Korps in die Gegend von Eisenach-Gotha. Da Prinz Ludwig Ferdinand den Anmarsch des Feindes auf Saalfeld meldete, erteilte der Herzog von Braunschweig an Rüchel den Befehl, Blücher mit einigen Truppen vorzuschicken, um die über das Gebirge entsendete Avantgarde bei der Hauptarmee zu ersetzen; diese fand Blücher in der Gegend südlich Weimar, mit dem Hauptquartier in Blankenhayn. Man hörte hier Kanonendonner aus südlicher Richtung, und nachmittags erfuhr man, daß bei Saalfeld gekämpft werde; dann kam die Nachricht vom Tode des Prinzen Ludwig Ferdinand und dem unglücklichen Ausgang des Gefechts.

Eine nervöse Unruhe verbreitete sich im Hauptquartier und pflanzte sich über die Armee fort. Der Herzog von Braunschweig befahl die Versammlung der Hauptarmee und des Korps Rüchel bei Weimar;

Hohenlohe sollte bei Jena ein Lager beziehen; der Herzog von Weimar wurde auf die Nordseite des Thüringerwaldes zurückgerufen. Die Truppen der Hauptarmee rückten noch spät abends aus, wurden dann aber angehalten und bezogen im Laufe des 11. ein Lager östlich von Weimar, an das sich am 12. das Lager der Hohenloheschen Truppen anschloß.

Blücher sollte mit den leichten Truppen der 3 vorderen Divisionen der Hauptarmee (Husaren-Regiment Württemberg, Dragoner-Regiment Irving, 3 Füsilier-Bataillone, eine reitende Batterie), den Weimarschen Scharfschützen und seinem eigenen Regiment die Armee gegen Süden decken. Der rechte Flügel der Vorposten sollte bis halbwegs Weimar–Erfurt reichen und in einem einige 20 Kilometer langen Bogen sich bei Magdala an die Hohenloheschen Vorposten anschließen; Blüchers Gros sollte bei Mellingen südöstlich Weimar, 4 Kilometer südlich des Lagers, stehen.

Da die Truppen nicht vollständig zusammenkamen, wurde die weitläufige Aufstellung erst am 12. fertig. In dem Hügelgelände bis zu den nahen Kuppen des Thüringerwaldes hin blieb alles still; nicht eine feindliche Erkundung zeigte sich. Nur im Saaletal südlich Jena hatten sich die Truppen Hohenlohes der andringenden Franzosen zu erwehren.

Da kam in der Nacht zum 13. die bestimmte Nachricht von der Besetzung Naumburgs durch die Franzosen ins Hauptquartier Weimar; der Feind stand also schon zwischen der Armee und Berlin. Der Herzog entschloß sich, die Armee saaleabwärts zu führen, um „den Rücken wieder freizugewinnen". Die Hauptarmee trat gegen Mittag auf Auerstedt an; Blücher sollte mit den leichten Truppen als Nachhut dienen. Da die letzte Division aber erst um 4 Uhr nachmittags aufbrach und man vorn mehrmals Halt machte, als Gefechtslärm von Jena herüberschallte, konnte Blücher erst abends folgen.

Nachmittags war endlich auch das 1. Bataillon seines Regiments, das als frühere Avantgarde des Rüchelschen Korps beim Kehrtmachen in Hessen nach hinten gekommen war, von Erfurt bei Mellingen eingetroffen; nachdem es gefuttert hatte, erhielt es den Befehl, an der Infanteriekolonne vorbei nach Auerstedt vorzutraben, was aber nicht gelang; das Bataillon kam spät in der Nacht 4 Kilometer südwestlich Auerstedt an, wo es gemeinsam mit den Württemberg-Husaren hinter den Reservedivisionen lagerte. Die leichte Infanterie mit der Batterie unter General v. Oswald traf erst um 2 Uhr früh südlich Auerstedt ein, das 2. Bataillon Blücher, das auf Vorposten gestanden hatte, sogar erst um 11 Uhr vormittags.

In den Lagern fehlte es am Notwendigsten; in der kalten Oktober=
nacht war an Erholung für Mann und Roß nicht zu denken. Der
14. Oktober 1806 stieg unter keinem glückverheißenden Zeichen herauf.

Auerstedt.

Da man einer Nachhut nicht mehr bedurfte, desto mehr eine
Vorhut nötig hatte, hatte man am 13. nachmittags im Haupt=
quartier wieder nach Blücher gerufen. Er war nach Auerstedt
voraufgeritten, hatte aber seinen Truppen den Befehl hinterlassen,
ihm so schleunig als möglich zu folgen. „Es war dunkel, als ich
in Auerstedt ankam," berichtet Blücher, „und der Ort durch Artillerie
und Bagage so verfahren, daß nicht ein einzelner Mann zu Pferde
durchkommen konnte. Da der König bereits schlief, so wartete ich in
einer Scheune den Morgen ab und schickte noch einen Offizier zu
meinen Truppen mit dem Befehl zurück, Alles anzuwenden, um wo=
möglich der im Marsch begriffenen Kolonne vorbeizukommen." Der
Befehl für den folgenden Tag bestimmte nämlich, daß Blücher mit
seinen leichten Truppen die Vorhut der vordersten Division (Schmettow)
zu bilden habe, die den Übergang über die Saale bei Kösen sperren
sollte, um der Armee den Marsch dahinter fort in zwei Kolonnen nach
der Unstrut zu ermöglichen. Blücher=Husaren und die Irving=Dragoner
drängten sich am Morgen wirklich durch, fanden ihren General zunächst
aber nicht mehr. General Oswald gab es auf, sich mit seiner Infanterie
und Artillerie durch das verstopfte Auerstedt durchzudrängen und schob
sich rechts heraus, kam aber so spät längs der Ilm vor, daß er keinen
Einfluß auf den Verlauf des Gefechts gewann. Hier scheinen auch
einige Schwadronen Württemberg=Husaren geblieben zu sein, während
die Masse des Regiments sich den Reserve=Divisionen anschloß; das 2.,
erst gegen Mittag eintreffende Bataillon Blücher=Husaren wurde süd=
östlich Auerstedt bei dem dort aufgestellten Teil der Reserve festgehalten.

„Als der Morgen anbrach," berichtet Blücher weiter, „erfuhr ich,
daß der König sich gleich zu Pferde setzen würde; ich folgte ihm also
und fand ihn bei der Division Schmettau vor dem Dorfe, wo ich mich
bei ihm meldete. Seine Majestät sagte mir: Es sollen einige Regimenter
feindlicher Kavallerie das Defile bei Kösen passiert haben; diese müssen
zurückgeworfen werden. Der Herzog von Braunschweig wird Sie näher
instruiren. — Ich meldete mich darauf beim Herzoge, der mir eben
das mit dem Zusatze wiederholte, es sollte schon mehr Kavallerie das

Defile von Kösen passirt haben." Als Blücher dem Herzog meldete,
daß seine Truppen noch nicht heran seien und vielleicht noch in
einigen Stunden nicht eintreffen könnten, überwies ihm der Herzog
das Kürassier-Regiment Heising und 4 Schwadronen Königin-Dragoner
von der Kavallerie-Brigade Bünting, die zur Division Schmettau
gehörte. Die Division Schmettau war bereits angetreten, vorauf vier
Schwadronen Königin-Dragoner unter Oberst v. Zieten; zwei Eskabrons des Regiments sollten rechts und links die Flanken decken. Die

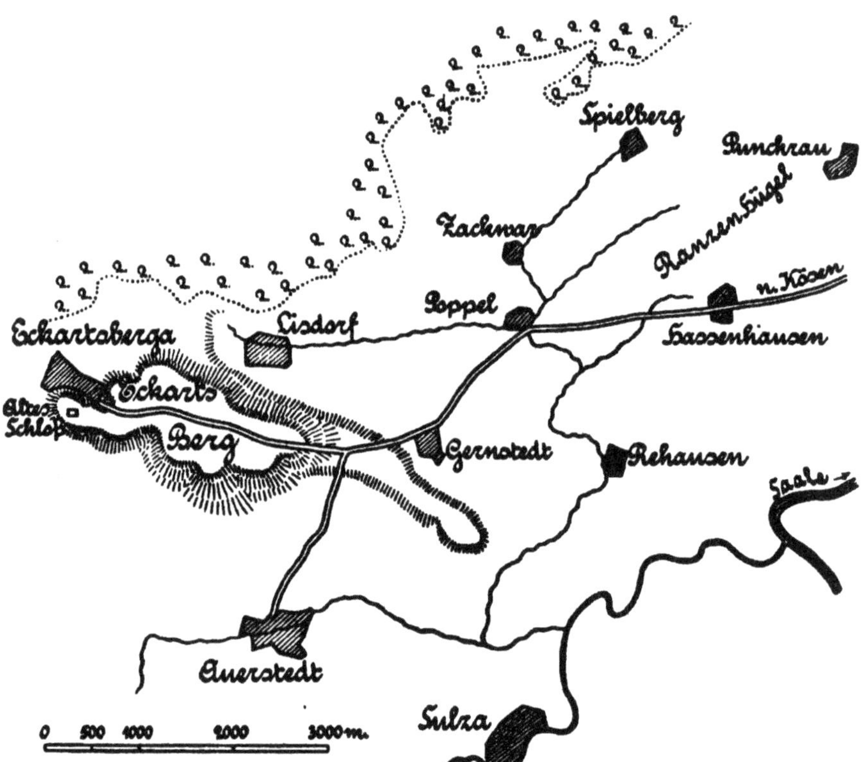

Blücher unterstellten 9 Schwadronen hatten am Ende der Division
marschieren sollen und erhielten nun Befehl, an der Marschkolonne
vorbei vorzutraben. Blücher folgte mit ihnen dem Oberst v. Zieten.
Ein dichter Herbstnebel lagerte über der Landschaft. Die große
Straße, die sich langsam von dem Höhenzug von Eckartsberga in
einen flachen Talkessel hinabsenkt, überschreitet nach wenigen Kilometern bei Poppel einen Bachgrund; hier ließ Blücher 2 Dragoner-
Schwadronen zurück, eine Vorsicht, deren Nutzen in unbekanntem

Gelände bei ungeklärten Verhältniffen er fo oft empfunden hatte. Auf
der anderen Seite der Niederung bog Blücher links ab, den Ranzen-
hügel hinauf. Oberft v. Zietens Spitze hatte unterdeffen feindliche
Reiter durch Haffenhaufen, das nächfte an der Straße liegende Dorf,
zurückgetrieben, wurde aber jenfeits überrafchend von Kartätfchfeuer
empfangen.

Oberft v. Zieten ging im Galopp vor; ihm folgte die zur Brigade
Bünting gehörende reitende Batterie; am jenfeitigen Dorfrand fuhr
fie auf; aber feindliche Infanterie und Reiter warfen fich aus nächfter
Nähe auf die Gefchütze; drei konnten noch abfahren, die übrigen waren
genommen, ehe die preußifchen Dragoner einzugreifen vermochten;
diefe gingen hinter das Dorf zurück. Blücher, der nun nördlich des
Dorfes vorkam, traf hier auf Braunfchweigs Generalftabschef, den
Oberft v. Scharnhorft, der zur Erkundung vorgeritten war.

„Ich ritt felbft mit etwa 20 Mann voraus, um die feindliche
Stellung näher überfehen zu können," berichtet Blücher; „in diefem
Augenblick erhielt ich ein ftarkes Artilleriefeuer in meiner linken
Flanke. . . . Ich ließ meine Kavallerie mit einer Eskadron Diftanz
deployiren und rückte vor, ohne auf das Artilleriefeuer zu achten.
Jetzt wurde ich rechts von mir eine Linie gewahr, die ich im Nebel
für eine Hecke hielt; indem ich einen Durchgang zum Feinde zu finden
hoffte und bis auf 50 Schritt heran ritt, fah ich, daß es eine ganze
Linie Infanterie war." Er ließ fogleich dem Herzog melden, der Feind
ftände in Schlachtordnung aufmarfchiert und beftehe nicht bloß aus
Kavallerie, er überflügele ihn aber und bäte, man möchte ihm mehr
Kavallerie und überhaupt mehr Truppen vorfchicken, er würde alsdann
einen entfcheidenden Streich ausführen können. „Unterdeffen zog ich
mich immer mehr gegen den rechten Flügel des Feindes hinauf."

Nach einigem Warten fandte Blücher noch einmal zum Herzog.
„Während diefer Zeit," berichtet er weiter, „hielt ich die feindliche Kavallerie fo en echec, daß fie hinter ihrer Infanterie nicht
vorkommen durfte. Mein Vorfatz war, fobald ich Verftärkung erhielte,
die feindliche Batterie, die mich fehr inkommodirte, links zu umgehen
und zu nehmen, was nicht fehlfchlagen konnte, da fie nicht mehr durch
Kavallerie gedeckt war. Mit dem Gros der Kavallerie wollte ich
alsdann die feindliche Infanterie in Rücken und Flanke angreifen;
ein guter Erfolg konnte der Unternehmung nicht fehlen."

Blücher fah die preußifche Infanterie längs der Straße nach
Haffenhaufen vorrücken und fich zum Angriff entwickeln. Zu feiner
Verftärkung fandte der Herzog nun 8 Schwadronen und eine reitende
Batterie (Merkatz) vor; drei Schwadronen aber wurden bei der Divifion

Schmettau festgehalten, so daß nur das Kürassier-Regiment Reitzen-stein mit der Batterie bei ihm anlangte.

Vor ihm hatten sich gegen 8 Uhr von der vordersten französischen Division gegen den Anmarsch der preußischen Infanterie, Front nach Westen, links an Hassenhausen angelehnt, sechs feindliche Bataillone und 10 Geschütze entwickelt; gegen die preußische Kavallerie in ihrer rechten Flanke hatte sich die französische Infanterie durch Staffelung rechts rückwärts gesichert. Die beiden andern Divisionen und die Kavallerie-Brigade des Korps Davout waren noch im Anmarsch von Kösen her.

Blücher vermochte seine Ungeduld nicht länger zu zügeln; er entschloß sich: „die Vorteile, die sich mir zeigten, nicht unbenutzt zu lassen. Ich gab den Eskadrons, die mit Intervallen formirt waren, das Signal zur Attacke, um die feindliche Infanterie in der Flanke zu durchbrechen". Es waren 12 Schwadronen, die er zur Stelle hatte.

Wie oft war er mit einer geringeren Zahl in die Franzosen ein-gebrochen! Das Leib-Regiment der Königin kannte er aus Pommern her; es war das stolze Regiment, das bei Hohenfriedberg die öster-reichische Infanterie niedergeritten hatte. Die beiden Kürassier-Regimenter waren einst von Seydlitz und von Driesen persönlich ausgebildet und zu unerhörten Siegen geführt worden; wenige Meilen saaleabwärts lag jenes Roßbach, wo sie ebenfalls Schulter an Schulter geritten und sowohl Kavallerie wie Infanterie über den Haufen ge-worfen hatten; grade hier hatte König Friedrich am Tage nach der Schlacht gelagert. Allerdings ein halbes Jahrhundert war das her; aber die Steinschloßgewehre der Infanterie waren seitdem kaum besser geworden. Jetzt galt es zu zeigen, daß der preußische Sporn noch zu reiten verstand wie zu Seydlitz' Zeit! Blücher ließ den Angriff durch die Batterie vorbereiten und bestimmte 2 Schwadronen zur Artillerie-bedeckung; dann ritt er mit 10 Schwadronen an. Der Nebel war lichter geworden; die Franzosen bildeten Vierecke; Marschall Davout und seine Generale suchten in ihnen Schutz.

„Die Attacke ging anfangs sehr gut," sagt Blüchers Bericht, „obgleich wir von der links liegenden Höhe ein starkes Kartätschfeuer erhielten, aber mit dem Signal zum Choc stockte der Angriff und die Kavallerie wich zurück." An den im letzten Augenblick ruhig abgegebenen Salven war der Ansturm gescheitert; auch französische Jäger zu Pferde griffen ein. Außer Schußweite wurden die preußischen Regimenter gesammelt. Doch so schnell ließ Blücher von seinem Entschluß nicht ab: „Ich stellte die Ordnung wieder her, animirte die Leute und wiederholte den Angriff drei Mal. Hierbei aber vereinigte sich alles mögliche Unglück wider mich; ich wurde ganz unerwartet von der Batterie von Merkatz im Rücken mit Kartätschen beschossen und nun war es nicht mehr möglich, die Ordnung zu erhalten." Seine Adjutanten waren verwundet oder ihre Pferde erschossen. „Indem ich es indessen noch einmal versuchte die Kavallerie wieder vorzubringen, wurde auch mein Pferd erschossen und wie ich fiel kehrte Alles um."

Auf dem Pferde eines seiner Trompeter entging Blücher der Gefangenschaft. „Ich eilte nach dem hinter mir liegenden Dorf [Spielberg], um die fliehende Kavallerie aufzuhalten, ergriff eine Standarte und stellte mich mit derselben auf den Damm im Dorf den Flüchtigen entgegen; aber vergebens — Alles ging rechts und links bei mir vorbei, Alles rief Halt, aber Niemand hielt. Ich rief den Offizieren zu, sie sollten sich umsehen, es wäre Nichts vom Feinde hinter ihnen; aber der Strom riß Alles mit sich fort und die Kavallerie blieb im Fliehen bis in einen Wald unweit des Eckartsberges."

Die Batterie Merkatz war mit ihrer Bedeckung vereinzelt nördlich Hassenhausen stehen geblieben; während überlegene feindliche Kavallerie die Schwadronen vertrieb, wurde sie von überraschend auftretender französischer Infanterie genommen. Die auf Spielberg nachdrängende feindliche Kavallerie wurde von den dort gesammelten Schwadronen unter General v. Reitzenstein „mit vieler Bravour", wie Blücher bezeugt, zurückgeworfen. Auch die weiter zurückgegangenen Teile holte Blücher wieder vor, wobei es harte Worte gab.

Blücher ritt nun zu dem auf der Höhe von Eckartsberga haltenden König und meldete ihm „mit blutendem Herzen", „daß seine Kavallerie nicht ihre Schuldigkeit getan habe". Er war noch später der festen Überzeugung, daß drei Bataillone Infanterie und eine reitende Batterie mit noch einiger Kavallerie ihn in den Stand gesetzt haben würden, den rechten Flügel des Davoutschen Korps, „den ich durch ein glückliches Ungefähr im Nebel schon völlig umgangen hatte und der in die Luft gestellt war, ganz aufzurollen".

Inzwischen war die Division Schmettau westlich Hassenhausen nördlich der Straße aufmarschiert und zum Angriff vorgegangen; etwas später folgte die südlich der Straße entwickelte Division Wartensleben. Im Begriff, den linken Flügel dieser Division vorwärts zu bringen, wurde der Herzog von Braunschweig schwer verwundet; jetzt hörte jede einheitliche Leitung auf.

Der Angriff der Divisionen Schmettau und Wartensleben hatte zunächst günstigen Fortgang; bei beiden griffen Kavallerie-Abteilungen in glücklichster Weise ins Gefecht ein, links zwei Schwadronen des

Regiments der Königin, rechts die Irving-Dragoner.*) Nun aber traf auf den vorgebogenen rechten preußischen Flügel der Angriffsstoß der jetzt herangekommenen dritten französischen Division. Zunächst suchte die hier zahlreiche preußische Kavallerie — 30 bis 40 Schwadronen — den Feind aufzuhalten; aber nirgends glückte es, in die französischen Vierecke einzudringen; schließlich gab die Kavallerie weitere Versuche auf und ging zurück; nun warf sich die französische Infanterie auf die beiden um Hassenhausen ringenden preußischen Divisionen; als die dritte zur Unterstützung heran war, war die Gefechtskraft der vorderen bereits gebrochen; an ein Vorreißen ist nicht mehr zu denken; gegen Mittag beginnt bei dem rechten, dann auch bei dem linken Flügel das Zurückgehen.

Auf dem äußersten preußischen linken Flügel hatten die Reitzenstein- und Quitzow-Kürassiere ebenfalls eine Umgehung durch französische Infanterie vergebens aufzuhalten gesucht. Erst ein vom König befohlener Vorstoß mit mehreren Grenadier-Bataillonen der Reserve unter Prinz August von Preußen machte es dem linken Infanterie-Flügel möglich, ungehindert abzuziehen; ebenso günstig wirkte das ebenfalls vom König angeordnete Vorgehen seines Leib-Regiments nach dem rechten Flügel.

Das Reservekorps hatte nämlich mit einer Brigade die Höhe südöstlich Auerstedt besetzt, mit der Masse war es auf dem die ganze Gegend überhöhenden Rücken von Eckartsberga aufmarschiert stehen geblieben. Hierher hatte sich auch der König begeben. Der Nebel war zerflogen, man sah das ganze Schlachtfeld zu seinen Füßen. Beide Teile hatten schwere Verluste erlitten; aber unaufhaltsam folgten die Franzosen den zurückweichenden Preußen. Blücher redete zu, den Höhenzug mit der Reserve und der zahlreichen Artillerie zu halten; er erbot sich zu einem neuen Angriff mit der Kavallerie. Der König ließ ihm sagen: „er könne mit der Kavallerie nun tun was er wolle". Nach einigem Suchen fand er unten am Fuß der Höhe zwischen Lisdorf und Poppel aufmarschierte Kavallerie stehen; er eilte dahin; die Regimenter, die hier lange untätig vor einem sumpfigen Bach, von Schützen und Geschütz beschossen, gestanden hatten, begrüßten ihn mit „großer Freude". Er führte die Regimenter Gensdarmen und Leib-Kürassiere über die Höhen zurück nach dem linken Flügel an den Abhang des Eckartsberges in die Flanke der Franzosen; auch ein Bataillon seines Regiments und eine reitende Batterie zog er heran.

„Unterdessen," berichtet Blücher, „rückte die französische Kavallerie

---

*) Eins der beiden Regimenter, die noch im Grenadier-Regiment zu Pferde bestehen.

vor und stellte sich unter die Höhen, auf denen unsre Reserve stand, gegen deren linken Flügel; sie war im Kanonenschuß unsrer Artillerie und diese schoß nicht; ich gab daher Befehl zum Feuern, und dies geschah darauf mit dem besten Effect; die feindliche Kavallerie bewies eine rühmliche Kontenance; sie rückte von einem Fleck zum andern und es blieben allemal, wo sie gestanden hatte, Menschen und Pferde liegen, aber das Terrain räumte sie nicht. Ich entschloß mich nun, sie mit den Gensdarmes-Regiment anzugreifen; ich redete die Stabsoffiziere an und sagte, ich hoffe, sie würden ihren alten Ruhm zu behaupten wissen, ich würde sie selbst anführen. Alles zeigte die größte Bereitwilligkeit." . . . „In dem Augenblicke, als ich zur Attacke vorgehen wollte und das Regiment Karabiniere zu meinem Soutien bestimmt hatte, brachte mir der Leutnant v. Unruh von Seiner Majestät dem Könige den Befehl, Nichts mehr zu unternehmen" — „weil es doch nichts helfen würde," setzt ein Rittmeister des Regiments Gensdarmen hinzu und erzählt weiter: „Der General befahl uns, halten zu bleiben, indem er selbst noch erst mit dem Könige sprechen und sich die Erlaubnis zu attackiren auswirken wolle. Nach einiger Zeit kam er zurück und gab uns den Befehl, uns wieder vom Berge herunterzuziehen und den Rückzug der Armee zu decken."

„Die Reserve fing nun an, sich abzuziehen," lautet Blüchers Bericht weiter, „und ich entschloß mich, mit den genannten Regimentern die Retraite zu decken. Um diese Zeit kam ein Adjutant des Generals v. Kalckreuth zu mir und sagte mir in dessen Namen, Seine Majestät hätten ihm übertragen, die Retraite nach seinem Gutbefinden anzuordnen. Es schien mir nicht zweifelhaft, daß Seiner Exzellenz meine Gegenwart nicht angenehm war, weil er mir sonst den Auftrag gegeben haben würde, bei der Kavallerie zu bleiben und seine Befehle zu exekutiren. Ich verließ deshalb die Reserve und ritt voll Unmut zurück."

„Es wird mir, so lange ich lebe, höchst schmerzhaft bleiben, daß mein Wirkungskreis an diesem verhängnisvollen Tage so sehr beschränkt gewesen ist; ich sah mich, da ich bereits durch mehrere Jahre den Befehl über größere Armeekorps geführt hatte, während der Schlacht nur auf das Kommando von wenigen Eskadronen beschränkt und habe das Schlachtfeld mit dem traurigen Gefühl verlassen müssen, nicht wesentlich für die Entscheidung des Tages mitwirken zu können."

Blücher ritt nun nach dem rechten Flügel an die große Straße, wo Prinz August seine Grenadier-Bataillone zum Schutz des Rückzuges aufgestellt hatte. Dorthin zog Blücher auch das andere Bataillon seines Regiments vor, das trotz aller erhaltenen Befehle seinen Chef nicht hatte finden können, sich aber an den Kavalleriekämpfen südlich Hassenhausen mit mehreren unglücklichen Attacken beteiligt hatte und dann mit der übrigen Kavallerie des rechten Flügels nach Auerstedt zurückgegangen war. „Wir mußten,“ sagt der Gefechtsbericht, „unsre Flankeure gegen die rechts gegen Auerstedt längs dem Grunde vordringenden feindlichen Tirailleure in Gemeinschaft mit den Schützen der Grenadier-Bataillone vorschicken. Das Bataillon selbst blieb vor Auerstedt unformiert (d. h. nicht aufmarschiert), bis sich der größte Teil der Reserveinfanterie abgezogen hatte, wobei es einige Leute und Pferde durch Granat- und Tirailleurfeuer verlor. Es zog sich erst mit den letzten Truppen der Reserve durch Auerstedt durch, als dasselbe schon zu brennen anfing, und marschierte dort neben der übrigen Kavallerie wieder auf.“

Der Vorwurf, daß weder Blücher und seine Husaren noch die Kavallerie im allgemeinen etwas zur Deckung des Rückzuges getan hätten, kann danach nicht aufrechterhalten werden. Blücher, dem der Rückzugsbefehl keine Aufgabe zuwies, verließ zwischen 4 und 5 Uhr das Schlachtfeld in der Richtung auf Weimar. Er mochte mit dem König hoffen, dort an der Spitze seiner Division im Korps Rüchel das Schlachtenglück mit besserem Erfolg als bei Auerstedt zu bestehen.

Fehler der Schlachtleitung verschulden die Niederlage von Auerstedt. Wenn Blücher beklagte, daß er keine seinem Range entsprechende Truppenmacht zu führen gehabt habe, so ist doch zu bezweifeln, ob er selbst an der Spitze einer Infanterie-Division das Schlachtenglück hätte wenden können. In der Führung eines Begegnungsgefechts war Marschall Davout ebenso erfahren, wie die preußischen Generale hülflos. Gewiß hätte eine zahlreiche, von reitender Artillerie unterstützte Kavallerie die Unterlegenheit der in erster Linie kämpfenden preußischen Infanterie ausgleichen können; den 80 preußischen Schwadronen hatten die Franzosen nur 9 entgegenzusetzen; aber sie mußte planmäßig in Masse eingesetzt werden. Solcher Verwendung stand die in der preußischen Armee soeben eingeführte Einteilung in Divisionen aus allen Waffen hindernd im Wege.

Jede der 5 an der Schlacht beteiligten Divisionen hatte eine Kavallerie-Brigade von meist 10 Schwadronen schwerer Kavallerie mit 1 reitenden Batterie; bei den leichten Truppen kamen auf je ein Füsilier-Bataillon 5 Schwadronen Husaren oder Dragoner; das mochte für den Sicherungsdienst ganz zweckmäßig sein; für die Aufklärung konnte man Kavallerie nur durch Zerreißen der Verbände verfügbar machen; hierbei erwies sich naturgemäß aus Mangel an Übung die starke Zugabe reitender Artillerie für diese als verhängnisvoll. Es ist aber auch fraglich, ob Kavallerie-Divisionen in der Hand Blüchers den Erfolg der preußischen Waffen sichergestellt haben würden. Einmal mangelte es ihm an jeder Übung, Massen zu führen, und dann zeigte sich bei Auerstedt, daß er den richtigen Augenblick nicht abzuwarten verstand. General York sagte damals sehr richtig: „Blücher ist kein Seydlitz; ein Husarengeneral mit unabhängigem Kommando mag für sich drauflos gehen; mißglückt es, so lauert er desto begieriger auf den nächsten Handstreich; aber der Kavalleriechoc in der Schlacht muß losgelassen werden, wenn es Zeit ist; dann muß er Alles vor sich her zermalmen."

Auch den siegessicheren Geschwadern Friedrichs des Großen war niemals ein Angriff auf aufmerksame, unerschütterte Infanterie gelungen. Das verlangte auch niemand von ihr; sie sollte die feindliche Kavallerie wegfegen und dann in die Flanke des im Gefecht mit den anderen Waffen stehenden feindlichen Fußvolks einbrechen. Auch Blüchers glänzende Attacken in den Rheinfeldzügen hatten überraschter und schlechter oder erschütterter Infanterie gegolten. Was den jungen Formationen von 1794 gegenüber möglich war, ließen sich die schlacht-erprobten Bataillone eines Davout nicht bieten. Außerdem war die reiterliche und taktische Ausbildung der preußischen Kavallerie schon bald nach Seydlitz' Tode in verschiedener Hinsicht vernachlässigt worden; auch sie litt unter den allgemeinen Gebrechen des ganzen Heerwesens. Immerhin zeigte sie bei Auerstedt in mehreren glänzenden Attacken und in zäher Wiederholung der mißlungenen, daß in ihr wohl „der Geist der Zieten und Seydlitze noch lebendig war", daß ihr aber ein Seydlitz fehlte; der findet sich nur, wenn man hundert Kavallerieführer in scharfer Schule ausbildet und aus ihnen den tüchtigsten heraussiebt. Über die Gefahren der Improvisation sollte Auerstedt genügend belehrt haben.

Der Rückzug bis Prenzlau.

Die geschlagenen Truppen hatten sich durch die Stellung der Reserven nördlich und südöstlich Auerstedt durchgezogen und wurden südlich des Ortes einigermaßen geordnet. Hier gab der König den Befehl zum Rückzug auf Weimar; General Graf Kalckreuth sollte mit den Reserven die Nachhut bilden. Der König ritt mit einigen Schwadronen voraus, um sobald als möglich mit Hohenlohe in Verbindung zu treten. Kaum war man einige Kilometer geritten und hatte die Höhen

nördlich Apolda erreicht, als man grade, ehe die Abenddämmerung her=
einbrach, zu seinem größten Erstaunen jenseits des Städtchens lagernde
Truppenmassen erblickte; nach genauerer Beobachtung erkannte man,
daß es Franzosen waren. Man vermutete nun, daß Hohenlohe, von
dem man den ganzen Tag keine Nachricht erhalten hatte, bei Weimar
hinter die Ilm zurückgegangen sein werde. Man nahm deshalb den
Weg auf dem Nordufer des Flüßchens dorthin, nachdem die Armee
ebenfalls auf diesen Weg gesetzt war. Erst bei Weimar traf man einen
Offizier der Hohenloheschen Armee; von ihm erfuhr man, daß der
andere Teil des Heeres, auf den man seine letzten Hoffnungen gesetzt
hatte, ebenfalls geschlagen sei.

Auch bei Jena war man völlig im unklaren über die Stärke des
gegenüberstehenden Feindes gewesen; man hatte auch hier den Kampf
aufgenommen, ohne alle Kräfte gleichzeitig einzusetzen; auch hier hatte
ein Dorf den Angriffsstoß der preußischen Infanterie gebrochen, auch
hier war die zersplitterte Kavallerie an dem Feuer der schlachtgeübten
französischen Infanterie abgeprallt. Aber auch hier war der Kampf
so hartnäckig gewesen, daß der Feind selbst unter Napoleons Leitung
nicht wesentlich über das Schlachtfeld hinaus vorzubringen vermocht hatte.

Über den schrecklichen Ritt in der Nacht vom 14. zum 15. erzählt
Blücher folgendes: „Nach der Schlacht von Auerstedt stieß ich auf dem
Wege nach Weimar, als es schon dunkel geworden war, begleitet von
einem einzigen Unteroffizier in einem Dorf grade auf die Franzosen;
der Unteroffizier wurde gefangen, ich aber entkam. Kurz darauf marschirte ein Trupp von 2 bis 300 Mann Kavallerie bei mir vorüber;
auf die Frage, wer ihn kommandire, erfuhr ich, daß der König voran
sei. Dies riß mich aus meinem kummervollen Nachdenken und ich ritt
zum Monarchen. Er war sehr gnädig und sagte mit großer Ruhe:
»Wir sind in einer üblen Lage, es kann kommen, daß wir uns durchschlagen müssen.« Dies war allerdings möglich; es ging soweit, daß
Chasseurs neben dem Könige gefangen genommen wurden; um so
mehr war es nötig, alle Engagements zu vermeiden.“

„Wir stießen häufig auf Feuer, die wir bei der Untersuchung für
feindliche Biwaks erkannten und bei denen wir in möglichster Stille
vorbeizukommen suchten. Die Majors v. Knesebeck und Graf v. Chasot leisteten hierbei sehr rühmliche Dienste. Der erstere dirigirte
unsern Zug, der letztere war immer voraus und besorgte uns die
nötigen Boten. Ich ritt bald voran und bald beim Könige und hatte
die Offiziere seines Gefolges aufgefordert, sich bei dem ersten Schuß,
der vorn fiele, mit mir in den Feind zu stürzen, um die geheiligte

Person des Königs zu sichern. Hätte der König die Schlacht gewonnen gehabt, so wäre er mir wahrlich nicht ehrwürdiger gewesen als in dieser Nacht."

„Der ganze Zug war unbeschreiblich mühsam, da wir alle Augenblicke halten mußten um zu untersuchen, wo und unter was für Truppen wir waren. Endlich erreichten wir die Höhe rechts von Weimar, von der wir die Stadt übersahen, die in Flammen stand. Wir entdeckten viele Feuer und dicht bei uns einige Häuser, aus denen Major Graf Chasot einen Boten holte, während ich am nächsten Feuer auf eins unsrer polnischen Füsilier-Bataillone stieß."

Der König schlug nun die Richtung nach Norden ein. Wenn der Feind von Auerstedt aus in westlicher Richtung kräftig nachgedrängt hätte, konnte er die Hauptarmee überholen; man beschloß deshalb, den Rückzug nach Nordwesten über Sömmerda auf Nordhausen zu nehmen und schickte Offiziere voraus, um den verschiedenen Heeresteilen die Richtung dorthin zu geben. (Skizze S. 268.)

Nachdem man die ganze Nacht durch geritten war, traf der König bei Tagesanbruch, gegen 7 Uhr morgens, in dem von einigen preußischen Truppen bereits erreichten Sömmerda an der Unstrut ein. „Wir können uns gegenseitig Glück wünschen, daß wir so durchgekommen sind," sagte er zu Blücher.

Im Laufe des Tages langten im Sömmerda gegen 10 000 Mann von allen Teilen des preußischen Heeres an. Der König selbst beschäftigte sich damit, sie zu ordnen. Es war durch den nächtlichen Rückmarsch der beiden geschlagenen Armeen ein schreckliches Durcheinander entstanden; kein höherer Verband war erhalten; selbst Bataillone waren nach den verschiedensten Richtungen auseinandergekommen; am 15. abends standen aber die Preußen, bis auf die Truppen, die sich in Erfurt hatten einschließen lassen und bis auf das Detachement Winning bei Eisenach, an und hinter der Unstrut, ein Teil schon in Nordhausen, während die Franzosen jenen Fluß mit Infanterie nur in der Gegend von Naumburg überschritten hatten.

Der König schrieb an Napoleon, bot Verhandlungen über einen Frieden an und schlug einen Waffenstillstand vor. Als man abends Nachrichten vom Vorrücken der Franzosen erhielt, ließ sich der König indes bestimmen, nach Sondershausen vorauszueilen; einige Truppen wurden zu seiner Bedeckung bestimmt; Blücher ließ 50 besonders zuverlässige Husaren aus seinem Regiment zur besonderen Begleitung des Königs auswählen und vor seine Wohnung kommen; in der Uniform des Regiments, ohne Kopfbedeckung, von zwei Dienern mit brennenden Leuchtern begleitet, trat der General vor seine Husaren,

legte ihnen die Sicherheit der allerhöchsten Person ans Herz und
schloß: „Wer von Euch mir nach einem etwaigen Unglück lebendig
unter die Augen treten wollte, den würde ich mit eigenen Händen
in Stücke hauen. Nun reitet mit Gott.“

General Graf Kalckreuth brach am 16. mit Tagesanbruch den
Abmarsch mit den bei Sömmerda versammelten Truppen auf Nordhausen an. Blücher erhielt den Befehl über die Nachhut. Allein
schon das nahgelegene Städtchen Weißensee fand man von einer feindlichen Kavallerie-Division besetzt. Der König hatte befohlen, man
solle während der eingeleiteten Verhandlungen, von denen er die gänzliche Einstellung der Feindseligkeiten erhoffe, Blutvergießen vermeiden; Blücher bestimmte Kalckreuth, ihm die Besprechungen mit dem
feindlichen Divisionsführer zu überlassen, während deren die Truppen
auf der Höhe vor Weißensee aufmarschierten. Man kam überein, daß
der Marsch um Weißensee herum nicht behindert werden sollte.
Weiterhin ließ sich eine französische Kavallerie-Brigade ebenfalls
von Feindseligkeiten abhalten, und so gelangte man nach dem 15 Kilometer von Sömmerda gelegenen Städtchen Greußen. Hier wollte
man den Truppen Zeit geben, etwas zu essen. Blücher mit der Kavallerie — etwa 30 Eskadrons Dragoner und Husaren — mußte
unterdes zur Deckung des Halts auf den Höhen südlich des Orts
stehen bleiben, in sehr ungünstiger Lage, da er dort einen Fluß mit
einer einzigen Brücke im Rücken hatte.

Etwa um 3 Uhr nachmittags traf der Marschall Soult mit seiner
Kavallerie ein und knüpfte mit Kalckreuth Verhandlungen an. Blücher
widersetzte sich „sehr nachdrücklich“, daß Abmachungen getroffen würden, die für die Preußen nachteilig gewesen wären und erreichte,
daß man schließlich die französischen Zumutungen entrüstet abwies.

Als die Spitze des Soultschen Korps und eine Dragoner-Division
sich um 4 Uhr näherten, brach der Marschall die Verhandlungen ab
und griff an. Aber Blücher war hierauf vorbereitet. Er ließ die Kavallerie schnell über die Brücke abziehen.

„Sobald der Feind unsre Bewegung bemerkte,“ erzählt ein Offizier eines der preußischen Husaren-Regimenter, „eröffneten seine Batterien ein überaus lebhaftes Geschützfeuer; es war bereits dunkel
geworden; die feindliche Reitermasse setzte sich nun, uns zu verfolgen,
in lebhafte Bewegung; so gelangten sie an die Brücke. Hier entwickelte
sich eine seltsame Szenerie. Jenseits des bezeichneten Grabens lag
ein Füsilier-Bataillon lauschend auf der Erde. Es hielt Eggen bereit.
Als unser Regiment die Brücke passirt hatte, warfen die Füsiliere die
Eggen auf dieselbe, mit den Spitzen in die Höhe gerichtet. Nun folgte

der wilde Andrang unserer Gegner. Im Dunkeln stürzten die Pferde der feindlichen Reiter in die Eggen; dabei entwickelte sich ein furchtbares Gewirr sattelloser Reiter. Man ahnte zu Anfang Nichts, was passirt war bei den ersten und drängte vorwärts. Jetzt erhob sich das Füsilier-Bataillon und gab in das Gewirr einige Chargen, dann zog dasselbe ab; wir deckten seinen Rückzug."

Nach Blüchers Angaben brach man die Flußbrücke ab und verteidigte den Ort noch einige Zeit. Das Gros gewann einen so großen Vorsprung, daß es unbehelligt in der Nacht nach dem 20 Kilometer entfernten Sondershausen gelangte. Blücher hatte sich wieder einmal auf seiner alten Höhe als geschickter Führer zeigen können.

Als die Nachhut bei Tagesanbruch des 17. in Sondershausen anlangte, hatte das Gros seinen Marsch auf Nordhausen (16 Kilometer) bereits fortgesetzt. Nach kurzer Rast folgte man ihm. Aber halbwegs wurde das letzte Bataillon der erschöpften preußischen Infanterie gegen Mittag von der leichten französischen Kavallerie eingeholt; Blücher mit seinen Schwadronen, einer reitenden Batterie und den Weimarschen Jägern hielt ihm die Dränger vom Halse. Graf Kalckreuth wollte mit den Truppen bis zum Abend in Nordhausen ruhen, um dann dem Korps des Prinzen Hohenlohe zu folgen, der morgens von hier den Marsch in den Harz angetreten hatte. Aber in den ersten Nachmittagsstunden erschien der Feind auch mit Artillerie südlich der Stadt. Infolgedessen stellte Kalckreuth sein Korps nördlich der Stadt in Bereitschaft und trat den Rückzug an, als Blücher sich etwa um 4 Uhr mit der Kavallerie durch die Infanterie zurückziehen mußte. Nach lebhaftem Gefecht wurde die Nachhut aus der Stadt herausgeworfen; sie folgte, von den Franzosen gedrängt, dem Gros.

Hier bei den letzten preußischen Truppen, die dem Harz zustrebten, hatte sich zu Blücher der Generalquartiermeister der Armee, Oberst Scharnhorst, gesellt. Seiner bei Auerstedt erhaltenen Wunde nicht achtend, hatte er in der Nacht die Befehle für den Rückzug entworfen, nun aber, des Anblicks der „kopflosen und kleinmütigen Generale" überdrüssig und um nicht zwischen Hohenlohe, den Führer der Armee, und dessen einflußreichen Berater, seinen heftigsten Gegner Oberst Massenbach, zu treten, hatte er sich zu den fechtenden Truppen begeben. Da erhielt er die Meldung, daß die Kavallerie-Abteilung nicht eingetroffen sei, der die Bedeckung der schweren Artillerie beim Marsch westlich um den Harz herum übertragen war. Die Zwölfpfünder hätte man bei dem damaligen Zustand der Straßen durch den Harz nicht mitbekommen; selbst die leichte Artillerie schaffte man nur unter großen Anstrengungen vorwärts, und manches Geschütz blieb in den ausgefahrenen Wegen stecken. Die augenblicklich unersetzlichen schweren Geschütze nicht in Feindeshand fallen zu lassen, erkannte Scharnhorst sofort als seine Ehrenaufgabe; er bat Blücher, die Deckung der Artilleriekolonne zu übernehmen. Blücher schwankte nicht einen Augenblick; jetzt, wo die Truppen in die Berge und Wälder des Harzes

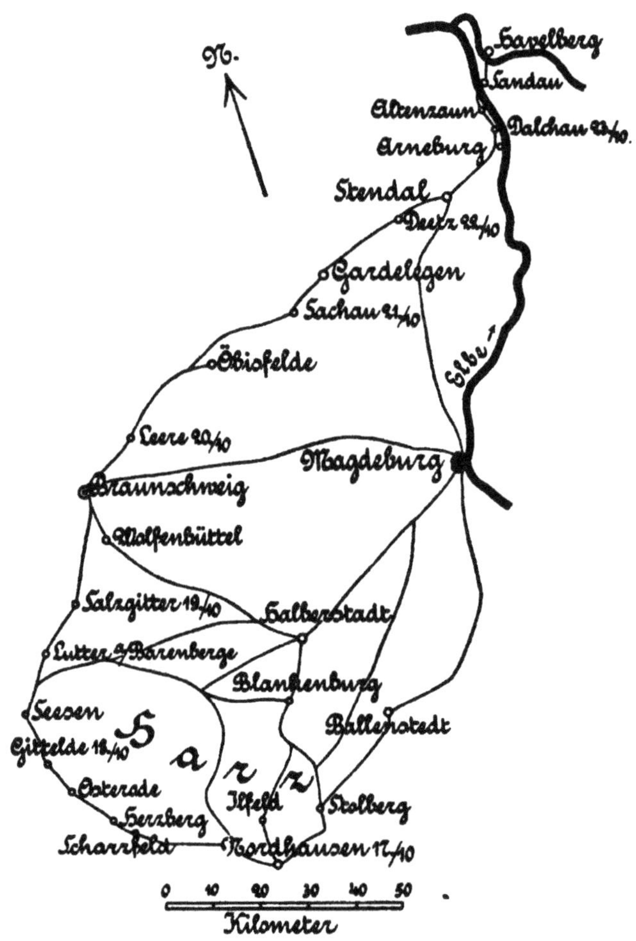

gelangt waren, blieb für eine große Nachhut und gar für Kavallerie kein Tätigkeitsfeld mehr; ihn reizte das Wagnis des Unternehmens, in weitem Bogen um den Harz herum so kostbare Trophäen vor dem Feinde zu bergen. Das Wenige, was ihm an Truppen noch zur Hand war, ein halbes Grenadier-Bataillon und 500 Reiter verschiedener

Regimenter, raffte er zusammen und bog am Gebirgsfuß links ab, den voraufgeeilten Batterien nach.

So kam es, daß Blücher und Scharnhorst sich des Einflusses auf die Führung des geschlagenen Heeres begaben; es war falsch, daß sie, um einige Kanonen zu retten, das Steuer des lecken Schiffs in der tollsten Brandung unsichren Armen überließen. Augenblicklich aber leisteten sie dem Hauptheer den Dienst, die heftigsten Verfolger von ihm ab und sich nachzuziehen. Französische Kavallerie und reitende Artillerie blieben dem kleinen Häuflein dicht auf den Fersen; wo das Gelände eine Entwickelung gestattete, suchte der Feind einzuhauen; aber an dem ruhigen Feuer des in einem Viereck marschierenden Bataillons scheiterten alle Angriffe. Der Aufenthalt, der hierdurch wiederholt entstand, zog dem Bataillon auch feindliche Schützen auf den Hals; deren mußte man sich mit gliederweisem Feuer erwehren, damit bei einem Reiterangriff ein genügender Teil stets Kugeln im Lauf hätte.

Endlich erlahmten auch die Kräfte des Feindes; in der Dunkelheit verlor er die Spur. Aber noch war für die tapfre Schar an kein Rasten zu denken. Vier Tage und Nächte hatten die Grenadiere bei fortgesetztem Marschieren und Fechten Hunger und Durst gelitten; Offiziere und Mannschaften waren vor Entkräftung umgesunken; einige waren durch Entbehrungen in Geistesumnachtung verfallen. Aber unter Blüchers ermunternden und lobenden Worten fand der Rest neue Kraft. Bergauf, bergab ging es weiter; viermal mußte man tiefe Gebirgsbäche durchqueren; endlich, nach einem Marsch von über 40 Kilometern, erreichte man bei Tagesanbruch des 18. Scharzfeld. Aber auch hier gab's nur kurze Rast; für die einige 30 Geschütze und eine Anzahl Munitionswagen starke Artilleriekolonne hatte Scharnhorst durch vorausgesandte Offiziere Vorspann bereit stellen lassen, um die eigenen Pferde sich erholen zu lassen; weiter gings über Herzberg und Osterode, dicht am Fuß des Gebirges entlang noch 25 Kilometer weiter; am Abend erreichte man Gittelde; jetzt war man vorläufig vor dem Feinde soweit sicher, daß endlich eine Nacht geruht werden konnte.

Zwei Männer von gänzlich verschiedenem Wesen hatten sich hier zu gemeinsamer Tat vereinigt, Blücher, der Feldsoldat, und Scharnhorst, der Gelehrte. Seit jenem unglücklich endenden Zuge nach Dünkirchen unter dem Herzog von York, bei dessen Beginn wir den hannoverschen Kapitän an Blücher vorbeiziehen sahen, hatte sich Scharnhorst mehrfach durch tapfre Taten ausgezeichnet; hervorragenden Anteil hatte er an dem ruhmreichen Durchbruch des Generals v. Hammerstein aus der in Trümmern liegenden flandrischen Festung Meenen am letzten April 1794. Seine „Talente, Tätigkeit und Gegenwart des

Geiſtes, ſo auch beim Kugelregen Stich halten," hatten ihm den Weg als Generalſtabsoffizier ins hannoverſche Hauptquartier gebahnt, wo er bald die rechte Hand des Grafen Wallmoden wurde.

Nach der Rückkehr aus den Niederlanden war er im Hauptquartier der Demarkations-Armee zu Osnabrück, im folgenden Jahr bei der Obſervations-Armee in Minden mit vielen höheren preußiſchen Offizieren, auch mit Blücher, bekannt geworden; auch ſeine reiche ſchriftſtelleriſche Tätigkeit hatte die Aufmerkſamkeit auf ihn gelenkt; man empfahl ihn dem Könige, und Scharnhorſt entſchloß ſich 1801, dem Rufe nach Berlin zu folgen. Hier erwarb er ſich als Umbildner der Allgemeinen Kriegsſchule die begeiſterte Verehrung ſeiner Schüler. Clauſewitz, der Philoſoph des Krieges, nannte ihn den Vater ſeines Geiſtes.

Im Generalſtabe hatte er mehr und mehr Einfluß gewonnen; als Generalſtabschef des Herzogs von Braunſchweig genoß er anfangs deſſen Vertrauen, in den letzten Tagen vor dem Zuſammenbruch war aber zwiſchen beiden eine ſcharfe Verſtimmung entſtanden. Dadurch war ihm eine Einwirkung auf die Leitung der Schlacht von Auerſtedt ſo gut wie abgeſchnitten; als an ſeiner Seite dem Prinzen Heinrich von Preußen das Pferd erſchoſſen wurde, gab er ihm ſeins und verließ mit einem Gewehr in der Hand als einer der Letzten das Schlachtfeld. Kein Zweifel: Scharnhorſt war auch ein Held wie Blücher; wohl fand der Mann der Feder nicht ſeinesgleichen an Gedankentiefe und Seelengleichgewicht: an natürlicher Schwungkraft in Wort und Tat war der alte Haudegen unbeſtrittener Meiſter. Hier der äußerlich trockene, ſeine Meinung in pedantiſcher Breite kunſtvoll vortragende Generalſtabsoffizier, dort der feurige General, der in abſichtlich nachläſſiger, oft urwüchſiger Form herausſprudelte, was ihm durch Herz und Sinn ging; aber die ihnen gemeinſame begeiſterte Hingabe ihrer ganzen Perſon für die Größe des Vaterlandes ſchmiedete ſchnell eine feſte Kette um die Herzen der beiden Männer, die eine beſondere Fügung in dieſen Unglückstagen zuſammenführte.

Am 19. ging es frühzeitig weiter; man hatte gehofft, ſich nördlich des Harzes der Armee wieder anſchließen zu können; aber als man erfuhr, daß die Franzoſen dicht hinter den Preußen das Gebirge durchſchritten hätten, mußte man die Marſchrichtung mehr elbeabwärts legen. Gleichzeitig kam die Kunde, daß die Diviſion des Herzogs von Weimar, die in den entſcheidenden Tagen über den Thüringerwald entſendet worden war, noch gut 40 Kilometer hinter ihnen zurück ſei. Blücher ermahnte den Herzog zur Beſchleunigung ſeines Marſches. Während die Artillerie am 20. die 50 Kilometer von Salzgitter bis jenseits Braunschweig marschierte, ritt Blücher, obgleich „fatigirt und unwohl", nach Wolfenbüttel zum Herzog von Weimar, um über das weitere gemeinsame Handeln Beschluß zu fassen. Über Gardelegen und Stendal ging's in den folgenden Tagen in Gewaltmärschen der Elbe zu, wo die schwere Artillerie am 24. bei Sandau, dicht oberhalb der Havelmündung, hinübersetzte. Der Anschluß an

die Armee war glücklich erreicht; man hatte in sieben Tagen etwa 260 Kilometer auf schlechten Wegen zurückgelegt, ohne auch nur einen einzigen Pulverwagen zu verlieren, wie Blücher mit Freude hervorhob.

Leider war die ganze Leistung umsonst; Blüchers Ersuchen entgegen, schickte das Oberkommando die schwere Artillerie nicht nach Stettin voraus, sondern hielt sie seitwärts der Armee zurück; so fiel sie doch den Franzosen in die Hände. Lannes berichtete erstaunt dem Kaiser, er habe nie etwas Schöneres gesehen; „es ist ein ausgezeichneter Park. Fast alle diese Kanoniere sind zu Pferde und marschiren in der besten Ordnung". Es zeigten sich Blüchers und Scharnhorsts Sorgfalt und Fürsorge in glänzendem Lichte.

Fürst Hohenlohe hatte die Armee nach kurzem Aufenthalte bei Magdeburg am 21. Oktober in der Richtung auf Stettin in Marsch gesetzt; am 24. hatte er mit der vorderen Hälfte der Armee die Gegend von Neustadt an der Dosse erreicht und somit das Rhinluch zwischen sich und den Feind gebracht; die andere Hälfte stand als Nachhut noch nördlich Rathenow zwischen Rhin und Havel. Es war dies das Reservekorps Württemberg, das sich nach dem unglücklichen Gefecht bei Halle (17. Oktober) an die Armee bei Magdeburg herangezogen hatte. Da der Herzog von Württemberg erkrankt war, übertrug der Fürst Hohenlohe den Befehl über das Korps an Blücher; dieser meldete sich infolgedessen am 24. abends bei Hohenlohe im Hauptquartier Neustadt. Mit Freuden ergriff er die Gelegenheit, sich in größeren Verhältnissen nützlich zu machen. Scharnhorst behielt er als seinen Generalstabschef. Blücher bekam den Auftrag, in der Gegend von Neustadt halten zu bleiben und die Division Weimar an sich heranzuziehen, so daß die drei Heeresteile mit Abständen von höchstens je einem Tagemarsch einander auf Stettin folgten; eine kleine Seitenabteilung sollte die Übergänge über die Bruchstreifen und über den Finow-Kanal sperren, die sich von Fehrbellin östlich zur Oder ziehen. Man hoffte so an dem auf Berlin marschierenden Gegner noch vorbeizukommen.

Die Blücher überwiesenen Truppen — 18, wenn auch teilweis nicht volle Bataillone, 30 Schwadronen und 20 Batterie-Geschütze*) — wurden sogleich nach Scharnhorsts Vorschlag in zwei Linien-Divisionen zu 8 Bataillonen, 5 Schwadronen, 1 Batterie unter den Generalen v. Natzmer und v. Larisch und in eine Nachhut, aus den Füsilieren, Husaren und einer reitenden Batterie bestehend, unter General v. Oswald gegliedert. Als Blücher am 26. in der Gegend östlich Neustadt das Herankommen des Herzogs von Weimar erwartete, der aber an diesem Tage erst die Elbe bei Sandau überschritt, erhielt er gegen Mittag plötzlich den Befehl Hohenlohes, noch heute über Ruppin hinaus (rund 20 Kilometer), wenn irgend möglich, in der

---

*) Später, bei Lychen am 28. Oktober, traten noch 1 Grenadier-Bataillon, die Weimarschen Schützen, die Reste von 3 Füsilier-Bataillonen und 1 Kürassier-Regiment hinzu; das Weimarsche Bataillon schied aber schon nach einigen Tagen aus, um in die Heimat zurückzukehren.

Nacht bis nach Fürstenberg weiterzugehen; dorthin marschierte Hohenlohe selbst im Laufe des 26., da er starke feindliche Kavallerie im Vormarsch über Oranienburg wußte, der zwei feindliche Korps in Eilmärschen folgen sollten, und da der König ihm jeden Zusammenstoß mit dem Feinde als nachteilig für die mit Napoleon angeknüpften Verhandlungen bezeichnet hatte. Blücher gab sofort Befehl zum Aufbruch nach Ruppin, entschloß sich aber, den Weitermarsch von dort erst am folgenden Morgen anzutreten; er meldete dies dem Fürsten und setzte hinzu: „Durch Nachtmärsche zerstreuen sich unsre Truppen; ich fürchte sie mehr als den Feind . . . Euer Durchlaucht ersuche ich, mein Korps lieber zu exponiren, als es durch forcierte Märsche und dem damit verbundenen Mangel an Kräften und Lebensunterhalt in einen Zustand zu bringen, in dem es gar nicht mehr fechten kann.‟

Die Truppen erreichten ihre Bestimmungsorte zum Teil erst spät in der Nacht; die Mehrzahl blieb die Nacht im Freien, um am folgenden Morgen rechtzeitig auf dem Sammelplatz sein zu können. Am 27. früh wurde der Marsch wieder angetreten; die Divisionen langten in Lychen und Fürstenberg nach einem Marsch von rund 40 Kilometern spät abends, zum Teil erst gegen Morgen an. Die die Nachhut bildenden Blücher-Husaren mußten sich wiederholt feindlicher Kavallerie erwehren.

Am 28. früh 2 Uhr brach Blücher mit den letzten Truppen seines Korps von Fürstenberg wieder auf und erreichte gegen Abend das 35 Kilometer entfernte Boitzenburg. Dunkelheit, dann schlechte Wege und die Ermattung der Leute ließen schnelleres Marschieren nicht mehr zu. Das wieder die Nachhut bildende Blüchersche Husaren-Regiment wurde kurz vor Lychen von feindlicher Reiterei, es war die leichte Kavallerie vom Korps Lannes, also gegen 9 Eskadrons, eingeholt. Blücher befahl, den Feind zurückzuwerfen. Das Regiment ging dem Feinde in zwei Treffen entgegen; es kam zu einem erbitterten Handgemenge, in dem das Regiment mehrere Offiziere verlor; das Eingreifen einer abgezweigt gewesenen Schwadron des Regiments und einer Schwadron Usedom-Husaren entschied den Kampf. Der Feind floh und ließ etwa 100 Mann in den Händen der Verfolger.

Der Marsch wurde nun von dorther nicht weiter belästigt; aber jetzt fand man den Feind bereits vor sich: er stand in Boitzenburg auf der Marschstraße nach Prenzlau. Hohenlohe hatte Blücher benachrichtigt, daß er den Ort über Schönermark umgangen hätte und geraten, ihm auf diesem Wege zu folgen. „Ich wollte dies aber nicht‟, schreibt Blücher, „und sagte zum Oberst v. Scharnhorst: ist der Feind schon wirklich in Boitzenburg, so kann es doch keine ganze

Armee sein." Er ließ den Ort angreifen; die schwache feindliche Abteilung wich sogleich, und die Blücherschen Truppen bezogen dort ein Lager. Die Kavallerie der Vorhut, die in weiter vorwärts gelegenen Dörfern unterkommen sollte, fand sie ebenfalls vom Feinde besetzt; Blücher wies sie an, „sich hineinzuschlagen"; als der Führer damit zögerte, wiederholte er den Befehl „mit dem größten Unwillen", und siehe da: der Feind wich.

Am 29. früh 4 Uhr brach Blücher auf der Straße nach Prenzlau auf, um sich nötigenfalls zu Hohenlohe durchzuschlagen, von dessen Geschick man noch keine Ahnung hatte. Kaum war man in Bewegung, als die Kunde von der Waffenstreckung eintraf, die Hohenlohe auf Massenbachs Zeugnis, man sei rings von Übermacht umstellt, seinen Truppen auferlegt hatte.

Trauer senkt sich in die Seele jedes Preußen, wenn er die ungeheuerlichen Beispiele von Kopflosigkeit und Pflichtvergessenheit überdenkt, die in diesen Schreckenstagen die Ehre des preußischen Namens befleckten. Die Kommandeure der stolzesten Regimenter ergaben sich ohne Widerstand, ja schickten aus, um jemand zu finden, mit dem sie eine Kapitulation abschließen könnten, obgleich der Schimpf der Waffenstreckung von Ulm im vorigen Jahr noch alle Gemüter bewegte. Die Anführer von Tausenden wehrhafter Leute lieferten diese einer Handvoll feindlicher Reiter aus; ein Teil der Mannschaft und einige Offiziere faßten die Lage natürlicher auf, indem sie sich heimlich auf und davon machten. Anstatt die mühsam geretteten Geschütze der Artilleriekolonne zu vergraben, holte man den Feind zu ihrer Übernahme herbei. Aber das erschreckendste Beispiel der Verzweiflung gibt ein fürstlicher Held, der sich durch lügenhafte Beteuerungen feindlicher Generale und durch seinen schon als geistesverwirrt erkannten Generalstabschef überzeugen läßt, keinen Ausweg mehr aus dem ihm vom Feinde gestellten Netz zu haben, das gar nicht vorhanden war! Lassen sich solche krankhaften Verirrungen als Folgen einer tiefen Seelenerschütterung bei dem unerwarteten Zusammenbruch und aus körperlicher Erschöpfung erklären, so steht man bei den nun folgenden schimpflichen Festungsübergaben vor einem völligen Rätsel.

Die Kommandanten waren nicht etwa eingeschüchterte Feiglinge oder bestochene Verräter; sie hatten dem Tode schon manches Mal ruhig ins Auge geschaut; keine aufrührerische Bürgerschaft beeinflußte ihr Handeln; in ihre Königstreue kann niemand den leisesten Zweifel setzen. Es ist wahr, sie waren meistens am Rande des Grabes stehende Greise; aber desto weniger kann man verstehen, daß sie sich vom Wege der Pflicht entfernten. Wohl alle waren sich bewußt, daß ihr Lohn

Pulver und Blei, Schimpf und Schande sein würden. Nirgends hat sich einer der jugendlicheren Unterbefehlshaber oder Beiräte der schimpflichen Vergewaltigung kräftig widersetzt. Ein unwürdiger Trost ist es, wenn man bei Beamten und Bürgern ähnliche Anzeichen erbärmlicher, vaterlandsloser Gesinnung aufdeckt. Auch der Hinweis auf den Menschlichkeitsschwindel des Zeitalters ist nicht stichhaltig. Diese Männer waren gewöhnt, kalten Herzens barbarische Strafen an ihren Mitmenschen vollziehen zu sehen. Weshalb mußte grade das Offizierkorps, das Friedrich der Große erzogen hatte, dessen glänzende Taten eine ununterbrochene Kette der Aufopferung im Dienste des Königs waren, der Welt dies Schauspiel einer Verrottung geben, zu der es in der Geschichte kein Gegenstück gibt! Der Anblick dieser pfadlosen Nacht menschlicher Schwäche muß dem preußischen Offizier für alle Zeit eine machtvolle Mahnung sein, seinen Sinn zu stählen an den Vorbildern, die sich desto glänzender von diesem schwarzen Hintergrund abheben.

Von Prenzlau nach Lübeck.

Während Hohenlohes verzweiflungsvolle Lage nur eingebildet gewesen war, standen Blüchers Aussichten, den Franzosen zu entgehen, am 29. morgens wirklich recht schlecht. Er verhehlte sich das auch nicht. „Mein Korps war 10500 Mann stark," so berichtete er später dem König; „vor mir stand auf zwei Stunden die Muratsche Armee, zur Seite oder hinter mir das Bernadottesche Korps: jedes dieser Korps war wenigstens doppelt so stark als das meinige, das übrigens weder Brob noch Furage hatte und durch die vielen forcirten Märsche äußerst abgemattet war." Daß auch bei den Franzosen die Marschverluste die Höhe der preußischen erreichten, konnte er kaum überschlagen; Murat hatte noch 21600 Mann, also soviel wie Blücher annahm; Bernadotte war in Wirklichkeit schwächer, er selbst will am 31. nur noch 13000 Mann gehabt haben; wenn ihn Blücher auf 20000 schätzte, ist das aber nur natürlich. Wo Bernadotte sich befand und wie er heute marschieren würde, dafür lagen keine Anzeichen vor. Wohin Streifen ausgesandt wurden, überall stießen sie auf den Feind.

Im Hauptquartier hatte man die ganze Nacht hindurch Schießen gehört. Durch Leuchtsignale schienen sich die verschiedenen feindlichen Abteilungen über ihre Anwesenheit zu verständigen. So glaubte man auch Bernadotte ganz nahe. Blücher konnte nicht im Zweifel sein, daß alle Teile des Gegners sich sofort zu seiner Einkesselung aufmachen würden.

Trotzdem hat er keinen Augenblick geschwankt, von seinen Truppen neue Anstrengungen und Entbehrungen zu fordern, ja er steckte sich sofort hohe Ziele! „Mein Entschluß war bald gefaßt," heißt es in dem Bericht weiter. „Statt rechts auf Prenzlau zu marschiren, marschirte ich in demselben Augenblick links nach Strelitz ab. Ich hoffte mich dort mit dem Weimarschen Korps zu vereinigen, mich dann Magdeburg zu nähern oder nach Umständen über die Elbe zu gehen, um Magdeburg und Hameln auf längere Zeit mit Lebensmitteln zu versehen und dem Feinde im Rücken zu operiren." Er hoffte außerdem dadurch „die französische Macht von der Oder abzuziehen und sie von dem Herzen der preußischen Monarchie zu entfernen, um für die Verproviantirung unserer Festungen und für die Annäherung der

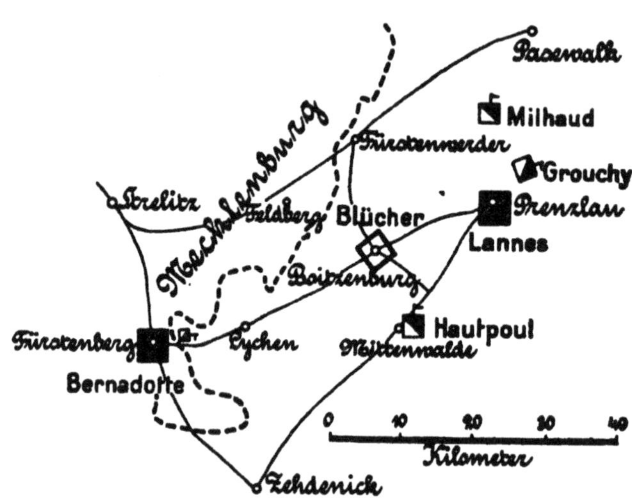

noch übrigen preußischen Truppen und der russischen Armee Zeit zu gewinnen".

Scharnhorst hatte diese Verhältnisse Blücher dargelegt; er rechnete auf eine Erhebung in Hessen und Westfalen; auch auf eine englische Landung hoffte man. Scharnhorst fand des kühnen Helden sofortige Zustimmung; sogleich wurden Offiziere entsandt, um mit dem Herzog von Weimar Verbindung aufzunehmen; man wollte ihn bestimmen, sofort nach Westen umzubiegen, um sich bei Lauenburg einen Übergangspunkt über die Elbe zu sichern. Zunächst aber handelte es sich darum, überhaupt erst einmal sich der Umklammerung durch die Franzosen zu entwinden; man schlug einen Weg nach Norden ein und bog dann nach Westen ab. Es war ein Marsch, der selbst den entschlossensten Mann niedergeschlagen hätte, sagt Scharnhorst. Man kam hier in das Gelände, das Hohenlohe am 26. unter unsäglichen Anstrengungen durchschritten hatte, um Boitzenburg nördlich zu umgehen. Die schmalen, grundlosen Sandwege wanden sich über die Hügel durch scharf eingeschnittene Gründe der Seenreihe zu, die hier die Ostgrenze Mecklenburgs bezeichnet; auf Feldwegen mußte ein sich quer vorlegender See umgangen, ein anderer auf schlechtem Damm durchschritten werden.

Große Ungelegenheiten bereiteten Haufen von entlaufenen Soldaten des Hohenloheschen Korps, da sie Mißmut in die eigenen Reihen trugen; Blücher gab Befehl, sie fernzuhalten, nötigenfalls auf sie zu feuern; man mußte hören, wie die Verzweifelten antworteten, ihnen sei am Leben doch nichts mehr gelegen, man möge sie nur erschießen. Bei Feldberg entließ Blücher die Soldaten in Ortschaften, die auf dem waldigen Höhenrücken der Wasserscheide zwischen Ucker, Tollense und Havelgebiet zerstreut liegen. Trotz 20 bis 30 Kilometer Marsch hatte man keinen großen Vorsprung gewonnen.

Aber mehr als sie augenblicklich hoffen konnten, war den Kühnen das Glück hold gewesen. Murat war mit seinen Hauptkräften auf Stettin weitergegangen; Bernadotte war nach Boitzenburg marschiert; seine Aufklärer hatten dann aber Blüchers Spuren verloren, so daß er, unsicher, wohin er sich wenden sollte, stehen blieb. (Skizze S. 287.)

Auch am folgenden Tage, dem 30., blieben diese beiden Gegner im unklaren über Blüchers Verhalten. Murat schickte eine Infanterie-Division nach Stettin, mit der anderen und der Kavallerie sperrte er bei Pasewalk die Uckerlinie; Bernadotte tastete sich im Zickzack über Woldegk nach Stargard, da er Blücher im Marsch nach Norden vermutete. Dieser hatte seinen Marsch über Neustrelitz fortgesetzt. Dort ließ er sein Korps an sich vorbeimarschieren. Er redete in kernigen, oft launigen Worten mit den Leuten. Als seine Husaren kamen, rief er: „Na, das ist mir lieb, daß ihr gestern (er meinte das Gefecht von Lychen am 28.) euren alten Ruhm aufrecht erhalten habt! Bleibt nur so dabei! Es wird bald alles gut werden." Ein junger Husar mit verbundenem Kopf kam vorbei. „Was? hast du auch eins abgekriegt?" „Jawohl," brummte er verdrießlich. „Ich hoffe doch, du hast ihm wieder einen tüchtigen Schmiß gegeben?" Nun fing alles an zu lachen und der Kerl sagte: „Ja, recht ordentlich." „So macht es immer! Aber ich sage euch, die Kerls mit den offenen Gesichtern immer von oben herunter gehauen! und die mit den Helmen, denen der dicke Pferdeschwanz um die Ohren herumbummelt, allemal in die Quere!" Und in der Art ging es fort, erzählt ein Augenzeuge.

Als das Korps vorbei war, sprengte Blücher wieder nach vorn. 12 Kilometer jenseits Strelitz bezog man Unterkunft. Und unmittelbar anschließend lag die Division Weimar, nach der man bisher vergeblich gesucht hatte. Ihre Nachhut unter Oberst Yorck hatte am 26. bei Altenzaun die Spitze des von Magdeburg her sie verfolgenden Korps Soult kräftig von sich abgeschüttelt. Soult hatte mit seinen letzten Truppen erst am 29. bei Tangermünde die Elbe überschreiten können, während der Herzog die Gegend nordöstlich Wittstock erreichte; zwischen ihm und Soults vorderster Division lagen 50 Kilometer Weg.

In Wittstock erhielt der Herzog von Weimar die Aufforderung des Königs, seinen Pflichten als Landesherr gerecht zu werden und die Armee zu verlassen; er übergab das Kommando dem General v. Winning. Dieser hatte das Korps am 30. bis Speck nordwestlich Neustrelitz geführt, anfangs in der Absicht, nach Stralsund, dann nach Rostock und Wismar zu gehen, um dort Infanterie und Artillerie zu Schiff zu retten; nun übernahm Blücher das Kommando auch über diese Truppen. Es waren 16 Bataillone, 44 Schwadronen, 28 Batterie-Geschütze; wenn die Verbände zum Teil nicht vollständig und durch Entweichungen geschwächt waren, so zählten sie doch immer noch über 10000 Mann; soweit sie überhaupt schon gefochten hatten, war dies unter Yorcks kräftiger und geschickter Führung mit Glück gewesen. Nur die Abteilung Wobeser — 1 Bataillon, 3 Schwadronen, 4 Ge-schütze —, die dem Korps nach Güstrow voraufgegangen war, hatte an den unglücklichen Schlachten teilgenommen. Blücher teilte auch das Korps Winning in drei Divisionen; die Division Pelet zählte 6 Bataillone, 11 Schwadronen, 2 Batterien, die Division Braun-schweig-Öls 4 Bataillone, 10 Schwadronen, 2 Batterien; die leichte Division Pletz zählte 5 Jäger- und Füsilier-Bataillone, 20 Husaren- und Dragoner-Schwadronen und 1 reitende Batterie.

So war wirklich das Glück den Kühnen in diesen Tagen besonders hold, oder richtiger: die unerwartete Kühnheit ihres Entschlusses ver-schaffte ihnen Vorteile über den Feind: die Franzosen hatten solches Handeln nicht erwartet. Bernadotte marschierte am 31. vormittags nach Norden auf Neubrandenburg weiter, ehe er Blüchers wahren Aufenthaltsort erfuhr, und blieb dadurch einen kräftigen Tagemarsch hinter ihm zurück; Murat war sogar drei Märsche zurückgeblieben. Indessen rückte ihm nun von Süden ein neuer Gegner auf den Leib.

Soults 24000 Mann waren heute noch zwei Märsche zurück; es war zu hoffen, daß der Marschall nicht so bald die wahre Marschrichtung Blüchers erfahren würde, so daß er den Weg zur

Elbe nicht mehr zu verlegen vermochte; man schickte vorauf, um Übergangsmittel bei Lauenburg zusammenzuschaffen.

Wie verhältnismäßig günstig die Lage augenblicklich für sie war, übersahen Blücher und Scharnhorst keinesfalls. Ein Teil der die Nachhut bildenden Husaren wurde unter ziemlichen Verlusten von feindlicher Kavallerie aus einem Dorfe nördlich Neustrelitz vertrieben; der feindliche Führer ließ in Bernadottes Namen Blücher auffordern, sich zu ergeben. Blücher antwortete, er wolle sich die Achtung erhalten, deren Bernadotte ihn in früheren Jahren so vielfältig versichert habe; er müsse sich also alle Zumutungen dieser Art verbitten, damit er nicht genötigt werde, einen seiner Unterhändler unartig zurückweisen zu lassen. Die Aufforderung ging gar nicht von Bernadotte aus, sondern war eine in dieser Zeit von den Franzosen häufig angewendete Finte, auf die die Preußen oft genug hereinfielen. Bei Blücher war man an den Unrechten gekommen, aber immerhin erfuhren die Franzosen auf diese Weise den Aufenthaltsort des feindlichen Führers und konnten auch sonst manchen Einblick in die Verhältnisse beim Gegner gewinnen. Nach französischen Quellen soll Blücher dabei gesagt haben, er habe zum Rückzug noch fünfzig den Franzosen unbekannte Wege; er wolle sie noch tüchtig marschieren lassen, ehe es mit ihm zum äußersten komme; von seinem Korps werde dann wahrscheinlich nichts mehr übrig sein. Bernadottes vorsichtiges Verhalten in den nächsten Tagen zeigt indes, daß er durchaus auf Blüchers Frontmachen gefaßt war.

Eine Wirkung übte diese Aufforderung aber doch auf Blücher: er nahm an, daß Bernadotte schon mit starken Kräften dichtauf folge. Blücher schob deshalb seine Absicht noch auf, dem Feinde eine Schlacht zu liefern, „in der er durch die Überlegenheit seiner Kavallerie an Anzahl und Güte zu siegen hoffte", wie der damalige Generalstabshauptmann v. Müffling berichtet; man wollte „erst den Feind eine bedeutende Strecke von der Oder abziehen und die Schlacht nicht eher annehmen, als die Notwendigkeit es erforderte; ging sie dann verloren, so mußte sie dem Feinde doch Menschen kosten, und der König gewann Zeit".

Der Plan Müfflings, sich in Rostock und Wismar einzuschiffen, wurde entschieden verworfen, da hierbei die feindlichen Kräfte nicht länger gebunden blieben. Blücher teilte den beiden Korps seine Ansichten mit und gab eine allgemeine Anweisung für die Ausführung des Marsches. Es heißt darin: „Da wir wegen Mangels an Lebensmitteln, Furage und Winterbekleidung für die Infanteristen nicht biwakiren können, so wird nach folgendem System verfahren: Beide

Korps haben ihre Division leichter Truppen, welche die Arriergarde machen. Morgens erhält jedes Korps ein Rendezvous an dem Quartier, welches am weitesten vom Feinde abliegt. Die Truppen marschieren auf den nächsten Wegen dahin, von der zugleich aufgebrochenen Arriergarde gedeckt. Bis 12 Uhr mittags wird in Kolonnen fortmarschiert. Fällt bis dahin nichts Bedeutendes vor, so teilen sich die Truppen in die Quartiere auseinander (wenn die Arriergarde nicht stark gedrängt wird), wo sie beim Dunkelwerden ankommen." Der Gefahr der zerstreuten Unterbringung suchte man dadurch zu begegnen, daß man eine Stunde vor Tagesanbruch zum Sammelplatz ausrückte und daß man erst auseinanderging, wenn ein Angriff wegen der anbrechenden Dunkelheit nicht mehr zu erwarten war.

Außerdem stellte Blücher in einem Erlaß es allen, die nicht mehr Lust hätten, den Rückzug mitzumachen, frei, das Korps zu verlassen. Er versammelte das Offizierkorps eines Regiments, das mit ihm zusammenlag, und sagte ihm, er wolle nicht verhehlen, daß der Erfolg seines beabsichtigten Unternehmens sehr zweifelhaft sei, daß den Teilnehmern große Entbehrungen und Strapazen, wohl auch Tod oder Gefangenschaft bevorständen; er wolle daher keinen zwingen, ihm zu folgen, und wer sich physisch oder moralisch nicht kräftig genug fühle, möge lieber sofort ausscheiden. So kettete Blücher die edlen Naturen an seine Tat und hieß die mürrischen Urteile schweigen.

Trotzdem erhielt sich, wie Blücher berichtet, bei einem Teil der angesehensten Offiziere „der unselige Gedanke, daß Alles nun doch umsonst sei und schon Alles verloren wäre"; er „begegnete Äußerungen dieser Art mit Unwillen und Verachtung"; doch konnte nicht ausbleiben, „daß diese Mutlosigkeit der Vorgesetzten einen nachteiligen Eindruck auf ihre Untergebenen machte, da sie sich nicht einmal schämten, selbige laut zu äußern".

Am 31. ging der Marsch ungestört vom Feinde vonstatten; das Korps Winning erreichte mit dem Ende der Masse Waren, wo auch Blücher blieb (Skizze S. 287). Das andere Korps nahm die Ortschaften nördlich davon. Die beiden See-Engen von Alt-Schwerin und Glawe, die am 1. durchschritten werden mußten, zwangen dazu, noch in nur zwei Kolonnen zu bleiben, was zu einer 30 Kilometer langen Ausdehnung der Unterkunft führte und dadurch die Nachtruppen nicht recht vorwärtskommen ließ; das sehr schnell marschierende Korps Bernadotte holte diese daher am 1. November mit der vordersten Division ein. Nachdem bei Waren eine Abteilung Königin-Dragoner von der überlegenen französischen leichten Reiterei beider Korps Bernadotte und Soult aufgerieben worden, griff französische Kavallerie westlich. Waren die Nachhut des Winningschen Korps unter Yorck an, wurde aber von Köhler-Husaren auf das Städtchen zurückgeworfen, wobei Yorck sich persönlich am Reiterkampf beteiligte; die Verfolgung kam erst wieder in Gang, als die Division Düpont durch Waren vordrang. Yorck erwartete mit seinen Jägern und Füsilieren den Feind 10 Kilometer westlich Waren bei Jabel, wo sich wiederholt prächtige Nachhutstellungen boten.

Wie bei Altenzaun bewährte sich Yorcks Gefechts- und Schießausbildung glänzend. Die unvorsichtig vorgehenden französischen Schützen holten sich blutige Köpfe.*) Beim weiteren Rückzug bot eine breite Waldzone, die Nossentiner Heide, den Jägern Gelegenheit, hinter Stämmen und Hügeln Schritt für Schritt hartnäckig sich zu verteidigen. Der Feind blieb zurück. Auch jenseits des Waldes wies Yorck noch mehrmals den Feind blutig ab. Bei der Enge von Alt-Schwerin, die mit Infanterie und Artillerie besetzt war, hörte die Verfolgung im Dunkeln auf. Bernadotte hatte über schwere Verluste zu klagen; er nahm eine andere Division an die Spitze; die überlegene preußische Kavallerie hatte seine Bewegungen wiederholt stark behindert; er schätzte den Feind, mit dem er gekämpft hatte, auf 12—14000 Mann, obgleich es höchstens der vierte Teil gewesen war. Der Nachhut des anderen preußischen Korps unter General Oswald war nur die Kavallerie-Brigade Savary und schwache Infanterie gefolgt; es war nur zu leichten Gefechten gekommen.

Leider veranlaßte das Abendgefecht einen Teil der schon untergebrachten Truppen, auf die Sammelplätze zu marschieren. Als Blücher, der sich in Alt-Schwerin befand, sich überzeugt hatte, daß der Feind nirgends Anstalten zum Angriff mache, entließ er die Truppen wieder.

Für den 2. November morgens 7 Uhr wurden alle 4 Linien-Divisionen 20 Kilometer rückwärts in der Höhe von Goldberg in einer Frontbreite von 15 Kilometern nebeneinander, den rechten Flügel an die Elbe gelehnt, bereit gestellt. Die beiden Nachhut-Divisionen wurden schon in der Nacht in diese Stellung zurückgenommen, um ihnen dann eine längere Ruhe zu gewähren; nur ein Infanterie-Regiment blieb bis zum Hellwerden als Nachhut bei Alt-Schwerin zurück. Die linke Flanke wurde durch ein Husaren-Regiment in weiter Aufstellung gesichert; noch weiter nördlich rückte die Abteilung Wobeser von Güstrow heran.

Bei Goldberg wartete man bis Mittag; die Stellung war nicht übel; wenn der Feind unvorsichtig nachdrängte, bot das Gelände gute

---

*) Auch hier griff Kavallerie, mehrere Eskabrons Pleß-Husaren unter Major v. Ratzler, glücklich ein, was diesem Yorcks Lobspruch einbrachte „der beißt an"!

Gelegenheit, seinen linken Flügel überraschend anzugreifen; aber nirgends ließ er sich blicken. Schon hoffte man, daß der Feind die Verfolgung aufgebe, um sich gegen die Russen zu wenden; man wollte ihm dann sofort nachgehen. Aber bald kam Bernadotte über den Alt-Schweriner Paß vor, den zu nehmen er sich nicht getraut hatte, ehe eine Umgehung wirksam wurde. Auch dann ging er nur zögernd vor, um Soult sich aus den See-Engen herausziehen und links neben

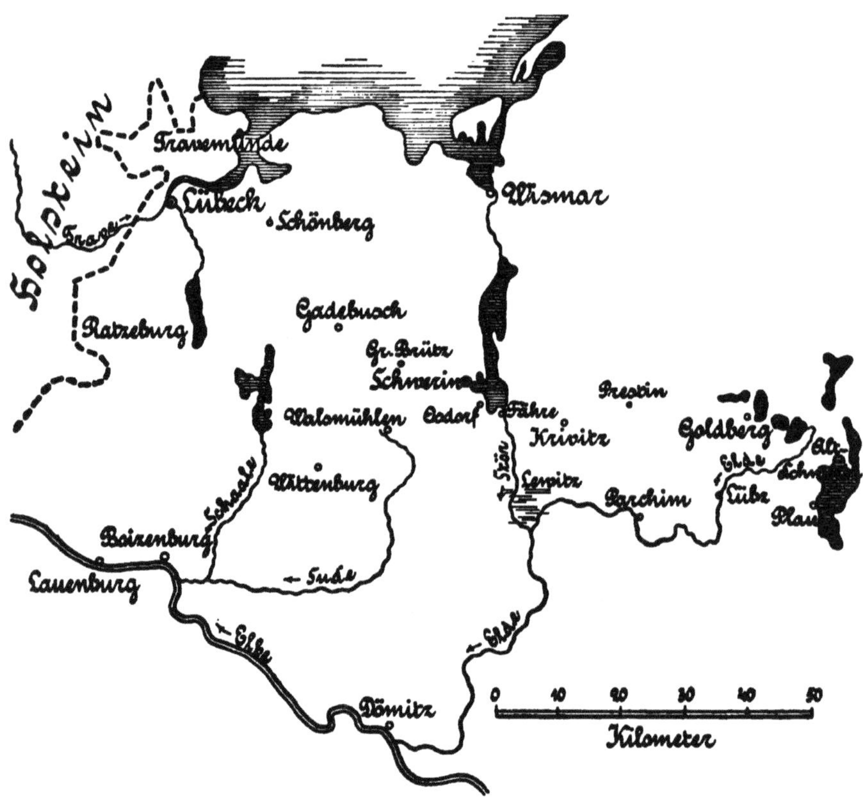

sich aufmarschieren zu lassen. Sie wollten am andern Tage gemeinschaftlich beiderseits der Elbe zum Angriff schreiten.

Als man sich überzeugt hatte, daß der Feind folge, legte man die Liniendivisionen rückwärts in Unterkunft; man hoffte am 3. hinter dem Stör-Abschnitt zwischen Schweriner See und Lewitzbruch, dem Feind einen längeren Aufenthalt bereiten zu können und sich selbst etwas von den Märschen zu erholen, die immer größere Verluste gebracht hatten. Die Nachhut beider Korps blieb südlich Goldberg zurück, irrtümlicherweise eng versammelt. Bernadotte bemerkte den Fehler; er schob seine Divisionen noch bis in die Dunkelheit hinein südlich daran vorbei vor. Das letzte Bataillon der südlichsten preußischen Division, das sich von der Nachhut gedeckt glaubte und nichts zu seinem Schutz getan hatte, wurde überrascht und fast aufgerieben. Wieder gab dies Gefecht Veranlassung, eine Division in der Nacht zu versammeln und unter dem Gewehr zu lassen.

Morgens wurde der Abmarsch hinter die Stör angetreten. Bernadotte glückte es nicht, die Nachhut abzudrängen, die, vom Korps Winning aufgenommen, dann bei Kriwitz und südlich in vorteilhaften Stellungen stehen blieb, als der Gegner nur vorsichtig folgte. Unerwartet entschloß sich Bernadotte doch noch zum Angriff auf Kriwitz. Die leichten preußischen Truppen wurden aus dem Ort herausgeworfen; General Oswald trat den Rückzug an; feindliche Kavallerie brach vor; Rudorff-Husaren und Herzberg-Dragoner warfen sich auf sie und trieben sie unter großem Verlust auf die französische Infanterie zurück, die inzwischen aus dem Städtchen herausgetreten war. Bernadotte entging mit knapper Not der Gefangennahme; einer seiner Adjutanten und ein Husaren-Oberst wurden noch ergriffen; an dem Feuer der französischen Vierecke aber strandete der Angriff. Oswald zog nun auf Fähre ab, wo 2 Bataillone den Übergang über die Stör besetzten. Durch diesen Vorstoß glückte es den Franzosen aber noch, ein Bataillon, das sich verspätet hatte, ganz abzuschneiden, das Regiment Usedom-Husaren und die Abteilung Wobeser mit Verlust nach Norden abzudrängen. Schließlich aber vertrieben die Franzosen auch noch die Besatzung des Störübergangs bei Fähre und besetzten den westlichen Höhenrand. Bernadotte schickte zu Blücher nach Osdorf vor Schwerin, um die gefangenen Offiziere auswechseln zu lassen; der Marschall ließ dabei Blücher nochmals zur Ergebung auffordern.

Inzwischen war in Blüchers Hauptquartier der Gedanke aufgetaucht, ob nicht dem Rückzug über die Elbe der auf Lübeck vorzuziehen sei. Die Marschverluste steigerten sich immer mehr und die Kräfte der in der Front Verbleibenden nahmen immer mehr ab; die Aussicht, bei einem Gefecht leiblich davonzukommen, wurde bei der Überlegenheit des Verfolgers, bei dem man außer Bernadotte und Soult schon jetzt Murat vermutete, immer geringer; bei dem starken Drängen des Feindes schien es zweifelhaft, ob ihm die Zeit, den Elbübergang auszuführen, abgerungen werden könne; über die günstigen Verhältnisse, die der dorthin geschickte Offizier für den Brückenschlag gefunden hatte, scheint man nicht unterrichtet gewesen zu sein; und kam man glücklich hinüber, so war vorauszusehen, daß nach kurzer

Pause die Hetzjagd auf die ermatteten Truppen von neuem losgehen würde.

Ein kleines schwedisches Korps war aus dem Lauenburgischen
auf Lübeck marschiert; es scheint ein Gerücht umgegangen zu sein,
daß jenes vor französischen Truppen gewichen wäre, die bereits an
der Elbe ständen. Dazu kam, daß General v. Osten, der mit einem
Bataillon und einem Dragoner-Regiment von Hameln über Boizenburg kommend, Wittenburg erreicht hatte, von dort anscheinend vor
feindlichen Abteilungen abmarschiert war; es ging die Nachricht ein,
daß Soult dorthin seinen Marsch gerichtet habe und also schon zwischen
Schwerin und Boizenburg stehe.

Anderseits konnte Lübeck allerlei Vorteile gewähren. Blücher
kannte es wahrscheinlich ungefähr. Die Wälle waren zwar verfallen,
aber die wenigen Zugänge schienen leicht zu sperren; die untere
Trave und die nahe dänische Grenze gewährten auch den Truppen
jenseits der Stadt Schutz; die Vorräte konnte man von dorther auf
längere Zeit zu ergänzen hoffen. Angeblich rechnete man auch mit
der Möglichkeit, daß die an der Grenze stehenden dänischen Truppen
bei einer französischen Umgehung über ihr Gebiet in den Kampf
eingreifen würden.

In der Nacht zum 4. wurden die Befehle zur Schwenkung auf
Gadebusch gegeben; die Nachhut des Korps Winning war schon nach
dem Verlust von Fähre ebenfalls über die Stör zurückgegangen; sie
folgte über Walsmühlen ihrem Korps, das nachmittags die Gegend
südlich und westlich Gadebusch erreichte.

Sein Korps hatte Blücher auf den für eine Verteidigung vorteilhaften Höhen bei Gr.-Brütz aufgestellt; die vordere Division des
Winningschen Korps hielt er eine Zeitlang zum Eingreifen bereit;
aber wiederum kam der Gegner nicht in Reichweite. Bernadottes
Truppen waren durch die außerordentlichen Leistungen der letzten
Tage zu erschöpft, um mit ihnen allein den Angriff zu wagen. Blücher
ließ Quartiere bei Gadebusch beziehen. Soult war dem Korps Winning gefolgt; seine Kavallerie erreichte ein zurückgebliebenes preußisches
Infanterie-Regiment, das aber mit Hülfe einer bei ihm befindlichen
Batterie alle Angriffe abwies. Wieder hatte dies Gefecht auch auf
das Gros nachteilige Wirkung: alle Truppen wurden zeitweise aus
der Unterkunft aufgescheucht; die Division Pelet ging sogar nach
Gadebusch zurück; Blücher schickte sie wieder vor; sie stieß 5 Kilometer
südlich auf den Feind und kehrte nach Gadebusch um, wo sie die Nacht
im Freien zubringen mußte.

Der Gedanke, in dem dazu einladenden Gelände von Gadebusch

eine Schlacht anzunehmen, wurde von Blücher und Scharnhorst verworfen; eine genügende Flügelanlehnung gegen eine Umgehung fand sich nicht, und obenein mußte man darauf gefaßt sein, daß Murat, um das Nordende des Schweriner Sees vorgehend, die Verbindung auf Lübeck verlegte.

„In dieser kritischen Lage entschloß ich mich," sagt Blüchers erster Bericht, „auf Lübeck zu marschiren und die Trave vor der Front zu behalten. Hatten die Truppen sich nur gegen Hungersnot gesichert und in etwas erquickt, so konnten sie sich schlagen, wenn auch wegen der Übermacht sehr wenig Wahrscheinlichkeit eines glücklichen Erfolges vorhanden war."

In der später (31. März 1808) für die Untersuchungskommission aufgesetzten Schrift sagt Blücher etwas ausführlicher: „Ich entschloß mich, nach Lübeck zu gehen. Hier fand ich einen Posten, der in den ersten Tagen unmöglich genommen werden konnte, wenn er kraftvoll verteidigt wurde. Ich fand darin nicht allein Lebensmittel aller Art, sondern auch die Kriegsbedürfnisse, die mir mangelten und konnte mein Korps also, wenn ich ihm einige Tage Ruhe gegeben und den Feind um so viel länger von der Oder zurückgezogen hatte, wieder in den Zustand setzen, daß ich mein Schicksal einer entscheidenden Schlacht anvertrauen konnte."

Man schätzte den Abgang an Mannschaften von Neustrelitz bis Gadebusch auf 4—5000 Mann. Einen kleinen Zuwachs hatte man an der Abteilung Osten erhalten. Blücher nennt seine Truppen — Menschen und Pferde — zu abgemattet, um mit ihnen eine Schlacht zu wagen. Der grimme York allerdings hätte den Gang mit dem Feinde den Mühsalen des Rückzuges vorgezogen.

Auch die französischen Generale rechneten mit einem Standhalten Blüchers: „Der Feind scheint sich auf Lübeck zurückziehen zu wollen," meldet Murat aus Schwerin dem Kaiser. „Morgen werde ich mich zeitig mit dem Fürsten (Bernadotte) vereinigen und hoffe, daß wir mit Blücher bald fertig werden, der sich bis jetzt in guter Ordnung zurückzuziehen scheint. Da er wenigstens 25000 Mann, darunter 5000 Reiter, hat, der Fürst aber nur 12000 mit 600 Reitern, so halte ich es für klug, daß wir uns vereinigen und Einheitlichkeit in unsre Bewegungen bringen, wenn wir ihn beim ersten Zusammenstoße vernichten wollen; seine Truppen sind noch nicht geschlagen, sie schenken Blücher ihr Vertrauen, wir müssen uns deshalb vereinigen, um ihm in Masse auf den Leib zu gehen."

Tatsächlich warteten Bernadotte und Murat, dessen Reitermassen noch bei Kriwitz zurück waren, auch Soult ab, der sich hinter dem langgeftreckten Korps Bernadotte befand; diefer klagte dem ungebulbig treibenden Kaifer, daß feine Truppen vor Hunger und Ermattung hinftürzten.

Blüchers Rückzug ging, trotzdem wieder rund 40 Kilometer zurückzulegen waren, verhältnismäßig glatt vonftatten; nur General Pelet für feine Perfon mit 4 Schwabronen und einer halben reitenden Batterie wurde abgebrängt, die Gefchütze genommen; außerdem wurde nur General Oswalds Nachhut von Gabebufch ab unmittelbar verfolgt. Ein für Blücher fehr empfinblicher Verluft entftand baburch, baß fich der fehr tüchtige General v. Winning bei einem Sturz die Schulter brach. Eine Seitenabteilung wurde über Ratzeburg gefchickt, um die dort vorhandenen Vorräte nach Lübeck zu fchaffen; fie hatte Gelegenheit, den borthin ausholenden Feind eine Zeitlang aufzuhalten.

Blücher fetzte große Hoffnungen auf Lübeck; er fprach den Offizieren feines Regiments bavon; „wir Alle fühlten uns neu belebt und hochbegeiftert durch fein kräftiges Wort," berichtet einer von ihnen. Auch den Leuten fuchte man diefe Stimmung einzuflößen. Beim Abmarfch am 5. morgens mußte allgemein „den Soldaten angefagt werden, man banke ihnen recht fehr für die gute Ausbauer, die fie während des Marfches bezeigt. Heute nur noch follten fie ihre vollen Kräfte anwenden und ihren guten Willen zeigen. In Lübeck follten fie von morgen an einige Tage Ruhe haben."

Ein Kapitän vom Regiment Herzberg-Dragoner berichtet: „Das unbegrenzte Vertrauen auf den Mut des Generalleutnants v. Blücher und beffen weife Führung, welches fich bei dem Anblick der Türme von Lübeck nur vergrößerte, weil wir mit Erreichung der See unferen Verfolgern, ihrer Vereinigung und Einfchließung zu entgehen glaubten, fchloß Jeden um fo fefter an feine Fahne."

Lübeck und Ratkau.

Blücher war den Truppen voraus nach Lübeck geritten und hatte dem Senat feine Forderungen an Unterkunft und Verpflegung geftellt. Als die Truppen abends anlangten, wurden 13 Bataillone, 4 Batterien in die Stadt gelegt, die dem General v. Natzmer als Kommanbanten unterftellt wurde. Unterhalb der Stadt bildet die Trave ein bebeutendes Hindernis. Die durch ein Infanterie-Regiment auf 10 Bataillone verftärkte Division Larifch mit ihrer Batterie ging bei Herrenfähre über die Trave; diefe Division und die Maffe der Kavallerie, 29 Schwabronen,

wurden in dem Landstrich auf dem westlichen Flußufer von Lübeck bis
Travemünde abwärts in Unterkunft gelegt; ein Bataillon besetzte Trave-
mündes alte Befestigungen. Eine kleine gemischte Abteilung bewachte
die obere Trave; zwischen diesem Fluß und der Wakenitz, Front gegen
Süden, wurden 13 Schwadronen mit einer kleinen Infanterie-
Unterstützung vorgeschoben. General Oswald hatte man mit 12 Ba-

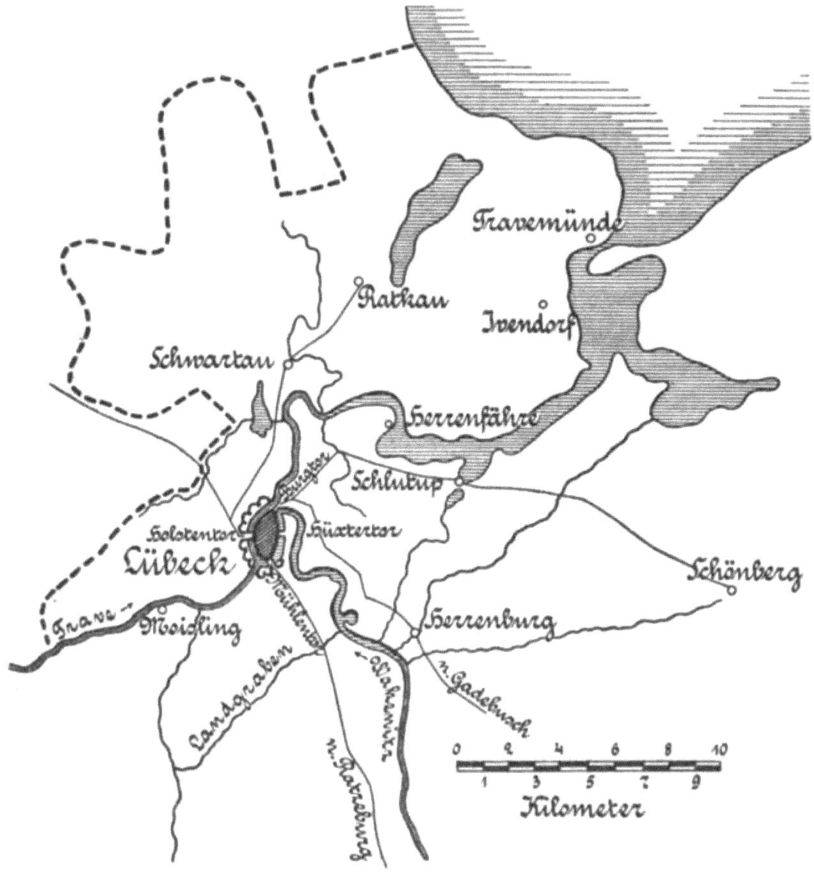

taillonen, hauptsächlich Füsilieren und Jägern, 10 Schwadronen und
2 Batterien in dem Landstrich zwischen unterer Trave und Wakenitz
zurückgelassen, wo sich ein Bachgrund zur Verteidigung eignete;
halbwegs Lübeck fand sich ein zweiter Abschnitt von moorigen
Wiesen; dann folgte eine Waldzone; erst dicht vor der Stadt war ein
freier Geländestreifen, stellenweis von Häusergruppen und Gärten der

Vorstadt besetzt; vor der Landenge, über die man zum Burgtor gelangt, lag 500 Meter von diesem entfernt ein ummauerter Kirchhof. Im Vertrauen auf General Oswald und seine erprobten Truppen konnte das Hauptquartier sich auf dieser Seite einen schwer zu beseitigenden Schutz versprechen.

Von den drei auf dem östlichen Trave-Ufer zur Stadt führenden Zugängen waren zwei, das Hüxter- und das Mühltor, durch Wasser und alte Befestigungen gut geschützt; nur vor dem Burgtor im Norden war der Wall eingeebnet, der Graben zugeschüttet. Aber auf 500 Meter vor dem Tor verengte sich der Raum zwischen Trave und Wakenitz auf vielleicht 200 Schritt. Dicht vor dem fünfstöckigen mächtigen Torturm sperrte ein untermauertes Gitter im Halbkreis den Raum zwischen zwei Steuerhäuschen. An den Turm selbst mit seinem gewölbten Durchgang schloß sich rechts und links die in Häuser eingebaute, oben mit Schießscharten und Fenstern versehene Stadtmauer. Die erfolgreichste Verteidigung erhoffte man aber mit Recht von der hohen Bastei am linken Trave-Ufer, die soweit vorspringt, daß man von ihr aus den Zugang zum Burgtor wirksam von der Seite bestreichen kann; einen Schutz gegen Feuer vom Tor her bot der dahin seinen Rücken kehrende Wall allerdings nicht.

Die Verteidigung des Burgtors war dem Herzog von Braunschweig-Öls mit 4 Bataillonen, 2 Batterien, die des Hüxtertores dem Oberst v. Görtzke mit 2 Bataillonen, 1 Batterie, des Mühltores dem General v. Lettow mit 3 Bataillonen, 1 Batterie übertragen; 4 Bataillone bildeten die innere Reserve; mit den 26 Bataillonskanonen verfügte man in der Stadt über 52 Geschütze.

Die Truppen wurden in Lübeck von der Einwohnerschaft sehr gut aufgenommen. „Unsre Leute erhielten sehr gute Quartiere, die Lübecker bewirteten den Soldaten aufs Beste und bezeigten sich sehr freundschaftlich. Gesättigt und voll Zufriedenheit legte sich der Soldat auf ein gutes Lager und schlief ermüdet ein." Auch die Offiziere hatten Gelegenheit, nach den Entbehrungen und Anstrengungen der letzten vier Wochen sich gütlich zu tun. Noch lange nach Mitternacht fand sich in einem großen Wirtshaus am Markt eine zahlreiche und lustige Gesellschaft von Offizieren um den Herzog Wilhelm von Braunschweig versammelt. Wie lebhaft mag man Blüchers Führung, die Lage Preußens und die eigenen Aussichten erörtert haben!

Am frühen Morgen des 6. November war an General Oswald der Befehl gegangen, sich mit der Nachhut näher an die Stadt heranzuziehen. Blücher beritt mit dem Kommandanten Natzmer und mit Scharnhorst die Stellungen der Truppen an den Stadttoren. Am Burgtor war er mit den getroffenen Maßnahmen unzufrieden; Scharnhorst ordnete die Geschützaufstellung persönlich; Blücher befahl, das Tor solle bis aufs äußerste gehalten werden. Von der Nachhut schickte Blücher einen Teil nach Lübeck hinein, um Unterkunft zu beziehen; General Oswald aber sollte sich mit den leichten Truppen vor dem Tor so lange halten, als es ohne Gefahr geschehen könne. General v. Oswald, ein hinfällig aussehender kleiner Herr von 65 Jahren, hatte sich im polnischen Feldzug an der Spitze seiner Füsiliere in Gefechten und Stürmen hervorgetan; wenn es galt, verstand er es, seinen Leuten ein fortreißendes Beispiel zu geben. Blücher urteilte später, das Tor sei so stark besetzt gewesen, daß wenn man einen Finger hereingeschoben hätte, er hätte zermalmt werden müssen.

Am Hüxtertor stand das Regiment Owstien, das mit seinem vortrefflichen pommerschen Ersatz die üblen Wirkungen des Rückzuges vortrefflich überstanden hatte; Blücher fand seine Aufstellung gut. Hier herrschte kein Zweifel über Blüchers Befehl, „daß an keinen Rückzug zu denken sei und daß ein Jeder seinen Posten bis zum letzten Hauch verteidigen sollte".

Am Mühlentor griff Blücher in die Aufstellung der Infanterie persönlich ein. Vor starker feindlicher Kavallerie war die vorgeschobene Abteilung zurückgegangen. Blücher setzte sich an die Spitze einiger Schwadronen und jagte die feindlichen Reiter ein gutes Stück zurück; daran hatte er seine Lust; man mußte ihn erinnern, daß man auf die Ausgabe seiner Befehle warte. Auf dem Markt stand eine Reserve an Infanterie; General v. Natzmer hatte nach Blüchers Angabe den Befehl, mit ihr „einem jeden Fleck, der zu sehr gedrängt wurde, zur Hülfe zu eilen". Blücher begab sich nun ins Hauptquartier, den „Goldenen Engel", zurück.

Man glaubte sich gegen einen überraschenden Angriff durchaus geborgen. Hauptmann v. Reiche, der sich nach dem Sturm noch längere Zeit in Lübeck aufhielt und sich mit der Örtlichkeit genau vertraut machte, urteilt als Ingenieur und Generalstabsoffizier: „Lübeck war damals noch ein sehr haltbarer, leicht zu verteidigender Ort, der gegen einen coup de main als ganz gesichert angesehen werden mußte."

Obgleich von allen Toren, namentlich vom Burgtor her, Gefechtslärm erscholl, machte man sich nichts daraus; daran war man im Hauptquartier gewöhnt; als Blücher seine Pferde aus der Stadt schicken wollte, riet Scharnhorst davon ab.

Um Mittag kam eine Meldung des Herzogs von Braunschweig: der Feind dränge in Kolonnen heran, ob er die Truppen vor dem Tor zurückziehen oder noch weiter das Feld behaupten solle. Blücher ließ ihm sagen, er könne hier in der Stube nicht wissen, was draußen zu tun sei; ja, er soll gewarnt haben, daß man nicht mit den Truppen den Feind zugleich ins Tor lasse. Grade dies war bereits geschehen; aus dem allgemeinen Geknatter und dem Donnern der Kanonen unterschied man jetzt auch deutlich Geschieße auf der Straße. Scharnhorst ließ sich trotzdem im Ausgeben der Befehle nicht stören und wies die besorgt werdenden Offiziere zur Ruhe. Aber Blücher war hinuntergestürzt; er setzte sich auf das nächste Offizierspferd, bahnte sich mit dem Säbel durch Freund und Feind einen Weg zum Markt, wo die Reserven standen; die eben einquartierten Jäger und Füsiliere stürzten aus den Häusern; Blüchers mächtige Stimme gab den Verwirrten die Besinnung; was er zusammenraffen konnte, führte er gegen das Burgtor vor; aber schon waren zu große feindliche Massen eingedrungen, die sofort die Häuser besetzten und die Straßen mit Kanonen bestrichen. Eine Schwadron Kürassiere suchte die Straße zu säubern; Kartätschfeuer wies sie zurück; nun wurde Infanterie vorgeholt. Blücher drang bis zu dem Hause vor, in dem Scharnhorst und andere Offiziere seines Stabes eingeschlossen waren; der Feind hatte es schon genommen; es gelang nicht, hineinzukommen. Man versuchte nun wenigstens die Straßen für den Rückzug nach dem einzigen Tor an der Westseite, dem Holstentor, freizuhalten; heldenmütig kämpfte hier Yorck mit seinen Jägern; eine Kartätschkugel zerschmetterte ihm die Schulter; seine Leute begannen zu weichen. „Jäger, wollt Ihr Euren blutenden Oberst verlassen?" rief ihnen Blücher zu, und sie stürzten sich von neuem auf den Feind. Da kam die Nachricht, daß auch das Holstentor schon in Feindeshand sei. Eine Schwadron Kürassiere brach sich Bahn zu Blücher; mit ihr schlug er sich durch und erreichte glücklich den Ausgang.

Mit der größten Verwunderung fand er hier den Herzog von Braunschweig und den General v. Natzmer mit einem Teil der Truppen schon vor. Er war außer sich. Er sprach die Hoffnung aus, die Stadt durch nächtlichen Überfall wiederzugewinnen; da hörte er das lebhafte Feuer der braven Verteidiger des Mühl- und Hürtertores; sofort schritt er von neuem zum Angriff; doch dieser mußte etwa 150 Schritt von den Wällen unter großen Verlusten aufgegeben werden. Bernadottes vorderste Division drängte sofort nach; man mußte sich zum Rückzug die Trave abwärts, an der Front der zur Verteidigung ihrer Neutralität entschlossenen Dänen entlang, bequemen.

Nach Blüchers Ansicht war vor allem der Herzog von Braunschweig durch sein Verhalten am Burgtor schuld an dem Verlust Lübecks. General Oswald hatte mit 2 Bataillonen auf dem Hügel östlich des

Burgtores gehalten; der Herzog hatte eins seiner Bataillone vor=
geschoben, um Oswald zur Aufnahme zu dienen. Als dann der Feind
mit Massen vorkam, begab sich der Herzog in einem Kahn auf die
Bastei am andern Trave=Ufer; unterdes wurden die drei vorgeschobenen
Bataillone geworfen und drängten sich, mit dem Feind untermischt,
in die Enge vor dem Tor. So wurde das Feuer der dort stehenden
Geschütze unmöglich, ohne die eigenen Truppen zu treffen, und auch
die Truppen auf der hohen Bastei wagten nicht in den Knäuel
zu schießen. Von der Batterie vor dem Tore wurden einige Geschütze
in die Stadt zurückgenommen; der Feind stürmte in Massen nach:
dieser Zugang war in seinem Besitz. Eine Zeitlang hinderte das
Feuer von der Bastei das Nachbringen der hinteren feindlichen Ab=
teilungen, dann zog der Herzog mit einem Teil der Infanterie ab
und bald brachte das Feuer aus der Stadt auch die Geschütze auf der
Bastei zum Schweigen. Mit unglaublicher Tatkraft schob sich das
Korps Bernadotte in die Stadt; ihm folgte eine Dragoner=Division.
Nachdem Natzmers, Blüchers und Yorcks Gegenstöße abgewehrt waren,
faßte man zuerst die Besatzung des Mühlentors, endlich auch die des
Hüxtertors in den Rücken und machte nieder, was sich nicht ergab.

Im Kriegstagebuch des Korps Bernadotte wird der Kampf in Lübeck
so beschrieben: „Der in den Straßen und Häusern verschanzte Feind
hatte unglaubliche Anstrengungen gemacht uns zurückzuwerfen; jeder
Platz, jede Straße war ein Schlachtfeld. Der General Blücher selbst
machte mit der Kavallerie mehrere Angriffe in den Straßen." Gegen
4 Uhr war die Stadt völlig in den Händen des Feindes. Durch das
Mühltor waren sofort neben Soults Infanterie auch Murats Reiter
in und durch die Stadt vorgedrungen.

Die Kavallerie wandte sich teils zur Verfolgung Blüchers, teils
umzingelte sie die Abteilung an der oberen Trave, von der nur eine
Schwadron, die durch den Fluß setzte, entkam.

5 Kilometer nördlich von Lübeck, bei dem Flecken Schwartau,
bildet ein zur Trave gehendes Flüßchen einen Abschnitt. Hier stellte
Blücher eine Nachhut auf. Von seinem Sohn Franz und dem Haupt=
mann v. Müffling vom Generalstabe begleitet, begab er sich nach dem
4 Kilometer weiter gelegenen Dorfe Ratkau.

Aus Lübeck waren 8, zum Teil sehr schwache Bataillone und ge=
ringe Reste der Füsiliere und Jäger entkommen. Außerdem verfügte
man noch über etwa 10 Bataillone, gegen 50 Schwadronen und
einige wenige Batterie=Geschütze. Aber für das Gefecht preußischer
Linien=Infanterie war das mit einem dichten Netz hoher Heckenwälle
überzogene, wellige und mit Waldstücken besetzte Gelände sehr ungeeignet;

die verhältnismäßig noch starke Kavallerie konnte man gar nicht verwenden. Man erfuhr, daß das Gelände dicht bei Travemünde besser sei, und bestellte für den andern Morgen die Truppen dorthin. Die Infanterie sollte den Feind im Anschluß an die alten Befestigungen Travemündes empfangen, die Kavallerie dann einhauen. Kaum war dies angeordnet, als schon wieder ein Unglücksfall gemeldet wurde: die Truppen in Schwartau hatten sich in der regnerischen Nacht überrumpeln lassen. Die Division Larisch hatte außerdem gemeldet, es mangle ihr an Munition. Um Mitternacht traf der Herzog von Braunschweig mit der Nachricht ein, Travemünde sei dem Feinde übergeben. Als gleichzeitig ein französischer Unterhändler anlangte, schickte Blücher ihn mit seinem Sohn zu Bernadotte zurück: eine ehrenvolle Kapitulation werde er nicht zurückweisen. „Es war Alles umsonst", berichtete er, „und ich mußte dem allgewaltigen Schluß des Schicksals unterliegen, welches um so schmerzhafter für mich war, da ich Niemand in Lübeck den Befehl gegeben hatte, sich zurückzuziehen."

Es ist wunderbar, wie den heldenhaften Mann selbst in dieser Lage, in der er alle seine weitgehenden Hoffnungen vernichtet sah, die Selbstbeherrschung und Geistesgegenwart nicht verließen. Die Landeskasse von Westfalen war nach Lübeck gelangt; als Blücher erkannte, daß sie auch zu Schiff nicht mehr dem König zu retten war, ließ er schon in Lübeck den Truppen einen Teil des Geldes auszahlen und hier in Ratkau damit fortfahren; man war damit noch nicht fertig, als die französischen Unterhändler ankamen. Blücher tat sehr niedergeschlagen und betonte sofort, er kapituliere nur, weil es ihm an allem fehle, um die Truppen zu ernähren; als die Franzosen in der Verhandlungsurkunde eine solche Begründung beanstandeten, fuhr Blücher in die Höhe und rief heftig: „Nun, dann kapituliere ich gar nicht. Mit 30 000 Mann, die ich noch befehlige, will ich mich noch durchschlagen und kehre mich an keine Neutralität mehr."

Die Franzosen gaben nach; man einigte sich bald über alle Punkte: der Offizier behielt Degen und Eigentum, der Soldat sein Gepäck; der Offizier konnte gegen sein Ehrenwort, bis zur Auswechslung nicht zu dienen, seinen Aufenthalt wählen, die Mannschaft sollte nach Frankreich gebracht werden. Unter die Verhandlung ließ Blücher setzen: „Ich kapitulire, weil ich kein Brot und keine Munition habe." Ein kleiner Teil der westfälischen Kasse wurde den Franzosen ausgeliefert, einen guten Rest rettete man zwischen dem Gepäck des Generals, der sich und seiner Begleitung — darunter seine beiden Söhne — den Aufenthalt in Hamburg ausbedungen hatte.

Seinen in Feindes Hand gefallenen Generalstabschef hatte Blücher nicht vergessen. Sofort hatte er Scharnhorsts Auswechslung gefordert; Bernadotte konnte das nicht verweigern, da man einen bei Kriwitz gefangenen französischen Oberst schon im voraus zurückgeschickt hatte. Noch am 7. November mittags marschierten die Truppen, etwa 9000 Mann, an den französischen Marschällen mit militärischen Ehren und fliegenden Fahnen vorbei; dann lieferten sie Waffen und Pferde ab. Blücher konnte sich später darauf berufen, daß, als er die Truppen ermahnt habe, ihr Schicksal standhaft zu tragen und ihrem König treu zu bleiben, sie ihm selbst in diesen schweren Augenblicken Zeichen ihres Zutrauens gegeben hätten.

Erst nachträglich erfuhr er, daß die Nachricht, die ihn vor allem zur Übergabe geneigt gemacht hatte, falsch gewesen war: das Bataillon in Travemünde hatte bis zuletzt seinen Posten behauptet; „wäre ich den 7. November nach Travemünde gekommen," klagt Blücher in einem späteren Bericht schmerzlich, „so wäre mein trauriges Schicksal doch dahin geändert worden, daß ich dann nicht in die Verlegenheit geriet, i m f r e i e n F e l d e kapituliren zu müssen". Auch hier hatte der Herzog von Braunschweig unheilvoll gewirkt; bis zu seinem ruhmvollen Ende bei Quatrebras hat Blücher ihm sein Auftreten bei Lübeck nicht verziehen.

<hr>

Blüchers Rechtfertigung.

„Mit niedergeschlagenem Herzen muß ich Ew. Königl. Majestät die allmälige Vernichtung und Gefangenschaft des Korps Truppen melden, welches ich das Unglück hatte, in einer Lage zu kommandiren, die kein anderes Schicksal zuließ. Daß ein von dem Herzen des Staats und allen andern Truppen und Festungen abgeschnittenes Korps, nachdem es seine Munition in vier Gefechten verschossen hatte, durch eine sechsfach überlegene Macht nach vierzehn Tagen vernichtet wird, bedarf keiner Rechtfertigung; aber über Alles beruhigend würde es mir sein, wenn Ew. Königl. Majestät meinem Bericht Schritt für Schritt folgten und meine Maßregeln beurteilten." So beginnt Blüchers Bericht an den König. Gewiß, auch er hatte geendet wie Hohenlohe, auch er hatte in freiem Felde kapituliert; und doch, welch Unterschied!

Als Blücher vor 14 Tagen am 25. Oktober bei Neustadt an der Dosse das Kommando übernahm, war ihm kein Zweifel aufgestiegen, man werde die Armee über Stettin dem König zuführen können, um gemeinsam mit den noch in Schlesien und Preußen befindlichen Truppen an der Seite der Ruſſen einen zweiten Gang mit den Franzoſen zu machen. Wie wir die Sachlage jetzt überſehen, war ſchon damals nur dann Ausſicht hierzu vorhanden, wenn man von vornherein auf die Diviſion Weimar keine Rückſicht nahm und auf möglichſt vielen Wegen in der Richtung auf Stettin flott vorwärts marſchierte; Blücher und Lannes waren am 26. früh von Prenzlau gleich weit entfernt; immerhin wäre Blücher an dem franzöſiſchen Korps grade vorbeigekommen, wenn er ſich — in der Luftlinie gemeſſen — täglich 25 Kilometer vorwärtsſchob, was er ſpäter, ſelbſt beim Auseinandergehen in Ortſchaften, als Mindeſtleiſtung ganz gut zuſtande brachte. Als aber Hohenlohes Aufforderung zum ſofortigen Aufbruch am 26. mittags Blücher unerwartet erreichte, konnte er nicht mehr leiſten, als geſchah; einzelne ſeiner Truppen legten in 2½ Tagen bis Boitzenburg rund 100 Kilometer zurück. Am 28. hätte bei voller Kenntnis der Verhältniſſe ein Flankenſtoß durch eine Diviſion Blüchers gegen Lannes von Lychen auf Templin den Dienſt leiſten können, den das Gefecht von Villerſexel dem Korps Werder geleiſtet hat.

Am 29. wäre ein Durchkommen noch denkbar geweſen, wenn Hohenlohe, ſtatt ſich zu ergeben, Prenzlau verteidigt und Blüchers Herankommen abgewartet hätte. Blücher hat ſpäter geſagt, wenn Hohenlohe ſich bei Prenzlau in ein Gefecht eingelaſſen hätte, „ſo hätte ich den Feind im Rücken angegriffen und wir hätten ihn gewiß geſchlagen"; er meinte weiter, „die Vereinigung mit dem Weimarſchen Korps hätte dann nicht mehr gut verhindert werden können, man hätte 40 000 Mann bei Stettin zuſammen gehabt und viele andere Unfälle würden dann verhindert worden ſein".

Daß bei energiſchem Handeln das Korps Lannes in eine ſchwierige Lage gebracht werden konnte, iſt zweifellos; an ein Heranziehen Weimars war aber nicht zu denken, da Bernadotte dazwiſchen ſtand.

Ebenſo hatte Blücher, auch wenn er von der Kapitulation Hohenlohes ſofort benachrichtigt worden wäre, doch keine beſſeren Ausſichten, über die Elbe zurückzukommen; ſein gegen Oberſt v. Maſſenbach erhobener Vorwurf iſt in dieſer Beziehung ungerecht; daß aber Maſſenbach ſogar verſuchte, Blücher die Schuld an der Kapitulation von Prenzlau zuzuſchieben, da dieſer auf ſich habe warten laſſen, zeigt die ganze Verworrenheit des Hohenloheſchen Ratgebers.

Wie vorzüglich und glücklich dagegen Blücher durch Scharnhorst beraten wurde, zeigt ſich grade in den erſten Tagen nach Prenzlau; man ſtreift ſich, vom Glück begünſtigt, die Verfolger ab: Lannes, durch Stettin abgezogen, bleibt ſoweit zurück, daß er bei der Verfolgung ganz ausfällt; Murat kann ſich Blüchers Verhalten gar nicht enträtſeln und verliert darüber soviel Zeit, daß er erst bei Lübeck wieder Blücher an die Klinge kommt. Äußerst geschickt wird das Durchziehen durch die Seenengen zwischen Waren und Goldberg in zwei Kolonnen ausgeführt; das Korps Soult, das neben Bernadotte keinen Platz findet und so hinter ihn gerät, verliert dadurch jede Einwirkung; auch die drohende Haltung bei Goldberg erwies sich als sehr wirksam.

Man hat es als einen Fehler hingestellt, daß Blücher hier nicht zum Angriff überging. Man meint, die Entwickelung Bernadottes und Soults aus der einen Enge von Alt-Schwerin heraus hätte zu einem günstigen Gefecht die beste Gelegenheit geboten; gewiß würde ein geschickt geführtes Rückzugsgefecht, wie es das Yorcks in der Nossentiner Heide tat, die Zuversicht der Truppen gehoben haben; das untätige stundenlange Halten war dazu jedenfalls nicht geeignet; man hätte sich zu einem Gegenstoß, allerdings nicht in der Höhe von Goldberg, sondern näher an Alt-Schwerin, aufstellen müssen; wir haben indes gesehen, wie vorsichtig die beiden Marschälle hier verfuhren; außerdem war das Gelände den Preußen durchaus nicht günstig; Wald begleitete lange Zeit ihre linke Flanke. Es soll aber nicht geleugnet werden, daß mehr zum Aufhalten Bernadottes an dieser Stelle hätte geschehen können; die Besorgnis vor einem Eingreifen Murats von Norden her hielt von einem frischen Zufassen ab.

Von einschneidender Bedeutung wurde hier die geringe Ausnutzung der Kavallerie im Aufklärungsdienst; die vielen Husaren und auch die übrigen Reiter hätten gewiß mehr geleistet, wenn man es nur gefordert hätte; wenn dabei auch einige hundert Pferde zugrunde gegangen wären, so hätte etwas mehr Klarheit über den Gegner dies reichlich aufgewogen. Die Verluste von Pferden außerhalb der Gefechte scheinen übrigens bis Lübeck ganz gering gewesen zu sein.

Es ist beklagt worden, daß Blücher nicht eine Kavallerie-Division gebildet habe, um bessere Aufklärungsergebnisse zu erhalten. Ein Blick auf die geringe Schulung von Führern und Truppe in dieser Richtung läßt das aber in anderem Lichte erscheinen. Da französische Kavallerie nicht in Massen wirksam wurde, so hat diese Unterlassung tatsächlich keine nachteiligen Folgen gehabt; ein Zusammenfassen der Kräfte hätte nur ungünstige Verhältnisse für die Verwendung und Verpflegung ergeben. Anders wäre es gewesen, wenn Murat sich mit seinen 36 Schwadronen von Norden, die Soult folgende Dragoner-Division Sahüc mit 18 Schwadronen von Süden her an Blücher herangemacht hätten und wenn diese Massen von den 18 Schwadronen der beiden Korpskavallerie-Brigaden unterstützt worden wären; dann wäre ein

Zusammenfassen auch der preußischen Kavallerie geboten gewesen; dann hätte sie zeigen können, ob sie vor der französischen das Feld halten konnte; der Zahl der Schwadronen nach war sie mit 76 Eskabrons dem Gegner etwas überlegen, in der Zahl der Säbel jedenfalls nicht unterlegen.

Ganz nach heutiger Anschauung ging der Rückzug von Goldberg ab in vier selbständigen Kolonnen, gemischte Brigaden würden wir sie nennen, vor sich. Nur die gemeinschaftliche Nachhut für je zwei von ihnen kann uns nicht gefallen; dies Verfahren strafte sich auch sofort dadurch, daß das Ende der einen Kolonne, bis zu dem der Nachhutschutz nicht reichte, überfallen wurde. Überhaupt traten nun mehrere Unfälle ein, die erkennen lassen, welche Gefahr in solchen Neuschaffungen im Heeresgefüge während des Krieges liegt; die Leitung des ganzen Heeresteils nach alter Weise wäre hier aber überhaupt undenkbar gewesen.

Ganz deutlich tritt zutage, wie nachteilig die Art der Unterbringung wirkte. Das Auseinandergehen in die zerstreuten Ortschaften verbrauchte viel Kräfte und erschwerte die Befehlsführung ungemein. Wenn Scharnhorst dies Verfahren damit begründete, „da es den Truppen an Allem fehle, so bleibe Nichts übrig als sie so viel möglich, alle 24 Stunden einige Stunden unter Dach und Fach zu bringen, wo sie wenigstens einige Nahrung erhalten können", so scheint uns das heute nicht stichhaltig. Man mußte die Truppen anweisen, die leinenen Hosen durch Beitreibung mit tuchenen zu vertauschen; man mußte sich Mäntel und Decken verschaffen, die Verpflegung durch voraufgeschickte Kommandos auf Wagen an der Marschstraße zusammenbringen und das Essen vorbereiten lassen, sobald sich übersehen ließ, wo man die Nacht zubringen würde; die Teilung in vier Kolonnen erleichterte dies Verfahren. Das bataillonsweise Auseinandergehen brachte eine sichtliche Nervosität in die Truppe; fast alle Nächte wurden die Divisionen zusammengerufen. Das vorgeschlagene Verfahren bedeutete allerdings einen schroffen Bruch mit den Gewohnheiten der preußischen Armee, obenein in neutralem Lande; man erkennt die Unbilligkeit dieses Verlangens recht, wenn man erfährt, daß selbst Blücher die mecklenburgischen Residenzen sorgsam schonte, in der Erwartung, daß der Gegner ebenso handeln werde; aber York, der dabei nicht berücksichtigte, daß man seine Forderungen möglicherweise mit den Waffen gegen die wenn auch schwachen mecklenburgischen Truppen hätte durchsetzen müssen, spottete doch: „Gewiß verzehren die Herrn Franzosen in Schwerin in aller Seelenruhe das Weißbrod, das Ihr nicht anzurühren gewagt habt."

Auch das Aufgeben der Richtung nach der Elbe scheint York scharf getadelt zu haben; Blüchers und Scharnhorsts Gründe sind oben eingehend angegeben. Wie wir jetzt die Sache übersehen, muß man bedauern, daß man nicht am ersten Entschluß festhielt. Eine Brücke war rechtzeitig fix und fertig; niemand hinderte dorthin zu gehen; die Ankunft Ostens von dorther lud gradezu dazu ein; ebenso drängte Bernadottes Durchstoßen auf Schwerin dahin; ein Flankenstoß von Süden gegen Soult, der erst hier wieder neben Bernadotte in die erste Linie gerückt war, hätte den etwa nötigen Zeitgewinn gebracht. Dann aber boten sich vier sehr günstig gelegene Abschnitte, um den Übergang in die eine Kolonne zu vollziehen, in der man den Strom bei Lauenburg überschreiten mußte; für die Sicherung der Übergangsstelle selbst ist das Gelände ungewöhnlich günstig. Welch andern Schutz fand man hinter der Elbe als hinter der Trave! Und gelang es dem Feinde, schnell nachzusetzen, so blieb immer noch, durch Zerstreuen auf die großen Räume Niedersachsens wenigstens einzelne Teile der Hetzjagd zu entziehen. Daß Magdeburg sich dann gehalten hätte, ist unwahrscheinlich; es ergab sich schon am 8.; aber man hätte voraussichtlich ein weiteres feindliches Korps nach Westen gezogen.

Wir urteilen so, weil uns der unglückliche Ausgang des Zuges auf Lübeck bekannt ist. Es ist aber nicht zu leugnen, daß dort ein anderer Ausgang möglich war. Wir haben Reiches Urteil über die Haltbarkeit Lübecks gehört; er war der Überzeugung, „daß das Unglück nicht so groß, vielleicht ganz abgewehrt worden wäre, hätte man sich auf einen möglichen Angriff mehr vorgesehen und die Lokalität demgemäß zu benutzen gewußt". Hier trifft Scharnhorst zweifellos ein starkes Verschulden. Als man sich am 3. oder 4. entschloß, nach Lübeck zu gehen, mußten geeignete Offiziere dorthin voraufgehen, um die Befestigungen so stark wie möglich herstellen zu lassen; ein leicht auszuführendes Werk vor dem Burgtor hätte den Unglücksfall dort verhütet; selbst eine Verteidigung des Vorgeländes wäre im Norden mit geringer Mühe einzurichten gewesen; eine Beschießung der Stadt aus Feldgeschütz ließ sich dadurch in bescheidenen Grenzen halten. „Aber Scharnhorst bildete sich fest ein, der Feind würde uns so bald hier nicht angreifen, daher demgemäß auch eigentlich Nichts geschah," so urteilt Reiche; aber weshalb tat Reiche, der mit einem ähnlichen Auftrag nach Rostock voraufgeschickt worden war und nun schon am 4. in Lübeck eintraf, gar nichts? Wohl auf Mifflings Betreiben hatte man damals nach Rostock eine Abteilung, ihre Infanterie auf Wagen, voraufgeschickt, um den Anordnungen der Offiziere zur Besetzung der Stadt und zur Vorbereitung der Einschiffung Nachdruck zu geben. Bei Lübeck wurde dies versäumt; Scharnhorst schätzte wohl die Haltbarkeit Lübecks zu hoch ein.

Den Kommandierenden General unmittelbar trifft die Schuld, daß er durch die unglückliche Weisung, „die leichten Truppen sollten sich vor dem Tor so lange halten, als es ohne Gefahr geschehen könne," die guten Maßnahmen, die er und Scharnhorst am Burgtor selbst getroffen hatten, wirkungslos gemacht hat. Man mußte Oswald sagen: „Halten Sie die Häuser und Gärten in der Vorstadt und den Kirchhof bis auf den letzten Blutstropfen": er war der Mann, es auszuführen; oder man mußte ihn zurücknehmen, ehe er gedrängt wurde.

Das unglückliche Aufnahmeverfahren des Herzogs von Braunschweig und sein persönliches Zurückgehen machten das Maß der Mißgriffe voll. Der fünfunddreißigjährige Herzog hatte sich in den Rheinfeldzügen durch Kühnheit ausgezeichnet; der glühende Wunsch, das Unglück seines Vaters, Napoleons Gewalttaten gegen sein Haus und die Unterjochung Deutschlands zu rächen, haben ihn zu einem der ersten Vorkämpfer der Befreiungskriege gemacht; durch seinen kühnen Zug von 1809 und seinen Heldentod 1815 hat er die Schuld von 1806 reichlich gesühnt. Daß er bei der Erstürmung des Burgtors von der flankierenden Bastei nicht rücksichtslos zwischen Freund und Feind schießen ließ und diesen Posten voreilig räumte, zeigt, wie wenig er sich der Größe seiner Verantwortung bewußt war. Blücher bezeichnet ihn als der Gnade des Königs unwürdig.

Aber auch Oswald und andere hohe Offiziere erwiesen sich an diesem Unglückstage ihrer Aufgabe nicht gewachsen. Blücher fand sich veranlaßt, in seinem Bericht an den König zu sagen, „daß die Generale und Kommandeure der Regimenter nicht durchgehends durch Tätigkeit und zweckmäßige Anstalten sich E. K. Majestät Gnade verdient gemacht haben; die Anzahl derer, welche hierauf einen gerechten Anspruch haben, ist, es tut mir leid, es sagen zu müssen, nicht groß". Waren sie oder waren ihre Truppen durch die Not der letzten vier Wochen in ihren soldatischen Fähigkeiten so herabgedrückt, daß ein folgerichtiges und entschlossenes Handeln nicht mehr von ihnen zu verlangen war? Hatten Blücher und Scharnhorst in ihrer titanenhaften Zähigkeit die körperliche und seelische Widerstandskraft der Truppen und ihrer Führer überschätzt? Der Mehrzahl der Offiziere, den Unteroffizieren und Mannschaften bezeugte Blücher pflichtmäßig, „daß sie sich sowohl durch Bravur als unerschütterliche Standhaftigkeit in Ertragung alles Elends und Mangels an Verpflegung und Ruhe als wahre Preußen dieses Namens würdig bezeigt haben. Der sicherste Beweis hierfür ist das Zeugniß unsrer Feinde. Jeden Morgen, wenn ich zu den Truppen kam,

um ſie zu ermuntern, erhielt ich Beweiſe ihres unbegrenzten Zutrauens“. Die zähe Verteidigung des Mühlen= und Hüxtertors, die
Kämpfe im Innern der Stadt beweiſen, daß man mit dieſen Truppen
noch vieles leiſten konnte. Aber nach den Vorgängen am Burgtor
muß man doch annehmen, daß der fortgeſetzte Rückzug ſowohl auf
die Führer als auf die Truppe einen tief ſchädigenden Einfluß ausgeübt hatte. Dieſe Wirkung hat Blücher durch Lübeck richtiger ein-
ſchätzen gelernt: ſpäter war es in ähnlichen Lagen eine ſeiner erſten
Sorgen, durch glückliche Rückſchläge dieſe Folgen abzuſchwächen.

Zweifellos aber unterſchätzten Blücher und Scharnhorſt trotz allem,
was geſchehen war, immer noch die ſoldatiſchen Tugenden des Gegners.
Und man kann es hier nicht unterlaſſen, Bernadotte und ſeinen
Truppen volle Bewunderung zu zollen für die beiſpielloſe Zähigkeit, die
ſie im Verfolgen der Spuren Blüchers, für die rückſichtsloſe Kampfes-
freude, die ſie im Gefecht in ſteigendem Maße bewieſen haben; der
Sturm auf Lübeck war wahrhaft geeignet, des Kaiſers Ungnade für
das müßige Verhalten Bernadottes bei Jena völlig auszulöſchen.

Ein häßlicher Fleck auf der Ehre der franzöſiſchen Truppen iſt
die nun folgende grauenhafte mehrtägige Plünderung Lübecks. Wir
haben erlebt, daß der franzöſiſche Soldat noch 100 Jahre ſpäter an
ſeinem vermeintlichen, aus der Landsknechtszeit ſtammenden Recht
feſthält, über Leben und Beſitz der Einwohner einer mit ſtürmender
Hand genommenen Stadt zu verfügen. Zu welchen Ausſchreitungen
die Plünderung führt, lehrt die Geſchichte; die Beſtie im Menſchen tritt
nach übermäßigen Anſtrengungen am leichteſten zutage.

Man hat Blücher damals einen Vorwurf daraus gemacht, ſowohl
über ſein engeres Vaterland Mecklenburg als über die unglückliche
Hanſeſtadt, die beide eigentlich Neutralität beanſpruchten, die Schrecken
des Krieges heraufbeſchworen zu haben. Wir heutigen Soldaten rechnen
ihm natürlich ſeine Rückſichtsloſigkeit zum Verdienſt; vor uns braucht
er ſich nicht erſt, wie er es Maſſenbach gegenüber tat, mit dem treffenden
Vergleich zu verantworten: „Es ſcheint als wolle der gütige Autor
mich einem Kommandanten einer Feſtung gleichſtellen, der die ihm
auf Ehre, Pflicht und Gewiſſen anvertraute Feſte aus wahrer Herzensgüte übergiebt, damit ſeine und ſeiner Verwandten Häuſer nicht zer-
ſchoſſen werden. Nach meinen Grundſätzen iſt Pflichterfüllung das
Erſte, was einem Mann von Ehre obliegt.“ „Lübeck betreffend,“
fährt er fort, „ſo war es mir ſchmerzlich, deſſen braven Einwohnern
ſo viel Unangenehmes zufügen zu müſſen. Wäre aber bei Lübeck das
befolgt, was ich befohlen, was geſchehen konnte und ſollte, ſo würde
ich, wenn ich das Unglück für die Stadt auch zehnmal größer voraus-

gesehen hätte, dennoch die Besetzung nicht unterlassen haben. Mein Zweck, die Feinde so lange zu beschäftigen bis die russischen Armeen herankamen, um dadurch Preußen und Schlesien zu retten, würde dann in größerem Umfange erreicht worden sein."

Wir würden Blücher tadeln, wenn er anders gehandelt hätte, selbst wenn sein Verfahren ohne Erfolg geblieben wäre. Abgesehen davon, wie bedeutend seine Erfolge bei mehr Glück hätten werden können, stehen die wirklich errungenen durchaus im Verhältnis zu den Opfern an Gut und Blut. Ein Drittel der französischen Infanteriekorps und die Hälfte der Reserve-Kavallerie wurden einen Monat hindurch den Operationen gegen Osten ferngehalten. Napoleon schrieb wiederholt wütend: „diese verdammten Flüchtlinge halten fast die halbe Armee fest;" ja er bereitete sich darauf vor, die auf Posen vorgeschickten Korps an die Oder zurückzuziehen. Der Mangel an Truppen zum Schutz seiner langen rückwärtigen Verbindungen machte sich ihm ganz besonders empfindlich fühlbar. Als er am 9. November die Nachricht vom Falle Lübecks und Magdeburgs erhielt, zog er politisch und militärisch ganz andere Seiten auf: seine Friedensbedingungen wurden unannehmbar für den König. Dieser aber mußte seine Ansprüche an die Bundesgenossen herabstimmen. Jeder Tag längeren Widerstandes war in dieser Lage von großer Bedeutung. Scharnhorst war deshalb mit der Kapitulation gar nicht einverstanden: „Ich hätte mich in der Verzweiflung so lange ich mich rühren konnte herumgeschlagen."

Als einer der Herren aus Blüchers Umgebung später einmal die Möglichkeit eines Rückzuges von Lübeck auf Hamburg und über die Elbe schilderte, wurde Blücher sehr nachdenkend und rief dann aus: „Herr! ich wollte, daß ihn der Teufel holte — vielleicht hat er recht." Und Scharnhorst empfing er in Hamburg mit Tränen in den Augen und den Worten: „Wie Sie gefangen waren, war ich verloren; Sie waren die Seele meines Korps; ohne Sie hatte niemand Mut; ohne Sie konnte nichts geschehen."

Recht bedeutend waren die Erfolge, die damals die Preußen nicht gewahr wurden. Die Korps Bernadotte und Soult hatten unterwegs viel Leute liegen lassen; auch die Gefechte und namentlich der Kampf um Lübeck brachte starke Verluste. Der Nachschub aus Frankreich aber war zunächst recht unzulänglich. In geschwächtem Zustande kamen die Korps Soult und Bernadotte erst gegen Mitte Dezember auf dem Kriegsschauplatz an der Weichsel an.

Noch einschneidender waren die auflösenden Wirkungen der Verfolgung für die französische Kavallerie. Die Regimenter schmolzen so zusammen, daß an der Weichsel manche kaum noch Regimenter genannt werden konnten; die Ergänzung durch die sächsischen und preußischen Pferde reichte bei weitem nicht hin, die Abgänge zu ersetzen; bei jeder Division waren Hunderte von Mannschaften unberitten.

Diese Verhältnisse fielen bei dem Kampf gegen die Russen schwer in die Wagschale und waren entschieden mittelbare Erfolge des Blücherschen Zuges, die auch von Kaiser Alexander ausdrücklich anerkannt wurden: Blücher habe ihm damit den größten Dienst geleistet.

Fast scheint es, als ob Blücher sich doch noch größere unmittelbare Erfolge erhofft hat, wenn er an York schreibt: „Ich habe es mir zur Pflicht gemacht, Ihre außerordentliche Bravour sowie die mehrerer meiner Waffenbrüder des Königs Majestät in dem hellsten Lichte darzustellen, und ich bin fest überzeugt, daß wenn ein Jeder seine Pflicht wie Sie erfüllt hätte, wir ein glücklicheres Schicksal gegenwärtig haben würden." Auf einen besseren Abschluß als ein ehrenvolles Gefecht am Ende eines möglichst langen Rückzuges hatten er und Scharnhorst doch nicht mehr gerechnet, als sie der Zahl und Tatkraft ihrer Verfolger inne wurden. Nach dem Entschluß aber, auf Lübeck zu weichen, konnte selbst der größte Optimist auf einen gänzlich anderen Ausgang nicht mehr hoffen; in der „Sackgasse" Holsteins, wie sie Murat treffend nannte, fand der Verfolger bei dem vorherzusehenden Verhalten der Dänen eine willkommene Hülfe zum Fang des fliehenden Feindes.

Von kleinlichen Angriffen abgesehen, wurde Blücher von allen Seiten unumwunden Bewunderung gezollt. Arndt rühmte seine Tat vor aller Welt: „Braver Mann, Dein und Deiner Waffengefährten Schicksal war bitter, aber Deine und ihre Ehre ist unbefleckt." Deutschland sah stolz auf zu dem unerschrockenen Recken, der das Äußerste getan, um dem Schicksal zu entgehen, in das sich die Masse hoffnungslos ergeben hatte.

An Ratkau durfte man Blücher nie erinnern, ohne seine gute Laune gründlich zu verderben. Aber er konnte damals mit Recht dem König schreiben: „Ich schließe diesen Bericht mit der inneren Ruhe, welche das Gefühl, seine Pflichten erfüllt zu haben, einflößt;" er selbst bat um Einsetzung eines Kriegsgerichts, das über ihn und alle seine Untergebenen spräche.

Die Untersuchungskommission, die 1808 über Ratkau zu Gericht saß, meldete dem König: „Dem kommandierenden General kann nirgend eine Verletzung seiner Pflichten gezeigt werden, folglich diese Kapitulation zu den seltenen gehört, die sich rechtfertigen;" Blücher sei als vollkommen gerechtfertigt zu betrachten.

Von großer Bedeutung für Preußens Wiedererhebung war es, daß Blücher und Scharnhorst sich in dieser Prüfungszeit eng anein anderschlossen. Blücher erkannte laut an, was ihm Scharnhorst gewesen war; er berichtete dem König: „Vorzüglich fühle ich mich verpflichtet, Eurer Majestät besonderer Gnade den vortrefflichen, in jeder Hinsicht verdienstvollen Oberst v. Scharnhorst zu empfehlen, dessen rastloser Tätigkeit, dessen fester Entschlossenheit und einsichtsvollem Rat ein großer Teil des glücklichen Fortganges meiner mühsamen Retraite zugeschrieben werden muß, indem ich es gern bekenne, daß ohne die tätige Beihülfe dieses Mannes es mir vielleicht kaum zur Hälfte möglich gewesen wäre, dasjenige mit dem Korps zu leisten, was es wirklich geleistet hat.“

Leutnant v. Eisenhart, der in dieser Zeit sehr genauen Einblick in die Verhältnisse gewann, meint, von allen, auf welche Blücher am meisten gehalten habe: Stein, später Hardenberg, Gneisenau, Müffling und Grolman, „hatte Scharnhorst den Vorzug vor allen, da er ihn wirklich sehr liebte und ein unbegrenztes Vertrauen zu ihm hatte“. Nicht minder edel und selbstlos war die Hingebung des Generalstabschefs an seinen General. „Nie hat eine größere und innigere Freundschaft und Zutrauen stattgefunden als zwischen diesem braven und mutvollem Manne und mir,“ sagte Scharnhorst. „Wir waren immer gutes Mutes, wenn die Not am höchsten war; nie war eine Differenz der Meinung zwischen uns, nie verschiedene Gefühle; wir waren eine Seele, ein Gedanke, ein Entschluß.“ Er pries den redlichen, hohen, graden deutschen Sinn des Generals, der bereit sei, Leben und alles ohne irgend ein selbstsüchtiges Interesse zu opfern.

Wenn Scharnhorst später gesagt hat, der Zug nach Lübeck sei allein sein (Scharnhorsts) Werk gewesen, so will er damit Blüchers Verdienst um die Ausführung nicht schmälern. Damals erkannte er unumwunden Blüchers „angeborene große militärischen Talente“ an, die ihm die Zeit bei ihm „zu den interessantesten seines Lebens“ gemacht hätten. „Das Schicksal muß für Sie“, so schrieb er damals dem General, „glücklichere Begebenheiten herbeiführen, oder es wäre unbeschreiblich ungerecht — und an diesen glücklicheren muß ich teilnehmen.“ Die beiden Heldenseelen ließen einander nicht wieder los; als des Generals Auswechslung in Frage kam, schrieb Scharnhorst: „Blücher ist uns jetzt unentbehrlich“, und als es dann galt, den fränkischen Eroberer zu stürzen, schrieb Preußens Waffenschmied an Blücher: „Sie sind unser Anführer und Held, und müßten Sie auf der Sänfte uns vor- und nachgetragen werden; nur mit Ihnen ist Entschlossenheit und Glück.“ An der Berufung Blüchers als Armeeführer war Scharnhorst lebhaft beteiligt. Lübeck wurde so die Vorstufe zu Leipzig und Belle-Alliance.

Gefangenschaft und Auswechslung.

„Trotz aller Strapazen, aller Unfälle, allem Kummer und Verdruß bin ich noch ziemlich wohl. Ich fürchte, daß die Untätigkeit, worin ich lebe, mehr auf meine Gesundheit wirkt als alles Vorerwähnte. Doch kann mein Zutrauen zur Vorsehung und mein Mut durch nichts verändert werden; ich hoffe noch immer das Beste; unser Unglück allein kann uns stark und entschlossen machen." So schrieb Blücher am Vorabend seines 65. Geburtstages an Freund Vincke, der in Münster unter französischer Herrschaft an der Spitze der Verwaltung geblieben war. Und an York schrieb er: „So unglücklich auch bisher Alles gegangen ist, so ist es dennoch mein Vertrauen zur Vorsehung, das meinen Mut nicht niederschlagen läßt." Es ist wunderbar, wie schnell die stählerne Natur Blüchers die Wirkungen all der körperlichen und geistigen Anstrengungen und vor allem der seelischen Erregungen überwand, die ihm in den vier Wochen seit Auerstedt fast jeder Tag gebracht hatte.

Am Tage nach seiner Ankunft in Hamburg wurde im anschließenden Altona Herzog Karl Wilhelm Ferdinand von Braunschweig von den Leiden erlöst, die ihm der Tag von Auerstedt gebracht hatte. Einst hatte König Friedrich dem jungen Prinzen für die Heldentaten unter seinem Oheim Ferdinand mit schwungvollen Versen Lorbeerreiser ums Haupt gewunden. Frankreich selbst hatte sich um seine Dienste als des ersten Feldherrn seiner Zeit beworben, dasselbe Frankreich, das ihm nun ein Ende mit Schmach und Schrecken bereitet hatte. Wen hätte dies Geschick nicht erschüttert! Es mußte den Groll derer mildern, die von ihm mit in den Abgrund gerissen waren und nun an seinem Grabe auf dem Ottenser Kirchhof standen.

Die ersten Tage in Hamburg waren unter Scharnhorsts Mitwirkung vornehmlich der Berichterstattung an den König gewidmet. Scharnhorst brachte die Denkschriften persönlich nach Ostpreußen; er wurde schon im Januar wieder als Generalstabschef des Generals v. L'Estocq bei dem Überrest des preußischen Heeres verwandt, der an der Seite der Russen kämpfte; seinem Rat und seiner Tatkraft ist der günstige Ausgang der Schlacht von Preußisch-Eylau (8. Februar) zu danken. Er blieb mit Blücher in brieflicher Verbindung und nährte die Hoffnung, daß der bisher unüberwindliche Gegner an der Widerstandskraft der Russen scheitern werde.

Für Blücher war auf Auswechslung vorläufig kaum zu hoffen; er ließ seine Frau und seine Schwiegertochter nach Hamburg kommen. Das einzige, zweijährige Töchterchen seines ältesten Sohnes

wurde hier schwer krank und starb im Februar; die Mutter folgte im
Juni. Gern wäre Blücher nach Spandau übergesiedelt, aber das
wurde ihm von den Franzosen abgeschlagen. Bei seiner Lebhaftigkeit
wurde ihm dies Abwarten sehr schwer. Mit großer Spannung verfolgte er die Kriegsbegebenheiten, soweit sich deren Gang aus den
sich widersprechenden Zeitungsnachrichten erkennen ließ. Vom Kriegsschauplatz kam sichere Kunde nur auf dem Umweg über Kopenhagen.
Die Kenntnis der politischen Vorgänge vermittelte der preußische
Gesandte beim niedersächsischen Kreise, Grote, und der sich in
Hamburg aufhaltende Fürst Wittgenstein, preußischer Gesandter
beim Kurfürsten von Hessen. Mit ihnen wurden kühne Pläne zum
Sturz der Franzosenherrschaft geschmiedet. Am Geburtstag der
Königin Luise hielt Blücher bei einem in Altona veranstalteten Fest-
mahl der Preußen eine von Siegeszuversicht glühende Rede. Aber
im allgemeinen benahm er sich doch vorsichtig; mit den französischen
Gewalthabern stellte er sich auf guten Fuß. Seinen Begleiter Eisenhart,
der im Theater seiner Freude darüber Ausdruck gegeben hatte, daß
die Franzosen bei Eylau tüchtige Schläge bekommen hätten, fuhr er
an: „Herr, plagt Sie der Teufel? Man wird Sie nach Frankreich
schicken und uns andere auch, wenn Sie Ihr verdammtes Maul nicht
halten."

Seine Zuversicht litt dabei nicht Schaden. Einstmals kamen auf
der Straße, so erzählt Varnhagen, ein paar französische Voltigeure
hinter ihm her, und da jemand, der neben Blücher ging, ihnen im
Wege war, so klopfte einer mit dem sogenannten Flaniergertchen
jenem auf die Schulter, daß er sie vorbeiließe. Blücher sah sie ver-
wundert an, ließ sie aber ruhig ziehen, indem er scherzend sagte:
„Schlagt nur, schlagt nur! Ich schlag' euch schon mal wieder!"

So schwer dies Gefesseltsein in Tat und Rede dem Charakter
Blüchers ankam, so half ihm doch seine Lebensfrische auch über diese
schwere Zeit hinweg. Seine ungezwungene, ritterliche Art gewann
ihm nicht nur die Herzen der Hamburger, auch die Franzosen bezeugten
ihm Achtung und Bewunderung. Der Umgang mit welterfahrenen,
wagemutigen Kaufleuten hat für unternehmende Soldaten immer etwas
besonders Anziehendes. Blücher fand unter ihnen auch seine Partner
zu täglichem hohen Kartenspiel.

So hatte der Hamburger Aufenthalt vier volle Monate gedauert,
und immer noch war bei dem schlechten Verlauf des Feldzuges in
Preußen keine Aussicht auf Auswechslung. Wohl war am 13. Januar
der General Victor, Generalstabschef bei Lannes, in der Neumark
von preußischen Soldaten, die aus der Gefangenschaft entkommen

waren, aufgehoben und nach Kolberg gebracht worden. Aber erst der für Napoleon unbefriedigende Ausfall der Schlacht von Eylau führte zu Verhandlungen, die wenigstens mit Auswechslung gefangener Offiziere endeten; Blücher, als erster auf der preußischen Liste, sollte für Victor freigegeben werden; am 16. März erhielt er die mit Jubel begrüßte Kunde; Napoleon verlangte indes, daß er sich vor der Auswechslung bei ihm persönlich melde.

Überall, wo er auf der Reise nach Berlin anhielt, wurde Blücher mit Begeisterung begrüßt; die Hauptstadt selbst mied er, da der französische Befehlshaber eine Erregung der Bevölkerung befürchtete. Die Eindrücke, die Blücher auf der Reise zur Weichsel von den französischen Truppen empfing, waren recht ungünstig; die Hoffnung, die französische Armee im Rückzug nach der Oder zu treffen, wurde allerdings bald zunichte; Napoleon war zwar acht Tage nach der Schlacht von Eylau hinter die Passarge zurückgegangen, und die Verbündeten, von großen Hoffnungen auf die Zerrüttung seines Heeres erfüllt, waren ihm gefolgt, hatten aber bei dem geringsten Widerstand die Offensive aufgegeben.

Tatsächlich zeigte Napoleon große Besorgnisse für seinen rechten Flügel und hatte sogar den Rückzug auf das linke Weichselufer erwogen. Ja, er traf Anordnungen, um aus Glogau einen festen Stützpunkt an der Oder zu machen. Nach Eylau hatte sich im Rücken der Armee eine Panik verbreitet, die bis Küstrin reichte; man mußte die strengsten Maßregeln gegen Herumtreiber hinter dem Heer und zur Festigung der Mannszucht in der Truppe ergreifen; es fehlte an Lebensmitteln; die Pferde der Kavallerie waren in einen traurigen Zustand geraten. Dazu kam, daß die Schweden am 1. April über die Peene auf Demmin vorgegangen waren; man fürchtete für die durch Berlin laufenden Verbindungen. An demselben Tage war Kaiser Alexander bei seiner Armee eingetroffen, für die ansehnliche Verstärkungen im Marsch waren. In Wien wartete man nur auf einen Erfolg der Verbündeten, um sich auf ihre Seite zu stellen. Kaiser Franz hatte seine Vermittlung bereits angeboten. Als gar Napoleons Anforderungen zur Verstärkung der Armee in Frankreich Bedenken erregten, schrieb er: „Nichts als die Meinung, ich sei in Frankreich auf den geringsten Widerstand gestoßen, würde mehrere Mächte veranlassen, sich gegen uns zu erklären." Preußen hatte er Anerbietungen gemacht, um es von Rußland zu trennen.

So war die Lage, als Blücher im Hauptquartier der französischen Armee zu Rosenberg bei Marienwerder eintraf. Napoleon, der im Schloß Finkenstein wohnte, ließ Blücher 14 Tage warten, sei es, weil Victor wirklich noch nicht eingetroffen, sei es, weil Napoleon an der schnellen Auswechslung nichts gelegen war. Blüchers Geduld wurde auf eine harte Probe gestellt. Man versuchte, ihn geneigt zu machen, für einen Sonder-Frieden Preußens mit Frankreich einzutreten, und nach der Unterredung mit Napoleon gestand Blücher, der Kaiser sei so charmant gewesen, daß er an seinen Haß gegen ihn gar nicht gedacht habe, aber der verfluchte Fuchs fange ihn nicht.

Blücher versicherte, daß sie sich ganz gut verstanden hätten. „Er sagte zuerst zu mir," so soll er erzählt haben, „indem er mir die Hand reichte, daß er sich freue, den bravsten*) preußischen General kennen zu lernen, worauf ich wieder sagte, es wäre schon mein größter Wunsch gewesen, den großen Kaiser einmal zu sehen, und daß ich nur bedauerte, mich ihm nicht verständlich machen zu können;" hierauf sagte der Kaiser, daß bies nichts zu sagen hätte; daß er auch ein wenig Deutsch sprechen könne, wie der General Französisch, und da habe er dann, nämlich Blücher, etwas Französisch, Lateinisch und Polnisch untereinander geredet, und so wäre alles recht gut gegangen. Unter anderm habe der Kaiser ihn gefragt, warum wir ihm den Krieg gemacht hätten; wenn er gegen Preußen kriegen müsse, so wäre es grade, als wenn er seine eine Hand mit der anderen schlagen wolle; er wünsche daher mit dem Könige Frieden zu machen, womit er zufrieden sein würde, und brauche er sich auch nicht gleich mit ihm gegen Rußland zu verbinden; das könne er späterhin, etwa wenn die Russen über die Grenze geschlagen wären; mit Rußland aber wolle er nur Frieden, wenn es sich von England ganz lossage. Napoleon habe ihn entlassen mit dem Auftrage, dem Könige alles mitzuteilen, was er gesagt hätte, so ihn an die Türe begleitet und ihm dann die Hand zum Abschied gereicht.

Am 25. April endlich fand an der Passarge nördlich Liebstadt zwischen zwei aufmarschierten Kavallerie-Abteilungen die Auswechslung statt. Über Heiligenbeil, das Hauptquartier L'Estocqs, eilte Blücher nach Bartenstein, wo die verbündeten Monarchen in Unterhandlungen begriffen waren, zu benen auch Scharnhorst zugezogen war. Der König empfing Blücher mit großer Auszeichnung und „wahrer Herzlichkeit"; er ernannte ihn zum Ritter des Schwarzen Adlerordens.**) Kaiser Alexander „machte ihm viel Komplimente". Mit „Feuer" trug Blücher den Monarchen die guten Aussichten für einen Angriff

---

*) Damals noch mehr im Sinne von tapfer und kühn gebraucht.

**) Da kein Orden zur Verfügung war, gab Hardenberg den seinen her und versicherte dem General, „darauf sei er ganz stolz"; dieser antwortete, der Orden habe einen erhöhten Wert für ihn, da ihn ein Mann getragen, den er so ehre und herzlich liebe.

auf die französische Armee vor, deren erbärmlichen Zustand er schilderte; es heiße sogleich handeln, denn in vier Wochen werde der Feind seine Verstärkungen herangezogen haben und Danzig gefallen, die Belagerungsarmee also zu einer französischen Offensive verfügbar sein. Alexander, seit Austerlitz in seinem Vertrauen auf die eigenen Feldherrngaben erschüttert, wies Blücher an den Oberkommandierenden, General v. Bennigsen; seit seinen Erfolgen bei Pultusk und Eylau war dieser wenig geneigt, sich von anderen belehren zu lassen; „steif und ohne alle Teilnahme“ erklärte er, er werde gern dies elende Land verlassen; in Rußland wolle er mit den Franzosen anders sprechen. Blücher stand „wie vom Schlage getroffen, sah Bennigsen mit großen, feuersprühenden Augen einige Zeit an, als wollte er ihn durchbohren, und wandte sich dann verächtlich von ihm, indem er sagte: „So, also auf die Manier!“ und dann zu seiner Begleitung sprechend: „Kommt, Kinder, hier ist alles verloren! Wir sind verraten und verkauft!“

Von Hardenberg und Scharnhorst mag dann Blücher wohl erfahren haben, daß auch in der russischen Armee Verhältnisse bestanden, die einen augenblicklichen Angriff untunlich erscheinen ließen; wenigstens spricht er in dem am folgenden Tag an Stein gerichteten Schreiben nicht mehr von diesem Plan.

Stein, vom König in einen Ministerrat berufen, hatte seine Teilnahme von der Beseitigung der Kabinetsräte abhängig gemacht; zornig hatte Friedrich Wilhelm ihn entlassen. Aber je höher die Not Preußens stieg, desto mehr erkannten des Königs Ratgeber, wie dringend sie einer Kraft wie die Steins bedurften. Wohl auf Hardenbergs Wunsch schrieb damals Blücher an den alten Freund; mit seiner Aufnahme sei er zufrieden, mit manchem anderen aber nicht; und als er von seiner Aufnahme durch Napoleon und dessen Wunsch, mit Preußen Frieden zu schließen, berichtet und die üblen Zustände bei den Franzosen geschildert hat, fährt er fort, daß er auch hier nicht alles glänzend finde. Zwar mache ihm Mut und gewähre eine frohe Aussicht, daß er Hardenberg an der Spitze der Geschäfte finde. Der war grade zum ersten Kabinetsminister und zum Minister der auswärtigen Angelegenheiten ernannt, wobei die Macht der Kabinetssekretäre gebrochen war. Blücher beschwört nun Stein, wiederzukommen, sobald er verlangt werde, was gewiß geschehen werde. „Sind wir durch Sie verstärkt, so sollen uns die noch übrigen an Geist und Leib kranken Faultiere keinen Schritt Terrain mehr streitig machen.“ Er schließt mit dem „heißen Wunsch“, Stein bald „in unsrer Mitte“ zu sehen.

Blücher siedelte nun nach Königsberg über. Hier war er mittags

regelmäßig bei seinem alten Freund Rüchel, damals Gouverneur von
Königsberg, abends zum Tee bei der Königin, wo jeder Leinwand
für die Verwundeten zupfen mußte. Die Königin war sehr gnädig
und liebenswürdig gegen den alten Helden, litt aber nicht, daß er
über seine Erzählungen das ihm zugeteilte Leinwandstück in seiner
Säbeltasche verschwinden ließ.

Heerfahrt nach Schwedisch-Pommern.

„Ich hoffe nächstens wieder auf der Bühne zu erscheinen," schreibt
Blücher schon in jenem Briefe an Stein, „und werde meine Rolle
wenn nicht geschickt, doch treu und eifrig spielen."

Die Friedensanträge Napoleons hatte der König verworfen,
dagegen mit Rußland Abmachungen über die weiteren Maßnahmen getroffen. Hardenberg schlug auf Scharnhorsts Drängen
dem König vor, Blücher das Kommando über das ostpreußische
Korps zu übertragen; aber der König, L'Estocqs Unfähigkeit ver-
kennend, ging nicht darauf ein; er hatte für Blücher eine andere
Verwendung im Auge. Der König von Schweden, dessen Truppen
von General Mortier schnell wieder über die Peene zurückgeworfen
waren, hatte nämlich um ein preußisches Hülfskorps gebeten;
er wünschte sich Blücher als dessen Führer. Der König war auf diesen
Plan eingegangen. Zu Organisationsgeschäften, wie sie hoffentlich in
der Mark bevorstanden, dazu wäre Rüchel besser gewesen, dazu „war
Blücher der Mann nicht", urteilte man damals, „dagegen war er des
ersten Eindrucks und des zu hoffenden Zulaufs wegen vorzuziehen.
Er war schon damals wegen seines langen Widerstandes und wegen
seiner tapferen Verteidigung von Lübeck von allen als ein Held angesehen". Zunächst sollte auch nur ein Hülfskorps von 5000 Mann
zur See nach Schwedisch-Pommern abgehen; man hoffte es aber durch
aus der Gefangenschaft entkommene Mannschaften bald auf 10—12000
Mann zu bringen.

Am 6. Mai wurde Blücher zum Führer dieses Hülfskorps ernannt,
„indem Ich", hieß es in dem Kabinetsbefehl, „zu Eurer Kriegs-
erfahrenheit, zu Eurer Bravour und zu Eurer Anhänglichkeit an
Meine Person und den Staat das Vertrauen habe, daß Ihr mit dem
Korps so kräftig als möglich gegen den Feind wirken werdet. Eine
ausführliche Instruktion hierüber kann Ich Euch nicht geben. Ich
muß Euch vielmehr überlassen, ganz nach Eurer besten Einsicht und
nach den Umständen zu handeln; nur mit der schwedischen Armee

Blücher als General
Nachbildung eines Stichs nach einer Zeichnung der Prinzessin Wilhelm
von Preußen, geborenen Prinzessin Marianne von Hessen-Homburg.
Zwischen 1807 und 1811.

werbet Ihr in dem genauſten Einverſtändniß handeln müſſen, weil nur durch ein gemeinſchaftliches Wirken ein größerer Zweck erreicht werden kann.“

Blücher wäre gewiß lieber in Preußen verwendet worden, aber er mochte doch auch Freund L'Eſtocq nicht verdrängen. So ging er mit Friſche an die neue Aufgabe: „Der Menſch denkt und Gott lenkt“, ſchrieb er an Hardenberg. „Alſo ich gehe zu Waſſer! Bin mit Allem zufrieden wo ich bin und ſein werde.“ „Ich hoffe und wünſche Nichts ſehnlicher, als Dir gute Nachrichten von Pommern aus mitteilen zu können,“ ſchrieb er an L'Eſtocq.

Die Ausſichtsloſigkeit des Unternehmens durchſchaute er nicht ſo, wie ſein großer Gegner Napoleon, der meinte: „Die Landung der Ruſſen und Preußen in Stralſund iſt ein Märchen; ſie haben wohl etwas anderes zu tun, als Truppen nach Stralſund zu ſchicken.“ Scharnhorſt ſuchte es wenigſtens dahin zu bringen, daß die Truppen zuerſt dazu verwandt würden, Danzig zu unterſtützen, da auf dieſem Fleck in dieſem Augenblick die Not am größten ſei; er hatte damit aber keinen Erfolg. Die ganze Entſendung liegt unſern heutigen Gedanken über Kriegführung ſo fern, daß man ſich ſchwer einen Begriff davon machen kann, weshalb man ſie damals als nützlich anſah.

Blücher ſuchte ſich nun Scharnhorſt als Generalſtabschef zu ſichern; er äußerte ſich mehrmals: „Ohne Scharnhorſt kann ich nichts machen.“ Wiederholt drängte er Hardenberg: „Will der König Scharnhorſt noch nicht miſſen, nun wohlan! Aber ſobald er zu entbehren iſt, laſſe man ihn mir folgen. Ich habe keine andere Urſache zu dieſem Verlangen als des Königs Intereſſe und das allgemeine Beſte.“ Dann: „Scharnhorſt hätte ich gern mitgehabt; als Hannoveraner könnte er großen Nutzen da ſchaffen. .... Beſonders hätte bei dem zwiſchen Wittgenſtein und mir verabredeten Plan Scharnhorſt gut wirken können; das ganze hannoverſche Militär iſt im Lande und ſchließt ſich uns an, wenn man einen Hannoveraner zu ihnen ſchickt.“ Hardenberg ſolle dafür ſorgen, daß man ihm Scharnhorſt nachſchicke. Gleichzeitig bittet er Hardenberg, dahin zu wirken, daß er in ſeinen Bezügen dem General L'Eſtocq gleichgeſtellt werde; all ſein Eigentum habe er verloren; er ſei ohne Geld: „ich kann doch bei einer fremden Armee nicht wie ein Schneider leben!“ Hardenberg erwiderte darauf: „Eurer Exzellenz folgen meine herzlichſten Wünſche, mein Segen, meine Verehrung. Ich hätte Sie aber lieber in der Nähe behalten. Nun, Sie werden, wo Sie ſind, viel Großes und Gutes ſtiften. Meinerſeits werde ich ſorgen, wo ich kann, daß Sie die Hülfsmittel erlangen, die Sie wünſchen. Der König will Scharnhorſt hier nicht gern miſſen, aber er kann

Ihnen ja künftig nachgeschickt werden, da Sie allerdings wichtige Gründe deshalb für sich haben." Wenn er, Hardenberg, ihm irgendwie nützen könne, möge er nur an ihn schreiben.

Auch Scharnhorst, der dem General seine „Liebe und Verehrung" versicherte, versprach, „nicht abzulassen, den König zu bitten, mich, wenn auch erst in einiger Zeit, nach Pommern Eurer Exzellenz folgen zu lassen"; er hoffe, sich dann der gnädigen Gesinnungen Blüchers, auf die er ewig stolz sein werde, erst wert zu machen.

Als alles zur Abfahrt der Truppen von Pillau fertig war, hielt widriger Wind sie noch acht Tage auf. Endlich am 25. Mai fuhr man ab. „Heiter und voll Freude begannen wir die Fahrt," erzählt Leutnant v. Colomb; „viele erlagen der Seekrankheit, der General aber blieb davon befreit und war von der besten Laune."

Blücher war voll der besten Hoffnungen; der Königin hatte er versprochen, bald ihren Brief an ihren Vater, den Herzog in Strelitz, eigenhändig abzugeben. Am 30. Mai landete Blücher in Stralsund und meldete sich beim König von Schweden.

König Gustav empfing ihn „äußerst gnädig", und Blücher hoffte, daß er gut mit dem wunderlichen Herrn fertig werden würde, er sei gerecht und liebe Gradheit. Wenn auch die Umgebung des Königs gegen den Krieg sei, so sei dieser doch dafür, und man wisse, daß er seinen Vorsätzen treu bleibe. Ehe er aber den Waffenstillstand, den er mit den Franzosen eingegangen war, aufkündigte, war viel zu tun, um das Heer verwendungsbereit zu machen.

Für Blücher galt es, aus dem mitgebrachten Kern der preußischen Truppen von 6½ Bataillonen, 4 Schwadronen, 2 Batterien ein möglichst ansehnliches Korps zu machen. Er lud durch einen Aufruf alle alten Soldaten und jeden Patrioten ein, sich bewaffnet oder unbewaffnet zu seinem Korps zu begeben. „Bewohner der preußischen Monarchie! Erinnert euch der Lage des Vaterlandes, das nicht ein, sondern mehrere Feinde sieben Jahre lang bekriegten; erinnert euch des Ruhmes eurer Voreltern, die es mutvoll und siegreich verteidigten; zeigt euch ihrer würdig; lernt wie sie siegen und sterben!" Den Gesandten v. Grote in Altona erinnerte er an die Verabredungen über die Erregung des Aufstandes in Niederdeutschland.

Wirklich strömten zahlreiche Freiwillige und den Franzosen Entkommene auf Rügen zusammen. Die Insel war wie 50 Jahre zuvor ein großer Waffenplatz. Pferde wurden aus Holstein beschafft, England zu Waffensendungen aufgefordert. Oberst v. Bülow erhielt die Aufstellung und Ausbildung der Infanterie, Oberstleutnant v. Borstell die der Kavallerie zugewiesen. Schill und Marwitz ergänzten ihre Freikorps.

Wie peinlich Blücher über die gute Aufführung seiner Offiziere wachte, zeigt ein Erlaß, in dem er bedauert, nicht allein Nachlässigkeiten von Offizieren in Dienstverrichtungen, sondern auch unter einigen Sittenverderbnis gewahr geworden zu sein; so habe er Offiziere im offenen Wagen auf öffentlicher Straße Tabak rauchen sehen. „Ich frage einen jeden wohlerzogenen Mann, ob ein solches gemeines Betragen sich für einen preußischen Offizier schickt, der doch sonst unter die Zahl der gebildeten Menschen gehörte und gehören mußte; aber diese Zeit ist dahin." Er würde ähnliche Fälle dem König melden und auf Entlassung antragen. „Wir leben hier in einem fremden Lande unter einem Offizierkorps, welches sich durch sittliches Betragen auszeichnet; ich will und werde es durchsetzen, daß man ein Gleiches von uns sagt. Sonst diente ein preußischer Offizier zum Muster; mit Wehmut bekenne ich, daß uns dieser Rang streitig gemacht ist."

In diese Zeit fallen auch die ersten näheren Beziehungen Blüchers zu dem damaligen Oberstleutnant v. Gneisenau. Dieser hatte Ende April in Kolberg den Befehl übernommen und war dem Feinde sogleich angriffsweise entgegengegangen. Grade jetzt aber war der Feind im Begriff, ihm die Wolfsbergschanze zu nehmen. Gneisenau hoffte auf Entsatz und wendete sich an Blücher mit der Bitte, ihm aus Stralsund oder aus Schweden Munition und Wurfgeschütz zu verschaffen; mit einer Verstärkung von 3000 Mann werde er den Feind zurückschlagen: „Wollte Gott, es wäre möglich, daß Euer Exzellenz berühmter Name an der Spitze dieser Unternehmung stände und meine brave Garnison würde das Unmögliche leisten."

Schließlich erklärte er sich auch mit 2000 Mann zufrieden und verbürgte sich, dann „den Feind gänzlich von hier zu vertreiben". Schill ging nach Stralsund, um mit dem König von Schweden und mit Blücher wegen Kolbergs Befreiung zu sprechen. Aber anstatt etwas zu schicken, forderte Blücher von Gneisenau Truppen; er machte ihm Vorwürfe, daß er nur einen Teil der Schillschen Kavallerie nach Rügen gesandt habe. Gneisenau antwortete, das schmerze ihn tief, aber er könne nicht mehr entbehren. Dafür sende er Gewehre und Munitionswagen zu Schiff an ihn ab; er schicke auch Taschenmunition, obgleich er sie selbst gebrauchen könne.

Hiermit ist die Wolke zwischen ihnen zerstreut; Gneisenau bedankt sich für Blüchers wohlwollende Gesinnung gegen Kolberg: „wir werden trachten, durch Tapferkeit solche zu verdienen." Er freut sich, daß Blücher nicht mehr ungehalten sei: „in meinem Urteil kann ich mich wohl irren, aber nie in meinem guten Willen." Dann wendet er sich noch einmal an Blücher, um der aufs höchste gestiegenen Geldnot abzuhelfen.

Mitten in diesen Vorbereitungen auf den sehnsüchtig erwarteten Feldzug begann Blücher an einem fiebrigen Zustand zu kränkeln; da er es nicht lassen konnte, trotzdem Besichtigungen abzuhalten, verschlimmerte sich das; obenein traf ihn schwer der Tod seiner Schwiegertochter, die er sehr lieb hatte.

Das preußische Korps wurde Mitte Juni nach dem Festland übergesetzt; es bildete bei Greifswald den linken Flügel der verbündeten Truppen. Blücher konnte sich wieder gründlich mit der Musterung seiner Truppen und der „Abschaffung unnützen Geschleppes" beschäftigen; das Eintreffen der Engländer mußte abgewartet werden. Am 5. Juli endlich begannen sie auf Rügen zu landen. (Skizze S. 21.)

Schon während Blüchers Seefahrt war eingetreten, was er geahnt hatte, als er an Stein schrieb: „Gott gebe, daß der bekannte Mann in Danzig [General Graf Kalckreuth, der Kommandant] uns nur nicht einen üblen Streich macht." Als die Versuche, ihm neue Kräfte zuzuführen, gescheitert waren, hatte er die Festung gegen freien Abzug der Besatzung übergeben; da sie aber ein Jahr gegen Napoleon nicht dienen durfte, nutzte sie dem König nichts, während Napoleon mit dem Belagerungs-Korps vereint zum Angriff schritt.

Nach dem für die Verbündeten günstigen Ausgang der Schlacht von Heilsberg (10. Juni) konnte die Kunde von Napoleons Sieg vier Tage später bei Friedland Blüchers Hoffnungen noch nicht niederbeugen. Seine Stimmung und seine Pläne gibt ein Brief an Hardenberg wieder. „Ich bin sehr und dauernd krank gewesen, aber in völliger Besserung, und der Jäger, der mich heute früh 4 Uhr weckte und Ihren lieben Brief bringt, wird mich ganz kuriren. . . . Daß die Sachen in Preußen nicht günstig stehen, glaubte ich; indessen sind sie nicht so schlimm, wie man sie uns hier auftischte. . . . Ich verzweifle noch nicht, wenn die Russen und Preußen dort bei Ihnen den Herrn Napoleon nur so halten, daß er kein ansehnliches Truppenkorps gegen uns detachiren kann. Seinen hiesigen Holländern und den zu erwartenden Spaniern wollen wir schon Zügel und Gebiß anlegen."

„Mit dem König von Schweden geht es mir noch gut; ich genieße mehr Vertrauen bei ihm wie nur seine Generale; und die Umgebungen bei ihm, die alle friedensvoll sind, müssen schweigen; auch das Seufzen ist ihnen nicht einmal erlaubt. Den Major Graf Chasot habe ich so nahe an den König gebracht, daß er mir von großem Nutzen ist und ich Alles gleich erfahre, was vorgeht. Nun denken Sie sich ein feines

Stück der Franzosen: der Kommandant von Anklam schickt an Rittmeister v. Schill einen Brief des Marschalls Brüne an General
Grandjean, worin ein Waffenstillstand zwischen Rußland und Frankreich, in fünf Artikeln bestehend, enthalten; ich glaubte der Sache
gleich nicht, schickte es dem König von Schweden mit meiner Bemerkung. Der König sagte: »Ich glaube es auch nicht, und ist was dran,
nun dann accordirt es sich am besten mit den Waffen in der Hand.«
Da ich nun schon vorher den König angelegen hatte, den Waffenstillstand aufzukündigen, so entschloß er sich nun gleich dazu und die
Aufkündigung ist gestern geschehen; mit dem 13. früh 2 Uhr beginnt
die Fehde aufs Neue."

„Die Ursache, warum ich die Sache so eifrig betrieben habe,
war Kolberg; ich stand mit dem Kommandanten in Briefwechsel und
wir hatten uns schon zur Befreiung der Festung unsre Meinungen
mitgeteilt; die Sache ist ausführbar und man muß keine Zeit verlieren; ich hoffe, daß diese Expedition mir selbst übertragen wird.
Der König ist von den Kolbergschen Kommandanten und dem Betragen
der braven Garnison eingenommen und sagt: solchen braven Leuten
muß man beistehen."

„Seit gestern haben sich die Umstände hier günstig verändert;
die Engländer sind endlich auf Rügen angekommen und sollen bis
zu 10000 Mann am Werk sein. Dieses ist nun in der Hauptsache gut,
aber die verdammten Briten verteuern mir durch ihr Geld alles so,
daß mir angst und bange wird. Mit dem englischen Minister bin ich
auf einem guten Fuß und er ist bereitwillig, mich in Allem zu unterstützen; wäre mein Geld nicht angekommen, so würde er mir auch
damit wohl ausgeholfen haben; nun bin ich durch Ihre Vorsorge in
Ruhe und gebe Ihnen die Versicherung, daß die möglichste Ökonomie
bei Allem stattfinden soll; ich habe nur zu viele Offiziere, die alle
gefangen sind; ich muß sie aber doch ernähren und das kostet viel."

„Nun also die Engländer da sind, so geht mein Plan dahin,
daß wir und die Schweden über die Peene vorrücken, welches uns
durch die Franzosen, die gegen uns stehen, nicht erschwert werden kann.
Ich für mein Teil wünsche die Expedition über Usedom und Wollin
auf Treptow, dann in Verbindung mit der Kolberger Garnison gegen
das Belagerungskorps zu wirken und die Festung gänzlich zu entsetzen.
Ich bemerke dabei, daß bis jetzt die Kolberger Garnison noch stets
die Kommunikation mit Treptow frei behalten hat. Bei Kolberg denke
ich mich nur so lange aufzuhalten, bis des Feindes Arbeit ruinirt und,
falls man von dem Belagerungsgeschütz was erobert, solches in die
Festung eingebracht ist; dann wende ich mich zu den Schweden zurück.

Beim König von Schweden habe ich bewirkt, daß die schwedische
Fregatte, so bei Kolberg stationirt ist, da verbleibt; sie hat ihnen schon
gute Dienste getan."

„Durch Wittgenstein ist der mit ihm und mir in Hamburg verabredete Plan ziemlich weit gediehen. Wittgenstein ist nun in London, schreibt mir, daß er an der Sache nicht verzweifelte, aber es
ginge in England Alles sehr langsam. Er hat einen vortrefflichen
Offizier im Hauptmann Dörnberg bei sich, der ein Hesse ist; der alte
Kurfürst muß zu seiner Zeit mit ans Spiel, er mag wollen oder
nicht; kurz ich hoffe, wir wollen dem Napoleon doch hier einige
unruhige Nächte machen."

„Einem sehr kühnen Plan habe ich meine Zustimmung nicht
versagen können. Es sind vier Offiziere Namens Neander, Steinäcker,
Willmann und Reiche, die das Projekt gewagt, Spandau zu überrumpeln und zwar durch die in der Gegend von Berlin sich befindenden
Artilleristen; der Plan ist kühn, aber er ist ausführbar; gelänge er,
so wären die Folgen nicht zu berechnen, und gelingt er nicht, so ist
nicht viel dabei verloren." . . .

„Mit dem englischen Minister wende ich Alles an, den König
von Schweden zu bewegen, daß er noch 4—5000 Mann kommen lasse;
die Nationaltruppen der Schweden sind vortrefflich. So bald wir über
die Peene sind, werden mir Leute genug zuströmen und ich werde
auch Pferde kriegen; Waffen habe ich noch für 6000 Mann vorrätig,
hoffe auch aus England mehr zu kriegen; ich habe einen Offizier
hingeschickt."

So war Blücher noch voll weitgreifender Pläne und Hoffnungen.
Wunderlich muß uns scheinen, daß er sogleich einer Zersplitterung
der geringen Kräfte das Wort redet; auch der Aufenthalt bei Kolberg
muß trotz seiner Einschränkung unser Bedenken erregen. Scharnhorst
fehlte. Gneisenau, der Blücher nach Kolberg zog, hatte zum Entsatz
der Festung gedrängt und einen kräftigen Ausfall versprochen, wenn
der König von Schweden etwas für ihn tue; „will man Kolberg
unmittelbar helfen," so äußert er sich aber gegen Blüchers Generalstabsoffizier, „so ist freilich der Weg über Usedom und Wollin der
sicherste; hat man aber Mittel genug in Händen, so gehe man lieber
südlich von Stralsund vor. Hängt man dem Marschall Brune dann
Etwas an, so ist vielleicht schon dadurch Kolberg entsetzt, da die Feinde
nicht so stark sind und viel unzuverlässige Truppen gegen Euch haben."
Der Druck der eigenen schweren Fesseln vermochte eines Gneisenau
Blick nicht zu trüben; der Kommandant von Kolberg bewies schon hier
seine Feldherrnbegabung.

Aber grade jetzt zeigte sich die ganze Haltlosigkeit des pommerschen Unternehmens: in Ostpreußen waren bereits die Würfel über Preußens Geschicke geworfen, ehe hier ein Schuß gefallen war: am 7. Juli brachte Schill dem General v. Blücher die Nachricht, daß Napoleon auch mit Preußen einen Waffenstillstand geschlossen habe. Blücher wollte nichts glauben, bis ihm seines Königs Befehl zuging, keine Feindseligkeiten zu beginnen; König Gustav sei gebeten, den Waffenstillstand fortzusetzen; es hieß dann weiter: „Nach der augenblicklichen Lage der Sache, kann Ich Euch mit keiner weiteren Instruktion versehen, sondern muß lediglich Euch überlassen, in den jetzigen, für Euch allerdings verwickelten Verhältnissen nach Eurem besten Ermessen zu handeln, und werde Ich Alles gutheißen, was Ihr zu tun durch die Umstände genötigt werdet."

Es war klar, der König ahnte nicht, daß Schweden den Stillstand schon gekündigt habe; Blücher war in starker Versuchung, auch gegen des Königs Absicht mit den 16000 Schweden und 8000 Engländern auf Berlin zu marschieren, um dadurch den Krieg im Osten wieder in Gang zu bringen und womöglich Österreich mit fortzureißen. Er war außer sich, daß man ihn in den „grausamen" Waffenstillstand mit eingeschlossen habe, da man ja in Preußen nicht wissen könne, wie er in Pommern zu handeln gezwungen wäre.

Über den Zweifel, ob seine Preußen ihm auch gegen des Königs Befehl folgen würden, kam er hinweg: „So ich nur gesund bin und selbst agiren kann, so soll schon Alles Tritt halten," schrieb er an Marwitz, der versichert hatte, für sein Freikorps einstehen zu können. Blücher machte sein Handeln von dem Verhalten der Engländer abhängig, und als diese sich wieder einschifften und auch der König von Schweden ihn aufforderte, den Befehlen seines Königs zu folgen, verzichtete er schweren Herzens aufs Schlagen.

Es war ein Glück, daß es so kam, denn bei Kaiser Alexanders völligem Systemwechsel war auf einen Umschwung zu Preußens Gunsten nicht mehr zu rechnen; auch militärisch war der Vorstoß der 29000 Verbündeten unter dem König von Schweden gegen 40000 Franzosen wenig aussichtsvoll. Das ganze Unternehmen war ein Märchenzug, ein Stück aus der Rumpelkammer der Kabinettskriege. Es bedurfte noch manch blutiger Lektion durch den gewaltigen Kriegslehrmeister, ehe sich die Geister von den überkommenen Irrtümern wirklich freimachen lernten.

In ganz übler Lage war der König von Schweden; die Verbündeten hatten ihn im Stich gelassen, und Marschall Brune drang auf ihn ein. Trotzdem schied er von Blücher ohne Groll; aber auf die preußischen Vorräte in Stralsund und die Bestände auf Rügen legten die Schweden nun doch Beschlag. Blücher brachte das nicht in Verlegenheit: er besetzte das schwedische Wolgast und Umgegend und ließ dort seine Truppen so lange verpflegen, bis die Schweden ihm das preußische Eigentum zurückerstatteten. Sobald dies geschehen, ging er mit seinen Truppen über die Oderinseln nach Hinterpommern, während die Franzosen Stralsund und Rügen nahmen.

„Ich sehne mich nach Ruhe," schrieb er an Gneisenau, „und bin es inne geworden, daß bei jetzigen hochaufgeklärten Zeiten das Soldatenmetier das elendeste ist." Mit Neid und Bewunderung zugleich sah er auf den glücklichen Verteidiger von Kolberg, dessen kühne Taten er mit „Vergnügen" verfolgt hatte. „Ihnen, mein verehrtester Freund, gratuliere ich von Herzen. Sie treten jetzt mit Ehren und unüberwunden vom Schauplatz."

Als die harten Bedingungen des Tilsiter Friedens, der Preußen zwar nach des Zaren Wunsch als Staat bestehen ließ, aber ohnmächtig in Napoleons Hände auslieferte, Blücher bekannt wurden, schrieb er an Hardenberg: „Ihr Brief kostet mich heiße Tränen. Was wird nun aus uns werden? ... Möge der Herr v. Kalckreuth mit seinem Frieden in die Hölle gehen! Er ist schändlich! Wenn ich nicht noch auf manche andere Dinge vertraute, so legte ich gleich Alles nieder; aber, mein verehrter Freund, ich muß Ihnen sagen, daß mir der Mut noch nicht entfällt. O, es treten gewiß noch ganz andere und unerwartete Dinge hervor! Der deutsche Mut schläft nur; sein Erwachen wird fürchterlich sein. So bleibt es wahrhaftig nicht."

Oberkommando in Pommern.
1807—1811.

Die französische Okkupation 1807/8 und die Neuordnung des Heerwesens.

Mein Herz trauert um das Unglück, was den Staat und meinen Herrn betroffen," schrieb Blücher an seinen Freund Professor Sprickmann in Münster, „und die traurige Erinnerung an so manchen verlorenen Freund, an viele mir so herzlich ergebene Menschen trübt meine noch zu lebenden Tage. O, möchte ich doch noch vor meinem Ableben die ganze Welt in Feuer und Flammen sehen, so dürfte ich mich an diesem Schauspiel im Leben noch einmal und zuletzt ergötzen können. Glauben Sie mir, mein inniger Freund, die Welt ist nichts Besseres wert als zu verbrennen; sie ist zu schändlich und die Menschen größtenteils zu große Unholde geworden. Ein Blick in die hoffende Zukunft von diesem Erdball entsandt, ist allein vermögend zu trösten, und diese Hoffnung hat meine gänzliche Ergebung bewirkt. Ich werde, so lange ich noch hier bin, das erfüllen, was meine Überzeugung mir Pflicht nennt." „Ich habe viel gelitten und viel erfahren, aber noch bin ich bei weitem nicht befriedigt; ich sehe auch noch Tage vor mir, die Alles vernichten, oder es kommen Zeiten, die der menschliche Verstand wie die verflossenen nicht in der Ferne einmal ahnen konnte." „Ja, Sprickmann, wir sehen uns wieder oder alle unsre Ahnungen sind auf eine unbarmherzige Weise zu unsrer Täuschung in unsern Busen gelegt; wolle das Gott nicht! Soll denn der einzige Gedanke, der mich noch erfreuen kann, ein Nichts sein?"

Die wir die glänzende Stellung des Staates der Hohenzollern in der Welt gewohnt sind, können uns schwer in den verzweifelten Zustand zurückdenken, in dem damals Preußen am Rande des Abgrunds schwebte. Sein Bestehen hing allein von dem Grad der Rücksicht ab, den Rußland von Napoleon beanspruchen konnte. Aber dieser nutzte das grenzenlose Ungeschick der Vertreter der preußischen Regierung gründlich aus, um das in seine Gewalt gegebene Land möglichst lange nicht über ein Scheinleben hinauskommen zu lassen. Seine Truppen wichen nicht, ehe nicht seine fast unerschwinglichen Geldforderungen gesichert waren; die Festungen behielt er als weiteres Unterpfand in seiner Macht; seine scharfe Aufsicht über die Erfüllung der demütigenden Friedensbedingungen hinderte das auf die Hälfte an Umfang und Einwohnerzahl verringerte Preußen bei jedem Schritt, den es zur Gesundung von seinen tödlichen Wunden wagte.

Blüchers Truppenkorps bildete um Kolberg und Treptow eine Insel inmitten des feindlichen Machtbereichs; so war er zunächst ziemlich auf sich selbst angewiesen. Er klagte dem Minister Hardenberg seine „verdammte Lage", in der er „über Nichts beschieden werde und gleichsam im Finstern tappe", und schickte seinen Sohn zur mündlichen Berichterstattung. Sein Hauptquartier nahm er im Schlosse zu Treptow. Mitte August erhielt er seine Ernennung zum Generalgouverneur von Pommern und der Neumark, in welcher Stellung ihm auch ausgedehnte Befugnisse in der Zivilverwaltung übertragen wurden. Der ihm beigegebene Kammerdirektor Gruner erkannte bewundernd den großen Blick, den der General auch nach dieser Richtung bekundete.

Gleich anfangs kam es zu heftigen Auseinandersetzungen mit den Franzosen. Blücher mußte sein kleines Reich gegen ihre Ansprüche verteidigen, wobei er mit ebensolchem Nachdruck als Geschick verfuhr. „Ich wende Alles an, um die Franzosen von Stargard zu entfernen; der Marschall Soult würde mir auch gefällig sein, aber er hat aufs Neue Gegenbefehle erhalten. Von der Prätension, den ganzen Staat zu besetzen und mich mit meinem Korps auf Kolberg einzuschränken, wird der Marschall wohl abstehen, da ich ihm die Unmöglichkeit dargestellt und mich bestimmt erklärt, daß ich von dem, was ich einmal hätte, Nichts zurückgäbe." Übrigens lobte er sowohl Soult als die Generale Victor und Brüne; mit dem in Stettin kommandierenden General Liebert kam er mit der Zeit auf einen sehr guten Fuß; zunächst aber entspann sich namentlich über die Besetzung der Küstenorte ein heftiger Streit, der durch Napoleons Eingreifen zu Blüchers Ungunsten entschieden wurde. Der Kaiser befahl Berthier, an Victor zu schreiben, daß wenn Blücher „irgend eine Kriegsvorbereitung trifft und wenn er seine Prahlereien nicht einstellt, er Truppen abschicken soll, um ihn einzuschließen und in Kolberg zu belagern"; er sei der preußischen Aufschneidereien müde.

Blücher klagt wiederholt über die „infame" Aufführung der durch Pommern nach dem Westen zurückmarschierenden Franzosen: „Die Generale möchten gern Ordnung halten, aber sie vermögen es nicht; da der Soldat kein Traktement kriegt, so hält er sich berechtigt, Alles zu fordern." Pommern werde dadurch zugrunde gerichtet.

Unmittelbar nachdem er den Tilsiter Frieden unterzeichnet hatte, berief König Friedrich Wilhelm Männer seines Vertrauens nach Memel, um die Neuordnung des Heerwesens zu beraten; Scharnhorst erhielt den Vorsitz; ihm wurde der Verteidiger Kolbergs beigesellt. Blücher beglückwünschte Gneisenau und gab ihm sein militärisches „Glaubensbekenntnis", wie er es nennt, mit auf den Weg: „Grüßen Sie meinen Freund Scharnhorst und sagen Sie ihm, daß ich es ihm ans Herz legte, für eine National-Armee zu sorgen. Dieses ist nicht so schwierig wie man denkt; vom Zollmaß muß man abgehen; Niemand in der Welt muß exìmirt sein und es muß zur Schande gereichen, wer nicht gedient hat, es sei denn, daß körperliche Gebrechen daran hindern. Die einmal wohl dressirten Soldaten müssen zwei Jahre zu Hause bleiben und nur das dritte eintreten; dann ist das Land soulagirt und es fehlt uns nicht an Leuten. Es ist auch eine Einbildung, daß ein fertiger Soldat in zwei Jahren so Alles vergessen soll, daß er nicht in acht Tagen wieder brauchbar wäre; die Franzosen haben uns dies anders bewiesen; unsre unnützen Pedanterien mag der Soldat ganz vergessen!"

„Die Armee muß in Divisionen geteilt werden, die Division von allen Sorten Truppen kombinirt sein, die im Herbst miteinander manöbriren. Die alljährlichen Revüen müssen wegfallen."

Blücher fordert Scharnhorst und Gneisenau auf, ihm hierüber ihre Meinung zu sagen. Gneisenau antwortete noch aus Kolberg: „Die in Euer Exzellenz eigenhändigen verehrlichen Schreiben berührten Gegenstände sind von der höchsten Wichtigkeit. Der Himmel gebe denjenigen, die selbige zu erwägen und zu leiten haben, Weisheit. Die wichtigen Fragen: Wie?, mit welchen Mitteln? Wann? Zu welchem Zweck? schweben immer meiner Seele vor; aber ich kann noch auf kein Resultat kommen. Besonders angstvoll macht mich die Frage: für Wen? Wäre nur Eure Exzellenz mehr in der Nähe, um uns mit Ihrem Rat unterstützen zu können!"

Den Gedanken, der Gneisenau peinigte, es könne das neuzuschaffende preußische Heer einst zu Napoleons Machtvergrößerung gebraucht werden, hat Blücher damals als undenkbar abgewiesen; es zeigte sich bald, daß diese Gefahr keine eingebildete war. Aber schwerer noch, verhängnisvoll täuschte sich der Imperator, der jetzt Preußens

Machtmittel dadurch unschädlich zu machen wähnte, daß er es ver-
pflichtete, nicht über 42000 Mann unter den Waffen zu halten;
grade dies führte den Waffenschmied Preußens auf die Einrichtung
der sogenannten Krümper.

Die Bahn zur Bildung einer Nationalarmee wurde nur zag-
haft beschritten; zunächst wurde nur die Werbung abgeschafft; den
Grundsatz der allgemeinen Wehrpflicht verwarf der König als
staatsgefährlich; die Befreiung der bevorzugten Stände blieb bestehen; mit ihr räumte erst der Sturm von 1813 auf; aber Scharnhorst mußte trotz Napoleon und trotz Geldnot durch die Krümper-
einrichtung doch die Massen zu schulen, deren der Staat zum Befreiungskampf bedurfte; dazu kamen die Sonntags-Übungen der Beurlaubten; bei ihnen und der einmonatigen Ausbildung der Krümper
mußte man wohl oder übel auf die „unnützen Pedanterien" verzichten;
es sollte nur noch das gelehrt werden, was auf den Krieg anwendbar
sei; die Haupt-Unterrichtsgegenstände sollten nur noch sein: Marschieren, Laden und Schießen. In einem Punkte jedoch wurden die
alten Wehrgesetze in Blüchers Sinne erweitert: bei der Aushebung
sollte nicht mehr auf die Größe der Leute gesehen werden; nur die
allerkleinsten blieben ausgeschlossen.

Mehr Erfolg hatte Scharnhorst mit den auf die Einteilung des
Heeres gerichteten Wünschen. Die Vorteile der Divisionsgliederung,
die der König 1806 auf Scharnhorsts Anregung befohlen hatte, waren
zunächst ausgeblieben, weil die Führer daran nicht gewöhnt waren;
aber unter Blücher hatte sich Scharnhorsts Lieblingsschöpfung durchaus
bewährt. Es wurde nun die Bildung von 6 gemischten Divisionen
angeordnet; je 2 sollten ein Korps bilden; infolge der von Napoleon
auferlegten Beschränkung der Heeresstärke kam es aber nur zur Aufstellung von 6 gemischten Brigaden, die der Regel nach 7 Bataillone,
12 Schwadronen und 2 Batterien zählten.

Auch traten Blüchers Wunsch entsprechend die jährlichen Herbstübungen an die Stelle der Revuen. Das war ein alter Gedanke
Scharnhorsts, den er schon um die Jahrhundertwende dem König
vorgetragen hatte. Er wollte „durch die Manöver den Krieg lehren;
man muß also dem Originale in der Nachbildung so getreu bleiben,
als es die Natur der Sache nur gestattet". Blücher hatte die Wahrheit dieser Gedanken jetzt tief empfunden, wo die gewittersturmartige
Kriegführung Napoleons für eine allmähliche Gewöhnung von Truppe
und Führer an den Kampf keinen Raum mehr gelassen hatte.

Ganz in Blüchers Sinn war die Abschaffung der barbarischen
Prügelstrafen und das Verbot des Prügelns beim Drillen.

Am leichtesten und gründlichsten erfüllten sich die Wünsche der Reformer in bezug auf das Fuhrwesen des Heeres. Wir sahen, welche Stellung der König sowohl als Blücher dazu schon vor dem Kriege eingenommen hatten. Den Leutnants der Fußtruppen wurde ihr Reitpferd genommen; sie mußten hinfort sogar einen Tornister tragen. Der Reiteroffizier mußte sich mit dem Gepäck behelfen, das er auf seinem zweiten Pferde fortschaffen konnte. Die Zelte fielen fort; dafür wurde auch beim Fußvolk der Mantel eingeführt. Alle Packpferde bis auf eins bei jeder Kompagnie wurden abgeschafft. Gepäckwagen gab es nur noch für jedes Bataillon einen. Auch die Brotwagen wurden den Truppen genommen. Diese durchgreifende Änderung sollte nicht nur die Beweglichkeit des Heeres erhöhen, sie sollte auch eine Annäherung zwischen dem Offizier und dem Soldaten hervorrufen, indem der Vorgesetzte die Anstrengungen und Entbehrungen mit dem Untergebenen mehr als früher teilte.

Ebenso gründlich wurde mit dem Herkommen bei der Annahme des Offizier-Nachwuchses gebrochen; die Bevorrechtung des Adels hörte grundsätzlich auf; ein bestimmtes Maß allgemeiner und fachwissenschaftlicher Bildung wurde als Vorbedingung festgesetzt; daneben trat die Wahl durch die zukünftigen Kameraden. Ehrengerichte sorgten für die Ausmerzung der Unwürdigen. Die unselige Kompagnie-Wirtschaft wurde beseitigt; die Löhnung wurde nur noch für den diensttuenden Stand gezahlt.

Alles dies, so wenig es von den kühnen Plänen Scharnhorsts und seiner Genossen erfüllte, wäre nicht zustande gekommen ohne Stein. Wir haben gesehen, daß Blücher sofort nach seiner Auswechslung auf seines Freundes Wiederberufung als Minister drang. Immer von neuem stellte er diese Forderung: „Ich wünsche nur, daß unser Freund Stein zurückkäme; er ist der Mann, der dem Staat nun sehr nützlich werden kann. Ich werde ihn dazu auffordern, aber der König muß ihn rufen," schrieb er im Juli an Hardenberg; und im August wiederholte er ihm: „Stein muß wieder kommen, und ich bin versichert, Sie wenden Alles an, daß es geschieht." Als dann Hardenberg in des Königs Namen Stein aufforderte, in den Dienst zurückzukehren, legte er einen Brief Blüchers ein, um den Grollenden zu gewinnen. Und Stein, groß in seiner Selbstlosigkeit, vergaß des Königs harte Worte und kam. Auf der Reise nach Preußen sprach er bei Blücher vor. „Ich fand ihn," schrieb er seiner Frau, „wie Du ihn kennst: brav, ohne Falsch, dem König und dem Staate ergeben, von den Offizieren und den Soldaten geliebt, mit Achtung auch von den Franzosen behandelt, aber gealtert und nicht so heiter wie früher." Blücher

wird nicht unterlassen haben, dem Freunde sein militärisches Glaubensbekenntnis ans Herz zu legen. Stein beteiligte sich dann selbst an den
Arbeiten der Militär-Reorganisationskommission und schob die hemmenden Einflüsse beiseite; Scharnhorst erhielt die gewichtige Stelle des
Vortragenden Generaladjutanten.

Schon vor Steins Anwesenheit hatte Blücher über seine Gesundheit geklagt. Mitte August hatte er geschrieben: „Meine Gesundheit
hat in der letzten Zeit sehr gelitten; der unaufhörliche Verdruß hat
mehr als alle Fatigen auf mich gewirkt." Schon hatte er geklagt, er
sei so abgestumpft, daß nichts einen beständigen Eindruck auf ihn
mache. Aber Vincke, der im November drei Tage in Blüchers Hause
zubrachte, freute sich, den alten, ehrwürdigen Freund „recht wohl,
gefaßt und ruhig ergeben zu finden". Jeden Abend begleitete er den
General in den Klub, „wo es nie an einer guten Unterhaltung fehlte."

Vom März 1808 besitzen wir von Blücher das eigene Zeugnis,
daß seine Gesundheit „ziemlich wieder retabliert" sei; da aber unvorhergesehene Zufälle eintreten könnten, bittet er, ihm den Militär-
arzt zu lassen, der ihn bisher so geschickt behandelt habe. Aber im
Sommer 1808 verschlimmerte sich sein Zustand so, daß man ernstlich
um sein Leben besorgt wurde. „Ich leide unaussprechlich," schrieb er
im August, „und gestehe aufrichtig, daß mir in dieser Lage meine
Existenz zuwider wird." Er wurde so „hinfällig", daß der König
ihm den Oberst v. Bülow zu seiner Unterstützung beigab. Zu einem
schmerzhaften Unterleibsleiden (es handelte sich um Harnröhrenfisteln)
gesellte sich hochgradige Schwermut; seine erregten Sinne täuschten
ihm die merkwürdigsten Krankheits- und Geistererscheinungen vor.
Zwischendurch aber konnte er seine alten Neckereien treiben. Es verbreitete sich die Kunde, der alte Held sei geisteskrank.

Auch sein ältester Sohn, Franz, war lange schwer krank. Im Herbst
1808 hatte Blücher den Kummer, daß sein einziges Kind aus zweiter
Ehe, ein drei Monate alter Knabe, starb.

Auch Ärger und Erregungen anderer Art wirkten schädlich auf
seine Gemütsverfassung. Zu den äußeren Feinden Preußens gesellten
sich die Gegner des Soldatenstandes und die Französischgesinnten im
Innern; sie konnten sich nicht genug tun, ihre Schadenfreude über
den Fall des Heeres und des Staates Friedrichs des Großen kundzu-
geben. Der Offizierstand, der Adel wurden für das Unglück in erster
Reihe verantwortlich gemacht. Man übersah, daß am Zusammenbruch
mehr die Politik als die Armee schuld war, die diese vor eine unlös-
bare Aufgabe gestellt hatte. Die äußere Politik hatte in grenzenloser
Verblendung über die Ziele Napoleons jede äußere Hülfe von sich

gestoßen; die innere Politik hatte für keine Stütze gesorgt, wenn der schwere Sturm losbrach, der von Westen her drohte. Und diese Politik hatte die volle Zustimmung eines Volkes, das von Menschenbeglückung und Weltfrieden träumte und so verblendet war, in dem gleißnerischen Erben der Revolution einen Wohltäter des Menschengeschlechts zu sehen.

Selbst Berliner Blätter ergingen sich in schamloser Weise in Verhöhnung des Gefallenen, in Vergötterung des Siegers. Blücher wurde obenein auch persönlich wegen seines Ausbleibens bei Prenzlau öffentlich angegriffen; wir sahen, wie geschickt er den Obersten Massenbach abfertigte; auch Scharnhorst trat warm für die Sache seines Generals ein. Massenbach aber krönte dann seine Charakterlosigkeit dadurch, daß er Blücher für seine Person in den Himmel hob: „Und wären Sie nur allein gekommen, nur für Ihre Person — Sie allein waren uns Legion, Sie allein uns ein rettender Engel!"

Sein Verhalten bei Auerstedt, Prenzlau, Lübeck und Ratkau hatte Blücher vor der Untersuchungskommission zu rechtfertigen, die der König zur Beurteilung aller Kapitulationen eingesetzt hatte. Wir hörten schon, mit wie stolzer Sicherheit er seinen Bericht abfaßte.

Das Verhalten aller Offiziere wurde von dazu eingesetzten Regiments-Tribunalen geprüft. In Pommern begann Blücher mit deren Errichtung im Winter 1807. Das Zeugnis der Vorwurfsfreiheit wurde u. a. dem Kommandeur von Blüchers Regiment vorenthalten, weil er das 1. Bataillon bei Auerstedt nicht zur Attacke geführt hatte und vom Regiment abgekommen war; die Rücksicht auf das Abnehmen seiner physischen Kräfte bewahrte ihn vor Härterem; ein Leutnant des Regiments wurde ohne Versorgung entlassen, weil er sich von der Truppe entfernt hatte.

Gewiß erregten alle diese Dinge Blüchers lebhafte Seele. Dazu kamen Ärgernisse, die aus seinen ungeordneten Geldverhältnissen entsprangen; seinen Hausrat in Münster belegte man dort mit Beschlag.

Als die Großherzoglich Bergische Regierung Geld für Brennholz einziehen wollte, das man ihm zu preußischer Zeit geliefert hatte, erklärte er entrüstet, er werde die Summe an den König von Preußen, nicht aber dorthin abführen.

Seine Einkünfte verminderten sich durch Fortfallen der Bezüge, die es als Eskadronchef bei der sogenannten Kompagnie-Wirtschaft gehabt hatte. Die Stellung als Regimentschef sank zu einem Ehrenamt herab; die Kommandeure wurden völlig selbständig. Blüchers Regiment, das als bei Ratkau aufgelöst und 1807 neuerrichtet galt, erhielt die Benennung „Pommersches Husaren-Regiment"; nebenbei durfte es aber den Namen seines Chefs weiterführen. Blücher war darüber um so mehr angetan, als der König dem Regiment zugleich die rote Uniform nahm; daß es blaue Dolmans und Pelze bekam, faßte Blücher als eine besondere, absichtliche Kränkung auf; das sei die Uniform von „Weggelaufenen"; er hat sie nie getragen; sogar bei Hofe soll er in der alten roten erschienen sein. Mit Freude wird er dagegen die Auszeichnungen begrüßt haben, die der König Ende August den heldenmütigen Verteidigern Kolbergs verlieh. Der König schrieb ihm dabei eigenhändig: „Sie, Herr General, der Sie das gerechte Zutrauen Ihrer Untergebenen in so vollem Maße besitzen, werden diese Meine Willensmeinung den resp. Korps bekannt machen . . . mögen Sie noch lange an der Spitze solcher braven Truppen stehen, die sich Ihrer Anführung so würdig bewiesen haben und die den Ruhm der preußischen Waffen nicht werden sinken lassen." Er fügte hinzu: „Ich habe mich gefreut, beruhigende Nachrichten über Ihren Gesundheitszustand zu erhalten und wünsche aufrichtig eine baldige Wiederherstellung desselben." In dem Begleitschreiben nennt sich der König „Ihr wohlaffektionirter Freund Friedrich Wilhelm".

Aber schon kam die Kunde von einem neuen Unglücksschlag für Preußen. Einen Brief Steins, aus dem die Absicht, das französische Joch abzuschütteln, klar hervorging, hatten französische Häscher abgefangen. Das nutzte Napoleon, um Preußen weiter zu knebeln; mit furchtbaren Geldopfern und Demütigungen erkaufte es die Räumung des Landes durch die französischen Truppen, die der Kaiser wegen der Unfälle in Spanien anderwärts gebrauchte; die Weichsel- und die Oderfestungen blieben jedoch von ihnen besetzt; Stein aber mußte sein Amt niederlegen.

Ende November war die Räumung des Landes so weit gediehen, daß Blücher in das ihm als Sitz des Generalgouvernements zugewiesene Stargard übersiedeln konnte. Es bedurfte einiger Kämpfe, bis er dort ein ausreichendes Unterkommen von den Behörden angewiesen erhielt.

Der Oberbefehl über die jetzt gebildete „Pommersche Brigade" wurde ihm in der Form erteilt, daß diese „unter dem Befehl des Generalleutnants v. Blücher" stehende Brigade Oberst v. Bülow in Stargard erhielt, „welcher zugleich Generalmajor wird und für Alles, was bei der Brigade vorgeht, verantwortlich sein soll, wenn der Generalleutnant v. Blücher durch seine Krankheit verhindert wird, das Kommando selbst zu führen". Bei Bülows steifem Wesen und schroffem Charakter gab dies Verhältnis zu allerlei Reibungen Veranlassung. Doch erkannte Blücher Bülows militärische Begabung oft

mit lautem Lob an; als im Auguſt 1809 die Truppen der Pommerſchen
Brigade zu gemeinſchaftlichen Übungen bei Stargard vereinigt wurden,
zollte Blücher der Leitung der Manöver durch Bülow ſeine beſondere
Anerkennung.

Glücklicherweiſe genas Blücher im Laufe des Winters vollſtändig;
Anfang April 1809 konnte er ſeinem ehemaligen Adjutanten Graf
Golz, jetzt Adjutant des Prinzen Wilhelm, ſchreiben: „Von meiner
unglücklichen Krankheit bin ich ſo geheilt, daß ich weit geſunder bin,
wie ich je war; ich habe ſolchen Appetit zum Eſſen, daß ich mir alle
Augenblicke den Magen verderbe, und ob ich gleich wie ein Skelett
war, ſo habe ich doch ſchon wieder zugenommen, daß ich ſtärker wie
zuvor bin.“ „Übrigens bin ich in einiger Fehde mit den Herren in
Königsberg. Nach meiner unglücklichen Krankheit haben die Herren
ſich beikommen laſſen, mich für einen halben Invaliden zu betrachten,
aber ich hole ſie jetzt heran und habe dem König geſchrieben, wo er
meinen Dienſt nicht gebrauchte, mir meinen Abſchied zu geben; ich
wiſſe Brod zu finden und verlangte Nichts. Aber der Monarch behandelt mich nach alter Art und den andern [Kraftausdruck] werde ich
ſchon dienen.“ Man habe dem König weiß gemacht, ſeine Verſtandes-
kräfte hätten gelitten, aber er ſei jetzt eines andern belehrt. „Übrigens
geht wieder Alles nach alter Weiſe: des Morgens treibe ich meine
Geſchäfte und dann genieße ich unter Freunden das Leben. Karte
biege ich nach alter Weiſe. Tauenzien [der Kommandeur der branden-
burgiſchen Brigade], der mich beſucht hat, kann Ihnen mehr darüber
ſagen.“ An anderer Stelle heißt es: „Golz, ich lebe hier unbeſchreiblich
froh. Die Pommern tragen mich auf Händen; täglich erhalte ich neue
Beweiſe von Freundſchaft und Zuneigung.“ Auch über ſeine Kinder
und Schwiegerkinder äußert er ſich ſehr glücklich. Seinem eben verheirateten zweiten Sohn, Gebhard, übergab Blücher das von ſeinen
Schwiegereltern übernommene Gut Schönwalde.

Diesmal hielt ſeine Geneſung an; Anfang Juni konnte er ſchreiben: „Ich bin geſund wie ich vor 40 Jahren war; Eſſen und Trinken
ſchmeckt mir, ſchlafen kann ich recht gut und das Reiten geht wieder
wie es jemals gegangen; nun wird die Jagd wieder vorgenommen
werden.“

Aus dieſer Zeit iſt jenes Schreiben Scharnhorſts an Blücher:
„Euer Exzellenz Brief hat mir unbeſchreibliche Freude gemacht; Alle
ſagen und Alle ſchreiben und ich ſehe es aus Ihrem eignen Schreiben,
daß der Geiſt nicht gelitten. Sie ſind unſer Anführer und Held, und
müßten Sie auf der Sänfte uns vor- und nachgetragen werden; nur
mit Ihnen iſt Entſchloſſenheit und Glück.“

Es war die Zeit, da sich die Spanier erhoben und Österreich rüstete. Blücher suchte durch seinen gewandten, am Hofe vertrauten Adjutanten Eisenhart auf den König persönlich einzuwirken. Aber der König ließ Blücher dringend ersuchen, sich ruhig zu verhalten.

Österreichs Befreiungskampf 1809.

Inzwischen hatte sich über Deutschland eine fieberhafte Erregung verbreitet. Die Niederwerfung Spaniens nahm Napoleons Kräfte in hohem Maße in Anspruch. Österreich glaubte den Augenblick gekommen, das französische Joch von Deutschland abschütteln zu können. Herzog Wilhelm von Braunschweig warb in Böhmen an der schlesischen Grenze ein Freikorps von preußischen Offizieren und Soldaten zum Kampf gegen die Unterdrücker, und bald rückten österreichische Heere in Italien, in Polen und in Bayern vor. Auch in Preußen gärte es gewaltig. Prinzen, Staatsdiener und Dichter erklärten sich für den Kampf an Österreichs Seite; man warnte: wenn der König nicht das Zeichen gebe, werde das Volk es ohne ihn tun. Aber durch den Zaren festgehalten, widerstand der König.

Blücher, in Stargard einer französischen Division unmittelbar gegenüber und in die Absichten des Königs nicht eingeweiht, war auf baldiges Losschlagen gefaßt. „Jetzt, mein Freund," schrieb er Anfang April an Graf Goltz, „heißt es bei mir schon die Augen auf, denn ich erwarte alle Tage Feinde in meiner Nachbarschaft; zu ihrem Empfang, wer sie auch sind, halte ich mich bereit und handle ganz nach meiner Überzeugung, da ich ganz ohne Instruktionen bin, indessen bin ich das letzte gewöhnt." Nun rückte auf die Nachricht vom Aufstand der Hessen Ende April Schill auf eigene Faust ins Feld. Seine Tat weckte allgemeine Begeisterung.

Von neuem wandte sich Blücher an den König: Schill werde die Mißvergnügten im Königreich Westfalen vereinigen und den Aufstand unterstützen. „Aus diesem einzigen Schritt werden Euer Majestät die Stimmung der Nation und Allerhöchstdero Truppen entnehmen können; ihre Tendenz ist die Befreiung von dem lästigen Joche, welches ihr durch den letzten unglücklichen Krieg aufgelegt worden ist: Krieg in Verbindung mit Österreich." Der große Einfluß Schills auf das Volk in Berlin und in den Marken lasse befürchten, daß das Volk sich „aller Autorität entziehen, ja selbst, daß sich insbesondere die Truppen in der Mark teilweise auflösen und dem Major Schill folgen dürften"; daß die Schlesier sich in einer noch gefährlicheren Stimmung mit Österreich verbinden und daß eine Zerstückelung Preußens und eine Erschütterung des Throns die Folge sein würde. Es sei höchst nötig, daß der König energische Maßregeln ergreife, um seine Autorität sicherzustellen, um die Truppen davor zu schützen, daß sie ein Spiel des aufgeregten Volkes würden. „Allem Diesem kann nur vorgebeugt werden, wenn sich Eure Majestät an die Spitze Ihres Volkes stellen, dessen jetzige Stimmung für sich nutzen und die Truppen in solchen Zustand setzen, daß sie Allerhöchstihre Autorität nach wie vor geltend machen und zu jedem Zweck augenblicklich bewegt werden können. Der erwünschte Augenblick ist jetzt da, in dem Allerhöchstdieselben Ihren Staaten die alte vorige Ausdehnung wiedergeben, die Rechte Ihres Königlichen Hauses wiedererlangen können, der aber, wenn er andererseits unbenutzt bliebe, eine allgemeine Auflösung besorgen läßt."

Mit Recht mußte man von Napoleon gewärtig sein, daß er, wenn er siege, Preußen das Schicksal bereite, das 1806 den Hessen zuteil wurde, daß er die Truppen entwaffne und erkläre, das Haus Hohenzollern habe aufgehört zu herrschen. Siegte dagegen Österreich, so war kaum zu erwarten, daß es Preußen zur Wiedererlangung seiner alten Größe behülflich sein würde; Preußens Machtstellung in Deutschland war unwiederbringlich dahin.

Wirklich zeigte sich der König in diesen Tagen geneigt, auf Österreichs Seite zu treten; trotzdem die Franzosen ihm Berlin als Residenz wieder einräumten, blieb er in Königsberg; die Kontributionszahlungen wurden eingestellt; aber zu einem entscheidenden Schritt konnte er sich nicht entschließen.

Schills Unternehmen, auf das die Patrioten so große Hoffnungen gesetzt hatten, scheiterte; die Volkserhebung blieb aus, und der „tapfere Held", den „kein Kaiser, kein König", sondern „die Freiheit, das Vaterland" aussandte, fand in Stralsund sein „Ende mit Schrecken". Clausewitz ging sein Tod so nahe, „als wäre mir mein liebster Bruder gestorben". Blücher hat später den Gedanken, daß er ähnlich wie Schill gegen des Königs Befehl handeln könne, entschieden zurückgewiesen; aber er versagte dem Helden seine Hochachtung nicht; den Offizieren gegenüber, die, wie Oberst v. Borstell, Schills Verhalten gründlichst verabscheuten, erklärte er jeden für einen Schurken, der Schills Ehre nach seinem Tode anfechte.

Von Schills Schar traten etwa 900 Mann auf preußisches Gebiet über; Blücher nahm sie „trotz Allem, was dawider war" in Verwahrung, ohne sie zu entwaffnen; er meldete dem König, sie hätten auf Schills Befehl gehandelt und nach den preußischen Dienstvorschriften ihm gehorchen müssen, seien also schuldlos; er bat, neue Truppenteile aus ihnen zu bilden.

Der König genehmigte das nicht; er erließ einen scharfen Tagesbefehl über das „unerhörte" Unternehmen Schills. General v. Stutterheim wurde nach Berlin entsandt, und obgleich er jünger als Blücher war, erhielt er Vollmacht auch über Truppen in Blüchers Befehlsbereich. Auch wurde Blücher verdächtigt, eigenmächtig bei seinen Truppen die Mobilmachung begonnen zu haben; dafür erhielt er einen scharfen Verweis. Jetzt hielt's ihn nicht länger: er bat um seine Entlassung. Er machte geltend, mit dem Zutrauen des Volkes und der Liebe der Truppen, welche beide Stutterheim sich erst erwerben müsse, würde er gewiß die Aufträge, die der König jenem erteilt habe, ebensogut ausgeführt haben. Der König scheine, vielleicht durch falsche Menschen oder Gerüchte irregeführt, ihm seit seiner letzten Krankheit nicht mehr die nötige Tatkraft zuzutrauen; er fürchte, in dem falschen Wahn gelebt zu haben, noch im Besitz der Gnade und des Zutrauens Seiner Majestät zu sein. „Sollte aber vielleicht — so fährt er fort — auch nur eine von den vorher erwähnten Voraussetzungen gegründet sein, so bitte ich Euer Majestät fußfälligst, obgleich ich arm bin und mein Brot in fremden Diensten suchen muß, mir baldigst meine Entlassung ohne Pension huldreichst zu gewähren, wo ich alsdann mit dem wehmütigsten Gefühl einen Dienst verlasse, worin ich glaubte noch vor meinem Ende die vorige Ausdehnung des Staats erleben und hierzu durch rastlose Bemühung und eigener Aufopferung tätig mitwirken zu können — Gedanken und Wünsche, die mich, wenn mich auch keine Fessel mehr an Preußen bindet, doch als ein treuer Anhänger dieses Staats und als ein Deutscher ewig beschäftigen werden, und um deren Realisation ich und der größte Teil Eurer Majestät treuer Diener Gott den Allmächtigen anflehen, der vielleicht diese vielfältigen Gebete nur dann erst erhören will, wenn Euer Majestät sich entschließen, an diesem letzten Kampfe teilzunehmen, ein Moment, der für Preußen gewiß nie wiederkehrt."

Wozu Blücher entschlossen war, geht aus einem Schreiben an Gneisenau hervor. „Da es elenden Menschen gelungen ist, dem Monarchen meine Handlungen zweideutig auszumalen, er selbst mir sein Vertrauen zu entziehen scheint, zum ersten Male so lange ich ihm diene mir unverdiente Verweise zuteil werden, so können Sie als ein Mann von treuem deutschem Gefühl meine Stimmung leicht beurteilen. Gott weiß, mit welcher Wehmut ich einen Staat und eine Armee verlasse, worin ich 50 Jahre zubrachte; mein Herz schlägt vor Unmut, da ich gezwungen werde, einen Herrn zu verlassen, den ich liebe, für den ich mich tausendmal aufgeopfert hätte; aber bei allem Diesen und bei Gott im Himmel — ich ertrage keine Kränkung mehr. Invaliden-Kommandant will ich nicht mehr sein; Jüngere wie ich sollen mir nicht vorgesetzt werden, nicht Aufgeblasene mir ihre ausgedehnten Vollmachten nachrichtlich bekannt machen. Ich wies so lange alle mir gemachten Anträge von der Hand; aber ich will nicht meine Zeit in Untätigkeit verträumen, während andre brave deutsche Männer für die Befreiung ihres deutschen Vaterlandes kämpfen. Die hiesigen Truppen sind noch nicht in dem Zustand, worin die Berliner und Schlesischen sind, und doch darf ich kein so notwendiges Pferd laufen lassen, wenn ich Niederträchtigen nicht wieder Stoff geben will, mich dem König verdächtig zu machen; ja, ich glaube wohl gar, daß sie dem König vorstellen könnten, ich möchte wohl wie Schill mit den Truppen über die Elbe gehen. Aber wehe diesen Elenden! Wenn ich ihn entdecke, der meinen Namen so schändlich erwähnen darf: am Hochaltar soll sein Leben vor meiner Strafe nicht gesichert sein! Ich könnte dem König Beweise liefern, wie ich alle Anträge, die den mindesten Anschein der Eigenmächtigkeit hatten, von der Hand gewiesen; aber es würde mich erniedrigen, wenn ich von meinen Gesinnungen Beschreibungen darstellen wollte. Die Zurückkunft meines Adjutanten, des Leutnants v. Brünneck, wird meinen Entschluß völlig reifen: nimmt der König keine Partei, tun wir keine Schritte zur Zerbrechung unsrer Fesseln, nun so trage sie wer da will, ich nicht! Ich habe dem Staat Alles geopfert und verlasse ihn wie man aus der Welt scheidet, das heißt arm, nackend und bloß; aber mein Mut ist unbegrenzt; wohin ich gehe, wird ein beruhigendes Bewußtsein und eine Menge Redlicher mich begleiten."

Dahin wollte es der König nicht kommen lassen; er begütigte den empörten Helden: er beförderte ihn am 20. Mai zum General der Kavallerie und versicherte ihm, daß er sein Zutrauen wie immer besäße. „Er irrt sich aber," schrieb Blücher einem Freunde, „wenn er glaubt, daß der General der Kavallerie anders handelt und denkt als der Generalleutnant"; auch nach Königsberg schrieb er in diesem Sinne. Einer Mitteilung über diese Vorgänge an Graf Götzen, den Gouverneur von Schlesien, fügte er hinzu: „Noch will ich eine kleine Frist geben; ordnet es sich dann nicht, kommen wir nicht zu einem Entschluß, so gehe ich und verwende meine Kräfte, die ich noch habe, zum besten meines bedrängten deutschen Vaterlandes: trage Fesseln wer da will, ich nicht!"

Es war derselbe Sinn, den Gneisenau damals in die Worte faßte: „Ich habe nur Eins im Auge: Unabhängigkeit, und für diesen Zweck opfre ich Alles." Gneisenau hatte sich der englischen und der österreichischen Regierung erboten, eine preußische Legion mit britischem Gelde unter kaiserlichen Fahnen zu bilden. Blücher hatte dann diesen Gedanken lebhaft erfaßt und stellte in Aussicht, selbst ein ganzes Korps zu werben, dessen Kern Gneisenaus Legion bilden sollte. Er wollte „als ein deutscher Edelmann, da dem deutschen Vaterlande Gefahr drohte, nicht müßig sein". Er unterhielt Verbindungen in Mecklenburg und in der Mark, um die Stimmung der Bevölkerung zu beeinflussen. Sein Briefwechsel mit Jahn ist leider verbrannt. Er stand mit dem österreichischen Gesandten in Berlin und mit Graf Götzen in Schlesien in enger Beziehung, um schnell über die Vorgänge in Österreich unterrichtet zu sein.

Mit fieberhafter Spannung verfolgte er den Feldzug an der Donau, der über Deutschlands und somit auch über Preußens Geschick entscheiden mußte; alle Welt nahm erregt daran teil wie an einer öffentlichen Disputation über Kriegskunst. Durch den österreichischen Gesandten in Berlin erfuhr man die Vorgänge in österreichischer Beleuchtung. Über die Zusammenstöße bei Abensberg und Eggmühl und über Erzherzog Karls Rückzug über die Donau bei Regensburg urteilte man in Berlin: „wenn man, nach fünftägigen blutigen und glücklichen Gefechten endlich zum Weichen gebracht, sich in größter Ordnung zurückzieht und noch im Angesichte eines siegreichen Feindes einen Fluß passiert, so ist dies zwar ein Unglück, aber gewiß keine Schande, und wenn dadurch die Entschlossenheit der Armee, der Regierung, des ganzen Landes eher vermehrt als vermindert worden ist, so ist auch das Unglück nicht so groß."

Als man nun erfuhr, Napoleon habe von Erzherzog Karl abgelassen und sei südlich der Donau auf Wien gegangen, während Kaiser Franz ihm die Truppen aus Tirol in den Rücken beordert habe, frohlockte Blücher: „Herr Napoleon ist nach Wien in die Mausefalle gegangen; erst mußte er den Erzherzog Karl gänzlich schlagen, dann war die Zeit nach Wien zu gehen; früher gleicht es einem Pultawaschen Zug." In der Tat konnte die Lage der Franzosen derjenigen der Schweden vor fast genau hundert Jahren sehr ähnlich werden, wenn man alle Kräfte vereinigte, um Napoleon zu umstellen.

Auch aus Italien und Galizien lauteten die Nachrichten günstig. „Bei allem Diesem", rief Blücher, „muß man sagen: Borussia, Du schläfst." Er hoffte: „die Stunde ist nahe, wo Alles anders und besser kommt." Er trieb Gneisenau an, die Abmachungen mit England vorwärts zu bringen; er war bereit, dann selbst dorthin zu eilen; Gneisenau solle versichern, wenn Blücher nur sähe, daß man kräftig mitwirken wolle, werde auch er die Hände nicht in den Schoß legen.

Von neuem ließ Blücher den König durch den Erbprinzen von Mecklenburg-Strelitz, der durch Stargard nach Königsberg reiste, auffordern, ihn mit 30000 Mann gegen die schwachen französischen Streitkräfte in Norddeutschland vorgehen zu lassen.

Nun kam die Kunde vom Siege von Aspern und Eßling am 21. und 22. Mai; Napoleon hatte über die Donau zurückgehen müssen. Blücher schickte einen seiner Adjutanten an den König in der sicheren Erwartung, daß er sich nun gegen Frankreich erklären werde; nur um 30000 Mann bat er: mit denen getraute er sich, alle Franzosen aus dem Lande zu jagen. „Herr Napoleon ist in der Tinte und wird sich schwerlich herausarbeiten," schrieb er einem Freunde; er denke ihm in einigen Tagen gute Nachricht geben zu können; „es scheint als ob es lichter um uns werden und wenn die Furcht vor dem Herrn Napoleon und seinem nordischen Kompagnon bei uns verschwinden" wollte.

Aber der König mißtraute der Zähigkeit der Österreicher, die den ersten Sieg so schlecht ausgenutzt hatten: er wollte den Ausgang einer zweiten, entscheidenderen Schlacht abwarten.

Blüchers Plan, ein eigenes Korps zu werben, faßte Gneisenau in einen bestimmten Vorschlag, der dem Erzherzog Karl zugestellt wurde. Gleichzeitig sandte Blücher seinen Sohn Franz nach England, um die Angelegenheit am Londoner Hofe zu betreiben. Sobald sie abgeschlossen sei, wollte er den Abschied einreichen; er ließ deshalb Scharnhorst bitten, alsdann dessen schleunige Ausfertigung zu bewirken. Aber immer noch hoffte er, daß der König sich zum Losschlagen entschließen werde. Heftiger denn je brannte der Kampf um den Einfluß auf den König; „man verfolgt sich hier mit der größten Parteiwut," schrieb Gneisenau, den man als das Haupt einer Verschwörung gegen den Thron verdächtigte. Diejenigen, die im Anschluß an den Allgewaltigen die einzige Rettung sahen, schienen die Oberhand zu gewinnen, zumal ihre Gegner sich auch in zwei Lager spalteten. Männer wie York und Bülow verabscheuten die Wege derer, die durch Mitwirkung des Volkes, unter Beseitigung der alten Ordnungen und Vorrechte die Mächte zu wecken hofften, mit denen die Gewalt der Fremdherrschaft zu brechen sei. Selbst Scharnhorsts gewaltiges Werk der Heeresneubildung suchte man bem König als gänzlich verfehlt hinzustellen.

Blücher, dessen königstreue Gesinnung heimliche Verleumder

zu verdächtigen suchten, hoffte, durch persönliche Einwirkung den König umstimmen zu können: wenn Scharnhorst und Gneisenau es dahin bringen könnten, daß er nach Königsberg berufen werde, so sei vieles gewonnen: „ich spreche mit dem Herrn ehrerbietig aber auch offen und freimütig und die Widrig-, Schwach- und Schlechtgesinnten sollen schon schweigen, wenn ich da bin." Er ließ dabei aber auch in Königsberg auf seine Ehre versichern, daß er nichts Eigenmächtiges tun werde, bevor er aus dem preußischen Dienst entlassen sei. „So lange ich dem König diene, kann ich nicht beginnen, werde es auch nicht," schrieb er an Gneisenau, der auf dem Sprung war, nach England zu gehen; „aber da ich fest entschlossen bin, den hiesigen Dienst auf eine Zeit zu verlassen, so muß das, was ich beabsichtige, ohne Verzug geschehen. Niemals werde ich mich vom Interesse des hiesigen Staats ganz entfernen; da ich aber zu seinem Besten in meinem jetzigen Verhältniß nicht wirken kann, nun so muß ich einen anderen Weg einschlagen." Wochen der höchsten Spannung vergingen: da wurde am 5. und 6. Juli die vom König erwartete zweite Schlacht an der Donau geschlagen; Erzherzog Karl wich bei Wagram nach ehrenvoller Gegenwehr. Blücher aber verzweifelte deshalb doch nicht.

„Alle Nachrichten, so mir zukommen, bestätigen die mißliche Lage der französischen Armee," berichtete er dem König; „wenngleich der Kaiser Napoleon Scheinvorteile durch den Übergang über die Donau errungen, so kömmt seine Armee nun in ein Land, wo sie angefeindet wird und wo sein Gegner dagegen alle mögliche Unterstützung erhält und seine Subsistenz erleichtert wird. Ganz Bayern ist gleichsam von Insurgenten überschwemmt; Chasteler [in Tirol] manövrirt mit dem glücklichsten Erfolg, die Verbündeten werden lau und die ersten Niederlagen der Franzosen bringen ihren Entschluß, den Kaiser zu verlassen, zur Reife. Der Herzog von Abrantes [Junot] ist geschlagen [am 8. Juli bei Berneck am oberen Main durch die vereinten Österreicher und Braunschweiger]. General Am Ende steht mit einem [österreichischen] Korps von 8000 Mann in Sachsen. Der König von Westfalen hat gleichfalls gelitten [er war bei Schleiz vor General Kienmeyer und Herzog Wilhelm zurückgewichen]. Die Engländer sind der Angabe nach mit 30000 Mann [an der Elbe und Weser] gelandet. Dieses Alles gewährt eine ruinöse Ansicht der französischen Armee."

„Allergnädigster König, gewähren Sie die Bitte eines in Ihrem Dienst grau gewordenen Mannes, der so ehrlich wie er Ihnen von Herzen ergeben ist, der bereit ist sich für Sie aufzuopfern und dessen heißester Wunsch darin besteht, seine letzten Lebenstage für Sie und Ihre Macht nützlich zu verwenden. Genehmigen Eure Königliche

Majestät, daß ich mit einem Korps Ihrer Truppen über die Elbe gehen darf, so bürge ich mit meinem Kopf dafür, daß ich die von uns getrennten Provinzen wieder in Besitz nehme. Halten Eure Königliche Majestät meine Ansichten nicht für übertrieben; sie sind es nicht; ich weiß, was ich mir jenseits der Elbe und in Westfalen zu versprechen habe und wozu ich täglich aufgefordert werde. Erwägen Sie, allergnädigster König, die Freude, so sich in die Herzen Ihrer treuen Untertanen ergießen wird, wenn sie sehen, daß zu ihrer Befreiung so kräftig gewirkt wird; [erwägen Sie,] welche Versicherung Eure Königliche Majestät der Grafschaft Mark gegeben, daß diese treuen Untertanen niemals von der preußischen Monarchie getrennt werden sollten. Welchen Dank wird Ihnen die ganze deutsche Nation zollen, wenn sie sieht, daß Sie entschlossen sind, sie von ihrem unerträglichen Joch zu befreien. Wenn man den Hannoveranern und Hessen die Versicherung gibt, daß sie ihren alten Fürsten wieder angehören sollen, so sind diese beiden Nationen gewonnen; sie bringen Gut und Blut zum Opfer. Wenn die Truppen, so Eure Königliche Majestät mir anvertrauen, vier Wochen vom Tage des Übergangs über die Elbe bezahlt sind, so will ich sie nachher verpflegen und besolden und dieses soll ohne Murren der Bewohner geschehen. Eines Waffenplatzes werde ich mich ohne große Aufopferung zu versichern wissen."

„Findet mein Vorschlag nicht den Allerhöchsten Beifall, nun so habe ich mein Herz erleichtert und meine Abscheu, fremde Fesseln zu tragen, dargetan. Ich bin frei geboren und muß auch so sterben."

„Zeit, allergnädigster König, ist nicht zu verlieren, damit Fremde [die Engländer] unsre Provinzen nicht auszehren und es schwer wird, sie dereinst aus ihren Händen wieder zu erhalten."

Blüchers Anschauung erhält eine gewichtige Stütze durch die Tatsache, daß der Sieger dem österreichischen Feldherrn bei Znaim einen Waffenstillstand anbot. Die Nachricht von dessen Abschluß weckte in Preußen erst die volle Erkenntnis der Gefahr, in der es schwebte; wenn sich Napoleon, nachdem er Österreich abgetan, gegen Norden wendete, war Preußen ihm schutzlos preisgegeben; der König ließ sich endlich zu dem Versprechen herbei, sich an Österreich anzuschließen, falls es den Kampf wieder aufnehmen würde. Um zum Krieg besser gerüstet zu sein, ließ der König die Manöverzeit, zu der die Truppen zusammengezogen waren, verlängern und dann sie nur so weit auseinanderlegen, daß man sie schnell versammeln konnte. Es kamen nun Monate bangen Harrens für Preußen.

Noch einmal, im August, schnellte Blüchers Hoffnung in die Höhe; er hatte Nachrichten von der Aufkündigung des Waffenstillftandes; Kaifer Franz werde das Kommando über die Armee felbft übernehmen und fich mit tüchtigen Generalen umgeben.

Mit Graf Götzen in Schlefien blieb Blücher in regem Meinungs-austaufch. „Die franzöfifche Macht ift immer anfehnlich," fchrieb er ihm Anfang Oktober, „aber die öfterreichifche nicht minder. Nur die 5 Feldherrn [der Hofkriegsrat], die alle mitfprechen dürfen, ift eine üble Vorbedeutung der Zukunft. Indeffen kommt manchmal ein ungefährer Zufall, der die verfchiedenen Meinungen und Anfichten auch wohl vereinigt. Möchte der Kaifer Franz fich nur felbft ver-trauen und denken an den alten deutfchen Wahlfpruch: das Glück ift dem Kühnen hold!"

„Ich habe dem König die ernfte Vorftellung gemacht, und ihn gradehin gebeten, mich mit einem Korps feiner Truppen über die Elbe zu laffen; ich glaubte eine ungnädige Antwort zu erhalten, aber aus der Beilage fehen Sie das Gegenteil. Der unglückliche Waffenftill-ftand gab dem König Stoff mir zu begegnen [es abzufchlagen]; follte nun die Fehde neu beginnen, fo würde ich auch neuen Stoff bekommen, noch bringender zu werden." Er lobt den Zuftand feiner Truppen. „Möchten wir nur einen uns angemeffenen Entfchluß nehmen! Von allen Seiten würde man uns beifpringen. Die Stimmung in Weft-falen ift vortrefflich; täglich erhalte ich Einladungsbriefe. Ich habe dies Alles ohne Rückhalt dem König gefchrieben." Auch von Gneifenau aus London habe er gute Nachrichten. „Ihre Lage, mein befter Graf," fchrieb Blücher weiter, „ift wahrlich nicht die ruhigfte und erfordert alle Aufmerkfamkeit; indeffen dient es mir zur Beruhigung, daß Sie mit Vollmacht verfehen find; wenn Alles von einem Kopf ausgeht, ift fchon Vieles gewonnen." Er fügt über fich hinzu: „Gefund bin ich wie ein Fifch — aber die liebe Langeweile, der Schreibtifch und das ewige Einerlei find [für] mich Gift."

Wenige Tage fpäter fchickte Götzen die beunruhigendften Nachrichten von dem bevorftehenden Friedensfchluß und den Abfichten Napoleons. „Der Brief," antwortet ihm Blücher, „hat mich erfchüttert. So werden wir nun den Lohn unfres Zauderns einernbten!" Er fandte fogleich einen Offizier feines Stabes an den König, der folgendes Schreiben zu überreichen hatte: „Mit dem innigften Schmerz muß ich Ew. König-lichen Majeftät die erhaltene Nachricht von dem Abfchluß des für Öfterreich höchft nachteiligen Friedens melden. Das Unglück, welches uns bevorfteht, ift fchrecklich, da Napoleon fich beftimmt geäußert haben foll, die rückftändigen Kontributionen felbft beitreiben zu wollen."

„Noch vor wenigen Monaten konnten Ew. Königliche Majeftät der allgemeinen Sache aller Völker durch einen kühnen Entfchluß den

Ausschlag geben. Höchst schmerzhaft ist es mir, daß Sie, Allergnädigster Herr! meine bringend ehrerbietige Bitte verworfen haben, die ich aus wahrer unbegrenzter Anhänglichkeit wagte."

„Die Wiederbesetzung des größten Teils Ew. Königlichen Majestät Staaten durch die Franzosen ist nicht zu bezweifeln. Wir werden das Schicksal der Hessen haben, und durch einen Federstrich Napoleons fallen. Wir haben also nichts mehr zu verlieren, denn ein ehrenvoller Tod ist besser als ein von der Welt gebrandmarktes Leben. Ew. Königliche Majestät können noch sich, die Königliche Familie und das Land retten, wenn Sie uns die Waffen in die Hand geben. Mit weit geringeren Mitteln widerstand einst Friedrich der Große der Unterjochung, denn Ew. Königliche Majestät können auf eine Armee von 60000 Mann, auf noch einmal so viel teils exercirte, teils waffenfähige Mannschaft und auf das ganze Land rechnen, welches gewiß lieber für seinen König fechten und sich auf seines Königs Stimme aufopfern, als ein fremdes Joch tragen wird. Ganz Deutschland, dessen Freiheit am letzten Faden von Ew. Königlichen Majestät gehalten wird, kann und wird mit uns gemeinschaftliche Sache machen. Was könnten, was wollten wir nicht tun, wenn unser König nur sich unserer annehmen, nur mit uns kämpfen und lieber den Tod als Schmach teilen wollte! — Ich, der ich meinem angeborenen König bis in den Tod getreu bleibe, ich verbürge mich, daß es gut gehen muß, wenn man nur die rechten Mittel ergreift."

„Haben Ew. Königliche Majestät die einzige Gnade, meine fußfällige Bitte zu hören und sie so zu nehmen, wie ich sie freimütig als ein deutscher Mann Ihnen zu Füßen lege. Haben Ew. Majestät die Gnade, mich die Gewährung durch den Überbringer wissen zu lassen. Sehr gut, sehr leicht können wir einen imponirenden Schritt durch die Wegnahme von Stettin tun. Wenn wir aber warten, so wird sich die dortige Garnison verstärken. Jetzt ist sie mit den Kranken 1900 Mann stark und ohne Kavallerie, größtenteils deutsche Truppen."

„Auf jeden Fall bitte ich Ew. Königliche Majestät um Verhaltungsbefehle, wie ich mich benehmen soll, was aus den Truppen in der Mark werden wird, wohin ich sie schicken soll, wenn der Feind Berlin wieder besetzt und jene Truppen in mein Gouvernement kommen. Alle diese Fälle, welche ich bestimmt vorauszusehen glaube, dürfen nicht unerwartet kommen, wenn ich nicht gegen die Intentionen Ew. Königlichen Majestät handeln soll."

„Kein falscher Ehrgeiz, keine verkehrte Ansicht, nicht die Ahnung der Möglichkeit, meinen König und Herrn durch verderbliche Ratschläge in den Abgrund zu stürzen, wie so viele leidige Ratgeber der

Könige, die den natürlichen Mut und die Entschlossenheit meines grenzenlos geliebten Monarchen durch Kleinmütigkeit und verkehrte Liebe das Land zu schonen, irre zu leiten suchten, sondern allein der innigste Wunsch, das Königliche Haus auf dem Thron zu erhalten und unser armes Land nicht unter die Füße getreten zu sehen, leiten mich bei meiner alleruntertänigsten Bitte. Die bisherigen Begebenheiten, der aus sicherer Quelle erfahrene Entschluß Napoleons, und die Überzeugung, daß dieser Kaiser Ew. Königlichen Majestät Staaten gebraucht, um Westfalen festzustellen, daß er Ihnen, Allergnädigster Herr, weder die rückständige Kontribution, noch so manches Andere erlassen wird und endlich in jedem Falle einen Vorwand finden wird, — diese Überzeugung zwingt mich, Ew. Königlichen Majestät diese Vorstellungen zu Füßen zu legen. Geruhen Sie, Allergnädigster König, mir nur einen Strahl von Hoffnung zu geben, so werde ich mich beruhigen. Warum sollten wir uns denn geringer als die Spanier und Tyroler achten! Wir haben größere Hülfsmittel als sie!"

„Wenn wir unseren Herd zu verteidigen wissen, so werden wir es wert sein, fortzudauern. Unwert der Fortdauer werden wir untergehen."

Indem er den Inhalt an Götzen mitteilte, fügte er hinzu: „Euer Hochgeboren Lage ist nicht angenehm, denn den Polen darf man jeden Schelmenstreich zutrauen. Mein Rat ist, zu den Waffen unsre und die ganze deutsche Nation aufzurufen, den vaterländischen Boden zu verteidigen, die Waffen im Allgemeinen nicht eher niederzulegen, bis ein Volk, das uns unterjochen wollte, vom diesseitigen Rheinufer vertrieben sei. Jeder Deutsche, der mit den Waffen wider uns getroffen werde, habe den Tod verwirkt! Ich weiß nicht, warum wir uns nicht den Tyrolern und Spaniern gleich achten wollen."

„Wie mir diese freimütigen Aufforderungen aufgenommen werden, muß ich erwarten, und ob der König nicht endlich aus seinem Schlummer erwachen wird und seine Sicherheitskrämer, die ihn wie faule Tiere umgeben, zum Teufel jagen wird."

Er bittet Götzen, ihn vom endgültigen Abschluß des Friedens schleunigst zu unterrichten. „Für meine Person ist mein Entschluß genommen: ich unterlasse Nichts, um den König zu bewegen, sich mit seiner Armee und seinem Volk zu vereinigen, einen ehrenvollen Tod der Sklaverei vorzuziehen; hilft Alles Nichts, so gehe ich über Land und Meer." Götzen antwortete, mit größter Teilnahme habe er gelesen, was Blücher getan, um den König zu einem von ihm wie allen, die es treu meinen, gewünschten Entschlusse zu bewegen; er fürchte, daß trotzdem nichts davon erfolgen werde; dann werde sich wahrscheinlich ereignen, was Blücher befürchte. „Dann aber ist es unsre Pflicht, uns ein ruhmvolles Andenken und unsern Nachkommen ein gutes Beispiel zu hinterlassen; ich wenigstens hoffe so handeln zu dürfen, denn meine Vollmachten befehlen es mir auf das Allerbestimmteste . . . ich rechne darauf, daß wenn ich in den Fall kommen sollte, davon Gebrauch zu machen, auch Euer Exzellenz mich nicht verlassen werden." Tags darauf bestätigte Kaiser Franz den Friedensschluß. Preußen mußte auf das Äußerste gefaßt sein. Aber — der Kaiser Napoleon ließ es bei Schmähungen, Drohungen und Demütigungen bewenden: Preußen blieb bestehen.

Zweifellos war es in erster Linie die Rücksicht auf Rußland, die Napoleon hinderte, Rache an Preußen zu nehmen. Aber auch die entschlossene Haltung Blüchers und Götzens ließ ihn erkennen, daß er dabei auf verzweifelte Gegenwehr gestoßen sein würde. Als er Friedrich Wilhelms Abgesandten in Paris empfing, fragte er zornig, wer denn eigentlich in Preußen regiere? Sei es immer noch der da in Schlesien (Götzen) oder Schill oder „Blüquaire"?

Max Lehmann meint, Blücher und Bülow seien zeitweise entschlossen gewesen, loszuschlagen — wenn der König einwilligte mit ihm, wenn nicht ohne ihn; die geheimen Unterhandlungen mit Götzen, die jene nicht dem Papier anzuvertrauen wagten, deutet er in diesem Sinne. Wirklich liegen noch weitere Anzeichen vor, daß Blücher damals in Versuchung war, auf eigene Faust zu handeln. Gneisenau hat 1811 ausgesprochen, es habe einen Augenblick gegeben, wo man im Blücherschen Hauptquartier „sehr kühn" gedacht habe; es sei aber nur ein Augenblick gewesen; und auch die Erklärungen, die Scharnhorst und Gneisenau Ende 1811 dem britischen Agenten in Berlin geben, lassen durchblicken, daß Blücher 1809 zu einer selbständigen Aktion ohne oder gar gegen den Willen des Königs zu bewegen gewesen sei. Jener Agent aber war froh, daß Blüchers Abwesenheit ihn davon entband, diesen „sehr respektablen Greis" selbst auf die Probe zu stellen; wenn er dabei an seiner Diskretion zweifelte, so rechnete er doch offenbar mit einer schroffen Ablehnung dieses Versuchs, ihn zum Treubruch zu verleiten.

Nach Blüchers sonstigen Äußerungen muß man mit Gneisenau annehmen, daß der Augenblick, in dem Blücher zu „sehr kühnen" Entschlüssen bereit war, eben nur ein Augenblick war. Ich meine, seine Abmachungen mit Götzen sollten nur sein Zusammenwirken mit ihm sicherstellen, wenn die Franzosen in Schlesien einrückten; dann würde Blücher gehandelt haben, auch ohne des Königs Befehle abzuwarten, so wie er 1807 dazu bereit war. Mit Recht hebt Lehmann

hervor, daß der in Preußens Heer herrschende Mannesmut selbst vor
der schwersten Verantwortung niemals zurückgeschreckt ist, daß seine
Führer sich aber nie in einen bewußten politischen Gegensatz zu
ihrem König gesetzt haben: stets ist dieser in Wahrheit Preußens
Kriegsherr geblieben.

Preußen in seiner tiefsten Erniedrigung 1810 und 11.

Am 1. November 1809, nachdem der Abschluß des Friedens
zweifellos geworden war, hatte der König auf Blüchers Brief geant-
wortet: er könne ihm keine neuen Verhaltungsbefehle schicken „... und
danke Euch verbindlichst für die treue Anhänglichkeit, welche Ihr Mir
... aufs Neue zu Tage leget ...“ Auch bei der Durchfahrt des
Hofes durch Stargard im Dezember bezeugten König und Königin
dem General ihre besondere Gnade. Aber die trüben Tage, die jetzt
über Preußen hereinbrachen, bekümmerten Blücher tief.

Napoleon hatte das schleunige Abtragen der rückständigen Kriegs-
zahlungen oder weitere Landabtretungen verlangt; Preußen könne
ja durch Auflösung seiner Armee das nötige Geld sparen; vor allem
aber hatte er auf des Königs schleunige Rückkehr nach Berlin, in den
Bereich der von französischen Truppen besetzten Festungen, als Beweis
seiner Vertragstreue Wert gelegt. Bald kamen neue Demütigungen:
Scharnhorst, der grade an neuen Rüstungsplänen arbeitete, mußte
auf Napoleons Verlangen sein Amt als Chef des Kriegs-Departements
niederlegen. Der König entschloß sich, den Stand der Armee durch
starke Beurlaubungen auf beinahe die Hälfte herabzusetzen. Den Ver-
fügungen Napoleons gegen den englischen Handel mußte sich Preußen
unter Abschließung seiner Küsten unbedingt unterwerfen. Handel und
Wandel litten dadurch aufs schwerste.

Da traf den König und den Staat unerwartet ein schwerer Schlag.
Am 19. Juli 1810 starb die Königin Luise. Sie hatte gekränkelt, aber
daß es so ernst stehe, wußte selbst der König nicht. „Ich bin vom Blitz
getroffen,“ schrieb Blücher beim Empfang der Nachricht; „der Stolz der
Weiber ist also von der Erde geschieden! Gott im Himmel, sie muß für
uns zu gut gewesen sein. ... Es ist doch unmöglich, daß einen Staat so
viel aufeinander folgendes Unglück treffen kann ... in meiner jetzigen
Stimmung ist mir Nichts lieber, als daß ich erfahre, die Welt brenne an
allen vier Enden.“ Selbst solche, die den Einfluß der Königin auf die
Politik nicht immer gebilligt hatten, mußten wie Gneisenau bekennen:
„Es ist ein großes Unglück selbst in politischer Rücksicht — ich sehe

abermals eine Hoffnung schwinden", und Stein klagte, wer werde
nun den vom Schicksal verfolgten und vereinsamten König aufrichten!

Gleich nach der Rückkehr des Hofes nach Berlin hatte der König
die Auflösung des Tugendbundes verfügt. Vor anderthalb Jahren
hatten patriotische Männer für die Satzungen ihrer „Gesellschaft zur
Übung öffentlicher Tugenden" durch Steins Fürsprache die aller-
höchste Genehmigung erlangt. Auch Blücher hatte anfangs durch seinen
Adjutanten Eisenhart und durch Ribbentrop zu dem Tugendbund, wie
der Verein bald genannt wurde, Beziehungen unterhalten, lehnte aber
ebenso wie Stein, Scharnhorst und Gneisenau den Eintritt ab. Napoleon
überschätzte den Einfluß des Tugendbundes, den er wie eine Art gegen
ihn gerichteter Feme ansah. Immerhin hat der Bund sehr viel Gutes
gewirkt. Er predigte die Wahrheit, daß wenn „die Heere des Volks
bis zur Vernichtung besiegt werden, ohne daß neue wieder erstehen,
so liege die halbe Schuld im lockeren Volke".

Blücher hat nach der Erhebung Preußens einmal in einer Rede
an der königlichen Tafel die glückliche Verschmelzung, daß man im
preußischen Staate nicht mehr wisse, wo das Militär aufhöre und
der Bürgerstand anfange, als ein charakteristisches Denkmal der Zeit
gefeiert; zu der innerlichen Aussöhnung der Stände hat der Tugendbund, dem Offiziere und Beamte, Gelehrte und Ungelehrte angehörten,
kräftig beigetragen. Und welcher Widerstand hierbei zu überwinden
war, zeigt u. a. die Empörung Yorcks auf dem Ordensfest 1810, die
Blücher so launig geschildert hat: wie es den stolzen General ver-
drossen habe, daß er mit Pastoren und Schauspielern gemeinsam an
des Königs Tisch geladen sei. War doch vor 1806 für den Offizier
der Umgang mit „Bürgersleuten" gradezu verpönt.

Trotz der großen Verschiedenheit der Charaktere und Anschauungen
stand Blücher noch in dieser Zeit sehr freundschaftlich mit Yorck; im
Frühjahr 1810 besuchte dieser Blücher in Stargard. Dagegen reiste
der ihm innerlich viel näher stehende Gneisenau, der aus England
nach Schlesien auf sein Landgut zurückkehrte, daran vorbei, um seine
„Gönner und Freunde nicht durch meine verpestende Gegenwart in
Verlegenheit zu setzen"; er betonte, wie leid es ihm tue, „unserm
ehrwürdigen Heros" seine tiefe Verehrung nicht haben bezeugen zu
können. Er mußte Blüchers Lage zu würdigen und den Wert seiner
Persönlichkeit in solcher Zeit, seinen Einfluß nach oben und unten zu
schätzen. Als er sich in der Zurückgezogenheit seines Landlebens nach
dem Zustand der Dinge erkundigte, frug er u. a.: „Welche Nachrichten
haben Sie aus dem Blücherschen Hauptquartier? Es ist nicht gleichgültig, dort die gute Stimmung zu erhalten, da eins oder das andere

Herz dort nicht unzugänglich fremden Einflüsterungen und selbstsüchtigen Zwecken sein möchte, nicht sowohl um den Sinn des braven Generals zu wenden, denn dies ist unmöglich, als vielmehr die Ausführung kräftiger Dinge zu lähmen."

In engen Beziehungen blieb Blücher mit dem Grafen Hardenberg, der, nach dem Tilsiter Frieden verabschiedet, im Juni 1810 als „Staatskanzler" vom König wieder ans Steuer berufen wurde. Mit Scharnhorsts Hülfe verstand er es, die Nachgiebigkeit gegen Napoleon ohne Landabtretung mit der Förderung der Wehrkraft des Landes zu vereinigen.

Auf Napoleons Forderung war die Ostseeküste mit einer Truppenkette besetzt, um den Schmuggel mit englischen Waren zu verhindern. Das führte mit der englischen Seemacht, die ihren Handel zu schützen suchte, zu Zusammenstößen, da Blücher Befehl hatte, die Briten als Feinde zu behandeln. „Die Engländer necken mich alle Tage, aber ich werde sie nächstertags auf die Finger klopfen," drohte Blücher schon im Herbst 1810. Als im Juni 1811 der Kommandant von Kolberg ihm meldete, ein englisches Boot, das dort hatte anlegen wollen, sei auf zwei Warnungsschüsse umgekehrt, bekam er zu hören: „Es wird in Zukunft die Anzeige, daß Sie ein feindliches Fahrzeug, welches sich dem Hafen schußgerecht nähert, in den Grund bohren ließen, mir weit erwünschter kommen."

Später, als er auf den Kriegsausbruch gegen Frankreich und auf Unterstützung von England rechnete, war er anders gesonnen. Ein gestrandetes englisches Schiff wurde im September von Fischern aufgegriffen und nach Kolberg gebracht; der König befahl, das Schiff öffentlich zu versteigern. Blücher schrieb darauf an den Staatskanzler: „Unsre Transporte von Getreide sind jetzt teils zu Wasser nach Kolberg im Fahren; die Engländer lassen sie passiren; sollten sie erfahren, daß man ihr Schiff hier verkauft, möchten Sie uns wohl Hindernisse in den Weg legen: ich glaube also, der Verkauf kann noch anstehen."

Mit den französischen Behörden wußte Blücher vortrefflich auszukommen; als sie zur Versiegelung von Stettiner Speichern schritten, gab er den dortigen Kaufleuten schuld; wäre er rechtzeitig benachrichtigt worden, so meinte er, hätte er manches gleich beseitigen können, da er mit dem dort kommandierenden General Liebert in gutem Verständnis lebe. Ein andermal mußte er die billige Denkart dieses Generals anrufen, als ein französischer Kaper ein Kolberger Handelsschiff weggenommen hatte, obgleich es schon von preußischen Soldaten besetzt gewesen war; dabei erklärt er die geringe Tatkraft des beteiligten preußischen Offiziers: „Das sind die Folgen von einer beständigen Nachgiebigkeit!"

Auch mit den Neuerungen in der Truppenausbildung war Blücher in mancher Beziehung nicht einverstanden. Er warnte davor, die jungen Leute, „die ihre Kräfte noch nicht alle zusammen haben", beim Manövrieren soviel laufen zu lassen; die Zeit werde es lehren, „daß wir hektische in Menge bekommen werden". Daneben macht er darauf aufmerksam, daß der Soldat der vielen Abkommandierungen wegen statt 6 nur noch 3 wachtfreie Nächte habe; das sei aber auch genug: „den Soldaten muß man nicht verzärteln; kein Soldat in der ganzen Welt wird besser gehalten und gekleidet wie der unsrige, also kann er auch was tun." Für das Exerzieren der Kavallerie hatte Oberst v. Borstell, ein Gegner der Scharnhorstschen Reform, neue Bestimmungen entworfen, die Blücher als „Kunstfechterei" und „Possen" bezeichnete. „Es tut mir leid um die kleine aber wahrhaft gute Armee," schreibt er in diesem Zusammenhange dem Generaladjutanten; „wenn der vermaledeiten Schreibsucht und Neuerungsbegierde nicht Schranken gesetzt wird, so werden wir bald viele Professoren aber keine Soldaten mehr haben."

Er reichte dann dem König eine vollständige Denkschrift „über die häufigen Kränkungen und Neuerungen" ein, „so den Militär täglich treffen". „Ob der Herr darauf reflektiren wird," schreibt er dabei an Boyen, damals Abteilungschef im Kriegsdepartement, „weiß ich nicht, bin indessen beruhigt, meiner Pflicht genügt zu haben und als gleichsam ältester Offizier nicht stillschweigend unserm Stand etwas vergeben zu haben. Der Herr Feldmarschall in Berlin [Kalckreuth] schweigt zu Allem und bestärkt mit jedem Tag die Meinung." Schon im Vorjahr hatte er sich über die Behandlung seiner eigenen Wohnungsangelegenheiten beschwert. Der König hatte damals zugegeben, daß hier nicht ganz richtig verfahren sei, doch müsse er wünschen, daß bei solcher Gelegenheit mit möglichster Mäßigung zu Werke gegangen werde, weil sonst die Eintracht der Stände gestört werde, was dem königlichen Dienste nachteilig sei.

Für des Generals billige Denkweise zeugt die Behandlung eines Vorfalls an der Stargarder Junkerschule. Die jungen Leute hatten jugendlich-dumme Streiche gemacht und sich duelliert; es war ein Kriegsgericht eingesetzt worden, das über die Übeltäter Kassation verhängt hatte. Blücher verwendete sich für sie beim König und schrieb dem Generaladjutanten, sie müßten natürlich gestraft und derbe herangeholt werden, aber wo so viele junge Menschen zusammenkämen, komme solches Ereignis wohl mal vor.

Blüchers grade Art zeigt ein Erlaß über das Schreibwesen, in dem er verlangte, die Offiziere möchten sich in schriftlichen Eingaben „der möglichsten Kürze befleißigen und mich mit französischen Ausdrücken verschonen, da es ihnen wohl bekannt sein wird, daß ich kein guter Franzose bin. Ich wünsche, daß ein Jeder so an mich schreibt, als wenn er mit mir spricht, alle Gnade und Untertänigkeit weglasse, und in diesem Geschmack werde ich dann antworten."

Bald zog die drohende Spannung zwischen Frankreich und Rußland die ganze Aufmerksamkeit des Generals auf sich.

Schon im September 1810 hatte Blücher Nachricht, daß französische Truppen in Sachsen vorgeschoben würden; „immer näher," meinte er ingrimmig: „wenn es erst auf der Haut brennt, dann lehrt die Not handeln." „Bald, bald wird der allgemeine Brand, wovon ich so lange erwähnt, entstehen."

Im Januar 1811 erhielt Blücher Nachrichten, die eine Besetzung Swinemündes durch die Franzosen befürchten ließen; er verstärkte deshalb die preußische Besatzung, ließ die dort beschlagnahmten Schiffe und Kolonialwaren sorgsam bewachen und ordnete eine strenge Aufsicht über die vielen Fremden an, um den Franzosen jeden Vorwand zum Eingreifen zu nehmen. Der König bezeigte ihm denn auch seine besondere Zufriedenheit über sein „ganz der Politik angemessenes Benehmen". Schon in dieser Zeit begannen französische Truppenbewegungen gegen Osten; ja es liefen bereits Gerüchte um von Märschen im Mecklenburgischen. Blücher meinte, der „gewünschte Spektakel" werde bald losgehen. Im April verlangte General Liebert eine Veränderung der Etappenlinie für die von Küstrin nach Danzig bestimmten Truppen. Blücher lehnte das ab und fand damit die Billigung des Königs. Bald aber wurde auf die Forderung ihres Gesandten die Sache doch im Sinne der Franzosen geregelt.

Im Mai erhielt Blücher die Nachricht, ein französischer General wolle die Küste bei Swinemünde besichtigen; er wies den Kommandanten an, den General dann „als Reisenden, aber höflich zu behandeln". Dem Generaladjutanten des Königs teilte er dies mit; er bezweifle die Nachricht zwar, da der französische Kommandant von Stettin ihm nichts mitgeteilt habe; indessen, die Franzosen seien anmaßend; er werde zwar weiter höflich gegen sie sein, aber sie hätten von ihm keine Gewährung ihrer Unregelmäßigkeiten zu erwarten; er müsse gestehen, daß ihr Betragen sich seit einiger Zeit sehr verändert habe; nur General Rapp, der Kommandant von Danzig, verfahre stets regelmäßig und artig; seufzend setzt er hinzu: „Es ist eine drückende Lage, beständig der Nachgiebige zu sein."

Immer deutlicher zeigte sich die Absicht Napoleons, mit Rußland abzurechnen. Preußens schreckliche Lage wurde dadurch ins Unerträgliche gesteigert. Zu dem wirtschaftlichen Niedergang kam die Aussicht auf die Schrecken des Krieges. Schon verweigerte Napoleon die Räumung der Festung Glogau, deren Rückgabe vertragsmäßig eigentlich erfolgen mußte; nachdem der Kaiser sein Reich ohne weiteres bis Lübeck ausgedehnt hatte, war man täglich auf das Einrücken fränkischer Adler in preußisches Gebiet gefaßt; dem Gewalttätigen war zuzutrauen, daß er den Hohenzollern das Schicksal des entthronten spanischen Königshauses bereiten werde; hatte er doch soeben einen Vetter des Zaren, den Herzog von Oldenburg, seines Landes beraubt.

Und selbst wenn er Preußen zunächst nicht angriff — war Rußland besiegt, so war an ein selbständiges Bestehen Preußens nicht mehr zu denken. Und doch gab es eine starke Partei im Rate des Königs, die im Anschluß an Frankreich die einzige Rettung sah: jene von Blücher mit dem Ehrennamen „Sicherheitskommissare" bezeichneten Leute. Er wünschte, daß „Pech und Schwefel vom Himmel regnen" möge. Grade durch den schweren Druck des Unheils hoffte er einen Umschwung entstehen zu sehen. „Ich gebe die Hoffnung noch nicht auf, daß wir bessere Zeiten erleben; wenigstens wird das Leben doch nicht so ennüyant und alltäglich bleiben."

Preußens militärische Lage Frankreich gegenüber war so ungünstig, daß Blücher an York schrieb: „Man kann uns alle Tage gleichsam zusammenklappen; aber wir sind selbst schuld daran. Möchten die Russen endlich einmal einen klugen Streich machen und die Polen überrennen! Das könnte die Sache sehr aufhalten!"

In Berlin wurde die Erkenntnis von der Gefahr, in der man schwebte, immer lebhafter. Die französischen Truppenbewegungen dauerten fort; auch preußisches Gebiet wurde betreten, ohne daß die vertragsmäßige Anzeige erstattet wurde. Man mußte mit einem Überfall rechnen. Vor allem galt es die Sicherheit der Person des Monarchen zu gewährleisten. Man sah sich genötigt, die Garnison von Berlin zu verstärken; um einen sicheren Rückzug über die Oder zu haben, wurde eine Brücke zwischen Stettin und Küstrin geschlagen und Truppen wurden aufgestellt, die den Übergang gegen Bedrohung durch die französischen Festungsbesatzungen zu sichern hatten. Zugleich wurden Anordnungen getroffen, um den preußischen Heeresteilen in der Mark, in Pommern und in Preußen Zufluchtsstätten zu schaffen, in denen sie vor dem Ansturm des französischen Heeres Schutz finden würden. Es wurde beschlossen, bei Spandau, bei Kolberg und bei Pillau befestigte Lager herzustellen.

Auf Scharnhorsts Betreiben genehmigte der König die erneute Anspannung aller Kräfte des Heeres. Die Zahl der Krümper wurde erhöht, um noch mehr ausgebildete Mannschaften zur Verfügung zu haben; im März wurde ein großer Teil der Truppen zusammengezogen unter dem Vorwande, Landungen der Engländer zu verhüten. Blüchers pommersche Brigade wurde dazu durch Infanterie, Kavallerie und Artillerie der Nachbar-Brigaden verstärkt; die Beurlaubten wurden eingezogen, die Festungsbesatzungen vermehrt. Außerdem wurden aus noch verfügbaren Krümpern „Arbeits-Brigaden" gebildet, die neben dem Schanzdienst auch ihre soldatische Ausbildung betrieben.

Ende April bekam Blücher den Befehl, seine Truppen dichter um Kolberg zusammenzuziehen, sein Hauptquartier wieder in Treptow aufzuschlagen. Er erhielt geheime Weisungen, wie er sich im Fall eines französischen Angriffs zu verhalten habe.

Am 1. Mai übernahm Blücher in aller Form das Oberkommando über die längs der Küste stehenden Truppen und die Besatzung von Kolberg; es waren nun 8 Bataillone, 14 Schwadronen, 2 Batterien, die von Swinemünde bis zur Leba verteilt standen; dazu kamen ein Dutzend Arbeits-Brigaden, die Depots und die unberittenen Mannschaften der Kavallerie-Regimenter; die beiden Flügel standen unter besonderen Kommandeuren; General v. Bülow waren alle Truppen bis auf die Besatzung von Kolberg unterstellt. Aus dem Befehlsbuch ersieht man die lebhafte Tätigkeit, mit der Blücher sowohl die Truppenausbildung wie den Festungsbau betrieb.

Nach seinen Besichtigungen bekamen die Truppen und einzelne Offiziere mehrfach Anerkennungen, die allen bekanntgemacht wurden.

Anfang Mai alarmierte er die Besatzung von Kolberg unter der Annahme, daß die Engländer die Festung angriffen; er empfahl Genauigkeit, aber Unruhe liebe er nicht; er äußerte sich nach der Übung lobend über den Kommandanten und war mit den Truppen zufrieden; er tadelte eigentlich nur, daß eine Schildwache einen Mantel angehabt hätte, obgleich die Sonne geschienen habe. Mitte des Monats besichtigte er die einzeln stehenden Bataillone, Eskadrons und Batterien bei ihren Standorten. Anfang Juni sah er das Brandenburgische Dragoner-Regiment erst zu Fuß, dann zu Pferde und war „vorzüglich" zufrieden; wenn auch bei der Ausarbeitung im einzelnen eins oder das andere noch nachzuholen bleibe, so sei doch die Zäumung, der Sitz der Leute und das Packen ganz so, wie es sein müsse.

Für alle Truppenarten schärfte er Stille beim Exerzieren ein.

Bei der Infanterie fügte er seinem Lob wohl die Wendung hinzu: „so viel ich davon verstehe". Der Kavallerie empfahl er: „die von mir persönlich gezeigte Art der Dressur, nämlich einzelne Leute aus dem Gliede herausreiten zu lassen, wodurch der Reiter gewöhnt wird, Herr seines Pferdes zu bleiben". Zur Besichtigung der Artillerie kam deren Inspekteur, der Prinz August, der nicht nur für sie, sondern auch für die übrigen pommerschen Truppen des Lobes voll war.

Besondere Fürsorge wandte Blücher der Bekleidung und der militärischen Ausbildung der Arbeits=Brigaden zu, über die er einen besonderen Inspekteur setzte. Wenn die als Arbeiter eingezogenen Krümper nicht schanzten, so sollten sie „gehörig dressirt und überhaupt so geformt werden, daß ihnen späterhin nur noch das Gewehr übrig bleibt".

Das Kriegsdepartement beabsichtigte, zur Ausbesserung der Militärstraße Stettin-Danzig zur Schanzarbeit eingezogene Krümper zu verwenden, die dafür einen Groschen Zulage bekommen sollten. Blücher zeigte sich sehr erstaunt, daß ein Soldat solchen Vorschlag machen könne. Erstens könne sich der Mann in der heißen Zeit für das Geld kaum den Durst löschen; zweitens sei ein großer Teil der Krümper ohne Fußbekleidung; „drittens erwäge man hauptsächlich, was diese Maßregel für einen Geist unter den Soldaten bildet, da in Frankreich und mehreren anderen Staaten zu diesen Arbeiten Sklaven (Sträflinge) genommen werden. Will man den Soldaten zu diesen Arbeiten anwenden, so gebe man ihm das kurrante Tagelohn und dann müssen hierzu Freiwillige genommen werden und kein Zwang stattfinden. Wäre derjenige, so diesen Vorschlag machte, nur selbst ein Krümper, so wäre das Projekt nicht zur Geburt gekommen und ich muß dasselbe daher auch als menschenfeindlich erklären." Er werde dem König darüber berichten, der nicht gestatten werde, daß seine Soldaten mit Sklaven in eine Kategorie gesetzt würden.

Auch die Einzelheiten des kleinen Dienstes entgingen ihm nicht. Er verlangte täglich alle Offiziere auf der Parade zu sehen. Nachdem schon im Frühjahr 1807 der Zopf fortgefallen war, wurde jetzt auch das Pudern abgeschafft.

Als die Herbststürme die Schiffsbewegung einschränkten und die Küstenbesatzung verringert werden konnte, ermahnte Blücher die Truppen, sich auf die großen Herbstübungen vorzubereiten; die Kavallerie sollte die Postierung ausnutzen, um sich im Feldbienst zu vervollkommnen.

Daneben verschaffte er sich auf alle mögliche Weise Nachrichten über die Bewegungen der französischen Truppen. Im Juli berichtete er dem Generaladjutanten von Gerüchten, die er durch einen ehemaligen Wachtmeister aus Stettiner französischen Offizierskreisen habe, über das Vorschieben französischer Truppen; das Anwachsen der Garnison Stettin gefalle ihm nicht; in allen drei Oderfestungen seien starke Besatzungen, in Danzig eine Armee als Garnison; auffallend seien die ungeheuren Transporte von Kanonen und Gewehren. Durch einen Offizier ließ er die Straße von Holland über Minden nach Magdeburg überwachen.

Der König wies diese Beunruhigungen anscheinend von sich: „Das Benehmen der französischen Regierung und die noch ganz neuerlich erhaltenen Erklärungen des französischen Kaisers bezeichnen die guten Gesinnungen desselben und geben keine Veranlassung, einen schnellen Angriff befürchten zu müssen. Ebenso beruhigend ist der Gang, den die Negotiationen zwischen den übrigen Mächten zu nehmen scheinen, indem daraus die erfreuliche Hoffnung hervorgeht, daß die vielleicht hin und wieder stattgefundenen Spannungen auf eine freundschaftliche Art beigelegt und so die Ruhe auf dem Kontinent erhalten werde." Blücher möge sich in seinem Korps in diesem Sinne äußern.

Bald aber schickte der General seinem König neue Lärmnachrichten: die Franzosen wollten ein Lager auf dem rechten Oderufer Stettin gegenüber beziehen; dadurch werde seine Verbindung mit den Truppen an der Oder weiter oberhalb beinah gänzlich gehemmt; beinahe müsse die Besorgnis entstehen, von Berlin getrennt zu werden. „Eure Königliche Majestät geheiligte Person, das Vaterland und meine Ehre haben den größten Wert auf Erden für mich; in der Ungewißheit, worin ich bin, ist die letzte am meisten gefährdet und ich kann es nicht bergen, daß ich fürchte, noch einmal in eine Lage versetzt zu werden, wie in die nach dem unglücklichen Frieden von Tilsit ich in Schwedisch-Pommern kam."

Und vierzehn Tage später meldet er: 10000 Franzosen sollten aus Mecklenburg an die Oder vorrücken; um nicht abgeschnitten zu werden und seine Truppen rechtzeitig in Kolberg vereinigen zu können, müsse er sie näher zusammenziehen. „Ich bin in der Politik nicht unterrichtet, aber durch keine Versicherung in der Welt kann das französische Kabinet meinen Unglauben an seine Aufrichtigkeit besiegen. Hessen, Holland, Spanien und die Hansestädte haben die unglückliche Erfahrung ihrer Leichtgläubigkeit gemacht. Glauben Eure Königliche Majestät mir als Ihren alten treuen Diener, daß alle die Menschen, die unsre Vorteile, so wir durch französische Großmut einernten sollen, zu verbreiten suchen, aus Nebenabsicht, Dummheit oder gar aus Schlechtigkeit handeln!"

Wiederholt aber warnte er seine Offiziere vor voreiligen Urteilen über politische Gegenstände, namentlich an öffentlichen Orten: „ich nenne dies politische Kannegießereien, aus denen Nichts als ein Kompromiß (damals in diesem Sinn gebräuchlich) des Staats resultiren kann."

Im geheimen ließ er dagegen ehemalige Offiziere, die für den Fall des Krieges alte Soldaten anwarben, nicht nur gewähren, sondern unterstützte sie sogar. So den Leutnant v. Kursly, dessen Werbeplatz, Neu-Warp, er durch ein Ulanenkommando sicherte und dem er angeblich die Zuweisung von westfälischen Deserteuren zusagte. Bei Kursly war ein Leutnant Süren tätig, den Blücher schon 1809 gegen Bestrafung geschützt und reichlich unterstützt hatte.

Auch die Unterhaltung von Kundschaftern nahm Blüchers Mittel sehr in Anspruch; er bat um Dispositionsgelder hierfür, da sich diese Ausgaben nicht gut in Rechnung bringen ließen; es sei auch jederzeit Gebrauch gewesen, kommandierende Generale damit auszustatten. Seine Geldverhältnisse waren überhaupt wieder in sehr schlechtem Stande.

„Seit der Rheinkampagne", schrieb er in den ersten Treptower Tagen an Boyen, „bin ich gleichsam in beständiger Bewegung; meine Herrn Kollegen genießen dagegen Ruhe und Bequemlichkeit; ich neide sie nicht, denn ich liebe das erste nicht und entbehre das zweite sehr gern und um so mehr als ich recht gesund bin und Nichts sehnlicher wünsche, als noch einmal zum allgemeinen Besten ernsthaft recht tätig zu werden; nur mein Geldbeutel wird mit jedem neuen Ereigniß kränker."

Eine geistliche Pfründe, die ihm der König 1809 verliehen, brachte wie seine Besitzungen bei den schlechten Zeiten wenig ein. Auch gelegentliche Zuwendungen und Gehaltszulagen genügten den Bedürfnissen nicht, da er doch „seinem Charakter angemessen leben zu müssen" meinte. Im August 1811 sah er sich genötigt, sich an den Generaladjutanten zu wenden; er müsse offen mit ihm reden: „Ich kann nicht länger so bestehen; denken Sie nur, was für eine Menge Menschen ich um mich habe und täglich zu mir kommen! Mein Haus wird gleichsam zum Speisehaus; denn wenn ich die Leute nicht an mich halte, erfahre ich Manches nicht, kriege auch kein Zutrauen bei den Leuten. Möchte der König doch dieses bedenken und mir für die jetzige Zeit eine monatliche Zulage geben, die mich in den Stand setzt, anständig leben zu können. Verdiene ich denn nicht, daß er mir mein rückständiges Gehalt von 6 Monaten bezahlt? Bin ich ein Diener, der nicht einmal sein Gehalt wert ist, so tauge ich ihm und dem Staat nichts. Ich habe mich in seinem Dienst völlig ruinirt und bin nun so weit, daß, durch meine Schuldner gedrängt, ich mir ein halbes

Gehalt muß abziehen lassen. Wäre ich eine Zivilperson, so wäre ich schon längst bezahlt, aber ein alter Soldat wird bei uns verächtlich behandelt und gar vergessen. Glauben Sie mir, der Schmerz ist groß, den ich empfinde, wenn ich über diese Materien mich äußern muß, aber zuletzt muß es mit Macht erregen, wenn man gleich einem willigen Packmann (Packesel) angetrieben und nicht einmal gefuttert wird. Wollen doch sehen, ob die, so der König so reichlich bedenkt, oder die, so er vergißt, ihm jetzt am besten dienen werden!"

Und der König hatte auch diesmal ein Einsehen.

Inzwischen war in der Politik ein entscheidender Umschwung eingetreten: der König hatte sich entschlossen, statt eines französischen das russische Bündnis zu suchen. Scharnhorst, der dazu in erster Linie getrieben hatte, reiste nach Petersburg. Am 29. Juli war er auf der Durchreise bei Blücher.

„Mein Vater lebt ganz wieder auf," schrieb damals Blüchers ältester Sohn an Gneisenau, „da er Aussicht hat, noch mit Ehre leben oder sterben zu können, und belebt uns Alle."

Gneisenau, der Ende Juli wieder angestellt worden war, hatte neben anderen Rüstungen besonders den weiteren Ausbau der verschanzten Lager von neuem angeregt. In Blücher fand er den eifrigsten Förderer der Sache.

Davon zeugt der lange Brief, den Blücher selbst an Gneisenau schrieb: „Mein Sohn sagt mir, daß Sie, mein verehrter Freund, in Berlin sind; das freut mich ungemein, denn ich weiß, wo Sie sind, da herrscht Tätigkeit, und wie notwendig es ist, keine Stunde zu verlieren, das brauche ich Ihnen nicht zu sagen. Die Zeit der Deliberation und des Konferirens muß nun verschwinden und das Handeln muß an die Stelle treten und zur Tagesordnung werden. Das viele Anfragen in Berlin stelle ich ein, denn ich habe viele wichtige Dinge höhren Orts in Antrag gebracht und habe keine Bescheidung erhalten; ich mache also den Schluß, man will mir zu verstehen geben: sei selbständig und handle! Ich bin auch nicht so peinlich, kann ich nur was Gutes bewirken; eine gute Portion Verantwortung nehme ich auf mich; mein Bewußtsein sagt mir, daß ich es bestens meine und da man mir keine genaue und bestimmte Anweisung giebt, so will ich zu meiner Beruhigung denken, daß man mir was Gutes zutraue. Ich glaube, Sie, mein Freund, sind mit mir einverstanden, daß, wenn es Absicht des großen Mannes ist, uns zu vernichten oder wenigstens unschädlich für seine Pläne zu machen, es unweise von ihm gehandelt wäre, wenn er uns Zeit ließe, unsre Kräfte aufzubieten und auf den rechten Fleck zu stellen. Was ist nun die richtige Folge für uns? Ohne Zeitverlust mit aller Anstrengung zu Werke zu gehen, und dieser Notwendigkeit zufolge biete ich Alles auf, um das Lager bei Kolberg in vollkommenen Stand zu bringen. Behalte ich 3 Wochen Zeit, so soll es demjenigen, der es angreift, Kopf und Herz beschäftigen, und ich hoffe, man soll sagen: die alten Preußen sind bei Kolberg wieder aufgestanden."

Daneben aber machte er seine Bedingungen. Man müsse ihn mit allem versehen, was er nötig habe und was er sich nicht selbst verschaffen könne; er forderte freiere Verbindung zu Schiff nach Preußen, Aushebung aller Waffenfähigen; denn 20 000 Mann habe er in Kolberg nötig; für die ihm fehlenden 4500 Mann müßten Gewehre und Bekleidung beschafft werden; wenn man ihm Vollmacht gebe, wolle er sie sich schon durch seinen Gönner, den Prinzregenten von England, verschaffen; die Krümper-Brigaden müßten in Bataillone eingeteilt, mit Offizieren versehen und womöglich auch bewaffnet werden; an 2000 auszubessernden Gewehren lasse er Tag und Nacht arbeiten. Für vier unbespannte Batterien müßten die Pferde vom Lande genommen werden, ehe der Gegner sie nehme. Bereits habe er alles Holz bei Kolberg mit Beschlag belegt, Schanzzeug aus dem Lande angefordert; 3000 Mann seien seit drei Tagen bei der Arbeit, und er gehe alle vier Tage selbst hin und „sehe wie sich Alles fördert". „Ich habe den Gedanken angenommen, von Innen nach Außen zu arbeiten, damit immer Etwas fertig ist."

Hatten Scharnhorst und Gneisenau ihre Gutachten über den Ausbau der Festung gegeben, so ließ Blücher es sich doch nicht nehmen, die Einzelheiten selbst anzuordnen. „Ich habe mich dabei auf mein Bischen Verstand, aber hauptsächlich auf mein Auge verlassen," schrieb er an Gneisenau.

Er lebte sich völlig in die Gedanken, wie er die Verteidigung führen wollte, ein. Er fand das Gelände sehr günstig. Auf starke Reserven legte er großen Wert. Wohl wollte er Streifkorps bilden, aber vor Freikorps möge man ihn bewahren: „ist der Mann, der sowas errichtet und führt, nicht recht solide, so leistet ein solcher Haufen Nichts, er kostet viel und verheert das Land." Alle Einrichtungen traf er so, daß er in zwei Tagen alle Truppen bei Kolberg versammeln konnte: „kurz, überraschen sollen mich die Nachbarn nicht." „Ich und meine Nachbarn, wir arbeiten gleichsam um die Wette; ich hoffe nicht, daß mir die Herren vorkommen sollen. Kolberg will ich so versichern, daß jeder Versuch vereitelt wird."

Er ermahnte die Arbeiter, fleißig zu sein, damit sie künftiges

Jahr nicht nochmals einberufen werden müßten; er werde sich öfter persönlich vom Fortgang ihrer Arbeit überzeugen; Faullenzer sollten in die 2. Klasse des Soldatenstandes versetzt werden.

Mitte September sollte der Ausbau ganz fertig sein. Dann sollte der Bau des Hüttenlagers beginnen.

Um bare Ausgaben soviel als möglich zu vermeiden, schlug er vor, die Holzlieferer auf Entschädigungen in den Königlichen Forsten anzuweisen.

„Aber was hilft das Alles," seufzte er, „wenn ich nicht stark genug bin, es zu besetzen."

Indessen hielt der König es für angezeigt, Blücher zu ermahnen, daß er alle Schritte vermeide, die bei den Franzosen Aufsehen erregen könnten. Schon hatte der französische Konsul in Stettin hinter Blüchers Rücken sich die Kolberger Arbeiten angesehen; man mußte den Einspruch Napoleons befürchten.

Blücher äußerte über des Königs Willensmeinung seine Befriedigung: „ich weiß nun einmal den Sinn des Monarchen". Er erkannte die Notwendigkeit, warum man mit aller Vorsicht zu Werke gehen müsse, vollkommen an. „Aber ich weiß auch," schrieb er nach Berlin, „daß man gegen unsre Nachbarn das Betragen beobachten muß, das ihnen Achtung einflößt, und beides werde ich nicht aus den Augen verlieren. Ich weiß wohl, man hält mich für einen Mann, der sich von seiner Hitze hinreißen läßt; aber ich berufe mich auf alle Menschen, die mich in kritischen Augenblicken umgaben, besonders auf den General v. Scharnhorst, ob ich mich je von Hitze habe hinreißen lassen, wenn es darauf ankam, etwas Nachteiliges befürchten zu müssen; aber von aller unnützen Ängstlichkeit, die einen General in den Augen seiner Untergebenen herabsetzt, halte ich mich entfernt. Der König kann sicher sein, daß ich keine Feindseligkeiten beginne; behandelt man mich und meine Truppen gewalttätig, nun dann erfordert es Ehre und Pflicht, Gleiches mit Gleichem zu vergelten."

„Auch darf der Monarch nicht besorgt sein, daß ich überrascht werde; die Stettiner sollen sich nicht bewegen, ohne daß ich es erfahre, und die aus Mecklenburg und Magdeburg kommen, sollen auch schon von mir bemerkt werden." Er werde so lange wie möglich die Vorräte außerhalb Kolbergs ausnutzen, aber sich keinem Nachteil durch zu langes Verweilen aussetzen. „Ich erkenne es zu wohl, wie wichtig es ist, nicht mit einer Niederlage zu debütiren und Alles auf einmal zu verlieren. Noch glaube ich nicht, daß man offensiv gegen uns beginnen wird; in ganz Stettin ist nur ein einziges Kavallerie-

Regiment und ich bin ihnen in dieser Branche an Zahl und Güte überlegen; dazu ist nur der dritte Teil Franzosen. Stettin können sie mit unter 5000 Mann nicht besetzt lassen, und diese müssen größtenteils Franzosen sein; mit lauter deutschen Truppen gegen uns eine Offensive zu beginnen, erkennen sie selbst als gefährlich. Kommt also nicht ein großer Haufen Franzosen neu an, so glaube ich noch Zeit zu behalten, mit meinen Vorkehrungen bei Kolberg fertig zu werden; und wenn das ist, so fürchte ich Nichts!"

„Ich werde auch Alles anwenden, um die Deutschen noch mehr zu verstimmen und zum Ausreißen zu bewegen." Aber wie die genügende Besatzung von Kolberg erlangen? „Da eine öffentliche und allgemeine Einforderung der Menschen nicht stattfinden soll, so werde ich auf eine nicht auffallende Weise und unter dem Prätext der Arbeit mir so viele Leute herbeizuschaffen bemüht sein, als ich Gewehre habe und noch eine Anzahl darüber, wodurch ich Kranke und Blessirte ersetzen kann. Den Geist der Menschen werde ich aufzustimmen wissen."

„Anfragen", so schloß er den Brief, „muß man nun nicht mehr von mir erwarten, ich werde den König damit verschonen; mein Entschluß zum Handeln steht nun fest und Nichts in der Welt kann ihn mehr verändern oder aufhalten."

Eine Gefahr für die kräftige Durchführung der Verteidigung sah Blücher in der Uneinigkeit, in der er mit Bülow lebte. Eisenhart gibt Franz Blücher die Schuld hieran, der keinen andern neben sich habe dulden können. Gneisenau erklärt in dieser Zeit auch einmal, das Blüchersche Hauptquartier sei immer ein Sitz der Intrige gewesen. Der General aber wies den Gedanken, er lasse sich von seiner Umgebung beeinflussen, kräftig zurück. Als er einmal durch Zufall dahinter kam, daß ein Offizier, der schon von ihm beschieden war, sich nun noch an seinen Sohn gewendet hatte, um eine bessere Anstellung zu erhalten, ließ der General durch Tagesbefehl bekanntmachen: er verabscheue solche „krummen Wege"; „meine Adjutanten haben platterdings gar keinen Einfluß auf mich; ... wo ich erst merke, daß sich einer bei diesen zu Gnaden empfohlen hat, geschieht gewiß der Gegenwunsch des Supplikanten."

Der Gegensatz zwischen den beiden Generalen erklärt sich schon aus dem unklaren dienstlichen Verhältnis zueinander, das gelegentlich zu heftigen Auseinandersetzungen führte. Blücher hatte der vortrefflichen Kommandoführung Bülows mehrfach laute Anerkennung gezollt; aber ihre Charaktere sowohl wie ihre innerpolitischen Anschauungen standen in zu schroffem Gegensatz zueinander; Bülow war obenein im Umgang eigenwillig und schwierig. Scharnhorst hatte persönlich einen Ausgleich anzubahnen geſucht; er fand aber ſelbſt, daß Bülow nicht der geeignete Mann an Blüchers Seite ſei: „die Anſichten vom General Blücher, der Geiſt, in dem er ſprach, ſchickten ſich zu unſern jetzigen, die von Bülow zu unſern ehemaligen Verhältniſſen." Blücher verſicherte zwar in Berlin, er werde ſchon mit Bülow fertig werden: „Ich weiß, ich bin hier zum Befehlen und muß Alles verantworten; Alles muß und ſoll auch gehorchen, guten Rat nehme ich von Jedem an, aber beim Raten ſoll es auch bleiben." Aber bald darauf enthob der König Bülow ſeines Poſtens; er erhielt ſpäter die weſtpreußiſche Brigade.

Blücher hoffte, Gneiſenau zugeteilt zu erhalten: „daß Sie nicht zu mir kommen ſollen, geht mir nahe, aber Sie ſind da auch notwendig." Gneiſenau ſollte damals für den Fall des Kriegsausbruches in Schleſien Verwendung finden.

Noch einmal trat Blücher in dieſen kritiſchen Tagen an den König mit politiſchen Ratſchlägen heran. Er brach eine Lanze für den An- ſchluß an Rußland, über den Scharnhorſt verhandelte. „Ich habe dem König heute die letzten Worte geſchrieben," vertraute er Gneiſenau, „will er ſie nicht beherzigen, ſo geht er in ſein Verderben, und ſein und der Seinigen Schickſal wird das der Bourbonen ſein, was ich ihm ſchon im vorigen Jahr geſchrieben." Dabei bittet er Gneiſenau, ihm eine königliche Vollmacht zu verſchaffen, die ihn, wie 1807 in Schwe- biſch-Pommern, ermächtige, nach ſeiner Überzeugung zu handeln; „man braucht nicht bange zu ſein, daß ich was übereilt mache; die Wichtigkeit der Sache kommt nicht außer Betrachtung bei mir." Aber er betont auch, er müſſe mit des Königs ganzem Vertrauen, nicht mit dem halben, ausgerüſtet ſein: „dann kann, dann will ich was leiſten."

„Machen Sie doch," ſo ſchließt er ſeinen Brief, „daß der König alle die Sicherheits-Kommiſſare und Faultiere von ſich entfernt: das Achſelzucken und Seufzen verrät faſt allemal einen Schuft."

Blücher ſtand in der Beurteilung der Perſönlichkeiten in der Umgebung des Königs, die nach ſeiner Anſicht nachteilig auf ihn einwirkten, nicht allein; das bezeugen die leidenſchaftlichen Urteile Gneiſenaus über Feldmarſchall Kalckreuth, General Köckritz, Ancillon u. a.; er beklagte ſchon 1809, daß „diejenigen, die aus Bequemlichkeit, Genußſucht oder Feigherzigkeit immer gegen den Krieg ſprechen, triumphiren" und daß „König und Staat um des Egoismus einer verabſcheuungswürdigen Horde willen zu Grunde gehen ſollten". Und ganz auffallend iſt die Übereinſtimmung von Blüchers Ausdrücken mit der Kennzeichnung hochgeſtellter Perſönlichkeiten, die Clauſewitz in ſeine Denkſchrift vom Februar 1812 aufnahm, wo er ſagt: „Einzelne zeichnen sich durch die Frechheit aus, mit der sie auf die Sicherheit und den ruhigen Genuß des bürgerlichen Eigentums pochen, auf die Notwendigkeit, diesem Alles zu opfern" — „Man giebt diese Gradationen der (Preußen bevorstehenden) Übel mit Achselzucken zu und errötet höchstens, indem man die Augen niederschlägt."

Nachdem Blücher eine Krankheitszeit glücklich überwunden hatte, war er wieder frisch am Werk. Hatte er schon im Juni geschrieben, er habe es in Treptow satt, er sehe noch kein Ende seines Dortseins, so klagte er zwar im September noch über sein „verwünschtes Schloß", und über die Schreiberei, in der er verkomme; „indessen ertrage ich Alles geduldig; wenn es nur zu einer besseren Zukunft dient, so soll mich Mühe und Anstrengung nicht verdrießen."

Er meinte, die Franzosen würden jetzt von Stettin aus auf Kolberg keinen Versuch mehr wagen: „Ich glaube, die Besorgnisse sind von beiden Teilen auch gleich groß."

Jetzt drängte er, wie schon früher den König, auch den Staatskanzler, mit Preußens Entschluß, sich auf Rußlands Seite zu stellen, offen hervorzutreten. „Erlauben Sie mir zu bemerken," schrieb er an Hardenberg, „daß unsre Verheimlichung für unsre Nachbarn nicht mehr gilt; sie sind von Allem unterrichtet, was bei uns vorgeht, und sie können es uns doch wohl nicht verargen, wenn wir bei allen ihren öffentlichen Vorkehrungen Sicherheitsmaßregeln treffen, die von der Vernunft wie von der Notwendigkeit angeraten werden. Ich glaube vielmehr, daß ihre Achtung uns zuteil werden müsse, wenn sie sehen, daß wir entschlossen sind, uns nicht unterjochen zu lassen, und daß grade dies dazu dient, noch Zeit zu gewinnen, weil sie dem Gedanken Raum geben müssen, mit den jetzigen Streitmassen nicht ihr boshaftes Vornehmen ausführen zu können. Wenn wir also Zeit behalten, wenn wir diese wohltätig verwenden, wenn wir nicht in Unschlüssigkeit, in ungegründeter Furcht und in zu wenigem Zutrauen zu uns selbst die Zeit verstreichen lassen, so sehe ich die Gefahr nicht so groß an; mir wenigstens ist für Kolberg nicht bange, und wenn ich zu der Stärke, wie ich wünsche und wozu ich gelangen kann, komme, so traue ich mich, auf lange Zeit eine Armee hier so festzuhalten, daß sie auf andere Gegenden nicht wirken kann. Stehen Sie, verehrter Freund und Gönner, mir nur bei, so soll unser hiesiger Zustand in kurzer Zeit schon Betrachtung bei den Nachbarn erwecken."

Er bittet um Verpflegung, Bekleidung und Gewehre. „Wüßte ich nur, daß ich mich nach jenen Inseln (England) wenden dürfte, so sollte mir Manches von da heranschwimmen!" Er hatte seinen ältesten

Sohn zu mündlicher Berichterstattung nach Berlin geschickt; durch ihn möge Hardenberg Blücher von dem Stand der politischen Verhandlungen unterrichten. Zugleich versichert er den Staatskanzler: „Da ich alt bin, so lebe ich nur noch von dem Gedanken beseelt, Vergeltung an unserm Unterdrücker zu üben."

In einem früheren Briefe hatte Blücher dem Staatskanzler vorgeworfen, daß er nicht genug Geld zum Ausbau von Kolberg erhalte, und zwar in einem Ton, der Hardenberg verletzt hatte; dieser ließ deshalb durch Gneisenau solche Ansprüche zurückweisen; in Berlin sehe man schon auf den Boden des Sackes, schrieb Gneisenau an Franz Blücher; für Kolberg sei alles geschehen, für andere Festungen nichts, die ebenso bedeutend, im höheren Sinne noch bedeutender als Kolberg seien. „Man ist hierorts mit einer gewissen Vorliebe für Kolberg zu Werke gegangen, aus dem einfachen Grunde, weil Ihr Herr Vater dort an der Spitze steht. Selbst der König scheint weniger behutsam in den Maßregeln zu sein, die Kolberg angehen. Schließen Sie nach diesem, was ich Ihnen hier gesagt habe, auf die Wirkung, die der bittre Ton des genannten Briefes tun mußte, wenn Hardenberg sich bewußt ist, Alles, was in den Grenzen seiner Macht liegt, und dies zwar mit vorwaltender Freundschaft für Ihren Herrn Vater getan zu haben, er, der die Seele unsrer jetzigen Bewegungen ist und ohne den Alles erkalten würde." Hardenberg hatte grade jetzt außer mit Rußland auch mit England angeknüpft. Als Unterhändler erschien im tiefsten Geheimnis Oberst v. Dörnberg in Kolberg. Eine englische Flotte lag mit großen Waffensendungen schon in der Ostsee bereit: es bedurfte nur eines Winks, und man konnte große Massen von Krümpern mit einem Schlage zu kampfbereiten Soldaten machen.

Da, am 20. September, fuhr Napoleon mit scharfem Griff zwischen alle diese Gewebe: er forderte Entwaffnung; habe er nicht binnen drei Tagen des Königs Zustimmung, so werde der Marschall Davout mit seinem an der Elbe stehenden Truppenkorps in Preußen einrücken. Blücher suchte den König zum Widerstand zu bewegen; er meldete ihm, Anfang Oktober sei für Kolberg nichts mehr zu fürchten: „indem gegen diese Zeit gedachter Ort in einem Verteidigungszustand sein soll, der mich in eine ähnliche Lage wie die des englischen Generals Wellington in Lissabon setzt." Torres Vedras, Wellingtons feste Zufluchtsstellung in der Nähe der portugiesischen Hauptstadt, war damals in aller Munde.

Gneisenau hatte den englischen Unterhändlern im Einverständnis mit Hardenberg, Scharnhorst und Blücher erklärt: wenn der König durch List oder Gewalt in des Feindes Macht geriete und zu Schritten

gebrängt würde, welche ihm und seinem Lande zum Verberben ge=
reichten, so würden die entschlossenen Freunde und Diener des Königs
bessen und des Landes Rettung ohne Beachtung der ihm etwa durch
den Feind abgepreßten Befehle unternehmen und, auf die Festungen,
insbesondere auf das verschanzte Lager von Kolberg und dessen See=
verbindungen gestützt, mit Englands Hülfe, den Spaniern gleich, den
deutschen Vernichtungskrieg gegen die Franzosen entzünden; sie seien
überzeugt, der König selbst werde damit einverstanden sein. Solange
aber der König Herr seiner Entschließungen war, wies Blücher jede
Versuchung, nötigenfalls auch ohne seinen Befehl zu handeln, weit
von sich.

„Besäße ich nicht das Zutrauen meiner Waffenbrüder und die
Achtung der Bewohner," schrieb er an Hardenberg, „die Bosheit und
der Neid würden geschäftig sein, mich als zweibeutig darzustellen und
als einen zweiten Schill zu verschreien; aber ich verachte diese Elenden!"
Und gegen Gneisenau äußerte er, wohl gebe es Niederträchtige, die ihn
in den Ruf von Schill bringen möchten, als würde er ohne Autori=
sation des Königs handeln: „ich verlache das Gefasel; allein es
dient dazu, mich in meinem Plan zu hindern." Desto mehr aber suchte
Blücher auf den König zu wirken, sich dem Machtbereich der Franzosen
zu entziehen: „Euer Königlichen Majestät geheiligte Person bei der
bermaligen Lage der Sachen so exponirt zu wissen, dies ist für einen
treuen Diener eine traurige Perspektive, also für mich die traurigste,
und ich bitte daher E. K. M. nochmals fußfälligst, unter irgend einem
schicklichen Vorwande, der sich wahrlich leicht finden läßt, Berlin zu
verlassen. Ich glaube E. K. M. hinlänglich als kein ängstlicher Mann
bekannt zu sein, und dieserhalb geruhen E. K. M. dieses untertänige
Gesuch einer gnädigen Aufmerksamkeit zu würdigen. Nur Pflichtgefühl,
als einer der ältesten Offiziere E. K. M. Armee, veranlaßt mich hierzu;
und sollten Allerhöchstdieselben hierauf nicht einzugehen geruhen: so
bin ich doch insoweit beruhigt, Allerhöchstdieselben darauf aufmerksam
gemacht zu haben, daß mit dem Verlust unsres Souverains auch der
Name Preußen aufhört. Schrecklicher Gedanke, der E. K. M. bereinst
gewiß noch mehr beunruhigen wird; denn mit diesem Verlust ist zugleich
eine ganze brave Nation einer langen Sclaverei unterworfen."

Der Prinz=Regent von England hatte dem König eine Zuflucht
auf seiner Flotte, die vor Kolberg lag, angeboten. Aber der König
glaubte nicht an die Möglichkeit, Napoleon zu widerstehen allein mit
Englands und Rußlands Hülfe; um wenigstens den sofortigen Kriegs=
ausbruch zu vermeiden, erteilte er zunächst Befehl, die Befestigungs=
arbeiten einzustellen. Als der französische Gesandte dann wirkliche Ab=

rüstung forderte, gab er zögernd weiter nach und befahl, alle Krümper zu beurlauben, die innerhalb drei Meilen um ihren Garnisonort ansässig seien. Hardenberg ließ dabei Blücher wissen, man müsse auf der einen Seite alles anwenden, das Verlangen der französischen Behörden anscheinend auf das vollkommenste zu erfüllen, auf der andern Seite dürfe man keine Vorsichtsmaßregel außer acht lassen.

Hardenberg und Gneisenau hielten die Hoffnung noch aufrecht, daß durch Scharnhorsts Sendung nach Petersburg und des Zaren Anerbietungen eine bessere Wendung herbeigeführt werden würde. „Freilich werden wir nicht das Beste tun können, was möglich w a r , aber wir wollen dann das minder Gute, so viel an uns ist, zur Ausführung bringen," schrieb Gneisenau an Franz Blücher, „trösten Sie Ihren würdigen Vater!"

Blücher sah keinen Grund für solche Nachgiebigkeit; er schrieb sofort sowohl an Gneisenau als auch an den Staatskanzler. „So hat denn die Drohung, uns in drei Tagen zu besuchen, wirklich ihren Zweck nicht verfehlt," rief er mißbilligend Gneisenau zu; „aber bei allen Teufeln, wer wird denn bei uns einrücken?" Dem Staatskanzler gegenüber nannte er jene Drohung eine Gasconnade. Er hielt ihnen vor, daß die 6000 Mann französischer Truppen, die Hälfte der Besatzung, in Stettin nicht zu entbehren seien, da man der anderen Hälfte, den Rheinbündlern, mißtraue; vor den 11000 in Mecklenburg stehenden Neuausgehobenen werde man sich doch nicht fürchten! Und was in Hamburg und Lübeck sei, müsse „aus Ursachen" dort bleiben. „Was uns züchtigen soll, muß übern Rhein kommen." Hierin täuschte sich Blücher insofern, als Napoleon tatsächlich Davout bereits befohlen hatte, sobald sein Gesandter Berlin verlasse, von Hamburg dorthin zu marschieren: ohne Kundgebung solle er alles fassen und entwaffnen. Der Krieg wäre damit eröffnet gewesen, wenn auch die zunächst verfügbaren französischen Truppen zur Niederwerfung ganz Preußens nicht ausreichten.

Blücher aber fürchtete den Kriegsausbruch nicht, er wünschte ihn: „Wäre ich doch so weit [fort], daß ich von Euch Allen Nichts mehr hörte und erfahren könnte! Dann wüßte ich, was mir übrig bliebe und würde mir zu Lande und zu Wasser helfen. Noch will ich Mut behalten und die Hoffnung nicht aufgeben." „Ein unglücklicher Krieg drückte uns nieder, ein glücklicher allein kann uns wieder heben." „Unsre Unentschlossenheit schlägt uns zu Boden."

Dem Staatskanzler stellte Blücher weiter vor, 20000 Mann müsse er in Kolberg behalten, um die mühsam erbauten Verschanzungen zu besetzen; seien die Leute einmal entlassen, könne man auf sie bei einem Einbruch des Feindes nicht mehr rechnen. „Freilich ift es übel, fehr übel, wenn wir aus dem Norden keine Gewißheit haben; aber man fage uns von da auch was man wolle, fo muß doch unfre größte Zuverficht auf uns felbft geftellt fein." Des Königs Verbleiben in Berlin findet er unbegreiflich; er habe ihm die Gefahr vor franzöfifchen Gewaltfchritten vorgeftellt; aber: „Wer zu fich felbft kein Vertrauen hat, der hat es auch zu keinem Andern; der König hat zu feiner Nation keins und wird darin von Elenden beftärkt, die ihm die Gefahr nicht fo groß und unfre Kraft als gänzlich unzureichend fchildern." „Sie, mein Verehrtefter, bedaure ich von ganzem Herzen. Mit Ihrer redlichen Abficht, mit aller Anftrengung werden Sie nicht zum Ziel gelangen; die Unentfchloffenheit fteht Ihnen entgegen. Mein Loos ift beffer, denn mir muß beim übelften [Ausgang] ein ehrenvoller Tod bei Kolberg zuteil werden. Keine irdifche Gewalt foll, fo lange ich lebe, mich vermögen, das mir Anvertraute in andere Hände zu geben."

Es ift nicht zu bezweifeln, daß Blücher Kolberg auf das zähefte verteidigt haben würde. Claufewitz erklärte, die preußifchen Feftungen rechneten zu den ftärkften der Welt, und damit hatte er wohl Kolberg in erfter Linie im Sinn. Aber war damit das Kriegsglück auf Preußens Seite zu wenden? An das Verfuchen des Schlachtenglücks in offenem Felde dachten felbft die nicht, die hervorhoben, man fei jetzt weit beffer zum Kriege gerüftet als 1806, und auch auf das Eingreifen der anderen Mächte war nicht allzu großes Vertrauen zu fetzen; die Hoffnungen auf die Wirkungen des Landfturms ruhten auf unerprobtem Boden. Scharnhorft rechnete auf ein Wunder der Vorfehung, um Preußen zu erhalten, und Claufewitz geftand: „es ift richtig, daß die Wahrfcheinlichkeit des Erfolges gegen uns ift"; mehr, als daß der Erfolg nicht unmöglich fei, könne niemand behaupten. Gneifenau hat dem fcharf widerfprochen; er wies hin auf die Lage von 1807 vor der Schlacht bei Friedland, ohne die das Schickfal des Krieges noch lange im Gleichgewicht hätte bleiben können; „und damals gab es noch kein Spanien, keinen fiegreichen englifchen General, kein fchlagfertiges Öfterreich! Jetzt die Ruffen furchtbar gerüftet, Preußen im Stande, ein Heer aufzuftellen größer und beffer als das, welches den Krieg anfing, fofern wir nur wollen; die Gährung weit verbreitet unter kriegerifchen Völkerfchaften, die franzöfifche Armee moralifch gefunken." Aber fchließlich meinte auch er, der überzeugt war, daß die Berechnungen der Vorficht oft hinter den Wirkungen des Unternehmungsgeiftes zurückbleiben, man müffe etwas verfuchen, ohne zu ängftlich die Wahrfcheinlichkeiten des Erfolges zu berechnen. Claufewitz faßte den Gedanken noch fchärfer: „es kommt gar nicht darauf an, ob wir

viel oder wenig Mittel zur Rettung haben, der Entschluß soll aus der
Notwendigkeit der Rettung hervorgehen, nicht aus der Leichtigkeit
derselben"; und ganz ähnlich wie Blücher sprach er die herrlichen
Worte: „Es giebt keine Hülfe außer uns selbst, es giebt keine Rettung
außer der, welche in unserer Kraft, in unserm Verstande, in unserm
Herzen ist." „Sollen wir uns denn geringer achten, als die Tyroler
und Spanier?" fügte Blücher hinzu. „Wir sollen kämpfen, und Gott
wird den Sieg verleihen," bekannte Scharnhorst.

Wie Blücher erwartete, daß aus dem Unglück und der Not un-
geahnte Kräfte erwachsen würden, so wies Clausewitz darauf hin, daß
„ein Volk unter den meisten Umständen unüberwindlich sei in dem
großmütigen Kampf um seine Freiheit". Wie Blüchers Seele sich
dehnte bei dem Gedanken, einen ruhmvollen Tod auf den Wällen
Kolbergs zu finden und in der Unterwerfung den Verlust dessen, was
für ihn mehr Wert hatte als alles Irdische, den Verlust der Ehre sah,
so einigten sich die großen Patrioten zu dem herrlichen Bekenntnis:
„ich glaube und bekenne, daß ein Volk nichts höher zu achten hat, als
die Würde und Freiheit seines Daseins, — daß es diese mit dem letzten
Blutstropfen verteidigen soll . . . daß der Schandfleck einer feigen
Unterwerfung nie zu verwischen ist — daß dieser Gifttropfen in dem
Blute eines Volkes in die Nachkommenschaft übergeht und die Kraft
später Geschlechter lähmen und untergraben wird — daß selbst der
Untergang dieser Freiheit nach einem blutigen und ehrenvollen Kampf
die Wiedergeburt des Volkes sichert und der Kern des Lebens ist,
aus dem einst ein neuer Baum die sichre Wurzel schlägt."

Das war die Poesie, deren Einwirkung auf Staatsgeschäfte der
König ablehnte, deren Berechtigung Gneisenau begeistert verfocht; das
waren Äußerungen der heiligen, übersinnlichen Kraft, die Boyen in
der Brust des Königs aufrief, so sprach das hohe Gefühl der Pflicht,
das sich Clausewitz treu wie einen Gott im Busen bewahren wollte, so
sprach der germanische Freiheitssinn eines Blücher, der die Luft der
Knechtschaft nicht zu atmen vermochte. Der Entschluß zum Widerstand,
koste es, was es wolle, den Blücher so leidenschaftlich verfocht, war
auch der Entschluß des ersten Rates des Königs: Hardenbergs; aber
der König, von dem Hardenberg in einer früheren Stufe der Verhandlung erklärt hatte, er werde lieber mit dem Degen in der Hand
untergehen, als sich mit Unehren ergeben, versagte sich; der Übernahme
einer Heldenrolle fühlte er sich nicht gewachsen. Er erniedrigte sich zu
der Handlungsweise Armins: Verrat im Busen, bot er dem Feinde
die Hand; in der Not dieser dunklen Stunden nistete in seiner reinen,
der Tugend geweihten Seele die Untreue.

Schließlich schwenkte auch Hardenberg wieder ab; sein Mißtrauen in ein kräftiges und ausharrendes Handeln des Zaren und die Einsicht, daß bei dem Fehlen allen Vertrauens des Königs auf sich selbst und auf sein Volk unter Friedrich Wilhelms Führung Großes nicht zu erhoffen war, hieß ihn, die Fahne der Patrioten zu verlassen.

Der König und sein Kanzler haben als Politiker recht behalten, als sie sich dem Einfluß ihrer militärischen Ratgeber entwanden; und doch muß jedes preußische Herz es mit Blücher beklagen, daß diese Zeit nicht einen Fürsten an der Spitze des Staates fand, der sein Volk zum Widerstand bis zum äußersten mitfortriß.

Aber schon während die Wage noch schwankte, traf den siegessicheren General persönlich der Schlag, durch den er aus der Reihe der Kämpfer schied.

Der königliche Befehl vom 26. September zur Entlassung der Schanzarbeiter hatte bestimmt, daß die Leute nicht so plötzlich wieder in die Heimat zurückzuschicken seien, weil sie aus ihren Dienstverbindungen herausgerissen wären und ohne Nahrung sein würden; sie sollten zunächst noch zu Wegeausbesserungen und anderen Arbeiten verwendet werden. Nun zeigte aber der Konsul in Stettin dem französischen Gesandten an, er habe am 7. Oktober noch 9000 Arbeiter an den Kolberger Befestigungswerken schaffen sehen. Der Gesandte erklärte dies für eine Verletzung des gegebenen Versprechens und forderte Blüchers Abberufung.

Tatsächlich enthält Blüchers Befehlsbuch erst am 10. die Angabe: „Da die Schanzarbeiten bei Kolberg aufhören, so sollen die in der dortigen Gegend so höchst schlechten Wege wieder repariert werden." Und erst unter dem 11. heißt es dort, der König habe befohlen, daß „der herannahenden üblen Witterung und anderer Verhältnisse wegen die 6 Meilen um Kolberg herum wohnenden entbehrlichen Leute beurlaubt werden sollten; dafür seien rohe Kantonisten einzuziehen". Am 12. wird dann die Beurlaubung auf 2500 Mann ausgedehnt und die Entlassung der Schanzarbeiter angeordnet, „da die völlige Gewißheit des Bestehens der friedlichen Verhältnisse eingetreten ist". Ob die Blücher gewordenen mündlichen Weisungen zu solchen Verzögerungen berechtigten oder ob er aus eigenem Willen so handelte, ist nicht klar. Trotz Gneisenaus „Bitten und Beschwörungen", „um diese neue Demütigung abzuwehren", erging am 10. an Blücher der Kabinetsbefehl: „Da sich die französische Gesandtschaft beschwert hat, daß bei Kolberg fortdauernd geschanzt und noch späterhin, nachdem solches von Mir bereits verboten gewesen, Leute einbeordert worden", werde Blücher angewiesen, „sogleich nach dem Eintreffen des zu seiner Vertretung kommandirten Generals Graf Tauentzien nach Berlin zu kommen, um den Ungrund dieses Gerüchts auf das Vollkommenste darzutun und sich hier an Ort und Stelle durch einen mündlichen Bericht genügend verteidigen zu können".

„Wie wird der ehrwürdige Held ergrimmen über die neue Botschaft, die ihm von hier aus zukommt," schrieb Gneisenau an den Sohn. „Bei allem Unglück rechne ich noch auf eine gute Wirkung dieses sauberen Kommandowechsels; nämlich, wenn Ihr Herr Vater hierher kommt, wird er durch das Talent der Rede, das er in so hohem Grade besitzt, und durch seine Herzlichkeit das Gemüt des Königs vielleicht erschüttern und ihn von schwachen Entschlüssen abhalten. Wäre dies nicht noch meine Hoffnung und leuchtete uns nicht sonst noch ein schwacher Stern aus der Ferne, so würde ich Euch raten, ein anderes Vaterland zu suchen, wenn anders Eure Untergebenen Mut zu so etwas hätten. Aber die Verblendeten! Sie müssen am Ende doch noch in fernen Ländern Kriege für ein fremdes Volk führen."

Blücher scheint auf diese Wendung doch nicht vorbereitet gewesen zu sein. Eisenhart behauptet, er habe es ihm vorhergesagt, Franz Blücher aber habe versichert, der General habe nie fester gestanden.

Am 14. Oktober steht in Blüchers Befehlsbuch: „Des Königs Majestät haben mich schleunigst nach Berlin berufen. Der Generalleutnant Graf Tauentzien wird während meiner Abwesenheit das Kommando des hiesigen Korps übernehmen."

Blücher begab sich nun nach Berlin. Es scheint, daß seine Anordnungen keinen Tadel fanden. Der Staatskanzler ließ sich dem englischen Gesandten gegenüber wenigstens auf das entschiedenste aus, Blüchers Abberufung bedeute keine veränderte Gesinnung des Königs; er werde nur zum Schein zur Verantwortung gezogen und werde, wenn das Korps wirklich gebraucht werde, das Kommando wiedererhalten; er äußerte, Blücher habe sich bei der ganzen gegen ihn getroffenen Maßregel sehr gemäßigt und vernünftig benommen; er habe sich hinlänglich gerechtfertigt und sich erboten, wenn es notwendig sei, zum Schein auch ferner die königliche Ungnade zu tragen.

Es wurde nun vom Kriegsrat Ribbentrop, der sich in geheimer Sendung zur Unterhandlung mit der englischen Marine bei Blücher befand, eine Verteidigungsschrift aufgesetzt, die dem französischen Gesandten überreicht werden sollte; anscheinend kam es hierzu nicht; die Rechtfertigung Blüchers konnte Napoleon gegenüber wohl nur zu einer Anklage gegen die preußische Regierung werden. So äußerte sich auch der Kaiser; er erinnerte daran, daß mit Schill die Sache nicht anders gelegen hätte.

Inzwischen hatte der französische Gesandte auch weitere Forderungen durchgesetzt; indem er den baldigen Abschluß eines Bündnisses in Aussicht stellte, verlangte er, daß die aufgespeicherten Verpflegungsvorräte wieder verkauft würden, daß alle Arbeiten eingestellt und alle über die vertragsmäßige Zahl einberufenen Leute entlassen würden; der Demütigung wurde dadurch die dornige Krone aufgesetzt, daß ein Angestellter der französischen Gesandtschaft mit der persönlichen Überwachung dieser Maßnahmen betraut wurde! In Preußen herrschte Napoleon, nicht der König. Napoleon aber schrieb in dieser Zeit an Davout: er stoße auf so viel Unaufrichtigkeit und Unbestimmtheit bei dem preußischen Kabinet, daß er glaube, es sei unmöglich, den Untergang Preußens zu verhindern; soviel er wisse, hätte es nur eine Brücke über die Oder zur Verfügung: es werde leicht sein, diese zu zerstören und alle Truppen zwischen Oder und Weichsel einzuschließen.

Napoleon erkannte indes sehr wohl, wie in einem Kriege gegen Rußland es für ihn viel vorteilhafter sei, Preußen, wenn auch widerwillig, für sich als gegen sich zu haben. Er berechnete den Wert des preußischen Bündnisses auf 120000 Mann. So trat er über einen Vertrag in Unterhandlung. Von Anfang an aber ließ er darüber keinen Zweifel, daß er Blücher im preußischen Heere nicht weiter dulde; er ließ seinen Gesandten in Berlin anweisen, er habe zu verhindern, daß Blücher wieder verwendet würde; nachdem man ihn des Ungehorsams geziehen, könne man ihn nicht plötzlich als gerechtfertigt hinstellen. So benachrichtigte der König den General am 11. November, daß „die jetzigen Verhältnisse" noch nicht gestatteten, ihm wieder einen Wirkungskreis zu geben; auch sei es dem König unter den jetzigen Umständen erwünscht, daß Blücher sich „bis auf weitere Bestimmung" einen Aufenthalt außerhalb Berlins wähle. Daneben ging ihm ein von Hardenbergs Hand aufgesetztes Schreiben des Königs zu: „Wenn Sie durch meinen Befehl vom heutigen Tage vorerst der Tätigkeit entzogen und von hier entfernt werden, so müssen Sie es bloß dem Drange der Umstände zuschreiben, welche jene Maßregel erheischt, und ich vertraue, nach Ihrer mir selbst gegebenen Versicherung, zu Ihrem Patriotismus, daß Sie Sich gerne in solche fügen werden. Ihrer Verdienstlichkeit und Ihrem so oft bewiesenen Diensteifer lasse ich vollkommen Gerechtigkeit widerfahren und habe dem Staatskanzler befohlen, Ihnen zur Bestreitung der Kosten Ihrer Herreise, Ihres hiesigen Aufenthalts und der Reise nach dem von Ihnen zu wählenden Ort zweitausend Taler anzuweisen. Sie werden einsehen, daß sowohl dieses als der ganze Inhalt des gegenwärtigen Schreibens geheim gehalten werden muß. Übrigens behalte ich mir vor, Sie wieder in Tätigkeit zu setzen, sobald es die Umstände gestatten."

In seiner Antwort erkannte Blücher „die Notwendigkeit, in die Inaktivität zurückzutreten", vollkommen an, wenn sie auch „seinem Gefühl widerspreche"; er „nehme das schöne Bewußtsein mit, dem Könige und dem Staate eine Reihe von Jahren treu gedient zu haben, und mit diesem Gefühl wolle er sein Ende ruhig erwarten". Zugleich empfahl er seine Adjutanten der Gnade des Königs. Als Aufenthaltsort wählte er Stargard. Bei der Genehmigung gab ihm der König neue Zeichen seiner fortdauernden Gnade: „Ich werde die treuen, ausgezeichneten Dienste, die Sie in einer so langen Reihe von Jahren dem Staate geleistet haben, stets in dankbarem Andenken erhalten und Mich freuen, wenn sich in der Folge noch die Gelegenheit Mir bieten sollte, Ihnen neue Beweise des Vertrauens und Wohlwollens zu geben, worauf Sie durch Ihre bewährte Anhänglichkeit für den Staat und Meine Person so gerechte Ansprüche sich erworben haben. Ich wünsche aufrichtig, daß Sie lange noch einer dauerhaften Gesundheit sich zu erfreuen haben mögen." Franz Blücher wurde einem Husaren-Regiment zugeteilt; Rittmeister Horn wurde dem General als Adjutant belassen, die übrigen Offiziere seines Stabes anderweit untergebracht.

So verlebte Blücher den Winter in Stargard. Nicht nur, daß er Gelegenheiten, wie den Geburtstag Friedrichs des Großen, benutzte, um die Herzen zu vaterländischer Gesinnung anzufeuern, er verfolgte auch den Gang der Begebenheiten mit wachsamem Auge. Besonders besorgt machte ihn die Besetzung Schwedisch-Pommerns durch die Franzosen; er sah eine Vergewaltigung Preußens voraus. Von neuem warnte er den König. Er spottete, daß der in Pommern kommandierende General unterdes in Berlin tanze und ein unfähiger Oberst ihn vertrete; das Mißvergnügen der Truppen werde allgemein. Fest vertraute er auf die Widerstandskraft Kolbergs. Er vermochte sich nicht zu erklären, daß man einerseits die Festung mit großen Vorräten versehe, anderseits keine Anstalten zu einer ernsthaften Verteidigung treffe; ob man der Nation zu erkennen geben wolle, daß die Regierung des Regierens überdrüssig sei? Oder ob man die Armee nicht anders gebrauchen wolle, als sie in andere Hände zu liefern? Verzweiflungsvoll schreibt er an Gneisenau: „Nach der verlorenen Schlacht schrieb Friedrich II.: Alles ist verloren, nur die Ehre nicht; jetzt schreibt man: Alles ist verloren und die Ehre auch." Er war nicht gesonnen, die Vergewaltigung durch die Franzosen ruhig hinzunehmen: „Ich für mein Teil stehe jede Stunde auf dem Sprung; wenn der Besuch erfolgt, dann werde ich in Berlin erscheinen und öffentlich ein Wort reden — in die Hände der Fremden gerate ich nicht, und müßte ich mich auf eine gewaltsame Weise der Unterjochung entziehen."

Aber schon zwei Tage, nachdem Blücher dies geschrieben, rückten die Franzosen in Vor-Pommern ein. Scharnhorst und Gneisenau bestürmten den König, Berlin zu verlassen. Wenige Tage später drangen französische Truppen von Magdeburg auf Berlin vor. Schon war alles vorbereitet, um den König unter dem Schutz der Berliner Garnison nach Österreich in Sicherheit zu bringen, da traf die Nachricht ein, daß der preußische Gesandte in Paris das Bündnis mit dem Unterdrücker gegen Rußland abgeschlossen habe. Angesichts der drohenden Umklammerung war jede weitere Unterhandlung über die drückenden Bedingungen aussichtslos. Der König beugte sich unter die Gewalt. 20000 Mann ließ er an der Seite des eigentlichen Feindes gegen den Freund ins Feld ziehen, von dem er die einstige Befreiung erhoffte. —

Die englische Regierung hatte schon im Winter Scharnhorst und Gneisenau mit der heiklen Frage in Versuchung geführt, ob sie nicht unter Blüchers Führung „zu einer selbständigen Aktion, ohne und gegen den Willen des Königs zu bewegen seien". Sie aber erklärten, was 1809 und selbst im Sommer 1811 möglich gewesen wäre, sei es heute nicht mehr; nach Blüchers Abberufung könne man nicht mehr auf die Gesamtheit der Truppen durch einen Führer wirken, der ihr ganzes Vertrauen habe und der vorbereitende Maßregeln ergreifen könne; es fehle seitdem die Möglichkeit, die Offiziere und Soldaten zu bearbeiten und sie auf ein heroisches Unternehmen vorzubereiten. Jetzt werde die Armee auf des Königs Befehl sich willig dem französischen Joch unterwerfen. Und so kam es. Gneisenau, Boyen, Clausewitz und eine Anzahl ihrer Gesinnungsgenossen nahmen den Abschied; zum Teil traten sie in russischen Dienst; einige gingen nach Spanien.

Scharnhorst schied aus seiner führenden Stellung und ging nach Schlesien, das vom Durchmarsch der Franzosen befreit bleiben sollte. Dorthin begab sich auch Blücher, ehe die Kolonnen der Großen Armee sich der Oder näherten.

Wer konnte bei dieser Machtentfaltung des gewaltigen Imperators, der über die Kräfte des größten Teils von Europa gebot, die Fahne der Hoffnung auf Wiedererlangung der Freiheit hochhalten? Nur geborene Helden waren hierzu fähig. „Ich glaube nicht," sagte der Freiherr v. Stein, „daß der böse Geist triumphiren wird;" „es ist unmöglich, daß ein System, das das Glück von Jedermann dem Willen eines Einzigen opfert, sich behaupten kann; es muß fallen entweder durch fremden Anstoß oder durch innere Fäulniß."

Ebenso dachte Scharnhorst: „Große Veränderungen stehen uns in Kurzem bevor," versicherte er den Freunden, die das verschlagene Schiff verließen; er entschloß sich, „in der Nähe zu bleiben". Vieler Augen richteten sich auf Gneisenau; in ihm glaubten sie den Befreier Deutschlands zu sehen. An ihn war das prophetische Wort des Erzherzogs Karl gerichtet: „Die Welt kann nur durch einen Mann, nicht im Fürstenstand geboren, gerettet werden." Aber Scharnhorst und Gneisenau fühlten selbst, daß sie das Schwert Hermanns zu führen nicht berufen waren: des Erzherzogs Prophezeiung wies auf den greisen Helden mit der feurigen Seele — auf Blücher.

Anhang.

Quellenwürdigung.

Der Westfälische National-Kalender für 1806 enthielt eine kurze Lebensbeschreibung Blüchers aus der Feder des Kriegsrats Ribbentrop, mit dem der General in freundschaftlichen Beziehungen stand. Obgleich der Aufsatz einige Unrichtigkeiten und Entstellungen enthält — Geburtsjahr 1743 statt 42, weit übertriebene Gefangenenzahlen usw. —, so ist doch anzunehmen, daß die Angaben, soweit sie nicht auf eigener Wahrnehmung beruhen, den Erzählungen Blüchers' entstammen.

Nach der englischen Lebensbeschreibung von Marston, London 1815, und der deutschen von Förster, Leipzig 1821, ist die erste bedeutendere die von Varnhagen von Ense, 1826 als zweiter Band seiner „Biographischen Denkmale" erschienen. Varnhagens literarische Studien, seine Laufbahn als Offizier und seine Verwendung als Diplomat machten ihn zu diesem Werk besonders geeignet und erschlossen ihm außer Blüchers Nachlaß zahlreiche mündliche und schriftliche Beiträge von bedeutenden und sachkundigen Zeitgenossen. Der gewandte Schriftsteller gibt in gefälliger Form alles wieder, was ihm erzählenswert erscheint, und füllt unbedenklich die Lücken mit eigenem Mörtel aus.

In volkstümlicher Form stellten dann Dr. Rauschnick und L. Wiese den Feldmarschall Vorwärts dar (Barmen 1837).

Eingeflochten in die Geschichte des Blücherschen Husaren-Regiments von C. W. v. Schöning (Berlin 1843) finden sich ausführliche Angaben über Blüchers Lebensgang; wertvoll ist namentlich sein Briefwechsel mit den Regimentskommandeuren.

Mit genialem Griffel zeichnete 1862 Johannes Scherr ein Zeitgemälde, das er um Blüchers Leben gruppierte; je vorurteilsvoller die Darstellung dieses Zeitabschnitts durch den demokratischen Politiker ist, desto wohltuender wird man von der liebevollen Vertiefung in Blüchers Wesen berührt, dem er fast ausnahmslos gerecht wird, wenn auch zahlreiche Irrtümer und freie Ausschmückungen unterlaufen.

In einer umfangreichen Geschichte der Familie von Blücher bearbeitete dann der Schweriner Archivrat Wigger ein ausführliches Lebensbild Blüchers, das auf strenger Quellensichtung und umfassender Forschung beruht; der Abschnitt „Feldmarschall Fürst Blücher" erschien 1878 als besonderer Abbruck. Willkommene Ergänzungen hierzu brachte 1887 das gleichfalls sehr zuverlässig gearbeitete Buch des Stettiner Oberlehrers Dr. Blasendorff. Beide sehen von einer eingehenden Würdigung Blüchers als Soldat von vornherein ab, bringen aber viele anziehende Einzelheiten, die bei mir der militärischen Betrachtung weichen mußten. So gibt Blasendorff u. a. viele Briefe Blüchers in seiner eigentümlichen Schreibweise wieder.

Die Aufzeichnungen des Dr. Bieske, der 1813 Blüchers Leibarzt wurde, bringen auch Vorgänge aus Blüchers früherer Zeit, die er zum Teil vom Feldmarschall selbst, zum Teil aber wohl auch von anderen erfahren hat; die Anmerkungen des Herausgebers stützen sich einmal ausdrücklich auf die Angaben des Generals v. Rudorff, der mit Blücher im Regiment groß wurde und dem auch Scherr vieles verdankt; unbedingt zuverlässig sind diese Regiments-Überlieferungen aber nicht. Bieskes persönliche Erlebnisse mit dem Feldmarschall sind dagegen zweifellos getreu wiedergegeben.

Als Anhang zu dieser Veröffentlichung sind die Mitteilungen des Kammerrats Brummer gedruckt, in dessen elterlichem Hause, dem Schloß, Blücher in Treptow wohnte; Brummer war damals schon erwachsen, lebte aber bei den Eltern; er schrieb seine Erinnerungen erst 1846 nieder; sie bringen verschiedene wertvolle Ergänzungen über Blüchers Lebensweise und Eigentümlichkeiten.

Die Memoiren des Generals v. Reiche sind zur Beurteilung Blüchers von großem Wert, da der General als Leutnant den Feldzug 1793 in demselben Korps mitmachte, dem auch Blücher angehörte; 1806 erlebte er den Sturm auf Lübeck als Ingenieur-Kapitän. 1813 war er erst in Yorcks, dann in Bülows Stabe, 1815 Stabschef beim Korps Zieten. Mit Blüchers Intendanten und Freund Ribbentrop hatte er verwandtschaftliche Beziehungen. Geschrieben sind die Erinnerungen allerdings erst, als er 1842 als General der Infanterie den Abschied genommen hatte; es ist aber immer genau zu erkennen, was er aus eigener Anschauung berichtet; seine Urteile sind maßvoll und gediegen; der General war ein lauterer Charakter und bewahrte sich bis ins hohe Alter († 1854) eine große geistige Regsamkeit.

Ähnlich steht es mit den Lebenserinnerungen des Generals v. Valentini. Er stand 1793/94 als junger Leutnant im Feldjäger-Regiment bei einer der Kompagnien, die zu Blüchers Vorposten-brigade gehörten; im Generalstab machte er 1806 den Rückzug nach Lübeck mit; in den Befreiungskriegen war er Generalstabschef bei Yorck und bei Bülow, nachher General-Inspekteur des Erziehungs-

und Bildungswefens. Seine eingehende Charakteriftik Blüchers als
junger Regiments=Chef im Jahre 1794 hat er anfcheinend erft einige
dreißig Jahre fpäter, als Fünfziger, niedergefchrieben; fie ift aber
fichtlich lebenswahr.

Manchen Zug aus Blüchers Leben verdanken wir dem Nachlaß
des Generals v. der Marwitz. Als junger Offizier des Regiments
Gensdarmen in Berlin fah er den General Blücher zuerft. Zu dem
Zuge nach Schwedifch=Pommern 1807 wurde Rittmeifter v. Marwitz
mit feinem Freikorps den Blücherfchen Truppen zugeteilt; feitdem
ftanden fie in freundfchaftlichem Verkehr. Marwitzs nahe Beziehungen
zum Hofe gewährten ihm manchen Einblick; feine Urteile find nicht
immer frei von Voreingenommenheit, doch bezieht fich dies vor allem
auf die politifchen und die militärifchen Reformen. Auch er hat erft
im Alter die Aufzeichnungen gemacht.

Ebenfo fteht es mit dem Nachlaß des Generals v. Eifenhart.
Als Leutnant gewann er fich in den kritifchen Tagen von Lübeck
Blüchers befondere Gunft; von da blieb er in des Generals Umgebung
bis 1809 und unterhielt auch dann noch regen brieflichen und perfön=
lichen Verkehr mit Blücher, der ihm ein freundfchaftliches Vertrauen
fchenkte. Die fehr lebendigen und anfchaulichen Schilderungen hat er
erft in feinen alten Tagen als General außer Dienft gefchrieben;
ihre Glaubwürdigkeit fteht aber außer Zweifel; die treffende Wieder=
gabe von Blüchers Art wird an ihnen befonders gerühmt; Eifenharts
Urteile laffen einen grundgefcheuten Mann erkennen.

General v. Boyens im Alter gefchriebene Denkwürdigkeiten find
offenbar durch feine damalige gefpannte Stellung dem Könige gegen=
über fo beeinflußt, daß fie, wo das Verhältnis Blüchers zum Könige
berührt wird und wo nicht unmittelbare Wahrnehmung vorliegt, mit
Vorficht zu benutzen find.

General v. Mifflings Erinnerungen kommen für diefen Band
nur mit wenig bedeutenden Einzelheiten in Betracht.

Wo mir weitere Quellenwürdigungen erforderlich fcheinen, werden
fie in den folgenden Anmerkungen gegeben werden.

Dem Kriegs=Archiv des Großen Generalftabes, obgleich fchon
mehrfach durchforfcht, danke ich doch noch neue Auffchlüffe über Blücher.
Wertvollen Stoff erhielt ich aus dem Archiv des Kriegsminifteriums.
Auch den Archiven zu Stettin, Hannover und Münfter bin ich für
freundliche Förderung meiner Arbeit zu Dank verpflichtet.

Quellennachweis und Anmerkungen.

Abkürzungen.

A Münster	= Archiv Münster F I B 19
A Stettin	= Archiv Stettin 5 I C 64 u. 65
Beiträge	= Urkundliche Beiträge und Forschungen zur Geschichte des preußischen Heeres: Heft V „Gefechtsausbildung der Preußischen Infanterie von 1806“, VI „Preußischer Kavalleriedienst vor 1806“, IX „Aus dem Garnisonleben von Berlin und Potsdam 1803 bis 1806“. Herausgegeben vom Großen Generalstab, Berlin 1903—1906
Berghaus	= Berghaus, Dr. H., Blücher als Mitglied der Pommerschen Ritterschaft 1777—1817 und beim Preußischen Heere am Rhein 1794, Anklam 1863
Bieske	= Bieske, Dr. C. L., Der Feldmarschall Fürst Blücher von Wahlstatt, Berlin 1862
Binder	= Binder v. Krieglstein, Frhr., Blüchers Eintritt in den preußischen Dienst, Beiheft 11 zum Milit. Wochenblatt, Berlin 1903
Blasendorff	= Blasendorff, Dr. C., Gebhard Leberecht von Blücher, Berlin 1887
Blücher	= Blücher, G. L. v., Kampagne-Journal, Berlin 1796
Bodelschwingh	= Bodelschwingh, E. v., Leben des Oberpräsidenten Freiherrn v. Vincke, Berlin 1853
Boyen	= Erinnerungen aus dem Leben des General-Feldmarschalls Hermann v. Boyen, herausgegeben von Nippold, 3 Bde, Leipzig 1890
Brummer	= Brummer, Bruchstücke aus „Selbst-Erlebtes“, Anhang zu Bieske
Corresp.	= Correspondance de Napoléon I., 24, 25, Paris 1868
Delbrück	= Delbrück, H., Das Leben des Feldmarschalls Grafen Neithardt v. Gneisenau, Berlin 1882
Dohna	= Dohna, A. Gf. zu, Der Feldzug der Preußen gegen die Franzosen in den Niederlanden 1793, Stendal 1798
Droysen	= Droysen, Joh. Gust., Das Leben des Feldmarschalls Grafen Yorck v. Wartenburg, Leipzig 1871
Einzlschr.	= Kriegsgeschichtliche Einzelschriften: Heft I „Die preußischen Kriegsvorbereitungen und Operationspläne von 1805“, Heft XVI „Pirmasens und Kaiserslautern“, Heft IX Exlander „Churpfalzbairische Kavallerie 1790/96“, herausgegeben vom Großen Generalstab, Berlin 1883 u. f.

Eisenhart	= Aus dem Nachlasse des Generals F. v. Eisenhart. In der Zeitschrift für Kunst, Wissenschaft und Geschichte des Krieges, Berlin 1843
Förster	= Förster, Dr. F., Der Feldmarschall Fürst Blücher von Wahlstatt und seine Umgebungen, Leipzig 1821
Forschungen	= Forschungen zur Brandenburgischen und Preußischen Geschichte XIII 2: 12 Blücherbriefe, herausgegeben von Granier, Leipzig 1900
Golz	= v. der Golz, Freiherr C., Roßbach und Jena, Berlin 1883
Gr. Glsth.	= Geschichte des siebenjährigen Krieges von Offizieren des Großen Generalstabes VI. 1, Berlin 1841
Glstw.	= Der siebenjährige Krieg, herausgegeben vom Großen Generalstab, Berlin 1901 u. f.
G. St. A.	= Geheimes Staats-Archiv
Hagen	= Hagen, E. v., Geschichte des Neumärkischen Dragoner-Regiments Nr. 3, Berlin 1885
Hist. Zeitschr.	= Historische Zeitschrift, herausgegeben von Heinr. v. Sybel, München 1885: 50 Blücherbriefe
Holleben	= Holleben, v., Geschichte des Frühjahrsfeldzuges 1813 und seine Vorgeschichte, Bd. I, Berlin 1904
Instr.	= Instruktion (von König Friedrich stammende, nach „Milit. Klassiker", spätere aus K. M.)
K. A.	= Kriegsarchiv des Großen Generalstabes
K. M.	= Geheimes Archiv des Kriegsministeriums
Köln. Ztg.	= Kölnische Zeitung 1876: Blücher in Briefen, herausgegeben von Colomb; Nachträge ebenda 1878
Koser	= Koser, Reinhold, König Friedrich der Große, Stuttgart 1901/3
Lehmann (Sch.)	= Lehmann, Max, Scharnhorst, Berlin 1886/7
Lehmann (St.)	= Lehmann, Max, Freiherr vom Stein, Leipzig 1902/05
Lettow	= Lettow-Vorbeck, Oskar v., Der Krieg von 1806/7, Berlin Bd. I 1899, II—IV 1892/96
Lippe	= Lippe, E. Graf zur, Husarenbuch, Berlin 1863
Marwitz	= Aus dem Nachlasse F. A. L. v. d. Marwitz, Berlin 1852
Meinecke	= Meinecke, Fr., Das Leben des Generalfeldmarschalls Hermann v. Boyen, Stuttgart 1896
Müffling	= Müffling, F. C. F. Freiherr v., Aus meinem Leben, Berlin 1851
Offizierkorps 1806	= 1806. Das preußische Offizierkorps und die Untersuchung der Kriegsereignisse, herausgegeben vom Großen Generalstabe, Berlin 1906
Perz	= Perz, G. H., Das Leben des Feldmarschalls Grafen Neithardt v. Gneisenau, Berlin 1864/5
Regl. 1743	= Reglement vor die Königlich Preußische Husaren-Regimenter, Berlin 1743
Regl. 1796	= Reglement für die Husaren-Regimenter, Berlin 1796
Reiche	= Reiche, Ludw. v., Memoiren, herausgegeben von seinem Neffen L. v. Weltzien, Leipzig 1857
Ribbentrop	= Gebhard Lebrecht von Blücher. Im Westfälischen National-Kalender 1806

Scherr = Scherr, J., Blücher. Seine Zeit und sein Leben, Leipzig 1887

Schöning = Schöning, Kurt Wolfgang v., Geschichte des K. Preuß. 5. Husaren-Regiments, mit besonderer Rücksicht auf G. L. v. Blücher, ehem. Chef, Berlin 1843

Sulicki = Sulicki, K. Marschall v., Der siebenjährige Krieg in Pommern und den benachbarten Marken, Berlin 1867

Testament = Tausen, A. v., Das militärische Testament Friedrichs des Großen, Berlin 1879

Varnhagen = Varnhagen von Ense, Ritter Karl Aug., Biographische Denkmale, 2. Bd. Fürst Blücher von Wahlstadt, Berlin 1826

Valentini Erinn. = Erinnerungen eines alten preuß. Offiziers aus den Feldzügen von 1792, 1793 und 1794 in Frankreich und am Rhein, Glogau 1833

Valentini
  kl. Krieg = Valentini, Frhr. Ritter Heinrich v., Abhandlung über den kleinen Krieg (Lehre vom Krieg I. 7), Berlin 1810

Wachholz = Aus dem Tagebuche des Generals von Wachholz, Braunschweig 1843

Wiese = Rauschnick und Wiese, Marschall Vorwärts, Barmen 3. Aufl. 1860

Wigger = Wigger, Dr. F., Geschichte der Familie von Blücher, Schwerin 1870/79

Witzleben = Witzleben, A. v., Prinz Friedrich Josias von Coburg-Saalfeld, Berlin 1859

*n = v. d. *n, Geschichte des preußisch-schwedischen Krieges in Pommern, der Mark und Mecklenburg 1757—1762, Berlin 1858

Herkunft.

Familiengeschichte: Wigger I u. II, 1. Abt.; über Bruder Gustav außerdem „Elise Gräfin Bernstorff" 8 u. 94, Berlin 1896. Vermögensverhältnisse: Vater Blüchers Eingabe an den König von Schweden 24. 1. 61 bei Binder 484. Mecklenburg, Rostock: Franck „Alt- und Neues Mecklenburg", Güstrow 1753—55.

Jugendzeit.

Erziehung und Schule: Ribbentrop, Wigger 273 u. f., Blasendorff 4 u. f. Schladens Rechtschreibung: Berghaus 140.

Nach Ribbentrop verließ Blücher das Elternhaus schon in seinem zehnten Lebensjahre; diese Angabe wird dadurch zweifelhaft, daß es weiter heißt, das Schicksal habe den Knaben dann nach der Insel Rügen zu seiner Schwester geführt, welche mit ihrem Gemahl die Stelle der Eltern ersetzte; nun heirate diese Schwester aber erst, als Gebhard schon zwölf Jahr alt war. Varnhagen gibt an, daß die Eltern den Knaben erst mit vierzehn Jahren nach Rügen aus dem Haus gaben; dem folgen auch Wigger und Blasendorff.

Schwedischer Junker.

Eintritt: Binder. Hauptmann v. Binder-Kriegstein (C. v. B.-K.), der geistreiche Verfasser der „Psychologie des Krieges", war mit der Abfassung einer Lebensbeschreibung Blüchers beschäftigt, als er als Berichterstatter in den russisch-japanischen Krieg zog, in dem er durch einen Unglücksfall sein Leben verlor. Außer der Arbeit über Blüchers Diensteintritt konnte ich noch sein Manuskript „Blücher als Avantgardenführer" und eine Anzahl von ihm gesammelter Archivalien benutzen. Platen: Platensche Familien-Papiere. Der „Husar im Felde" erschien 1761 in Leipzig, im selben Jahr in Berlin die Übersetzung: Le Husar ou courtes maximes de la petite guerre (Lippe 475), die Auflage von 1805 bei Korn, Leipzig und Breslau. Verwundung: Ribbentrop. Gefangennahme: Binder führt zwei schwedische Urkunden an, wonach Blücher am 27. August bei Daberkow gefangen genommen sei (474); das nachträglich angefertigte Kriegstagebuch der Belling-Husaren erwähnt die Gefangennahme eines schwedischen Fahnenjunkers bei Spantekow; dies kann erst nach dem 25. gewesen sein (Stutterheims Bericht bei Schöning 42—49); Schönings Angabe (29.), der auch Wigger und Blasendorff folgen, ist nicht zuverlässig (Binder 472). Wengen (103 Anm.) gibt den 27. an, Bieske (3) den 29. Was Scherr (I, 102 Anm.) gegen Spantekow anführt, ist nicht stichhaltig. Die verschiedenen Darstellungen des Hergangs bei Bieske (3), Varnhagen (8), Sulicki, Lippe (562), Scherr (I, 102 Anm.). Auswechslungs- und Abschieds- verhandlungen: Oberst Graf Sparre an General Lantingshausen 29. 8. 60, Vater Blücher an den König von Schweden 24. 1. 61 und General Lantings- hausen an Baron Höpken 26. 1. 61 bei Binder 475, 484, 487. Vorschlag zum Kornet: Belling a. d. König 30. 8. 60 bei Schöning 50; das Patent ist vom 20. 9. 60. Varnhagen (8) und Bieske (4) berichten, Blücher habe erst gegen die Schweden gekämpft, nachdem man ihn schwedischerseits aus dem Dienst entlassen habe; bis dahin habe Belling ihn in seiner Begleitung behalten.

Feldzug 1760.

Belling: Aufsatz im Historischen Portefeuille 1786 von jemand, der ihn „persönlich genau zu kennen Gelegenheit gehabt" hatte, und Überlieferung aus jener Zeit bei Schöning 11 u. 12; Valentini Erinn. 88, 89; Binder 480; Lippe 343, 556. Nach einer Stammliste der braunen Husaren war Belling 5' 3" 3"' groß (Lippe). Uniform: Glstw. I, 23*; Schöning 23; Glstw. 1. Schles. Krieg I, 59; Berliner Zeughaus Glasschrank 307, Uniformschrank 330, Langgestelle 309—11 und Uniformfiguren 17, 18; Lippe 344; Knötel „Uniformkunde" I, 2. Schneider „Husarengeschichten" 10, Stolp 1859. Gepäck: Reglt. 1743, 127 u. Anhang 7—10; Wachholz 99. Beute: Reglt. 1743, 87; Platen 37; Schöning 383. Stärke des schwedischen Heeres: Sulicki nach Tempelhoff. Schwedischer Krieg: Gr. Glstb. VI, 1; Sulicki; *n; Kampagne-Journal der Belling-Husaren (K. A. XXVII 67); die Ereignisse, die zum Gefecht bei Tessin führten, nach Belling a. d. König 11. 11. 60 bei Schöning 54. Freiregiment Horbt: Glstw. I, 123, 36*.

Winterruhe 1760/61.

Beförderungen: Schöning 65 u. f., 72. Belling und Blücher an Herzog Eugen von Württemberg: Archiv Stuttgart L XXVIII. Verkehr: Wigger 281; *n 130.

Feldzug 1761.

Gefecht bei Neubrandenburg: Belling a. d. König 22. 8. 61 bei Schö- ning 80. 3. Bataillon Belling: Ranglisten von 1761 (K. A. XXVII 642, 647). Husaren-Postierung: Reglt. 1743, 142. Exerzieren: Reglement 1743, 24; Schneider „Husarengeschichten" 7 u. 8, Stolp 1859. Gefecht bei Neu-Kahlden:

Blasendorff 11. **Abjutant:** Varnhagen 103, Bieste 4. In der Geheimen Kriegs-
kanzlei findet sich nach 1760 keine Angabe, wer Bellings Abjutant war. Trakta-
ment in Demmin: Stadt-Chronik bei Sulicki 687.

Feldzug 1762.

Allgemein: Gr. Glstb. VI, 1 S. 77 u. f.; Loyd-Tempelhoff „Geschichte des
Siebenjährigen Krieges" VI, Berlin 1801; Schöning 95 u. f. Liste der gefangenen Bellingschen Offiziere: Schöning 104. **Der Zar erbittet sich Belling:**
Der König an Prinz Heinrich 13. u. 17. 7. 62 bei Schmitt: „Prinz Heinrich als
Feldherr", Greifswald 1897. **Gefecht bei Auerbach:** Bieste 5; Blücher an
den König 13. 8. 82 bei Schöning 131, woraus hervorgeht, daß Blücher sich damals beim Bataillon Schulenburg befand, das den Zug unter Seydlitz nach Teplitz
im August nicht mitmachte. **Verwundung:** Varnhagen (10) sagt, daß Blücher
„durch einen Splitter, den eine Kanonenkugel losgerissen, am Fuß verwundet" sei;
Wiese (18) weiß, daß der Splitter von einer Laffette abgerissen sei.

Friedenszeit.   1763—1770.

Verhältnis zu Belling: Bieste 4; Varnhagen 10. **Damaliges Leben:**
Wigger 283; Bieste 5; Varnhagen 11. **Friedensdienst:** Regl. 1743; Ver-
fügung über die Grasung bei Schöning 110; Beiträge VI; Akten im K. A. **Gnade
des Königs:** „Sein (Bellings) Regiment war auch immer eines der schönsten
Husaren-Regimenter der Armee, und bei allen Revuen erwarb es sich des Monarchen
Wohlgefallen" Hist. Portefeuille 1786 bei Schöning 12. **Gustav Blücher:** Gräfin
Bernstorff 8, 94. **Spiel:** Valentini Erinn. 88; Instruktion 11. 5. 63; Marwitz
I, 274; Scherr I, 106; Brummer 47, 50; Eisenhart I, 23. **Verhältnis zu Pod-
scharly:** Varnhagen 11. Bieste gibt an, die Schwadron Podscharly habe damals
in Neustettin gelegen; von 1768 ab ist sie dort auch nachzuweisen (A. Stettin);
andere nennen, wohl den irrigen Angaben Schönings folgend, Bütow; für Neu-
stettin spricht auch Blüchers Brief an Breetz 23. 7. 96 in Köln. 3tg. Nachtrag.
Podscharly früher Seydlitz- (Hallasch-) Husar: Schöning 19. **Häuser- und
Einwohnerzahlen:** A. Stettin 5 I C 64; Blasendorff 13, 29. **Strafen:**
Kriegsartikel 17. 11. 64 u. 20. 3. 97; Instr. 11. 5. 63; Schöning 110; Warnery
„Werke" I, 6, Übersetzung 1785.

Besetzung Polens 1771 und 72. Abschied.

Schneidemühl: Blücher 13. 8. 82 bei Schöning 131; Blücher sagt, das
Scharmützel sei 1772 gewesen, worin er sich zweifellos irrt, denn er fügt hinzu
„als die polnischen Unruhen anfingen"; seine Zeitangaben sind häufig unsicher.
Wigger 284 legt das Gefecht in den November 1770. **Betragen des Regiments in Polen und Blüchers Abschied:** Friedländer „Blüchers Austritt aus
dem Heere in Forschungen XII, 97, Leipzig 1899. **Scheinhinrichtung:** Wigger
286. Daß der General v. Lossow wegen eines Pferdehandels Blücher übel gesinnt
gewesen sein sollte, kann bei der Schwere des Falls mit dem Geistlichen nicht in
Betracht kommen. Auch scheint Lossow gegen die Polen gar nicht so besonders
milde gewesen zu sein; der König mußte ihm verbieten, sich mit einem polnischen
Magnaten zu schießen (Roser II, 477).

Außer Dienst.

Familie Mehling: Wigger 284/5. Gutsläufe: Berghaus 19 u. f. Das Geld (14500 Taler), mit dem er sich Gr. Rabbow kaufte, stammte jedenfalls von seiner Frau; Blücher schreibt, er danke die glücklichen Umstände, daß er sich habe in Pommern ankaufen können, seiner Verehelichung (Schöning 128). Er verkaufte das Gut 1789 für 24000 Taler (Berghaus 21). Kinder: Wigger 228. Lob Bellings: Schöning 132; Valentini Erinn. 89; Biesle 4. Folgen des Krieges: Roser II 343, 354 u. f. Darlehn: Wigger 289. Bewirtschaftung: Blasendorff 25 und Brief 14. 8. 87 ebenda 28. Landschafts-Deputierter: Blasendorff 22; sein Gewährsmann ist Reg.-Rat Häse, damals Sekretär der Landschaft. Sprachstudien: ebenda; K. A. L I 80 II; Napoleon sagte nach Eisenhart II, 157 zu Blücher, er könne ein wenig deutsch sprechen wie der General französisch. Anstellungsgesuche: Schöning 128 u. f.; Wigger 291; Häse bei Schöning 159; Blasendorff, „Blüchers Wiedereintritt ins Heer", Jahresbericht des Wilhelms-Gymnasiums, Stettin 1897. Grundbesitz: 1783 kaufte er einen Anteil an Gr. Zieten, Kreis Teltow, 1786 einen Anteil an Gassenhagen bei Stargard (Berghaus 21). Geselligkeit: Blasendorff 21—24 u. 28. Freimaurer: Wigger 290.

Schwadron-Chef.

Offizierkorps: Schöning 154, 168; Instr. f. d. Inspekteure der Kavallerie 20. 7. 79; Instr. f. sämtliche Kürassier-, Dragoner- und Husaren-Regimenter in Ansehung deren neuer Formierung und Verpflegung 6. 3. 87 II § 9 (R. M.); Ribbentrop „Kanton-Wesen" 39, Minden 1798. Verheiratete Offiziere: Reglt. 1743, 330; Natzmer „Natzmer, Der Chef der weißen Husaren" Berlin 1870; Schöning 156; A. Stettin; Berghaus 45. Offizier-Ersatz: Stammrollen K. M.; Schöning. Mittagstisch: Eisenhart 21, 23; Reiche 63; Wachholtz 36; Buxbaum „Seydlitz" 37, Rathenow 1905. Daß Blücher den Tisch wirklich gab, geht aus Berghaus 45, Brief an Kutscher, hervor. Korpsgeist: Testament. Zusammensetzung der Eskadron: Stammrolle 14. 2. 88 (R. M.); A Stettin, Servis-Etat 1788/89; Instr. für die Husaren-Regimenter 6. 3. 87 (R. M.); K. A. D I 2; Reiche I 25; Blücher an Hohenlohe 20. 4. 94 (K. A.). Exerzieren: Reglt. 1743 u. 1796. Genaueres in „Beiträge" VI; diese beziehen sich aber vornehmlich auf die Zeit kurz vor 1806; Rückschlüsse auf frühere Zeiten sind mit Vorbehalt aufzunehmen. Änderungen: Instr. 13. 4. 88; Einzelschr. 28/30. Holland: Pfau „Geschichte des Preuß. Feldzuges in der Provinz Holland im Jahr 1787", 137/8, 309, 316/7, 322, Beilage G, Berlin 1790; „Tagebuch von dem Preuß. Feldzug in Holland 1787", 99, 114, 138, 141, 153/4; Schöning 162; Troschke „Der Preuß. Feldzug in Holland 1787", S. 88/9, Berlin 1875; (Sendler „Der Preuß. Feldzug in den Niederlanden 1787", Berlin 1893, beruht auf Pfau und Troschke); Blasendorff 27. Haus, geselliges Leben und Jagd: Blasendorff 29, 30. Die Geschichte, die Blasendorff von der Selbstentleibung eines Wachtmeisters erzählt, den Blücher arretiert habe, ist nach den Angaben der Stammrolle nicht zutreffend; möglicherweise bezieht sie sich auf den Quartiermeister, der 1790 als gestorben aufgeführt ist. Familienverhältnisse: Wigger 293—295; Blasendorff 27, 29, 32, 33; Junker Gustav v. B.: Wigger II¹, 161 (Schöning nennt ihn fälschlich August). Beförderungen: Schöning 164. Ruhegehalt: Berghaus 45. Landbesitz: Berghaus 22; Wigger 294; Blasendorff 33. Weiber und Kinder: Reglt. 1743; A. Stettin. Soldatenkinder-Schulen: an Jastrow bei Blasendorff 50; Meinecke I, 95 u. f. Rebenerwerb:

Schöning 306; Beiträge IX; Reglt. 1743. Geldwirtschaft: Reglt. 1743; Instr. 6. 3. 87. Futterankauf: Denkwürdigkeiten zur Geschichte des brandenburgischen Hauses; Instr. f. d. Kommandeure 11. 5. 63; Hagen 155; Lehmann (Sch.) II, 143 Anm. Grasung: A. Stettin; Hagen 138. Einkünfte: Reglements 1743 u. 96; Golt 98; Hagen 168; Eisenhart I 21. Berliner und Potsdamer Herbstübungen: Blasendorff 31; Beiträge IX 8 u. 9; Hagen 173. Herbstübungen bei Stolp: A. Stettin; Hagen 161, 163; Instrukt. 20. 7. 79; Testament. Bereiter: Schöning 321. Reitbahn: an Zastrow 19. 9. 95 (Hist. Zeitschr. 1885, 197). Remontierung: Schöning 312; Hagen 162. Näheres siehe Unger, „Wie ritt Seydlitz?" Berlin 1906. Heeresaufmärsche gegen Österreich und Rußland 1790 und 91: Wigger 294; Schöning 166. Mannszucht: Instruktion 12. 3. 90, K. M. Feld-Reglement für die Kavallerie vom Mai 1790, K. M. Heeresbewegungen 1790/91: K. A. D 16 c. Der Brief Blüchers an den König 2. 5. 92, worin er bittet, im Felde verwandt zu werden, K. A. D I 2 Vol. 1, ist noch ungedruckt.

Rheinfeldzüge.

Allgemeines: Sybel „Geschichte der Revolutionszeit" III, Düsseldorf 1866; Witzleben II u. III; Dohna; Graf Dohna trat als Adjutant Knobelsdorffs vielfach in Beziehungen zu Blücher; das mehrbändige Werk ist sehr gewissenhaft geschrieben. Blüchers Beschwerde über seine Versetzung zum 1. Bataillon: K. A. D I 2 Vol. 1 (Jahreszahl 1792 ist falsch). Österreichische Ulanen: Reiche I 46. Koburgs Verhältnis zu Braunschweig, Knobelsdorff und Blücher: Witzleben II 49, 142—144, 184, 266. Gefecht am 1. Mai: Reiche I 58, Blücher 13. Übergewicht der französischen Infanterie: Dohna. Fehlen der Preußen bei der Entscheidung: Tauentzien a. d. König 24. 3. 93 bei Witzleben II 144. Gefechte am 26. u. 28. Juni hauptsächlich nach Dohna. Graf Golt: Valentini II. Krieg 90. Engländer: Reiche I 61; Witzleben II 67, 198, III 41; Scharnhorst bei Lehmann I 196; Blücher 17. Alarmbereitschaft: Graf Golt an Oberkriegskollegium 28. 6. 93. (K. M. Maß- und Stammrolle des Regiments, Anschreiben.) Gefecht bei Frisingen: Blücher 30—32; Knobelsdorff a. d. König 13. 9. 93 (K. A. 1793 III 106); Blücher an Braunschweig 4. 10. 93 (K. A. 1793 III 108); Dohna III 320; Reiche I 72. Am 4. 10. macht Blücher ungefähr dieselben Angaben über den feindlichen Verlust wie Knobelsdorff; im Journal sagt er dagegen: „Der Feind verlor 500 Mann. Wir hatten 5 Offiziere 110 Mann und 42 Pferde gefangen" — ein Beweis, daß die von Blücher oder seinen Adjutanten während der Ereignisse gemachten Aufzeichnungen nicht sehr vollständig waren und daß das „gute Gedächtniß", dessen sich Blücher im Vorwort zum Journal rühmt, ihn bei Zahlen hie und da doch täuschte — wie sich das auch sonst nachweisen läßt. Feldzug an der Saar und in der Pfalz 1793/94: Einzelschrift XVI; „Blücher als Avantgardenführer und Vorpostenkommandeur in den Feldzügen am Rhein 1793/94", unveröffentlichte Arbeit des Hauptmanns v. Binder-Krieglstein, die sich auf Akten des Kriegs-Archivs stützt. Vorposten bei Neunkirchen: Blücher 32 u. f. Sankt Ingbert: Blücher 35; Knobelsdorff an Manstein 28. 9. 93 (K. A.); Dohna IV 16. Saarbrücken: Blücher 37 u. f.; an Braunschweig 4. 10. 93 und Knobelsdorff a. d. König 1. 10. 93 (K. A.). Auflösung der Franzosen: Chuquet „Weißenburg" 175. Rückmarsch von Saarbrücken: Blücher 44; Knobelsdorff an Braunschweig 18. 11. 93 (K. A.). Blüchers „Diversion" am 25. und 26. 11.: Einzelschr. XVI 341 Anm. 2. Befehl für Kos-

both am 29.: Blücher 52 durch Einzelschr. XVI 352 und 359 zu ergänzen. Vor-
postenaufstellung: Kartenarchiv des Generalstabes und K. A. III 209. Vor-
posten-Unternehmungen: Blücher; Möllendorf a. d. König 6. 2. 94, derf. an
Hohenlohe 25. 2., 22. u. 23. 3. sowie 4. 4.; Hohenlohe an Möllendorf 30. 31. 3.;
Möllendorf 2. u. 3. 5. Beurlaubungen: Möllendorf an Hohenlohe 24. 4. 94.
Girard: Möllendorf an Hohenlohe 3. 5. 94. Zustände in den Winterquartieren: Denkwürdigkeiten des Generals v. Senden in Zeitschrift für Kunst usw. des
Krieges, 1840, I 90. Ursache des Mißerfolgs: Bericht Dönhoffs bei Witzleben III 410 und Blücher 29. Zahlreiche Einzelheiten in Möllendorfs, Hohen-
lohes und Blüchers Schreiben und Berichten im K. A. Kirrweiler: Im Offizier-
Lesebuch 1796 (Schöning 287) ist ein Brief abgedruckt, der angeblich am 28. 5. 94
aus Hohenlohes Hauptquartier Mußbach von einem Offizier an einen anderen
geschrieben wurde. Jedenfalls ist der Bericht vor dem 13. Juni geschrieben, da er
das Husaren-Regiment noch Regiment Golz nennt. Er stimmt oft wörtlich mit
Hohenlohes Bericht überein, erwähnt aber des Prinzen Gegenwart nur nebenher.
Viele Einzelheiten sind eingefügt, die erkennen lassen, daß der Schreiber Augenzeuge war und unter dem Eindruck des soeben Erlebten schrieb; es scheint beinahe,
daß er Blücher während und nach dem Gefecht gesprochen habe. Er hat die Ersatz-
bedarfs-Nachweisungen und die Ordensvorschläge eingesehen. Bei der Aufzählung
der Trophäen und Gefangenen gibt er meist Hohenlohes Zahlen wieder, beziffert
aber den Verlust des Feindes an Menschen auf „mehr als 600", an Pferden auf
„400 und einige". Französische Offensive: Lufft „Feldzug am Mittelrhein
Mai/Juli 1794", Karlsruhe 1870. Verfasser ist der Sohn des französischen Obersten
Lufft, der sich bei der Eroberung des Schänzels die Hauptrolle zuspricht. Die Arbeit
ist außerordentlich fleißig, im ganzen auch mit militärischem Verständnis geschrieben;
sie stellt die vorhandenen Quellen gut zusammen. Ortskenntnis und mündliche
Überlieferung sind vortrefflich ausgenutzt. Stärkeberechnungen Seite 28—31 u. 44.
„Le roi rouge" S. 162, 166. Taktische Unterlegenheit im Gebirge:
Generalstabs-Kapitän v. Bergen 16. 8. 94 bei Berghaus 146; er hatte die Niederlage auf dem Schänzel persönlich mitgemacht. Die Unternehmungen vom
28. August und 5. September sind im Kampagne-Journal fälschlich als im März
ausgeführt angegeben (Einzelschr. IX 327). Das Versteck von Battenberg ist
von Valentini als Musterbeispiel in sein Buch über den Kleinen Krieg aufgenommen, angeblich nach dem Bericht eines Augenzeugen; die Darstellung ist aber falsch;
die Franzosen kamen nicht von den Bergen herunter über Battenberg, sondern am
Gebirgsfuß entlang, wie aus Blüchers gleichzeitigem Bericht zweifellos hervorgeht.
Bayerische Truppen und Einzelheiten aus den Gefechten vom 18. August bis
17. Oktober: Einzelschr. IX 327—37. Unternehmungen am 4. und 14. September: Journal der Kaiserlichen Reichsarmee 6. 9. 94 (K. A.). Absichten Hohenlohes für den 20. September: Journal des Korps Hohenlohe (K. A.). Leibschwadron: Stammrollen im K. M. Rückblick: Die Zahl der Trophäen nach
dem Kampagne-Journal; in einer für den König bestimmten Übersicht vom 19. 9. 95
gibt Blücher 5 Munitionswagen und eine Fahne weniger an, dafür aber 1134
Beute-Pferde. Blüchers Persönlichkeit: Valentini Erinn. 88; Varnhagen 68.
Heftigkeit: Blücher 83. Gutmütigkeit: Blücher 61.

Ostfriesland und Westfalen.

Krankheit: an den Kronprinzen 11. 2. 95 im Archiv des Königl. Hauses.
Zustand des Regiments: an Zastrow 19. u. 27. 9. 95 in Hist. Zeitschr. 197, 206.

Offizierkorps: Offizier-Lesebuch 1796 bei Schöning 293; Boyen II 107. Verkehr mit jungen Offizieren: Marwitz I 248. Bentheim: an Zastrow 2. 11. 95 bei Blasendorff 49. Zweite Heirat, Familie: Varnhagen 69/70; Wigger 300/2; Blasendorff 47 u. f. Unzufriedenheit: an Zastrow 19. 9. 95 u. 2. 11. 95 in Hist. Zeitschr. 197 u. 205; Blasendorff 49. Das Kampagne-Journal ist dann noch einmal in Schönings Geschichte des 5. Husaren-Regiments, Berlin 1843, abgedruckt worden. Blüchersche Verpflegung: A. Münster; an Bonin 4. 4. 96 bei Blasendorff 54. Geschäftsverkehr: A. Münster B 19; Wallmodensches Archiv in Hannover VI A 61; K. A. D I 29. Truppenverlegungen: A Münster; an Geusau 3. 11. 1, K. A. D I 1. Das „Auslehren": an Breetz 23. 7. 96 in Köln. Ztg.

Münster: Varnhagen 70/71, 75/76 u. f.; Wigger 303—313; Blasendorff 48, 52 u. f.; Berghaus 49 u. f.; Sethe bei Freytag „Bilder aus der deutschen Vergangenheit" VI 376 u. f. Sethe war preußischer Justizrat in Münster; er schrieb seine Erinnerungen später für seine Kinder auf; er starb 1855 als Chefpräsident des rheinischen Revisionshofes; Ribbentrop; Kettler an Blücher 7. 3. 1800 in Köln. Ztg.: „wünsche sehr, Dir bald wieder hier sehen zu mögen, um Dir persönlich von jener Anhänglichkeit und Freundschaft zu versichern". Münstersche Offiziere: Schöning 321; Lehmann (St.) I 293. Stein: an Kutscher 3. 12. 4 bei Berghaus 35; Lehmann (St.) I 289 u. f. Freimaurer: Marwitz I 196; Wigger 290; Blasendorff 194 und private Mitteilungen. Ribbentrop: Westf. Nationalkalender 1806, 96 u. 206; Brief Blüchers 4. 8. 6 in Ribbentropschen Familienbesitz; Erlenmeyer „Ribbentrop als Freimaurer" Berlin 1903. Milit. Wirkungskreis: Briefe bei Berghaus 41, 46, 73. Die Zerstreuung der militärischen Akten in den verschiedensten Archiven bereitet der Nachforschung unerträgliche Schwierigkeiten. Potsdamer Herbstübungen 1804: K. A. E II 102 Rot; Beiträge IX; Schöning 330. Vincke: Bodelschwingh I. Gesundheit: an Kutscher bei Berghaus 35, 44; Ribbentrop. Wenn Scherr sich bezeugen läßt, daß Blücher schon 1804 „den Eindruck großer körperlicher Hinfälligkeit" gemacht habe, so ist das wohl auf Rechnung seiner sehr befangenen Quelle zu setzen, aus der er das Kapitel „Blücher in Münster" geschöpft hat. Französische Besetzung Hannovers: Blasendorff 62; Ompteda „Die Überwältigung Hannovers durch die Franzosen" 244/5, 253, Hannover 1866. Politik: an Kutscher bei Berghaus. — Kriegsbereitschaft 1805. Grundlagen: Einzelschr. I; Lettow I 4—17. Einzelheiten: Schöning 334—41, 352; Scharnhorsts Äußerungen: Lehmann (Sch.) I 361. Ansbach: Müffling 13. Berneck: Blasendorff 70. Mack: Blücher 9. Urteil über Blücher: Müffling 13.

Der Zusammenbruch.

Vor dem Sturm. Ursachen des Krieges: Lettow I 18 u. f.; Lehmann (Sch.) I 369 u. f. An den König 2. 7. 6 und an Kleist 23. 7. 6 in Köln. Ztg.; an den König 25. 7. 6 in Forschungen 153; Schulenburgs Zustimmung bei Varnhagen 83; Befehl des Königs 9. 8. 6 bei Lehmann (Sch.) I 395. Zuversicht und Besorgnisse: Wigger 316; Varnhagen 85. Gärung in Münster: Blasendorff 80/81. Troß: Lehmann (Sch.) II 145—150; Müffling 14; Denkschrift von Courbiere im K. A. D I 2; Blüchers Denkschrift ist bisher nicht aufgefunden. Nationalarmee: Wigger 310; Blasendorff 65; Goltz 161; an Rüchel 12. 9. 6 bei Blasendorff 82. Ribbentrop: Blücher 4. 8. 6 in Ribbentropschem Familienbesitz; Erlenmeyer a. a. O.; G. St. A. R 124 f. I 4: Verpflegung der Truppen im Osna-

brückchen. Generalſtabsoffiziere: Lehmann (Sch.) I 530. — Heeresauf-
marſch: an Rüchel 14. u. 18. 9. 6 bei Blaſendorff 82/83; an Winde 6. u. 9. 10. 6
bei Bobelſchwingh 283. — Auerſtedt: Lettow, Golb, Beiträge V u. VI (Truppen-
berichte); Bericht des 1. Bataillons Blücher-Huſaren im R. A. VII 20; Blüchers
Bericht 31. 3. 8 in Offizierkorps 1806, 127 u. f.; die darin angezogene Verneh-
mung eines Küraſſiers im R. A. VII 23. — Daß Blücher am 14. morgens ſeine
Truppen nicht zuſammenbekam, muß namentlich ſeinem Generalſtab zur Laſt gelegt
werden. Der älteſte Generalſtabsoffizier, Major v. Kampb, fiel bei Auerſtedt. —
Das Zurücklaſſen der beiden Schwadronen bei Poppel tadelt Lettow zu Unrecht; da
grade jebt die Diviſion Schmettow vom Herzog angehalten wurde, hätte ſich die
Maßnahme belohnt machen können; daß die Dragoner, als ſie dort überflüſſig
wurden, nicht nachkamen, iſt nicht Blüchers Schuld. — Reibenſtein-Küraſſiere hatten
noch den alten hannoverſch-holſteinſchen ſchwarzen Pferdeſchlag, Heiling dagegen
ſeit etwa 1795 ſchon oſtpreußiſchen Pferdeerſab; die Königin-Dragoner hatten ſeit
1760 neben Holſteinern ein Drittel polniſche Remonten, ſeit 1787 kamen ſelbſt-
angekaufte (hauptſächlich wohl Mecklenburger) dazu. — York über Blücher bei
Droyſen 149. — Rückzug bis Nordhauſen: Schöning 368; Berichte Kalkreuths
und Blüchers in Offizierkorps 1806, 122 u. 132; Nachlaß des Prinzen Auguſt
(Einzelſchr. 2); Bericht des L. v. Siegroth in Beiträge VI 96; Wigger 324. Um
den Harz: Lehmann (Sch.) 450 u. f. Lychen: Schöning 369; Blücher 31. 3. 8 in
Offizierkorps 1806, 136. — Von Prenzlau nach Lübeck: Marwib 183; Scherr
II 269; Droyſen I 160 u. f.; Lehmann (Sch.) 458 u. f.; Schöning 370; Beiträge
V 137; Wigger 328; Beſeler „Blüchers Zug nach Lübeck 1806" (Milit. Woch. Bl.
1892 Beiheft 2); Blüchers Bericht an den König bei Förſter 66—68; Gutachten
der Immediatkommiſſion in Offizierkorps 1806, 258 u. f.; Bericht des R. v. Boſe
ebenda 79. — Lübeck und Ratkau, Blüchers Rechtfertigung: Beſeler
a. a. O.; Lehmann (Sch.) I 463 u. f., 512, 539; Droyſen I 175; Eiſenhart I 241,
II 26 u. f. Beiträge V 137 u. VI 84; Reiche 180; Wigger 330, 334; Blaſendorff 107; R. A. E I 80 II; Blücher an den Generaladjutanten 5. 3. 7 in Offizierkorps 1806, 39; Offizierkorps 1806, 261 u. f. — Hamburg: an Winde 15. 12. 6
bei Bobelſchwingh I 291; an York bei Droyſen I 175; Scharnhorſt an Blücher
bei Lehmann (Sch.) I 495; Blücher an einen Neffen 25. 2. 7 im Brittiſchen Muſeum
31022; Eiſenhart II 37, 40, 47, 49; Varnhagen 121; Wigger 335 u. f.; Blaſendorff 108 u. f. Reiſeeindrücke: Eiſenhart II 50 u. f., 144 u. f.; L. v. Colomb
in Köln. 3tg. Franzöſiſche Armee: Lettow IV 143 u. f. Unterredung mit
Napoleon: Eiſenhart II 155 u. f.; Colomb in Köln. 3tg. Die köſtlichen Schilderungen Eiſenharts vom Aufenthalt in Roſenberg und von der Unterredung mit
Napoleon konnte ich leider nicht ausführlicher wiedergeben, um mich von der vorwiegend militäriſchen Richtung des Buchs nicht über Gebühr zu entfernen. Näheres
über L'Eſtocq: Zeblib „Pantheon des preußiſchen Heeres" I 329, Berlin 1835 u.
Lehmann (Sch.) I 478 u. f. Unterredung mit Bennigſen: Eiſenhart II 167.
Bei der Königin: Colomb in Köln. 3tg. — Heerfahrt nach Schwe-
diſch-Pommern: Lehmann (Sch.) I 511; Lettow IV 223 u. f.; Marwib 244, 249,
261 u. f.; Wigger 340 u. f. Scharnhorſt an Blücher 14. 5. 7 in R. A. D I 29.
Blücher an L'Eſtocq 12. 5. 7 in Pantheon I 329; der König an Blücher 6. 5. 7,
Blücher an Hardenberg 2. 6. 7 bei Wigger 340, 342, an M. v. Schwemmler
Frühjahr 1807 R. A. F 82, fälſchlich in das Befehlsbuch von 1811 eingeheftet; an
Chaſot Anfang Juni bei Perb I 284; Gneiſenau an Blücher 10., 11., 24. u. 29. 6. 7
in R. A. D I 29; Schill an Gneiſenau 21. 6. 7, Gneiſenau an Valentini 27. 6. 7,

drei Briefe Blüchers an Gneisenau bei Pertz I 677, 239, 285/6; an Hardenberg 4. 7. 7 in Forschungen 157; der König an Blücher 30. 6. 7 bei Wigger 345; an Marwitz 11. 7. 7 bei Marwitz 261; an Hardenberg aus Wolgast bei Wigger 347.

Oberkommando in Pommern.

Die französische Okkupation 1807/8. Gruner: Wigger 348. Trauer und Hoffnungen: an Sprickmann 7. 9. 7 bei Wigger 347, wo der Brief jedoch nur auszugsweise wiedergegeben ist. Verhältnis zu den Franzosen: an Hardenberg 12. 8. 7 in Forschungen 4; an Beyme 9. 9. 7 in Forschungen 5. Streit um die Küstenorte: Köln. Ztg.; Corresp. 13179. Heereserneuerung: Lehmann (Sch.) II 8, 55 u. f., 150, 153, 160, 202, 205, 207, 227; an Gneisenau 3. 8. 7 bei Pertz I 288; Gneisenaus Antwort: K. A. I 29. Steins Wiederberufung: an Hardenberg Juli 1807 bei Wigger 347, August in Forschungen 4; Lehmann (St.) II 97. Stein über Blücher: Lehmann (St.) II 105. Steins militärischer Einfluß: Lehmann (Sch.) II 27, 38 u. (St.) II 541. Gesundheit: an Hardenberg 12. 8. 7 in Forschungen 4; an Sprickmann 7. 9. 7 bei Wigger 348; Tagebuch Bindes bei Bodelschwingh 337; an Lottum und Borgstede in Forschungen 6 u. 7; Stein an Wittgenstein 15. 8. 8 bei Bodelschwingh 361; Bieske 7; Brummer 45; Eisenhart 222; Boyen II 106/7. Schmähungen und Anklagen: Golz „Von Roßbach bis Jena und Auerstedt", 100 u. f., Berlin 1906; Offizierkorps 1806, 52, 71. Varnhagen 129. Geldverhältnisse: A. Münster; 1814 wurde die Forderung niedergeschlagen. Chef: Lehmann (Sch.) II 135. Uniform: an Gneisenau 6. 6. 9 bei Delbrück I 175; Schöning 389 u. f.; Wigger 371. Der König an Blücher 26. 8. 8, K. A. F 216. Bülows Stellung: Lehmann (Sch.) II 206 Anm. Wiederherstellung: an Golz 4. 4. 9 bei Wigger 353, ausführlicher bei Blasendorff 142; an ? im Sommer 1809 (vor dem 4. 6. 9) bei Pertz: Stein. Neues Kriegsdrohen: Scharnhorst an Blücher bei Wigger 352. Sendung Eisenharts: Eisenhart II 213 u. f.

Auf die reizvollen Schilderungen aus Blüchers Leben in Treptow und Stargard bei Blasendorff 130 u. f. sei hier noch besonders verwiesen.

Österreichs Befreiungskampf 1809: an Golz 4. 4. 9, Köln. Ztg. Schill: Clausewitz 21. 5. 9 u. 9. 6. 9 bei Schwartz „Leben Clausewitz's" I 354 u. 357, Berlin 1878; an den König bei Wigger 357; an Gneisenau 17. 6. 9 bei Pertz I 518; über Vorstell bei Lehmann in Hist. Zeitschr. 1877, 57. Stellung des Königs: Lehmann (Sch.) II 271—73. Abschiedsgesuch: Wigger 359; an Gneisenau 6. 6. 9 bei Delbrück I 173; an Bonin 6. 6. 9 bei Blasendorff 146; an Götzen 14. 6. 9 bei Pertz I 500; Gneisenau an Götzen bei Delbrück I 172. Parteiwut: Gneisenau an seine Frau, Mai u. 10. 6. 9 bei Pertz I 498, 514. Geheime Verhandlungen: Gneisenau an Bärsch 2. 2. 9 bei Pertz I 453; „Ein Vorschlag Gneisenaus aus dem Jahre 1809" nach Wiener Kriegsarchiv von Frhr. v. Binder-Krieglstein im Milit. Wochenblatt 1896 Nr. 76; Eisenhart II 224 u. f. Briefe an Jahn: Blasendorff 151 Anm. Regensburg: Gräfin Brühl an Clausewitz 8. 5. 9 bei Schwartz I 397. Wien: an Gneisenau 6. 6. 9 bei Pertz I 515, wo das Datum fälschlich 6. 7. 9; Wigger 361. Aspern: Lehmann (Sch.) I 279; an Bonin 6. 6. 9 in Hist. Zeitschr. 210; an Gneisenau 17. 6. 9 abbs. bei Pertz I 517. Wagram: an den König 18. 7. 9 bei Pertz I 500; an Götzen 15. 7. 9 (von Bülows Hand) bei Pertz I 547; an Bonin 20. 7. 9 in Hist. Zeitschr. 210; an Gneisenau 19. 7. 9 bei Pertz I 696 (Datum nach Lehmann

[Sch.] I 297). Waffenstillstand: Lehmann (Sch.) II 299; an Bonin (an 9.8.9) in Hist. Zeitschr. Friedensschluß: an den König 9. 10. 9 in Köln. Ztg.; an Götzen 8.10.9 bei Pertz I 553; Götzen an Blücher 13.10.9 bei Pertz I 554. Bülow: Lehmann (Sch.) II 304; Bülow an Götzen bei Pertz I 552; Gneisenau an Chasot bei Pertz II 84. Blüquaire: Lehmann (Sch.) II 307. Gneisenau an Chasot bei Pertz II 84; Lehmann „Knesebeck und Schön" 74—76, Leipzig 1875.

Preußen in seiner tiefsten Erniedrigung. Des Königs Gnade: Der König an Blücher 1.11.9 im K. A. F 216; Blasendorff 149; dagegen Boyen II 1—3. Demütigungen: Lehmann (Sch.) II 323. Tod der Königin: an Eisenhart 22. 7. 10 im Stadtarchiv Trier; Gneisenau an seine Frau 21. u. 27. 7. 10 bei Pertz I 618/19; Stein an Prinzeß Wilhelm 27. 9. 10 bei Lehmann (St.) III 114. Tugendbund: Aug. Lehmann „Der Tugendbund" 59, 197, Grundsätze § 2, Berlin 1867. Umgang mit Bürgern: Droysen 230; Beiträge IX 19. Verhältnis zu York: an Gneisenau 3. 8. 7 Schlußsatz bei Wigger '349; an York 23. 4. 11 bei Wigger 375. Lehmann (Sch.) II 349. Gneisenau an Franz Blücher 22. 10. 10 bei Delbrück I 204; an Gneisenau 8. 1. 8 bei Pertz I 315; Gneisenau an Chasot Ende April, Anfang Mai 1811 bei Pertz II 84. Küstenbesetzung: an Eisenhart 10. 9. 10 bei Wiese 104; Akten der Kommandantur Kolberg bei Blasendorff 164; an Boyen 18. 8. 10 u. 9. 12. 10 in Hist. Zeitschr. Reibungen: Eisenhart II 211; Gneisenau an Götzen bei Pertz II 84; Tagesbefehl 4. 5. 11 im K. A. F 82. Geschäftsstil: Schöning 400. Unzufriedenheit: an Boyen 20. 10. 10 bei Blasendorff 151, 152; an denselben 15. 11. 10 in Hist. Zeitschr. 217; der König an Blücher K. A. D I 29. Junkerschule: an Boyen 26. 9. 10 in Hist. Zeitschr. 214 u. f. Französische Truppenbewegungen: an Eisenhart 10. 9. 10 u. 21. 2. 11 bei Wiese 103 u. 104. Der König an Blücher 28. (drei Schreiben), 31. 1. 11, 3. 2. 11, 5. 2. 11, 14. 4. 11 im K. A. F 216; Lehmann (Sch.) II 344, 353; Befehlsbuch, Nr. 40 in K. A. F 82. Besetzung Swinemündes: an Boyen 4. 5. 11 in Hist. Zeitschr. 222. Hoffnung: an Eisenhart 21. 2. 11 bei Wiese 104. Befürchtungen: an York 23. 4. 11 bei Wigger 375. Gegenmaßregeln: Lehmann (Sch.) II 345, 349, 357; Wigger 375. Oberkommando an der Küste: K. A. F 82. Lohn der Schanzarbeiter: Blasendorff 165. Weiteres Vorrücken der Franzosen: an Boyen 5. 7. 11 in Hist. Zeitschr.; der König an Blücher 23. 7. 11 bei Wigger 377; an den König 25. 7. 11 u. 9. 8. 11 bei Blasendorff 167 und Wigger 378. Kannegießerei: Befehlsbuch, Nr. 2 u. 15. K. A. F 82. Kursky und Süren: L. Süren, „Friedrich Süren" 24, 32, Berlin 1895; Pröhle, „Jahns Leben" 84, Berlin 1855. Dispositionsgelder: an Hardenberg 16. 9. 11 in Forschungen XIII 2. Geldnot: Wigger 372/73; an Boyen 21. 4. 11 u. 9. 5. 11 in Hist. Zeitschr. 219 u. 224; König an Blücher 22. 5. 9 u. 29. 8. 11 im K. A. F 216 u. III 45; an Thiele August 1811 bei Pertz II 151. Scharnhorst bei Blücher: Lehmann (Sch.) II 385. Franz Blücher an Gneisenau Ende Juli 1811 bei Pertz II 146. Kolberg: an Gneisenau 19. 8. 11 bei Delbrück I 220; eigenhändige Übersicht der bei Kolberg anzulegenden Verschanzungen vom August 1811 bei Pertz II 680; an Gneisenau 22. 8. 11 bei Pertz II 152; an Thiele August 1811 bei Pertz II 150; an Bonin 2. 9. 11 in Hist. Zeitschr.; Boyen II 106. Faullenzer: Befehlsbuch, Nr. 71 u. 72 im K. A. F 82. Holz: an Hardenberg 16. 9. 11 in Forschungen XIII 2. Verhalten gegen die Franzosen: an Thiele August 1811 bei Pertz II 149. Bruch mit Bülow: an Gneisenau 19. 8. 11 bei Delbrück I 222; Lehmann (Sch.) II 386; Blasendorff 166; Brummer 49; Scharnhorst an York bei Blasendorff 167; Befehlsbuch 29. 8. 11 im

K. A. F 82; an Gneisenau 22. 8. 11 bei Pertz II 153; Gneisenau an Münster 28. 7. 11 bei Pertz II 163. Für das russische Bündnis: an Gneisenau 22. 8. 11 bei Pertz II 152; an Bonin 29. 6. 11 u. 2. 9. 11 in Hist. Zeitschr.; an den König 9. 8. 11 bei Wigger 378; an Hardenberg 12. 9. 11 in Forschungen 164. Sicherheitskommissare: Gneisenau an Götzen Febr. 1809 bei Pertz I 504/5; Denkschrift von Clausewitz Febr. 1812 bei Pertz III 625. Mehr Geld für Kolberg: Gneisenau an Franz Blücher 11. 9. 11 bei Wigger 382. Blücher beredet den König zum Widerstand bei Wigger 383. Eigenmächtiges Vorgehen: Gneisenau bei Pertz II 208; an Hardenberg 12. 9. 11 in Forschungen 164; an Gneisenau 22. 8. 11 bei Pertz II 152. Blücher sucht den König zum Verlassen Berlins zu bewegen 4. 10. 11 bei Wigger 384. Die englische Flotte als Zufluchtsstätte für den König: Pertz II 226. Nachgeben: Hardenberg an Blücher 8. 10. 11 bei Wigger 385; Gneisenau an Franz Blücher 8. 10. 11 ebenda; an Gneisenau 12. 10. 11 bei Pertz II 215; an Hardenberg 12. 10 11 bei Wigger 386, vervollständigt durch „Forschungen" 166. Napoleon an Davout: Corresp. 18139. Aussichten des Widerstandes: Denkschrift Boyens bei Meinecke I 226 Anm.; Scharnhorst bei Lehmann (Sch.) II 358; Denkschrift von Clausewitz bei Pertz III 627/8, 641/2; Gneisenaus Anmerkung dazu ebenda 642; Gneisenau an Bärsch 15. 11. 8 und an Dörnberg 21. 2. 12 bei Delbrück I 238; Gneisenaus „Poesie" bei Pertz II 137 u. 193; Boyen an den König 14. 4. 11 bei Meinecke I 225; siehe die Stärkeberechnungen bei Lehmann (Sch.) II 655 und bei Meinecke I 413. Hardenbergs Entschlüsse: Denkschrift 2. 11. 11 bei Lehmann (Sch.) II 421 und Äußerung gegen St. Marsan bei Pertz II 177. Schanzarbeiter zum Wegebau: Holleben I 15. Ribbentrop (bei Dorov „Krieg, Literatur, Theater", Leipzig 1845 S. 83) erzählt, die Verzögerung der Entlassung sei eine List Blüchers gewesen. Berufung nach Berlin: K. A. bei Holleben I 16; Gneisenau an Franz Blücher 10. 10. 11 bei Delbrück I 229; Eisenhart III 39; Befehlsbuch Bl. 109 im K. A. F 82; Boyen II 138/9. In Berlin: Wigger 383. Weitere Demütigungen: Wigger 389; Holleben I 16; Correspondenz 18259. Bündnisverhandlungen: Lehmann (Sch.) II 442. Endgültige Kommando-Enthebung: Napoleon an Maret 3. 11. 11 bei Wigger 389; Kabinettsordern 11. 11. 11 u. 29. 11. 11 in Köln. Ztg.; an den König 19. 11. 11 bei Wigger 391. In Stargard: Blasendorff 174; an Gneisenau 25. 2. 12 bei Wigger 392. Auflehnung des Heeres: Lehmann „Knesebeck und Schön" 48, 72—74. Hoffnungen: Lehmann (St.) III 109; Lehmann (Sch.) II 447; Gröben und Chasot an Gneisenau bei Pertz III 271 u. 334; Erzherzog Karls Ausspruch bei Delbrück I 245.

Namen- und Sach-Liste.

(Personen, die mit Blücher in Beziehung standen oder die er erwähnt, Gefechte, an denen er teilnahm, Orte, wo er sich aufhielt, sowie besondere Bezeichnungen und Eigentümlichkeiten.)

Alexander, Kaiser von Rußland, 317, 331/2.

Alsenborn 210 f.

Alten-Glan 146/7.

Alt-Schwerin 296/8, 311.

Alzey 152 f.

Alzingen 186.

Amadis von Gallien 41.

Am Ende, österr. General, 348.

Anklam 40.

Antwerpen 114.

Arlon 185 f.

Arndt 257, 317.

Arnim, Lt. v. 181 f.

Auerbach, Gefecht bei, 43.

Auerstedt, Schlacht bei, 271 f.

August, Prinz v. Preußen, 276/7, 361.

Ausländer (Geworbene) 78 f., 108 f.

Bartenstein 322.

Battenberg, Embuskade bei, 202 f.

Bayreuth 44, 45, 254/5.

Belling 12 f., 71.

Bennigsen, russ. General, 328.

Bentheim 228 f.

Bernadotte 250 f., 291 f., 307 f.

Berlin 74, 86, 109, 250, 376.

Beute 18, 19, 91, 117, 205/6, 315.

Bexbach 145.

Bila, OL. v., 191, 194, 212.

Blankenhayn 269.

Blücher, Bernd v., 1. — Bernhard v., 101, 181 f. — Berthold v., 3, 14. — Burchard v., 3, 14. — Christian Friedrich v., 2, 33. — Dorothea v., 4. — Frau v., geb. v. Colomb, 230, 319. — Frau v., geb. v. Mehling, 65, 71 f., 85, 88, 89, 107. — Sohn Franz, 71, 109, 228, 233, 239, 244, 265, 307, 334, 338, 347, 370,

878. — Sohn Gebhard, 88, 109, 228, 233, 237, 341. — Sohn Georg, 89. — Gustav v., 3, 5, 14, 61. — Hans v., 4. — Margarete v., 4, 63. — Siegfried v., 8, 9, 14, 101. — Siegfried Ulrich v., 2. Ulrich v., 1. — Ulrich Hans v., 1.

Bodenheim, Kl. (Pfalz) 171, 199, 216/7.

Bohlens 10.

Boitzenburg 289 f.

Bölzig, Major v., 148.

Bonin, Blüchers Adjutant, 75, 179, 202, 245. —, der 2., Lt., 192.

Borde, Major v., 176 f., 190 f.

Borstell, Oberst v., 326, 343, 357.

Boyen, Oberst v., 357 f., 374, 379, 383.

Brandenburg 42.

Braunschweig, Friedrich, Herzog v., 110 f. — Karl Wilhelm Ferdinand, Herzog v., 86, 110 f., 160, 253 f., 319. — Wilhelm, Herzog v., 294, 304—14, 342, 348. — Stadt, 88. — Bevern, Herzog v., 11.

Breda 114 f., 218.

Breetz, Major v., 215.

Brüne, frz. General, 329 f.

Brünneck, Lt. v., 345.

Bülow, Oberst v., 326, 338, 340 f., 360, 367/8.

Carmer, Kanzler v., 71.

Chasot, Graf v., 280/1, 328.

Chasteler, österr. General, 348.

Cisé, frz. General, 176/7.

Clausewitz 267, 286, 343, 368, 373/4, 379.

Colomb, Lt. v., 326.

Coring, Major v., 82, 154 f., 228.

Courbiere, General v., 260.

Cüstine, frz. General, 122.

Davout 274 f., 370, 372, 377.
Dehrmann, Oberst v., 82, 155, 162/3.
Desaix, frz. General, 180 f.
Deventer 87.
Diert, schwed. General, 9.
Divisions-Einteilung 266, 288, 294, 335/6.
Doornick 118.
Dörnberg, Oberst v., 330, 370.
Dubweiler 141 f.
Dümouriez 110, 114 f.

Ebel, Lt., 188, 191.
Eben, General v., 82, 97, 150, 152.
Ebenkoben, Gefecht v., 179 f., 220.
Edesheim, Gefecht v., 181 f.
Einländer, (Kantonnisten, Ausgehobene) 78 f., 108 f.
Eisenhart, Lt. v., 8, 318, 330, 342, 376, 383.
Ellerstadt, Gefecht v., 201 f.
Emden 280 f., 287.
Emmerich 87, 236 f., 242.
England, Prinz-Regent v., 365, 371.
Ernest, M. v., 154.
Erzbischof von Cöln und Münster 285/8.
Eselsfurt, Gefecht bei, 211 f.
Eugen, Prinz v. Württemberg, 27 f.

Fahnenflucht 53.
Fahnenschmied 77.
Fähre, Gefecht bei, 299, 300.
Farchmin, Cornet, 75.
Faultiere 264, 323, 352, 359, 368.
Feldberg 293.
Feldscheer 77.
Ferrier, frz. Oberst, 193.
Finkenstein, Schloß, 321.
Flers, Gefecht bei, 117.
Forstenburg, Graf v., 203.
Frankfurt 162, 168, 228.
Freiberg, Schlacht bei, 45 f.
Freimaurer 240/1.
Freiwächter 85.
Friedrich II. 50, 63, 67 f., 72 f.
Friedrich Wilhelm II. 73, 74, 84, 96, 109/10, 231 f., 235.
Friedrich Wilhelm III. 227, 235, 242 f., 247, 258, 259/60, 261, 263, 265 f.,

309 f., 322, 324, 331, 340 342 f., 354, 357, 362, 366, 368/9, 371, 374/5, 377/8.
Frisingen, Gefecht bei, 186, 219.
Froreich, Oberst v., 193.
Fürstenberg (Strelitz) 289.

Gadebusch 300 f.
Gagern (Rügen) 9.
Garnier, Lt. v., 182,
Geldverhältnisse und Besitz 2, 3, 18, 64, 70, 71, 93—95, 109, 223/4, 328, 339, 363.
Gesundheit 150, 223/4, 227/8, 230, 249, 338, 341.
Gießen 228.
Gilze, Versteck bei, 115.
Girard, frz. General, 168.
Gittelde 285.
Giulay, Graf, 208.
Gneisenau 327 f., 346 f., 355, 361 f.
Göcking, Oberst v., 82, 85, 86, 88.
Goldberg, Stellung von, 297 f.
Goldfuß, Lt. v., 182.
Golz, General Graf v. der, 85, 114, 122, 125 f. — Graf v. der, Blüchers Adjutant, 143, 188, 265 f. — Rittm. v. der, 245.
Görtze, Oberst v., 304.
Göttingen 267.
Götzen, Graf v., 345 f.
Gouvion Saint Cyr, frz. General, 188/9, 194.
Grandjean, frz. General, 329.
Grasung 63, 85, 93.
Greifswald 328.
Greußen, Gefecht bei, 282.
Gresonje 70.
Groß-Brütz, Stellung bei, 300.
Groß-Rabbow 70 f.
Groß-Zieten 284.
Grote, Gesandter v., 320, 326.
Gruner, Kammer-Direktor, 334.
Grünstadt, Gefechte bei, 157, 219, 226.

Hamburg 230, 308 f.
Hammerstein, hannov. General, 285.
Hardenberg, Minister u. Staatskanzler, 257, 322 f., 356 f.
Hasnon, Abtei, 120 f.

Heiligenbeil 322.
Heinrich, Prinz von Preußen, 15, 42. — Prinz von Preußen, 236 f.
Hem 117, 124.
Herxheim, Gefechte bei, 161 f.
Hessen-Darmstadt, Prinz von, 215.
Hildesheim 88, 110.
Hoche, frz. General, 144 f., 160 f., 168.
Hochspeyer 178 f., 211 f. ·
Hoheneden, Gefecht bei, 218 f.
Hohenlohe, Erbprinz, Fürst v., 155 f., 252 f. — Oberst Prinz v., 212.
Hohensalzen 107.
Hohenzollern, Oberst Graf, 125—181.
Homburg (Pfalz) 151, 219.
Horbt, Graf, 23 f.
Horn, Rittm., 378.

Jägersfeld, Rittmeister usw. v., 67, 74, 82, 97. — Lt. v. 179.
Jagow, Stellung von, 24, 38.
Jahn 346.
Jatzle, Gefecht bei, 37.
Jünot, frz. General, 348.
Jvernois, Major v., 203.

Kaiserslautern 146 f., 207, 220.
Kalkreuth, General Graf v., 50, 138 f., 163, 262 f., 277 f., 282 f., 328 f., 332, 357, 368. — Major v., 182.
Kamele, Lt. v., 193/4.
Kaphengst, Major v., 182.
Karabiniere 76.
Karl, Erzherzog, 110, 346 f., 380.
Karlbach, Kl., Überfall bei, 200 f.
Kassel 228, 269.
Katzler, Lt. usw. v., 149, 192, 201, 209.
Kaulbars, schwed. Rittm. v., 10.
Kavelpaß 18, 34 f.
Kienmeyer, österr. General, 348.
Kirchheim an der Eck 169.
Kirrweiler, Gefecht von, 181 f., 220.
Kleist, General v., 45. — Oberst v., 258. — Lt. v., 193.
Knesebeck, Oberst v., 280.
Knobelsdorff, General v., 115 f.
Koburg, Josias Prinz von, 110 f.
Köhler, General v., 152.
Kolberg 360 f.

Kölichen, Oberst v., 214.
Kompagnie-Wirtschaft 94, 95, 337.
Königsberg 323.
Rosboth, General v., 147.
Krackwitz, Herr v., 4, 9.
Kriegsartikel 34.
Kriwitz, Gefecht von. 299.
Krümper 336 f., 361 f., 365.
Kursty, Lt. v., 363.
Kusel (Pfalz) 146/7.

Laboissiere, frz. General, 193.
Lannes 288/9, 310.
Lannoy (Flandern) 123 f.
Larisch, General v., 288, 302, 308.
Latour, österr. General, 113.
Lautereden 147/8.
Leiningen (Alt- u. Neu-) 158 f., 170 f., 220.
Leipzig 50.
L'Empempont 117 f., 124 f.
L'Estocq, General v., 152, 155, 319, 322, 325.
Lettow, General v., 304.
Liebert, frz. General, 334, 356, 358.
Ligny 135.
Lingen 86, 87, 237/8.
Linstow, Major v., 200.
Lippstadt 88.
Lölhöffel, General v., 66..
Loose, Major, 84, 169, 170, 209 f., 217.
Lossow, General v., 66, 68.
Louis Ferdinand, Prinz von Preußen, 163, 194, 211, 264.
Lübeck 302 f.
Luise, Königin, 235, 256/7, 267, 320, 324, 354.
Luxemburg 135 f.
Lychen, Gefecht von, 289, 298.

Mack, österr. General, 253.
Magdeburg 86, 110.
Mainz 162, 217.
Mandelsloh, Herren v., 5.
Manstein, Oberst v., 191.
Manteuffel, General v., 11, 13.
Marchiennes 121.
Marwitz, Rittm. v. der, 327, 331, 388.
Massenbach, Oberst v., 6, 163, 283, 290, 310, 315, 389.

Mecklenburg-Strelitz, Erbprinz von, 347.
Mehling, Herren v., 65, 70.
Mellingen 270.
Minden 86, 88.
Möllendorf, Feldmarschall, 6, 97, 100, 160.
Mons 135.
Moorlautern 213.
Morschheim, Überfall von, 154, 219.
Mortier, frz. General, 250, 324.
Müffling, Oberstlt. v., 155, 170, 177 f., 191, 194, 209 f., 212. — Hauptmann v., 295, 307, 313, 383.
Müller, Stabsrittmeister, 75, 88.
Münster 233 f., 238 f.
Mürat 291 f., 307 f.

Namür 135.
Napoleon Bonaparte 226, 236, 249 f., 256 f., 316, 322 (Zusammenkunft), 334, 353, 377.
Natzmer, General v., 288, 302—307.
Neu-Kahlden, Gefecht von, 39, 40, 64.
Neumann, M. u. Stabschef v., 127, 128.
Neunkirchen 138 f.
Neustadt a. d. Dosse 288, 309.
Neustadt (Pfalz) 157 f., 174 f.
Neustettin 52, 64.
Nordhausen 283.

Oranien, Erbprinz von, 122 f.
Orchies 121 f.
Osdorf (Schwerin) 299.
Osten, Major, später General v. der, 201, 300, 313.
Oswald, General v., 270 f., 288, 297 bis 314.
Ottweiler 145.

Paderborn 254, 266.
Pasewalk 13, 38.
Pelet, General v. 294 f.
Pfau, General v., 189 f.
Pillau 326.
Pirch, General v., 145.
Planitzer, Rittm. v., 143, 154, 182 f., 228.
Platen, schwed. Rittm. v., 9 f., 35, 63.
Pletz, Oberst v., 28, 82, 84, 169, 183, 192, 216, 294 f.,

Podscharly, Major v., 61.
Potsdam 100, 242.
Pottlitz 65, 70.
Prügeln 54, 81, 336.
Putbus, Graf, 9 f.,
Puttlitz, Hauptm. v., 201/2.
Pyrmont 230, 256.

Rapp, frz. General, 358.
Ratkau 307, 317.
Raven, Lt. v., 75, 167.
Reglements 10, 17, 20, 29 f.
Reiche, Hauptm. v., 187, 224, 305, 313.
Reithaus 99.
Reitzenstein, ansbachscher Oberst v., 123 f. — General v., 275.
Remonten 19, 28, 29, 57, 96, 99, 247/8.
Revue 68, 96, 100, 336.
Ribbentrop, Kriegsrat, 5, 240 f., 265 f., 376, 381.
Roermonde 110.
Rosenberg (Preußen) 321.
Rostock 4, 33, 63.
Rotemühl, Gefecht von, 38.
Rüchel, General v., 6, 152 f., 162 f., 220, 246, 248, 260 f., 324.
Rudorff, Major v., 28, 82, 84, 100, 125, 382.
Rummelsburg 52, 74 f., 84 f., 88, 89, 107.
Ruppin 288 f.

Saarbrücken, Gefecht bei, 142 f., 219.
Sahüc, franz. General, 311.
Sainghin, Überfälle bei, 126 f.
Saint Amand 118 f., 131, 218.
Saint Cyr f. Gouvion
Salzgitter 286.
Sambach, Gefecht bei, 149.
Sanitz, Major v., 191, 196.
Sankt Ingbert, Gefecht bei, 141 f.
Sankt Wendel 137, 145.
Sauvegarden 103.
Savary, franz. General, 297.
Schallodenbach 148.
Scharnhorst 6, 130, 235, 278 f, 283 f., 292 f., 322 f., 338 f., 361 f., 366.
Scharzfeld 285.
Schill 327, 329, 331, 342/3.

Schimmelpfennig, General v., 12, 19.
Schladen, General v., 6.
Schneidemühl, Gefecht bei, 65.
Schommer, Wachtmeister, 76.
Schönenberg, Gefecht bei, 146 f.
Schulenburg, General v. der, 26, 66, 69, 82, 84. — General Graf v. der, 260 f., — Lt. v. der, 115.
Serben, Freikorps, 208 f.
Seydlitz, General v., 42 f.
Sömmerda 281 f.
Sondershausen 288.
Soult 282, 294, 307 f., 334.
Spantelow 34.
Sparre, schwed. Oberst Graf, 11, 18.
Spesbach, Gefecht bei, 151.
Spiel 59, 60, 228/4, 320, 341.
Sprickmann, Professor, 333.
Stargard (Pommern) 63, 72 f., 84, 96, 100, 340, 378.
Stein 239, 260, 264, 328 f., 337, 340, 379.
Stendal 287.
Stolp 51 f., 81, 96.
Strelitz 292.
Stülpnagel, M. v., 18.
Stutterheim, General v. Alt-, 13, 23, 24, 87 f. — General v., 344.
Süren, Lt., 363.
Sydow, Lt. v., 161, 165/6, 215.
Szekuly, Oberst v., 133 f., 150, 162, 224.

Tauentzien, General Graf, 267, 341, 376.
Teutenwinkel 5.
Thun, General v., 88.
Tiefental, Gefecht bei, 171.
Travemünde 308/9.
Treptow a. d. Rega 334, 360.
Trier 137.
Troß 17, 18, 20, 102, 260/1, 328, 337.
Trützschler, Kapitän v., 154 f.
Tugendbund 355.

Uniform 10, 17, 52, 246, 340.
Unruh, Lt. v., 277.

Valentini, Leutnant, später General v., 8, 60, 158 f., 162 f., 223/4,

Venlo 110, 114.
Venningen, Gefecht bei, 181 f.
Ventz (Rügen) 8, 9.
Verchen, Gefecht bei, 34.
Victor, frz. General, 320—22, 334.
Vincke, Oberpräsident Frhr. v., 244, 265, 268, 319, 338.
Völker, Rittm., 101, 132.
Voß, General v., 189.

Wachenheim (Pfalz) 158 f., 166 f.
Waldmohr 146 f., 151.
Wallmoden, Graf, 286.
Waren (Mecklenburg) 296.
Wartensleben, Oberst Graf, 171.
Weidental, Gefecht bei, 174 f., 220.
Weimar, Stadt, 281. — Herzog v., 286 f., 292, 294.
Weißensee 282.
Werbung 78 f., 108 f., 246/7, 336.
Werner, General, 12, 15, 25 f., 37.
Wesel 110.
Westphal, Rittmeister, 167.
Wildberg, Rittmeister, 82.
Willems (Flandern) 128.
Winning, General v., 281, 294—302.
Wirsbitzky, Major v., 164.
Wittgenstein, Fürst, 320, 325, 330.
Witzleben, Lt. v., 189.
Wobeser, General v., 294 f.,
Woebbles 64.
Wolgast 332.
Wollt, Oberst v., 74 f., 82. — Lt. v., 75.
Wolfenbüttel 86, 110. 287.
Wolfradt, General v., 152 f., 170 f., 184 f.
Württemberg, Herzog v., 88, 89, 288.

York, Herzog v., 119 f., 127 f., 172, 285.
Yorck, Oberst, später General v., 279, 294, 297, 301, 306—17, 319, 355.

Zastrow, Generaladjutant v., 251.
Zastrows 64.
Zell, Gefecht bei, 217.
Zieten, Oberst v., 272 f.
Zülows 5, 67.
Zweibrücken 152, 226.
Zwolle 87.